VOB/B 2009
Kommentar für die Baupraxis

VOB/B 2009
Allgemeine Vertragsbedingungen für die Ausführung von Bauleistungen

Kommentar für die Baupraxis

Uwe Diehr

2., überarbeitete Auflage 2010

Herausgeber:
DIN Deutsches Institut für Normung e. V.

Beuth Verlag GmbH · Berlin · Wien · Zürich

Herausgeber: DIN Deutsches Institut für Normung e. V.

© 2010 Beuth Verlag GmbH
Berlin · Wien · Zürich
Burggrafenstraße 6
10787 Berlin

Telefon: +49 30 2601-0
Telefax: +49 30 2601-1260
Internet: www.beuth.de
E-Mail: info@beuth.de

Das Werk einschließlich aller seiner Teile ist urheberrechtlich geschützt. Jede Verwertung außerhalb der Grenzen des Urheberrechts ist ohne schriftliche Zustimmung des Verlages unzulässig und strafbar. Das gilt insbesondere für Vervielfältigungen, Übersetzungen, Mikroverfilmungen und die Einspeicherung in elektronischen Systemen.

© für DIN-Normen DIN Deutsches Institut für Normung e. V., Berlin.

Die im Werk enthaltenen Inhalte wurden vom Verfasser und Verlag sorgfältig erarbeitet und geprüft. Eine Gewährleistung für die Richtigkeit des Inhalts wird gleichwohl nicht übernommen. Der Verlag haftet nur für Schäden, die auf Vorsatz oder grobe Fahrlässigkeit seitens des Verlages zurückzuführen sind. Im Übrigen ist die Haftung ausgeschlossen.

Satz: Grimm, Berlin
Druck: Mercedes-Druck GmbH
Gedruckt auf säurefreiem, alterungsbeständigem Papier nach DIN EN ISO 9706

ISBN 978-3-410-20131-1

Inhalt

		Seite
Vorworte		XXVII
Einleitung zum Praxiskommentar der VOB/B 2009		1
I.	Einbeziehung der VOB/B als Allgemeine Geschäftsbedingung	2
II.	Privilegierung der VOB/B kontraInhaltskontrolle jeder VOB/B-Regelung	4
1.	Privilegierung – was heißt das?	4
2.	Wegfall der Privilegierung	5
	a) Wegfall der Privilegierung zugunsten der Verbraucher	5
	b) Wegfall der Privilegierung bei Eingriffen in die VOB/B	5
	c) Konsequenz der fehlenden Privilegierung der VOB/B	6
III.	Wertung und Vorschlag für die Vertragsgestaltung	7

§ 1 VOB/B – Art und Umfang der Leistung ... 8

I.	Art und Umfang der Leistung, § 1 Abs. 1 VOB/B	8
II.	Auslegung bei Widersprüchen, § 1 Abs. 2 VOB/B	10
1.	Bestandteile des Vertrages	10
2.	Vorvertragliche Kooperationspflicht der Parteien	11
3.	Normative Auslegung	11
	a) Allgemeine Geschäftsbedingungen	12
	b) Leistungsbeschreibung	14
III.	Anspruch des Auftraggebers auf Leistungsänderungen, § 1 Abs. 3 VOB/B	14
1.	Änderungsanordnung	15
	a) Rechtsgestaltende Willenserklärung	15
	b) Abgabe-/Empfangsbefugnis – Vollmacht und Vertretung	15
2.	Änderung des Bauentwurfs	16
3.	Umfang der Anordnungskompetenz	18
	a) Durch Bauentwurf festgelegt	18
	b) Zumutbarkeit der Änderung	19
4.	Wirksamkeit von § 1 Abs. 3 VOB/B bei isolierter Inhaltskontrolle	19
IV.	Anspruch des Auftraggebers auf zusätzliche Leistungen, § 1 Abs. 4 VOB/B	20
1.	Anordnungskompetenz – Vollmacht/Vertretung	20
2.	Nicht vereinbarte Leistungen	21
3.	Fehlende Einrichtung des Betriebes sowie andere Leistungen als zur vertraglichen Leistung erforderlich	22
	a) Fehlende Einrichtung des Betriebes des Auftragnehmers	22
	b) Das Verlangen anderer Leistungen	23
4.	Mehrvergütungsanspruch des Auftragnehmers	23

		Seite
V.	Abgrenzung zwischen „Nachtrag" und „Neuvergabe"	24
1.	Der Nachtrag als unwesentliche Änderung des bestehenden Vertrages	25
2.	Neuvergabe statt Nachtrag	26
3.	Auswirkungen für die Praxis	27
VI.	Wirksamkeit der Anordnungskompetenz auch bei isolierter Kontrolle	29

§ 2 VOB/B Vergütung 30

I.	Überblick zu den Vergütungsregelungen	32
1.	Vergütungsanspruch und Vergütungsanpassungsanspruch	32
2.	Grundstruktur des Nachtragsmanagements	36
3.	Rechtsprechung zu wirksamen/unwirksamen Vergütungsklauseln	38
	a) Zu § 2 Abs. 2 VOB/B	38
	b) Zu § 2 Abs. 3 VOB/B	38
	c) Zu § 2 Abs. 4 VOB/B	38
	d) Zu § 2 Abs. 5, Abs. 6 und 7 VOB/B	38
	e) Zu § 2 Abs. 8 VOB/B	39
4.	Verjährung der Vergütungsansprüche	40
II.	Zu § 2 Abs. 1 bis 10 VOB/B im Einzelnen	41
1.	§ 2 Abs. 1 VOB/B – Generalklausel für die Vergütung	41
	a) Definition der vertraglichen Leistungen	42
	b) Sonstige, mit dem Vertragspreis abgegoltene Leistungen	44
	c) Abgrenzung zwischen Leistungsbeschreibungsrisiko und Kalkulationsrisiko	45
	d) Mehrwertsteuer	46
2.	§ 2 Abs. 2 VOB/B – Die Berechnung der Vergütung	47
	a) Grundsatz der Abrechnung nach Einheitspreisen	47
	b) Beweislastverteilung	47
	c) Abrechnung des Einheitspreisvertrages	48
	d) Abrechnungsmaßstab bei Mengenänderungen, geänderten Leistungen und zusätzlichen Leistungen	49
	e) Urkalkulation als Maßstab der Nachtragsvergütung/Offenlegung	51
	f) Stundenlohn- und Selbstkostenerstattungsverträge	52
3.	§ 2 Abs. 3 VOB/B – Vergütungsänderung bei Mengenabweichungen im Einheitspreisvertrag	53
	a) § 2 Abs. 3 Nr. 1 VOB/B: 10-prozentige Zumutbarkeitsgrenze für Mengenänderung beim Einheitspreisvertrag	53

Seite

- b) § 2 Abs. 3 Nr. 2 VOB/B: Preisanpassung bei Mengenüberschreitung 54
  - aa) Preisanpassung auf Verlangen 54
  - bb) Preisanpassungsberechnung 55
  - cc) Fehlkalkulation und Kalkulationsirrtümer 56
  - dd) Darlegungs- und Beweislast 59
  - ee) Abweichende Allgemeine Geschäftsgrundlagen 60
- c) § 2 Abs. 3 Nr. 3 VOB/B: Preisanpassung bei Mengenunterschreitung 61
  - aa) Preiserhöhung auf Verlangen 61
  - bb) Berechnung der Preiserhöhung 61
- d) § 2 Abs. 3 Nr. 4 VOB/B: Abhängigkeit für Pauschalsummen-Position 63

4. **§ 2 Abs. 4 VOB/B: Selbstvornahme durch den Auftraggeber** ... 64
   - a) Recht des Auftraggebers zur Selbstübernahme 64
   - b) Recht des Auftragnehmers auf anteilige Vergütung 66
   - c) Umfang der Selbstübernahme 66
   - d) Abdingbarkeit von 2 Abs. 4 VOB/B 69

5. **§ 2 Abs. 5 VOB/B – Vergütung bei Änderungsanordnung des Auftraggebers** 69
   - a) Änderung des Bauentwurfs 70
     - aa) Änderungskompetenz des Auftraggebers 70
     - bb) Bauentwurf: was, wie, wo, wann, wer 72
   - b) Andere Anordnung des Auftraggebers 74
   - c) Neuberechnung der Vergütung 76
   - d) Preisvereinbarung vor der Ausführung 78

6. **§ 2 Abs. 6 VOB/B – Vergütung infolge zusätzlicher Leistungen** 79
   - a) Auftraggeber-Anordnung 79
   - b) Im Vertrag nicht vorgesehene Leistungen 80
     - aa) Risikoverteilung durch Leistungsbeschreibung 80
     - bb) Abgrenzung zu anderen Nachträgen und Grenzen 81
   - c) Anzeige des Vergütungsanspruchs 82
   - d) Preisvereinbarung vor der Ausführung 84
   - e) Berechnung der zusätzlichen Vergütung 85

7. **§ 2 Abs. 7 VOB/B – Vergütungsanpassung beim Pauschalpreisvertrag** 88
   - a) Grundsätze der Pauschalierung 88
   - b) Umfang der Pauschalierung 89
     - aa) Detail-Pauschalpreisvertrag 90
     - bb) Funktional-(Global-)pauschalpreisvertrag 91
     - cc) Unterschied zwischen Pauschalpreis und Festpreis .. 92

			Seite
	c)	Anpassung der Pauschale	93
		aa) Überschreitung der Zumutbarkeitsgrenze gemäß § 2 Abs. 7 Nr. 1 S. 2 VOB/B	93
		bb) Nachträge gemäß § 2 Abs. 4–6 VOB/B im Pauschalpreisvertrag	95
		cc) Nachträge gemäß § 2 Abs. 8 Nr. 2 S. 2 VOB/B im mutmaßlichen Willen des Auftraggebers	96
	d)	Berechnung des zu gewährenden Ausgleiches	97
	e)	Abweichende Allgemeine Geschäftsbedingungen	99
		aa) Wirksame Klauseln	99
		bb) unwirksame Klauseln	100
8.	**§ 2 Abs. 8 VOB/B – Leistungen ohne Auftrag**		101
	a)	Unwirksamkeit der Regelung	101
	b)	Keine Vergütung ohne Auftrag oder bei eigenmächtiger Abweichung vom Auftrag	102
	c)	Vergütung für auftragslos oder eigenmächtig erbrachte Leistungen	103
		aa) Nachträgliches Anerkenntnis	103
		bb) Leistungen im mutmaßlichen Willen des Auftraggebers	104
	d)	Berechnung des Vergütungsanspruches	106
	e)	Geschäftsführung ohne Auftrag (GoA) nach BGB	106
		aa) Anwendungsbereich der GoA	106
		bb) Tatbestandsvoraussetzungen der GoA	106
		cc) Unbeachtlichkeit des Auftraggeberwillens	107
		dd) Verhältnis der Aufwendungserstattung zu sonstigen Zahlungsansprüchen	107
		ee) Berechnung der Aufwendungserstattung	108
9.	**§ 2 Abs. 9 VOB/B – Besondere planerische Leistungen des Auftragnehmers auf Verlangen des Auftraggebers**		109
	a)	Verlangen von Zeichnungen, Berechnungen oder anderen Unterlagen (§ 2 Abs. 9 Nr. 1 VOB/B)	109
	b)	Nachprüfung technischer Berechnungen, § 2 Abs. 9 Nr. 2 VOB/B	110
	c)	Höhe der Vergütung	111
10.	**§ 2 Abs. 10 VOB/B – Vergütung von Stundenlohnarbeiten**		111
III.	**Exkurs: Zahlungsansprüche des Auftragnehmers bei Bauablaufstörungen**		112
	1.	Einleitung	112
	2.	Der Vergütungsanpassungsanspruch wegen geänderter Ausführungszeit	114

		Seite

    a) Mehrvergütungsanspruch nach verzögerter Vergabe 114
        aa) Anspruchsgrund nach Vergabeverzögerung ... 114
        bb) Anspruchshöhe (Berechnung) nach Vergabeverzögerung 116
    b) Auftraggeber-Anordnung von Änderungen des Bauentwurfs und zusätzlichen Leistungen 117
    c) Geänderter Bauentwurf, zusätzliche Leistungen und Mengenänderungen ohne Anordnung 122
    d) Vergütungsanpassungsberechnung und Vorbehalt . 123
  3. Der Aufwendungsersatzanspruch wegen geänderter Ausführungszeit 128
  4. Der Entschädigungsanspruch wegen geänderter Ausführungszeit 130
  5. Der Schadensersatzanspruch wegen geänderter Ausführungszeit 131
  6. Verhältnis der Anspruchsgrundlagen 131
  7. Umsatzsteuerrechtliche Behandlung 133
  8. Fazit 134

IV. **Exkurs: Grundsätze der Handhabung von FIDIC-Bauvertragsbedingungen in Abgrenzung zur VOB/B im Claim Management(Nachtragsmanagement)** 135
  1. Überblick 135
  2. Unterschiede zur VOB/B 136

§ 3 Ausführungsunterlagen 141

I. **Allgemeines** 142
II. **Übergabe der Ausführungsunterlagen, § 3 Abs. 1 VOB/B** 142
  1. Die rechtzeitige und unentgeltliche Übergabe 142
  2. Konsequenzen mangelhafter Ausführungsunterlagen 144
III. **Abstecken der Hauptachsen, § 3 Abs. 2 VOB/B** 146
  1. Mitwirkungspflicht des Auftraggebers 146
  2. Ausnahme: Ausführung durch Auftragnehmer 147
IV. **Maßgeblichkeit der Geländeaufnahmen und Absteckungen, § 3 Abs. 3 VOB/B** 149
  1. Grundsatz: Verantwortlichkeit desAuftraggebers 149
  2. Ausnahme: Prüfungs- und Hinweispflicht des Auftragnehmers 149
  3. Beispielsfälle für Prüfungs- und Hinweispflicht sowie diesbezügliche Vertragsvereinbarungen 150
V. **Festhalten des Zustandes der Straßen- und Geländeoberfläche etc., § 3 Abs. 4 VOB/B** 151
  1. Notwendigkeit der Niederschrift 151
  2. Kosten der Niederschrift 152

		Seite
VI.	Vom Auftragnehmer zu beschaffende und vorzulegende Unterlagen, § 3 Abs. 5 VOB/B sowie Nutzungsrechte diesbezüglich, § 3 Abs. 6 VOB/B	153
	1. Grundsatz: Verpflichtung des Auftraggebers	153
	2. Ausnahme: Vorlagepflicht des Auftragnehmers	154
	3. Nutzungsrechte, § 3 Abs. 6 VOB/B	154
VII.	Abweichende Vereinbarungen/AGB-Prüfung	155

§ 4 Ausführung 157

I. Überwachungs- und Anordnungskompetenz des Auftraggebers, § 4 Abs. 1 VOB/B 160
   1. Ordnungspflicht des Auftraggebers, § 4 Abs. 1 Nr. 1 S. 1 VOB/B 160
      a) Baustelle 160
      b) Allgemeine Ordnung 161
   2. Koordinationspflicht des Auftraggebers, § 4 Abs. 1 Nr. 1, Nr. 2 VOB/B 161
   3. Herbeiführung öffentlich-rechtlicher Genehmigungen und Erlaubnisse, § 4 Abs. 1 Nr. 1 S. 2 VOB/B 162
   4. Überwachungsrecht des Auftraggebers, § 4 Abs. 2 VOB/B 163
      a) Zutrittsrechte 163
      b) Sonderbefugnisse aus Treu und Glauben, § 242 BGB 164
   5. Modalitäten – Anordnungsrecht des Auftraggebers, § 4 Abs. 1 Nr. 3 VOB/B 165
   6. Unberechtigte und unzweckmäßige Anordnungen, § 4 Abs. 1 Nr. 4 VOB/B 166
      a) Bedenkenanzeige des Auftragnehmers bei Verdacht 166
      b) Ausführung trotz Bedenken 167
      c) Einschränkung für gesetzliche oder behördliche Bestimmungen 167
      d) Erstattung der Mehrkosten 167
          aa) Abgrenzung von Vergütung und Schadensersatz 168
          bb) Umfang des Ersatzes 168

II. Eigenkoordinierung des Auftragnehmers, § 4 Abs. 2 VOB/B 169
   1. Umfang der Eigenkoordinierung 169
      a) Bestimmung durch Vertrag 169
      b) Beachtung der anerkannten Regeln der Technik 170
      c) Beachtung öffentlichen Rechts 170

Seite

    2. Ordnung halten 171
        a) Ordnungsbegriff 171
        b) Ordnung auf der Baustelle und der Arbeitsstelle 171
        c) Erfüllung der Ordnung 171
        d) Exkurs: Zu den Rechten und Pflichten des
           Bauleiters 173
           aa) Begriff und Aufgaben des Bauleiters 173
           bb) Vollmacht des Bauleiters 173
           cc) Folgen fehlender Vollmacht 178
**III. Bedenken – Anzeige des Auftragnehmers –
Pflicht und Recht, § 4 Abs. 3 VOB/B** 179
    1. Unangemessenheit der Prüf- und Bedenkenanzeige-
       pflicht 180
       a) Unbeschränkter Umfang 180
       b) Schriftform 180
    2. Umfang der Prüf-, Hinweis- und Bedenkenanzeige-
       pflicht nach Treu und Glaube 182
    3. Prüf- und Hinweispflicht des Auftragnehmers kontra
       Mitverantwortlichkeit des Auftraggebers 184
    4. Rechtsfolge 185
IV. Unentgeltlich Benutzung, § 4 Abs. 4 VOB/B 186
**V. Gefahrtragung: Beschränkung bei Beschädigung,
Diebstahl, Vandalismus, Graffiti etc., § 4 Abs. 5 VOB/B** 188
VI. Entfernung von Stoffen oder Bauteilen, § 4 Abs. 6 VOB/B 190
VII. Mängel während der Ausführung, § 4 Abs. 7 VOB/B 190
VIII. Nachunternehmereinsatz, § 4 Abs. 8 VOB/B 191
    1. Zustimmung des Auftraggebers 192
    2. Fehlende Zustimmung 193
    3. Abgrenzung 193
    4. Pflichtenverstoß des Auftragnehmers 194
IX. Archäologische Funde, § 4 Abs. 9 VOB/B 194
    1. Schatzfund und sofortiger Baustopp 194
    2. Zahlungsansprüche 195
       a) Zahlungsansprüche des Auftragnehmers 195
       b) Zahlungsansprüche des Auftraggebers 195
    3. Rechte des Finders, Anzeige- und Ablieferungspflicht 196
**X. Gemeinsame Feststellung des Zustandes von
Teilleistungen, § 4 Abs. 10 VOB/B** 197
    1. Zustandsfeststellung als Beweissicherung 198
    2. Zustandsfeststellung auf Verlangen 198
    3. Schriftlichkeit der Zustandsfeststellung 199

		Seite
§ 5 Ausführungsfristen		200
I.	Vertragsfristen und Bauzeitenplan, § 5 Abs. 1 VOB/B	201
	1. Ausführungsfristen, Vertragsfristen und Bauzeitenplan	201
	2. Verknüpfung von Bauzeit- und Preisanpassung	202
II.	Fristbestimmungsrecht des Auftraggebers, § 5 Abs. 2–4 VOB/B	203
	1. Beginn, § 5 Abs. 2 VOB/B	203
	2. Beschleunigung, § 5 Abs. 3 VOB/B	204
	3. Vollendung, § 5 Abs. 4 VOB/B	204
III.	Abweichungen durch AGB	205

§ 6 Behinderung und Unterbrechung der Ausführung		207
I.	Behinderungsanzeige, § 6 Abs. 1 VOB/B	208
	1. Anzeigepflicht	208
	2. Rechtsfolgen der Anzeige	209
	a) Ansprüche des Auftragnehmers	209
	b) Ansprüche des Auftraggebers	210
	3. Form der Anzeige	211
	a) Grundsatz	211
	b) Ausnahme	211
	4. Inhalt der Behinderungsanzeige	212
II.	Der Anspruch auf Verlängerung der Ausführungsfrist, § 6 Abs. 2 VOB/B	213
	1. Allgemeine Voraussetzungen	213
	2. Der Risikobereich des Auftraggebers	213
	a) Pflichtverletzungen des Auftraggebers	213
	b) Geänderte und zusätzliche Leistungen	214
	c) Vorunternehmerrisiko	215
	d) Beschleunigungsmaßnahmen	215
III.	Pflicht zur Weiterführung der Arbeiten, § 6 Abs. 3 VOB/B	216
	1. Benachrichtigung bei Wegfall der hindernden Umstände	217
	2. Weiterführung der Arbeiten	217
	3. Frist zur Weiterführung	218
IV.	Berechnung der Fristverlängerung, § 6 Abs. 4 VOB/B	218
V.	Abrechnung infolge längerer Unterbrechung gemäß § 6 Abs. 5 VOB/B und nach Kündigung wegen mehr als 3-monatiger Unterbrechung gemäß § 6 Abs. 7 VOB/B	219
VI.	Schadensersatz wegen Bauverzug, § 6 Abs. 6 VOB/B	220
	1. Überblick	220

				Seite

- 2. Tatbestandsvoraussetzungen 221
  - a) Hindernde Umstände 221
    - aa) Behinderung oder Unterbrechung i. S. v. § 6 Abs. 1 und 2 VOB/B 221
    - bb) Behinderungsanzeige oder Offenkundigkeit, § 6 Abs. 1 VOB/B 221
  - b) Pflichtverletzung 222
  - c) Verschulden 222
    - aa) Beweislastumkehr 222
    - bb) Haftungsbeschränkung 222
    - cc) Zurechnung: Erfüllungsgehilfe kontra Vorunternehmer 223
    - dd) Beiderseitiges Vertreten 224
  - d) Ersatz des nachweislich entstandenen Schadens/Schadenshöhe 224
    - aa) Berechnungsmethode 224
    - bb) Schadenspositionen 225
    - cc) Vorteilsausgleich 228
- VII. Kündigung infolge länger als 3-monatiger Unterbrechung, § 6 Abs. 7 VOB/B 229
  1. Der besondere Kündigungsgrund wegen länger als 3-monatiger Unterbrechung 229
  2. Grenzen des Kündigungsrechtes nach länger als 3-monatiger Unterbrechung 230
  3. Abrechnung nach Kündigung infolge länger als 3-monatiger Unterbrechung 232

§ 7 Verteilung der Gefahr 233
- I. Gefahrverteilung, Auftraggeberrisiko vor Abnahme 233
- II. Verhältnis der gesetzlichen Gefahrtragung zur Gefahrtragung nach VOB/B 234
  1. Auftragnehmerverzug, § 644 Abs. 1 Satz 2 BGB 235
  2. Zufälliger Untergang, § 644 Abs. 1 Satz 3 BGB 235
  3. Verantwortlichkeit des Auftraggebers, § 645 BGB 235
  4. § 645 Abs. 1 Satz 1 BGB analog 236
  5. Untergang der Leistung aufgrund Verhalten des Auftraggebers 236
- III. „Zusätzliche" Risikoabgrenzung nach der VOB: Definition der „unabwendbaren Umstände" 236
  1. Allgemeine Risikoabgrenzung gemäß § 7 Abs. 1 VOB/B 236
  2. Besondere Risikoabgrenzung gemäß § 7 Abs. 1 VOB/B 237

		Seite

- IV. Berechnung der Auftragnehmeransprüche ... 238
- V. Versicherung der Gefahren ... 238
- VI. Wirksamkeit abweichender AGB-Klauseln ... 240

§ 8 Kündigung durch den Auftraggeber ... 242

- I. Die freie Kündigung, § 8 Abs. 1 VOB/B ... 243
  1. Form der Kündigung § 8 Abs. 5 VOB/B ... 243
  2. Anwendungsbereich ... 244
  3. Ohne wichtigen Grund ... 245
  4. Bei Pflichtverletzung des Auftraggebers ... 245
  5. Wirksamkeitszeitpunkt ... 245
  6. Abrechnung nach freier Kündigung ... 246
- II. Kündigung des Auftraggebers aus wichtigem Grund ... 248
  1. Kündigung wegen Insolvenz des Auftragnehmers, § 8 Abs. 2 VOB/B ... 248
  2. Kündigung wegen Mängel oder Verzug des Auftragnehmers, § 8 Abs. 3 VOB/B ... 249
     - a) Vollständige oder teilweise Auftragsentziehung ... 249
     - b) Ersatzvornahme; Mehrkosten und sonstige Schäden ... 250
     - c) Inanspruchnahme verbliebener Geräte, Gerüste und sonstiger auf der Baustelle vorhandener Einrichtungen, angelieferter Stoffe und Bauteile ... 250
     - d) Aufstellung über die entstandenen Mehrkosten – Frist ... 251
  3. Kündigung wegen sonstiger Pflichtverletzungen durch den Auftragnehmer ... 251
  4. Kündigung wegen Wettbewerbsverstoß, § 8 Abs. 4 VOB/B ... 252
  5. Form der Kündigung aus wichtigem Grund, § 8 Abs. 5 VOB/B ... 252
- III. Aufmaß und Abnahme gemäß § 8 Abs. 6 VOB/B ... 252
  1. Aufmaß zur Schlussrechnung ... 252
  2. Abnahme nach Kündigung des Bauvertrages notwendig ... 253
- IV. Abrechnung nach Kündigung ... 255
  1. Einheitspreisvertrag ... 255
  2. Pauschalpreisvertrag ... 255
  3. Freie Kündigung ... 256
  4. Geänderte und/oder zusätzliche Leistungen bis zur Vertragsbeendigung ... 257
  5. Kosten der Erstellung der Schlussrechnung ... 257

Seite

V. Zeitpunkt für die Vertragsstrafenberechnung,
§ 8 Abs. 7 VOB/B und zu den Anforderungen an
die Mehrkostenberechnung durch den Auftraggeber 258
1. Vertragsstrafenberechnung nach Kündigung 258
2. Anforderungen an die Mehrkostenberechnung
durch den Auftraggeber 258
VI. Abweichende Vereinbarungen durch Allgemeine
Geschäftsbedingungen 259

§ 9 Kündigung durch den Auftragnehmer 261
I. Allgemeines 261
II. Anwendungsbereich: Keine Kündigung ohne Grund 261
1. Kündigung wegen unterlassener Mitwirkung des
Auftraggebers, § 9 Abs. 1 Nr. 1 VOB/B 262
a) Keine Anordnungen i. S. v. § 1 Abs. 3 und 4 VOB/B ... 262
b) Kooperationspflichtverletzung 262
c) Keine Mitwirkung gemäß § 4 Abs. 1 VOB/B 262
d) Keine Mitteilung von Ausführungsfristen 263
e) Androhung vor Kündigung 263
2. Zahlungsverzug des Auftraggebers,
§ 9 Abs. 1 Nr. 2 VOB/B 263
a) Fälligkeit von Abschlags- und Schlussrechnung 263
b) Verzug von Abschlags- und Schlussrechnung............ 263
aa) Nachschieben von Entschuldigungsgründen 264
bb) Kündigung wegen nur geringfügigen
Zahlungsverzuges 264
c) Fristsetzung und Androhung,
§ 9 Abs. 2 Satz 2 VOB/B 265
3. Kündigung aus sonstigen wichtigen Gründen 265
4. Kündigung wegen Unterbrechung länger als 3 Monate,
§ 6 Abs. 7 VOB/B 265
III. Schriftform der Kündigung, § 9 Abs. 2 Satz 1 VOB/B 266
IV. Abrechnung des vorzeitig gescheiterten Vertrages,
§ 9 Abs. 3 VOB/B 266
1. Vergütungsanspruch 267
2. Vergütungsähnlicher Anspruch 267
3. Schadensersatzansprüche.. 268
4. Sonstige Rechte 268
V. Anforderungen an die Abrechnung 269
1. Bedeutung des Aufmaßes und Notwendigkeit der
Abnahme 269

Seite

  2. Abrechnung unterschiedlicher Vertragstypen
   (Einheits-, Detailpauschal-,
   Funktionalpauschalpreisverträge) 270
  3. Schadensminimierungspflicht 271
VI. Mängelansprüche/Gewährleistung nach Kündigung
  durch Auftragnehmer 271
VII. Abweichende AGB 272

§ 10 Haftung der Vertragsparteien 273

I. Allgemeines 274
II. Die Vertragsparteien haften einander, § 10 Abs. 1 VOB/B 274
  1. Vertragspflichtverletzung 274
   a) Vertragliche Pflichten 274
    aa) Pflichten des Auftragnehmers 275
    bb) Pflichten des Auftraggebers 275
   b) Außervertragliche Pflichten 276
  2. Verschulden 276
   a) Fahrlässigkeit 276
   b) Vorsatz 277
  3. Haftung für gesetzlichen Vertreter und vertraglichen
   Erfüllungsgehilfen 277
   a) Gesetzlicher Vertreter 277
   b) Vertraglicher Erfüllungsgehilfe 278
  4. Haftungsausgleich 278
   a) Mitverschulden 278
   b) Haftung bei mehreren Vertragspartnern 279
   c) Gesamtschuldnerausgleich zwischen Architekt
    und Bauunternehmer 279
III. Haftungsausgleich zwischen den Vertragsparteien
  bei Schädigung Dritter 280
  1. Schaden wegen „gesetzlicher Haftpflichtbestimmungen",
   § 10 Abs. 2 VOB/B 281
  2. Haftungsausgleich 283
   a) § 242 BGB 283
   b) § 840 Abs. 2 und 3 BGB 284
   c) Haftung des Auftragnehmers wegen unerlaubter
    Handlung oder Beschädigung angrenzender
    Grundstücke, § 10 Abs. 3 VOB/B 284
   d) Bedenken des Auftragnehmers gegen Anordnung
    des Auftraggebers 285
   e) Schadensdeckung durch gesetzliche Haftpflicht
    des Auftragnehmers 285

Seite

    f) Haftung des Auftragnehmers wegen Verletzung gewerblicher Schutzrechte... 287
    g) Mitverschulden Dritter... 287
  3. Abwicklung des Haftungsausgleiches........................... 287
  4. Unwirksame Parteivereinbarung 288

§ 11 Vertragsstrafe 289
I. Allgemeines, § 11 Abs. 1 VOB/B... 289
II. Arten der Vertragsstrafe, § 11 Abs. 2 VOB/B............................ 290
  1. Vertragsstrafe wegen Nichterfüllung............................... 290
  2. Vertragsstrafe wegen nicht gehöriger Erfüllung................ 291
III. Rechtliche Vorgaben für die Vertragsstrafengestaltung 292
  1. Vorgaben aus dem Vergaberecht.................................... 292
  2. Vorgaben aus dem Baudurchführungsrecht.................... 293
IV. Keine Vertragsstrafe ohne deutliche Vereinbarung............... 293
V. Inhalt der Vertragsstrafenklausel 294
  1. Inhaltskontrolle für Allgemeine Geschäftsbedingungen .. 294
  2. Höhe der Vertragsstrafe... 295
  3. Keine Strafe ohne Verschulden 297
  4. Keine Strafe ohne erheblichen Nachteil 298
  5. Transparenz.. 299
VI. Anwendungsproblem bei der Geltendmachung der Vertragsstrafe... 300
  1. Verzug durch Mahnung und dessen Berechnung............. 300
  2. Anrechnung der Vertragsstrafe auf Schadensersatz 303
  3. Herabsetzung der Vertragsstrafe 304
  4. Aufrechnung/Verrechnung... 304
  5. Durchstellen einer Vertragsstrafe 305
VII. Vorbehalt der Vertragsstrafe, § 11 Abs. 4 VOB/B................. 306
  1. Vorbehaltserklärung bei der Abnahme 306
  2. Vertretung bei Abgabe und Entgegennahme der Vorbehaltserklärung... 307
  3. Hinweispflicht des Architekten auf einen Vertragsstrafenvorbehalt... 308
  4. Genehmigungsfähigkeit der vollmachtlosen Vorbehaltserklärung... 309
  5. Vorbehalt bis Fälligkeit der Schlusszahlung 309

§ 12 Abnahme... 311
I. Allgemeines – Abnahmereife nach Fertigstellung................. 312
II. Begriff der Abnahme.. 312
III. Arten der Abnahme.. 312
  1. Ausdrückliche Abnahme; § 12 Abs. 1 VOB/B 312

		Seite
	2. Konkludente Abnahme als Unterfall des § 12 Abs. 1 VOB/B	313
	3. Teilabnahme nach § 12 Abs. 2 VOB/B	314
	4. Abnahmeverweigerung nach § 12 Abs. 3 VOB/B	315
	5. Förmliche Abnahme nach § 12 Abs. 4 VOB/B	316
	6. Fiktive Abnahme nach § 12 Abs. 5 VOB/B	317
IV.	**Wirkungen der Abnahme, § 12 Abs. 6 VOB/B**	319
	1. Übergang der Gefahr	319
	2. Beginn der Gewährleistung sowie Beweislastumkehr für bei der Abnahme nicht vorbehaltene Mängel und Restleistung	319
	3. Fälligkeit der Vergütung und Durchgriffsfälligkeit im Kettenvertrag	320
	4. Keine Kündigung nach Abnahme, aber Abnahme nach Kündigung	321
	5. Sicherheiten nach Abnahme	322
V.	**Wirksamkeit abweichender Klauseln**	323

§ 13 Mängelansprüche ... 325

I.	**Allgemeines**	327
II.	**Mangel der Bauleistung, § 13 Abs. 1 VOB/B**	327
	1. Sachmangel	327
	a) Mangelbegriff	327
	aa) Vereinbarte Beschaffenheit und anerkannte Regeln der Technik	327
	bb) Nach dem Vertrag vorausgesetzte Verwendungseignung	331
	cc) Gewöhnliche Verwendungseignung	331
	b) Beratungspflicht des Auftragnehmers	332
	c) Qualitativ bessere Leistung	332
	d) Substantiierung des Sachmangels	332
	2. Rechtsmangel	333
III.	**Leistungen nach Probe, § 13 Abs. 2 VOB/B**	334
	1. Zeitpunkt der Festlegung der Leistung nach Probe	334
	2. Bedeutungslose Abweichungen	334
	3. Mangel der Probe selbst	335
	4. Darlegungs- und Beweislast	335
IV.	**Risiken aus der Sphäre des Auftraggebers, § 13 Abs. 3 VOB/B**	335
	1. Haftungsbefreiungstatbestände des § 13 Abs. 3 VOB/B	336
	a) Mangel durch Leistungsbeschreibung des Auftraggebers	336
	b) Mangel durch Anordnungen des Auftraggebers	336

			Seite
		c) Mangel durch vom Auftraggeber gelieferteStoffe und Bauteile	337
		d) Mangel durch vom Auftraggeber vorgeschriebene Stoffe und Bauteile	337
		e) Mangel durch Vorleistungen anderer Unternehmer	338
	2.	Schriftliche Bedenkenanzeige nach § 4 Abs. 3 VOB/B	338
		a) Bedenkenanzeige – Mitteilungspflicht	339
		b) Inhalt und Form der Mitteilung	339
		c) Umfang der Prüf- und Hinweispflicht	339
	3.	Darlegungs- und Beweislast	340
V.	**Verjährung der Mängelansprüche, § 13 Abs. 4 VOB/B**		340
	1.	Die vertraglichen Verjährungsfristen für Mängelansprüche	340
	2.	Die Auffang-Fristen des § 13 Abs. 4 VOB/B für Mängelansprüche	341
		a) Bauwerke	342
		b) Arbeiten an einem Grundstück	342
		c) Feuerungsanlagen	343
		d) Industrielle Feuerungsanlagen	343
		e) Arbeiten an maschinellen und elektrotechnischen/ elektronischen Anlagen	343
	3.	Verjährungsfristen in Sonderfällen	343
		a) Arglistiges Verschweigen von Mängeln – 10- bzw. 30-jährige Verjährungsfrist auch bei VOB/B-Vertrag	343
		aa) 10- bis 30-Jahres-Frist	343
		bb) Arglistiges Verschweigen und Organisationsverschulden	344
		cc) Verantwortlichkeit des Auftragnehmers für Erfüllungsgehilfen	345
		dd) Darlegungs- und Beweislast	345
		b) Nebenpflichtverletzungen	346
		c) Versicherungsschutz des Auftragnehmers	346
		d) Ansprüche aus unerlaubter Handlung	346
	4.	Berechnung von Beginn und Ende der Verjährungsfrist	347
		a) Beginn der Verjährungsfrist, § 13 Abs. 4 Nr. 3 VOB/B	347
		aa) Verjährungsbeginn mit Abnahme	347
		bb) Früherer Verjährungsbeginn	347
		b) Lauf der Verjährungsfrist	347
		c) Hemmung der Verjährung nach gesetzlichen Vorschriften	348
		aa) Wirkung der Hemmung	348

Seite

   bb) Hemmung durch Verhandlungen
     (§ 203 BGB) 348
   cc) Hemmung durch Rechtsverfolgung
     (§ 204 BGB) 349
   dd) Stundung oder Leistungsverweigerungsrecht ... 350
   ee) Höhere Gewalt 350
   ff) Neubeginn der Verjährung nach gesetzlichen
     Vorschriften (§ 212 BGB) 351
  d) Rechtsfolge bei Verjährungseintritt 351
   aa) Verjährungseinrede erforderlich 351
   bb) Aufrechnung und Zurückbehaltungsrecht
     nach Verjährung (§ 215 BGB) 352

VI. **Mängelbeseitigung, § 13 Abs. 5 VOB/B** 352
  1. Nacherfüllungsanspruch des Auftragnehmers,
   § 13 Abs. 5 Nr. 1 VOB/B 352
   a) Konkretisierte Nacherfüllungsaufforderung 353
   b) Schriftliches Nachbesserungsverlangen 353
   c) Art und Umfang des Nacherfüllungsanspruches 354
   d) Begrenzung durch Sowieso-Kosten,
    Ohnehin-Kosten, Vorteilsausgleich 354
  2. Ersatzvornahme/Selbstvornahme des Auftraggebers,
   § 13 Abs. 5 Nr. 2 VOB/B 356
   a) Voraussetzungen der Selbstvornahme 357
   b) Vorschuss- oder Erstattungsanspruch des
    Auftraggebers 357
    aa) Kostenerstattungsanspruch 357
    bb) Kostenvorschussanspruch 358
   c) Verweigerung der Vergütung wegen Mängel 358
  3. Verjährung von Mängelbeseitigungsleistungen 361
   a) Rechtsklarheit im VOB/B-Vertrag 361
   b) Hinweis zur Rechtslage außerhalb der VOB/B 363

VII. **Minderung, § 13 Abs. 6 VOB/B** 363
  1. Voraussetzungen der Minderung 363
   a) Unzumutbarkeit 363
   b) Unmöglichkeit 364
   c) Unverhältnismäßigkeit 364
  2. Berechnung der Minderung 365

VIII. **Schadensersatz, § 13 Abs. 7 VOB/B** 366
  1. Leben, Körper, Gesundheit,
   § 13 Abs. 7 Nr. 1 VOB/B 366
  2. Vorsätzlich oder grob fahrlässig verursachte Mängel,
   § 13 Abs. 7 Nr. 2 VOB/B 366

Seite

    3. Schaden an der baulichen Anlage,
       § 13 Abs. 7 Nr. 3 VOB/B 366
    4. Anwendung der gesetzlichen Verjährungsfristen,
       § 13 Abs. 7 Nr. 4 VOB/B 368
    5. Sondervereinbarungen, § 13 Abs. 7 Nr. 5 VOB/B 368
I. **Allgemeines** 369

§ 14 Abrechnung 369

II. **Prüfbare Abrechnung, § 14 Abs. 1 VOB/B** 370
    1. Prüfbar abrechnen 370
       a) Inhalt... 370
       b) Beizufügende Unterlagen 370
       c) Änderungen und Ergänzungen 371
    2. Informations- und Kontrollinteresse des Auftraggebers... 371
    3. Vorzeitig beendeter Pauschalpreisvertrag 372
    4. Fälligkeit... 373
III. **Gemeinsame Abrechnung, § 14 Abs. 2 VOB/B**.................... 374
    1. Gemeinsame Feststellungen 374
    2. Rechtsfolgen der gemeinsamen Feststellungen 375
    3. Antrag auf gemeinsame Feststellungen durch
       Auftragnehmer.. 376
IV. **Fristgerechte Einreichung der Schlussrechnung und Folgen der Fristversäumnis** 377
    1. 12-Werktage-Frist, Fristbeginn, § 14 Abs. 3 VOB/B 377
    2. Abrechnung durch Auftraggeber 377
    3. Rechtsfolgen bei vom Auftraggeber erstellter
       Abrechnung, § 14 Abs. 4 VOB/B 378
V. **Allgemeine Geschäftsbedingungen** 379

§ 15 Stundenlohnarbeiten 380

I. **Allgemeines** 381
II. **Abrechnung nach vertraglichen Vereinbarungen,
§ 15 Abs. 1 VOB/B** 382
    1. Vereinbarung von Stundenlohn 382
    2. Höhe des Stundenlohnanspruches 382
III. **Fehlende Abrechnungsvereinbarung**.................................... 383
IV. **Eigene Auslagen des Auftragnehmers**................................. 385
V. **Zusätzliche Aufsichtsvergütung, § 15 Abs. 2 VOB/B**........... 386
VI. **Kontrolle der Stundenlohnleistung durch den
Auftraggeber, § 15 Abs. 3 VOB/B** 387
    1. Anzeige vor Beginn der Stundenlohnarbeiten 388
    2. Verpflichtung zur Vorlage von Stundenlohnzetteln 388
    3. Prüfung der Stundenlohnzettel 389
       a) Unverzügliche Rückgabe 390

		Seite
	b) Vollmacht des Bauleiters	390
	c) Einwendungen	391
	d) Anerkenntnis der Stundenlohnarbeiten	391
VII.	Frist zur Vorlage von Stundenlohnrechnungen und Zahlung, § 15 Abs. 4 VOB/B	393
VIII.	Abrechnung bei Zweifeln über Umfang der Stundenlohnarbeiten, § 15 Abs. 5 VOB/B	394
IX.	Allgemeine Geschäftsbedingungen	396

§ 16 Zahlung ... 397

I.	Allgemeines	399
II.	Abschlagszahlungen, § 16 Abs. 1 VOB/B	400
	1. Höhe der Abschlagszahlung	400
	2. Nachweis vertragsgemäßer Leistung	400
	3. Abschlag fällig binnen 18 Werktagen nach Zugang der Abschlagsrechnung	401
	a) Fristbeginn	401
	b) Fristberechnung	401
	c) Fristwahrung	401
	4. Rechtscharakter der Abschlagszahlung	402
III.	Vorauszahlungen, § 16 Abs. 2 VOB/B	402
	1. Wesen der Vorauszahlung	402
	2. Vorauszahlungsvereinbarung bei Vertragsschluss	403
	3. Vorauszahlungsvereinbarung nach Vertragsschluss	403
	4. Vorauszahlung nach Sicherheitsleistung	404
IV.	Schlusszahlung, § 16 Abs. 3 VOB/B	404
	1. Schlussrechnungsreife	404
	2. Voraussetzung der Schlusszahlung: prüfbare Schlussrechnung	405
	3. Fälligkeit der Schlusszahlung, § 16 Abs. 3 Nr. 1 VOB/B	405
	a) Zugang der Schlussrechnung	406
	b) Spätere Fälligkeit der Schlusszahlung	406
	c) Frühere Fälligkeit der Schlusszahlung	406
	d) Ausschluss der Einwendung fehlender Prüfbarkeit nach 2 Monaten	407
	e) Verjährungsbeginn nach Fälligkeit	408
	4. Vorbehaltlose Annahme der Schlusszahlung, § 16 Abs. 3 Nr. 2 VOB/B	408
	a) Ausschlusswirkung und deren Unangemessenheit	408
	b) Voraussetzungen der Ausschlusswirkung	409
	aa) Schlusszahlung, schriftliche Mitteilung mit Belehrung, § 16 Abs. 3 Nr. 2 und 3 VOB/B	409
	bb) Vorbehaltlose Annahme der Schlusszahlung	410

Seite

5. Erklärung des Vorbehalts, § 16 Abs. 3 Nr. 5 VOB/B 410
   a) Form und Inhalt 410
   b) Erklärung gegenüber dem Auftraggeber 411
6. Begründung des Vorbehalts 411
   a) Prüfbare Rechnung über die vorbehaltenen
      Forderungen 411
   b) Eingehende Begründung des Vorbehalts 411
   c) Berichtigung von Fehlern oder vergessene
      Abrechnungspositionen 412

V. **Teilschlusszahlung, § 16 Abs. 4 VOB/B** 413
1. Wesen 413
2. In sich abgeschlossene Leistungsteile 413
3. Teilabnahme 414
4. Prüfbare Teilschlussrechnung 414
5. Prüfung und Feststellung der Rechnung:
   Voraussetzung der Vergütungsfälligkeit? 414

VI. **Beschleunigung von Zahlungen, Skontoabzüge
sowie Folgen verzögerter Zahlung** 415
1. Gebot beschleunigter Zahlung,
   § 16 Abs. 5 Nr. 1 VOB/B 415
2. Skontoabzüge, § 16 Abs. 5 Nr. 2 VOB/B 415
3. Zinsen, § 16 Abs. 5 Nr. 3 VOB/B 416
   a) Verzugszinsen nach Nachfristsetzung 416
   b) Verzugszinsen auf unbestrittenes Guthaben 416
   c) Kaufmännische Fälligkeitszinsen/Prozesszinsen 417
4. Arbeitseinstellung, § 16 Abs. 5 Nr. 5 VOB/B 418

VII. **Vergütungszahlung durch Auftraggeber an Dritte,
§ 16 Abs. 6 VOB/B** 419
1. Zahlung an Gläubiger des Auftragnehmers 419
2. Schuldbefreiende Zahlung 419
3. Direktgeschäft zwischen Auftraggeber und
   Nachunternehmer 420

VIII. **Allgemeine Geschäftsbedingungen** 420

§ 17 Sicherheitsleistung 422
I. **Allgemeines** 424
II. **Ausdrückliche Vereinbarung, Zweck und Höhe
der Sicherheitsleistung, § 17 Abs. 1 VOB/B** 424
1. Sicherheitsleistung nur bei vertraglicher Vereinbarung ... 424
2. Zweck und Höhe der Sicherheitsleistung 424
   a) Zweck 424
   b) Höhe 425

		Seite
	3. Vereinbarungen zur Sicherheitsleistung, AGB-Inhaltskontrolle 426	
	4. Inanspruchnahme der Sicherheit 427	
	5. Anwendbarkeit gesetzlicher Vorschriften auch bei VOB-Vertrag, vor allem Nachschusspflicht 428	
III.	Arten der Sicherheitsleistung, § 17 Abs. 2 VOB/B 428	
IV.	Wahlrecht und Austauschrecht des Auftragnehmers, § 17 Abs. 3 VOB/B 428	
	1. Allgemeines 428	
	2. Wahlrecht des Auftragnehmers 429	
	3. Austauschrecht des Auftragnehmers 430	
	a) Beschränkung des Austauschrechts 431	
	b) Vollzug des Austauschs 432	
V.	Sicherheitsleistung durch Bürgschaft, § 17 Abs. 4 VOB/B 434	
	1. Anerkenntnis als tauglicher Bürge 434	
	2. Schriftliche selbstschuldnerische Bürgschaft 435	
	3. Bürgschaft auf erstes Anfordern 435	
	4. Keine zeitliche Begrenzung der Bürgschaft, Ausstellung nach Vorschrift des Auftraggebers 437	
	5. Verwertung – Einwendungen des Bürgen 437	
VI.	Sicherheitsleistung durch Hinterlegung von Geld, § 17 Abs. 5 VOB/B 438	
VII.	Sicherheitsleistung durch Einbehalt von Zahlungen, § 17 Abs. 6 VOB/B 439	
	1. Einbehalt von Zahlungen in Teilbeträgen 439	
	2. Ausnahme: Einzahlung des einbehaltenen Betrages erst bei Schlusszahlung 440	
	3. Nichteinzahlung des Sicherheitsbetrages durch Auftraggeber 440	
	4. Sonderbefugnis des öffentlichen Auftraggebers: Verwaltungsgeldkonto 441	
VIII.	Fristgerechte Leistung der Sicherheit durch Auftragnehmer, § 17 Abs. 7 VOB/B 441	
	1. Anwendungsbereich und Fristberechnung 441	
	2. Folgen nicht fristgerechter Sicherheitsleistung 442	
IX.	Rückgabe der Sicherheit, § 17 Abs. 8 VOB/B 442	
	1. Rückgabe der Vertragserfüllungssicherheit 442	
	2. Rückgabe der Mängelsicherheit 442	
	3. Rückgabe der Sicherheit in der Insolvenz 443	
	4. Verjährung des Rückgabeanspruches 444	

Seite

§ 18 Streitigkeiten 445
I. Allgemeines 446
II. Gerichtsstand für gerichtliche Streitigkeiten aus dem Bauvertrag 446
    1. Anwendungsbereich des § 18 Abs. 1 VOB/B 446
    2. Erfasste Streitigkeiten, Ausnahmen 447
    3. Streitigkeiten aus bestimmtem Bauvertrag 448
    4. Zuständige Stelle im Auftraggeberbereich 448
III. Klärung von Meinungsverschiedenheiten ohne staatliche Gerichte 448
    1. Anrufung einer vorgesetzten Behörde, § 18 Abs. 2 VOB/B 448
    2. Aussprache/schriftlicher Bescheid 449
    3. Einspruch des Auftragnehmers gegen den Bescheid – Anerkenntniswirkung bei Unterlassen des rechtzeitigen schriftlichen Einspruchs des Auftragnehmers 450
    4. Hemmung der Verjährung 450
    5. Schiedsgericht, § 18 Abs. 3 VOB/B 450
IV. Anrufung einer staatlich anerkannten Materialprüfungsstelle, § 18 Abs. 4 VOB/B 451
    1. Anwendungsbereich 452
       a) Meinungsverschiedenheiten über die Eigenschaft von Stoffen oder Bauteilen 452
       b) Zulässigkeit oder Zuverlässigkeit der Prüfungshilfsmittel und Prüfungsverfahren 453
       c) Erweiterung über die Fälle des § 18 Abs. 4 VOB/B hinaus 453
       d) Verfahrensbeschränkung auf gütliche Beilegung von Meinungsverschiedenheiten 453
    2. Anrufung der Materialprüfungsstelle und vorherige Benachrichtigungspflicht 453
    3. Feststellungen der Materialprüfungsstelle 454
       a) Feststellungen der Materialprüfungsstelle als Schiedsgutachten 454
       b) Verbindlichkeit der Feststellungen der Materialprüfungsstelle und Ausnahmen 455
    4. Kostenregelung 456
V. Grundsätzlich keine Befugnis des Auftragnehmers zur Arbeitseinstellung, § 18 Abs. 5 VOB/B 456
    1. Verbot zur Arbeitseinstellung 456
    2. Ausnahmen 457
    3. Rechtsfolgen bei unberechtigter Arbeitseinstellung 458

Stichwortverzeichnis 459

Autorenporträt

RA Dr. Uwe Diehr
Fachanwalt für Bau- und Architektenrecht
MD Rechtsanwälte
Kurfürstenstraße 31
14467 Potsdam
Telefon: 0331 289 99-0
Telefax: 0331 289 99-14
E-Mail: uwe.diehr@md-ra.de

Dr. Uwe Diehr, geboren 1968, studierte bis zum Jahr 1993 Rechtswissenschaften an der Universität Jena und arbeitete bis zum Jahr 1996 als wissenschaftlicher Mitarbeiter bei Prof. Dr. Peter-Michael Huber an der Universität Jena.

1996 erlangte Dr. Uwe Diehr die Zulassung als Rechtsanwalt und widmete sich dem Schwerpunkt öffentliches und privates Baurecht.

Seit über zehn Jahren ist er als Fachanwalt im Bereich Immobilien-, Architekten- und Baurecht tätig und fungiert als anwaltliche Vertretung von kommunalen Gebietskörperschaften, Investoren und Bauunternehmen. Außerdem ist er stellvertretender Vorsitzender des Fachanwaltausschusses für Bau- und Architektenrecht der Rechtsanwaltskammer im Land Brandenburg.

Des Weiteren arbeitet er als Lehrbeauftragter an der HTW Berlin und ist Verfasser zahlreicher Beiträge zum Baurecht sowie Buchautor.

Vorwort zur 2. Auflage

Nachdem die 1. Auflage des Praxiskommentars zur VOB 2006 einen so guten Anklang fand, war die Motivation groß, die praxisrelevante Kommentierung in dieser kompakten Form fortzuführen. Neben den Änderungen durch die VOB/B 2009, die letztendlich eher redaktioneller Art waren, wurde die Rechtsprechung bis einschließlich Mai 2010 eingearbeitet. Auch sonst waren einige Lücken der 1. Auflage zu schließen. Außerdem habe ich das Inhaltsverzeichnis und das Stichwortverzeichnis verbessert, so dass der Praktiker schneller und vollständiger zu den maßgeblichen Problemlösungen geführt wird.

Dr. Uwe Diehr   Berlin im Mai 2010

Vorwort zur 1. Auflage

Die besondere Herausforderung bestand in einer möglichst kompakten und knappen Kommentierung der VOV/B 2006, die auch für Nichtjuristen den sicheren Umgang mit diesen Vertragsregeln im Zusammenhang mit den gesetzlichen Vorschriften des BGB ermöglicht. Den Bedürfnissen der Baupraxis folgend wird auf theoretische Erörterungen weitgehend verzichtet. Dennoch werden unterschiedliche Rechtsauffassungen und Vorschläge nicht ausgeblendet, sondern aus unabhängiger Sicht unter besonderer Berücksichtigung der Rechtsprechung der höheren Gerichte gelöst. Denn was hilft eine Meinung, die von der einschlägigen Rechtsprechung bereits anders entschieden wurde.

Die vorangestellte Inhaltsübersicht und das abschließende Stichwortverzeichnis sollen dem schnellen Auffinden der Lösungen dienen.

Dr. Uwe Diehr   Berlin 2007

Einleitung zum Praxiskommentar der VOB/B 2009

Die 2., überarbeitete Auflage des Praxiskommentars zur Vergabe- und Vertragsordnung für Bauleistungen/Teil B: Allgemeine Vertragsbedingungen für die Ausführung von Bauleistung (VOB/B) richtet sich erneut an die gesamte Bauwirtschaft. Kommentiert wird die VOB/B 2009, die der Hauptausschuss Allgemeines des Deutschen Vergabe- und Vertragsausschusses für Bauleistungen (DVA) am 18. Mai 2009 beschlossen hatte und die im Bundesanzeiger vom 15. Oktober 2009 (Nr. 155, Seite 3349) veröffentlicht worden war.

Besonderer Wert wird auf die durchgängige Lesbarkeit auch für Nichtjuristen gelegt, damit sich der Praxiskommentar zur VOB/B nicht nur als Nachschlagewerk für die werktägliche Praxis, sondern auch zur Einarbeitung in die Rechtsmaterie eignet. Dabei wurden vorzugsweise frei zugängliche Quellen, vor allem die Rechtsprechung und ergänzend relevante Fachaufsätze ausgewertet, um diese Primärquellen auch ohne weitere Querverweise auf andere Kommentierungen recherchieren zu können. Insofern tritt diese gestraffte Darstellung auch nicht in Konkurrenz zu den sonst üblichen Großkommentaren der Juristen.

Dabei konnte die 1. Auflage unter Berücksichtigung der Rechtsprechung der letzten 4 Jahre und in Anpassung an die Neugestaltung der VOB/A fortgeschrieben und zugleich verbessert werden. Denn durch die **VOB/B 2009** wird die bisherige VOB/B bestätigend weitergeführt. Es wurden nur folgende, **redaktionellen Änderungen** aufgenommen:

— Die Zitierweise der Vorschriften wurde dem bei Gesetzen üblichen Modus von §, Abs. und Nr. angeglichen (statt „§ 1 Nr. 2 a) VOB/B" heißt es in der neuen Fassung: „§ 1 Abs. 2 Nr. 1 VOB/B" oder „§ 2 Nr. 3 Abs. 1 VOB/B" heißt es nun „§ 2 Abs. 3 Nr. 1 VOB/B"). So ist dies auch bei der VOB/A.

— In der Fußnote wurde klargestellt, dass die VOB/B nicht zur Anwendung gegenüber Verbrauchern vorgesehen ist. In der Folge verweist § 16 Abs. 5 Nr. 3 VOB/B nur noch auf die Verzugszinsen nach § 288 Abs. 2 BGB.

— In § 7 Abs. 3 VOB/B wurde die Formulierung „Baubehelfe, z. B. Gerüste" nun zu „Hilfskonstruktionen und Gerüste".

Besonders hervorzuheben bleibt von diesen redaktionellen Anmerkungen, dass das Regelwerk nicht für die Anwendung gegenüber Verbrauchern bestimmt sei. Dieser Hinweis war wegen der BGH-Entscheidung vom 24. Juli 2008[1] geboten, wonach die einzelnen Klauseln der

---
[1] BGH, Urteil vom 24. Juli 2008 – VII ZR 55/07 – entgegen den Vorinstanzen LG Berlin – Urteil vom 7. Dezember 2005 – 26 O 46/05 und Kammergericht Berlin – Urteil vom 15. Februar 2007 – 23 U 12/06.

VOB/B bei einer Verwendung gegenüber Verbrauchern einer Inhaltskontrolle nach §§ 307 ff. BGB immer unterliegen, weil deren Interessen im DVA nicht vertreten seien. Statt solche Interessen künftig mit einzubeziehen, haben sich die Schöpfer der VOB/B für einen Hinweis in der Fußnote entschieden, wonach das Regelwerk nicht für die Anwendung gegenüber Verbrauchern bestimmt sei. Freilich können auch Verbraucher die VOB/B benutzen bzw. kann die VOB/B gegenüber Verbrauchern Verwendung finden. Die Besonderheiten für die Einbeziehung und die Klauselprüfung werden in der Kommentierung jeweils an entsprechender Stelle erläutert.

Unabhängig vom BGH-Urteil hatte der Gesetzgeber[2] durch die Änderung der Regelungen zu Allgemeinen Geschäftsbedingungen im BGB (§§ 305 ff. BGB) klargestellt, dass die VOB/B bei Verwendung gegenüber Verbrauchern nicht mehr privilegiert ist. Ausdrücklich soll dagegen die Privilegierung bei der Verwendung der VOB/B gegenüber einem Unternehmer, einer juristischen Person des öffentlichen Rechts oder einem öffentlich-rechtlichen Sondervermögens bestehen, wenn die VOB/B „in der jeweils zum Zeitpunkt des Vertragsschlusses geltenden Fassung ohne inhaltliche Abweichungen insgesamt einbezogen" ist (§ 310 Abs. 1 BGB n. F.).

Im Ergebnis steht eine nicht privilegierte VOB/B gegenüber Verbrauchern und eine privilegierte VOB/B gegenüber Unternehmern/juristischen Personen des öffentlichen Rechts/öffentlich-rechtlichen Sondervermögen. Hervorzuheben ist, dass die VOB/B ohne inhaltliche Abweichungen insgesamt einbezogen sein muss. Jede noch so geringe Änderung der VOB/B führt dazu, dass jede einzelne Bestimmung einer Überprüfung nach den Regeln der §§ 305 ff. BGB unterliegt.

I. Einbeziehung der VOB/B als Allgemeine Geschäftsbedingung

Die VOB/B entstand als Allgemeine Geschäftsbedingung, um Auftragnehmern und Auftraggebern bei der Abwägung aller Vor- und Nachteile einzelner Regelungen ein insgesamt ausgewogenes Vertragswerk zur Verfügung zu stellen. Diesem Anliegen versucht die VOB/B seit über 80 Jahren auch institutionell durch den paritätisch von Auftraggebern und Auftragnehmern besetzten Deutschen Vergabe- und Vertragsausschuss (DVA), der die VOB an die sich wandelnden tatsächlichen und rechtlichen Gegebenheiten anpasst, gerecht zu werden. Verbraucherinteressen werden in diesem Willensbildungsprozess bislang nicht

---

[2] Durch das Gesetz zur Sicherung von Werkunternehmeransprüchen und zur verbesserten Durchsetzung von Forderungen (Forderungssicherungsgesetz – FoSiG) v. 23.10.2008 BGBl. I S. 2022, 2582; Geltung ab 01.01.2009.

hinreichend berücksichtigt, worauf der BGH in der Entscheidung vom 24. Juli 2008[3] eindrucksvoll hinwies.

Gemäß § 305 BGB (vor dem 31.12.2001: § 1 AGB-Gesetz) sind Allgemeine Geschäftsbedingungen (AGB) alle für eine Vielzahl von Verträgen vorformulierte Vertragsbedingungen, die eine Vertragspartei der anderen bei Abschluss eines Vertrages stellt. Es ist gleichgültig, ob die Bestimmungen einen äußerlich gesonderten Bestandteil des Vertrages bilden oder in die Vertragsurkunde selbst aufgenommen werden, welchen Umfang sie haben, in welcher Schriftart sie verfasst sind oder welche Form der Vertrag hat. Die Vertragsbedingungen sind vorformuliert, wenn sie für eine mehrfache Verwendung schriftlich aufgezeichnet oder in sonstiger Weise fixiert sind. Die VOB ist ihrer Rechtsnatur nach eine solche Allgemeine Geschäftsbedingung (AGB), die von den Parteien nur dann zu beachten ist, wurde sie in das Vertragsverhältnis wirksam einbezogen[4].

Zwischen Formkaufleuten und zwischen Bauprofis genügt für die wirksame Einbeziehung die einfache Benennung, während sie nur dem Nichtbauprofi, z. B. einem privaten Bauherrn, als Ganzes übergeben oder diesem zumindest die Gelegenheit der vollständigen Einsichtnahme gegeben werden muss[5]. Die VOB/B ist jedoch nicht wirksam einbezogen worden, wenn der Vertragspartner nicht auf dem Bausektor beruflich tätig ist und auch nicht durch eine auf diesem Gebiet kundige Person, etwa einen Architekten, vertreten wird und ihm der Text der VOB/B nicht überlassen wurde[6]. Ist jedoch ein im Baubereich nicht bewanderte Bauherr bei Vertragsschluss durch einen Architekten vertreten, genügt wieder zur wirksamen Einbeziehung in den Bauvertrag der bloße AGB-Hinweis auf die VOB/B[7].

---

[3] BGH, Urteil vom 24. Juli 2008 – VII ZR 55/07 – entgegen den Vorinstanzen LG Berlin – Urteil vom 7. Dezember 2005 – 26 O 46/05 und Kammergericht Berlin – Urteil vom 15. Februar 2007 – 23 U 12/06.
[4] BGH, Urteil vom 20.04.2000, VII ZR 458/97 und EBE/BGH 2000, BGH-Ls 404/00 (Leitsatz); BGHZ 86, 135/141; BGH, NJW 1999, 3260.
[5] St. Rspr. seit BGHZ 135/138.
[6] OLG Stuttgart, 9. Zivilsenat, 15. September 1993, Az. 9 U 90/93.
[7] OLG Hamm, 12. Zivilsenat, 26. März 1993, Az. 12 U 59/91, OLGR Hamm 1993, 179–180, eine ähnliche Wertung findet sich übrigens in § 648a Abs. 6 Nr. 2 BGB.

II. Privilegierung der VOB/B kontra Inhaltskontrolle jeder VOB/B-Regelung

1. Privilegierung – was heißt das?

Die VOB/B unterscheidet sich von sonstigen Allgemeinen Geschäftsbedingungen, dass sie nicht vorrangig die Interessen des Verwenders berücksichtigt, sondern um einen „im Ganzen einigermaßen ausgewogenen Ausgleich der Beteiligteninteressen bemüht" ist[8]. Der Gesetzgeber hat diese Sonderstellung der VOB/B im Vergleich zu herkömmlichen Allgemeinen Geschäftsbedingungen anlässlich der Einführung des AGB-Gesetzes und im Rahmen des Schuldrechtsmodernisierungsgesetzes[9] mit der Privilegierung gewürdigt. Zuletzt hat der BGH dies für die VOB/B für den Zeitraum vor Inkrafttreten des Schuldrechtsmodernisierungsgesetzes bestätigt[10].

Der Bundesgerichtshof verstand – der gesetzlichen Wertung des § 23 Abs. 2 Nr. 5 AGBG folgend – die VOB in ihrer Gesamtheit als ausgewogen, was den Grund für die Privilegierung bot. Mit der Schuldrechtsmodernisierung ist die Privilegierung in §§ 308 Nr. 5, 309 Nr. 8 ff. BGB eingearbeitet worden. Dennoch gab es erhebliche Stimmen, die die Privilegierung auf die Verjährung (§ 13 Abs. 4 f. VOB/B) und die Abnahmefiktionen (§ 12 Abs. 5 VOB/B) beschränkt sehen wollen, sie im Übrigen jedoch als abgeschafft erachten, so dass jede einzelne Vorschrift der VOB/B auf die Vereinbarkeit mit dem Gesetzesrecht zu prüfen sei[11].

Das LG Berlin hat mit Urteil vom 07. Dezember 2005 (Az.: 26 O 46/05) in dem Verfahren, das der Verbraucherzentrale Bundesverband e. V. gegen den DVA angestrengt hatte, bestätigt: „Das Regelwerk der VOB/B verstößt nicht gegen §§ 307–309 BGB. Auch nach dem Inkrafttreten des Schuldrechtsmodernisierungsgesetzes stellt die VOB/B ein insgesamt ausgewogenes Konzept dar, dass Auftraggeber- und Auftragnehmerinteressen in ausgewogener Weise berücksichtigt, so dass Nachteile bei einzelnen Regelungen der VOB/B wieder durch Vorteile bei anderen Regelungen in angemessener Weise ausgeglichen werden." Das LG Berlin hatte zudem keine Zweifel an der Übereinstimmung der VOB/B auch mit den Erfordernissen der sog. Klauselrichtlinie (93/13/EWG). Diese Richtlinie, so das Gericht, schließe es gerade nicht aus, dass ein Klauselwerk insgesamt betrachtet werde und deshalb nicht nur auf die

---

[8] BGHZ, 86, 135/141 Mitte; BGHZ 55, 198/200.
[9] BT-Drs. 14/6040, Begr. zu § 308 RE BGB.
[10] BGH vom 22.1.2004, Az.: VII ZR 419/02.
[11] Quack, ZfBR 2002, 428 f., der die Privilegierung „In den Orkus des Vergessens" schicken möchte, und Heiermann, Baumarkt 2002, Seite 32 ff., der – ohne § 308 Nr. 5 und § 309 Nr. 8 ff. BGB zu diskutieren – gleich Wegfall der Privilegierung durch die Schuldrechtsmodernisierung annimmt.

eventuell gegebene Missbräuchlichkeit der einzelnen Klausel abgestellt werde.

2. Wegfall der Privilegierung

a) Wegfall der Privilegierung zugunsten der Verbraucher

Jedoch hat der BGH[12] am 24. Juli 2008 klargestellt, dass die einzelnen Klauseln der VOB/B bei einer Verwendung gegenüber Verbrauchern einer Inhaltskontrolle nach §§ 307 ff. BGB immer unterliegen. Die sogenannte Privilegierung der VOB/B ist bei Verwendung gegenüber Verbrauchern nicht gerechtfertigt. Denn ein maßgeblicher Gesichtspunkt für diese Privilegierung ist der Umstand, dass die VOB/B unter Mitwirkung der Auftragnehmer- und der Auftraggeberseite erarbeitet wird und daher beide Seiten die Möglichkeit haben, ihre jeweiligen Interessen zu vertreten und ihnen Geltung zu verschaffen. Dies trifft für die in aller Regel geschäftlich nicht erfahrenen und damit besonders schutzbedürftigen Verbraucher nicht zu. Verbraucherverbände sind von einer ordentlichen Mitgliedschaft im DVA (Deutschen Vergabe- und Vertragsausschuss), der die VOB/B aufstellt, ausgeschlossen. Die spezifischen Interessen der Verbraucher werden auch nicht in hinreichendem Maße von den im DVA für die Auftraggeberseite tätigen Institutionen, insbesondere der öffentlichen Hand, vertreten.

Unabhängig vom BGH-Urteil hatte der Gesetzgeber[13] durch die Änderung der Regelungen zu Allgemeinen Geschäftsbedingungen im BGB (§§ 305 ff. BGB) klargestellt, dass die VOB/B bei Verwendung gegenüber Verbrauchern nicht mehr privilegiert ist. Ausdrücklich soll die Privilegierung nur gegenüber einem Unternehmer, einer juristischen Person des öffentlichen Rechts oder einem öffentlich-rechtlichen Sondervermögens bestehen, wenn die VOB/B „in der jeweils zum Zeitpunkt des Vertragsschlusses geltenden Fassung ohne inhaltliche Abweichungen insgesamt einbezogen" ist (§ 310 Abs. 1 BGB n. F.).

b) Wegfall der Privilegierung bei Eingriffen in die VOB/B

Im Übrigen hat der BGH schon im Jahr 2004 entschieden, dass jede vertragliche Abweichung von der VOB/B dazu führt, dass diese nicht als Ganzes vereinbart ist[14]. Dies bestätigt jetzt das Gesetz mit § 310 Abs. 1

---

[12] BGH, Urteil vom 24. Juli 2008 – VII ZR 55/07 – entgegen den Vorinstanzen LG Berlin – Urteil vom 7. Dezember 2005 – 26 O 46/05 und Kammergericht Berlin – Urteil vom 15. Februar 2007 – 23 U 12/06.
[13] Durch das Gesetz zur Sicherung von Werkunternehmeransprüchen und zur verbesserten Durchsetzung von Forderungen (Forderungssicherungsgesetz – FoSiG) v. 23.10.2008 BGBl. I S. 2022, 2582; Geltung ab 01.01.2009.
[14] BGH, Urteil vom 22.01.2004, Az. VII ZR 419/02; Urteil vom 15.04.2004, Az. VII ZR 129/02.

BGB seit dem 01.01.2009. Nach der Rechtsprechung führt jede inhaltliche Abweichung von der VOB/B dazu, dass diese nicht als Ganzes vereinbart ist, ohne dass es darauf ankommt, welches Gewicht der Eingriff hat. Der BGH hat eingesehen, dass er seine davor versuchte Differenzierung zwischen wesentlichem Eingriff (Kerneingriff) und unwesentlichem Eingriff nicht konsequent durchhalten konnte, weil die Abgrenzungskriterien nicht auszumachen waren, zumal sich am Einzelfall entscheidet, welche Auswirkungen die einzelne, veränderte Regelung wirtschaftlich hat.

c) Konsequenz der fehlenden Privilegierung der VOB/B

Im Ergebnis ist von einer nicht privilegierte VOB/B gegenüber Verbrauchern und einer privilegierte VOB/B gegenüber Unternehmern/juristischen Personen des öffentlichen Rechts/öffentlich-rechtlichen Sondervermögen auszugehen, § 310 Abs. 1, letzter Satz BGB. Hervorzuheben ist, dass die VOB/B selbst gegenüber Unternehmern/juristischen Personen des öffentlichen Rechts/öffentlich-rechtlichen Sondervermögen ohne inhaltliche Abweichungen insgesamt einbezogen sein muss. Jede noch so geringe Änderung der VOB/B führt dazu, dass jede einzelne Bestimmung einer Überprüfung nach den Regeln der §§ 305 ff. BGB unterliegt. In der Konsequenz der sonst nicht gegebenen Privilegierung der VOB/B als ausgewogenes AGB-Klauselwerk muss jede der Regelungen der VOB isoliert am Maßstab der §§ 305 ff. BGB auf ihre Wirksamkeit kontrolliert werden.

Weil es in der Praxis kaum Bauverträge gibt, die auf von der VOB/B abweichende Regelungen verzichten, ist also die isolierte Inhaltskontrolle jeder VOB/B-Vorschrift regelmäßig notwendig. Zum Beispiel hält § 2 Abs. 8 Nr. 2 VOB/B der isolierten Inhaltskontrolle nicht stand, soweit die Vergütungspflicht bei Versäumnis einer unverzüglichen Anzeige entfallen soll[15], wenn etwa wegen sonstiger zusätzlicher oder besonderer Vertragsbedingungen in die VOB/B eingegriffen wird. Man denke an ZVB-Klauseln, wonach die Teilabnahme des § 12 Abs. 2 VOB/B ausgeschlossen wird oder wenn die fiktive Abnahme des § 12 Abs. 5 VOB/B ausgeschlossen wird, etwa mit der Regelung, dass förmliche Abnahme stattzufinden habe.

In konsequenter Fortführung dieser BGH-Rechtsprechung zur „unverzüglichen Anzeige" des § 2 Abs. 8 Nr. 2 VOB/B[16] ist dann aber auch das Erfordernis der Ankündigung des Vergütungsanspruches vor Ausführung der Leistung im Sinne von § 2 Abs. 6 Nr. 1 S. 2 VOB/B bei isolierter

---

[15] St. Rspr. seit BGH, Urteil vom 31.01.1991, Az. VII ZR 291/88; BGHZ 113, 315; BGH, Urteil vom 24.07.2003 – VII ZR 79/02, BauR 2003, 1892/1896 und vor allem BGH, Urteil vom 26.02.2004 – VII ZR 96/03.
[16] BGH, Urteil vom 26.02.2004 – VII ZR 96/03.

Betrachtung infolge der nicht als Ganzes vereinbarten VOB/B unangemessen und damit unwirksam. Am Ende der Kommentierung eines jeden VOB/B-Paragrafen wird auf etwaige unwirksame VOB/B-Regelung hingewiesen.

III. Wertung und Vorschlag für die Vertragsgestaltung

Schon an dieser Stelle wird deutlich, dass es eigentlich für die Rechtsklarheit ratsam wäre, es bei den gesetzlichen Regelungen zu belassen. Für die Bauprofis ist noch die Einbeziehung des Sonderrechts der VOB/B sinnvoll, dann aber bitte ohne Modifizierungen durch weitere Vorschriften. Die auch von der VOB/B offen gelassenen Konkretisierungen für den Einzelfall könnten dann sehr gut im sog. Verhandlungsprotokoll als Vereinbarung festgehalten werden. Dies sind etwa:

— Art und Umfang der Leistung gemäß § 1 Abs. 1 VOB/B,

— die Vergütung nach Art und Umfang, § 2 Abs. 1 und 2 VOB/B,

— die Ausführungsfristen im Sinne von § 5 Abs. 1 und 2 VOB/B und hieran anknüpfend,

— die Vertragsstrafe – § 11 VOB/B – dem Grunde und der Höhe nach,

— die Gewährleistungsdauer gemäß § 13 Abs. 4 VOB/B,

— die Sicherheitseinbehalte dem Grunde, der Art und der Höhe nach, wie ihn § 17 VOB/B vorgibt, und der Rückgabezeitpunkt dieser gemäß § 17 Abs. 8 Nr. 1 VOB/B,

— mögliche Schiedsgerichtsklauseln, § 18 Abs. 3 VOB/B.

Wegen der Einzelheiten wird auf die Kommentierung an entsprechender Stelle verwiesen.

Vor allem sind also Art und Umfang der auszuführenden Leistungen für einen wirksamen Vertrag durch die mit § 7 VOB/A n. F. (§ 9 VOB/A a. F.) vorgegebenen Formen, also Leistungsverzeichnis, Leistungsbeschreibung oder Leistungsprogramm (Funktionalausschreibung) zu vereinbaren, ohne dass hierdurch ausweislich § 1 Abs. 1 VOB/B in das Regelungsgeflecht der Allgemeinen Vertragsbedingungen für die Ausführung von Bauleistungen (VOB/B) eingegriffen wird.

§ 1 VOB/B Art und Umfang der Leistung

(1) Die auszuführende Leistung wird nach Art und Umfang durch den Vertrag bestimmt. Als Bestandteil des Vertrags gelten auch die Allgemeinen Technischen Vertragsbedingungen für Bauleistungen (VOB/C).

(2) Bei Widersprüchen im Vertrag gelten nacheinander:
1. die Leistungsbeschreibung,
2. die Besonderen Vertragsbedingungen,
3. etwaige Zusätzliche Vertragsbedingungen,
4. etwaige Zusätzliche Technische Vertragsbedingungen,
5. die Allgemeinen Technischen Vertragsbedingungen für Bauleistungen,
6. die Allgemeinen Vertragsbedingungen für die Ausführung von Bauleistungen.

(3) Änderungen des Bauentwurfs anzuordnen, bleibt dem Auftraggeber vorbehalten.

(4) Nicht vereinbarte Leistungen, die zur Ausführung der vertraglichen Leistung erforderlich werden, hat der Auftragnehmer auf Verlangen des Auftraggebers mit auszuführen, außer wenn sein Betrieb auf derartige Leistungen nicht eingerichtet ist. Andere Leistungen können dem Auftragnehmer nur mit seiner Zustimmung übertragen werden.

I. Art und Umfang der Leistung, § 1 Abs. 1 VOB/B

§ 1 Abs. 1 VOB/B stellt von Anfang an klar, dass die auszuführenden Leistungen nach ihrer Art und ihrem Umfang durch den Vertrag zu bestimmen sind.

Durch Einbeziehung der VOB/B in das Vertragsverhältnis werden durch § 1 Abs. 1 S. 2 VOB/B auch die Allgemeinen Technischen Vertragsbedingungen für Bauleistungen (ATV), mithin die VOB/C, Bestandteil des Vertrages. Es handelt sich um die allgemeinen Regelungen für Bauarbeiten, und zwar beginnend von der DIN 18299 bis DIN 18451. Diese DIN-Normen sind keine gesetzlichen Vorschriften, sondern ihrer Rechtsnatur nach Regeln der Technik. Literatur und Rechtsprechung gehen grundsätzlich davon aus, dass sie die anerkannten Regeln der Technik[17]

---

[17] Hierzu ausführlich unten § 13 II. 1. a) aa) (2) Anerkannte Regeln der Technik.

wiedergeben und damit den Maßstab für die Beschreibung der Soll-Beschaffenheit der auszuführenden Leistungen normieren, woran die Mängelansprüche des § 13 Abs. 1 VOB/B anknüpfen[18]. Die DIN-Normen sind antizipierte Sachverständigengutachten, die einen Beurteilungsmaßstab für die rechtliche Bewertung des vertraglich geschuldeten Umfanges bieten. Durch die Einbeziehung in den Vertrag werden sie zudem Vertragsklausel und binden die Parteien unmittelbar im Wege des vertraglichen Rechtes.

Dabei kommt es auf den Zeitpunkt des Standes der DIN-Normen bei Vertragsschluss an[19]. Wollen die Vertragsparteien von den DIN-Normen abweichen, müssen sie es ausdrücklich vereinbaren. Außerdem treten diese Normen zurück, wenn bei einer objektiv gegebenen Notwendigkeit im Einzelfall von den Allgemeinen Technischen Vertragsbedingungen abweichende Technische Bestimmungen bzw. Vereinbarungen getroffen werden oder wenn im Einzelfall eine solche Abweichung objektiv geboten ist. Daher sind vorrangig die **Zusätzlichen Technischen Vertragsbedingungen** (ZTV) zu berücksichtigen, wie § 1 Abs. 2 Nr. 4 und 5 VOB/B ohnehin klarstellt.

Im Ausnahmefall kann eine Leistung aber selbst dann vom vertraglichen Geschuldeten abweichen, wenn die DIN-Normen eigentlich eingehalten werden. Denn die vom Bauunternehmer gemäß § 4 Abs. 2 und § 13 Abs. 1 und Abs. 7 Nr. 3 a) VOB/B zu beachtenden anerkannten Regeln der Technik sind den DIN-Normen und den Allgemeinen Technischen Vorschriften übergeordnet. Genügen die Allgemeinen Technischen Vorschriften infolge einer Entwicklung der Technik nicht mehr den anerkannten Regeln der Bautechnik – sind also veraltet –, so genügt der Unternehmer seiner Verpflichtung zur Errichtung eines mangelfreien Werkes nicht durch Einhaltung der DIN-Normen[20]. Es ist sogar denkbar, dass erst nach Vertragsschluss die DIN-Normen novelliert werden.

In der Konsequenz wird man in § 1 Abs. 1 S. 2 VOB/B keine dynamische Verweisung auf die jeweils aktuelle ATV, also die VOB/C, mithin auf die dort hinterlegten DIN-Norm zu sehen haben. Es wird nur der Stand zum Zeitpunkt des Vertragsschlusses Art und Umfang der geschuldeten Leistung. Jedoch muss der Auftragnehmer etwaige Änderungen der anerkannten Regelung der Technik während der Baudurchführung – egal, ob diese sich in einer Novellierung der DIN spiegeln oder nicht – beachten,

---

[18] Rechtsprechung seit BGH, Urteil vom 10.11.1960, Az. VII ZR 2003/59; BGH, Urteil vom 21.03.1966, Az. VII ZR 153/65 und als anerkannte Regeln der Technik BGH, Urteil vom 09.02.1978, Az. VII ZR 122/77; BGH, Urteil vom 04.07.1996, Az. VII ZR 24/95; BGH, Urteil vom 16.07.1998 – VII ZR 350/96 und auch BGH, Urteil vom 14.01.1999 – VII ZR 19/98.
[19] OLG Celle, BauR 1984, 522.
[20] OLG Köln, 23. September 1980 Az. 15 U 262/79, BauR 1981, 475.

weil er gemäß § 13 Abs. 1 VOB/B zum Zeitpunkt der Abnahme die anerkannten Regeln der Technik erreichen muss. Er muss die Differenz nach § 4 Abs. 3 VOB/B schriftlich mitteilen, um aus der Gewährleistung nach § 13 Abs. 3 VOB/B zu geraten, will der Auftraggeber etwa an der veralteten vertragsgegenständlichen Leistungsbeschreibung, den ATV des § 1 Abs. 1 S. 2 VOB/B festhalten. Verlangt der Auftraggeber wie regelmäßig vernünftigerweise mit oder ohne Bedenkenanzeige die sich aus den Änderungen ergebenden zusätzlichen Leistungen, handelt sich um den klassischen Fall der Anordnung einer zusätzlichen Leistung gemäß § 1 Abs. 4 VOB/B, die erforderlich wird, um die vertraglichen Leistungen ordnungsgemäß zu erfüllen, so dass dem Auftragnehmer im Gegenzug eine Vergütungsanpassung (Nachtrag) gemäß § 2 Abs. 6 VOB/B bzw. insgesamt unter Beachtung des § 2 Abs. 5–9 VOB/B zusteht.

Selbst wenn schon ohne Beachtung der Änderung geleistet wurde, kann die Anpassung nach § 4 Abs. 7 VOB/B vor der Abnahme und nach § 13 Abs. 5 VOB/B bei bzw. nach der Abnahme verlangt werden. Kam der Auftragnehmer dabei seiner Pflicht aus § 4 Abs. 3 VOB/B nicht nach, trägt er die hieraus folgenden Mehrkosten selbst, wie auch § 10 Abs. 2 Nr. 1 letzter Satz und § 13 Abs. 3 VOB/B klarstellen. Die verbleibenden geänderten oder zusätzlichen Leistungen führen – als Ohnehin-Kosten oder Sowieso-Kosten – dennoch zur Vergütungsanpassung, vgl. unter § 2 Abs. 5–9 VOB/B.

II. Auslegung bei Widersprüchen, § 1 Abs. 2 VOB/B

1. Bestandteile des Vertrages

§ 1 Abs. 2 VOB/B regelt, welche Bestandteile des Vertrages bei Widersprüchen zueinander in welcher Reihenfolge gelten und ergänzt die allgemeinen Vertragsauslegungsregelungen der §§ 133, 157 BGB um den Grundsatz, wonach die jeweils spezielleren Vertragsregelungen den allgemeineren vorgehen. Dabei bleibt die Auslegungsregelung des § 1 Abs. 2 VOB/B unvollständig. Denn sie gibt nicht den Grundsatz wieder, dass eine etwaig jüngere vertragliche Regelung eine vorhergehende Regelung (also die ältere) verdrängt.

Geregelt wird vor allen nicht das eigentliche Problem von Lücken und Widersprüchen innerhalb einer Regelungsebene, etwa innerhalb der Leistungsbeschreibung gemäß § 1 Abs. 2 Nr. 1 VOB/B. Hier bleibt es dann bei der allgemeinen Vertragsauslegung nach §§ 133, 157 BGB, wie nachfolgend erläutert wird.

2. Vorvertragliche Kooperationspflicht der Parteien

Grundsätzlich sollte es der Anspruch der Parteien sein, widersprüchliche Regelungen von Anfang an auszuschließen. Dies ist auch Anliegen der sog. **vorvertraglichen Kooperationspflicht der Parteien**, wie es namentlich in den Regelungen über das Ausschreibungsverfahren mit § 7 VOB/A n. F. (§ 9 VOB/A a. f.), also der Leistungsbeschreibungsverpflichtung des potentiellen Auftraggebers und sodann mit der hieran anknüpfenden Erkundigungspflicht des potentiellen Auftragnehmers (Bewerbers) beschrieben ist. Dieser hat bei unvollständigen, fehlerhaften, unklaren, mehrdeutigen, widersprüchlichen und damit nicht kalkulierbaren Leistungen eine Erkundigungspflicht[21]. Auf die Erkundigung des Bewerbers hat dann der Auftraggeber neutralisiert gegenüber allen Bewerbern diskriminierungsfrei die Bieterfrage nach § 12 Abs. 7 VOB/A n. F. (§ 17 Nr. 7 VOB/A a. F.) zu beantworten und – soweit erforderlich – die Angebotsbearbeitungsfrist angemessen zu verlängern.

3. Normative Auslegung

Methodisch ist daher bei im Vertrag vermuteten Widersprüchen grundsätzlich davon auszugehen, dass eine widerspruchsfreie und vollständige vertragliche Regelung gemeint war und einer Auslegung den Vorzug zu geben, wonach sich die einzelnen vertraglichen Bestimmungen und die einzelnen vertraglichen Leistungsbeschreibungen nicht widersprechen, sondern sinnvoll ergänzen sollen[22]. Entsprechend sind im Wege der normativen Auslegung nach §§ 133, 157 BGB etwaige Unvollständigkeiten (Lücken), vermeintliche Fehler oder Unklarheiten, Mehrdeutigkeiten aufzuklären, und zwar nicht nach einem einseitigen „Empfängerhorizont", sondern des durch normative Auslegung zu ermittelnden objektiven Erklärungswertes der jeweiligen Willenserklärung, wie ihn der Erklärungsempfänger unter Berücksichtigung von Treu und Glauben und unter Beachtung der Verkehrssitte sowie des wirtschaftlichen Zwecks des beabsichtigten Vertrages verstehen musste, so dass es unwesentlich ist, wie der Erklärungsempfänger die Regelung im Einzelfall tatsächlich verstanden hat[23].

---

[21] St. Rspr. beginnend seit BGH, BauR 1981, 368, BGH, BauR 1988, 338 und BGH, BauR 1992, 759 – Wasserhaltung und dann BGH, NJW 1999, 2432 ff.; BGHZ 134, 245; auch die Zusammenfassung in OLG Köln, Urteil vom 03.03.2000, Az. 11 U 46/98.
[22] Instruktiv OLG Köln, Urteil vom 03.03.2000, Az. 11 U 46/98.
[23] BGHZ 36, 33; zuletzt BGH, NJW 1992, 1446 st. Rspr.

Dabei ist einerseits zwischen den
- rechtlichen Vertragsbestimmungen und andererseits den
- Bestimmungen zur Beschreibung der auszuführenden Leistung

zu unterscheiden.

a) Allgemeine Geschäftsbedingungen

Bei den rechtlichen **Vertragsbestimmungen (AGB)** gehen etwaig tatsächlich verbleibende Unklarheiten zu Lasten des Verwenders, wenn es sich um Allgemeine Geschäftsbedingungen handelt, vgl. § 305 c Abs. 2 BGB. Gemäß § 305 BGB (vor dem 31.12.2001: § 1 AGB-Gesetz) sind Allgemeine Geschäftsbedingungen (AGB) alle für eine Vielzahl von Verträgen vorformulierte Vertragsbedingungen, die eine Vertragspartei der anderen bei Abschluss eines Vertrages stellt. Es ist gleichgültig, ob die Bestimmungen einen äußerlich gesonderten Bestandteil des Vertrages bilden, oder in die Vertragsurkunde selbst aufgenommen werden, welchen Umfang sie haben, in welcher Schriftart sie verfasst sind oder welche Form der Vertrag hat. Die Vertragsbedingungen sind vorformuliert, wenn sie für eine mehrfache Verwendung schriftlich aufgezeichnet oder in sonstiger Weise fixiert sind.

Auch Klauseln mit ausfüllungsbedürftigen Leerräumen sind AGB, wenn es um unselbständige Ergänzungen, wie etwa die Einfügung von Namen oder die Bezeichnung des Vertragsobjektes geht. Der vorformulierte Text bleibt selbst dann AGB, wenn die Einfügung den Regelungsgehalt der Klausel mitbestimmt. Selbst handschriftliche Angaben machen diese nicht zwangsläufig zu Individualvereinbarungen[24]. Sie mögen ein Indiz dafür sein, dass über die entsprechende Klausel bei den Vertragsverhandlungen gesprochen wurde. Es steht jedoch nicht fest, dass sie i. S. d. § 305 BGB (vor dem 31.12.2001: § 1 Abs. 2 AGB-Gesetz) tatsächlich ausgehandelt wurden, d. h., dass die Inhalte ernsthaft zur Disposition gestellt und dem Verhandlungspartner Gestaltungsfreiheit zur Wahrnehmung eigener Interessen eingeräumt wurde[25]. Hierfür reicht es nicht, wenn der Auftragnehmer vom Auftraggeber/Verwender lediglich vor die Wahl gestellt wurde, den Vertrag entweder unter Zugrundelegung der AGB, also der fraglichen Sicherheit, oder gar nicht abzuschließen.

Gegen ein Aushandeln von Bedingungen spricht, wenn einseitig die Interessen des Verwenders gewahrt werden. Bei unveränderter Übernahme der vom Verwender vorgelegten AGB liegt eine Individualabrede

---

[24] Zur Problematik der handschriftlichen Einsetzung von Vertragsstrafensätzen der Höhe nach BGH, BauR 1992, 226; zur handschriftlichen Ausfüllung von Leerstellen ausführlich BGHZ 141, 108 ff.; OLG Dresden, VuR 1998, 382 ff.; BGH, NJW 1996, 1208 ff.
[25] BGH, NJW 1991, 1678/1679.

nur dann vor, wenn der Verwender bewiesen hat, dass er bereit war, eine aktive Einflussnahme des Partners auf den Inhalt der Vertragsbedingungen zu akzeptieren und wenn dem Partner die tatsächlich vorhandene Bereitschaft bei den Vertragsverhandlungen bewusst gewesen ist. Maßgeblich ist, ob der andere Vertragspartner eine echte Verhandlungschance hatte, die Vertragsbedingungen also ernsthaft zur Disposition gestellt wurden. Gelingt dem Verwender dieser Nachweis, ist die Klausel selbst dann als individuell vereinbart anzusehen, wenn sie trotz der Verhandlung im Prinzip beibehalten blieb[26].

Hinsichtlich der Beweislast, ob eine Klausel eine vorformulierte oder eine individuelle ist, wird zusammenfassend folgende Differenzierung vorgeschlagen:

— Handelt es sich um gedruckte Klauseln, muss die volle Beweislast dem Verwender treffen, dass dennoch die einzelnen Klauseln individuell zur Disposition gestanden haben.

— Bei einem Verhandlungsprotokoll mit individuell eingefügten Texten kann hingegen prima facie angenommen werden, dass der Inhalt tatsächlich verhandelt wurde, so dass der Auftragnehmer Gegenteiliges darlegen und beweisen muss.

— Wenn bei einem Formular lediglich einzelne Flächen für handschriftliche Eintragungen, wie z. B. für die genaue Bezeichnung der Vertragsparteien und für die Konkretisierung von Vertragssummen, freigehalten sind, bleibt es bei der Beweislast des Verwenders. Auch mag es Ausnahmen geben, in denen es selbst dann bei der Beweislast des Verwenders verbleibt, wenn die eigentlich wesentlichen Vereinbarungen mit der Hand niedergeschrieben werden, z. B. in den Fällen, in denen handschriftliche Eintragungen im Verhandlungsprotokoll inhaltlich völlig mit den im Übrigen beigefügten vorgedruckten Allgemeinen Geschäftsbedingungen übereinstimmen. Aufgrund der Identität zwischen den handschriftlichen Klauseln und den im Übrigen vorformulierten Bedingungen wird man im Rahmen der Bestimmung der Beweislastverteilung den ersten Anschein unterstellen müssen, dass es sich bei den handschriftlichen Eintragungen im Verhandlungsprotokoll lediglich um einen zusammengefassten Auszug aus den Vertragsbedingungen des Verwenders, auf den der Vertragspartner keinen wesentlichen Einfluss ausüben konnte, handelt.

Eine andere Bewertung widerspräche dem Grundgedanken und dem Schutzzweck der §§ 305 BGB (vor dem 31.12.2001: des AGB-Gesetzes), weil so allzu leicht einzelne Klauseln durch handschriftliche Änderungen oder Einfügungen der Kontrolle und dem strengen Maßstab des AGB-Gesetzes entzogen werden könnten.

---

[26] BGH, NJW 1991, 1678/1679.

Wegen sonstiger Lücken oder bei der Unwirksamkeit von rechtlichen Klauseln bleibt der Rückgriff auf die gesetzlichen Vorschriften.

b) Leistungsbeschreibung

Hinsichtlich der Regelung der eigentlich auszuführenden Leistungen sind etwaige tatsächliche Lücken und Unvollständigkeiten anhand der allgemein anerkannten Regeln der Bautechnik zu schließen. Denn schon durch die Einbeziehung der ATV (VOB/C, also den DIN-Normen) durch § 1 Abs. 1 S. 2 VOB/B und sodann unter Bezugnahme auf § 4 Abs. 2 und § 13 Abs. 1 VOB/B gilt dieser Maßstab der anerkannten Regeln der Bautechnik.

Bei tatsächlichen Widersprüchen in Zeichnungen wird man jeweils der detaillierteren Zeichnung den Vorzug geben, weil sie die Speziellere ist.

Bei Widersprüchen zwischen der wörtlichen Beschreibung des Leistungsverzeichnisses und der dazu gehörenden zeichnerischen Darstellung wird man der wörtlichen Beschreibung den Vorzug geben. Lässt sich im Einzelfall jedoch aufzeigen, dass die Zeichnungen eher geeignet sind, Art und Umfang der gewollten Leistung zu verdeutlichen, als das geschriebene Wort und die geschriebene Zahl, ist in solchen Fällen der zeichnerischen Darstellung entscheidend.

Liegen Proben und Muster vor, werden diese als die speziellste Definition des vertraglich Geschuldeten den Vorrang vor sonstigen wörtlichen Beschreibungen oder zeichnerischen Darstellungen haben.

Im Übrigen gibt es keinen grundsätzlichen Vorrang des Leistungsverzeichnisses vor den Vorbemerkungen. Beides ist vielmehr als sinnvolles Ganzes zu verstehen, wobei gerade in den Vorbemerkungen auch spezielle Beschreibungen, die für alle Positionen gelten, gleichsam vor die Klammer gezogen, zu finden sind, die zum Verständnis der gesamten Bauaufgabe und zur Preisermittlung erforderlich sind[27].

III. Anspruch des Auftraggebers auf Leistungsänderungen, § 1 Abs. 3 VOB/B

§ 1 Abs. 3 VOB/B enthält die Anspruchsgrundlage des Auftraggebers, durch Anordnung den ursprünglich vertraglich vereinbarten Bauentwurf zu ändern. Dabei handelt es sich nicht um einen Kontrahierungszwang,

---

[27] BGH, BauR 1999, 897; OLG Köln, Urteil vom 03.03.2000, Az. 11 U 46/98.

sondern vielmehr um eine antizipierte – also vorweggenommene – vertragliche Absprache.

1. Änderungsanordnung

a) Rechtsgestaltende Willenserklärung

Eine Anordnung im Sinne von § 1 Abs. 3 VOB/B ist eine einseitige empfangsbedürftige und rechtsgestaltende Willenserklärung des Auftraggebers gegenüber dem Auftragnehmer. Sie kann in jeder Form, also schriftlich, mündlich, aber auch durch schlüssiges Verhalten (konkludent) erteilt werden.

b) Abgabe-/Empfangsbefugnis – Vollmacht und Vertretung

Weil es sich bei der Anordnung um eine rechtsgestaltende Willenserklärung handelt, muss sie seitens des Auftraggebers selbst oder aber von einer vertretungsberechtigten, also mit **Vollmacht** und gegenüber dem Auftragnehmer oder einer ebenso vertretungsberechtigten Person erfolgen. Die Vollmacht ist dabei als ausdrückliche, konkludente Vollmacht oder als sog. Anscheins- und Duldungsvollmacht möglich. Eine von der Kompetenz des § 1 Abs. 3 VOB/B nicht gedeckte oder eine ohne Vollmacht ausgesprochene Anordnung entfaltet keine Wirkung und muss vom Auftragnehmer nicht beachtet werden. Eine gegenüber der falschen Person abgegebenen Anordnung ist ebenso unbeachtlich.

Es kommt grundsätzlich nicht ohne weiteres eine Zuordnung von Willenserklärungen Dritter in Betracht, etwa wenn eine untere Bauaufsichtsbehörde aus öffentlich-rechtlichen Bestimmungen z. B. zur Gefahrenabwehr zusätzliche Sicherungsmaßnahmen oder auch z. B. nur einen Baustopp verfügt[28]. Es fehlt hier an einer Vollmacht zur Anordnung, vielmehr handelt die Behörde in eigner Verantwortung und rechtlicher Befugnis bei der Durchführung der ihr zugewiesenen staatlichen Aufgaben. Auch ein Architekt – etwa als Bauüberwacher des Auftraggebers – hat grundsätzlich keine Vollmacht, im Vertrag nicht vorgesehene Leistungen anzuordnen. Dieser Grundsatz kehrt sich nur um, wird der Architekt gemäß § 167 BGB ausdrücklich rechtsgeschäftlich bevollmächtigt, solche Willenserklärungen nach § 1 Abs. 4 VOB/B abzugeben. Nur für Nachträge, die zu keiner fühlbaren Preiserhöhung führen, ist er befugt[29].

Weil das Verlangen der Änderung ein **Verpflichtungsgeschäft sein kann**, müssen öffentliche Auftraggeber darauf achten, dass die für Verpflich-

---

[28] Diehr, BauR 2001, 1507/1508 m. w. N.
[29] OLG Celle, Urteil vom 06.12.1995, Az. 6 U 250/94; OLG Düsseldorf, Urteil vom 09.01.1997, Az. 5 U 104/96; BGH, Urteil vom 14.07.1994, VII ZR 1986/93.

tungsgeschäfte geregelten Voraussetzungen – etwa in den einzelnen Landeskommunalordnungen – für eine wirksame Vertretung beachtet werden[30].

2. Änderung des Bauentwurfs

Die Anordnung muss sich auf die Änderung des Bauentwurfs beziehen. Zur Definition des Umfanges der Anordnungskompetenz, anders ausgedrückt: der Änderungsbefugnis des Auftraggebers, kommt es auf die **Definition des Begriffs des Bauentwurfs** an.

Dem Wortsinn nach ist der Begriff des Bauentwurfs dahin zu verstehen, dass es sich um die endgültige Lösung der Bauaufgabe in einer solchen Durcharbeitung handelt, dass danach tatsächlich gebaut werden kann. Im Kontext des § 1 VOB/B der Regelung des vertraglich nach Art (Qualität) und Umfang (Quantität) Geschuldeten, muss es um die bisher feststehenden Leistungen gehen, die zur Vertragserfüllung führen sollen. Die rechtliche Definition muss – weil es sich bei § 1 Abs. 3 VOB/B um eine vertragliche Regelung handelt – nach §§ 133, 157 BGB definiert werden. Nach dieser normative Auslegung des zu ermittelnden objektiven Erklärungswertes des Begriffs „Bauentwurf" enthält dieser alles, was zur vertragsgemäßen Ausführung der Leistung nach Art und Umfang erforderlich ist und wie es im Vertrag bestimmt wird.

Der Bauentwurf wird also durch den Vertrag bestimmt und ist vor allem in der Leistungsbeschreibung, den Besonderen Vertragsbedingungen, den Zusätzlichen Vertragsbedingungen, etwaigen Zusätzlichen Technischen Vertragsbedingungen, Allgemeinen Technischen Vertragsbedingungen zu Bauleistung und Allgemeinen Vertragsbedingungen für die Ausführung von Bauleistungen zu finden. Selbstverständlich gehören auch alle anderen vertraglichen Vereinbarungen, wie sie etwa im Verhandlungsprotokoll aufgenommen sein können, dazu.

Bauentwurf im Sinne von § 1 Abs. 3 VOB/B kann demnach – verallgemeinernd ausgedrückt – dasjenige sein,

— **was** gebaut werden soll,

— **wie** es gebaut werden soll,

— **wo** es gebaut werden soll und

— **wann** es gebaut werden soll,

— **wer** (etwa im eigenen Betrieb oder durch Nachunternehmer) baut,

vorausgesetzt, diese Eckpunkte wurden auch vereinbart. So ist es denkbar, dass sich der vertragliche Bauentwurf nach einem konkreten Ver-

---

[30] BGH, Urteil vom 27.11.2003 – VII ZR 346/01, BauR 2004, 495–500 = ZfBR 2004, 254–258.

trag erst einmal auf eine funktionale Ausschreibung beschränkt, mithin auf dasjenige, was erreicht werden soll, ohne dass dem Auftragnehmer im Einzelnen auch vorgegeben wird, wie, wo und wann er dieses Ziel zu erreichen hat. In einem solchen Fall bleibt das „Wie" der Leistungsausführung dem Auftragnehmer überlassen. Das „Wo" der Leistungserbringung dürfte sich regelmäßig aus der Natur der Sache, insbesondere bei der Erbringungen von Bauwerken, ergeben. Auch bezüglich des „Wann" und des „Wer" wäre der Auftragnehmer grundsätzlich in der Disposition frei, wobei er regelmäßig die für ihn effektivste Ausführung wählen dürfte. Nur ganz ausnahmsweise würde man die Vereinbarung einer Ausführungszeit als notwendige Voraussetzung für die Wirksamkeit eines Vertrages ansehen müssen, wie etwa beim Fixgeschäft[31]. Wegen der besonderen Bedeutung der Ausführungszeit ist dem Auftraggeber daher selbst bei Nichtvereinbarung von Ausführungsfristen eine gesonderte Anordnungskompetenz mit § 5 Abs. 2, Abs. 3 und Abs. 4 VOB/B eingeräumt. Damit ist zugleich klargestellt, dass sich § 1 Abs. 3 VOB/B jedenfalls dann nicht auf die Bauzeit beziehen kann, wenn diese nicht von Anfang an gemäß § 5 Abs. 1 VOB/B vereinbart war.

Setzt ein Auftragnehmer bei einem funktional beschriebenen vertraglichen Bauentwurf diesen auch hinsichtlich der Technologie planerisch um, ist diese Entwurfsplanung nach Leistungsphase 3 der Anlage 11 zu §§ 33 und 38 Abs. 2 HOAI zu unterscheiden vom hier gemeinten Bauentwurf i. S. v. § 1 Abs. 3 VOB/B. Eine solche Umsetzung des vertraglich Geschuldeten, einen ausführungsreifen Bauentwurf, stellt nicht den mit § 1 Abs. 3 VOB/B beschriebenen vertraglichen Bauentwurf dar, es sei denn, die Parteien beziehen z. B. eine konkrete Entwurfsplanung auch zur Abstimmung des Wie, Wo und/oder Wann in den Vertrag und somit in den Bauentwurf i. S. v. § 1 Abs. 3 VOB/B mit ein.

Zusammenfassend bleibt also festzuhalten, dass Bauentwurf im Sinne von § 1 Abs. 3 VOB/B alles das ist, was im konkreten Bauvertrag den Inhalt der bauvertraglichen Leistungsverpflichtung des Auftragnehmers bestimmt. Dies kann im Einzelfall mit Blick auf einen konkreten Bauvertrag nur die allgemeine Beschreibung des zu erreichenden Bauziels (etwa beim Funktionalpauschalpreisvertrag) sein. Dies kann aber auch in Abhängigkeit von der konkreten Vertragsgestaltung das „Wie" zur Erreichung der bauvertraglichen Leistungsverpflichtung sein, wie es im Einzelnen etwa im Leistungsverzeichnis, in der Leistungsbeschreibung und in Zeichnungen etc. niedergelegt und Vertragsbestandteil

---

[31] Zur Problematik der Bauzeit und Störung des vorgesehenen Bauablaufes: Kommentierung bei § 2 III. Exkurs: Zahlungsansprüche des Auftragnehmers bei Bauablaufstörungen, m. w. N. (auch zu finden über Stichwortverzeichnis/Index: Bauablaufstörungen: Zahlungsansprüche – eine ausführliche Darstellung –).

wurde, naturgemäß das „Wo" der Leistungserbringung (hier gibt es aber keine rechtlichen Probleme, zumal sich hierauf regelmäßig keine Anordnungen des Auftraggebers beziehen können), und die konkrete zeitliche Bauausführung sein, nämlich dann, wenn im Sinne von § 5 Abs. 1 VOB/B verbindliche Ausführungsfristen im Vertrag festgehalten und möglicherweise sogar ein konkreter Bauablauf vereinbart wurde. Schließlich kann bereits unter Beachtung von § 4 Abs. 8 VOB/B mit dem Vertrag vorgegeben werden, „wer" die Leistungen ganz oder zum Teil, vor Ort oder als Lieferant im Rahmen von Kaufverträgen oder Werklieferungsverträgen in welchen Teilleistungen/Bereichen erbringen soll.

3. Umfang der Anordnungskompetenz

a) Durch Bauentwurf festgelegt

Der Umfang der Anordnungskompetenz bzw. der Änderungsbefugnis des Auftraggebers definiert sich nach dem konkret vertraglich vereinbarten Umfang des Bauentwurfs. Wie umfangreich der Bauentwurf vereinbart werden kann, wurde oben[32] beschrieben. Sind demgemäß z. B. Ausführungsfristen verbindlich vertraglich vereinbart, ist der sich hieraus ergebende Bauablaufplan der Bauentwurf in zeitlicher Hinsicht, so dass sich auf diesen die Anordnungskompetenz beziehen kann.

Aus der Begrenzung der Anordnungsbefugnis auf die Änderung des Bauentwurfes folgt, dass Anordnungen nicht von § 1 Abs. 3 VOB/B erfasst sind, welche sich nicht auf den Bauentwurf beziehen oder mit denen der Auftraggeber eine neue Leistung forderte, als ursprünglich vereinbart. Verlangt der Auftraggeber nach Vertragsschluss eine neuartige, umgestaltete und die bisherige Vertragsgrundlage im Leistungsinhalt entscheidend verändernde Arbeit, so hat das nach Treu und Glauben nicht mehr als zulässig einseitige Vertragsänderung durch den Auftraggeber zu gelten und fällt nicht mehr unter § 1 Abs. 3 VOB/B[33]. Im Einzelfall ist zu hinterfragen, ob der Auftraggeber den Bauentwurf ändert, also das, was ursprünglich bereits vereinbart war, oder eine darüber hinausgehende, gegebenenfalls neuartige Leistung fordert. In letzterem Falle kommt dann keine Anordnung nach § 1 Abs. 3 VOB/B in Betracht, sondern allenfalls nach § 1 Abs. 4 VOB/B. Dieses für den Fall, dass diese neu angeordnete Leistung zur Ausführung der vertraglichen Leistung erforderlich wurde.

---

[32] Vgl. „Bauentwurf: was, wie, wo, wann, wer" (zu finden über das Stichwortverzeichnis/Index).
[33] OLG Köln, SFH, § 8 VOB/B, Nr. 4.

b) Zumutbarkeit der Änderung

Sind vorstehend die Grenzen der Anordnungskompetenz des Auftraggebers durch das gezogen worden, was vertraglich als Bauentwurf vereinbart war, ergeben sich weitere Grenzen der Änderungsbefugnis des Auftraggebers unter dem Gesichtspunkt der Zumutbarkeit. So wird man regelmäßig ein objektiv berechtigtes Interesse des Auftragnehmers an der Änderung und eine dem Auftragnehmer zumutbare Änderung verlangen müssen. Die Grenzen lassen sich nur anhand des Einzelfalles ziehen.

Bei der Abwägung der Interessen des Auftraggebers und des Auftragnehmers ist dabei zu berücksichtigen, dass sich der Auftragnehmer von Anfang an durch die Einbeziehung der VOB/B auf die grundsätzliche Anordnungskompetenz des Auftraggebers zur Änderung des vertraglichen Bauentwurfs einließ und der Auftragnehmer zum Ausgleich der angeordneten Änderung die Vertragspreisanpassung nach § 2 Abs. 5 VOB/B verlangen kann. In der Folge ist es einem Auftragnehmer z. B. nicht zuzumuten, die Werkleistung in der sicheren Kenntnis erbringen zu müssen, dass er den Vergütungsanpassungsanspruch nur mit gerichtlicher Hilfe wird durchsetzen können. Verweigert also ein Auftraggeber von Anfang an die Nachtragsverhandlung, muss ein Auftragnehmer der Anordnung zur Änderung des Bauentwurfes nicht nachkommen und kann sich zur Einstellung der Arbeiten auf die Verletzung der vertraglichen Kooperationspflicht berufen[34]. Sonst berechtigen Änderungsanordnungen und auch Forderungen nach zusätzlichen Leistungen gemäß § 1 Abs. 3 und 4 VOB/B nicht zur Kündigung des Bauvertrages[35].

4. Wirksamkeit von § 1 Abs. 3 VOB/B bei isolierter Inhaltskontrolle

Dabei dürfte das einseitige Recht des Auftraggebers zur Änderung des Bauentwurfes auch bei isolierter Inhaltskontrolle wirksam sein und etwa nicht gegen §§ 308 Nr. 4, 307 Abs. 2 Nr. 1 BGB verstoßen. Der Änderungskompetenz nach § 1 Abs. 3 VOB/B steht – wie ausgeführt – der Vergütungsanpassungsanspruch nach § 2 Abs. 5 VOB/B gegenüber.

---

[34] OLG Düsseldorf, Urteil vom 14.09.2001, Az. 22 U 37/01, BauR 2002, 484 f.; zur Kooperationsverpflichtung vor allem BGHZ 143, 89 bis 95 und in NZBau 2000, 130 f. und Diehr, ZfBR 2002, 316/321.
[35] BGH, Urteil vom 21.11.1996 – VII ZR 101/95, NJW-RR 1997, 403 f.

IV. Anspruch des Auftraggebers auf zusätzliche Leistungen, § 1 Abs. 4 VOB/B

Der Auftraggeber ist berechtigt, vom Auftragnehmer die Ausführung nicht vereinbarter Leistungen zu verlangen, wenn diese erforderlich werden, um die vertraglichen Leistungen ordnungsgemäß zu erbringen. Dabei handelt es sich nicht um eine antizipierte – also vorweggenommene – vertragliche Absprache, dass der Auftragnehmer damit einverstanden ist, auf Verlangen des Auftraggebers die für die Ausführung der vertraglichen Leistung erforderlichen zusätzlichen Leistungen ebenso zu erbringen. Ein ähnlicher Gedanke findet sich auch im allgemeinen Zivilrecht nach dem Grundsatz von Treu und Glauben nach § 242 BGB und der Anpassung des Vertrages an geänderte oder unvorhergesehene Tatsachen[36].

1. Anordnungskompetenz – Vollmacht/Vertretung

In § 1 Abs. 4 VOB/B wird der Begriff „auf Verlangen des Auftraggebers" verwendet. Nach der gebotenen rechtsnormativen Auslegung gemäß §§ 133, 157 BGB ist mit diesem Verlangen eine einseitige empfangsbedürftige Willenserklärung mit rechtsgestaltender Wirkung gemeint[37]. Das Verlangen hat also die gleiche rechtliche Bedeutung wie die Anordnung im Sinne von § 1 Abs. 3 VOB/B. Die gesonderte Herausstellung dieser Anordnungskompetenz, also der Befugnis des Auftraggebers, zusätzliche Leistungen verlangen zu können, folgt den praktisch häufigen Notwendigkeiten bei Bauprojekten, dass sich erst in der Ausführungsphase Umstände zeigen, die bei Vertragsschluss mit zumutbaren Aufwendungen nicht feststellbar waren und daher ursprünglich nicht mitvereinbarte Leistungen voraussetzen, die zur Erreichung des vertraglichen Zieles notwendig sind.

Das Verlangen, mithin die Anordnung einer zusätzlichen Leistung, kann dabei in jeder Form erfolgen, also schriftlich, mündlich oder aber auch nur durch konkludentes Verhalten. Es kommt grundsätzlich nicht ohne weiteres eine Zuordnung von Willenserklärungen Dritter in Betracht, etwa wenn eine untere Bauaufsichtsbehörde aus öffentlich-rechtlichen Bestimmungen z. B. zur Gefahrenabwehr zusätzliche Sicherungsmaßnahmen oder auch z. B. nur einen Baustopp verfügt[38]. Es fehlt hier an

---

[36] BGH, Urteil vom 25.01.1996 – VII ZR 233/94, BauR 1996, 378–381 = BGHZ 131, 392–402.
[37] BGH, BauR 2004, 495; BGH, BauR 1994, 760; BGH, BauR 1996, 378.
[38] Diehr, BauR 2001, 1507/1508 m. w. N.

einer Vollmacht zur Anordnung, vielmehr handelt die Behörde in eigner Verantwortung und rechtlicher Befugnis bei der Durchführung der ihr zugewiesenen staatlichen Aufgaben. Auch ein Architekt – etwa als Bauüberwacher des Auftraggebers – hat grundsätzlich keine Vollmacht, im Vertrag nicht vorgesehene Leistungen anzuordnen. Dieser Grundsatz kehrt sich nur um, wird der Architekt/Bauleiter gemäß § 167 BGB ausdrücklich rechtsgeschäftlich bevollmächtigt, solche Willenserklärungen nach § 1 Abs. 4 VOB/B abzugeben. Nur für Nachträge, die zu keiner fühlbaren Preiserhöhung führen, ist er befugt[39].

§ 1 Abs. 4 VOB/B ist zwar ein einseitiges Leistungsbestimmungsrecht des Auftraggebers, den Leistungsumfang des Vertrages zu erweitern. Diese wirksame Leistungserweiterung begründet aber unmittelbar auch den Anspruch des Auftragnehmers gemäß § 2 Abs. 6 VOB/B auf eine zusätzliche Vergütung[40]. Weil das Verlangen der zusätzlichen Leistung nach § 1 Abs. 4 VOB/B somit ein **Verpflichtungsgeschäft** ist, müssen z. B. öffentliche Auftraggeber darauf achten, dass die für Verpflichtungsgeschäfte geregelten Voraussetzungen – etwa in den einzelnen Landeskommunalordnungen – für eine wirksame Vertretung beachtet werden[41].

2. Nicht vereinbarte Leistungen

§ 1 Abs. 4 VOB/B benutzt die Formulierung „nicht vereinbarte Leistungen". Weil es sich demnach um Leistungen handelt, die ursprünglich nicht vertraglich vereinbart waren, hat die Praxis hierfür auch den Begriff der **zusätzlichen Leistungen** geprägt. Hierunter ist im Sinne von § 1 Abs. 4 VOB/B nur eine solche Leistung zu verstehen, die bisher noch nicht zum Vertragsinhalt gehörte, die insbesondere nach dem Leistungsverzeichnis und darüber hinaus nach der einschlägigen DIN-Norm nicht schon ohnehin zu erbringen war.

Im Rahmen der Bestimmung sind neben dem Wortlaut der Leistungsbeschreibung die Umstände des Einzelfalls, unter anderem die Besonderheiten des Bauwerks, maßgeblich[42]. Wesentlich kommt es für die Abgrenzung zwischen unmittelbar vertraglich geschuldeter und zusätzlicher Leistung auf den Inhalt der Leistungsbeschreibung an[43] und nicht auf die Unterscheidung in den DIN-Vorschriften zwischen Nebenleistun-

---

[39] OLG Celle, Urteil vom 06.12.1995, Az. 6 U 250/94; OLG Düsseldorf, Urteil vom 09.01.1997, Az. 5 U 104/96; BGH, Urteil vom 14.07.1994, VII ZR 1986/93.
[40] BGH, Urteil vom 27.11.2003 – VII ZR 346/01, BauR 2004, 495–500 = ZfBR 2004, 254–258.
[41] BGH, Urteil vom 27.11.2003 – VII ZR 346/01, BauR 2004, 495–500 = ZfBR 2004, 254–258.
[42] BGH, BauR 2002, 935.
[43] BGH, BauR 1994, 625.

gen und besonderen Leistungen[44]. Es ist also die Vereinbarung der Parteien nach §§ 133, 157 BGB auszulegen. Beruht der Vertragsabschluss zudem auf einem Vergabeverfahren der VOB/A, so ist die Ausschreibung zugrunde zu legen. Grundlage dieser Auslegung ist der objektive Empfängerhorizont der Bieter[45].

Als zusätzliche Leistung kommt nur eine solche in Betracht, die die bisher vertraglich verabredete Leistung vollständig und mangelfrei ermöglicht. Ausschlaggebend ist die bautechnische Sicht. Dieses folgt aus dem Wortlaut des § 1 Abs. 4 S. 1 VOB/B: Die nicht vereinbarten Leistungen müssen zur „Ausführung der vertraglichen Leistungen" erforderlich werden.

3. Fehlende Einrichtung des Betriebes sowie andere Leistungen als zur vertraglichen Leistung erforderlich

Unter zwei Gesichtspunkten muss der Auftragnehmer dem Verlangen des Auftraggebers nach nicht vereinbarten Leistungen nicht folgen. Der eine Aspekt ist,

— wenn der Betrieb des Auftragnehmers auf derartige Leistungen nicht eingerichtet ist.

Der andere Aspekt ist, dass diese

— nicht vereinbarte Leistung nicht zur Ausführung der vertraglichen Leistung erforderlich ist.

In beiden Fällen bedarf es der gesonderten Zustimmung des Auftragnehmers. Zur Abgrenzung im Einzelnen:

a) Fehlende Einrichtung des Betriebes des Auftragnehmers

Ist der Betrieb des Auftragnehmers auf die nicht vereinbarte Leistung nicht eingerichtet, muss er diese nicht erbringen. Dabei kommt es auf die tatsächlichen Verhältnisse des jeweiligen Auftragnehmers an. Wenn ohnehin feststeht, dass die zusätzliche Leistung nicht unmittelbar vom Auftragnehmer erbracht werden kann, sondern dieser Nachunternehmer binden müsste, ist es einzig angemessen, dem Auftragnehmer zumindest die Möglichkeit zu belassen, nach solchen Nachunternehmern und deren Preisen am Markt zu recherchieren und sich zu entscheiden, ob er die zusätzlichen Leistungen entsprechend übernimmt und subsumiert, zumal er bei seinem Vergütungsanpassungsanspruch an die Grundlagen der Preisermittlung der vertraglichen Leistung gebunden wäre.

---

[44] BGH, BauR 2002, 935.
[45] BGH, BauR 2002, 935; BGH, BauR 1994, 625; BGH, BauR 1994, 236; BGH, BauR 1993, 595.

Nach der insofern zutreffenden und angemessenen Gestaltung der Anordnungskompetenz des Auftraggebers handelt es sich dann aber um einen **Anschlussauftrag**, so dass Auftraggeber und Auftragnehmer über die Preise dieser zusätzlichen Leistungen frei verhandeln können. Kommt es nicht zu einer Einigung, ist Maßstab für die Vergütung nicht mehr die ursprüngliche Urkalkulation (Grundlage der Preisermittlung der vertraglichen Leistung), sondern ortsübliche und angemessene Preise, § 632 Abs. 2 BGB.

b) Das Verlangen anderer Leistungen

Auch andere Leistungen als solche, die zur Ausführung der vertraglichen Leistungen erforderlich werden, muss der Auftragnehmer nur bei seiner Zustimmung erbringen. Er muss also eine empfangsbedürftige Willenserklärung des Inhaltes abgeben, dass er das Verlangen der nicht vereinbarten Leistung – als Angebot – annimmt, §§ 147 ff. BGB.

Es handelt sich dann um einen **Anschlussvertrag** als gesondertes und neues vertragliches Verhältnis, das nicht mehr den Bindungen des ursprünglichen Vertrages unterliegt. Dies wirkt sich insbesondere auf die Vergütung aus, weil diese nicht auf der Grundlage der Preisermittlung der vertraglichen Leistungen, sondern vielmehr frei verhandelt und bei fehlender Verhandlung nach § 632 Abs. 2 BGB auf der Grundlage von ortsüblichen und angemessenen Preisen zu bilden ist. Wieder dem Gedanken von Treu und Glauben verpflichtet, wird so ein Kontrahierungszwang vermieden und die vertragliche Dispositionsfreiheit gewahrt.

Im Bereich dieser Anschlussaufträge hat ein öffentlicher Auftraggeber dann aber zu beachten, ob er diese ohne weiteres freihändig nach den Voraussetzungen des § 3 Abs. 5 VOB/A vergeben darf oder etwa neu ausschreiben muss.

4. Mehrvergütungsanspruch des Auftragnehmers

Wie auch bei der Änderung des Bauentwurfes oder anderer Anordnungen nach § 1 Abs. 3 VOB/B, steht dem Auftragnehmer bei dem Verlangen nicht vereinbarter Leistungen nach § 1 Abs. 4 VOB/B ein Vergütungsanspruch zu. Dieser korrespondierende Vergütungsanspruch ist geregelt in § 2 Abs. 6 VOB/B. Dort heißt es, dass der Auftragnehmer Anspruch auf besondere Vergütung hat, wenn eine im Vertrag nicht vorgesehene Leistung gefordert wird. Dieser Vergütungsanpassungsanspruch auf der Grundlage der Preisermittlung der vertraglichen Leistungen gilt auch bei Pauschalpreisverträgen, vgl. § 2 Abs. 7 Nr. 1 S. 4 VOB/B, der auf die Anwendbarkeit von § 2 Abs. 6 VOB/B verweist.

Der Auftragnehmer ist zur Verweigerung einer nach § 1 Abs. 4 VOB/B angeordneten Leistung berechtigt, wenn der Auftraggeber die Vergütungsanpassung nach § 2 Abs. 6 VOB/B endgültig verweigert[46]. Dieses Leistungsverweigerungsrecht folgt aus der Kooperationspflichtverletzung des Auftraggebers, weil es dem Auftragnehmer dann nicht zuzumuten ist, eine zusätzliche Leistung im sicheren Wissen erbringen zu müssen, die Vergütung gerichtlich einklagen und bis dahin – möglicherweise über Jahre – vorfinanzieren zu müssen.

Bei Zusatzleistungen im Sinne von § 1 Abs. 4 S. 1 VOB/B ist es dabei eine Frage der Vertragsauslegung, ob angenommen werden kann, dass etwaige **Preisnachlässe auch für Nachtragsaufträge** gelten[47]. Insofern ist zu unterscheiden, ob der Preisnachlass Grundlage der Preisermittlung der vertraglichen Leistungen wurde. Dann wird man annehmen müssen, dass er auch für die Nachträge gilt[48]. Handelt es sich hingegen nur um einen Akquisitionsnachlass, um den Zuschlag zu bekommen, war dieser nicht Grundlage der Preisermittlung der vertraglichen Leistungen[49]. Entsprechendes muss für Skontoabreden gelten.

V. Abgrenzung zwischen „Nachtrag" und „Neuvergabe"

Im VOB-Alltag wird der Vergütungsanspruch wegen der Bauentwurfsänderung und wegen der zusätzlichen Leistungen oft als Nachtrag bezeichnet. Der Sprachgebrauch stammt wohl aus dem öffentlichen Haushaltsrecht in Anlehnung an den Nachtragshaushalt. Insofern ist er rechtlich eigentlich missverständlich, aber so gebräuchlich, dass es bei diesem verbleiben soll. Gemeint ist der Vergütungsanpassungsanspruch im bestehenden Vertrag in Abgrenzung zu etwaigen Anschlussaufträgen oder Auftragserweiterungen, die eine Neuvergabe darstellen.

Der EuGH hat mit seinem Urteil vom 19.06.2008[50] erkannt, dass die wesentliche Änderung eines bestehenden Vertrages vergaberechtlich

---

[46] BGH, Urteil vom 24.06.2004 – VII ZR 271/01, BauR 2004, 1613 ff.
[47] OLG Köln, Urteil vom 08.10.2002 – 24 U 67/02, NJW-RR 2003, 667 f.
[48] Das verallgemeinernde Ergebnis OLG Düsseldorf, Urteil vom 22.09.1992 – 23 U 224/91.
[49] Für die Erstreckung einer Nachlassvereinbarung auf erforderliche Zusatzleistungen zutreffend OLG Düsseldorf, BauR 1993, 479–481 nach dem Grundsatz, dass ein schlechter Preis auch für den Nachtrag schlecht bleibt und umgekehrt; a. A. Kapellmann, NZBau 2000, 57, der im Nachlass zutreffend eine Akquisitionsmaßnahme sieht, was aber nichts daran ändert, dass dieser Abschlag eine weitere Grundlage der Vertragspreisbildung unter Einschluss der Preisverhandlung der Parteien wird.
[50] EuGH, NJW 2008, 3341 und hierzu auch Niestedt/Hölzl, NJW 2008, 3321 ff.

als Neuvergabe zu bewerten ist. Unwesentliche Änderungen sind demnach als bloße Vertragsanpassung (Nachtrag) zu behandeln. Diese Entscheidung betrifft die Auslegung der Richtlinie 92/50/EWG des Rates vom 18.06.1992 über die Koordinierung der Verfahren zur Vergabe öffentlicher Dienstleistungsaufträge[51] und die Richtlinie 89/665/EWG des Rates vom 21.12.1989 zur Koordinierung der Rechts- und Verwaltungsvorschriften für die Anwendung der Nachprüfungsverfahren im Rahmen der Vergabe öffentlicher Liefer- und Bauaufträge[52] in der durch die Richtlinie 92/50/EWG geänderten Fassung. Damit sind also auch die Bauaufträge in Deutschland gemeint, so dass diese Vorgaben für die hier maßgebliche Abgrenzung zwischen Nachtrag und Neuvergabe beachtlich sind.

1. Der Nachtrag als unwesentliche Änderung des bestehenden Vertrages

Bestimmt § 1 Abs. 3 VOB/B, dass der Auftraggeber nur Änderungen des Bauentwurfes anordnen darf, beschränkt sich die Anordnungskompetenz und dem folgend der Nachtrag auf die auszuführende Leistung, die nach Art und Umfang durch den bestehenden Vertrag bestimmt wird, § 1 Abs. 1 S. 1 VOB/B. Alle Anordnungen, die also außerhalb dieses Bauentwurfes liegen, sind von der entsprechenden Kompetenz nicht abgedeckt und führen auch nicht zur Vergütungsanpassung nach § 2 Abs. 5 VOB/B auf der Grundlage der Vertragspreise, mithin des Preisniveaus des bestehenden Vertrages ohne neuen Wettbewerb.

Erst recht gilt für die zusätzlichen Leistungen eine auf den bestehenden Vertrag eingeschränkte Anordnungsbefugnis. So ist der Auftraggeber ausweislich § 1 Abs. 4 VOB/B nur berechtigt, diejenigen Leistungen anzuordnen, die zur Ausführung der vertraglichen Leistungen erforderlich werden, wobei zusätzlich gelten muss, dass der Betrieb des Auftragnehmers hierauf eingerichtet ist. Nur solche, für die ordnungsgemäße Erbringung des vorgesehenen Vertrages zusätzlichen Leistungen führen dann zum Vergütungsanpassungsanspruch des § 2 Abs. 6 VOB/B, der ausweislich des dortigen Absatzes 2 den Wettbewerb ausschließt, in dem die Vergütung der besondere Kosten auf der Grundlage der Preisermittlung der vertraglichen Leistung festlegt wird.

Dieser nationalrechtliche Wortlaut der maßgeblichen Regelungen der VOB/B im Lichte der gemeinschaftsrechtlichen Vorgaben ist auch im Rahmen der nationalen Diskussion hinsichtlich des Umfanges der

---

[51] AblEG Nr. L209, Seite 1.
[52] AblEG Nr. L395, Seite 33.

Anordnungskompetenz durchaus ein beachtliches Argument[53]. Im Rahmen der aktuellen Diskussion bezüglich des bauzeitbezogenen Anordnungsrechtes eines Auftraggebers aus § 1 Abs. 3 oder Abs. 4 VOB/B wird man gemeinschaftsrechtlich grundsätzlich zu keiner Ablehnung kommen müssen, weil Bauzeitänderungen regelmäßig den bestehenden Vertrag nicht wesentlich ändern[54]. Würde man aber annehmen, dass eine Großbaustelle für eine erhebliche Zeit, etwa 3 Jahre, komplett stillsteht, weil z. B. Baugrunduntersuchungen neu durchgeführt werden müssten, käme dies unter Umständen einer wesentlichen Änderung des bestehenden Vertrages gleich. Bei der vergaberechtlich notwendigen gesamtwirtschaftlichen Betrachtung könnten sich nämlich die wirtschaftlichen Rahmenbedingungen derart geändert haben, dass im Rahmen eines neuen Vergabeverfahrens wesentlich andere Ergebnisse zustande kämen.

Diese Beschränkung des Nachtragsrechtes wird auch durch die EuGH-Rechtsprechung erforderlich, nach der als Neuvergabe des Auftrages anzusehen ist, wenn wesentliche Änderungen vorliegen etwa wegen wesentlich anderer Merkmale, woraus sich der Wille der Parteien zur Neuverhandlung ergibt, oder bei wesentlich anderen Bedingungen, die die Zulassung anderer als der ursprünglich zugelassenen Bieter oder die Annahme eines anderen Angebotes erlauben würden. Eine wesentliche Änderung liegt auch vor, wenn der Auftrag im großen Umfang auf ursprünglich nicht vorgesehene Leistungen erweitert wird oder das wirtschaftliche Gleichgewicht des Vertrages in einer vom ursprünglichen Auftrag nicht vorgesehenen Weise zu Gunsten der einen oder anderen Seite verlagert würde[55]. Diese Vorgaben des Gemeinschaftsrechtes sind zumindest im Wege der gemeinschaftsrechtlichen Auslegung für die Abgrenzung eines Nachtrages von der Neuvergabe beachtlich.

2. Neuvergabe statt Nachtrag

Wie aufgezeigt, schränkt das nationale Baudurchführungsrecht mit § 1 Abs. 3 VOB/B die Anordnungskompetenz des Auftraggebers auf den Bauentwurf des bestehenden Vertrages ein. Auch für zusätzliche Leistungen wird mit der nationalen Regelung in § 1 Abs. 4 VOB/B sicher-

---

[53] Zum Umfang des Leistungsbestimmungsrechtes etwa Zanner/Keller, NZ Bau 2004, 353 ff.; Quack, IBR 2004, 558, Thode, ZfBR 2004, 214/225, Zanner, Baurecht 2006, 177/161 und Kniffka, IBR-Online-Kommentar Bauvertragsrecht, Stand 12.06.2007, § 631 Rdn. 375 ff.

[54] So auch KG Berlin, 21. Zivilsenat, Entscheidungsdatum: 12.02.2008, Az. 21 U 155/06; BGH NJW 1968, 1234 ff., BGHZ 95, 128 ff. = BauR 1985, 561 ff.; differenzierend: OLG Hamm BauR 2005, 1480 ff.

[55] Vgl. nochmals EuGH, Urteil vom 19.06.2008 – C-454/06, NJW 2008, 3341 aber auch EuGH NJW 2001, 1481 L-Kommission/Frankreich.

gestellt, dass nur solche zusätzlichen Leistungen im Rahmen des bestehenden Vertrages vom Auftraggeber verlangt werden können, die erforderlich werden, um den bestehenden Vertrag ordnungsgemäß zu erfüllen und wenn der Betrieb des Auftragnehmers hierauf eingerichtet ist. Im Rahmen des § 1 Abs. 4 VOB/B wird mit Satz 2 VOB/B sogar noch klargestellt, dass alle anderen Leistungen nur mit der Zustimmung des Auftragnehmers auf diesen übertragen werden können, womit das Merkmal des neuen Vertragsschlusses durch übereinstimmende Willenserklärungen besonders betont wird.

Mit den maßgeblichen Vorschriften des § 1 Abs. 3 und Abs. 4 VOB/B wird sogleich das Leistungsbestimmungsrecht nach § 315 BGB hinreichend gemeinschaftsrechtskonform beschränkt[56]. § 313 BGB als Regelung der Störung der Geschäftsgrundlage hat damit freilich nichts zu tun, weil dort ohnehin nur solche Umstände angesprochen sind, die zur Grundlage des Vertrages geworden sind, womit die fraglichen Bereiche der Auftragserweiterung bzw. des Anschlussauftrages überhaupt gemeint sind. Den Regelungen über die Störung der Geschäftsgrundlage gemäß § 313 BGB wird man also nur im Rahmen des nationalrechtlich und gemeinschaftsrechtlich zulässigen „Nachtragsmanagements" Bedeutung beimessen können, etwa wenn das eigentlich bindende Preisniveau einem Vertragsteil unter Berücksichtigung aller Umstände des Einzelfalles nicht zugemutet werden könnte[57].

3. Auswirkungen für die Praxis

Sicherlich bringt diese Rechtslage und verstärkt durch die EuGH-Rechtsprechung[58] einen erheblichen Ansatzpunkt für die nationale Rechtsanwendung, wann ein Vertrag aufgrund seiner Änderung neu ausgeschrieben werden muss. Die bisher strittigen Kriterien um vergaberechtlich erhebliche und unerhebliche Vertragsänderungen im Rahmen der Anwendbarkeit der §§ 97 ff. GWB scheinen in der Baupraxis aber zumindest ebenso bedeutend für den täglichen Streit des Maßstabes für das Preisniveau der Vergütung geänderter und zusätzlicher Leistungen. So stellt sich in der Praxis oft die Frage, welchen Anordnungen der Auftragnehmer nun folgen muss[59]. Er muss nur „Nachtrags-

---

[56] Vgl. nochmals EuGH, Urteil vom 19.06.2008 – C-454/06, NJW 2008, 3341 aber auch EuGH NJW 2001, 1481 L-Kommission/Frankreich.

[57] Vgl. zu einer solchen Fallgestaltung Kammergericht Berlin, Urteil vom 05.10.2007, Az. 21 U 92/07.

[58] EuGH, NJW 2008, 3341 und hierzu auch Niestedt/Hölzl, NJW 2008, 3321 ff.

[59] Zum Sonderfall der Leistungsverweigerung des Auftragnehmers, wenn der Auftraggeber unberechtigt die Nachtragsvergütung nicht bestätigt: Leinemann, Leistungsverweigerungsrecht des Bauunternehmers wegen fehlender Nachtragsbeauftragung, NJW 1998, 3672 ff.

anordnungen" folgen, was auch sein Kalkulationsrisiko definiert. Einer – wenn auch nur in Unkenntnis – faktisch angeordneten Auftragserweiterung muss er nicht folgen, kann dies vielmehr von seiner Zustimmung etwa bezüglich der Vereinbarung eines Preises abhängig machen, wobei dann selbst ein vergaberechtswidriger Zuschlag bindet.

Von Bedeutung ist der rechtliche Ansatz der Unterscheidung zwischen Nachtrag und Neuauftrag für den Streit hinsichtlich der Vergütungshöhe, wenn es um das viel beschriebene Preisniveau des Vertrages geht. So können die Grundlagen der Preisermittlung der vertraglichen Leistung (oft niedergelegt in der Urkalkulation) nur für die klassischen Nachträge gelten[60]. Sonst ist gemäß § 632 Abs. 2 BGB der Maßstab der Ortsüblichkeit und Angemessenheit einschlägig. Wenn in der Umgehung des Ausschreibungsrechtes eine Neuvergabe/ein Anschlussauftrag bzw. eine Vertragserweiterung zustande kommt, wird es aber auch künftig bei dem Auslegungsmaßstab bleiben können, dass sich Auftragnehmer und Auftraggeber einvernehmlich für diesen Neuauftrag auf das Preisniveau des Altvertrages verständigten. Eine solche Verständigung auf das alte Preisniveau muss aber hinreichend deutlich werden. Im Zweifel muss nämlich nach der hier beschriebenen Abgrenzung zwischen Nachtrag und Neuauftrag jeweils das hierfür einschlägige Preisniveau gelten müssen. Erbringt also ein Auftragnehmer stillschweigend und somit konkludent im Sinne von § 1 Abs. 4 S. 2 VOB/B zustimmend andere zusätzliche Leistungen als die in § 1 Abs. 4 S. 1 VOB/B beschriebenen, gilt nicht automatisch das Preisniveau des alten Vertrages, sondern gemäß § 632 Abs. 2 BGB die ortsübliche und angemessene Vergütung.

Jedenfalls muss es erst recht im Lichte der EuGH-Rechtsprechung[61] bei der nationalen Differenzierung zwischen Nachträgen als unwesentliche Änderungen im Rahmen des bestehenden Vertrages und der auch vergaberechtlichen Neuvergabe bei wesentlichen Änderungen bleiben. Die Graubereiche hinsichtlich der Frage der Wesentlichkeit sind im Zweifel als Neuvergabe zu bewerten, wie ebenso bereits jetzt durch die nationale Rechtslage vorgesehen. So bestimmt bereits jetzt § 3 Abs. 5 VOB/A die Möglichkeit der freihändigen Vergabe unter dem Gesichtspunkt der Zweckmäßigkeit, wenn es sich um eine kleine Leistung handelt, die von der vergebenen größeren Leistung nicht ohne Nachteil getrennt werden kann. Man denke etwa an eine zusätzliche dritte Etage eines ursprünglich mit zwei Etagen ausgeschriebenen Bürogebäudes, wenn die Leistung besonders dringlich ist oder eine neue Ausschreibung kein annehmbares Ergebnis verspricht.

---

[60] Zur Preisanpassung nach VOB/B gemäß der Faustformel: „Ein guter Preis bleibt ein guter Preis, ein schlechter Preis bleibt ein schlechter Preis." vgl. Jäger-Helleport, Matthias, Juris AnwaltZertifikat Baurecht 6/2009, Aufsatz 3.
[61] EuGH, NJW 2008, 3341 und hierzu auch Niestedt/Hölzl, NJW 2008, 3321 ff.

VI. Wirksamkeit der Anordnungskompetenz auch bei isolierter Kontrolle

Der Anspruch des Auftraggebers, zusätzliche Leitungen anzuordnen, ist auch bei isolierter Kontrolle der Klausel unter Beachtung der obigen Einschränkung der Anordnungsbefugnisses und damit des Nachtragswesens wirksam[62]. Ausschlaggebend für dieses Ergebnis ist, dass die Regelung keinen Kontrahierungszwang enthält, sondern bei genauer Betrachtung unter Berücksichtigung der Besonderheiten von Bauvorhaben lediglich klarstellt, dass die eigentlich nicht vereinbarten Leistungen miterbracht werden müssen, die notwendig sind, um ein ordnungsgemäßes und mangelfreies Werk zu erreichen, und auch nur dann, wenn der Betrieb des Auftragnehmers auf solche zusätzlichen Leistungen eingerichtet ist. Sonstige zusätzliche Leistungen müssen in Anschlussaufträgen (Neuvergabe) vereinbart werden. Außerdem wird die Anordnungskompetenz des § 1 Abs. 4 VOB/B durch den Anspruch des Auftragnehmers auf Vergütungsanpassung gemäß § 2 Abs. 6 VOB/B ausgewogen.

---

[62] St. Rspr. BGH, Urteil vom 25.01.1996 – VII ZR 233/94, BauR 1996, 378–381 und BGHZ 131, 392–402.

§ 2 VOB/B Vergütung

(1) Durch die vereinbarten Preise werden alle Leistungen abgegolten, die nach der Leistungsbeschreibung, den Besonderen Vertragsbedingungen, den Zusätzlichen Vertragsbedingungen, den Zusätzlichen Technischen Vertragsbedingungen, den Allgemeinen Technischen Vertragsbedingungen für Bauleistungen und der gewerblichen Verkehrssitte zur vertraglichen Leistung gehören.

(2) Die Vergütung wird nach den vertraglichen Einheitspreisen und den tatsächlich ausgeführten Leistungen berechnet, wenn keine andere Berechnungsart (z. B. durch Pauschalsumme, nach Stundenlohnsätzen, nach Selbstkosten) vereinbart ist.

(3) 1. Weicht die ausgeführte Menge der unter einem Einheitspreis erfassten Leistung oder Teilleistung um nicht mehr als 10 v. H. von dem im Vertrag vorgesehenen Umfang ab, so gilt der vertragliche Einheitspreis.

2. Für die über 10 v. H. hinausgehende Überschreitung des Mengenansatzes ist auf Verlangen ein neuer Preis unter Berücksichtigung der Mehr- oder Minderkosten zu vereinbaren.

3. Bei einer über 10 v. H. hinausgehenden Unterschreitung des Mengenansatzes ist auf Verlangen der Einheitspreis für die tatsächlich ausgeführte Menge der Leistung oder Teilleistung zu erhöhen, soweit der Auftragnehmer nicht durch Erhöhung der Mengen bei anderen Ordnungszahlen (Positionen) oder in anderer Weise einen Ausgleich erhält. Die Erhöhung des Einheitspreises soll im Wesentlichen dem Mehrbetrag entsprechen, der sich durch Verteilung der Baustelleneinrichtungs- und Baustellengemeinkosten und der Allgemeinen Geschäftskosten auf die verringerte Menge ergibt. Die Umsatzsteuer wird entsprechend dem neuen Preis vergütet.

4. Sind von der unter einem Einheitspreis erfassten Leistung oder Teilleistung andere Leistungen abhängig, für die eine Pauschalsumme vereinbart ist, so kann mit der Änderung des Einheitspreises auch eine angemessene Änderung der Pauschalsumme gefordert werden.

(4) Werden im Vertrag ausbedungene Leistungen des Auftragnehmers vom Auftraggeber selbst übernommen (z. B. Lieferung von Bau-, Bauhilfs- und Betriebsstoffen), so gilt, wenn nichts anderes vereinbart wird, § 8 Absatz 1 Nr. 2 entsprechend.

(5) Werden durch Änderung des Bauentwurfs oder andere Anordnungen des Auftraggebers die Grundlagen des Preises für eine

im Vertrag vorgesehene Leistung geändert, so ist ein neuer Preis unter Berücksichtigung der Mehr- oder Minderkosten zu vereinbaren. Die Vereinbarung soll vor der Ausführung getroffen werden.

(6) 1. Wird eine im Vertrag nicht vorgesehene Leistung gefordert, so hat der Auftragnehmer Anspruch auf besondere Vergütung. Er muss jedoch den Anspruch dem Auftraggeber ankündigen, bevor er mit der Ausführung der Leistung beginnt.

2. Die Vergütung bestimmt sich nach den Grundlagen der Preisermittlung für die vertragliche Leistung und den besonderen Kosten der geforderten Leistung. Sie ist möglichst vor Beginn der Ausführung zu vereinbaren.

(7) 1. Ist als Vergütung der Leistung eine Pauschalsumme vereinbart, so bleibt die Vergütung unverändert. Weicht jedoch die ausgeführte Leistung von der vertraglich vorgesehenen Leistung so erheblich ab, dass ein Festhalten an der Pauschalsumme nicht zumutbar ist (§ 313 BGB), so ist auf Verlangen ein Ausgleich unter Berücksichtigung der Mehr- oder Minderkosten zu gewähren. Für die Bemessung des Ausgleichs ist von den Grundlagen der Preisermittlung auszugehen.

2. Die Regelungen der Absätze. 4, 5 und 6 gelten auch bei Vereinbarung einer Pauschalsumme.

3. Wenn nichts anderes vereinbart ist, gelten die Nummern 1 und 2 auch für Pauschalsummen, die für Teile der Leistung vereinbart sind; Absatz 3 Nummer 4 bleibt unberührt.

(8) 1. Leistungen, die der Auftragnehmer ohne Auftrag oder unter eigenmächtiger Abweichung vom Auftrag ausführt, werden nicht vergütet. Der Auftragnehmer hat sie auf Verlangen innerhalb einer angemessenen Frist zu beseitigen; sonst kann es auf seine Kosten geschehen. Er haftet außerdem für andere Schäden, die dem Auftraggeber hieraus entstehen.

2. Eine Vergütung steht dem Auftragnehmer jedoch zu, wenn der Auftraggeber solche Leistungen nachträglich anerkennt. Eine Vergütung steht ihm auch zu, wenn die Leistungen für die Erfüllung des Vertrags notwendig waren, dem mutmaßlichen Willen des Auftraggebers entsprachen und ihm unverzüglich angezeigt wurden. Soweit dem Auftragnehmer eine Vergütung zusteht, gelten die Berechnungsgrundlagen für geänderte oder zusätzliche Leistungen der Absätze 5 oder 6 entsprechend.

3. Die Vorschriften des BGB über die Geschäftsführung ohne Auftrag (§§ 677 ff. BGB) bleiben unberührt.

(9) 1. Verlangt der Auftraggeber Zeichnungen, Berechnungen oder andere Unterlagen, die der Auftragnehmer nach dem Vertrag, besonders den Technischen Vertragsbedingungen oder der gewerblichen Verkehrssitte, nicht zu beschaffen hat, so hat er sie zu vergüten.
2. Lässt er vom Auftragnehmer nicht aufgestellte technische Berechnungen durch den Auftragnehmer nachprüfen, so hat er die Kosten zu tragen.

(10) Stundenlohnarbeiten werden nur vergütet, wenn sie als solche vor ihrem Beginn ausdrücklich vereinbart worden sind (§ 15).

I. Überblick zu den Vergütungsregelungen

1. Vergütungsanspruch und Vergütungsanpassungsanspruch

In § 2 VOB/B ist der Vergütungungsanspruch des Auftragnehmers geregelt. § 2 Abs. 1 und Abs. 2 regeln, dass mit den vereinbarten Preisen alle hierzu vereinbarten Leistungen abgegolten werden und dass grundsätzlich von einem Einheitspreisvertrag auszugehen ist, jedoch auch ein Pauschalpreis-, ein Stundenlohn- und Selbstkostenerstattungsvertrag vereinbart werden kann.

Die wichtigste Unterscheidung zu den entsprechenden gesetzlichen Werkvertragsregeln der §§ 631 ff. BGB besteht darin, dass sich ein einmal für ein Bauvorhaben geschlossener Werkvertrag nach den Regelungen der VOB auch durch im Einzelfall scheinbar widersprechende Willenserklärungen fortschreiben kann, während nach dem reinen Gesetzesrecht jede zusätzliche oder geänderte Leistung zwischen den Vertragsparteien gesondert durch übereinstimmende Willenserklärung vereinbart werden müsste. Hierdurch soll der beschleunigten und effektiven Baudurchführung Rechnung getragen werden, indem etwaiger Streit über den Leistungsumfang und den Leistungsinhalt nicht zur Bauunterbrechung führen soll.

So regelt die § 2 VOB/B – auch unabhängig davon, ob ein Auftragnehmer oder ein Auftraggeber dies ausdrücklich will – die Vertragsanpassung hinsichtlich der Vergütung, ändern sich die Leistungsinhalte vom ursprünglich Vereinbarten. Weil dieser Vertragsanpassungsmodus von den Parteien durch die Einbeziehung der VOB/B vereinbart wurde, liegt – rechtsdogmatisch betrachtet – eine einvernehmliche Vertragsfortschreibung vor, die in der Praxis oft auch als **Nachtragsmanagement** bezeichnet wird.

Dieses **Nachtragsmanagement** ist ein Unterfall der Vertragsanpassung wegen der Änderung der Geschäftsgrundlage, wie sie in § 313 BGB geregelt ist, mit der Besonderheit, dass die Anpassung nicht nur für faktische Änderungen in Betracht kommt, sondern auch vom Auftraggeber einseitig im Sinne von § 1 Abs. 3 und Abs. 4 VOB/B angeordnete bzw. verlangte geänderte oder zusätzlich Leistungen. Bei einer Eigenmacht des Auftragnehmers kommt aber auch hiernach grundsätzlich keine Vertragsanpassung in Betracht, vgl. § 2 Abs. 8 Abs. 1 VOB/B und die Ausnahmen des § 2 Abs. 8 Nr. 2 und 3 VOB/B

Durch den Ausschluss der Preisgleitung/Gleitklauseln kann nicht wirksam die sonstige Vergütungsanpassung nach § 2 Abs. 3-8 VOB/B, mithin auch nicht die Anpassung der Pauschalpreisvergütung ausgeschlossen werden. Wenn z. B. ein Bauherr – aufgrund von Planungsänderungen und Gründungsschwierigkeiten – den mit dem Bauunternehmer vereinbarten Baubeginn verschiebt, so kann der Bauunternehmer einen Ausgleich für zwischenzeitlich eingetretene Lohn- und Stoffpreiserhöhungen auch dann verlangen, wenn eine Preisgleitklausel nicht vertraglich vereinbart ist. Wenn der Bauherr eine Preisanpassung ablehnt, kann der Bauunternehmer den Baubeginn verweigern.

Wird keine Gleitklausel vereinbart, sollen die Festpreise des Angebots aber nur bis zu einem bestimmten Tag Gültigkeit haben, wird durch diesen Preisänderungsvorbehalt dem Unternehmer das Recht eingeräumt, über den Festpreis hinaus mehr von dem Besteller fordern zu dürfen. Dabei soll der Festpreis der Basispreis bleiben, der lediglich entsprechend den Veränderungen der allgemein üblichen Preise verändert werden sollte.

Werden bei Preisgleitklauseln die Begriffe „Einstandspreis" und „Abrechnungspreis" verwendet, ist zu berücksichtigen, das der Begriff des Einstandspreises aus dem öffentlichen Preisrecht stammt. Bei der Vergabe von Bauleistungen auf Grund von Selbstkosten ist der Einstandspreis im Regelfall frei Baustelle zu verstehen, d. h. einschließlich der unmittelbaren Lieferkosten (z. B. Fracht, Porto, Rollgeld, Verpackung) und Abladekosten. Anders als der Einstandspreis umfasst der Einkaufspreis frei Fahrzeug Baustelle nicht die sonstigen bei der Ermittlung des Einstandspreises zu berücksichtigenden Umstände. Daher muss, wer zu Einkaufspreisen anbietet, jene Faktoren in die Gemeinkosten übernehmen. Was zu den sonstigen bei der Ermittlung des Einstandspreises zu berücksichtigenden Umständen gehört, kann im Einzelnen zweifelhaft sein. Hier bieten sich zulässige Vollständigkeitsklauseln an. Zulässig sind Vollständigkeitsklauseln auch als Allgemeine Geschäftsbedingung, wenn sie lediglich die wirksame Verpflichtung des Auftragnehmers klarstellen, die zur Ausführung der Leistungen einer ausgeschriebenen Position notwendigen Teilarbeiten bei der Kalkulation vollständig zu berücksichtigen, weil sich dies mit dem Grundsatz deckt, dass Leistungsbeschreibungen immer als sinnvolles Ganzes und im Zweifel eindeutig und erschöpfend zu verstehen sind. Entscheidend ist ansonsten die Verkehrsauffassung, etwa auch, ob hierin zudem Wartezeiten, Sonderkontrollen oder Streuverluste etc. einzurechnen sind. Das wird dann ein Sachverständiger zu klären haben.

Entsprechendes gilt für den bei der Vergabe zum Selbstkostenfestpreis. Bei jedem Bauvorhaben muss damit gerechnet werden, dass nicht das gesamte vom Auftragnehmer beschaffte und bezahlte Material beim Aufmaß wieder in Erscheinung tritt. Dieser Verlust mag auf Bruch, Verschnitt etc. beruhen und muss vom Auftragnehmer einkalkuliert werden; er verteuert die Beschaffung der letztlich abgerechneten Baustoffe. Davon geht auch das öffentliche Preisrecht aus, wenn dort zur Ermittlung der Materialkosten von Ziegelsteinen auf die Summe von Einkaufs-, Anfuhr- sowie Ablade- und Stapelkosten 3 %-Punkte für Bruch aufgeschlagen werden.

a) Stoffpreisgleitklauseln sollen von öffentlichen Auftraggebern verwendet werden, um im Sinne von § 7 Abs. 1 Nr. 3 VOB/A n. F. (§ 9 Nr. 2 VOB/A a. F.) ungewöhnliches Wagnis auszuschreiben und vertraglich dem Auftragnehmer zu überantworten. Mit § 7 Abs. 1 Nr. 3 VOB/A n. F. (§ 9 Nr. 2 VOB/A a. F.) werden so die Sorgfaltspflichten des Auftraggebers bei der Vertragsanbahnung näher bestimmt. Bieter dürfen hierauf vertrauen. Verletzt der Ausschreibende seine Sorgfaltspflicht, haftet er später als Auftraggeber für den Vertrauensschaden. In der Folge bestimmt § 9 Abs. 9 VOB/A n. F. (§ 15 VOB/A a. F.) die Möglichkeit zur Vereinbarung einer Preisgleitklausel. Hierzu hat das Bundesministerium für Wirtschaft und Finanzen Vorgaben für die vertragliche Gestaltung herausgegeben (abrufbar über www.bmvbw.de als pdf-Datei).

b) Durch diese besondere Stoffpreisgleitklausel – Stahl – soll zwischen den Vertragsparteien sichergestellt werden, dass die bei Vertragsschluss noch ungewissen Änderungen der Marktpreise zum Zeitpunkt der konkreten Stahlleistung angepasst werden. Von der Ungewissheit geht man aus, weil nach den Erfahrungen der Vergangenheit mit Blick auf die sehr schwankende Nachfrage des Rohstoffes Stahl insbesondere in den Schwellenländern, vor allem China, keine annähernde Preisstabilität mehr auszumachen war und dies in der Vergangenheit in Einzelfällen existenzbedrohende Auswirkungen hatte.

c) Dabei geht die Klausel vom „Marktpreis" zum Zeitpunkt der Angebotsabgabe aus. Dies setzt das vom Ausschreibenden zu erfüllende Vertrauen, dass dieser Ausschreibende wirkliche Marktpreise ausschreibt, zumal ein Bieter im Rahmen des Ausschreibungsverfahrens keine Möglichkeit hat, die Verdingungsunterlagen etwa in diesem Punkt den

Marktpreis betreffend zu verändern oder aber den ausgeschriebenen Marktpreis gar zu verhandeln:

a. Die Veränderungen der Verdingungsunterlagen verbietet § 13 Abs. 1 Nr. 5 VOB/A n. F. (§ 21 Nr. 1 Abs. 3 VOB/A a. F.).

b. Eine Änderung des Angebotes im Wege der Verhandlung verbietet § 15 Abs. 3 VOB/A n. F. (§ 24 Nr. 3 VOB/A a. F.).

Definiert sich der Marktpreis als solcher, der unter den momentanen Marktverhältnissen im Durchschnitt bezahlt wird, und wie er sich durch den Vergleich gleichartiger, zum gleichen Zeitpunkt entstandener Verträge als Durchschnittspreis ermitteln lässt, womit es sich also um denjenigen Preis handelt, der ohne staatliche Regulierung durch Angebot und Nachfrage entsteht, wie er etwa in Statistiken im Schnittpunkt von Angebots- und Nachfragekurven ermittelt werden kann, darf und muss ein Bieter mit Blick auf die Sorgfaltspflicht des Auftraggebers darauf vertrauen, dass auch dieser Marktpreis ausgeschrieben wird. Dies, zumal der Ausschreibende im Rahmen der dritten Wertungsstufe ohnehin noch einmal die Angemessenheit des Preises nach § 16 Abs. 6 Nr. 1 und Nr. 2 VOB/A n. F. (§ 25 Nr. 3 Abs. 1 und 2 VOB/A a. F.) zu prüfen hat.

d) Damit knüpft die Preisgleitklausel nicht an die Grundlagen der Preisermittlung der vertraglichen Leistung (also nicht an die Urkalkulation mit etwaigen über- oder unterkalkulierten Preisen) an, sondern an den Marktpreis, so dass dieser auch wirklich die Basis für die Preisanpassung bleiben muss. Bliebe es den Parteien hingegen unbenommen, jeden beliebigen Preis – wie bei einer Kalkulation – stattdessen als Grundlage für die Preisgleitung zu benutzen, hätte diese abweichend von den Vorgaben der öffentlichen Hand den Maßstab des „Marktpreises" austauschen müssen und den Maßstab irgendeines „Preises" zu vereinbaren.

e) Daher ist ausdrücklich in Ziff. 7 der Stoffpreisgleitklausel festgehalten, dass der Auftraggeber den Marktpreis zum in der Stoffpreisgleitklausel angegebenen Zeitpunkt (Monat/Jahr) als Nettopreis in Euro je Tonne festsetzt. Nach der normativen Auslegung dieser Klausel gemäß §§ 133, 157 BGB ist der Auftraggeber mithin verpflichtet, den zum konkreten Zeitpunkt herrschenden Marktpreis zutreffend wiederzugeben, wobei seine Festsetzung die Unsicherheiten der normalen Marktpreisschwankungen („von .... bis ....") vermeiden soll.

f) Die Einsetzung des Marktpreises in das Formular soll bewirken, dass der Marktpreis nicht erst lange Zeit nach dem Zeitpunkt der Angebotsabgabe, sondern möglichst zeitnah und somit möglichst genau definiert wird, so dass es ein Problem der Darlegung und des Beweises ist, heute noch den zutreffenden Marktpreis zum Zeitpunkt der Angebotsabgabe zu ermitteln. So hat der Auftragnehmer die Darlegungs- und Beweislast, will dieser einen für sich günstigeren Marktpreis durchsetzen. Hingegen hat der Auftraggeber die Darlegungs- und Beweislast, wollte er jetzt einen für sich günstigeren Marktpreis durchsetzen. Diesbezüglich schafft die Marktpreisangabe ein Präjudiz in tatsächlicher Hinsicht, das jeweils von der Partei ausgeräumt werden muss, die sich hierdurch beschwert sieht.

g) Würde man die vom Auftraggeber vorgegebene und von ihm gemäß Ziff. 7 auszufüllende Allgemeine Geschäftsbedingung der Stoffpreisgleitklausel-Stahl dahingehend verstehen, dass er jeden Preis seines Beliebens als „Marktpreis" im Sinne der Stoffpreisgleitklausel-Stahl ansetzen könnte, wäre Ziff. 7 dieser Klausel im Sinne von § 307 BGB wegen unangemessener Benachteiligung des von einer solchen Verwendung betroffenen Auftragnehmer unwirksam. Dabei ist eine unangemessene Benachteiligung bereits dann gegeben, wenn die Bestimmung nicht im obigen Sinne der Auslegung des Marktpreises als Marktpreis klar und verständlich wäre, vgl. § 307 Abs. 1 S. 2 BGB. Denn würde es tatsächlich im freien Belieben des Auftraggebers stehen, den „Marktpreis" festzusetzen, könnte er einen besonders niedrigen Preis festsetzen, zum Beispiel 0,00 Euro oder erheblich unterm Markt, und würde in diesem Falle entweder trotz der Vereinbarung der Stoffpreisgleitklausel gar keine Gleitung vornehmen müssen oder aber eine Gleitung, die trotz der Ankopplung an den Index des Statistischen Bundesamtes weit hinter den wirklichen Stahlpreisentwicklungen zurückbliebe. Es würde auch vom wesentlichen Grundgedanken der Einführung der Stoffpreisgleitklausel-Stahl abgewichen, der dem Gesichtspunkt der unkalkulierbaren erheblichen Schwankungen Rechnung tragen will. Vor diesem Hintergrund hatte das Bundesministerium für Verkehr, Bau- und Wohnungswesen bereits mit Erlass vom 23.03.2004 die Vergabestellen angewiesen, die Stoffpreisgleitklausel zu vereinbaren, die wörtlich vom Marktpreis ausgehen soll. Ziff. 7 wäre durch die sonst geltenden gesetzlichen Regelungen letztendlich durch das Gebot von Treu und Glauben gemäß § 242 BGB ersetzt, wonach in der Tat vom wirklichen „Marktpreis" auszugehen ist. Freilich müsste dann im Nachhinein der ortsübliche und angemessene Marktpreis mangels ordnungsgemäßer Festsetzung noch ermittelt werden.

2. Grundstruktur des Nachtragsmanagements

Für Einheitspreisverträge bestimmt § 2 Abs. 3 VOB/B bei Mengenüber- oder -unterschreitung, dass ein Preisanpassungsanspruch entsteht, wird eine Grenze von 10 % überschritten bzw. unterschritten. § 2 Abs. 5 VOB/B regelt die Konsequenz der einseitigen Änderungsanordnungsbefugnis des Auftraggebers nach § 1 Abs. 3 VOB/B. Demnach begründet jede Änderung des ursprünglichen Bauentwurfes unabhängig von irgendwelchen „Opfergrenzen" einen Vergütungsanpassungsanspruch unter Berücksichtigung der Mehr- oder Minderkosten. Schließlich regelt § 2 Abs. 6 VOB/B die Konsequenz der Auftraggeberkompetenz nach § 1 Abs. 4 VOB/B, zusätzliche Leistungen zu fordern. Wird ein solcher Anspruch vor der Ausführung angekündigt, begründet demnach jede Leistungserweiterung wieder ohne Opfergrenzen einen Mehrvergütungsanspruch, der sich ebenso auf der Grundlage der Preisermittlung der vertraglichen Leistung bestimmt. Flankiert werden diese drei Fälle der Mengenänderung, Bauentwurfsänderung und Zusatzleistungen durch die Regelung zum Teilentzug von Leistungen nach § 2 Abs. 4 VOB/B sowie die Regelung bei objektiv notwendigen Leistungsänderungen oder Mehrungen nach § 2 Abs. 8 Nr. 2 VOB/B.

Für Pauschalpreisverträge wird das Nachtragsmanagement in § 2 Abs. 7 VOB/B dahingehend modifiziert, dass Mengenüberschreitungen und -unterschreitungen nur eine Vergütungsanpassung bewirken, wenn ein Festhalten an der Pauschalsumme nicht zumutbar ist (vgl. § 2 Abs. 7 Nr. 1 Satz 1 und 2 VOB/B). Anders als in § 2 Abs. 3 VOB/B gibt es keine starre Zumutbarkeitsgrenze[63]. Im Übrigen wird oft übersehen, dass auch für einen Pauschalpreisvertrag das Nachtragsmanagement für die teilweise Auftragsentziehung nach § 2 Abs. 4 VOB/B, für die Bauentwurfsänderung nach § 2 Abs. 5 VOB/B und für Zusatzleistungen nach § 2 Abs. 6 VOB/B unverändert bestehen bleibt, hier also nichts anderes als im Rahmen eines Einheitspreisvertrages gilt, vgl. § 2 Abs. 7 Nr. 1 letzter Satz VOB/B. Dabei bestimmt sich die Höhe des Vergütungsanpassungsanspruchs wieder nach den Grundlagen der Preisermittlung der vertraglichen Leistung, mithin der Urkalkulation. Faktisch ist jedoch die Abgrenzung zwischen ursprünglich Vereinbartem und Mengenmehrung/Bauentwurfsänderung/Zusatzleistung schwieriger, insbesondere, wurden die Leistungsinhalte nur funktional, also global beschrieben.

Das rechtliche Regelungskonzept hat sich dennoch insgesamt für alle Vertragstypen bewährt und wurde von der Rechtsprechung wiederholt als wirksam bestätigt, selbst wenn die VOB/B nicht als Ganzes einbezogen wurde. Hingegen wurden Abweichungen von diesem Nachtragsmanagement durch Allgemeine Geschäftsbedingungen (AGB) durch die Rechtsprechung als unwirksam erachtet. Folgende Rechtsprechungsbeispiele sollen dies verdeutlichen:

---

[63] BGH, Urteil vom 02.11.1995, VII ZR 29/95 = ZfBR 1996, 82 f in Auseinandersetzung mit der vorgehenden Rechtsprechung OLG Düsseldorf, Urteil vom 22.12.1994, 302/93, das den Risikorahmen bei regelmäßig 20 % sehen wollte, wobei das OLG Brandenburg im Urteil vom 18.07.2001, 4 U 184/00 eine Vergütungsanpassung beim Detail-Pauschalpreisvertrag bereits bei 10 % (zehnprozentiger) Erweiterung des ursprünglich geschuldeten Leistungsumfanges sah.

3. Rechtsprechung zu wirksamen/unwirksamen Vergütungsklauseln

a) Zu § 2 Abs. 2 VOB/B

Unwirksam ist eine Klausel, mit der es sich der Bauherr vorbehält, einzelne Teile der ausgeschriebenen Arbeiten zu ändern oder gänzlich zu streichen, während der Unternehmer hieraus keinen Entschädigungsanspruch ableiten kann, wenn sich aus diesem Umstand keine Änderung des Gesamtleistungsumfanges über 10 % ergibt[64].

b) Zu § 2 Abs. 3 VOB/B

Wirksam ist eine Formularklausel, wonach Einheitspreise für die Dauer der Bauzeit Festpreise sind und darüber hinaus auch dann ihre Gültigkeit behalten, wenn Massenänderungen im Sinne § 2 Abs. 3 VOB/B eintreten[65].

c) Zu § 2 Abs. 4 VOB/B

Unwirksam ist eine Formularklausel, durch die der Auftraggeber berechtigt ist, einzelne Positionen des Angebots zurückzuziehen, zu streichen, in den Massenansätzen zu vermindern oder zu vermehren, ohne dass dem Auftragnehmer ein Ersatzanspruch wegen Minderleistungen zustehen soll, während im Übrigen durch die Änderung von Angebotspositionen eine Preisänderung nicht eintritt[66].

d) Zu § 2 Abs. 5, Abs. 6 und 7 VOB/B

Unwirksam ist eine Klausel in den Allgemeinen Geschäftsbedingungen eines Auftraggebers, wonach – abweichend von § 2 Abs. 5 und 6 VOB/B – geänderte oder zusätzliche Leistungen vor der Ausführung schriftlich vereinbart werden müssen[67].

Unwirksam ist eine formularmäßige im Bauvertrag enthaltene Klausel, wonach mit den vereinbarten Festpreisen Nachforderungen jeglicher Art ausgeschlossen werden[68].

Unwirksam ist die Klausel: Der Auftragnehmer ist verpflichtet, aufgrund von Prüfungen gemachte Auflagen zu beachten und zu erfüllen. Hieraus resultierende Terminsverschiebungen oder Mehrkosten gehen zu seinen Lasten[69].

---

[64] OLG Frankfurt, NJW-RR 1986, 245–247.
[65] BGH, NJW 1993, 2738–2739.
[66] OLG Düsseldorf, BauR 1992, 77 f.
[67] OLG Düsseldorf, BauR 1998, 1023–1025.
[68] BGH, NJW-RR 1997, 1513–1514 = BauR 1997, 1036–1038.
[69] BGH, NJW-RR 1997, 1513–1514 = BauR 1997, 1036–1038.

Unwirksam ist die Klausel, wonach sich der Bieter auf Unklarheiten in der Angebotsunterlagen oder Unklarheiten über Inhalt und Umfang der zu erbringenden Leistungen nach Angebotsabgabe nicht mehr berufen kann[70].

Unwirksam ist die Klausel: Auf Wünsche des Auftraggebers oder der zuständigen Behörde zurückzuführende Änderungen der statischen Berechnungen sind vom Auftragnehmer ohne Anspruch auf eine zusätzliche Vergütung zu fertigen und dem Auftraggeber zur weiteren Veranlassung zu übergeben[71].

Unwirksam ist die Klausel: Ist der Auftraggeber mit dem Kostenangebot für eine Änderung entsprechend § 2 Abs. 5, 6 oder 7 VOB/B nicht einverstanden, so hat der Auftragnehmer die Änderungen der Leistungen gleichwohl auszuführen. In einem solchen Fall werden dem Auftragnehmer die nachgewiesenen Selbstkosten vergütet[72].

Unwirksam ist die Klausel: Änderungen im Entwurf und in der Ausführungsart der beauftragten Leistungen bleiben vorbehalten. Die Massen und Beschreibe des Leistungsverzeichnisses sind für Materialbestellungen nicht verbindlich. Der Auftragnehmer hat die aufgrund von Änderungen am Entwurf und/oder an der Ausführungsart verursachten Änderungen an denen seinem Auftragsumfang zugrunde liegenden Ausführungsunterlagen durchzuführen. Ein Anspruch auf eine zusätzliche Vergütung entsteht dadurch nicht[73].

Unwirksam ist die Klausel: Mit der Abgabe des Angebotes übernimmt der Bieter die Gewähr dafür, dass das Angebot alles enthält, was zur Erstellung des Werkes gehört[74].

Unwirksam ist eine Klausel, wonach ein über die Pauschalvergütung hinausgehender Vergütungsanspruch des Auftragnehmers für unzweifelhaft benötigte und ausgeführte Mehrmengen von der Wahrung der Schriftform abhängig gemacht wird[75].

e) Zu § 2 Abs. 8 VOB/B

Mit seiner Entscheidung vom 09.12.2004 hat der BGH (VII ZR 357/03) wiederholt, dass die Regelungen des § 2 Abs. 8 Nr. 1 und 2 VOB/B unwirksam sind, wenn sie einer isolierten Inhaltskontrolle wegen sonstiger Eingriffe in das Regelungsgeflecht der VOB/B obliegen[76]. Zuvor hatte der

---

[70] BGH, NJW-RR 1997, 1513–1514, BauR 1997, 1036–1038.
[71] BGH, NJW-RR 1997, 1513–1514, BauR 1997, 1036–1038.
[72] BGH, NJW-RR 1997, 1513–1514, BauR 1997, 1036–1038.
[73] BGH, NJW-RR 1997, 1513–1514, BauR 1997, 1036–1038.
[74] BGH, NJW-RR 1997, 1513–1514, BauR 1997, 1036–1038.
[75] OLG Düsseldorf, BauR 1998, 874 ff.
[76] BGH, BauR 2005, 765 und vorhergehend OLG Köln, Urteil vom 20.11.2003, 18 U 120/01, BauR 2005, 1173 ff.

BGH bereits in seiner Entscheidung vom 26.02.2004 darauf hingewiesen, dass die unverzügliche Anzeigepflicht nach § 2 Abs. 8 Nr. 2 VOB/B einen Ausschluss der Vergütungspflicht bei Versäumung der Anzeige mit sich bringt, die eine unangemessene Benachteiligung des Auftragnehmers darstellt und daher zur Unwirksamkeit der Klausel führt, wenn die VOB nicht als Ganzes vereinbart worden ist, wobei jeglicher Eingriff in die VOB/B genügt, also ein besonderer „Kerneingriff" nicht notwendig ist[77]. Die VOB/B begnügt sich weiter mit dem Hinweis der Anwendbarkeit der gesetzlichen Regelung in § 2 Abs. 8 Nr. 3 VOB/B, der bereits mit der Neufassung der VOB/B 1996 aufgenommen wurde, weil schon damals der BGH die Unwirksamkeit von § 2 Abs. 8 VOB/B festgestellt hatte[78].

4. Verjährung der Vergütungsansprüche

Nach § 195 BGB verjähren die Vergütungsansprüche des Auftragnehmers gegen den Auftraggeber binnen 3 Jahren.

Die Verjährung beginnt mit dem Schluss des Jahres, in dem der Vergütungsanspruch entstanden ist, § 199 Abs. 1 Nr. 1 BGB. Der Lauf der Verjährung kann nur wegen endgültiger Vergütungsansprüche beginnen, nicht etwa mit Blick auf Abschlagsrechnungen, weil sie nur vorläufiger Natur sind. Verjähren können somit Schlussrechnungsansprüche aber dort auch in der Form der sog. Teilschlussrechnung für in sich abgeschlossene Leistungen. Insofern ist die Besonderheit der VOB/B zu berücksichtigen, dass der Werklohnanspruch erst zwei Monate nach Zugang der prüfbaren Schlussrechnung fälligkeitsbegründend entsteht, § 16 Abs. 3 VOB/B.

Die Verjährungsfrist endet mit Ablauf der 3 Jahre. Danach kann der Auftraggeber die Vergütung verweigern, § 214 BGB, muss hierzu jedoch die Einrede der Verjährung erheben. Das zur Befriedigung eines verjährten Anspruchs Geleistete kann jedoch nicht zurückgefordert werden, § 214 Abs. 1 und 2 BGB. Auch wenn verjährte Ansprüche nicht mehr aktiv geltend gemacht werden können, schließt die Verjährung doch die Aufrechnung und die Geltendmachung eines Zurückbehaltungsrechtes nicht aus, wenn der Vergütungsanspruch in dem Zeitpunkt noch nicht verjährt war, in dem erstmals aufgerechnet oder die Leistung verweigert werden konnte, § 215 BGB.

Die Verjährung kann unterbrochen werden durch ein Anerkenntnis, § 212 Abs. 1 Nr. 1 BGB, und durch Vollstreckungshandlungen, § 212 Abs. 1 Nr. 2 BGB. Bei der Unterbrechung beginnt die Verjährung nach Ende des Unterbrechungszeitraumes von neuem zu laufen, § 212 BGB.

---

[77] BGH Az. VII ZR 96/03, in diesem Zusammenhang der Notwendigkeit der isolierten Inhaltskontrolle auch BGB VII ZR 419/02 und VII ZR 129/02.
[78] BGH, BauR 1991, 331 ff.

Außerdem kann die Verjährung gehemmt werden durch Einleitung gerichtlicher Maßnahmen wie Klageerhebung oder Mahnbescheidsantrag. Die einzelnen Hemmungstatbestände sind in den §§ 203 bis 208 BGB beschrieben, wobei der Katalog des § 204 BGB von besonderer Bedeutung ist. Die Hemmung bewirkt, dass der Zeitraum, während dessen die Verjährung gehemmt ist, in die Verjährungsfrist nicht eingerechnet wird, § 209 BGB.

Möglich ist es, auf die Verjährungseinrede zu verzichten. Eine solche Verzichtsvereinbarung zwischen Auftragnehmer und Auftraggeber zu Lasten des Auftraggebers kann sowohl für bereits verjährte Ansprüche, als auch mit Blick auf künftig verjährende Ansprüche geschlossen werden. Dies kommt regelmäßig in Betracht, wollen die Parteien über einzelne Streitpunkte sich außergerichtlich einigen und vermeiden, dass nur mit Blick auf eine drohende Verjährung seitens des Auftragnehmers verjährungshemmende Maßnahmen etwa durch Klage oder Mahnbescheid kostenerhöhend eingeleitet werden.

II. Zu § 2 Abs. 1 bis 10 VOB/B im Einzelnen

1. § 2 Abs. 1 VOB/B – Generalklausel für die Vergütung

§ 2 Abs. 1 VOB/B weist auf die Selbstverständlichkeit hin, dass durch die vereinbarten Preise alle vereinbarten Leistungen abgegolten werden. Die Aufzählung der nach dem Vertrag geschuldeten Gesamtleistung ist abschließend gemeint. Dabei ist es konsequent, dass die Aufzählung in § 2 Abs. 1 VOB/B für die Vergütung den gleichen Inhalt und die gleiche Reihenfolge hat wie die Aufzählung für die Beschreibung von Art und Umfang der Leistung nach § 1 Abs. 2 VOB/B. Dies bringt gut zum Ausdruck, dass die Vergütung das Gegenstück für die Leistung darstellt. Sogleich wird klargestellt, dass auch für die Vergütung gilt, dass die jeweils besondere Vorschrift der allgemeinen vorgeht. Bleiben dennoch hinsichtlich der Art und Weise der Berechnung der Vergütung Zweifel, sind diese nach dem in § 2 Abs. 2 VOB/B enthaltenen Grundsatz aufzulösen, dass nach den vertraglichen Einheitspreisen und den tatsächlich ausgeführten Leistungen abzurechnen und zu vergüten ist. Damit folgt die VOB/B dem Leitbild des Einheitspreisvertrages.

In § 2 Abs. 1 VOB/B geht es – in Abgrenzung zu Mengenänderungen, weggefallenen Leistungen, geänderten und/oder zusätzlichen Leistungen (also den Nachtragsforderungen) – um die Vergütung der von

Anfang an feststehenden Leistungen. Werden bei der Durchführung der Leistungen **geänderte oder zusätzliche Leistungen** erforderlich oder vom Auftraggeber verlangt, handelt es sich insofern nicht um bereits vereinbarte Leistungen, sondern geänderte und zusätzliche Leistungen, so dass diesbezüglich auf die spezielleren Vorschriften des § 2 Abs. 5 VOB/B (Änderung des Bauentwurfs) und § 2 Abs. 6 VOB/B (zusätzliche Leistungen) abgestellt werden muss. Dies gilt auch für den Pauschalpreisvertrag, vgl. § 2 Abs. 7 Nr. 1 S. 4 VOB/B.

Ändern sich lediglich die **Mengenansätze** eines Einheitspreisvertrages, ist an eine Vergütungsanpassung bei 10-prozentiger Über- oder Unterschreitung nach § 2 Abs. 3 VOB/B zu denken. Fallen ganze Leistungspositionen weg, kommt eine Abrechnung wegen vollständiger oder teilweise Vertragsbeendigung nach § 8 Abs. 1 VOB/B, § 649 BGB oder aber wegen Selbstvornahme nach § 2 Abs. 4 VOB/B nach gleichem Berechnungsmodus der § 8 Abs. 1 VOB/B, § 649 BGB in Betracht.

a) Definition der vertraglichen Leistungen

Die Bestimmung dessen, was nach Art und Umfang durch den Vertrag vereinbart war und daher durch die vereinbarten Preise abgegolten wird, setzt regelmäßig bei der Leistungsbeschreibung an. Als Leistungsbeschreibung ist das Leistungsverzeichnis § 7 Abs. 9–12 VOB/A n. F. (§ 9 Nr. 6 bis 9 VOB/A a. F.) oder das Leistungsprogramm § 7 Abs. 13–15 VOB/A n. F. (§ 9 Nr. 10 bis 12 VOB/A a. F.) denkbar. Entscheidend ist, dass die Leistungsbeschreibung als „sinnvolles Ganzes" auszulegen ist[79]. Dabei gibt es keinen grundsätzlichen Vorrang des Leistungsverzeichnisses vor den Vorbemerkungen. Der Bieter muss die Leistungsbeschreibung einer öffentlichen Ausschreibung nach VOB/A im Zweifel so verstehen, dass der Auftraggeber den Anforderungen an eine eindeutige und erschöpfende Leistungsbeschreibung genügen wollte. Sind sprachliche Formulierungen der Ausschreibung nicht zweifelsfrei aufeinander abgestimmt, ist einer Auslegung der Vorzug zu geben, welche dieser Eindeutigkeit entspricht. In diesem Sinne gehören die Vorbemerkungen wie die einzelnen Leistungsverzeichnispositionen zur Leistungsbeschreibung[80]. Auf diese Art und Weise wird der Umfang der vom Vertrag abgedeckten Leistungen und somit das Leistungsbeschreibungsrisiko des Auftraggebers und das Kalkulationsrisiko des Auftragnehmers abgegrenzt. Für Leistungen, die von den vereinbarten Preisen dann nicht abgedeckt sind, bleibt nach dieser Betrachtung nur Raum, waren sie aus der vertragsgegenständlichen Leistungsbeschreibung

---

[79] BGH, NJW 1999, 2432 ff.; BGHZ 134, 245 ff.; OLG Köln, Urteil vom 03.03.2000 – 11 U 46/98.

[80] BGH, NJW 1999, 2432 ff.; BGHZ 134, 245 ff.; OLG Köln, Urteil vom 03.03.2000 – 11 U 46/98.

nicht bereits ersichtlich und stellen sich in diesem Sinne weder in der Baudurchführungsphase als unvorhersehbar heraus. Zum Verständnis der Leistungsbeschreibung als sinnvolles Ganzes gehören daher auch Zeichnungen und Berechnungen (z. B. Statik) oder sonstige planerische Unterlagen, weil sie den Art und den Umfang der gewollten und zu erbringenden Leistung ebenso verdeutlichen. Auch z. B. Baugrundgutachten gehören bei entsprechender Einbeziehung in den Vertrag zur Leistungsbeschreibung. Dabei ist jedoch zu unterscheiden, ob die Angaben in der Leistungsbeschreibung wirklich verbindlich beschreibenden Charakter haben oder lediglich z. B. als unverbindliche Empfehlung ausgesprochen werden. Wird etwa in einem Bodengutachten eine bestimmt Art eines Verbaus gegen Schichtwasser empfohlen, im Übrigen aber vereinbart, dass der Tiefbauunternehmer verpflichtet ist, Eigenprüfungen und statische Berechnungen hinsichtlich der tatsächlichen Bodenverhältnisse durchzuführen, kann sich der Tiefbauunternehmer nicht auf die Empfehlung aus dem Bodengrundgutachten verlassen und in der Folge dessen auch keine zusätzliche Vergütung verlangen, werden statt etwa empfohlenem senkrechten Verbau mit leichten Spundbohlen stattdessen schwere Spundbohlen notwendig. Das Risiko dieser Fehleinschätzung ist dann nicht dem Auftraggeber aufzubürden, weil der Auftragnehmer das Risiko hätte erkennen müssen. Die verbindliche Leistungsbeschreibung deckt dabei Maßnahmen jeder Art ab, die erforderlich werden konnten, das Bauziel zu erreichen[81]. Ist das Risiko der Leistungsbeschreibung erkennbar, ist es letztlich Aufgabe des Auftragnehmers, vor Abgabe des Angebotes die Verhältnisse, wie es der Leistungsinhalt vorgab, zu überprüfen. Bleibt hierzu keine Zeit oder fehlen die finanziellen Mittel, so ist der Auftragnehmer zumindest verpflichtet, das Risiko einer Fehleinschätzung mit der Beklagten im Ausschreibungsverfahren zu erörtern oder dieser Gefahr durch Abgabe eines Alternativangebotes für den Fall des Eintritts des Risikos vorzubeugen[82].

Für Alternativleistungen gilt dabei grundsätzlich, dass diese statt einer anderen Grundleistung zu erbringen sind und daher nur die einen oder die stattdessen als Alternative erbrachte Leistung später abgerechnet werden kann.

Hiervon zu trennen sind die sog. Eventualleistungen. Für diese gibt es keine Alternative. Vielmehr werden sie entweder erforderlich oder sie werden nicht erforderlich, und zwar ohne Alternative. Werden die Leistungen dann tatsächlich erforderlich, so sind sie wie angeboten abzurechnen.

---

[81] OLG Köln, Urteil vom 03.03.2000 – Az. 11 U 46/98 unter Bezugnahme auf BGH, BauR 1991, 759 oder OLG Hamm, NJW-RR 1994, 406, Ziff. 3.
[82] OLG Köln, Urteil vom 03.03.2000 – 11 U 46/98; einen ähnlichen Fall OLG Braunschweig, BauR 1990, 742.

Sodann ist in diesem Rahmen noch auf die sog. Wahlschuld hinzuweisen. So kann vereinbart werden, dass in einer bestimmten Position nach Wahl des Bauherren im Rahmen der Durchführung erst abschließend definiert wird, wie – z. B. in welcher Farbe – sie tatsächlich ausgeführt werden soll. Abgerechnet wird diese Wahlposition dann lediglich nach dem vereinbarten Preis, egal, wie die Wahl ausfällt. Zur sicheren Kalkulation ist insofern zu empfehlen, dass die Wahlmöglichkeiten so eingegrenzt definiert werden, dass sich die Unterschiede des Preises im Wesentlichen nicht auswirken und eine kurzfristige Disposition im Rahmen der Durchführung möglich ist. Die hiermit verbundenen Risiken trägt ebenfalls der Auftragnehmer, stimmt er einem solchen Wahlschuldverhältnis im Sinne von §§ 262 ff. BGB zu, wobei hier nur die allgemeine Grenze von Treu und Glauben gezogen wird[83].

b) Sonstige, mit dem Vertragspreis abgegoltene Leistungen

Durch die vereinbarten Preise gelten auch die Leistungen als abgegolten, die sich auch aus den Vertragsbedingungen und den Technischen Vertragsbedingungen und vor allem aus den durch § 1 Abs. 1 VOB/B einbezogenen Allgemeinen Technischen Vertragsbedingungen (ATV), d. h. der VOB/C, also den DIN ergeben. Auch sie gehören von Anfang an zu den Kriterien, die für eine Auslegung der vertraglichen Leistungen als sinnvolles Ganzes heranzuziehen sind. Von den Vertragspreisen sind dabei auch die Leistungen abgedeckt, die nach den Allgemeinen Vertragsbedingungen, namentlich den Regelungen der VOB/B verlangt werden. Dies gilt etwa für § 3 Abs. 1 VOB/B, so dass ein Auftraggeber dem Auftragnehmer nicht etwa die Vergütung kürzen kann, stellt er diesem die Ausführungsunterlagen zur Verfügung. Selbes gilt für § 3 Abs. 2 VOB/B. Auch kann ein Auftraggeber für die allgemeine Baudurchführungskoordinierung im Sinne von § 4 Abs. 1 VOB/B keine Abzüge vornehmen. Daher kann aber auch ein Auftragnehmer für die von ihm im Sinne von § 4 Abs. 2 Nr. 1 VOB/B geschuldete Eigenkoordinierung seiner Leistung keine zusätzliche Vergütung verlangen. Als weiteres Beispiel ist auf § 4 Abs. 5 VOB/B hinzuweisen, wonach der Auftragnehmer bereits als mit den Preisen abgegoltene Leistung auch den Schutz der ausgeführten Leistungen und der ihm für die Ausführung der Leistungen übergebenen Gegenstände bis zur Abnahme schuldet. Weiter hat er etwaige Nachbesserungen im Sinne von § 4 Abs. 7 VOB/B zu erbringen, ohne hierfür eine zusätzliche Vergütung verlangen zu können, weil er ein mangelfreies Werk schuldet.

---

[83] Zur Grenze BGH, Urteil vom 27.06.1957 – VII ZR 293/56.

c) Abgrenzung zwischen Leistungsbeschreibungsrisiko und Kalkulationsrisiko

Bei der Definition dessen, was bereits durch die vereinbarten Preise an Leistungen abgegolten ist, und denjenigen Leistungen, die noch nicht von den Preisen erfasst sind, ist im Übrigen darauf abzustellen, in wessen Risikobereich das jeweilige Problem fällt. Im günstigsten Fall sind die Risiken bereits durch den Vertrag und dortige Einzelregelungen zwischen den Parteien abgegrenzt. Ansonsten findet man eine Vielzahl von Regelungen für diese grundsätzliche Abgrenzung in der einbezogenen VOB/B. Im Übrigen ergibt sich die Risikoverteilung aus der Natur der Sache. Das wichtigste Beispiel ist der Baugrund. Weil er vom Auftraggeber zur Verfügung gestellt wird, trägt dieser auch das Risiko hierfür. Alle **unvorhersehbaren** Erschwernisse im Zusammenhang mit dem Baugrund sind daher grundsätzlich gesondert zu vergüten. Hier spielen regelmäßig die Umstände eine Rolle, die nach DIN 18299 Nr. 0 bei der Aufstellung der Leistungsbeschreibung zu beachten sind; insbesondere die jeweiligen Abschnitte 4.2 der einschlägigen DIN-Normen, zusammengefasst in der VOB/C. Die dort aufgeführten besonderen Leistungen, die als zusätzlicher Aufwand bei gleichem Leistungsziel zu verstehen sind, müssen dem Auftragnehmer zusätzlich vergütet werden[84]. Waren bestimmte Leistungen jedoch grundsätzlich vorhersehbar, die durch erschwerte Bodenverhältnisse bzw. Grundwasserverhältnisse bedingt sind in einem Sinne, dass die zusätzlichen aufwändigen Baumaßnahmen bereits bei der Angebotsabgabe hätten kalkuliert werden können, gelten diese Maßnahmen als bereits durch die vereinbarten Preise als abgegoltene Leistungen, wobei bei der Bestimmung dessen, was voraussehbar und was unvorhersehbar war, wieder auf die Leistungsbeschreibung als „sinnvolles Ganzes", also auch mit Blick auf die Vorbemerkungen oder etwaige Baugrundgutachten abzustellen ist[85].

Einseitige Abwälzungen solcher gleichsam naturgegebener Risikozuweisungen, etwa den Baugrund betreffend, durch Allgemeine Geschäftsbedingungen des Auftraggebers, verstoßen gegen § 307 BGB. Unzulässig sind daher Vollständigkeitsklauseln in Bauverträgen, die jeden Nachtrag vermeiden sollen wie z.B.: „Mit der Abgabe des Angebotes übernimmt der Bieter die Gewähr dafür, dass das Angebot alles enthält, was zur Erstellung des Werks gehört.". Diese Klausel und jede vergleichbare ist unwirksam, weil der Preis auch dann unverändert bleiben soll, wenn z.B. eventuelle Planungsfehler vorliegen[86] oder von jedermann unvorhersehbare Leistungen. Solche Vollständigkeitsklauseln dürften nur in sog. individuellen Vereinbarungen (z.B. in echten

---
[84] Putzier, BauR 1994, 596.
[85] OLG Köln, Urteil vom 03.03.2000 – Az. 11 U 46/98 m.w.N.
[86] BGH, Urteil vom 05.06.1997 – VII ZR 54/96.

Verhandlungsprotokollen) wirksam möglich sein, weil dann der Auftragnehmer bewusst sehenden Auges das ihm eigentlich nicht obliegende Risiko übernimmt.

Zulässig sind hingegen Vollständigkeitsklauseln in einem Bauvertrag auch als Allgemeine Geschäftsbedingung, wenn sie lediglich die wirksame Verpflichtung des Auftragnehmers klarstellen, die zur Ausführung der Leistungen einer ausgeschriebenen Position notwendigen Teilarbeiten bei der Kalkulation vollständig zu berücksichtigen, weil sich dies mit dem Grundsatz deckt, dass Leistungsbeschreibungen immer als sinnvolles Ganzes und im Zweifel eindeutig und erschöpfend zu verstehen sind[87]. Wirksam ist daher etwa: „Die Angebots- und Vertragspreise gelten für die fertige Leistung bzw. Lieferung frei Bau einschließlich Abladen und Verpacken. Für die angebotenen Leistungen übernimmt der Auftragnehmer die Verpflichtung der Vollständigkeit, das heißt Leistungen und Nebenleistungen, die sich aus den Positionen zwangsläufig ergeben, sind einzukalkulieren, auch wenn sie im Leistungsverzeichnis nicht ausdrücklich erwähnt sind."

d) Mehrwertsteuer

Grundsätzlich schließt die Preisabsprache die Mehrwertsteuer mit ein. Wenn hingegen durch den Vertrag reguliert wird, dass die Preise sich netto + Mehrwertsteuer von zurzeit 19 % verstehen, dann ist die Mehrwertsteuer vom Auftraggeber gesondert zu zahlen[88]. Im beiderseitigen Handelsgeschäft wird hingegen ein sog. „Nettodenken" von der Literatur unterstellt, so aber nicht eindeutig von den Gerichten entschieden. Würde man einem solchen Nettodenken folgen, würde jeweils gelten, dass alle Angebotspreise und der Vertragspreis netto zu verstehen und jeweils ohne besondere Vereinbarung noch die jeweils geltende Mehrwertsteuer hinzuzusetzen wäre. Ein solcher Handelsbrauch würde aber vom gesetzlichen Leitbild abweichen, wonach Preise immer die Endpreise inklusive Mehrwertsteuer sind, weswegen etwa eine AGB-Klausel, die den Hinweis „angegebene Preise immer zzgl. Mehrwertsteuer" gemessen an § 307 BGB unwirksam ist[89]. Daher ist – wie in der Praxis selbst zwischen Kaufleuten üblich – der Nettopreis und sodann die Mehrwertsteuer nebst Bruttopreis auszuweisen. Dies im Angebot und somit in den Vertragspreisen und dies auch in den Abschlagsrechnungen und in der Schlussrechnung.

---

[87] BGH, Urteil vom 26.02.2004 – VII ZR 96/03.
[88] OLG Düsseldorf, BauR 1971, 121; OLG Bremen, BB 1971, 1384 und OLG München, NJW 1970, 661.
[89] BGH, WM 1973, 677.

2. § 2 Abs. 2 VOB/B – Die Berechnung der Vergütung

a) Grundsatz der Abrechnung nach Einheitspreisen

§ 2 Abs. 2 VOB/B regelt den Standardfall und damit den in Zweifel anzunehmenden Grundsatz der Abrechnung von Einheitspreisen. Alle anderen Abrechnungsformen sind insofern von diesem Grundsatz abweichende Regelungen. Als solche sieht die VOB die Abrechnung der Pauschale, die Abrechnung von Stundenlohnsätzen oder die Abrechnung von Selbstkosten vor. Von vertraglichen Einheitspreisen ist auszugehen, wenn ein Leistungsverzeichnis vorliegt, das die einzelnen Positionen des Angebotes in Mengenansätze (Vordersätze) und Preise pro Einheit aufschlüsselt, das dann Gegenstand des Vertragsschlusses wird. Normalerweise wird die Ausschreibung bereits diesem Schema gefolgt sein, wobei es denkbar ist, dass tatsächlich kein solches Leistungsverzeichnis Gegenstand der Ausschreibung war, sondern z. B. das sog. Leistungsprogramm nach § 7 Abs. 13–15 VOB/A n. F. (§ 9 Nr. 10 bis 12 VOB/A a. F.), der Auftragnehmer jedoch dieses Leistungsprogramm der Ausschreibung mit seinem Angebot in Form eines konkreten Leistungsverzeichnisses im Sinne von § 7 Abs. 9–12 VOB/A n. F. (§ 9 Nr. 6 bis 9 VOB/B a. F.) beantwortete und sich die Parteien im Ergebnis im Vertrag hierauf einigten. Fehlt es an einer Festlegung der Einheitspreise bei gleichzeitiger Vereinbarung der Leistung, ist die Vergütung ortsüblich und angemessen nach § 632 Abs. 2 BGB im Nachhinein zu bestimmen, weil eine Vergütung dann zumindest als stillschweigend vereinbart gilt, wenn und soweit die Herstellung des Werkes den Umständen nach nur gegen eine Vergütung zu erwarten ist, vgl. § 632 Abs. 1 BGB. Dies gilt auch und vor allem für den Fall, dass die VOB/B nicht wirksam in den Vertrag einbezogen wurde nach den gesetzlichen Werkvertragsregelungen der §§ 631 ff. BGB.

b) Beweislastverteilung

Jede Vertragspartei ist für die für sie günstigen Tatsachen beweisbelastet. Mit der gesetzlichen Wertung des § 632 Abs. 1 BGB ist dabei grundsätzlich davon auszugehen, dass bei Bauwerkverträgen die Leistung nur gegen eine angemessene Vergütung verlangt werden kann. Gibt es also keinerlei andere Anhaltspunkte für die Art und Weise und die Höhe der Vergütung, ist der gesetzlichen Wertung des § 632 Abs. 2 BGB folgend nach ortsüblichen und angemessenen Einheitspreisen abzurechnen.

Für eine Vergütung unter den ortsüblichen und angemessenen Preisen trägt demnach der Auftraggeber die Darlegungs- und Beweislast, weil dies für ihn günstiger wäre. Für eine höhere als die ortsübliche und angemessene Vergütung trägt in der Konsequenz der Auftragnehmer die Darlegungs- und Beweislast, weil dies für ihn günstiger wäre.

Praktischer sind die Fälle, in denen sich aus dem Vertrag bereits Anhaltspunkte für die Höhe der Vergütung ergeben. Hier gilt genauso bei Unklarheiten in solchen Vereinbarungen der obige Grundsatz, wonach jede Vertragspartei für die für sie günstigen Tatsachen beweisbelastet ist. Dies kann schon die Art und Weise der Vergütung betreffen. So kann zwischen den Parteien im späteren Verlauf streitig werden, ob diese nach Einheitspreisen oder aber z. B. nach einer Pauschalabrechnung abrechnen wollten. Mit Blick auf den gesetzlichen Normaltyp, den auch die VOB/B übernimmt, wird man im Zweifel nach der normativen Auslegung gemäß §§ 133, 157 BGB von einem Einheitspreisvertrag ausgehen müssen. Wendet also der Auftraggeber stattdessen eine für ihn günstigere Pauschalsumme als vereinbart ein, muss er dieses darlegen und beweisen. Wendet der Auftragnehmer eine für ihn günstigere Pauschalsumme ein, muss er dies darlegen und beweisen[90].

c) Abrechnung des Einheitspreisvertrages

Liegt ein Einheitspreisvertrag vor, so muss letztendlich nach Fertigstellung der Leistung der Endpreis ermittelt werden, weil für diesen nicht die Vordersätze der jeweiligen Position des Angebotsleistungsverzeichnisses maßgeblich sind, sondern die tatsächlich erbrachten Mengen oder Massen. So heißt es in § 2 Abs. 2 VOB/B, dass die Berechnung auf der Grundlage der Einheitspreise nach den **tatsächlich ausgeführten Leistungen** erfolgt. Die tatsächlichen Leistungen sind gemäß § 14 VOB/B durch Aufmaß oder sonstige rechnerische Ermittlung zu belegen. Die richtige Aufmaßerstellung ist in den Allgemeinen Technischen Vertragsbedingungen (also in den DIN-Regelungen der VOB/C) zusammengefasst, die ohne weiteres als vertragliche Abrechnungsvorschriften durch die Einbeziehung dieser VOB/C gelten, es sei denn, es sind speziellere Abrechnungsregelungen in den Vertrag mit einbezogen worden. Als Beispiel wird in der Literatur der Fall bezeichnet, dass Leibungsarbeiten selbständig ausgeschrieben wurden, woraus dann schließt, dass diese dann auch selbständig unter Ausblendung der hierfür in der DIN 18350, Fassung Dezember 2000 Nr. 5.1.8 vorgesehenen **Übermessungsregeln** bestimmt ist[91].

---

[90] BGH, LM § 632 BGB Nr. 3; OLG Celle, Urteil vom 19.02.2004 – 14 U 148/03 = OLGR Celle 2004, 289; OLG Köln, Urteil vom 26.11.2002 – 24 U 217/01 = OLGR Köln 2003, 201 f. und BGH, Urteil vom 09.04.1081 – VII ZR 262/80 = BGHZ 80, 257–263.

[91] OLG München, NJW-RR 1987, 1550 – zugleich zur Abgrenzung von Zuschlagspositionen.

Eine Abrechnung nach fiktiven Annahmen scheidet jedoch regelmäßig aus, selbst wenn dies in Allgemeinen Geschäftsbedingungen des Auftraggebers so vorgesehen wird. Eine solche Allgemeine, pauschalierende Geschäftsbedingung steht dem Grundsatz der Abrechnung nach Einheitspreisen entgegen[92].

d) Abrechnungsmaßstab bei Mengenänderungen, geänderten Leistungen und zusätzlichen Leistungen

Die Einheitspreise gelten auch bei Mengenänderungen, geänderten Leistungen oder zusätzlichen Leistungen. Dieser Grundsatz gilt für die Mengenänderung so lange, bis die Über- oder Unterschreitung 10 % erreicht. Dann kann nach den Maßgaben von § 2 Abs. 3 VOB/B – jedenfalls wenn es eine Seite verlangt – die Anpassung des Einheitspreises verlangt werden. Bei geänderten und zusätzlichen Leistungen ist für die Preisermittlung auf § 2 Abs. 5 und Abs. 6 VOB/B abzustellen. Auf die entsprechende Kommentierung bei § 2 Abs. 5 und Abs. 6 VOB/B wird verwiesen.

Schwieriger ist die Anpassung einer Pauschalsumme bei Mengenänderungen, geänderten Leistungen oder zusätzlichen Leistungen. Für den Bereich der bloßen Mengenänderung ist § 2 Abs. 7 Nr. 1 S. 2 VOB/B einschlägig, wonach also nicht die 10-prozentige Grenze des § 2 Abs. 3 VOB/B gilt, sondern eine allgemeine Zumutbarkeitsgrenze. In Literatur und Rechtsprechung wird diese mit der Faustregel von 20 % bezeichnet[93]. Es lässt sich aber genauso Rechtsprechung nachweisen, die die Vergütungsanpassung schon bei einer Änderung von rund 10 % des ursprünglich geschuldeten Leistungsumfanges erkannt hat[94]. Es gibt aber keine starre Grenze, die bei der Beurteilung der dort gemeinten Zumutbarkeit zugrunde gelegt werden kann[95]. Denn es kann ganz unterschiedliche wirtschaftliche Auswirkungen haben, in welcher Position die Mengenänderung auszumachen ist. So können schon geringfügige Änderungen in besonders werthaltigen Positionen erhebliche wirtschaftliche Auswirkungen haben, während dessen erhebliche Abweichungen in geringwertigen Positionen wirtschaftlich zumutbar erscheinen können. Wichtig bei alledem ist, dass erst einmal die tat-

---

[92] Im Ergebnis auch OLG Karlsruhe, NJW-RR 1989, 52.
[93] OLG Düsseldorf, Urteil vom 22.12.1994 – 5 U 302/93.
[94] OLG Brandenburg, Urteil vom 18.07.2002 – 4 U 184/00.
[95] BGH, Urteil vom 02.11.1995, VII ZR 29/95 = ZfBR 1996, 82 f in Auseinandersetzung mit der vorgehenden Rechtsprechung OLG Düsseldorf, Urteil vom 22.12.1994, 302/93, das den Risikorahmen bei regelmäßig 20 % sehen wollte, wobei das OLG Brandenburg im Urteil vom 18.07.2001, 4 U 184/00 eine Vergütungsanpassung beim Detail-Pauschalpreisvertrag bereits bei 10 % (zehnprozentiger) Erweiterung des ursprünglich geschuldeten Leistungsumfanges sah.

sächlichen Mengenänderungen dargetan werden, um hieran mit Blick auf die Zumutbarkeit die wirtschaftlichen Auswirkungen darzulegen. Es genügt nicht, lediglich Preisergebnisse miteinander zu vergleichen. Die Zumutbarkeitsgrenze kann aber im Vertrag vereinbart werden. So regelt eine Klausel in einem auf der Grundlage eines detaillierten Leistungsverzeichnisses mit Mengenangaben geschlossenen Pauschalpreisvertrages, nach der Mehr- und Mindermassen von 5 % als vereinbart gelten, das Mengenrisiko. Sie ist dahin zu verstehen, dass bei einer nicht durch Planänderungen bedingten Mengenabweichung in den einzelnen Positionen, die über 5 % hinausgeht, auf Verlangen ein neuer Preis nach Maßgabe des § 2 Abs. 7 Nr. 1 Satz 2 und 3 VOB/B gebildet werden muss[96]. Sind geringere als im zugrunde gelegten Leistungsverzeichnis vorgesehene Mengen eingebaut worden, hat der Auftraggeber nach Maßgabe des § 2 Abs. 7 Nr. 1 Satz 2 und 3 VOB/B einen Anspruch auf Preisanpassung unabhängig davon, ob die Leistung infolge der verringerten Mengen mangelhaft ist. Bei der Preisbildung ist das übernommene Mengenrisiko zu berücksichtigen[97].

Von der Vertragsanpassung wegen Mengenänderungen ist die Anpassung der Pauschale wegen geänderter und zusätzlicher Leistung strikt zu trennen. In diesen Kategorien gibt es nämlich keine Zumutbarkeitsgrenze. Vielmehr verweist § 2 Abs. 7 Nr. 1 S. 4 VOB/B darauf, dass § 2 Abs. 5 und Abs. 6 VOB/B unberührt bleiben, also auch im Pauschalpreisvertrag ohne weiteres Anwendung finden. Die eigentliche Anforderung besteht bei der Begründung eines Vergütungsanpassungsanspruchs hier vielmehr darin, die von der ursprünglichen Pauschale umfasste Leistung von der jetzt als geänderte oder zusätzliche Leistung geltend gemachte abzugrenzen. Dies ist bei einem sog. Detailpauschalpreisvertrag, also einem Pauschalpreisvertrag, dem ein konkretes Leistungsverzeichnis wie beim Einheitspreisvertrag zugrunde liegt, nicht schwieriger als beim Einheitspreisvertrag. Beim sog. Funktionalpauschalpreisvertrag muss aber erst das funktional gemeinte Leistungsprogramm aufgesplittet werden in ein konkretes Leistungsverzeichnis, das zur Kalkulation plausibel passt, um hiervon ausgehend verdeutlichen zu können, dass bestimmten Leistungen Änderungen bzw. Zusätze darstellen. Die Einzelheiten finden sich bei der Kommentierung zu § 2 Abs. 7 VOB/B.

In jedem Fall und bei jedem Vertragstyp ist der Vergütungsanpassungsanspruch jeweils wechselseitig zu verstehen. Der Auftragnehmer hat bei Mengenmehrungen, geänderten oder zusätzlichen Leistungen nicht nur einen Anspruch auf Mehrvergütung. Vielmehr hat der Auftraggeber auch einen Anspruch auf Verringerung der Vergütung, gibt es Mengen-

---

[96] BGH, Az. VII ZR 116/02, ZfBR 2004, 44–48 = BauR 2004, 78–84.
[97] BGH, Az. VII ZR 116/02, ZfBR 2004, 44–48 = BauR 2004, 78–84.

minderungen oder fallen durch die Änderung des Bauentwurfs erheblichen Aufwendungen weg. In diesem Rahmen ist dann aber immer die Abgrenzung der sog. Selbstvornahme nach § 2 Abs. 4 bzw. der freien Teilkündigung nach § 8 Abs. 1 VOB/B i. V. m. § 649 BGB zu beachten.

e) Urkalkulation als Maßstab der Nachtragsvergütung/Offenlegung

Für die **Preisanpassungsberechnung** sind die Mehr- oder Minderkosten zu erfassen und diese, als wären sie zum Zeitpunkt der Angebotsabgabe bekannt gewesen, nach dem gleichen Modus, wie auch die Angebotspreise, die zum Vertrag führten, kalkulatorisch zu berechnen[98]. Es ist im Wege der methodisch-baubetrieblichen Betrachtungsweise entsprechend der ursprünglichen Ermittlung des Vertragspreises der Preis für die Vergütungsanpassung für alle Nachtragsformen des § 2 Abs. 3 bis 9 VOB/B – wie dort im Einzelnen beschrieben – zu finden. Abzustellen ist also immer auf die Urkalkulation.

Heftiger Streit entbrennt zwischen den Praktikern oft über die Frage, ob und wann ein Auftragnehmer dem Auftraggeber die Urkalkulation, also die Grundlagen der Preisermittlung seiner vertraglichen Leistungen, übergeben muss.

§ 15 Abs. 1 VOB/A n. F. (§ 24 VOB/A Nr. 1 Abs. 1 VOB/A a. F.) regelt hierzu eindeutig, dass sich der Auftraggeber im Rahmen der Ausschreibung bis zur Zuschlagserteilung zur Aufklärung des Angebotsinhaltes die Preisermittlung (Kalkulationen) zur Einsicht vorlegen lassen kann. Diesen Anspruch sanktioniert § 15 Abs. 2 VOB/A n. F. (§ 24 VOB/A Nr. 2 VOB/A a. F.) damit, dass ein Angebot unberücksichtigt bleiben kann, verweigert ein Bieter diese geforderte Aufklärung. Kann ein Auftraggeber selbst anhand einer solchen offen gelegten Kalkulation das Angebot nicht werten, darf der Auftraggeber gemäß § 16 Abs. 6 Nr. 2 VOB/A n. F. (§ 25 Nr. 3 Abs. 2 VOB/A a. F.) eine weitergehende Aufklärung vom Bieter in Textform über die Ermittlung der Preise für die Gesamtleistung oder für die Teilleistungen verlangen.

Insofern ist rechtlich eindeutig festgehalten, dass der Auftraggeber in der Tat die Möglichkeit hat, sich bereits vor dem Zuschlag im Rahmen der Aufklärung des Angebotsinhaltes hinreichende Einsicht in die Kalkulation zu verschaffen. Mit diesem Anspruch geht das Recht der Dokumentation dieser Aufklärung (einschließlich der Anfertigung einer Kopie der Kalkulation) einher.

Versäumt ein Auftraggeber diese weitergehende Aufklärung, hat er dieses Recht nach der Auftragserteilung (Zuschlag) verwirkt, kann also wäh-

---

[98] Ohlshausen, VDI-Berichte Nr. 458, 49/51 f.

rend der Baudurchführung eine solche Aufklärung grundsätzlich nicht verlangen. Hier versuchen die „Zusätzlichen Vertragsbedingungen für die Ausführung von Bauleistungen – ZVB –" (vgl. etwa einheitliche Fassung aus September 2002 in Ziffer 3.1 EVM (B) ZVB; oder Ausgabe Januar 2008 Ziffer 6.1 KEVM (B) ZVB) Abhilfe zu schaffen. Demnach hat der Auftragnehmer auf Verlangen die Preisermittlung für die vertraglichen Leistungen dem Auftraggeber verschlossen zur Aufbewahrung zu übergeben.

Beide Möglichkeiten soll vermeiden helfen, dass anlässlich von Nachtragsverhandlungen dann die Kalkulation dahingehend manipuliert wird, dass die Nachtragspreise besonders günstig dargestellt werden können. Dem Maßstab von § 2 Abs. 3 bis 8 VOB/B für die Preisanpassungsvereinbarung folgend sehen die ZVB nämlich vor, dass anlässlich der Vereinbarung solcher Nachträge auf diese Kalkulation abzustellen ist und sie nur zu diesem Zweck und bei rechtzeitiger Verständigung des Auftragnehmers geöffnet und eingesehen werden soll.

Würde weder die Aufklärung vor Zuschlag noch die Aufbewahrung verlangt, muss ein Auftragnehmer erst anlässlich von Nachtrags-Preisverhandlungen die Urkalkulation als Grundlage der Preisermittlung für die vertraglichen Leistungen vorlegen, wie ebenso durch die §§ 2 Abs. 3 bis 8 VOB/B geregelt und in den ZVB klargestellt.

f) Stundenlohn- und Selbstkostenerstattungsverträge

Der Stundenlohnvertrag entspricht dem grundsätzlichen Leitbild des erfolgsorientierten Werkvertrages nicht, weil er eher dem reinen Dienstvertrag entspräche, bei dem für den Vergütungsanspruch das Erreichen des geschuldeten Werks nicht erforderlich ist. Wegen der Einzelheiten des Stundenlohnvertrages ist auf die Kommentierung zu § 2 Abs. 10 VOB/B und § 15 VOB/B zu verweisen.

Auch der Selbstkostenerstattungsvertrag entspricht nicht dem Leitbild des erfolgsorientierten Werkvertrages. Kostenerstattungsverträge sind selten und können z. B. bei der Restaurierung, also der Wiederherstellung gealterter, beschädigter oder durch spätere Hinzufügung entstellter (Kunst-)Werke, bei denen sich der genaue Aufwand an Zeit und Material vorab kaum einschätzen lässt – als Alternative zu einem risikoreichen Funktionalpauschalpreisvertrag – mit Verrechnungssätzen für die Stunden nebst Erstattung der tatsächlichen Materialkosten vereinbart werden, um zu einem gerechten Vergütungssystem zu gelangen.

Weder Stundenlohn- noch Selbstkostenerstattungsvertrag eignen sich grundsätzlich für die Abgeltung geänderter oder zusätzlicher Leistungen. Wie sich aus § 2 Abs. 5 und Abs. 6 VOB/B ergibt, sind die Preise für solche Leistungen vielmehr auf der Grundlage der Preisermittlung der vertraglichen Leistung zu bilden. Es ist nicht nur die gleiche Methode, sondern auch das gleiche Preisgefüge wie bei den ursprünglichen vertraglichen Leistungen zu wählen. Dies ist vor allem für den öffentlichen Auftraggeber wichtig, damit dieser nicht in die verbotene Nachverhandlung gemäß § 15 Abs. 3 VOB/A n. F. (§ 24 Nr. 3 VOB/A a. F.) und in eine freihändige Vergabe gerät.

3. § 2 Abs. 3 VOB/B – Vergütungsänderung bei Mengenabweichungen im Einheitspreisvertrag

a) § 2 Abs. 3 Nr. 1 VOB/B: 10-prozentige Zumutbarkeitsgrenze für Mengenänderung beim Einheitspreisvertrag

§ 2 Abs. 3 Nr. 1 VOB/B regelt für den VOB-Vertrag eine Zumutbarkeitsgrenze. Sie legt sie für den Einheitspreisvertrag mit 10 % fest. Gemeint ist, dass erst bei Überschreitung der ursprünglich im Angebot und im Vertrag angenommenen Vordersätze (Mengen bzw. Massenansätze) über die Anpassung des Einheitspreises gesprochen werden soll. Damit ist zugleich klargestellt, dass selbstverständlich jede einzelne erbrachte Menge auf jeden Fall abgerechnet werden kann. Es geht also nicht um die Frage, welche Mengen überhaupt abgerechnet werden. Es geht lediglich um die Frage, ob der Abrechnungspreis unter bestimmten Bedingungen angepasst werden soll.

§ 2 Abs. 3 VOB/B bezieht sich ausschließlich auf den Einheitspreisvertrag im Sinne von § 4 Abs. 1 Nr. 1 VOB/A, nicht jedoch auf sonstige Vertragstypen, insbesondere also auch nicht auf den Pauschalpreisvertrag, für den sich eine spezielle Preisanpassung bei Mengenänderung in § 2 Abs. 7 Nr. 1 S. 2 VOB/B findet.

Der in § 2 Abs. 1 VOB/B festgeschriebene Grundsatz, dass die Preise gleich bleiben sollten, soweit die Mengenüber- oder -unterschreitung nicht mehr als 10 % in der betroffenen Position ausmacht, dürfte auch der isolierten Inhaltskontrolle standhalten. Denn er ist unter Berücksichtigung des gesetzlichen Leitbildes aus § 242 und § 313 BGB im Sinne von § 307 BGB angemessen. Insofern dürfte der hier geregelte Rechtsgedanke auch für Bauverträge entsprechende Anwendung finden, indem die VOB/B nicht einbezogen wurde.

Eine von § 2 Abs. 3 VOB/B abweichende Allgemeine Geschäftsbedingung ist unwirksam[99]. So hat der BGH mit Urteil vom 08.07.1993[100] eine Formularklausel für wirksam erachtet: „Die Einheitspreise sind Festprei-

---

[99] BGH, BauR 1996, 378; a. A. Knacke, Festschrift für Craushaar, 249 ff.
[100] BGH, Urteil vom 08.07.1003 – VII ZR 79/92, NJW 1993, 2738 f.

se für die Dauer der Bauzeit und behalten auch dann ihre Gültigkeit, wenn Massenänderungen im Sinne von § 2 Abs. 3 VOB/B eintreten." Er hat aber klargestellt, dass diese Klausel weder den Einwand des Wegfalls der Geschäftsgrundlage noch etwaige Ansprüche des Auftragnehmers unter dem Gesichtspunkt des Verschuldens bei Vertragsabschluss ausschließt. Würde dies versucht, wäre eine entsprechende Allgemeine Geschäftsbedingung unangemessen und daher nach § 307 BGB unwirksam. Wird der Preisanpassungsanspruch wegen Mengenänderungen jedoch individuell zwischen den Vertragsparteien komplett ausgeschlossen, bindet er diese Parteien bis zur Grenze des Verstoßes gegen gesetzliche Vorschriften, § 134 BGB, und bis zur Grenze der Wuchertatbestände im Sinne von § 138 BGB. Ein gesetzlicher Verstoß könnte etwa vorliegen, wird gegen § 3 des Wirtschaftsstrafgesetzes verstoßen, der wiederum auf öffentlich-rechtliche Rechtsvorschriften über die Regulierung von Preisen, Preisspannen, Zuschläge oder Abschläge, Preisangaben, Zahlungs- oder Lieferbedingungen oder andere der Preisbildung oder dem Preisschutz dienenden Maßnahmen verweist. In einem solchen Fall drohen dann aber auch öffentlich-rechtliche Maßnahmen, wie Bußgelder oder strafrechtliche Verfolgung. Außerdem könnten sich hieraus zivilrechtliche Schadensersatzansprüche ergeben. Letztere müssen jedoch grundsätzlich nicht verfolgt werden, weil bereits die Möglichkeit besteht, wegen Unwirksamkeit solcher Preisabsprachen auf die dann geltenden gesetzlichen Regelungen zur ortsüblichen und angemessenen Vergütung nach § 632 Abs. 2 BGB oder die sonstigen vertraglichen und damit auch VOB/B-Regelungen abzustellen.

Die Änderung von § 2 Abs. 3 VOB/B stellt einen Eingriff in die VOB/B dar, so dass sie dann nicht mehr als Ganzes vereinbart ist, mithin jede der verbleibenden VOB-Vorschriften einer isolierten Inhaltskontrolle am Maßstab der §§ 305 ff. BGB zu unterziehen ist.

b) § 2 Abs. 3 Nr. 2 VOB/B: Preisanpassung bei Mengenüberschreitung

Anknüpfend an die in § 2 Abs. 3 Nr. 1 VOB/B definierte Zumutbarkeitsgrenze von 10 % regelt § 2 Abs. 3 Nr. 2 VOB/B den Fall der Überschreitung der 10-%-pro Position beim Einheitspreisvertrag.

aa) Preisanpassung auf Verlangen

Für diesen Fall ist **auf Verlangen** ein neuer Preis unter Berücksichtigung der Mehr- oder Minderkosten zu vereinbaren. Dieses Verlangen ist eine einseitige empfangsbedürftige Willenserklärung mit rechtsgestaltender Wirkung. Nicht nur der Auftraggeber, sondern auch der Auftragnehmer kann – der passiven Formulierung gemäß – das Verlangen auf Vereinbarung eines neuen Preises stellen[101]. Beide haben also den Anspruch auf Preisanpassung. Verlangt keine Seite die Anpassung, bleibt es beim ursprünglichen Abrechnungspreis. Das Verlangen kann jederzeit und in jeder denkbaren Form, also durch schlüssiges Verhalten, ausdrücklich mündlich oder schriftlich erfolgen.

Die endgültige Preisanpassung wird regelmäßig erst sicher im Zeitpunkt der Schlussrechnungsreife möglich sein, weil dann die zu berücksichtigenden tatsächlichen Mehr- oder Minderkosten abschließend feststehen.

bb) Preisanpassungsberechnung

Für die **Preisanpassungsberechnung** sind die Mehr- oder Minderkosten zu erfassen und diese, als wären sie zum Zeitpunkt der Angebotsabgabe bekannt gewesen, nach dem gleichen Modus, wie auch die Angebotspreise, die zum Vertrag führten, kalkulatorisch zu berechnen[102]. Die Maßstäbe der Berechnung sind dabei in § 2 Abs. 3 Nr. 3 VOB/B zusammengefasst. Bei der Berechnung sind alle erbrachten Leistungen, also auch in anderen Ordnungszahlen (Positionen) zu berücksichtigen, andererseits aber nur diese. Alternativpositionen oder Eventualpositionen, die nicht zur Ausführung kamen, müssen also auch nicht berücksichtigt werden. Auch wenn dies in § 2 Abs. 3 Nr. 2 VOB/B nicht ausdrücklich festgeschrieben wurde, gilt also, dass eine Gesamtschau des Vertrages hinsichtlich aller Verringerungen oder Erhöhungen der Mengen in allen – also auch anderen – Ordnungszahlen (Positionen) und auch unter Berücksichtigung etwaiger Nachträge aus geänderten oder zusätzlichen Leistungen im Sinne von § 2 Abs. 5 und Abs. 6 VOB/B und sonstiger Umstände vorzunehmen ist[103]. Methodisch ist also für die Preisanpassung eine Berechnung anzustellen, die unterstellt, dass die zur Preisanpassung berechtigende Mengenabweichung nebst aller anderen Umstände bereits bei der Angebotsabgabe bekannt gewesen wäre, um diese zum Zeitpunkt der Schlussrechnungsreife feststehenden geänderten Umstände noch einmal auf der Grundlage der Preisermittlung der vertraglichen Leistungen kalkulatorisch zu berechnen. Die sich aus dieser vergleichenden Berechnung ergebende Abweichung stellt den Preisanpassungsanspruch dar. Dieser kann im Einzelfall zu einer **Anpassung des Positionspreises nach oben oder auch nach unten** führen. Der so gebildete neue Positionspreis ist dabei nur bezüglich der maßgeblichen Mengenüberschreitung von 10 %, also für die Mengen und Massen über 110 % im Vergleich zu den Angebotsvordersätzen in Ansatz zu bringen. Das heißt,

---

[101] BGH, Urteil vom 20.03.1969 – VII ZR 29/67.
[102] Ohlshausen, VDI-Berichte Nr. 458, 49/51 f.
[103] AG Brandenburg, Urteil vom 09.10.2001 – 32 C 384/00, BauR 2002, 478 bis 482.

dass es bei der Mengenüberschreitung zwei Abrechnungspositionen für die ursprüngliche vertragliche Ordnungszahl gibt. Bei der Berechnung gilt dabei, dass ein vom Auftraggeber akzeptierter genereller Aufschlag von 5 % für Allgemeine Geschäftskosten dann auch auf Mehrmengen zuzubilligen ist[104]. Entsprechende Hinweise für die Berechnungsmethode finden sich in der Rechtsprechung und Literatur[105].

cc) Fehlkalkulation und Kalkulationsirrtümer

Fehlkalkulationen oder Kalkulationsirrtümer können durch die Preisanpassungsberechnung grundsätzlich nicht geheilt werden. Sie müssen vielmehr als Grundlage der Preisermittlung der vertraglichen Leistung auch bei der Neuberechnung berücksichtigt werden nach dem **Grundsatz: „Gute Preise bleiben gute Preise, schlechte Preise bleiben schlechte Preise"**. Nur im Einzelfall wird von der Literatur und der Rechtsprechung nach Treu und Glauben, § 242 BGB, die Ausnahme befürwortet, dass zumindest für die über 10 % hinausgehenden Mehrmengen ein dann angemessener Preis angesetzt wird:

— Dies soll gelten, wenn der Auftragnehmer ohnehin berechtigt ist, sein Vertragsbestandteil gewordenes Preisangebot anzufechten. Kalkulationsirrtümer sind dabei Motivirrtümer und stellen keinen Anfechtungsgrund im Sinne von § 119 und § 123 BGB dar. Es kommt also darauf an, dass der die Anpassung Verlangende bei der Abgabe der Willenserklärung (also regelmäßig der Auftragnehmer bei der Abgabe seines Preisangebotes) über den Inhalt irrte oder aber eine Erklärung dieses Inhalts überhaupt nicht abgeben wollte oder er bei Kenntnis der Sachlage oder bei verständiger Würdigung die Erklärung nicht abgegeben hätte. Hierzu gehören auch Irrtümer über die Eigenschaften der Person oder der Sache. Daneben kommt eine Anfechtung wegen Täuschung oder Drohung in Betracht. Liegen solche Anfechtungstatbestände vor, handelt es sich nicht um einen Vertrags- bzw. Preisanpassungsanspruch, sondern um eine Lösung vom Vertrag zur Abrechnung nach § 812 BGB am Maßstab von ortsüblichen und angemessenen Konditionen, und zwar nicht nur bezüglich des geänderten, sondern die gesamte Abrechnung betreffend, wobei es den Parteien freigestellt ist, einvernehmlich eine Einigung zu erzielen, die sich etwa auf den fraglichen Teil der Änderung bezieht.

— Entsprechendes gilt, wenn der Auftraggeber die Anfechtungstatbestände sogar von Anfang an kannte. Verlangt ein Auftragnehmer dann die Anpassung des Vertragspreises, wird man die entsprechende Willenserklärung im Sinne von § 140 BGB in eine Anfechtung umzu-

---

[104] OLG Nürnberg, Urteil vom 18.12.2002 – 4 U 2049/02, IBR 2003, 55.
[105] OLG Schleswig, BauR 1996, 127/128 oder Dähne, BauR 1974, 371; BGH, MdR 1969, 655.

deuten haben, zumal weder die Voraussetzungen für eine Preisanpassung nach § 2 Abs. 3 Nr. 2 VOB/B, noch die Voraussetzungen für eine Anpassung des Vertrages nach § 313 BGB vorliegen.

— Ein Fall des Anspruchs auf Korrektur von Kalkulationsfehlern kann vorliegen, wenn ein Auftragnehmer zwar fehlerhaft kalkulierte, dies aber nur deswegen zu unbilligen wirtschaftlichen Ergebnissen führt, weil – für den Auftragnehmer nicht vorhersehbar – Massenänderungen infolge unvollständiger oder unzutreffender Ausschreibungsangaben entstehen. Dies kann etwa die Vordersätze eines Ausschreibungsleistungsverzeichnisses betreffen oder z. B. Folge eines unzutreffender Baugrundgutachtens sein. Spätestens seit den Wasserhaltungsfällen[106] und der seit dem konsequent fortgesetzten Rechtsprechung des BGH zum frivolen Bieter, der ins Blaue kalkuliert und so die vorvertraglichen Pflicht zur gegenseitigen Rücksichtnahme, dem Gebot, eine Ausschreibung eindeutig und erschöpfend zu verstehen[107] verletzt, wird sich ein Auftragnehmer jedoch den Vorhalt ausräumen müssen, warum er sich wegen jetzt behaupteter Unvollständigkeiten, Unsorgfältigkeiten, unklarer, widersprüchlicher Ausschreibungsunterlagen nicht bereits im Rahmen der Ausschreibung gemäß seiner aus § 12 Abs. 7 VOB/A n. F. (§ 17 Nr. 7 VOB/A a. F.) und im Übrigen in § 242 BGB ganz entsprechend verankerten Erkundigungspflicht verhielt. In diesem Rahmen wird für eine Vertragspreisanpassung also nur Raum bleiben, wenn zwar der Auftraggeber erkennen konnte oder gar erkannt hat, dass seine Ausschreibung nicht hinreichend fundiert ist und daher nicht der Wirklichkeit entspricht, während der Auftragnehmer die Probleme nicht erkennen konnte (frivoler Ausschreibender). Aber auch dann folgt der Anspruch weniger aus § 2 Abs. 3 Nr. 2 VOB/B, als aus der vorvertraglichen Pflichtverletzung des Auftraggebers (culpa in contrahendo = c. i. c.). Dieser Schadensersatzanspruch ist auf den Vertrauensschaden begrenzt, so dass der Auftragnehmer in solchen Fällen so zu stellen ist, wie er stünde, wäre von Anfang an ordnungsgemäß ausgeschrieben gewesen. Der Auftragnehmer müsste also hinreichend belegen können, dass er dann nicht bewusst oder unbewusst z. B. unter Wert kalkuliert hätte.

— Weiter können Kalkulationsirrtümer im wirtschaftlichen Ergebnis geheilt werden, wenn die Ausführung infolge der für den Auftragnehmer nicht vorhersehbar erforderlich gewordenen Mehrmengen in eine Zeit fällt, in der erhebliche und in keiner Weise vorhergesehene

---

[106] BGH, BauR 1988, 338; BauR 1992, 759; BGH, BauR 1981, 368.
[107] OLG Köln, 11. Zivilsenat, Datum: 3. März 2000 Az. 11 U 46/98; BGH, NJW 1999, 2432 ff.; BGHZ 134, 245 ff.; BGH, BauR 1991, 759 = NJW-RR 1992, 1046; OLG Hamm, NJW-RR 1994, 406, BGH, BauR 1994, 237.

Preissteigerungen auftreten, die keine Bedeutung gehabt hätten, wären lediglich die bei Vertragsschluss angenommenen Vordersätze notwendig geworden[108]. Bei rechtsgenauer Betrachtung handelt es sich um den Fall der Vertragsanpassung wegen geänderter Rahmenbedingungen (Wegfall der Geschäftsgrundlage), nach § 313 BGB:

„(1) Haben sich Umstände, die zur Grundlage des Vertrags geworden sind, nach Vertragsschluss schwerwiegend verändert und hätten die Parteien den Vertrag nicht oder mit anderem Inhalt geschlossen, wenn sie diese Veränderung vorausgesehen hätten, so kann Anpassung des Vertrags verlangt werden, soweit einem Teil unter Berücksichtigung aller Umstände des Einzelfalls, insbesondere der vertraglichen oder gesetzlichen Risikoverteilung, das Festhalten am unveränderten Vertrag nicht zugemutet werden kann.

(2) Einer Veränderung der Umstände steht es gleich, wenn wesentliche Vorstellungen, die zur Grundlage des Vertrags geworden sind, sich als falsch herausstellen.

(3) Ist eine Anpassung des Vertrags nicht möglich oder einem Teil nicht zumutbar, so kann der benachteiligte Teil vom Vertrag zurücktreten. An die Stelle des Rücktrittsrechts tritt für Dauerschuldverhältnisse das Recht zur Kündigung.“

Demnach muss etwa ein Bauherr einer **Preisanpassung wegen veränderter Materialkosten** zustimmen, wenn diese auf Verzögerungen im Rahmen eines Nachprüfungsverfahrens gemäß § 97 Abs. 7 GWB nach Ablauf der ursprünglichen Bindefrist zurückzuführen sind. Diese Verpflichtung folgt aus den Grundsätzen über den Wegfall der Geschäftsgrundlage und der die Bauparteien verbindende Pflicht zur Kooperation[109].

— Ein weiter zumindest faktischer Fall der Heilung eines Kalkulationsirrtums ist gegeben, wenn ein Auftraggeber bei der Prüfung eines Angebotes erkennt, dass sich ein Auftragnehmer verrechnete oder sich wegen fehlerhafter Angaben des Auftraggebers verrechnen musste (frivoler Ausschreibender). War dem Auftraggeber bereits vor Auftragserteilung der Fehler aufgefallen, durfte dieser den Zuschlag auf das dann fehlkalkulierte Angebot wegen nicht Auskömmlichkeit der Preise nicht erteilen[110]. Wird der Auftrag dennoch erteilt, darf der Auftraggeber später den Auftragnehmer nicht an dem Preis festhal-

---

[108] Heiermann, in: Festschrift für Korbion, 137/144; Ohlshausen, VDI-Berichte Nr. 458, 49/52.
[109] Kammergericht Berlin 5.10.2007 21 U 52/07.
[110] Die rechtliche Grundsätze werden am deutlichsten in der Entscheidung LG Traunstein, 30.03.1998, 3 O 2071/97; OLG Sachsen-Anhalt, Entscheidung vom 22.11.2004, 1 U 56/04; OLG Koblenz, Entscheidung vom 05.12.2001, 1 U 2046/98; BGH, BauR 1998, 1089/1092.

ten, wenn der Auftraggeber das Angebot angenommen hat, obwohl er den Kalkulationsirrtum kannte und eine entsprechende Vertragsdurchführung unzumutbar ist. Maßgeblich ist der Zeitpunkt der Zuschlagserteilung. Fällt dem Auftraggeber der Kalkulationsirrtum erst später auf, würde sich dieses positive Ergebnis nicht ergeben.

Dies muss vor allem dann gelten, wenn der Auftragnehmer diesen Fehler nicht erkannte oder ihn aufgrund der fehlerhaften Angaben des Auftraggebers jedenfalls mit zumutbarem Aufwand nicht kennen konnte. In einer solchen Situation ist einerseits daran zu denken, dem Auftragnehmer einen Schadensersatzanspruch aus vorvertraglicher Pflichtverletzung (c. i. c.) gegen den Auftraggeber zuzubilligen, weil der Auftraggeber bei der Prüfung des Angebotes seiner Rücksichtnahmepflicht nicht nachkam, wie diese heute in § 15 und 16 VOB/A geregelt sind. Ein solcher Schadensersatzanspruch ist auf den Vertrauensschaden beschränkt. Lässt sich die Pflichtverletzung oder das Verschulden des Auftraggebers nicht belegen, wäre der Kalkulationsirrtum nach den Grundsätzen von Treu und Glauben und entsprechend § 313 BGB zu korrigieren.

dd) Darlegungs- und Beweislast

Verlangt ein **Auftragnehmer** die Preisanpassung, hat er die Berechnung selbst anzustellen. Denn er trägt die volle **Darlegungs- und Beweislast** für seinen Anspruch auf Verbesserung des Preises. Eine Verschlechterung seines Preises wird er – bei realistischer Betrachtung – nicht verlangen. Verlangt der **Auftraggeber** die Preisanpassung, wird es ihm regelmäßig um eine Verringerung des ursprünglichen Preises im Sinne eines „Massenrabattes" gehen. Dann muss ihm der Auftragnehmer die wesentlichen Dokumente, also insbesondere die ursprünglichen Grundlagen der Ermittlung der vertraglichen Preise und die tatsächlichen Hintergründe der Mengenüberschreitung zur Verfügung stellen, die es dem Auftraggeber zumindest ermöglichen, eine gesicherte Schätzung im Sinne von § 287 ZPO für die von ihm begehrte Herabsetzung der oder des betroffenen Einheitspreises vorzunehmen. Der Auftraggeber bleibt für diesen Anspruch im Übrigen jedoch darlegungs- und beweisbelastet, weil er für ihn günstig ist. Blockiert der Auftragnehmer die erforderliche Auskunftserteilung, macht er sich schadensersatzpflichtig. Die Höhe des Schadensersatzes kann sich etwa auf die Kosten beziffern, die der Auftraggeber nunmehr hat, im Wege der Ersatzvornahme entsprechend § 14 Abs. 4 VOB/B die Kalkulationsgrundlagen der ursprünglichen Preise plausibel zu belegen. Die tatsächlichen Mengen hingegen werden grundsätzlich in einer solchen Konstellation zwischen den Parteien unstreitig sein, weil erst für den Fall der feststehenden Mengenüberschreitung das Verlangen des Auftraggebers praktisch werden kann. Den Schadensersatzanspruch einschränkend ist aber darauf hinzuweisen, dass der Auftraggeber schon aus seiner vorvertraglichen Obliegenheit und Pflicht angehalten war, sich die Auskömmlichkeit der Vertragspreise darlegen zu lassen, vgl. etwa die Pflicht zur Aufklärung der Angebotsinhalte nach § 15 VOB/A und die Pflicht zur Wertung der Angebote nach § 16 VOB/A. Dem Auftraggeber ist also grundsätzlich zu empfehlen, sich auf jeden Fall die Urkalkulation des Auftragnehmers zumindest verschlossen im Rahmen der Vertragsverhandlungen und spätestens bei Vertragsabschluss übergeben zu lassen[111].

ee) Abweichende Allgemeine Geschäftsgrundlagen

§ 2 Abs. 3 Nr. 2 VOB/B enthält eine abschließende Regelung für die Überschreitung bei Massenansätzen über 10 % hinaus. Es kann darüber hinaus nicht auf die Grundsätze über den Wegfall der Geschäftsgrundlage zurückgegriffen werden[112]. Gleichwohl hat der BGH mit Urteil vom 08.07.1993[113] eine Formularklausel für wirksam erachtet:

„Die Einheitspreise sind Festpreise für die Dauer der Bauzeit und behalten auch dann ihre Gültigkeit, wenn Massenänderungen im Sinne von § 2 Nr. 3 VOB/B (a. F.) eintreten."

Zu diesem Ergebnis kam er, weil er dann aber den Einwand des Wegfalls der Geschäftsgrundlage und auch etwaige Ansprüche des Auftragnehmers unter dem Gesichtspunkt des Verschuldens bei Vertragsabschluss durch die Abbedingung von § 2 Abs. 3 VOB/B wieder eröffnet sah. Klauseln, die also nicht jegliche Anpassung von Einheitspreisen bei Mengenänderung ausschließen, sind demnach wirksam.

Es ist keine Tatbestandsvoraussetzung von § 2 Abs. 3 Nr. 2 VOB/B, dass eine etwaige **Mehrvergütungsanzeige**, also das hier gemeinte Verlangen, vor der Ausführung der Leistung erfolgt[114]. Würde eine solche Anzeigepflicht in einer Formularklausel in den Vertrag einbezogen werden, ist sie wirksam. Zwar ist nicht zu leugnen, dass eine solche Klausel regelmäßig zum Ausschluss eines Anpassungsanspruchs nach § 2 Abs. 3 Nr. 2 VOB/B führt, weil ein Auftragnehmer bei Großvorhaben regelmäßig während der Durchführung der Leistung nur schwer sicherstellen kann, rechtzeitig vorher zu erkennen, wann er die 110 % überschreitet. Wenn aber gemäß der BGH-Rechtsprechung[115] § 2 Abs. 3 Nr. 2 VOB/B insgesamt ausgeschlossen werden kann, wird man auch die Einschränkung durch vorherige Anzeige nicht für AGB-widrig halten können.

---

[111] Zu diesem Komplex auch OLG München, BauR 1993, 726.
[112] BGH, Urteil vom 20.03.1969 – VII ZR 29/67.
[113] BGH, Urteil vom 08.07.1993 – VII ZR 79/92, NJW 1993, 2738 f.
[114] OLG Celle, Urteil vom 22.07.1980 – 14 U 44/80, BauR 1982, 381 bis 383.
[115] BGH, Urteil vom 08.07.1993 – VII ZR 79/92, NJW 1993, 2738–2739.

Der Ausschluss von § 2 Abs. 3 VOB/B und jede Einschränkung stellt aber einen Eingriff in die VOB/B dar, so dass sie dann nicht mehr als Ganzes vereinbart ist, mithin jede der verbleibenden VOB-Vorschriften einer isolierten Inhaltskontrolle am Maßstab der §§ 305 ff. BGB zu unterziehen ist.

c) § 2 Abs. 3 Nr. 3 VOB/B: Preisanpassung bei Mengenunterschreitung

aa) Preiserhöhung auf Verlangen

Wie bei der Mengenüberschreitung bedarf es auch bei der Mengenunterschreitung eines Verlangens. Diese Willenserklärung kann sowohl vom Auftraggeber als auch vom Auftragnehmer abgegeben werden und ist in jeder Form, also schriftlich, aber auch mündlich oder durch ein bloßes schlüssiges Verhalten möglich. Anders als bei der Mengenüberschreitung kann das Verlangen jedoch nur zur Erhöhung des **ursprünglichen** Einheitspreises führen. Regelmäßig dürfte also ein Auftraggeber kein Interesse daran haben, dies zu verlangen.

bb) Berechnung der Preiserhöhung

Bei einer Unterschreitung bis zu 10 % bleibt es bei den bisherigen Einheitspreisen. Nur wenn über 10 % der vorgesehenen Leistungsmenge weniger erbracht werden, also weniger als 90 %, kommt die Erhöhung des bisherigen Einheitspreises in Betracht.

Bei der Mengenänderung geht es um solche, die nicht Folge einer Änderung des Bauentwurfes oder anderer Anordnungen des Auftraggebers und auch nicht Folge von zusätzlichen Leistungen ist, deren Preisanpassungen in § 2 Abs. 5 und Abs. 6 VOB/B geregelt werden. Auch darf die Mengenänderung nicht Folge einer Selbstübernahme der Leistungen durch den Auftraggeber oder aber Folge des Wegfalls von Teilleistungen, also ganzer Positionen sein. Diese Fälle werden durch § 2 Abs. 4 VOB/B (Selbstvornahme) und durch § 8 Abs. 1 VOB/B (freie Kündigung) mit besonderer vergütungsrechtlicher Folge geregelt[116].

Es ist eine Erhöhung des gesamten Einheitspreises in der fraglichen Position vorzunehmen. Hierbei sind die Kostenanteile (z. B. Gemeinkosten der Baustelle, Allgemeine Geschäftskosten des Auftragnehmers), die als Umlage in die betreffende Position mit einkalkuliert worden sind, nunmehr auf die verringerte Leistung umzulegen. Dies kann auch für Materialkosten gelten, wenn der Auftragnehmer für die tatsächlich ausgeführten Mengen höhere Kosten hat, etwa weil er bestimmte Mengenrabatte bei seinem Lieferanten nicht mehr in Anspruch nehmen kann.

---

[116] BGH, BauR 1972, 381; Hanseatisches Oberlandesgericht Hamburg, Urteil vom 08.04.2004 – 1 U 30/02, BauR 2004, 1618–1621.

Nach dem klaren Wortlaut muss der Auftragnehmer dabei jedoch alle Ordnungszahlen – mithin alle Positionen des Vertrages – hinsichtlich der wirtschaftlichen Auswirkungen berücksichtigen. Er muss sich auch vorhalten lassen, wenn er in anderer Weise einen Ausgleich für die Verringerung erhielt. Damit sind namentlich etwa Nachträge wegen geänderter und/oder zusätzlicher Leistungen nach § 2 Abs. 5 und Abs. 6 VOB/B benannt. Dabei lässt sich Rechtsprechung nachweisen, die den Ausgleich in anderen Ordnungszahlen (Positionen) nur dann für erforderlich hält, wenn in diesen anderen Ordnungszahlen selbst eine zehnprozentige Abweichung feststellbar ist, dafür jedoch etwa bei einem Übersteigen noch keine Preisanpassung im Sinne von § 2 Abs. 3 Nr. 2 VOB/B vereinbart wurde[117]. Diese Rechtsprechung ist bei genauer Betrachtung vom Wortlaut von § 2 Abs. 3 Nr. 3 VOB/B nicht gedeckt und verkompliziert im Ergebnis auch die kalkulatorische Darstellung. Der BGH folgt hier dennoch der herrschenden Literaturauffassung mit dem Argument, dass dem Wortlaut nur zu entnehmen sei, dass Mehrmengen herangezogen werden können, aber nicht, welche Mehrmengen dies sind, so dass er im Wege der Auslegung dann auf die Zumutbarkeitsgrenze des § 2 Abs. 3 Nr. 2 VOB/B von 110 % abstellt.

Dies berücksichtigend muss also der die Erhöhung begehrende Auftragnehmer darlegen und beweisen, welche preiserhöhende Auswirkung die Mengenverringerung hatte. Um die in diesem Zusammenhang gemeinte Gesamtschau erbringen zu können, wird er regelmäßig methodisch erst einmal darzulegen haben, wie er die ursprünglichen Vertragspreise kostenmäßig kalkulierte. Dann wird er unter Berücksichtigung aller tatsächlich erbrachten Mengen und Massen sowie geänderter und zusätzlicher Leistungen mit der gleichen kalkulatorischen Methode und den gleichen Preisen/dem entsprechenden Preisniveau den entsprechend fortgeschriebenen Preis berechnen müssen. Der Bauunternehmer muss also die für die erhöhten Preise maßgeblichen Ermittlungsgrundlagen und insbesondere die Kalkulation seines ursprünglichen Angebotes offenlegen. Die bloße Vorlage eines auf Erfahrungssätzen beruhenden Sachverständigengutachtens reicht nicht aus[118]. Es ist nicht auf die konkreten Kosten des Bauvorhabens abzustellen, sondern vielmehr auf die vertragsgegenständliche Kalkulation[119]. Der Auftragnehmer muss anhand der ursprünglichen Kalkulation konkret darlegen, wie er den ursprünglichen und den neuen Preis errechnet hat. Legt er die für die Preiserhöhung maßgeblichen Ermittlungsgrundlagen nicht dar und die Kalkulation nicht offen, ist die Schlussrechnung bereits nicht prüfbar.

---

[117] BGH, Urteil vom 18.12.1986 – XII ZR 39/86, WM 1987, 766 f.
[118] OLG Bamberg, Urteil vom 30.07.2003 – 3 U 240/00, NZBau 2004, 100; OLG Bamberg, Urteil vom 18.06.2003 – 3 U 240/00, IBR 2003, 526.
[119] Missverständlich schleswig-holsteinisches Oberlandesgericht, Urteil vom 24.08.1995 – 11 U 110/92, BauR 1996, 265–267.

Allgemeine Kosten wie etwa die Allgemeinen Geschäftskosten sind dann zu berücksichtigen, wenn sie nicht lediglich eine feste Größe im Betrieb des Bauunternehmens sind, sondern umsatzabhängig in die Preiskalkulation einbezogen wurden, was sich nur anhand der Offenlegung der Urkalkulation nachvollziehen lässt[120]. An der umsatzabhängigen Umlage von Geschäftskosten ist der Unternehmer auch insbesondere nicht durch die Einbeziehung der VOB/B in den Vertrag gehindert. Vielmehr geht die VOB etwa in § 2 Abs. 3 Nr. 3 VOB/B, aber auch in § 15 Abs. 1 Nr. 2 und § 15 Abs. 5 VOB/B davon aus, dass die Allgemeinen Geschäftskosten (AGK) in den einzelnen Positionen aufgeteilt und ausgewiesen werden. Dieser Weg ist auch unter Berücksichtigung der neueren Rechtsprechung zum Verbot spekulativer Angebote etwa durch Mischkalkulation[121] vorgegeben und notwendig.

Ein vereinbarter Nachlass ist bei der Preisanpassungsberechnung zu berücksichtigen[122]. Zwar kann nicht ohne weiteres angenommen werden, dass Preisnachlässe auch für Nachtragsaufträge gelten[123]. Haben jedoch die Vertragsparteien eines Bauvertrages auf den Vergütungsanspruch des Auftragnehmers für eine im Vertrag vorgesehene Leistung einen Nachlass vereinbart, ist dieser Nachlass auch auf alle Nachträge nach § 2 Abs. 3 bis 8 VOB/B zu berücksichtigen, weil er dann Grundlage der Preisermittlung der vertraglichen Leistung ist[124].

d) § 2 Abs. 3 Nr. 4 VOB/B: Abhängigkeit für Pauschalsummen-Position

Oft werden für bestimmte Leistungen im Rahmen eines Einheitspreisvertrages lediglich Pauschalen angegeben, wie für die Baustelleneinrichtung. Haben nun Mengenänderungen im sonstigen Einheitspreisvertrag eine unmittelbare Auswirkung auf diese pauschalierten Kosten, soll auch diese Pauschalsumme angepasst werden dürfen. Zu beachten ist der enge Anwendungsbereich, weil nur gemischte Verträge in Frage kommen, die ganz eindeutig im Hauptgewicht Einheitspreisverträge darstellen. Bei echten Pauschalpreisverträge gelten die besondere Vorschriften des § 2 Abs. 7 Nr. 1 S. 2 VOB/B für die Mengenanpassung.

Die Anpassung der Pauschale erfolgt entweder durch eine dem Einheitspreis angepasste Pauschalsumme (Abs. 2) oder durch eine entsprechende Neufestlegung der bisherigen Pauschale (Abs. 3). Die Neube-

---

[120] Schleswig-holsteinisches Oberlandesgericht, Urteil vom 11.05.1995 – 7 U 214/91, BauR 1996, 127–129.
[121] BGH, Urteil vom 18.05.2004 – XZB 7/04 – verbotene Mischkalkulation –.
[122] OLG Celle, Urteil vom 22.06.1994 – 6 U 212/93, IBR 1994, 497 ff.
[123] OLG Köln, Urteil vom 08.10.2002 – 24 U 67/02.
[124] OLG Düsseldorf, Urteil vom 22.09.1992 – 23 U 224/91 ausdrücklich für Zusatzleistungen nach § 2 Abs. 6 VOB/B.

rechnung der Pauschale folgt dem gleichen Berechnungsmodus von § 2 Abs. 3 Nr. 2 und 3 VOB/B. Hierzu muss methodisch die Pauschalsumme erst einmal kalkulatorisch aufgebrochen werden in die Einzelkosten der Teilleistungen.

Die Anpassung ist nur geboten, wird es wiederum von einer Vertragspartei **ausdrücklich verlangt**. Dabei muss sich das Verlangen gerade auf die fragliche Pauschalposition beziehen und kann nicht ohne weiteres von dem extra geregelten Verlangen nach Anpassung im Sinne von § 2 Abs. 3 Nr. 2 und 3 VOB/B gesehen werden.

4. § 2 Abs. 4 VOB/B: Selbstvornahme durch den Auftraggeber

a) Recht des Auftraggebers zur Selbstübernahme

§ 2 Abs. 4 VOB/B regelt das Recht des Auftraggebers, jederzeit ohne Angabe von Gründen die durch den Vertrag bestimmten, vom Auftragnehmer auszuführende Leistung **insgesamt** oder **zum Teil** selbst auszuführen oder von Dritten ausführen zu lassen. Ausweislich des Wortlautes § 2 Abs. 4 VOB/B kann der Auftraggeber von diesem Recht rein faktisch Gebrauch machen, ohne seinen Willen zur Selbstübernahme förmlich oder nur ausdrücklich kundtun zu müssen. Es reicht die faktische Selbstübernahme, also der feststellbare Sachverhalt, dass der Auftraggeber die eigentlich dem Auftragnehmer vertraglich überantworteten Leistungen selbst erbringt.

Die Leistungsübernahme ist aber zugleich als konkludente Willenserklärung des Auftraggebers gegenüber dem Auftragnehmer zu qualifizieren, dass der Auftragnehmer die entsprechenden Leistungen nicht mehr auszuführen habe und insofern auch von seinen vertraglichen Verpflichtungen entbunden wird.

Demgemäß handelt es sich rechtlich um eine einseitige empfangsbedürftige und rechtsgestaltende Willenserklärung im Sinne einer freien Kündigung. Dies wird in der Rechtsprechung auch teilweise als „Weisung" bezeichnet[125], um klarzustellen, dass jedenfalls nicht der Auftragnehmer über den Entfall von Leistungen disponieren kann. Wählt ein Bauunternehmer eigenmächtig eine moderne und technisch zumindest gleichwertige Art der Bauausführung, weil das ursprüngliche Leistungsverzeichnis nicht auf dem neuesten technischen Stand (Stand der Technik) war und fallen hierdurch Leistungen weg, kann daher weder auf § 2 Abs. 4, noch auf § 8 Abs. 1 VOB/B zurückgegriffen werden, weil es an der Disposition/Weisung des Auftraggebers fehlt[126]. Es würde in

---

[125] OLG Hamm, Urteil vom 09.09.1997 – 21 U 106/96, NJW-RR 1998, 598 f.
[126] OLG Hamm, Urteil vom 09.09.1997 – 21 U 106/96, NJW-RR 1998, 598 f.

diesem Fall zwar gegen Treu und Glauben verstoßen, vom Aufragnehmer nach § 2 Abs. 8 Nr. 1 VOB/B den Rückbau und Schadensersatz zu verlangen. Möglicherweise wäre aber unter Berücksichtigung von § 2 Abs. 8 Nr. 2 S. 2 und 3 VOB/B an eine Vergütungsanpassung zu denken.

Vereinbaren die Parteien nach Vertragsschluss, dass ein Auftragnehmer einen Teil der geschuldeten Leistungen nicht ausführt, dies vielmehr durch den Auftraggeber erfolgen solle, treffen die Parteien jedoch keine Vereinbarung die Vergütung betreffend, so ist diese Lücke durch normative Auslegung nach §§ 133, 157 BGB dahingehend zu schließen, dass eine Anpassung des Vertragspreises unter Berücksichtigung von § 2 Abs. 4 VOB/B (bei Selbstübernahme) oder direkt nach § 8 Abs. 1 Nr. 2 VOB/B (bei teilweise entfallenden Leistungen) erfolgen soll[127]. Dieser Grundsatz gilt sowohl für den Einheitspreis-, als auch für den Pauschalpreisvertrag.

Zur Vermeidung von Unklarheiten ist dem Auftraggeber regelmäßig zu empfehlen, ausdrücklich und am besten in der im Übrigen für Kündigungen im Rahmen eines VOB/B-Vertrages vorgegebenen schriftlichen Form nach § 8 Abs. 5 VOB/B seine Absichten zu erklären. Sinn und Zweck von § 2 Abs. 4 VOB/B dürfte es jedoch sein, den Auftraggeber im Bereich der fehlgeleiteten Ersatzvornahme zu schützen. Nach dem Konzept des gesetzlichen Werkvertragsrechtes der §§ 631 ff. BGB und unter Berücksichtigung der in § 8 Abs. 5 VOB/B geregelten Schriftform der Kündigung würde ohne § 2 Abs. 4 VOB/B ansonsten gelten, dass der Auftraggeber trotz Selbstübernahme der Leistungen den Auftragnehmer für die fragliche Leistung voll umfänglich bezahlen müsste. Einen Schutz zugunsten des Aufragnehmers enthält § 2 Abs. 4 VOB/B hingegen nicht. Denn § 2 Abs. 4 VOB/B erhält dem Auftragnehmer bei einer faktischen Selbstübernahme gerade nicht den vollen Vergütungsanspruch, sondern schränkt ihn genauso ein, als wenn der Auftraggeber unter Einhaltung der Form des § 8 Abs. 5 VOB/B im Sinne von § 8 Abs. 1 VOB/B ordnungsgemäß – und also auch rechtzeitig vor Ausführung der Selbstübernahme – gekündigt hätte.

Der Schutz des Auftraggebers durch § 2 Abs. 4 VOB/B ist oft erheblich, etwa in den Fällen, in denen ohne Beachtung der strengen Formvorschriften von § 4 Abs. 7 VOB/B, § 5 Abs. 3 VOB/B, § 5 Abs. 4 VOB/B in Verbindung mit § 8 Abs. 3 VOB/B und § 8 Abs. 5 VOB/B eine Ersatzvornahme bereits nach fruchtlosem Ablauf einer zuvor gesetzten Frist eingeleitet wurde, ohne also vorher ausdrücklich die Kündigung anzudrohen und diese dann nach Ablauf der Frist in der notwendigen schriftlichen Form auszusprechen. Dies berücksichtigend stellt § 2 Abs. 4

---

[127] Rechtsgedanke BGH, Urteil vom 29.04.1999 – XII ZR 248/98, WM 1999, 1527 f.

VOB/B einen Mindestausgleich für die sehr hohen Anforderungen der Einleitung der Ersatzvornahme des Auftraggebers gegen den Auftragnehmer dar.

b) Recht des Auftragnehmers auf anteilige Vergütung

Infolge der Selbstübernahme hat der Auftragnehmer – entsprechend den Vorschriften über die freie Kündigung – Anspruch auf die vereinbarte Vergütung. Dies stellt § 2 Abs. 4 VOB/B durch einen Verweis auf die entsprechende – also analoge – Anwendung von § 8 Abs. 1 Nr. 2 VOB/B klar.

Aus dem Rechtsfolgeverweis ergibt sich vor allem, dass sich der Auftragnehmer von der vereinbarten Vergütung jedoch das anrechnen lassen muss, was er infolge der Aufhebung des Vertrages an Kosten erspart oder durch anderweitige Verwendung seiner Arbeitskraft und seines Betriebes erwirbt oder zu erwerben böswillig unterlässt. Hinsichtlich der Einzelheiten der Berechnung sowie der Darlegungs- und Beweislast für die anzurechnenden Kosten ist daher auf die Kommentierung von § 8 Abs. 1 Nr. 2 VOB/B zu verweisen. Als Besonderheit in diesem Rahmen bleibt jedoch anzumerken, dass bei der Selbstübernahme die Abzugspositionen regelmäßig geringer sein dürften, als bei einer freien Kündigung nach § 8 Abs. 1 VOB/B, weil der Auftragnehmer regelmäßig weniger Zeit haben wird, sich auf die geänderte Disposition des Auftraggebers einzustellen, fehlt es an der ausdrücklichen und rechtzeitigen Mitteilung. Dies wird sich vor allem in Fällen auswirken, in denen der Selbstvornahme etwa eine Aufforderung zur Beschleunigung der Leistung nach § 5 Abs. 3 VOB/B oder etwa eine Fertigstellungsfristsetzung im Sinne von § 5 Abs. 4 VOB/B ohne Kündigungsandrohung vorausgegangen war.

c) Umfang der Selbstübernahme

Die Selbstübernahme im Sinne von § 2 Abs. 4 VOB/B kann sich auf Leistungen beziehen, die in sich abgrenzbar sind. Maßstab hierfür ist, ob sich die entsprechenden Elemente isoliert vergüten lassen. § 2 Abs. 4 VOB/B benennt hierzu Beispiele wie: Lieferung von Bau-, Bauhilfs- und Betriebsstoffen. Damit ist der Fall der bloßen Materialbeistellung angesprochen, wobei es im Übrigen dabei bleiben soll, dass der Auftragnehmer zur Erreichung des Werkes verpflichtet bleibt. Demnach soll Maßstab sein, ob sich einzelne Posten selbständig rechnerisch ermitteln lassen. Es wird nicht gefragt, wie dies im Einzelnen möglich ist. Insofern soll sich also die Selbstübernahme sogar auf Bereiche beziehen können, die noch nicht einmal einzelne Rechnungsposten, geschweige denn in sich abgeschlossene Teilleistungen darstellen. Dabei gilt schon

§ 2 VOB/B – Vergütung

für Rechnungsposten, dass sie keine Forderungen im Rechtssinne verkörpern[128].

So – etwa auf die Materialbeistellung – beschränkte Selbstvornahmen können in der Folge auch keine Auswirkung auf die Gewährleistung haben, bleibt es im Übrigen dabei, dass der Auftragnehmer das Werk – z. B. mit beigestellten Materialien des Auftraggebers – erbringen muss. Mit Blick auf die Gewährleistung hat dies zur Folge, dass der Auftragnehmer nur dann frei wird, wenn tatsächlich in sich abgeschlossene Teilleistungen selbst übernommen bzw. teilgekündigt werden. Wenn aber der vom Auftraggeber herausgenommene Bereich untrennbarer Bestandteil der vom Auftragnehmer verbliebenen Leistung wird, wie dies bei Materialbeistellungen regelmäßig der Fall sein muss, bleibt es bei der Gewährleistungsverpflichtung des Auftragnehmers für das von ihm letztendlich noch zu erbringende Werk. Hier hat der Auftragnehmer also – wie sonst auch bei seinen Lieferanten oder bei seinen Nachunternehmern – eine besondere Prüfpflicht zu den beigestellten Materialien etc. Der Vorteil im Verhältnis zum Auftraggeber ist jedoch die Enthaftung durch rechtzeitige Hinweise und Bedenken etwa im Sinne von § 3 Abs. 3 S. 2 VOB/B, § 4 Abs. 1 Nr. 4 VOB/B, insbesondere § 4 Abs. 3 VOB/B, der sich auch ausdrücklich auf die Materialbeistellung bezieht. Die Bedenken müssen schriftlich und möglichst vor Beginn der Arbeiten dem Auftraggeber angezeigt werden. Soll der Auftragnehmer dennoch die Leistungen entsprechend ausführen, wird er dann frei von Schadensersatzansprüchen gemäß § 10 Abs. 2 S. 2 VOB/B und muss auch keine Gewährleistung bieten, § 13 Abs. 3 VOB/B.

Etwa auf die Materialbeistellung beschränkten Selbstübernahmen können keine Teilkündigung darstellen, so dass § 2 Abs. 3 VOB/B nicht auf die direkte Anwendbarkeit der Abrechnungsregelungen für Teilkündigungen verweist, sondern nur die entsprechende Abrechnung regelt. In der Tat beschreibt § 2 Abs. 4 VOB/B vielmehr einen Sonderfall der Änderung des Vertragsinhaltes[129]. Denn die Kompetenz aus § 2 Abs. 4 VOB/B reicht von der Kündigung der gesamten Leistung, der Kündigung in sich abgeschlossener Teilleistungen bis hin zur Wegnahme einzelner Posten von im Übrigen unselbständigen Positionen (Ordnungszahlen). Der durch § 2 Abs. 4 VOB/B als Beispiel angesprochene Fall der Materialbeistellung macht gerade diese mögliche Änderung des Vertragsinhaltes durch Wegnahme einzelner Posten deutlich.

Bei einem Pauschalpreisvertrag – für den § 2 Abs. 4 VOB/B ausweislich der Klarstellung in § 2 Abs. 7 Nr. 1 S. 4 VOB/B auch gilt – wird insbesondere bei funktionaler Leistungsbeschreibung mit entspre-

---

[128] BGH, Urteil vom 22.10.1998 – XII ZR 1967/97, NJW 1999, 417 f.
[129] BGH, Urteil vom 29.04.1999 – XII ZR 248/98, WM 1999, 1527 f.

chenden pauschalen Ansätzen erst die Aufschlüsselung der Pauschale in Leistungspositionen und sodann die kalkulatorische Aufsplittung der Position in die Einzelkosten der Teilleistungen für die Abrechnung erforderlich. Auch im Einheitspreisvertrag muss die Einzelkostenkalkulation hinterfragt werden. Egal ob beim Einheitspreisvertrag oder beim Pauschalpreisvertrag ist der Preis zu reduzieren, wenn ganze Leistungspositionen entweder vom Auftraggeber selbst erbracht werden oder aus anderen Gründen entfallen. Dies gilt jedoch nicht für Positionen, die als Eventualpositionen gekennzeichnet oder im Wege der Auslegung als solche anzusehen sind (wie etwa angehängte Stundenlohnarbeiten oder sog. NEP-Positionen)[130].

Der Begriff des Selbstübernehmens meint dabei nicht, dass der Auftraggeber die herausgenommene Leistung persönlich erbringen muss. Es genügt vielmehr, dass er dahingehend disponiert, der Auftragnehmer solle mit der entsprechenden Leistung insofern nichts mehr zu tun haben, so dass auch die Fälle abgedeckt sind, in denen der Auftraggeber in eigener Regie die Leistungen Dritten überträgt. So kann sich die Selbstübernahme des Auftraggebers auch auf Leistungen beziehen, die der Auftragnehmer bisher im Sinne von § 4 Abs. 8 VOB/B an Nachunternehmer vergeben hatte. In diesen Fällen wird der Auftragnehmer durch § 2 Abs. 4 VOB/B gegenüber seinen Nachunternehmern entsprechend geschützt, vorausgesetzt, er hatte spiegelbildlich und diskriminierungsfrei untervergeben, und auch dorthin gilt der eingangs beschriebene Auftraggeber-Schutz aus § 2 Abs. 4 VOB/B.

Sollte ein Auftragnehmer nach dem Vertrag 3 Stahlträger mit einem Gewicht von ca. 3.500 kg liefern und verlegen, sollen dann jedoch hiervon abweichend 6 Stahlträger mit einem Gesamtgewicht des Vierfachen, also etwa ca. 14.000 kg, eingebaut werden und disponiert der Auftraggeber vor diesem Hintergrund, dass er den Stahl selbst liefert und der Auftraggeber nur noch verlegen solle, so liegt bezüglich der ursprünglichen Stahlmengen eine Teilwegnahme/Selbstübernahme im Sinne von § 2 Abs. 4 VOB/B vor, so dass der Auftragnehmer die hierfür ursprünglich vereinbarte Vergütung abzüglich der ersparten Aufwendungen beanspruchen kann. Bezüglich der über den vertraglichen Leistungsumfang hinausgehenden bloßen Verlegung von Stahlträgern liegt eine Zusatzleistung im Sinne von § 2 Abs. 6 VOB/B vor, für die der Auftragnehmer den zusätzlichen Verlegeaufwand vergütet verlangen kann[131]. Nach der bisherigen Rechtsprechung soll es sich hingegen nicht um den Fall der Änderung des Bauentwurfs gemäß § 2 Abs. 5 VOB/B handeln.

---

[130] OLG Düsseldorf, Urteil vom 20.02.2001 – 21 U 118/00, BauR 2001, 803 ff. für einen Detail-Pauschalpreisvertrag.
[131] OLG Düsseldorf, Urteil vom 30.05.1995 – 21 U 120/94, IBR 1995, 376.

d) Abdingbarkeit von 2 Abs. 4 VOB/B

§ 2 Abs. 4 VOB/B verweist auf die entsprechende Anwendung von § 8 Abs. 1 Nr. 2 VOB/B für den Fall, „wenn nichts anderes vereinbart wird". Gleichwohl ist es zumindest durch Allgemeine Geschäftsbedingungen nicht wirksam möglich zu vereinbaren:

„Der Auftraggeber ist berechtigt, einzelne Positionen des Angebotes zurückzuziehen, zu streichen, in den Massenansätzen zu vermindern oder zu vermehren, ohne dass dem Auftragnehmer ein Ersatzanspruch wegen Minderleistungen zustehen soll."

Genauso ist es unwirksam, wenn durch Formularklauseln ausgeschlossen werden soll, dass durch die Änderung von Angebotspositionen eine Preisänderung nicht eintreten soll. Solche Klauseln sind im Sinne von § 307 BGB unangemessen und daher unwirksam[132].

Unwirksam sind auch Klauseln in Allgemeinen Vertragsbestimmungen eines Auftraggebers, mit denen sich der Auftraggeber das Recht vorbehält, einzelnen Positionen aus dem Arbeitsumfang herauszunehmen, ohne dass hierfür Kosten durch den Auftragnehmer geltend gemacht werden können oder eine Änderung des Preises erfolgen kann[133].

Die Parteien können jedoch individualvertraglich im Wege der Verhandlung abweichend von § 2 Abs. 4 VOB/B anderweitige Absprachen etwa auch im obigen Sinne treffen. Auf diese Weise kann ein Auftragnehmer auf seinen Anspruch bis zur Grenze gesetzlicher Verbote im Sinne von § 134 BGB (z. B. Wirtschaftsstrafgesetz) oder bis hin zum Wuchertatbestand im Sinne von § 138 BGB verzichten.

Wird der aus § 2 Abs. 4 VOB/B fließende Grundsatz ausgeschlossen oder eingeschränkt, ist dies zugleich ein Eingriff in die VOB/B, so dass diese nicht mehr als Ganzes vereinbart ist und in der Folge alle Klauseln der VOB/B isoliert auf ihre Wirksamkeit hin zu überprüfen sind[134].

5. § 2 Abs. 5 VOB/B – Vergütung bei Änderungsanordnung des Auftraggebers

§ 2 Abs. 5 VOB/B regelt einen Anspruch auf die Anpassung der Vergütung in 2 Alternativen. Der Vergütungsanpassungsanspruch ist in beiden Alternativen unmittelbare Folge einer Anordnung durch den Auftraggeber. Der Vergütungsanpassungsanspruch steht dem Auftragnehmer

---

[132] OLG Düsseldorf, Urteil vom 16.07.1991 – 23 U 25/91, BauR 1992, 77 f.
[133] OLG Düsseldorf, Urteil vom 22.07.1982 – 6 U 220/81, BauR 1984, 95.
[134] Die Einleitung und die auch dort in Bezug genommene Rechtsprechung BGH, Urteil vom 15.04.2004 – XII ZR 129/02 und BGH, Urteil vom 26.02.2004 – XII ZR 69/03 und BGH, Urteil vom 22.01.2004 – XII ZR 419/02.

genauso wie dem Auftraggeber zu, der hieran Interesse hat, sollten sich durch die Änderungen Minderaufwendungen ergeben, die in der Folge den Vertragspreis reduzieren.

a) Änderung des Bauentwurfs

§ 2 Abs. 5 S. 1 Alt. 1 VOB/B knüpft an eine Anordnung zur Änderung des Bauentwurfs an, wobei sich die vertraglich eingeräumte Auftraggeber-Kompetenz aus § 1 Abs. 3 VOB/B ergibt.

Gibt der Auftragnehmer ein funktionales Angebot für eine von dem Vertrag abweichende Ausführung von Gründungsarbeiten ab, für die eine von ihm einzuholende öffentlich-rechtliche Zustimmung im Einzelfall notwendig ist, kann dessen Annahme durch den Auftraggeber unter dem Vorbehalt, dass die Zustimmung erteilt wird, nicht dahin ausgelegt werden, der Auftraggeber wolle das funktionale Angebot in ein detailliertes Angebot in der Weise ändern, dass die Auflagen der zunächst erteilten Zustimmung den Vertragsinhalt bestimmen und die sich aus weiteren Auflagen ergebenden Mehrkosten von ihm zu übernehmen sind[135].

aa) Änderungskompetenz des Auftraggebers

Zwar nimmt die Regelung des § 2 Abs. 5 S. 1 Alt. 1 VOB/B nicht Bezug auf die Anordnungskompetenz des § 1 Abs. 3 VOB/B. Dennoch ergibt sich aus der weitergehenden Alternative „oder andere Anordnungen des Auftraggebers", dass die Änderung des Bauentwurfes auf eine Anordnung des Auftraggebers folgt[136] und nicht etwa faktisch oder vom Auftragnehmer eigenmächtig vorgenommen wird, vgl. zur Abgrenzung die Kommentierung zu § 2 Abs. 8 Nr. 1 bis 3 VOB/B.

Kein Fall der Änderung des Bauentwurfs durch den Auftraggeber ist es auch, stellen Dritte Forderungen an den Auftragnehmer zur veränderten Ausführung. Angesprochen sind Fälle, in denen etwa die Straßenverkehrsbehörde zu den Bauvorhaben der örtlichen Gemeinde statt der vorgesehenen Vollsperrung der Ortsdurchfahrt für die Bauarbeiten anordnet, dass die Ortsdurchfahrt einseitig befahrbar bleiben muss, oder, dass Aufsichtsbehörden (zum Beispiel Umweltamt, Naturschutzbehörde) Baustopps wegen nachträglich angetroffener Altlasten oder nachträglich angetroffener archäologischer Funde verfügen[137]. Eine

---

[135] Dieses Auftragnehmerrisiko bestätigte der BGH im Urteil vom 20. August 2009 – VII ZR 205/07.
[136] Einhellige Literatur und Rechtsprechung zuletzt OLG Hamm, BauR 2005, 1480–1483.
[137] Fallgestaltung LG Strahlsund, Urteil vom 12.04.2005, Az. 3 O 73/03, BauR 2005, 1521; OLG Hamm, Az. 25 U 66/01, IDR 2002, 659; OLG Düsseldorf, Az. 22 U 55/01, IDR 2002, 307.

solche Zuordnung von Willenserklärungen ist gesetzesfremd, namentlich nicht über die Vorschrift des § 278 BGB gedeckt, weil die Behörden nicht Erfüllungsgehilfen des Auftraggebers – schon gar nicht zur Abgabe von Willenserklärungen sind, sondern eigen, gesetzlich zugewiesene Aufgaben wahrnehmen. Auch ein Architekt – etwa als Bauüberwacher des Auftraggebers – hat grundsätzlich keine Vollmacht, im Vertrag nicht vorgesehene Leistungen anzuordnen. Dieser Grundsatz kehrt sich nur um, wird der Architekt gemäß § 167 BGB ausdrücklich rechtsgeschäftlich bevollmächtigt, solche Willenserklärungen nach § 1 Abs. 4 VOB/B abzugeben. Nur für Nachträge, die zu keiner fühlbaren Preiserhöhung führen, ist er befugt[138]. Die rechtliche Problematik ist dabei über § 2 Abs. 8 Nr. 2 S. 2 und 3 VOB/B mit gleicher Rechtsfolge der Vergütungsanpassung hinreichend erfasst. Außerdem bleiben die Regelungen der Geschäftsführung oder Auftrag gemäß §§ 677 – auch § 679 BGB –, 683, 670 BGB ausweislich § 2 Abs. 8 Nr. 3 VOB/B anwendbar und werden an entsprechender Stelle kommentiert.

Der Vergütungsanpassungsanspruch ist damit unmittelbare Folge einer Anordnung der Änderung des Bauentwurfes durch den Auftraggeber gemäß § 1 Abs. 3 VOB/B[139]. Während also § 1 Abs. 3 VOB/B den Anspruch des Auftraggebers regelt, einseitig über vertragliche Leistungen zu disponieren, bringt § 2 Abs. 5 VOB/B hierfür den Anspruch auf angemessenen Ausgleich mittels Vergütungsanpassung[140].

Die Regelung weicht von den gesetzlichen Werkvertragsrecht ab, weil nach den gesetzlichen Regelungen der §§ 631 f. BGB ein solches einseitiges Leistungsbestimmungsrecht des Auftragnehmers nicht gegeben ist. Nach dem gesetzlichen Recht müssten sich die Parteien erst über die Vertragsänderung vereinbaren, um die Verpflichtung des Auftragnehmers zu deren Ausführung und die Verpflichtung des Auftraggebers zu deren Vergütung zu begründen. Würden sich die Parteien in diesem Zusammenhang nicht über die Vergütungshöhe vereinbaren, würde nach § 632 Abs. 2 BGB dann eine ortsübliche und angemessene Vergütung gelten.

Trotz dieser Abweichung dürfte die Regelung des § 2 Abs. 5 VOB/B i. V. m. § 1 Abs. 3 VOB/B auch einer isolierten Inhaltskontrolle nach § 305 BGB standhalten, weil auch die gesetzliche Vorschrift des § 315 BGB es zulässt, dem Auftraggeber ein einseitiges Leistungsbestimmungsrecht bei Vertragsschluss einzuräumen und die Vergütungsanpassung

---

[138] OLG Celle, Urteil vom 06.12.1995, Az. 6 U 250/94; OLG Düsseldorf, Urteil vom 09.01.1997, Az. 5 U 104/96; BGH, Urteil vom 14.07.1994, VII ZR 1986/93.
[139] BGH Report 2004, 289–291 und Diehr, ZfBR 2006, 312/313.
[140] Anderer Auffassung Thode, ZfBR 2004, 214/216, der in § 2 Abs. 5 und Abs. 6 VOB/B nur eine Rechtsfolgeregelung sieht und § 1 Abs. 3 und Abs. 4 VOB/B als Vergütungsanspruch qualifiziert, aber mit gleichem Ergebnis.

auf der Grundlage der Preisermittlung der vertraglichen Leistung statt nach dem Maßstab der Ortsüblichkeit und Angemessenheit grundsätzlich nicht unangemessen sein kann, zumal wenn im Rahmen des Vergabeverfahrens bereits die Auskömmlichkeit der bisherigen Preise Gegenstand der Vertragsverhandlung war. Hinsichtlich des Umganges bei Fehlkalkulation und Kalkulationsirrtümer gelten dann die unter III. 2. c) mitgeteilten Grundsätze der Anpassung nach Treu und Glauben gemäß §§ 242, 313 BGB. Weitere Eingriffe in das Gefüge von § 2 Abs. 5 VOB/B i.V.m. § 1 Abs. 3 VOB/B durch Besondere oder Zusätzliche Vertragsbedingungen dürften aber gegen § 308 Nr. 3, Nr. 4 oder § 307 BGB verstoßen, etwa wenn eine Nachtragsvergütung davon abhängen soll, dass vor der Ausführung die Mehrvergütung schriftlich angezeigt oder vereinbart werden muss. Unverändert belassen ist die Regelung jedoch auch bei isolierter Inhaltskontrolle wirksam.

Wie zu § 1 Abs. 3 VOB/B erläutert, ist die Anordnung zur Änderung des Bauentwurfs im Übrigen aber formfrei, kann also durch schlüssiges Verhalten (konkludent) genauso wirksam wie durch ausdrückliche mündliche Mitteilung oder in jeder erdenklichen schriftlichen Form erfolgen. Ließe sich die Anordnung lediglich durch schlüssiges Verhalten darlegen, bleibt hilfsweise der Rückgriff auf § 2 Abs. 8 Nr. 2 S. 2 VOB/B, mithin auf den mutmaßlichen Willen des Auftraggebers.

bb) Bauentwurf: was, wie, wo, wann, wer

Die Änderungsanordnung muss sich auf den vertraglichen Bauentwurf beziehen. Der Bauentwurf definiert sich durch die auszuführenden Leistung, die nach Art und Umfang durch den Vertrag bestimmt werden, § 1 Abs. 1 VOB/B. In sinnvoller Ergänzung des gesetzlichen Werkvertragsrechtes des § 631 BGB gilt, dass sich ein Auftragnehmer nicht schlicht „zur Herstellung des versprochenen Werkes" verpflichtet, sondern ähnlich einem Dienstleistungsvertrag „die auszuführenden Leistungen ... nach Art und Umfang durch den Vertrag bestimmt" werden. Somit eröffnet die VOB/B den Parteien von Anfang an, nicht nur den Erfolg, das Bauziel, sondern auch den Weg dorthin durch die auszuführenden Leistungen zu beschreiben. Als Methoden wählt die Praxis die Leistungsbeschreibung mit Leistungsverzeichnis (vgl. § 7 Abs. 9–12 VOB/A) oder aber die Leistungsbeschreibung mit Leistungsprogramm (vgl. § 7 Abs. 13–15 VOB/A).

Es ist also jeweils auf den konkreten Vertrag abzustellen, ob, welche und wie detailliert die auszuführenden Leistungen nach Art und Umfang zwischen den Parteien für die Erzielung des Erfolges vereinbart sind, um den Bauentwurf zu definieren, worauf sich die Änderungskompetenz des Auftraggebers beziehen kann. So ist es nach dem gesetzlichen Leitbild des Werkvertragsrechtes möglich, dass sich die Parteien lediglich über das Werk funktional vereinbaren.

Die VOB sieht aber vor, dass die Parteien eine funktionale Leistungsbeschreibung mit Leistungsprogramm wählen können, also nur das „WAS" als zu erreichendes Ziel vereinbaren. Dies soll nach der VOB ausweislich § 7 Abs. 13 VOB/A nur ausnahmsweise erfolgen, wenn dies nach Abwägung aller Umstände zweckmäßig ist.

Um schon im Rahmen der Ausschreibung den gewünschten Wettbewerb zur Ermittlung einer technisch, wirtschaftlich und gestalterisch besten sowie funktionsgerechten Lösung der Bauaufgabe möglich zu machen, sieht die VOB eine weitgehend detaillierte Beschreibung der auszuführenden Leistung als Regelfall vor; vgl. § 7 Abs. 9–12 VOB/A. Neben der bloßen Funktion des zu erreichenden Werks sollen demgemäß auch die Art und Weise der Erbringung des Werk hinsichtlich der Technologie, also wie das Ziel erreicht werden soll, ausgeschrieben und in der Folge vereinbart werden. Hierzu gehört auch die Vereinbarung der vertraglich vorausgesetzten Bauumstände, wie der Baugrund. Sind in einem der Ausschreibung beiliegenden Bodengutachten bestimmte Bodenverhältnisse beschrieben, werden diese regelmäßig zum Leistungsinhalt erhoben, wenn sie für die Leistung des Auftragnehmers und damit auch für die Kalkulation seines Preises erheblich sind. Ordnet der Auftraggeber die Leistung für tatsächlich davon abweichende Bodenverhältnisse an, liegt darin also auch eine Änderung des Bauentwurfs, die zu einem Anspruch auf eine veränderte Vergütung gemäß § 2 Abs. 5 VOB/B führen kann (WIE)[141].

Bei Bauwerken ist es zudem regelmäßig angesagt, auch den Ort detailliert vorzugeben (WO).

Im engen Zusammenhang mit der technologischen Bauarbeit steht dann auch die Vereinbarung von verbindlichen Ausführungsfristen als eine wesentliche Grundlage für die Preisermittlung der vertraglichen Leistungen, wie dies durch § 5 Abs. 1 VOB/B am besten durch einen Bauzeitenplan vorgesehen ist (WANN)[142].

Weiter kann mit Blick auf § 4 Abs. 8 VOB/B von Anfang an vorgegeben werden, ob im eigenen Betrieb oder mit Nachunternehmern und welchen zu leisten ist. So könnte ein Nachunternehmer bestimmte Nebenleistungen zum Tarif des Baunebengewerbes kostengünstiger erbringen als der Auftragnehmer, der seinen Leuten den Mindestlohn am Bau zahlen muss (WER).

---

[141] BGH – Urteil Az. VII ZR 205/07 verkündet am 20. August 2009.
[142] Vgl. auch zum „Bauentwurf: was, wie, wo, wann, wer" (zu finden über das Stichwortverzeichnis/Index).

Nur in der Gesamtschau dessen,

— was erreicht werden soll,
— wie (auf welchem Weg und unter welchen Umständen es erreicht werden soll),
— wo zu bauen ist,
— wann, in welcher Bauzeit,
— wer leisten soll,

lässt sich ein sinnvoller Wettbewerb gestalten und erreicht der Auftraggeber eine möglichst weit reichende Kompetenz im Rahmen der Baudurchführung. Nur so ist sichergestellt, dass der Auftraggeber etwa auch seine Interessen an der Bautechnologie und der Bauzeit im weiteren Verlauf sicher disponieren kann. So mag es für den Auftraggeber von Bedeutung sein, dass etwa mit Blick auf benachbarte Gebäude vibrationsfrei geleistet wird, um Spundwände einzubringen, und dass kostengünstig in den Sommermonaten geleistet werden kann, statt in den Wintermonaten, um hieraus Preisvorteile durch Vermeiden von Winterbaumaßnahmen zu erzielen und auch von Anfang an Bedenken gegen die vorgesehene Art der Ausführung gemäß § 4 Abs. 3 VOB/B die Spitze zu nehmen, die wiederum auf die Gewährleistung und Haftung durchgreifen können, § 10 Abs. 2 Nr. 1 letzter Satz sowie § 13 Abs. 3 VOB/B.

Haben sich die Parteien über Art und Umfang der auszuführenden Leistungen weitgehend neben dem zu erreichenden Ziel auch über die technologischen Einzelheiten, die Örtlichkeiten und die Ausführungszeit mit den hieraus folgenden Weichenstellungen für die Leistungserbringung geeinigt, knüpft hieran ein entsprechend weitgehendes Änderungsrecht des Auftraggebers und bei deren Ausübung ein entsprechend weitgehender Vergütungsanpassungsanspruch. Sind etwa die Ausführungsfristen, zum Beispiel in Form eines vernetzten Bauzeitenplans, im Vertrag vereinbart, werden diese Bauentwurf gemäß § 1 Abs. 3 i.V. m. § 2 Abs. 5 S. 1 Alt. 1 VOB/B, über die der Auftraggeber mittels Anordnung nach § 1 Abs. 3 VOB/B rechtmäßig disponieren kann und die in der Folge den Vergütungsanpassungsanspruch wegen etwaiger Mehr- oder Minderaufwendungen begründen[143].

b) Andere Anordnung des Auftraggebers

Nach § 2 Abs. 5 S. 1 Alt. 2 VOB/B können auch andere Anordnungen des Auftraggebers den Vergütungsanpassungsanspruch begründen. In Abgrenzung zur Änderung des Bauentwurfes gemäß § 1 Abs. 3 i.V. m. § 2 Abs. 5 S. 1 Alt. 1 VOB/B muss es sich also um solche handeln, die

---

[143] Zusammenfassung des Diskussionsstandes in Diehr, ZfBR 2006, 312–319.

sich gerade nicht auf die nach Art und Umfang durch den Vertrag zur Ausführung bestimmten Leistungen beziehen. Je pauschaler, undetaillierter die auszuführenden Leistungen im Vertrag beschrieben werden, desto größer muss der Anwendungsbereich für diese zweite Alternative sein. Sonst könnten sich solche Anordnungen etwa nur auf Begleitumstände beziehen, wie der Einsatz bestimmter Arbeitnehmer oder eines bestimmten Bauleiters. Ist aber eine bestimmte Leistung zur Erbringung des Vertrages gar nicht vorgegeben (etwa die Art des Rammens von Spundwänden: vibrationsfrei oder nicht), wäre auch diesbezüglich die zweite Alternative einschlägig. Sind z. B. auch Ausführungsfristen gemäß § 5 Abs. 1 VOB/B nicht vereinbart, können diese ebenso wenig Art und Umfang der vertraglichen Leistung vorgeben, wird mithin ein Bauzeitenplan nicht Bauentwurf im Sinne der ersten Alternative. In diesen Fällen greift die Anordnungskompetenz des § 1 Abs. 3 VOB/B des Auftraggebers nicht ein[144].

Ohne eine Anordnungskompetenz ist der Auftragnehmer nicht verpflichtet, einer Anordnung des Auftraggebers nachzukommen. Entspricht der Auftragnehmer dennoch der Anordnung, in dem er sie befolgt – egal aus welchem Motiv heraus, etwa weil er sich gezwungen sieht, rechtsirrig meint, er müsse folgen, keine Schwierigkeiten machen will, kooperieren will aus menschlicher Verbundenheit oder eigenem Prestige, oder auch die Vergütungsanpassung verdienen will etc. –, begründet dies den Vergütungsanpassungsanspruch. Dem Auftragnehmer wird hier also durch die VOB/B ein Wahlrecht belassen, ob er einer kompetenzlosen Anordnung Folge leistet oder nicht. Folgt der Auftragnehmer der Anordnung nicht, hat dies keine Rechtsvor- oder -nachteile für ihn. Folgt er der Anordnung jedoch, akzeptiert er diese, so dass die Anordnung von einem übereinstimmenden Vertragswillen getragen wird und nicht als vertragsrechtswidrig qualifiziert werden kann, sondern gemäß § 2 Abs. 5 S. 1 Alt. 2 VOB/B die Vergütungsanpassung begründet.

Nur wenn ein Auftragnehmer einer kompetenzlosen Anordnung aus diesem Grund als unberechtigt ausdrücklich widerspricht, sie aber dennoch befolgt, scheidet § 2 Abs. 5 S. 1 Alt. 2 VOB/B mangels zustimmender Willenserklärung aus und kommt nur eine Aufwendungserstattung nach § 4 Abs. 1 Nr. 4 VOB/B in Betracht[145].

---

[144] Die kritische Bestandsaufnahme bei Thode, ZfBR 2004, 214 ff. und Schwenker, IBR 2004, 290 und zum generellen Umfang der Anordnungskompetenz den Lösungsvorschlag bei Zanner/Keller, NZBau 2004, 353–360, alle mit Nachweisen der Literatur und Rechtsprechung.

[145] Ausführlich unten: § 2 III. Exkurs: Zahlungsansprüche des Auftragnehmers bei Bauablaufstörungen (auch zu finden über Stichwortverzeichnis/Index: Bauablaufstörungen: Zahlungsansprüche – eine ausführliche Darstellung –).

Im Übrigen bleibt auch hinsichtlich der zweiten Alternative zu betonen, dass Anordnungen Dritter, etwa der unteren Bauaufsichtsbehörde, der Straßenverkehrsbehörde, der Umweltbehörde, der Wasserbehörde, der Denkmalschutzbehörde mittels Verwaltungsakt keine anderen Anordnungen des Auftraggebers darstellen, weil es an dem Tatbestandsmerkmal einer dem Auftraggeber zurechenbaren Willenserklärung mangelt. Eine solche Zurechnung gelingt weder über die Regelung des § 278 BGB (Erfüllungsgehilfe) noch über die Regelungen der Anscheins- oder Duldungsvollmacht §§ 164 ff. BGB und der hierzu ergangenen Rechtsprechung. Ein Auftragnehmer kann in diesen Fällen nur auf § 2 Abs. 8 Nr. 2 und 3 VOB/B und der hieraus folgenden Vergütungsanpassung oder alternativ Aufwendungserstattung etwaiger zusätzlicher Aufwendungen regulieren.

c) Neuberechnung der Vergütung

Die oben erläuterten Anordnungen des Auftraggebers sind in beiden Alternativen eine Tatbestandsvoraussetzung des Vergütungsanpassungsanspruch. Als zweite Tatbestandsvoraussetzung müssen diese Anordnungen die Grundlagen des Preises für eine im Vertrag vorgesehene Leistung ändern, wobei diese adäquat-kausal gemeinten Mehr- oder Minderaufwendungen dann auf der Grundlage der Preisermittlung der vertraglichen Leistung zu verpreisen sind. Die Vergütungsanpassung der Höhe nach beziffert sich also durch die Verpreisung der in Folge der Änderung entstandenen Mehr- oder Minderaufwendungen mit den Ansätzen aus der Kalkulation.

Hinsichtlich des Sprachgebrauches[146] ist klarzustellen, dass § 2 Abs. 5 VOB/B zwar das Wort der „Mehr- oder Minderkosten" verwendet, aber begrifflich „Aufwendungen" meint. Die Wortwahl folgt der betriebswirtschaftlichen Praxis, die die Kosten als Gesamtheit der Werte versteht, die für die Beschaffung oder Herstellung eines wirtschaftlichen Gutes aufgewendet werden (also Verbrauch an Sachgütern, Dienstleistung etc., die Löhne und Gehälter, Rohstoffe, Abschreibungen etwa auf Geräte, Zinsen, Steuern), um eine wirtschaftliche Leistung hervorzubringen. Daher wird auch bei der Kalkulation von Preisen von den „Einzelkosten der Teilleistung" gesprochen, obwohl es nicht um eine Bestimmung der tatsächlich entstehenden Kosten, sondern um eine Darstellung der voraussichtlichen Aufwendungen aus Material, Gerät, Mannschaft und Stoffen in bestimmter Zeit geht, um einen Preis für das Angebot zu bilden. Insofern sind also nicht die konkreten Kosten angesprochen, wie sie für die Aufwendungserstattung oder aber für den Schadensersatz darzulegen sind. Entscheidend ist also die Darstellung der tatsächlichen Aufwendungen, die infolge der Anordnung adäquat-kausal entstehen.

---

[146] Auch Thode, ZfBR 2006, 309 ff.

Die adäquate Kausalität umschreibt dabei einen angemessenen, begründenden Sachzusammenhang zwischen der Ursache „Änderungsanordnung" und der Veränderung, also den „Aufwendungen". Folgt etwa ein Auftragnehmer einer „anderen Anordnung" des Auftraggebers gemäß § 2 Abs. 5 S. 1 Alt. 2 VOB/B zur Auswechselung eines bisherigen Bauleiters, ist zu fragen, ob der Einsatz des neuen Bauleiters andere Aufwendungen verursacht, etwa durch eine kürzere/längere An- und Abfahrt oder einen höheren/niedrigeren Lohn, die Aufwendungen darstellen, die in die Vergütungsanpassung einfließen.

Noch einfacher erklärt sich der Zusammenhang, wenn etwa infolge einer Anordnung gemäß § 1 Abs. 3 i.V.m. § 2 Abs. 5 S. 1 Alt. 1 VOB/B statt einer ursprünglich vorgesehenen drei Meter breiten Straße eine nunmehr vier Meter breite Straße gebaut werden soll. Es ist zu klären, ob nunmehr anderes Gerät, etwa ein anderer Fertiger mit breiterer Auslage eingesetzt werden muss. Insofern entfällt der ursprüngliche Fertiger mit schmaler Auslage als Minderaufwendung für den möglicherweise teureren Fertiger mit breiterer Auslegung. Außerdem sind die gestiegenen Materialkosten infolge des Mehrverbrauchs zusätzliche Aufwendungen.

Sind die Aufwendungen auf diese Art und Weise prüfbar orientiert an der Methode der bisherigen Vertragsgestaltung (also etwa Leistungsbeschreibung mit Leistungsverzeichnis oder Leistungsbeschreibung mit Leistungsprogramm) beschrieben, sind sie – im Wege der Nachtragsberechnung – nicht mit ortsüblichen und angemessenen Preisen und auch nicht mit den tatsächlichen Kosten, sondern methodisch vergleichend auf der Grundlage der Preisermittlung der vertraglichen Leistung (mithin der Kalkulation) zu verpreisen. Waren also ausweislich der Urkalkulation im Vergleich zum ortsüblichen und angemessenen bereits die vertraglichen Preise für den Bauleiter oder für den Straßenfertiger unter- bzw. überkalkuliert, wird der gleiche prozentuale Abschlag oder Aufschlag auch auf den neuen Bauleiter bzw. den neuen Fertiger vorzunehmen sein. Für andere Positionen bedarf es dieser methodischen Betrachtung zur Anpassung der Vergütung auf der Grundlage der Preisermittlung der vertraglichen Leistung nicht. So können für den Mehrverbrauch an Material sogleich die entsprechenden Einzelkosten der Teilleistung eingesetzt werden. Bei den Allgemeinen Geschäftskosten (AGK), den Baustellengemeinkosten (BGK) könnte eine Verschiebung (Überdeckung oder Unterdeckung) auftreten, etwa wenn in gleicher Zeit mehr geleistet wird und somit die AGK und BGK konstant bleiben. Daneben bleiben Wagnis und Gewinn bei dieser Vergütungsanpassung unverändert aufzuschlagen. Die Einzelheiten sind freilich der Baubetriebswirtschaft, im Streitfall einem Sachverständigen für Preisermittlung zu überlassen.

Für die Prüfbarkeit einer solchen Nachtragsberechnung ist grundsätzlich Voraussetzung, dass die Ursprungskalkulation vorgelegt wird. Im Einzelnen hindert aber eine unzureichende Kalkulation nicht die Prüfbarkeit und Fälligkeit der Nachtragsberechnung und gehört die Vorlage einer nachvollziehbaren Ur(sprungs)kalkulation nicht zur Prüfbarkeit. Es können sogar fehlende Kostenansätze in der Nachtragskalkulation durch die Schätzung eines Sachverständigen ersetzt werden, § 287 Abs. 2 ZPO[147].

d) Preisvereinbarung vor der Ausführung

Wie aufgezeigt, besteht der Anspruch sowohl dem Grunde als auch der Höhe nach, hat sich infolge der Auftraggeber-Anordnung die Grundlage des Preises für eine im Vertrag vorgesehene Leistung geändert. Ein Nachtrag, der die adäquat-kausalen Aufwendungen auf der Grundlage der Preisermittlung der vertraglichen Leistungen prüfbar unter Berücksichtigung von § 14 Abs. 1 VOB/B berechnet, ist seiner Rechtsqualität nach – auch wenn lediglich als Angebot formuliert[148] – Abschlagsrechnung im Sinne von § 16 Abs. 1 VOB/B mit den entsprechenden Folgen der Fälligkeit und der Möglichkeit der Nachfristsetzung gemäß § 16 Abs. 5 VOB/B, des an den Zahlungsverzug geknüpften Rechtes zur Arbeitseinstellung nach § 16 Abs. 5 Nr. 5 VOB/B und der Kündigungsmöglichkeit nach § 9 Abs. 1 Nr. 2 VOB/B.

Die in § 2 Abs. 5 S. 2 VOB/B angesprochene Vereinbarung ist also nicht eine solche über einen neuen Vertragsschluss hinsichtlich der gegenseitigen Leistungsverpflichtung seitens des Auftragnehmers zur Erbringung der Bauleistung und seitens des Auftraggebers zur Vergütung, sondern im Rahmen der vertraglichen Kooperation zur Abstimmung der Vergütungsanpassung infolge der adäquat-kausalen Aufwendungen auf der Grundlage der bisherigen Preisermittlung der vertraglichen Leistung. Die Vereinbarung ist daher auch nicht Voraussetzung für den Vergütungsanpassungsanspruch, sondern „soll" zur Streitvermeidung zwischen den Parteien erfolgen.

Der BGH hat erkannt, dass eine endgültige Blockadehaltung eines Auftraggebers zur entsprechenden Preisabstimmung ohne weitere Formalien ein Einstellungsrecht des Auftragnehmers unter dem Gesichtspunkt einer Kooperationspflichtverletzung begründen kann[149]. Solche Sank-

---

[147] OLG Bamberg, Az. 3 U 131/00, OLGR Bamberg 2003, 155 f., Leitsatz auch in IBR 2002, 598.
[148] Eine fehlerhafte Bezeichnung schadet nicht, steht namentlich der Umdeutung gemäß § 140 BGB nicht entgegen.
[149] OLG Düsseldorf, Urteil vom 14.09.2001, Az. 22 U 37/01, BauR 2002, 484 f.; zur Kooperationsverpflichtung vor allem BGHZ 143, 89 bis 95 und in NZBau 2000, 130 f. und Diehr, ZfBR 2002, 316/321.

tionen kommen seitens des Auftragnehmers jedoch nicht in Betracht, stehen dem Auftraggeber wegen etwaiger Mängel Zurückbehaltungsrechte zu, ist der Nachtrag letztendlich nicht prüfbar oder lässt sich eine endgültige Verweigerungshaltung des Auftraggebers nicht darlegen und beweisen. Wegen § 18 Abs. 5 VOB/B, wonach Streitfälle den Auftragnehmer nicht zur Arbeitseinstellung berechtigen, ist einem Auftragnehmer daher regelmäßig zu raten, im Zweifel der Anordnung nachzukommen und im Weiteren – notfalls im Wege der Klage – über Grund und Höhe des Nachtrages zu streiten[150].

6. § 2 Abs. 6 VOB/B – Vergütung infolge zusätzlicher Leistungen

§ 2 Abs. 6 VOB/B regelt die Vergütungsanpassung infolge einer wirksamen Auftraggeber-Anordnung gemäß § 1 Abs. 4 VOB/B zur Erbringung zusätzlicher Leistungen[151]. Im Gegensatz zu § 2 Abs. 5 VOB/B, der auch dem Auftraggeber infolge von Minderaufwendungen durch die Änderung des Bauentwurfs zugute kommen kann, bezieht sich der Anspruch auf Vergütungsanpassung ausschließlich auf den Auftragnehmer als Mehrvergütungsanspruch.

a) Auftraggeber-Anordnung

Als Tatbestandsvoraussetzung bedarf es einer rechtmäßigen einseitigen Leistungsbestimmung seitens des Auftraggebers gemäß § 1 Abs. 4 VOB/B, auf deren Kommentierung verwiesen wird.

§ 2 Abs. 6 VOB/B ist also nicht einschlägig, greifen Dritte, etwa Behörden fordernd in die Ausführung der Leistung ein, es sei denn, es lässt sich eine Bevollmächtigung gemäß §§ 164 ff. BGB im Einzelfall ausmachen. Auch ein Architekt – etwa als Bauüberwacher des Auftraggebers – hat grundsätzlich keine Vollmacht, im Vertrag nicht vorgesehene Leistungen anzuordnen. Dieser Grundsatz kehrt sich nur um, wird der Architekt gemäß § 167 BGB ausdrücklich rechtsgeschäftlich bevollmächtigt, solche Willenserklärungen nach § 1 Abs. 4 VOB/B abzugeben. Nur für Nachträge, die zu keiner fühlbaren Preiserhöhung führen, ist er befugt[152]. Genauso wenig ist § 2 Abs. 6 VOB/B einschlägig, erbringt ein Auftraggeber die Leistung eigenmächtig, selbst wenn diese für die Erfüllung des Vertrages notwendig ist. Außerhalb des Anwendungsbereiches des § 2 Abs. 6 VOB/B könnte aber in diesen Fällen § 2 Abs. 8 Nr. 1–3 VOB/B greifen, auf deren Kommentierung verwiesen wird.

---
[150] Ständige Rechtsprechung seit BGH, NJW 1968, 1234.
[151] BGH-Report 2004, 289–291.
[152] OLG Celle, Urteil vom 06.12.1995, Az. 6 U 250/94; OLG Düsseldorf, Urteil vom 09.01.1997, Az. 5 U 104/96; BGH, Urteil vom 14.07.1994, VII ZR 1986/93.

b) Im Vertrag nicht vorgesehene Leistungen

Neben der Anordnung gemäß § 1 Abs. 4 VOB/B ist weitere Tatbestandsvoraussetzung, dass Leistungen erbracht werden müssen, die im Vertrag bisher nicht vorgesehen waren, unter Berücksichtigung des Wortlautes von § 1 Abs. 4 VOB/B muss es sich um bisher „nicht vereinbarte Leistungen" handeln, die aber zugleich „zur Ausführung der vertraglichen Leistung erforderlich werden" und auf die der Betrieb des Auftragnehmers eingerichtet ist. Nur hierauf nämlich bezieht sich die Anordnungskompetenz des Auftraggebers, so dass ein Auftragnehmer auch nur diese Leistungen mit der Folge der zusätzlichen Vergütung nach § 2 Abs. 6 VOB/B verpflichtet ist auszuführen.

aa) Risikoverteilung durch Leistungsbeschreibung

Gemessen am gesetzlichen, erfolgsorientierten Werkvertragsrecht bringt diese Einschränkung einen scheinbaren Widerspruch, wonach es Leistungen geben soll, die zwar erforderlich sind, um den Vertrag zu erfüllen, die aber noch nicht vereinbart sein sollen. Bei einer schlichten erfolgsorientierten Betrachtung[153] wären bereits alle Leistungen im Sinne derjenigen Arbeiten in bestimmter Zeit geschuldet, die für die Erreichung des werkvertraglich geschuldeten Erfolges erforderlich sind. Einer solchen undifferenzierten Sichtweise folgt die VOB/B nicht und gibt als Grundsatz vielmehr vor, dass die auszuführenden Leistungen nach Art und Umfang durch den Vertrag bestimmt werden, § 1 Abs. 1 VOB/B. Dies soll möglichst differenziert und detailliert erfolgen, um einerseits im Rahmen des Vergabeverfahrens den Wettbewerb zu ermöglichen und andererseits dem Auftraggeber möglichst weitreichende Einsicht und Disposition hinsichtlich der für die Erreichung des Erfolgs auszuführenden Leistungen nach Art und Umfang zu ermöglichen, vgl. § 7 Abs. 9–12 VOB/B. Den Besonderheiten komplexer Bauaufgaben folgend werden so auch von Anfang an die Geschäftsgrundlagen eindeutig vertraglich zur Risikoverteilung zwischen Auftragnehmer und Auftraggeber und in der Folge die wesentlichen Vorstellungen zur Erbringung der vertraglichen Leistungen zwischen den Parteien geregelt.

Dem Grundsatz nach kennt auch das Gesetz in § 313 BGB diese Herangehensweise und gibt den vertragsschließenden Parteien ebenso gemäß § 315 BGB die Möglichkeit in die Hand, einer Seite ein Leistungsbestimmungsrecht einzuräumen, §§ 315 ff. BGB. Die Regelungen des Anordnungsrechtes nach § 1 Abs. 4 VOB/B und der Vergütungsanpassung

---

[153] Thode, ZfBR 2006, 309–312.

nach § 2 Abs. 6 VOB/B halten daher auch der isolierten Inhaltskontrolle stand und sind als AGB-Klausel wirksam[154].

Ob es sich um eine im Vertrag nicht vorgesehene und somit zusätzliche Leistung handelt, bestimmt sich am Vertrag. Hierzu ist im Einzelfall zu prüfen, welche auszuführenden Leistungen nach Art und Umfang durch den Vertrag bisher bestimmt waren und ob die jetzt fragliche Leistung von diesem Umfang abgedeckt ist, wobei eine weitgehende Risikoverlagerung hinsichtlich Art und Umfang der Leistungen mittels Funktionalpauschalpreisvertrag[155] oder mittels Vollständigkeitsklauseln[156] auf den Auftragnehmer zulässig ist. Die Darlegungs- und Beweislast für die Zusätzlichkeit der Leistung hat der Auftragnehmer, der hier anhand der vertraglichen Leistungsbeschreibung argumentieren muss[157].

bb) Abgrenzung zu anderen Nachträgen und Grenzen

Keine zusätzlichen Leistungen sind bloße Mengenänderungen, vgl. hierzu § 2 Abs. 3 VOB/B, oder Leistungsänderungen, vgl. § 2 Abs. 5 VOB/B.

Bei etwaigen zusätzlichen Leistungen wegen der Erschwerung der Leistungsdurchführung ist auf die vertragliche Leistungsbeschreibung nach § 1 Abs. 1 und 2 VOB/B abzustellen. Hatte sich der Auftragnehmer auf eine Funktionalisierung trotz einer Leistungsbeschreibung mit erkennbaren Risiken einer Fehleinschätzung eingelassen, sind die zusätzlichen Leistungen infolge der Risikoverwirklichung nicht zu vergüten. Sollte etwa ein Auftragnehmer einen Verbau nach eigenen statischen Berechnungen erbringen und kalkulierte er fehleinschätzend leichte Spundbohlen, zeigt sich dann aber während der Durchführung, dass schwere Spundbohlen mit den entsprechenden zusätzlichen Leistungen erforderlich sind, führt dies nicht zur Vergütungsanpassung nach

---

[154] Unwirksam ist jedoch die Verpflichtung, wonach der Auftragnehmer den Vergütungsanspruch vor der Ausführung ankündigen muss, vgl. Kommentierung zu 2 Abs. 8 Nr. 2 S. 2 VOB/B und die Rechtsprechung des BGH zur unverzüglichen Anzeigeverpflichtung im Rahmen von § 2 Nr. 8 Abs. 2 S. 2 VOB/B a. F. in dem Urteil vom 26.02.2004, Az. VII ZR 96/03.

[155] Zur Abgrenzung des Leistungsbeschreibungs- und Kalkulationsrisikos OLG Köln, Urteil vom 03.03.2000, Az. 11 U 46/98 und der Rechtsprechung des BGH zur Auslegung der Leistungsbeschreibung als „sinnvolles Ganzes" in BGH, NJW 1999, 2432 ff.; BGHZ 134, 245 ff.

[156] Zulässig ist eine Vollständigkeitsklausel, wonach auch Leistungen und Nebenleistungen; das Abladen und Verpacken von der Vergütung der Position bereits abgedeckt sein, wenn sie zwangsläufig mitgebracht werden müssen, auch wenn sie in der Position nicht ausdrücklich erwähnt werden (so BGH, Urteil vom 26.02.2004, Az. VII ZR 96/03). Unzulässig sind hingegen Klauseln, mit dem der Auftragnehmer schlicht die Gewähr übernehmen, dass es zusätzlich zu vergütende Leistungen nicht geben wird (vgl. ebenda und BGH, Urteil vom 05.05.1997, Az. VII ZR 54/96).

[157] BGH, BauR 1984, 395/396; BGH, BauR 1995, 237/238.

§ 2 Abs. 5, Abs. 6 oder Abs. 8 Nr. 2 S. 2 VOB/B[158]. War hingegen durch den Vertrag als Art und Umfang der auszuführenden Leistung mittels Leistungsverzeichnis ein einfaches Baugrubenverfahren vorgegeben und stellt sich später heraus, dass dieses nicht genügt, vielmehr ein aufwändiger Spundwandverbau erforderlich wird, so führt dies zur Vergütungsanpassung, und zwar wegen der Änderung des Verbaus nach § 2 Abs. 5 VOB/B, lässt sich die Anordnung ausmachen – sonst nach § 2 Abs. 8 Nr. 2 S. 2, nicht jedoch als bloße zusätzliche Leistung i. S. v. § 2 Abs. 6 VOB/B, weil dies den entfallenen einfachen Baugrubenverbau nicht berücksichtigen würde[159].

c) Anzeige des Vergütungsanspruchs

Der Auftragnehmer muss als weitere Tatbestandsvoraussetzung gemäß § 2 Abs. 6 Nr. 1 S. 2 VOB/B den Vergütungsanspruch dem Auftraggeber vor Beginn der Ausführung der zusätzlichen Leistungen anzeigen. Diese Vorschrift ist echte Tatbestandsvoraussetzung und nicht etwa lediglich Nebenpflicht, wie für die im Gesetz geregelte Anzeigeverpflichtung einer Geschäftsführung ohne Auftrag nach § 681 BGB, deren Verletzung durch den Auftragnehmer lediglich einen Schadensersatzanspruch des Auftraggebers begründen könnte. Schon wegen dieser Abweichung vom gesetzlichen Leitbild kann die Klausel bei isolierter Inhaltskontrolle gemäß § 307 BGB nicht wirksam sein. So hat der BGH selbst für die unverzügliche Anzeige nach § 2 Abs. 8 Nr. 2 VOB/B die unangemessene Benachteiligung des Auftragnehmers erkannt[160], wenn die VOB/B nicht als Ganzes vereinbart worden ist, etwa weil vorrangig Besondere Vertragsbedingungen von der VOB/B abweichend vereinbart worden waren[161]. Dies muss dann erst recht gelten, wenn die Anzeige sogar vor der Ausführung erfolgen muss. Sie ist dabei auch unangemessen, weil bei der Erbringung von zusätzlichen Leistungen ohnehin klar sein muss, dass diese besondere Kosten verursachen, so dass eine Anzeigeverpflichtung nicht einleuchtet, zumal eine bloße geänderte Leistung nach § 2 Abs. 5 VOB/B, die eine Warnung des Auftraggebers eher nahelegen würde, weil die Mehrkosten nicht sogleich ins Auge springen, nicht erforderlich ist. Die unangemessene Regelung und den Widerspruch innerhalb der VOB wollte der DVA ausweislich seines Beschlusses vom 17.05.2006 eigentlich ausräumen[162]. Wegen der weitreichenden Folgen der Reformbestrebungen auf die Problematik der Bauablaufstörungen,

---

[158] Sehr anschaulich in OLG Köln, Urteil vom 03.03.2000, Az. 11 U 46/98.
[159] Anschaulich OLG Frankfurt, Urteil vom 19.09.1996, Az. 1 U 152/93.
[160] BGH 7. Zivilsenat, Urteil vom 26. Februar 2004, Az. VII ZR 96/03.
[161] Zu den neuen Grundsätzen der Privilegierung der VOB/B auch BGH, 22. Januar 2004 VII ZR 419/02; BGH 15. April 2004 VII ZR 129/02.
[162] Beschluss des Hauptausschuss Allgemeines des Deutschen Vergabe- und Vertragsausschusses für Bauleistungen (DVA) vom 17.05.2006.

ist nun erneut noch nicht einmal diese Klarstellung gelungen. Nur in den praktisch nicht feststellbaren Ausnahmen der vollständigen Einbeziehung der VOB führt also eine fehlende Mehrvergütungsanzeige vor Beginn der Ausführung der Leistung zum Verlust des Anspruches auf Mehrvergütung.

Die Anzeige ist gleichwohl ratsam, auch mit Blick auf die hierdurch eingeleitete vertragliche Kooperation zur baldigen Abstimmung der Nachtragsvergütung, wie sie durch § 2 Abs. 6 Nr. 2 S. 2 VOB/B vorgesehen und von der Rechtsprechung des BGH zur Kooperationspflicht[163] der Vertragsparteien im Rahmen der Vertragsdurchführung gefordert wird. Auch kennt Ankündigungspflicht keine Ausnahmen, so dass entgegen dem Wortlaut eine entsprechende Auslegung genauso wenig wie in § 2 Abs. 8 Nr. 2 S. 2 VOB/B möglich ist.

Die Anzeige ist formfrei, also durch schlüssiges Verhalten, durch fernmündliche oder mündliche Erklärung, besser aber schriftlich möglich. Wesentlich für den Auftragnehmer ist dabei, dass er den Zugang der Willenserklärung beim Auftraggeber auch tatsächlich darlegen und beweisen kann. Hierzu ist der Beleg erforderlich, dass der Auftragnehmer oder dessen Bevollmächtigter dem Auftraggeber oder dessen Bevollmächtigten die entsprechende Erklärung abgab, etwa mittels Zeugenbeweis oder z. B. empfangsbestätigende Urkunde.

Eine Faxbestätigung ist problematisch, so dass beim Empfänger etwa durch Zeugen beweisgesichert noch, z. B. fernmündlich, nachgefragt werden muss, ob das Fax seinen Adressaten erreichte. Eine solche mündliche Empfangsbestätigung des Adressaten kann dann durch den Zeugen etwa auf dem Faxsendebericht protokolliert zu den Akten genommen werden. Auch wenn der Zugang regelmäßig vorsorglich fernmündlich durch einen Zeugen abgefragt werden sollte, genügt eigentlich auch der „OK-Vermerk" auf dem Sendebericht. Jedenfalls scheint die Meinung überholt, der „OK-Vermerk" erbringe nicht den Beweis für einen Zugang des Faxes beim Empfänger und reiche nicht für die Annahme eines Anscheinsbeweises aus[164]. So vertritt das OLG München bereits seit geraumer Zeit die Auffassung, dass wegen der sehr hohen Übertragungssicherheit bei einem Sendeprotokoll mit „OK-Vermerk" der Anscheinsbeweis für einen Zugang des Faxes spreche[165]. Auch im Schrifttum wird dies so zunehmend vertreten[166]. Zu berücksichtigen ist ferner, dass der BGH seine bisherige Rechtsprechung zur Frage

---

[163] BGHZ 143, 89–95 = NJW 2000, 807–808.
[164] So noch BGH NJW 1996, 665; 2004, 1320; BFH BB 1999, 303; BAG MDR 2003, 91; KG KGR 2002, 27.
[165] OLGR 1999, 10; NJW 1994, 527.
[166] Vgl. Faulhaber/Riesenkampff DB 2006, 376; Riesenkampf NJW 2004, 3296; Gregor NJW 2005, 2885.

des Zugangs eines Faxes im Jahr 2006 geändert hat. Während er davor die Ansicht vertrat, dass ein per Telefax übermittelter Schriftsatz erst mit dem vollständigen Ausdruck durch das Empfangsgerät zugegangen ist, es sei denn, der Fehler hat in der Sphäre des Empfängers gelegen, stellt der BGH für die Frage der Rechtzeitigkeit des Zugangs nunmehr alleine darauf ab, wann die gesendeten Signale vollständig vom Telefaxgerät des Empfängers empfangen bzw. gespeichert wurden[167]. Auf den Ausdruck kommt es demgegenüber wegen der bei neueren Faxgeräten gegebenen Möglichkeit, Daten zunächst zu speichern und erst später auszudrucken, nicht an. Hierfür spricht auch die Regelung des § 130a Abs. 3 ZPO, der bei elektronischen Dokumenten ebenfalls auf den Zeitpunkt der Datenaufzeichnung im Empfangsgerät abstellt, auch wenn die Vorschrift auf Telefaxe und Computerfaxe unmittelbar nicht anwendbar ist.

— Dabei kommt es nicht darauf an, ob ein Mitarbeiter das Fax tatsächlich gelesen hat, ob es vom Empfangsgerät überhaupt ausgedruckt wurde, ein Papierstau bestand oder gar das zunächst gespeicherte Fax vor seinem Ausdruck wieder gelöscht wurde. Insoweit hat der BGH klargestellt, dass es bei solchen Geräten nicht auf den Zeitpunkt des Ausdrucks ankommt, sondern auf den Zeitpunkt des vollständigen Empfangs (Speicherung) der gesendeten technischen Signale im Empfangsgerät abzustellen ist[168].

— Die Wahrscheinlichkeit einer Zusammenfassung der Ausfallquote auf ein entscheidendes Wort des übermittelten Textes ist dabei gering, so dass damit im Regelfall die Verwertbarkeit der übermittelten Vorlage nicht beeinträchtigt wird. In einer gerichtlicher Beweiswürdigung kommt es nicht auf absolute, über jeden Zweifel erhabene Gewissheit an, sondern darauf, ob verbleibenden Zweifeln Schweigen geboten wird, ohne sie völlig auszuschließen[169].

d) Preisvereinbarung vor der Ausführung

Es ist der Ausdruck der vertraglich gebotenen Kooperation, möglichst bald die Nachtragsvergütung abzustimmen, wie dies durch § 2 Abs. 6 Nr. 2 S. 2 VOB/B auch ausdrücklich vorgegeben und von der Rechtsprechung des BGH zur Kooperationspflicht verlangt wird[170].

Es bleibt aber zu betonen, dass der Anspruch sowohl dem Grunde als auch der Höhe nach unabhängig von einer solchen Vereinbarung besteht.

---

[167] BGH, NJW 2006, 2263.
[168] BGH, NJW 2006, 2263.
[169] BGHZ 53, 245, 256.
[170] BGHZ 143, 89–95 = NJW 2000, 807–808.

Es bedarf keiner Nachtragsvereinbarung oder -beauftragung[171]. Die Vereinbarung ist nicht eine solche über einen neuen Vertragsschluss hinsichtlich der gegenseitigen Leistungsverpflichtung seitens des Auftragnehmers zur Erbringung der Bauleistung und seitens des Auftraggebers zur Vergütung, sondern im Rahmen der vertraglichen Kooperation zur Abstimmung der Vergütungsanpassung infolge der adäquat-kausalen Aufwendungen auf der Grundlage der bisherigen Preisermittlung der vertraglichen Leistung. Die Vereinbarung ist daher auch nicht Voraussetzung für den Vergütungsanpassungsanspruch, sondern „soll" zur Streitvermeidung zwischen den Parteien erfolgen.

Der BGH hat erkannt, dass eine endgültige Blockadehaltung eines Auftraggebers zur entsprechenden Preisabstimmung ohne weitere Formalien ein Einstellungsrecht des Auftragnehmers unter dem Gesichtspunkt einer Kooperationspflichtverletzung begründen kann[172]. Solche Sanktionen kommen seitens des Auftragnehmers jedoch nicht in Betracht, steht dem Auftraggeber wegen etwaiger Mängel eine Recht auf Verweigerung der Vergütung gemäß § 641 Abs. 3 BGB zu (vgl. hierzu unter § 13 Abs. 5 VOB/B), ist der Nachtrag nicht prüfbar oder lässt sich eine endgültige Verweigerungshaltung des Auftraggebers nicht darlegen und beweisen. Wegen § 18 Abs. 5 VOB/B, wonach Streitfälle den Auftragnehmer nicht zur Arbeitseinstellung berechtigen, ist einem Auftragnehmer daher regelmäßig zu raten, im Zweifel der Anordnung nachzukommen und im Weiteren – notfalls im Wege der Klage – über Grund und Höhe des Nachtrages zu streiten[173].

e) Berechnung der zusätzlichen Vergütung

Nach § 2 Abs. 6 Nr. 1 S. 1 VOB/B hat der Auftragnehmer Anspruch auf besondere Vergütung, die sich gemäß § 2 Abs. 6 Nr. 2 S. 1 VOB/B nach den Grundlagen der Preisermittlung für die vertraglichen Leistung und den besonderen Kosten der geforderten Leistung bestimmt. Demnach hat ein Auftragnehmer eine Nachtragsberechnung vorzulegen, in der in prüfbarer Form i.S.v. § 14 Abs. 1 VOB/B im Einzelnen die Aufwendungen beschrieben werden, die zur Erbringung der zusätzlichen Leistungen tatsächlich erfolgen sollen (wenn der Nachtrag vor der Ausführung gelegt wird) oder erbracht wurden (wenn der Nachtrag erst nach der Leistungsdurchführung gelegt wird).

---

[171] BGH VII ZR 468/98, Urteil vom 25.11.1999, NJW 2000, 1116 f. = ZfBR 2000, 174 f.; BGH, BauR 1994, 760; BGH, ZfBR 1996, 196; BGH-Report 2004, 289–291.
[172] OLG Düsseldorf, Urteil vom 14.09.2001, Az. 22 U 37/01, BauR 2002, 484 f.; zur Kooperationsverpflichtung vor allem BGHZ 143, 89 bis 95 und in NZBau 2000, 130 f. und Diehl, ZfBR 2002, 316/321.
[173] Ständige Rechtsprechung seit BGH, NJW 1968, 1234.

Eine Nachtragsberechnung, die die adäquat-kausalen Aufwendungen auf der Grundlage der Preisermittlung der vertraglichen Leistungen prüfbar unter Berücksichtigung von § 14 Abs. 1 VOB/B berechnet, ist ihrer Rechtsqualität nach – auch wenn lediglich als Angebot formuliert[174] – Abschlagsrechnung im Sinne von § 16 Abs. 1 VOB/B mit den entsprechenden Folgen der Fälligkeit und der Möglichkeit der Nachfristsetzung gemäß § 16 Abs. 5 VOB/B, des an den Zahlungsverzug geknüpften Rechtes zur Arbeitseinstellung nach § 16 Abs. 5 Nr. 5 VOB/B und der Kündigungsmöglichkeit nach § 9 Abs. 1 Nr. 2 VOB/B.

Die „besonderen Kosten" gemäß § 2 Abs. 6 Nr. 2 S. 1 VOB/B meinen – der betriebswirtschaftlichen Wortwahl folgend – begrifflich die besonderen Aufwendungen. Auch in § 8 Abs. 1 Nr. 2 VOB/B übersetzt die VOB den gesetzlichen Begriff „Aufwendung" aus § 649 BGB mit dem Wort „Kosten". Insofern bleibt also zum Sprachgebrauch[175] klarzustellen, dass die Kosten als Gesamtheit der Werte zu verstehen sind, die für die Beschaffung oder Herstellung eines wirtschaftlichen Gutes aufgewendet werden (also Verbrauch an Sachgütern, Dienstleistung etc., die Löhne und Gehälter, Rohstoffe, Abschreibungen etwa auf Geräte, Zinsen, Steuern), um die Leistung hervorzubringen. Daher wird auch bei der Preiskalkulation von den „Einzelkosten der Teilleistung" gesprochen, obwohl es nicht um eine Bestimmung der tatsächlich entstehenden Kosten, sondern um eine Darstellung der Aufwendungen aus Material, Gerät, Mannschaft und Stoffen in bestimmter Zeit geht, um den Preis zu bilden. Nicht die konkreten Kosten sind daher Maßstab, wie sie für die Aufwendungserstattung oder aber für den Schadensersatz darzulegen sind. Entscheidend ist die Darstellung der tatsächlichen Aufwendungen, die infolge der Anordnung adäquat-kausal entstehen. Diese sind dann auf die Grundlagen der Preisermittlung der vertraglichen Leistung zu verpreisen.

Eine Lösung von den Preisermittlungsgrundlagen ist selbst für diejenigen zusätzlichen Leistungen nicht möglich, für die es keine Stütze in den bisherigen Preisermittlungsgrundlagen der vertraglichen Leistungen gibt. War bisher etwa nur Vermauerung von Ziegelsteinen vertraglich geschuldet, treten nunmehr Betonarbeiten hinzu, handle es sich um zusätzliche Kostenelemente. Selbst dann ist aber die von der Rechtsprechung geforderte methodisch vergleichende Verpreisung auf der Grundlage der Preisermittlung der vertraglichen Leistungen möglich, indem auch hier die Einzelkosten der Teilleistungen bestehend aus Personalkosten, Materialkosten, Gerätekosten etc. und im Übrigen die Zulagen für BGK und AGK sowie Wagnis und Gewinn heranzuziehen sind.

---

[174] Eine fehlerhafte Bezeichnung schadet nicht, steht namentlich der Umdeutung gemäß § 140 BGB nicht entgegen.
[175] Auch Thode, ZfBR 2006, 309 ff.

Am ehesten für den zusätzlichen Beton können dann keine unmittelbaren Preisansätze aus der Kalkulation entnommen werden, hingegen sehr wohl für den Lohn oder für BGK, AGK, Wagnis und Gewinn. Auch für dieses neue Material „Beton" ist aber ein Vergleich mit dem sonst kalkulierten Materialpreisgefüge, dem vertraglichen Materialpreisniveau möglich und somit ein entsprechendes Preisniveau für den Beton zu ermitteln, um die Ergebnisse des Wettbewerbs aus der Vergabe auch bei der Vertragsanpassung fortschreibend beizubehalten. Sonst müsste neu ausgeschrieben werden, um auch eine nach § 24 Abs. 3 VOB/B zu vermeidende Nachverhandlung zu vermeiden[176].

Das Kriterium der Prüfbarkeit und die Bezugnahme auf die Grundlagen der Preisermittlung der vertraglichen Leistung geben vor, dass ein Auftragnehmer genau die Struktur der Nachtragserstellung wählen muss, die der Erstellung seines Angebotes zum Hauptvertrag entsprach[177]. Handelt es sich um einen Einheitspreisvertrag, dem zur Beschreibung von Art und Umfang der auszuführenden Leistungen i.S.v. § 1 Abs. 1 VOB/B eine Leistungsbeschreibung mit Leistungsverzeichnis nach § 7 Abs. 9–12 VOB/A zugrunde lag, muss sich auch der Nachtrag in ein Leistungsverzeichnis gliedern. Grundsätzlich müssen die so beschriebenen Aufwendungen unter Offenlegung der Ursprungskalkulation (Urkalkulation) verpreist werden, weil es einem Auftraggeber nur unter Offenlegung dieser Kalkulation ermöglicht wird zu prüfen, ob die Preisermittlung für den Nachtrag auf der Grundlage der Preisermittlung der vertraglichen Leistung erfolgte. Nur in Ausnahmefällen wird man anhand des vertraglichen Preisgefüges eine Schätzung durch einen Sachverständigen für Preisermittlungen nach § 287 Abs. 2 ZPO zulassen können, namentlich, wenn damit dem subjektiven Kontrollinteresse des Auftraggebers für die Klärung der Frage des grundsätzlichen Preisgefüges hinreichend Rechnung getragen wird[178].

Die dargelegten Aufwendungen sind also etwa bei einer Zuschlagskalkulation grundsätzlich mit den Ansätzen der Einzelkosten der Teilleistung aus der Kalkulation und mit den Zuschlägen BGK, AGK sowie Wagnis und Gewinn zu verpreisen. Der Unterschied zur Preisermittlung nach § 2 Abs. 5 VOB/B bleibt, dass hier die Notwendigkeit für eine vergleichende, methodische Preisermittlung mit Blick auf die Zusätzlichkeit der Leistung statt der Übernahme von Preisen aus der Kalkulation eher

---

[176] Am Beispiel der Vergütungsanpassung für den Fall nachprüfungsbedingter Bauzeitenverschiebung und Verlängerung, Diehr, ZfBR 2002, 316 ff. und dem folgend BayObLG, NZBau 2002, 534 ff.; OLG Jena, NZBau 2005, 341 ff. und dem folgend Schlösser, ZfBR 2005, 733–741.
[177] Zur Preisbildung: Vygen, Festschrift Heiermann, 317 ff.; im Übrigen ist auf die betriebswirtschaftliche Fachliteratur zur Preiskalkulation hinzuweisen.
[178] OLG Bamberg, Az. 3 U 131/00, OLGR Bamberg 2003, 155 f., Leitsatz auch in IBR 2002, 598.

gegeben sein könnte, dafür aber mangels Leistungsänderung keine Minderkosten (im Sinne von verpreisten Minderaufwendungen) abgezogen werden müssen. Dies ergibt auch der entsprechende Vergleich des Wortlautes von § 2 Abs. 5 und Abs. 6 VOB/B.

Schließlich sind bei der Ermittlung der Nachtragsvergütung die sonstigen Elemente der Preisermittlung der vertraglichen Leistungen zu berücksichtigen, namentlich Skonto[179] und/oder ein unbedingter Preisnachlass, etwaige Umlagen für Bauwesenversicherung oder Strom, Wasser, etwaige Vertragserfüllungs- und Gewährleistungssicherheiten[180].

7. § 2 Abs. 7 VOB/B – Vergütungsanpassung beim Pauschalpreisvertrag

a) Grundsätze der Pauschalierung

§ 2 Abs. 7 VOB/B regelt die Anpassung von Pauschalpreisverträgen hinsichtlich deren Vergütung, ändern sich Mengen, entfallen Leistungen, ändern sich Leistungen oder kommt es zu zusätzlichen Leistungen. Wenn nichts anderes vereinbart ist, gelten die Regelungen auch dann, wenn etwa im Einheitspreisvertrag nur für Teile der Leistungen eine Pauschale vorgesehen ist, also in einer oder mehreren Positionen/Ordnungszahlen lediglich eine pauschale Vergütung vorgesehen ist, so etwa oft für Baustelleneinrichtungen, Wasserhaltungen u. Ä. Dies wird auch mit der Regelung in § 2 Nr. 7 Abs. 3 VOB/B klargestellt.

Insofern werden die für den Einheitspreisvertrag geltenden §§ 2 Abs. 3, Abs. 4, Abs. 5 und 6 VOB/B für den Pauschalpreisvertrag gesondert geregelt, um der wesentlichen Differenzierung zwischen den Vertragstypen gerecht zu werden. Während beim Einheitspreisvertrag regelmäßig der Abrechnungspreis vom angebotenen und vereinbarten Vertragspreis abweicht, stellt § 2 Abs. 7 Nr. 1 S. 1 VOB/B für den Pauschalpreisvertrag klar, dass die Vergütung der ursprünglich vereinbarten Pauschalsumme zu entsprechen hat. Jedoch wird mit § 2 Abs. 7 Nr. 2 VOB/B noch einmal betont, dass dieser Grundsatz nicht gilt, übernimmt der Auftraggeber gemäß § 2 Abs. 4 VOB/B Leistungen selbst, ordnet er die Änderung des Bauentwurfs nach § 2 Abs. 5 VOB/B an oder verlangt er zusätzliche Leistungen gemäß § 2 Abs. 6 VOB/B.

---

[179] Zur Skontoabreden OLG Celle, BauR 2004, 860–862.
[180] Für die Erstreckung einer Nachlassvereinbarung auf erforderliche Zusatzleistungen zutreffend OLG Düsseldorf, BauR 1993, 479–481; a. A. Kapellmann, NZBau 2000, 57, der im Nachlass zutreffend eine Akquisitionsmaßnahme sieht, was aber nichts daran ändert, dass dieser Abschlag eine weitere Grundlage der Vertragspreisbildung unter Einschluss der Preisverhandlung der Parteien wird.

Von § 2 Abs. 7 VOB/B wird somit nur § 2 Abs. 3 VOB/B – Vergütungsanpassung wegen Mengenänderung – verdrängt. Für die Mengenänderungen sind die Unterschiede zwischen Einheitspreisvertrag und Pauschalpreisvertrag in rechtlicher Hinsicht erheblich. Währenddessen für den Einheitspreisvertrag nach § 2 Abs. 3 VOB/B jede erbrachte Menge oder Masse abgerechnet wird und sich nur die Frage stellt, ob gegebenenfalls der Preis anzupassen ist, bleiben Mengenänderungen im Pauschalpreisvertrag regelmäßig ohne Auswirkung auf die Vergütung, so dass etwaige Mindermengen oder Mehrmengen überhaupt nicht abgerechnet werden können. Dies ist für den Auftragnehmer von Vorteil, kommt es zu Mengenunterschreitungen. Dies ist für den Auftraggeber von Vorteil, kommt es zu Mengenüberschreitungen. Ausnahmen werden von der VOB/B nicht definiert. Insbesondere gibt es keine starren Risikogrenzen in Gestalt bestimmter Prozentsätze, wie die 10 % in § 2 Abs. 3 Nr. 2 und 3 VOB/B[181]. Die Zumutbarkeitsgrenze kann aber im Vertrag vereinbart werden. So regelt eine Klausel in einem auf der Grundlage eines detaillierten Leistungsverzeichnisses mit Mengenangaben geschlossenen Pauschalpreisvertrages, nach der Mehr- und Mindermassen von 5 % als vereinbart gelten, das Mengenrisiko. Sie ist dahin zu verstehen, dass bei einer nicht durch Planänderungen bedingten Mengenabweichung in den einzelnen Positionen, die über 5 % hinausgeht, auf Verlangen ein neuer Preis nach Maßgabe des § 2 Abs. 7 Nr. 1 Satz 2 und 3 VOB/B gebildet werden muss[182]. Sind geringere als im zugrunde gelegten Leistungsverzeichnis vorgesehene Mengen eingebaut worden, hat der Auftraggeber nach Maßgabe des § 2 Abs. 7 Nr. 1 Satz 2 und 3 VOB/B einen Anspruch auf Preisanpassung unabhängig davon, ob die Leistung infolge der verringerten Mengen mangelhaft ist. Bei der Preisbildung ist das übernommene Mengenrisiko zu berücksichtigen[183].

b) Umfang der Pauschalierung

Hinsichtlich des Umfanges des beidseitigen Pauschalierungswillens ist gemäß § 1 Abs. 1 VOB/B auf die nach Art und Umfang durch den Vertrag zur Ausführung bestimmte Leistung abzustellen.

---

[181] BGH, Urteil vom 02.11.1995, VII ZR 29/95 = ZfBR 1996, 82 f in Auseinandersetzung mit der vorgehenden Rechtsprechung OLG Düsseldorf, Urteil vom 22.12.1994, 302/93, das den Risikorahmen bei regelmäßig 20 % sehen wollte, wobei das OLG Brandenburg im Urteil vom 18.07.2001, 4 U 184/00 eine Vergütungsanpassung beim Detail-Pauschalpreisvertrag bereits bei 10 % (zehnprozentiger) Erweiterung des ursprünglich geschuldeten Leistungsumfanges sah.
[182] BGH, Az. VII ZR 116/02, ZfBR 2004, 44–48 = BauR 2004, 78–84.
[183] BGH, Az. VII ZR 116/02, ZfBR 2004, 44–48 = BauR 2004, 78–84.

aa) Detail-Pauschalpreisvertrag

Fußt die Pauschalsummenbildung auf einer Leistungsbeschreibung mit Leistungsverzeichnis i. S. v. § 7 Abs. 9–12 VOB/A, handelt es sich um einen Detail-Pauschalpreisvertrag, weil die für die Pauschale zu erbringenden Leistungen infolge des Leistungsverzeichnisses detailliert beschrieben werden und selbst die Mengen und Massen ausgewiesen sind und lediglich die Angebotssumme, möglicherweise ergänzt durch einen prozentualen Preisnachlass oder sonstige zusätzliche Preisabreden wie Skonto, pauschaliert wird[184]. Insofern lässt sich die Preisbildung bestehend aus den nach Art und Umfang beschriebenen Leistungen, den angenommenen Mengen/Massen und den sonstigen Preisbildungselementen (wie den Nachlass) detailliert nachvollziehen. Der Pauschalierungswille lässt sich in der Folge nur auf die Mengen und Massen beziehen, wodurch ein konkretes Aufmaß erspart und der Pauschalpreis nach Erbringung der ordnungsgemäßen Leistung verdient ist.

Unter Bezugnahme auf das Leistungsverzeichnis lassen sich in der Folge leicht i. S. v. § 2 Abs. 4 (oder § 8 Abs. 1) VOB/B entfallene Leistungen[185], i. S. v. § 2 Abs. 5 VOB/B geänderte Leistungen oder i. S. v. § 2 Abs. 6 VOB/B zusätzliche Leistungen ausmachen, die mit Blick auf § 2 Abs. 7 Nr. 2 VOB/B zur Regulierung der Nachträge ohne weiteres anzuwenden sind. Nur im Bereich der reinen Mengenänderung bleibt Raum für die rechtliche Beurteilung, ob im Einzelfall der Risikorahmen überschritten ist, der es den Parteien unzumutbar macht, an der Pauschale festzuhalten. Es gibt keine starre, der Beurteilung zugrunde zu legende prozentuale Risikogrenze, so dass auf den Einzelfall abzustellen ist[186], wobei in einem Einzelfall schon die Erweiterung um rund 10 % des ursprünglich geschuldeten Leistungsumfanges zur Vergütungsanpassung zwingen kann[187]. Die Zumutbarkeitsgrenze kann aber im Vertrag vereinbart werden. So regelt eine Klausel in einem auf der Grundlage eines detaillierten Leistungsverzeichnisses mit Mengenangaben geschlossenen Pauschalpreisvertrages, nach der Mehr- und Mindermassen von 5 % als vereinbart gelten, das Mengenrisiko. Sie ist dahin zu verstehen, dass bei einer nicht durch Planänderungen bedingten Mengenabweichung in den

---

[184] OLGR Rostock 2002, 509–512.
[185] OLG Düsseldorf, BauR 2001, 803–806.
[186] BGH, Urteil vom 02.11.1995, VII ZR 29/95 = ZfBR 1996, 82 f in Auseinandersetzung mit der vorgehenden Rechtsprechung OLG Düsseldorf, Urteil vom 22.12.1994, 302/93, das den Risikorahmen bei regelmäßig 20 % sehen wollte, wobei das OLG Brandenburg im Urteil vom 18.07.2001, 4 U 184/00 eine Vergütungsanpassung beim Detail-Pauschalpreisvertrag bereits bei 10 % (zehnprozentiger) Erweiterung des ursprünglich geschuldeten Leistungsumfanges sah.
[187] OLG Brandenburg, Urteil vom 18.07.2001, 4 U 184/00.

§ 2 VOB/B – Vergütung

einzelnen Positionen, die über 5 % hinausgeht, auf Verlangen ein neuer Preis nach Maßgabe des § 2 Abs. 7 Nr. 1 Satz 2 und 3 VOB/B gebildet werden muss[188]. Sind geringere als im zugrunde gelegten Leistungsverzeichnis vorgesehene Mengen eingebaut worden, hat der Auftraggeber nach Maßgabe des § 2 Abs. 7 Nr. 1 Satz 2 und 3 VOB/B einen Anspruch auf Preisanpassung unabhängig davon, ob die Leistung infolge der verringerten Mengen mangelhaft ist. Bei der Preisbildung ist das übernommene Mengenrisiko zu berücksichtigen[189].

Enthält eine vom Auftraggeber erstellte detaillierte Leistungsbeschreibung für Dachdeckerarbeiten keine besondere Position für notwendige Gerüste, so sind Errichtung, Vorhalten und Abbau von Gerüsten über 2 m vom Auftraggeber bauseits vorzunehmen bzw. bei Anordnung des Auftraggebers zur Erstellung der Gerüste als Zusatzleistung vom Auftraggeber zu vergüten, auch wenn die Vertragspartner einen sog. Detail-Pauschalvertrag geschlossen haben und in den AGB des Auftraggebers ganz allgemein beim Leistungsumfang u. a. auch Gerüste erwähnt werden, da nach der DIN 18299 und der einschlägigen DIN 18338 nur Gerüste bis zu 2 m Arbeitshöhe als Nebenleistung gelten und die VOB-konforme Auslegung im Zweifel Vorrang hat[190].

bb) Funktional-(Global-)pauschalpreisvertrag

Fußt die Pauschalierung auf einer Leistungsbeschreibung mit Leistungsprogramm gemäß § 7 Abs. 13–15 VOB/A, indem also die einzelnen Leistungen nicht in der Form des Leistungsverzeichnisses nach Art und Umfang detailliert beschrieben werden, vielmehr lediglich die Funktion des Werkes beschrieben wird, liegt ein Funktionalpauschalpreis (oder synonym: Globalpauschalpreisvertrag) vor. Mit einem solchen Vertragstyp werden nicht nur die Mengen und Massen, sondern auch die für die Erreichung des Erfolges notwendigen Leistungen nach Art und Umfang weitgehend für die Vertragspreisbildung pauschaliert[191].

Bezieht sich der Pauschalierungswillen also nicht nur auf die Mengen, sondern auch auf die auszuführenden Leistungen, kann regelmäßig nicht oder nur schwer definiert werden, wann Leistungen i.S.v. § 2 Abs. 4 VOB/B entfallen, wann sie durch Anordnung des Auftraggebers i.S.v. § 2 Abs. 5 VOB/B geändert werden und in welchen Fällen eine Anordnung zusätzlicher Leistungen vorliegen solle. Bei einer so weit gehenden Pauschalierung der Vergütung kommt eine Vergütungsan-

---

[188] BGH, Az. VII ZR 116/02, ZfBR 2004, 44–48 = BauR 2004, 78–84.
[189] BGH, Az. VII ZR 116/02, ZfBR 2004, 44–48 = BauR 2004, 78–84.
[190] OLG Düsseldorf, NJW-RR 1997, 1378–1380.
[191] OLGR Rostock 2002, 509–512; KG Berlin, IBR 2003, 343 und BauR 2004, 736–745 nachgehend BGH 2003-05-08 VII ZR 106/02 Nichtannahmebeschluss.

passung regelmäßig nur nach § 2 Abs. 7 Nr. 1 S. 2 VOB/B in Betracht, so dass die rechtliche Beurteilung zu erfolgen hat, in welchem konkreten Fall den Parteien das Festhalten an der Pauschalsumme nicht zumutbar ist. Je allgemeiner die Leistungsbeschreibung ist, desto schwerer ist aber auch in diesem Rahmen die Abgrenzung zwischen der (tatsächlich) „ausgeführten Leistung" (Bau-Ist) zu der „vertraglich vorgesehenen Leistung" (Bausoll), die Voraussetzung für die Bewertung ist, ob die Abweichung so erheblich ist, dass ein Festhalten an der Pauschalsumme nicht zumutbar sei. Jedenfalls gibt es keine starre, der Beurteilung zugrunde zu legenden prozentuale Risikogrenze, so dass auf den Einzelfall abzustellen ist[192], wobei in einem Einzelfall schon die Erweiterung um rund 10 % des ursprünglich geschuldeten Leistungsumfanges zur Vergütungsanpassung zwingen kann[193]. Die Zumutbarkeitsgrenze kann aber im Vertrag vereinbart werden. So regelt eine Klausel in einem auf der Grundlage eines detaillierten Leistungsverzeichnisses mit Mengenangaben geschlossenen Pauschalpreisvertrages, nach der Mehr- und Mindermassen von 5 % als vereinbart gelten, das Mengenrisiko. Sie ist dahin zu verstehen, dass bei einer nicht durch Planänderungen bedingten Mengenabweichung in den einzelnen Positionen, die über 5 % hinausgeht, auf Verlangen ein neuer Preis nach Maßgabe des § 2 Abs. 7 Nr. 1 Satz 2 und 3 VOB/B gebildet werden muss[194]. Sind geringere als im zugrunde gelegten Leistungsverzeichnis vorgesehene Mengen eingebaut worden, hat der Auftraggeber nach Maßgabe des § 2 Abs. 7 Nr. 1 Satz 2 und 3 VOB/B einen Anspruch auf Preisanpassung unabhängig davon, ob die Leistung infolge der verringerten Mengen mangelhaft ist. Bei der Preisbildung ist das übernommene Mengenrisiko zu berücksichtigen[195].

cc) **Unterschied zwischen Pauschalpreis und Festpreis**

Es lässt sich zwischen dem Festpreis und dem Pauschalpreis eine begriffliche Unterscheidung vornehmen, auch wenn selbst manche Gerichte das Wort „Festpreis" synonym für „Pauschalpreis" verwenden[196]. So sollte das Wort „Festpreis" darauf bezogen werden, dass ein bestimm-

---

[192] BGH, Urteil vom 02.11.1995, VII ZR 29/95 = ZfBR 1996, 82 f in Auseinandersetzung mit der vorgehenden Rechtsprechung OLG Düsseldorf, Urteil vom 22.12.1994, 302/93, das den Risikorahmen bei regelmäßig 20 % sehen wollte, wobei das OLG Brandenburg im Urteil vom 18.07.2001, 4 U 184/00 eine Vergütungsanpassung beim Detail-Pauschalpreisvertrag bereits bei 10 % (zehnprozentiger) Erweiterung des ursprünglich geschuldeten Leistungsumfanges sah.
[193] OLG Brandenburg, Urteil vom 18.07.2001, 4 U 184/00.
[194] BGH, Az. VII ZR 116/02, ZfBR 2004, 44–48 = BauR 2004, 78–84.
[195] BGH, Az. VII ZR 116/02, ZfBR 2004, 44–48 = BauR 2004, 78–84.
[196] OLGR Celle 2004, 196–197; KG Berlin, BauR 2003, 1905–1908; OLGR Nürnberg 2002, 306–307.

ter Einheitspreis über die Dauer der Bauzeit seine Gültigkeit behalten soll und sich selbst bei Preisschwankungen innerhalb der ursprünglich vereinbarten Bauzeit nicht anpassen soll. Er bringt somit eine Abgrenzung zu den Preisgleitklauseln, die in der Folge ausgeschlossen werden. Dies ist zulässig[197].

c) Anpassung der Pauschale

aa) Überschreitung der Zumutbarkeitsgrenze gemäß § 2 Abs. 7 Nr. 1 S. 2 VOB/B

(1) Anwendung grundsätzlich nur auf Mengenänderungen

§ 2 Abs. 7 Nr. 1 S. 2 VOB/B bezieht sich – wie § 2 Nr. 3 VOB/B – nur auf Mengenänderungen und ist nicht anzuwenden, wenn sich die auszuführenden Leistungen, wie sie im Vertrag nach Art und Umfang bestimmt werden, ändern. Werden bei Pauschalpreisverträgen vereinbarte Vertragsleistungen nicht oder in anderer Weise als vereinbart ausgeführt, greifen vielmehr die §§ 2 Abs. 4, 5, 6 und Abs. 8 VOB/B als spezielle Regelungen, vgl. § 2 Abs. 7 Nr. 2 VOB/B[198].

§ 2 Abs. 7 Nr. 1 S. 2 VOB/B ist auch nicht einschlägig in den Fällen, in denen sich bei unveränderten Leistungen und unverändertem werkvertraglich geschuldetem Erfolg die sonstigen Umstände oder Vorstellungen der Parteien ändern, wie Material-, Gerätepreise oder Lohnkosten. Für diese Fallgruppen ist auf § 313 BGB (Wegfall bzw. Änderung der Geschäftsgrundlage) abzustellen, gibt es keine Preisgleitklausel im Vertrag.

(2) Keine starren Zumutbarkeitsgrenzen

Für den verbleibenden Anwendungsbereich der Mengenänderungen bringt § 2 Abs. 7 Nr. 1 S. 2 VOB/B als Allgemeine Geschäftsbedingung neben der gesetzlichen Vorschrift des § 313 BGB aber auch keine Besonderheiten. Sie ist im Ergebnis lediglich als Klarstellung zu verstehen, dass jedenfalls § 2 Abs. 3 VOB/B auf Pauschalverträge keine Anwendung findet[199]. Während also für den Einheitspreisvertrag neben der Vergütungsanpassung gemäß §§ 313, 242 BGB die gesonderte Vergütungsanpassung gemäß § 2 Abs. 3 VOB/B tritt, bleibt es im Rahmen des Pauschalpreisvertrages ausschließlich bei der auch gesetzlichen Vertragsanpassung orientiert an dem allgemeinen Grundsatz der Zumutbarkeit.

---

[197] Ständige Rechtsprechung BGH, NJW 1993, 2738 f.
[198] BGH, NJW 2000, 3277–3278.
[199] Vygen, BauR 1979, 375.

Hieran ist ein strenger, objektiver Maßstab zu stellen, wonach ein Missverhältnis zwischen Leistung und Gegenleistung vorgetragen und bewiesen werden muss, dass es den anspruchstellenden Vertragspartner faktisch wirtschaftlich und in der Folge rechtlich unerträglich ist, an dem Vertrag ohne Anpassung festzuhalten. Insofern wird der Tatbestand von unbestimmten Rechtsbegriffen getragen, die neben einem entsprechend substantiierten Sachverständigenvortrag der vom Richter vollständig nachprüfbaren rechtlichen Kontrolle gemessen am jeweiligen Einzelfall obliegen. Allgemein gültige Prozentsätze, in welchen Fällen die Zumutbarkeitsgrenze des Erträglichen überschritten wird, gibt es daher nicht[200].

(3) Definition der Zumutbarkeit durch Allgemeine Geschäftsbedingung

Die Zumutbarkeitsgrenze kann im Vertrag vereinbart werden. So regelt eine Klausel gemäß § 307 BGB das Mengenrisiko zulässig in einem auf der Grundlage eines detaillierten Leistungsverzeichnisses mit Mengenangaben geschlossenen Pauschalpreisvertrages, dass Mehr- und Mindermassen von 5 % als vereinbart gelten. Sie ist dahin zu verstehen, dass bei einer nicht durch Planänderungen bedingten Mengenabweichung in den einzelnen Positionen, die über 5 % hinausgeht, auf Verlangen ein neuer Preis nach Maßgabe des § 2 Abs. 7 Nr. 1 Satz 2 und 3 VOB/B gebildet werden muss[201]. Sind geringere als im zugrunde gelegten Leistungsverzeichnis vorgesehene Mengen eingebaut worden, hat der Auftraggeber nach Maßgabe des § 2 Abs. 7 Nr. 1 Satz 2 und 3 VOB/B einen Anspruch auf Preisanpassung unabhängig davon, ob die Leistung infolge der verringerten Mengen mangelhaft ist. Bei der Preisbildung ist das übernommene Mengenrisiko zu berücksichtigen[202].

(4) Pflicht zur einvernehmlichen Abstimmung der Vergütungsanpassung

Ist die Zumutbarkeitsgrenze erreicht, sollen die Vertragsparteien einen Ausgleich in preislicher Hinsicht vereinbaren. Wörtlich spricht die VOB zwar lediglich davon, dass ein Ausgleich zu gewähren ist. Unter Berücksichtigung der Rechtsprechung des BGH zur vertraglichen Kooperationspflicht sollten sich die Parteien jedoch möglichst außergerichtlich

---

[200] BGH, Urteil vom 02.11.1995, VII ZR 29/95 = ZfBR 1996, 82 f in Auseinandersetzung mit der vorgehenden Rechtsprechung OLG Düsseldorf, Urteil vom 22.12.1994, 302/93, das den Risikorahmen bei regelmäßig 20 % sehen wollte, wobei das OLG Brandenburg im Urteil vom 18.07.2001, 4 U 184/00 eine Vergütungsanpassung beim Detail-Pauschalpreisvertrag bereits bei 10 % (zehnprozentiger) Erweiterung des ursprünglich geschuldeten Leistungsumfanges sah.
[201] BGH, Az. VII ZR 116/02, ZfBR 2004, 44–48 = BauR 2004, 78–84.
[202] BGH, Az. VII ZR 116/02, ZfBR 2004, 44–48 = BauR 2004, 78–84.

über die Höhe des Ausgleiches abstimmen[203], zumal das Prinzip der Kooperation ein tragendes Strukturmerkmal der VOB ist[204].

Können sich die Parteien im Wege der Kooperation über den angemessenen Ausgleich nicht einigen – dies auch nicht unter der Einschaltung eines Sachverständigen (entsprechend § 7 Nr. 1b VOB/A a. F., eine Regelung die mangels Relevanz ersatzlos mit der Novelle 2009 gestrichen wurde) oder entsprechend § 18 Abs. 2–4 VOB/B –, muss die Klärung notfalls im Klagewege erfolgen, wobei der bezifferte Klageantrag vom Fordernden entsprechend § 316 BGB bestimmend zu beziffern ist. Verweigert der Vertragspartner endgültig die Gewährung des Ausgleiches, stellte dies eine Kooperationspflichtverletzung und somit einen wichtigen Grund dar, der zur Einstellung der Leistung und sogar zur Kündigung aus wichtigem Grund führen kann[205].

bb) Nachträge gemäß § 2 Abs. 4–6 VOB/B im Pauschalpreisvertrag

Gerade durch § 2 Abs. 7 Nr. 2 VOB/B soll noch einmal klargestellt und hervorgehoben werden, dass eine Bindung des Auftragnehmers an den Pauschalpreis auf der Erwägung eines von vornherein feststehenden Leistungsinhaltes beruhte. Greift der Auftraggeber dann in die nach § 1 Abs. 1 VOB/B durch den Vertrag nach Art und Umfang zur Ausführung bestimmten Leistungen in Wahrnehmung seines einseitigen Leistungsbestimmungsrechtes nach § 1 Abs. 3 oder 4 VOB/B ein, soll also klargestellt werden, dass ein Auftragnehmer auch im Rahmen eines Pauschalpreisvertrages dieser Anordnung auf jeden Fall folge leisten muss, aber im Gegenzug ohne Überschreitung einer Zumutbarkeitsgrenze infolge von § 2 Abs. 5 und Abs. 6 VOB/B einen unmittelbaren Vergütungsanpassungsanspruch hat[206]. Selbes gilt für den Fall, dass der Auftraggeber etwa durch die Entscheidung der Selbstübernahme von Leistungen in den Vertrag i. S. v. § 2 Abs. 4 VOB/B eingreift[207]. Genauso muss für eine ausdrückliche freie Kündigung nach § 8 Abs. 1 VOB/B ohne weiteres die Abrechnungsmöglichkeit nach § 8 Abs. 1 Nr. 2 VOB/B greifen, auch wenn weder die alte Fassung noch die neue Fassung in § 2 Abs. 7 Nr. 2 VOB/B auch auf § 8 Abs. 1 VOB/B verweist, weil in analoger Anwendung auf die so verbliebene Regelungslücke hinsichtlich der Interessenkonstellation nichts anderes als bei der Selbstübernahme nach § 2 Abs. 4

---

[203] BGH, NZBau 2000, 1030 f. für die Vereinbarung nach § 2 Abs. 5 und Abs. 6 VOB/B, wobei das Prinzip der gegenseitigen Kooperationspflicht der Vertragsparteien ein tragendes Strukturmerkmal der gesamten VOB/B ist.

[204] Unter Herleitung einer schon vorvertraglichen Kooperation und Fortführung der vertraglichen Kooperation im Rahmen von VOB-Verträgen Diehr, ZfBR 2002, 316 ff. und ZfBR 2006, 312 ff.

[205] OLG Düsseldorf, BauR 1995, 706 und auch Knacke, BauR 1996, 119.

[206] BGH, NJW 2000, 3277–3278.

[207] BGH, NJW 2000, 3277–3278.

VOB/B gelten kann. Insofern ist auf die entsprechende Kommentierung zu § 2 Abs. 4–6 VOB/B und den Umfang der Befugnis zur Leistungsbestimmung nach § 1 Abs. 3 und 4 VOB/B hinzuweisen.

Kompliziert ist aber im Einzelfall im Rahmen eines Pauschalpreisvertrages die Abgrenzung zwischen den Leistungen, die bereits nach Art und Umfang im Vertrag bestimmt waren, und denjenigen Leistungen, die zwar zur Ausführung der vertraglichen Leistung erforderlich werden, jedoch vom ursprünglichen Pauschalpreisvertrag noch nicht umfasst gewesen sein sollen[208]. Je detaillierter dabei die ursprüngliche Leistungsbeschreibung des Vertrages, desto einfacher ist die fachtechnische Abgrenzung zwischen dem ursprünglichen vertraglichen Bau-Soll zum jetzt notwendig gewordenen[209].

cc) Nachträge gemäß § 2 Abs. 8 Nr. 2 S. 2 VOB/B im mutmaßlichen Willen des Auftraggebers

Die Fallgestaltung, dass sich im Detail- oder Funktionalpauschalpreisvertrag Leistungen ergeben, die eindeutig zu den auszuführenden Leistungen nach Art und Umfang, wie sie durch den ursprünglichen Vertrag bestimmt wurden, hinzutreten und für die Erfüllung des Vertrages notwendig sind und dem mutmaßlichen Willen des Auftraggebers entsprechen, unterfallen nicht den Nachträgen der Abs. 5 oder 6 VOB/B, weil es an der Tatbestandsvoraussetzung des einseitigen Leistungsbestimmungsrechtes des Auftraggebers fehlt[210]. Da die Leistungen zur Erfüllung des Vertrages aber notwendig waren und den mutmaßlichen Willen des Auftraggebers entsprachen, hätte es dem Auftraggeber oblegen, eine entsprechende Leistung anzuordnen (potentieller Nachtrag). Wenn die Rechtsprechung des BGH für solche potentiellen Nachträge erkannt hat, dass deren Erbringung im Wege der Ersatzvornahme nach einer außerordentlichen Kündigung i. S. v. § 8 Abs. 3 VOB/B den Anspruch auf den Ersatz der Mehrkosten zur ersatzweisen Vornahme begründet, muss für den Fall, dass der Auftraggeber sie von Anfang an i. S. v. § 2 Abs. 4 VOB/B selbst übernimmt, auch die Abrechnung zugunsten des Auftragnehmers nach § 2 Abs. 4 VOB/B berechtigt sein[211] und muss der potentielle Nachtrag, erbringt der Auftragnehmer diesen entsprechend den Nrn. 4, 5 und 6, im Pauschalvertrag zur Abrechnungsfähigkeit führen, wie durch den Rückverweis in § 2 Abs. 8 Nr. 2 S. 3 VOB/B auf § 2 Abs. 5 oder 6 VOB/B auch klargestellt wird[212].

---

[208] Zur Unterscheidung von Detail- und Funktionalpauschalpreisvertrag oben zu § 2 7 b) aa).
[209] Nach Thode ist der Begriff des „Bau-Solls" kein rechtlicher und daher ungeeignet: Thode, ZfBR 2006, 309–311.
[210] Ausführlich in der Kommentierung oben zu § 2 Abs. 5, 6 und unten zu § 2 Abs. 8 Nr. 2 Satz 2 VOB/B.
[211] BGH, NJW 2000, 3277–3278.
[212] BGH, BauR 1994, 760; BGH, ZfBR 1996, 196; BGH-Report 2004, 289–361.

Folgte man dieser bewertenden Auslegung der Allgemeinen Geschäftsbedingungen des § 2 Abs. 7 Nr. 1 VOB/B nicht, müssten die ohne ausdrückliche Anordnung des Auftraggebers ausgeführten Leistungen, die von der vertraglich vorgesehenen Leistung abweichen, der Regelung des § 2 Abs. 7 Nr. 1 S. 2 VOB/B unterstellt werden, wonach eine Vergütungsanpassung nur dann in Betracht kommt, wenn ein Festhalten an der Pauschalsumme nicht zumutbar ist und der Ausgleich unter Berücksichtigung der Mehr- oder Minderkosten von einem Vertragspartner verlangt wird[213].

d) Berechnung des zu gewährenden Ausgleiches

Ist einer Vertragspartei ein Festhalten an der Pauschalsumme gemäß § 2 Abs. 7 Nr. 1 Satz 2 VOB/B nicht zumutbar, so ist der Ausgleich unter Berücksichtigung der Mehr- oder Minderkosten zu gewähren. Für die sonstige Vergütungsanpassung nach § 2 Abs. 4, 5, 6, 8 Nr. 2 Satz 2 oder § 8 Abs. 1 VOB/B bleibt es bei den dort geregelten Grundsätzen der Abrechnung, so dass auf die entsprechende Kommentierung unter Berücksichtigung der Besonderheiten bei Pauschalpreisverträgen verwiesen werden kann.

Der Begriff der Kosten ist wieder betriebswirtschaftlich zu verstehen als Gesamtheit der Werte, die für die Beschaffung oder Herstellung eines wirtschaftlichen Gutes aufgewendet werden müssen, um die Leistung zu erbringen. Umfasst sind also der Verbrauch an Gütern, Dienstleistungen aber auch die Höhe der Löhne und Gehälter, tatsächliche Rohstoffkosten, Abschreibungswerte auf Geräte, Veränderung von Zinsen und Steuern. Auch hier löst sich die VOB/B aber vom Maßstab der tatsächlichen Kosten und verweist auf die Ursprungskalkulation, weil für die Bemessung des Ausgleichs von den Grundlagen der Preisermittlung auszugehen ist, § 2 Abs. 7 Nr. 1 S. 3 VOB/B. Bei der Anpassung sind also die im Rahmen der Auftragsvergabe erreichten Preisstrukturen, Preisniveaus wenigstens methodisch vergleichend zu berücksichtigen, um entsprechend sicherzustellen, dass ein ursprünglich vereinbarter guter Preis gut bleibt und ein ursprünglich vereinbarter schlechter Preis schlecht bleibt, mithin die Ergebnisse des Wettbewerbs im Rahmen des Nachtrags zur Anpassung des Pauschalpreisvertrages nicht i. S. v. § 15 Abs. 3 VOB/A n. F. (§ 24 Nr. 3 VOB/A a. F.) nachverhandelt werden.

Notwendig ist eine Gesamtbetrachtung der mit dem ursprünglichen Vertrag nach Art und Umfang zur Ausführung bestimmten Mengen und Leis-

---

[213] Einer ähnlichen Bewertung scheint das OLG Brandenburg, Urteil vom 18.07.2001, 4 U 184/00 = NJW-RR 2001, 1673 f. zu folgen, in dem es neben den Voraussetzungen von § 2 Abs. 5 VOB/B die Voraussetzung der Überschreitung der Zumutbarkeitsgrenze prüft.

tungen zu den dann hiervon abweichend tatsächlich erforderlichen jetzt auszuführenden Mengen und Leistungen, soweit sie adäquat-kausale Folge von bei Vertragsschluss für die Parteien nicht bekannten Umständen oder wesentlich veränderten Vorstellungen sind. Die adäquate Kausalität umschreibt dabei einen angemessenen, begründenden Sachzusammenhang zwischen der Ursache und der Veränderung. Zur preisrelevanten Äquivalenzstörung[214] gehören unter Berücksichtigung von § 313 BGB also neben den Mengen und im Ausnahmefall Leistungen auch schlichte vorher nicht vorausgesehene wesentliche Vorstellungen über Preise, die dann zumindest bei der Anpassungsberechnung zu berücksichtigen sind[215]. Kalkulationsfehler oder Irrtümer bleiben als Motiv der ursprünglichen Preisbildung freilich grundsätzlich unberücksichtigt[216].

Insgesamt bleibt der jeweilige Anspruchsteller verpflichtet, eine i. S. v. § 14 Abs. 1 VOB/B prüfbare Abrechnung des verlangten Ausgleiches vorzulegen, der also der Methode und Struktur der Preisermittlung der vertraglichen Leistung folgt. Um einer solchen Prüfbarkeit zu entsprechen, wird es grundsätzlich erforderlich sein, in einem ersten Schritt zu erläutern, welche Leistungen gemäß dem Vertrag ursprünglich vorgesehen waren und wie hierauf bezogen die ursprüngliche Pauschale gebildet wurde. Am ehesten müssen hierzu die Leistungen gemäß einer Leistungsbeschreibung mit Leistungsverzeichnis notfalls nachträglich aufgeschlüsselt werden. Die so zu beschreibenden Aufwendungen sind dann zu verpreisen, indem die Einzelkosten der Teilleistungen genauso wie die BGK, AGK, Wagnis und Gewinn ausgewiesen werden und gegebenenfalls sonstige Preisermittlungsmerkmale, wie Nachlässe, um so die ursprüngliche Pauschale plausibel aufzuschlüsseln. Sodann sind die ausgeführten Leistungen nach der gleichen Methode zu beschreiben und in diesem Rahmen nur die Leistungen zu berücksichtigen, die einerseits die Äquivalenz zwischen Preis und Leistung stören und andererseits tatsächlich adäquat-kausal auf die Umstände und Vorstellungen i. S. v. § 313 Abs. 1 und 2 BGB zurückzuführen sind. Diese ausgeführten Leistungen sind dann genauso auf der Grundlage der Preisermittlung der vertraglichen Leistung zu verpreisen, und zwar auch unter Berücksichtigung von geänderten Vorstellungen hinsichtlich von z. B. Marktpreisen, die sich erheblich veränderten. In diesem Punkt können aber nicht schlicht die z. B. gestiegenen Marktpreise angesetzt werden. Vielmehr müssen die ursprünglich kalkulierten Preise ins Verhältnis gesetzt

---

[214] Das Äquivalenzprinzip unterstellt, dass zwischen Leistungen und Vergütung ein ausgewogenes Verhältnis besteht.
[215] Zu den Grundsätzen Gremmel, MDR 1989, 20; auf die bisherige Kalkulation abstellend OLG Brandenburg, NJW-RR 2001, 1673 f.
[216] Zur Möglichkeit der Anpassung oben zu § 2 II. 3. b) cc) bzw. suche über (Stichwortverzeichnis (Index) „Fehlkalkulation und Kalkulationsirrtümer".

werden zu den Marktpreisen zum Zeitpunkt der Abgabe des Angebotes, um dann die auszugleichenden Marktpreise wiederum in dieses Verhältnis zu setzen, also den gleichen prozentualen Auf- oder Abschlag vorzunehmen. Nur so ist gewährleistet, dass tatsächlich die Grundlagen der Preisermittlung der vertraglichen Leistung berücksichtigt werden und somit der Vertrag angepasst wird, ohne die bei Vertragsschluss im Rahmen des etwaigen Wettbewerbs erreichten Vergabeergebnisse i. S. v. § 15 Abs. 3 VOB/A nachzuverhandeln.

e) Abweichende Allgemeine Geschäftsbedingungen

aa) Wirksame Klauseln

Wie jede der Vorschriften der VOB können die Parteien auch § 2 Abs. 7 VOB/B disponieren. Gleichsam klarstellend ist es im Pauschalpreisvertrag wie generell möglich, Komplettheitsklauseln aufzunehmen, etwa dahingehend, dass ein vom Auftragnehmer aufgestelltes Leistungsverzeichnis dahin verstanden werden soll, dass auch dort nicht berücksichtigte Mehrmengen ohne Vergütungsanpassung zu erbringen sind, jedenfalls, wenn dadurch im Wege der Auslegung ermittelt § 313 BGB, also die Anpassungen wegen der Änderung der Geschäftsgrundlage nicht abbedungen werden[217]. Genauso sind die Klauseln in Global- bzw. Funktionalpauschalverträgen über das sog. schlüsselfertige Bauen ohne weiteres wirksam, zumal wenn diese auf die vertragliche Leistungsbeschreibung, Ausführungszeichnungen und sonstige Bestandteile des Vertrages eingrenzend Bezug nehmen und also über diese Grenzen hinaus einer Anpassung nicht entgegenstehen können[218]. Alle Klauseln also, die dem Grunde nach klarstellen sollen, dass eine Leistungsbeschreibung unter Beachtung von § 7 Abs. 1 VOB/A eindeutig und erschöpfend alle Leistungen beinhalten soll, die zur funktionsgemäßen Herstellung des Werkes gehören, aber nicht die Vergütungsanpassung ausschließen wollen, für zum Zeitpunkt des Vertragsschlusses für beide Parteien nicht bekannte, unvorhersehbare, nicht zu erwartende Leistungen, Mengen/Massen oder sonstige Umstände und Vorstellungen wie unerwartete Preisentwicklungen, Änderung von Steuersätzen bleiben damit wirksam[219].

---

[217] OLG Düsseldorf, BauR 2004, 506–510.
[218] LG Mainz, Urteil vom 28.10.1998, 9 O 521/97, IBR 1999, 412.
[219] Für die weitgehende Risikoüberantwortung bei ersichtlich offenen Problemen auf den Auftragnehmer infolge einer weitgehenden Funktionalisierung der Leistungsbeschreibung durch Leistungsprogramm mit späterer Definition der konkret zu erbringenden Leistung infolge einer vom Auftragnehmer übernommenen Ausführungsplanung nach dem von ihm infolge des Vertragsschlusses noch zu erbringenden erforderlichen statischen Berechnungen: OLG Köln, Urteil vom 03.03.2000, 11 U 46/98 unter Bezugnahme auf BGH, NJW 1999, 2432 ff., BGH, BauR 1997, 126 ff.; BGH, BauR 1991, 759, BGH, BauR 1994, 237.

Vor allem kann die Zumutbarkeitsgrenze im Vertrag festgelegt werden. So ist eine Klausel gemäß § 307 BGB zulässig, die für einen auf der Grundlage eines detaillierten Leistungsverzeichnisses mit Mengenangaben geschlossenen Pauschalpreisvertrag das Risiko für Mehr- und Mindermassen mit 5 % festlegt[220]. Das Risiko muss aber abgemessen festgelegt werden; von 0 bis 5 % wird man dies annehmen können. Wie weit der Prozentsatz durch AGB noch zulässig hochgesetzt werden kann, ist unklar. Mindest bis 10 % sollten aber unproblematisch sein.

bb) unwirksame Klauseln

Alle Allgemeinen Geschäftsbedingungen etwa in der Form der Besonderen oder Zusätzlichen Vertragsbedingungen, die eine Vertragsanpassung wegen geänderter Umstände oder Vorstellungen ausschließen wollen, verstoßen aber gegen das gesetzliche Leitbild von § 313 BGB und sind daher gemäß § 307 BGB unwirksam. Auch jeglicher Versuch der Einschränkung ist da unangemessen und daher unwirksam etwa, soll der Ausgleich Anspruch von irgendwelchen vorherigen oder sonstigen Anzeigen oder Vereinbarungen und/oder von der Wahrung der Schriftform abhängig gemacht werden[221]. Erst recht sind Klauseln unwirksam, die eine Vergütungsanpassung für den Fall der vom Auftraggeber angeordneten Leistungsänderung oder -mehrung abhängig machen[222]. Auch in die Grundsätze der Abrechnung (teil)entzogener Leistung nach §§ 2 Abs. 4 und 8 Abs. 1 VOB/B kann nicht wirksam eingegriffen werden[223].

Der grundsätzliche Ausschluss von Nachforderungen ist in jeder Form unwirksam. Unwirksam sind daher Allgemeine Geschäftsbedingungen, wonach ein Bieter die Gewähr dafür übernehmen soll, dass das Angebot alles enthält, was zur Erstellung des Werkes gehört und deswegen keine Nachforderungen stellen darf[224]. Unwirksam sind auch Klauseln, wonach der Auftragnehmer alle Erschwernisse – ob bei Vertragsschluss bekannt oder nicht – mit übernehmen muss, ohne nachfordern zu können[225]. Unwirksam sind daher auch Klauseln, wonach ein Bieter sich auf später bekannt werdende Unklarheiten in der Leistungsbeschreibung zur Begründung von Nachforderungen nicht mehr berufen kann[226]. Unwirksam ist auch der Versuch, Nachtragsforderungen aufgrund unberücksichtigter Schwierigkeiten dadurch auszuschließen, indem eine Klausel aufgenommen wird, wonach der Bieter ausdrücklich angehalten

---

[220] BGH, Az. VII ZR 116/02, ZfBR 2004, 44–48 = BauR 2004, 78–84.
[221] OLG Düsseldorf, BauR 1998, 874 ff.
[222] OLG Koblenz, OLGR Koblenz 1998, 307.
[223] OLG Frankfurt, BauR 1998, 409.
[224] BGH, Urteil vom 05.06.1997, VII ZR 54/96.
[225] OLG Frankfurt, BauR 1999, 43 ff.
[226] BGH, BauR 1997, 1036 ff.

wird, sich vor der Kalkulation des Angebots von der Situation an Ort und Stelle zu informieren[227].

8. § 2 Abs. 8 VOB/B – Leistungen ohne Auftrag

a) Unwirksamkeit der Regelung

§ 2 Abs. 8 VOB/B überzieht den Grundsatz, dass ein Auftraggeber nur die Leistung vergüten muss, die er auch bestellt hat. Mit seiner Entscheidung vom 09.12.2004 hat der BGH (VII ZR 357/03) wiederholt, dass er die Regelungen des § 2 Abs. 8 Nr. 1 und 2 VOB/B für komplett unanwendbar erachtet, soweit sie einer isolierten Inhaltskontrolle wegen sonstiger Eingriffe in das Regelungsgeflecht der VOB/B obliegen[228]. Regelmäßig wird es also für die Fallgruppen der auftragslos erbrachten Leistungen auf die gesetzlichen Vorschriften, namentlich der §§ 677, 679, 683 und 670 BGB ankommen, wobei § 2 Abs. 8 Nr. 3 VOB/B auf die Anwendbarkeit dieser gesetzlicher Vorschriften ohnehin verweist.

Zuvor hatte der BGH bereits in seiner Entscheidung vom 26.02.2004 darauf hingewiesen, dass die unverzügliche Anzeigepflicht nach § 2 Abs. 8 Nr. 2 VOB/B einen Ausschluss der Vergütungspflicht bei Versäumung der Anzeige mit sich bringt, die eine unangemessene Benachteiligung des Auftragnehmers darstellt und daher zur Unwirksamkeit der Klausel führt, wenn die VOB nicht als Ganzes vereinbart worden ist, wobei jeglicher Eingriff in die VOB/B genügt, also ein besonderer „Kerneingriff" nicht notwendig ist[229]. Der Deutsche Vergabe- und Vertragsausschuss für Bauleistungen (DVA) hat hierauf im Rahmen der Änderungen der VOB/B 2006 ausweislich seines Beschlusses vom 17.05.2006 und seines Beschlusses vom 27.06.2006 nicht reagiert. Die VOB/B begnügt sich also weiter mit dem Hinweis der Anwendbarkeit der gesetzlichen Regelung in § 2 Abs. 8 Nr. 3 VOB/B, der bereits mit der Neufassung der VOB/B 1996 aufgenommen wurde, weil schon zuvor der BGH die Unangemessenheit der Regelung festgestellt hatte[230].

Es bleibt darauf hinzuweisen, dass daneben auch die Ansprüche aus ungerechtfertigter Bereicherung gemäß §§ 812 ff. BGB anwendbar bleiben, unabhängig davon, ob die VOB/B auf das geltende Gesetzesrecht verweist oder nicht[231].

---

[227] Jedenfalls, wenn dadurch der Nachforderungsanspruch ausgeschlossen wird: BGH, Urteil vom 26.02.2004, VII ZR 96/03.
[228] BGH, BauR 2005, 765 und vorhergehend OLG Köln, Urteil vom 20.11.2003, 18 U 120/01, BauR 2005, 1173 ff.
[229] BGH Az. VII ZR 96/03, in diesem Zusammenhang der Notwendigkeit der isolierten Inhaltskontrolle auch BGB VII ZR 419/02 und VII ZR 129/02.
[230] BGH, BauR 1991, 331 ff.
[231] BGH im Beschluss vom 09.12.2004 – VII ZR 357/03.

b) Keine Vergütung ohne Auftrag oder bei eigenmächtiger Abweichung vom Auftrag

§ 2 Abs. 8 Nr. 1 S. 1 VOB/B bestimmt, dass ein Auftragnehmer dann keine Vergütung erhält, erbringt er Leistungen, die im Auftrag nicht enthalten sind oder die vom Auftrag abweichen. Dies verweist zurück auf die durch den Vertrag nach Art und Umfang bestimmten Leistungen gemäß § 1 Abs. 1 VOB/B und meint also nur diejenigen, die der Auftraggeber nicht im Rahmen seines Leistungsbestimmungsrechtes nach § 1 Abs. 3 und 4 VOB/B anordnete.

Zusätzlich zum Vergütungsausschluss stellt § 2 Abs. 8 Nr. 1 S. 2 VOB/B die Sanktion auf, dass der Auftragnehmer solche Leistungen auf Verlangen des Auftraggebers innerhalb einer angemessenen Frist zu beseitigen hat. Bleibt diese Fristsetzung des Auftraggebers fruchtlos, darf der Auftraggeber die Beseitigung selbst durchführen bzw. durchführen lassen und darf dem Auftragnehmer die Kosten auferlegen.

Außerdem wird mit § 2 Abs. 8 Nr. 1 S. 3 VOB/B die weitere Sanktion aufgenommen, dass der Auftraggeber ihm entstehende Schäden gegen den Auftragnehmer liquidieren darf. Nach diesem Tatbestand handelt es sich um einen Schadensersatzanspruch, der unabhängig von dem Verschulden des Auftragnehmers greifen soll.

Insgesamt ist daher die Regelung des § 2 Abs. 8 Nr. 1 VOB/B unangemessen und weicht von dem wesentlichen Gedanken des gesetzlichen Rechtes ab, weswegen sie nach der BGH-Rechtsprechung bei isolierter Inhaltskontrolle unwirksam ist[232]. Bei alledem ist ein rechtfertigender Grund für solche weitreichenden Sanktionen auch nicht ersichtlich. Erschwerend kommt hinzu, dass auch die Grenzen zwischen beachtlicher und unbeachtlicher eigenmächtiger Abweichung vom Vertrag schwer auszumachen sind, berücksichtigt man die grundsätzliche Erfolgsorientiertheit des Werkvertragsrechtes und die Möglichkeit, die Werkleistungen etwa unter Beachtung von § 7 Abs. 9–12 VOB/A nur funktional durch ein Leistungsprogramm zu beschreiben. In diesem Bereich wird der Auftragnehmer letztendlich nur dadurch geschützt, dass es der Darlegungs- und Beweislast des Auftraggebers obliegt, die Tatbestandsvoraussetzungen und dessen Folgen, namentlich Schäden, darzulegen und zu beweisen. Soweit ersichtlich, lässt sich in der Folge auch keine namhafte Rechtsprechung ausmachen, die über entsprechende Ansprüche zu entscheiden hat. Im Übrigen macht die Vorschrift des Ausschlusses der Vergütung auch unter dem Gesichtspunkt einer reinen Klarstellung wenig Sinn. Denn für die Vergütungsfähigkeit bestimmter Leistungen muss bereits der Auftragnehmer den rechtlichen Anspruch finden sowie

---

[232] BGH, Beschluss vom 09.12.2004 – VII ZR 357/03.

die im Einzelfall einschlägigen Tatbestandsvoraussetzungen darlegen und beweisen.

c) Vergütung für auftragslos oder eigenmächtig erbrachte Leistungen

§ 2 Abs. 8 Nr. 2 VOB/B regelt einen Vergütungsanspruch, der als Ausnahme zum Grundsatz des § 2 Abs. 8 Nr. 1 VOB/B eine Vergütung für auftragslos oder eigenmächtig erbrachte Leistungen begründet.

aa) Nachträgliches Anerkenntnis

§ 2 Abs. 8 Nr. 1 VOB/B stellt klar, dass jedenfalls die ohne Auftrag oder eigenmächtig erbrachten Leistungen vom Auftraggeber zu bezahlen sind, die dieser nachträglich anerkennt.

Für sich betrachtet greift auch dies in das gesetzliche Leitbild und in das sonstige Gefüge der VOB/B unangemessen ein und ist daher bei isolierter Betrachtung unwirksam[233]. So gilt für „potentielle Nachträge", dass der Auftraggeber verpflichtet ist, im Rahmen der vertraglichen Kooperation nach § 1 Abs. 3 und 4 VOB/B die entsprechenden Leistungen, die erforderlich sind, um einen Vertrag zu erfüllen, anzuordnen und der Auftragnehmer verpflichtet ist, diese zu erbringen. Dies hat der BGH dahingehend klargestellt, dass er in der Konsequenz einem Auftraggeber auch den Anspruch auf Erstattung derjenigen Mehrkosten nach einer Kündigung des Vertrages aus wichtigem Grund zuerkennt, die bei der Aufrechterhaltung des Vertrages der Auftragnehmer als Nachtrag im Sinne von § 2 Abs. 3, Abs. 4, Abs. 5 oder Abs. 6 VOB/B hätte erbringen müssen[234]. Außerdem hat der BGH zutreffend erkannt, dass es einer Nachbeauftragung von Leistungen, die zwar bis dahin noch nicht beauftragt waren, die aber für die Erfüllung des Vertrages notwendig sind, nicht bedarf[235].

In der Folge muss ein Auftragnehmer – die wirksame Anwendung von § 2 Abs. 8 Nr. 2 S. 1 VOB/B im Einzelfall vorausgesetzt – zumindest einen Anspruch auf die nachträgliche Anerkennung haben, soweit die Leistungen für die Erfüllung des Vertrages tatsächlich notwendig waren.

Es genügt in der rechtlichen Konsequenz, der der Wortlaut nicht entgegensteht, das nachträgliche Anerkenntnis, also ein solches, das nach der Ausführung der Leistungen erfolgt. Ansonsten ist für das Anerkenntnis auf die gesetzlichen Vorschriften der §§ 781 ff. BGB abzustellen. Demnach ist ein Anerkenntnis ein Vertrag, der nach § 126 BGB der

---
[233] BGH, Beschluss vom 09.12.2004, VII ZR 357/03.
[234] BGH, NJW 2000, 3277–3278.
[235] BGH, BauR 1994, 760; BGH, ZfBR 1996, 196; BGH-Report 2004, 289–361.

gesetzlichen Schriftform bedarf. Das Anerkenntnis kann aber auch praktischerweise gleichsam auf die Nachtragsabrechnung des Auftragnehmers erfolgen und ist dann gemäß § 782 BGB formfrei wirksam. Nicht anders als in den Fällen des § 2 Abs. 5 und 6 VOB/B kann der Auftragnehmer den Nachtrag abrechnen, wobei die im Wege der vertraglichen Kooperation erfolgte Nachtragsprüfung, soweit erforderlich im Weg der Verhandlung und vergleichsweisen Einigung, die Formfreiheit von § 782 BGB begründet.

Ein Anspruch auf dieses Vorgehen hat der Auftragnehmer letztendlich aber nur dann, wenn die einzelnen Leistungen zwar noch nicht nach Art und Umfang von den mit dem Vertrag bisher auszuführenden Leistungen bestimmt worden waren, gleichwohl aber für die Erfüllung des Vertrages notwendig waren. Waren die Leistungen hingegen bereits vom Vertrag bestimmt, muss der Auftraggeber sie nicht anerkennen. Waren sie für die Erfüllung des Vertrages nicht notwendig, muss der Auftraggeber sie ebenso nicht anerkennen. Anerkennt der Auftraggeber dennoch, begründet dies nicht nur deklaratorisch, sondern auch konstitutiv den Vergütungsanspruch im Sinne eines neuen Vertragsschlusses.

bb) Leistungen im mutmaßlichen Willen des Auftraggebers

Nach § 2 Abs. 8 Nr. 2 Satz 2 VOB/B wird ein Vergütungsanspruch für auftragslos und eigenmächtig erbrachte Leistungen begründet, wenn

— die Leistungen für die Erfüllung des Vertrages notwendig waren,

— dem mutmaßlichen Willen des Auftraggebers entsprachen und

— dem Auftraggeber vom Auftragnehmer unverzüglich angezeigt wurden.

— Unbeschriebenes Tatbestandsmerkmal bleibt, dass die Leistungen solche sind, die nach Art und Umfang nicht bereits vom Vertrag umfasst waren.

Ob eine Leistung für die Erfüllung des Vertrages notwendig war, ist notfalls nach Einholung eines Sachverständigengutachtens entsprechend § 18 Abs. 4 VOB/B zwischen den Parteien zu klären. Ansonsten – gibt es auch keine Schiedsgerichtsvereinbarung im Sinne von § 18 Abs. 3 VOB/B – sind die staatlichen Gerichte anzurufen, um etwa im Rahmen eines selbständigen Beweisverfahrens oder eines normalen Klageverfahrens die Beweiserhebung durch gerichtlich bestellte Sachverständige durchzuführen. Im Klageverfahren können auch rechtliche Vorfragen geklärt werden, etwa zur Auslegung der vertraglich vereinbarten Beschaffenheit, alternativ der nach dem Vertrag vorausgesetzten Beschaffenheit und hierzu alternativ für den Umfang der gewöhnlichen Verwendung, vgl. § 13 Abs. 1 VOB/B und die entsprechende Kommentierung. In diesem Rahmen könnte auch geklärt werden, ob die

Leistungen im Rahmen der anerkannten Regeln der Technik[236] für die Vertragserfüllung erforderlich wurden, etwa in Fällen, in denen sich im Rahmen der Leistungsausführungen diese Regeln ändern, weswegen sie bei Vertragsschluss noch nicht vereinbart waren, jedoch zur mangelfreien Abnahme und somit zur Erfüllung des Vertrages nachträglich erforderlich wurden.

Lässt sich die Notwendigkeit der Leistung darlegen und beweisen, ist damit auch der mutmaßliche Wille des Auftraggebers belegt[237]. Denn ohne eine ausdrücklich andere Willenserklärung ist davon auszugehen, dass der Auftraggeber all diejenigen Leistungen will, die für ein mangelfreies Werk erforderlich sind. Nur, wenn der Auftraggeber im Einzelfall ausdrücklich erklärt hat, solche notwendigen Leistungen nicht zu akzeptieren, scheidet der Vergütungsanspruch aus. Dann kommt nur noch der Aufwendungserstattungsanspruch unter dem Gesichtspunkt der Unbeachtlichkeit des entgegenstehenden Willens des Auftraggebers im Sinne des § 679 BGB in Betracht, wenn die Erfüllung im öffentlichen Interesse liegt oder eine gesetzliche Unterhaltspflicht des Auftraggebers nicht rechtzeitig erfüllt werden würde, etwa mit Blick auf eine notwendig werdende Asbestsanierung im Rahmen der bisher geschuldeten Abbrucharbeiten.

Als drittes Tatbestandsmerkmal bleibt die unverzügliche Anzeigepflicht des Auftragnehmers. Dass es sich hierbei um eine eigenständige Tatbestandsvoraussetzung und nicht lediglich wie in § 681 BGB um eine Nebenpflicht handelt, hat der BGH in seiner Entscheidung vom 26.02.2004 erkannt[238]. Insofern kann auch nicht vertreten werden, dass die Anzeige nur erforderlich ist, um einer bestimmten Warnpflicht zu entsprechen, etwa um dem Auftraggeber zu ermöglichen, etwaige Leistungen zu einem niedrigeren Entgelt von anderen zu erlangen[239]. Diese Abweichung vom gesetzlichen Leitbild macht die Klausel unangemessen und damit unwirksam, wenn die VOB nicht als Ganzes vereinbart worden ist. In der Folge kann ein Auftragnehmer nur den Aufwendungserstattungsanspruch nach den gesetzlichen Vorschriften der §§ 677, 683, 670 BGB geltend machen.

---

[236] Die Kommentierung unter § 13 Abs. 1 VOB/B.
[237] OLG Dresden, BTR 2004, 40–41; OLGR Jena 2003, 65–67; OLG Köln, NJW-RR 1999, 526–527; OLG Düsseldorf, BauR 2000, 1198–1201 dann gegen die Mutmaßlichkeit, weil die Leistung nicht erforderlich war oder OLG Hamm, BauR 1998, 345–348 ablehnend, wenn der Auftragnehmer zur Beseitigung von Mängeln am eigenen Gewerk tätig geworden ist oder von sich aus Mängel an einem fremden Gewerk beseitigt, die der Dritt-Auftragnehmer hätte beseitigen müssen.
[238] BGH, VII ZR 1996/03 BauR 2004, 994 = ZfBR 2004, 450 f.
[239] Vorhergehende Rechtsprechungstendenzen KG Berlin, Urteil vom 16.12.2002, 24 U 3887/99.

d) Berechnung des Vergütungsanspruches

Mit § 2 Abs. 8 Nr. 2 S. 3 VOB/B wird klargestellt, dass in allen Fällen der Vergütung nach § 2 Abs. 8 Nr. 2 VOB/B auf die Berechnungsgrundlagen abzustellen ist, die für geänderte oder zusätzliche Leistungen des § 2 Abs. 5 und Abs. 6 VOB/B gelten. Auf die entsprechende Kommentierung ist daher zu verweisen. Demgemäß sind die tatsächlichen Aufwendungen in der Form des ursprünglichen Vertrages zu beschreiben, also regelmäßig mittels Leistungsbeschreibung und Leistungsverzeichnis und sodann auf der Grundlage der Preisermittlung der vertraglichen Leistungen, also den Ansätzen aus der Ursprungskalkulation zu verpreisen.

Hiervon zu unterscheiden ist jedoch, hat der Auftragnehmer wegen auftragslos erbrachter Leistungen nur einen Anspruch aus Geschäftsführung ohne Auftrag gemäß §§ 2 Abs. 8 Nr. 3 VOB/B, 670, 677, 683 BGB. Denn dann bestimmt sich die Höhe des Aufwendungsersatzanspruchs nach der im ausgeübten Gewerbe des Auftragnehmers üblichen Vergütung. Die Preisermittlungsgrundlagen des § 2 Abs. 5 und 6 VOB/B gelten in diesem Falle nicht. Der Ersatzanspruch darf aber nicht höher sein als ein für die auftragslos erbrachte Leistung konkret vereinbarter Vertragspreis[240].

e) Geschäftsführung ohne Auftrag (GoA) nach BGB

aa) Anwendungsbereich der GoA

Deklaratorisch stellt § 2 Abs. 8 Nr. 3 BGB klar, im Übrigen das Gesetzesrecht, namentlich auch die Vorschriften über die Geschäftsführung ohne Auftrag Anwendung finden. Sollte im Einzelfall wegen der Einbeziehung der VOB ohne Abweichungen § 2 Abs. 8 VOB/B wirksam in den Vertrag einbezogen sein, hat ein Auftragnehmer somit im Überschneidungsfall der Tatbestände des § 2 Abs. 8 Nr. 2 S. 2 VOB/B mit denen der Geschäftsführung ohne Auftrag die Wahl, den Anspruch als Vergütung oder als Aufwendungserstattung zu berechnen.

bb) Tatbestandsvoraussetzungen der GoA

Die Tatbestandsvoraussetzungen der gesetzlichen Geschäftsführung ohne Auftrag entsprechen bis auf die unverzügliche Anzeige denen gemäß § 2 Abs. 8 Nr. 2 S. 2 VOB/B. Auch nach der gesetzlichen Geschäftsführung ohne Auftrag muss dabei der Auftragnehmer die Leistungserbringung anzeigen. Dies ist in § 681 BGB aber nur als Nebenpflicht geregelt, die den Aufwendungserstattungsanspruch nicht ausschließen kann, höchstens zu Gegenansprüchen auf Schadensersatz

---

[240] Thüringer OLG, 19.09.2007, 7 U 35/07.

seitens des Auftraggebers führen können. Außerdem muss der Auftragnehmer nach der gesetzlichen Vorschrift nicht unverzüglich, sondern sobald es tunlich ist, anzeigen.

cc) Unbeachtlichkeit des Auftraggeberwillens

Es ist zu beachten, dass selbst ein entgegenstehender Wille des Auftraggebers die Aufwendungserstattung nicht auszuschließen vermag, wenn die Erbringung der Leistung im öffentlichen Interesse liegt oder eine gesetzliche Unterhaltspflicht des Auftragsherrn nicht rechtzeitig erfüllt werden würde, § 679 BGB[241]. Es geht um Fallgestaltungen, in denen etwa bei Abrucharbeiten unvorhergesehen Asbest festgestellt wird, der wegen einer entsprechenden öffentlich-rechtlichen Verfügung zusätzlich aufwändig beseitigt werden muss, die der Auftraggeber wegen der Kosten nicht will. Dies ändert an der öffentlich-rechtlichen Verpflichtung nichts, so dass der Auftragnehmer – der der öffentlich-rechtlichen Verfügung entsprechen muss – vom Auftraggeber zumindest die Aufwendungen erstattet erhält. Ähnliche Beispiele gelten für archäologische Funde im Baufeld oder etwa Eingriffe von Wasserbehörden, Verkehrsbehörden etc. während der Leistungserbringung.

dd) Verhältnis der Aufwendungserstattung zu sonstigen Zahlungsansprüchen

(1) Verhältnis der Aufwendungserstattung zur Vergütung

Wenn der Auftraggeber solche öffentlich-rechtlichen Anordnungen als eigene übernimmt, reduziert er den Anspruch des Auftragnehmers auf die Vergütungsanpassung nach § 1 Abs. 3 und 4 i. V. m. § 2 Abs. 5 und 6 VOB/B. Kooperiert der Auftraggeber nicht auf diese Art und Weise aktiv und müssten ihm die erforderlichen Leistungen daher als mutmaßlicher Willen zugeordnet werden, hat der Auftragnehmer gleichsam ein Wahlrecht, die Aufwendungen als Vergütung nach § 2 Abs. 8 Nr. 2 S. 2 und 3 VOB/B oder aber als Aufwendungserstattung nach § 2 Abs. 8 Nr. 3 VOB/B i. V. m. §§ 677, 683, 670 BGB zu berechnen. Stellt sich der Auftraggeber den erforderlichen Leistungen aber entgegen, und ist dieser Wille unbeachtlich im Sinne von § 679 BGB, reduziert der Auftraggeber den Anspruch des Aufragnehmers auf die Aufwendungserstattung. Die Preisermittlungsgrundlagen des § 2 Abs. 5 und 6 VOB/B gelten in diesem Falle nicht[242].

---

[241] Für die Wirkung einer unanfechtbaren Abbruchverfügung VGH Kassel, BRS 39, Nr. 221; für den Fall einer bekanntermaßen zweifelhaften und strittigen öffentlich-rechtlichen Verfügung demgemäß ablehnend BVerwG, NVwZ 1992, 672–673.
[242] Thüringer OLG, 19.09.2007, 7 U 35/07.

(2) Verhältnis der Aufwendungserstattung zum Schadensersatz

Schadensersatzansprüche etwa nach § 6 Abs. 6 VOB/B können hingegen nicht einschlägig sein, weil die Leistungserbringung und die hieraus folgenden Aufwendungen nicht Folge einer schuldhaften Pflichtverletzung des Auftraggebers und auch nicht Folge einer Kooperationspflichtverletzung eines Auftraggebers sind, sondern Folge der im Vertrag nicht vorhergesehenen Notwendigkeiten.

(3) Verhältnis der Aufwendungserstattung zur ungerechtfertigten Bereicherung

Ansonsten bleibt zu beachten, dass die Regelung über die gesetzliche Geschäftsführung ohne Auftrag nach den §§ 677, 683, 670 BGB grundsätzlich eine bereicherungsrechtliche Abwicklung nach §§ 812 ff. BGB ausschließen[243]. Hält sich der Geschäftsführer zur Geschäftsführung für verpflichtet, so schließt dies allein die Anwendbarkeit der §§ 677 ff. BGB nicht aus. Liegt berechtigte Geschäftsführung ohne Auftrag vor, so besteht für das Tätigwerden des Geschäftsführers im fremden Rechtskreis ein Rechtsgrund mit der Folge, dass für Bereicherungsansprüche des Geschäftsführers kein Raum ist[244].

Führt ein Auftragnehmer ohne Auftrag etwa Eventualpositionen aus, so kann er Ansprüche aus § 677 BGB und § 812 BGB geltend machen. Das Ausführen einer Eventualposition ohne Anordnung des Auftraggebers stellt eine auftragslose Leistung dar. Solche Leistungen werden gemäß 2 Abs. 8 Nr. 1 S. 1 VOB/B nicht vergütet. Führt der Auftragnehmer ohne Auftrag eine Eventualposition aus, so kann er – wenn die VOB/B nicht als Ganzes vereinbart ist und § 2 Abs. 8 Nr. 1 VOB/B in der Folge unwirksam ist – Ansprüche aus § 677 BGB (Geschäftsführung ohne Auftrag) sowie aus § 812 BGB (ungerechtfertigte Bereicherung) geltend machen[245].

Erbringt ein Auftragnehmer auf Veranlassung eines Dritten, dem es an einer entsprechenden Vollmacht fehlt, irgendwelche Leistungen, die nicht erforderlich sind, begründet dies weder nach den Regeln über die Geschäftsführung ohne Auftrag noch nach den Regelungen über die ungerechtfertigte Bereicherung irgendwelche Zahlungsansprüche[246].

ee) Berechnung der Aufwendungserstattung

Der Auftragnehmer kann nach den §§ 683 Satz 1, 670 BGB die übliche Vergütung verlangen, selbst wenn der Vertragspreis niedriger ist[247]. Der

---

[243] BGH, NJW 1993, 3196 f.
[244] BGH, Urteil vom 10. April 1969 – II ZR 239/67 = NJW 1969, 1205, 1207.
[245] OLG Karlsruhe, BauR 1993, 506.
[246] OLG Oldenburg, MDR 2000, 1373.
[247] BGH, Urteil vom 11. Juni 1992 – VII ZR 110/91 = BauR 1992, 761, 762 = ZfBR 1992, 269, 270 = WM 1992, 1993, 1995 m. w. N.

Auftraggeber hat dem Auftragnehmer die nach obigem Maßstab tatsächlich entstandenen, angemessenen und insofern üblichen Mehrkosten zu ersetzen, so dass es nicht auf die ursprünglich kalkulierten Preise ankommt. Die eigene Arbeitskraft und Tätigkeit des Auftragnehmers und auch ein Gewinnanteil sind in diesem Rahmen Aufwendung, weil der eigentliche Werkvertrag ein entgeltlicher ist und nunmehr zur Ausführung diesen ergänzen, obwohl sie ursprünglich nicht für erforderlich erschienen, wozu Unentgeltlichkeit nicht vereinbart wurde.

Der Umfang des Ersatzes beläuft sich dabei auf die Aufwendungen, die der Auftragnehmer zur Ausführung nach den Umständen für erforderlich halten durfte. Der Auftragnehmer hat nach seinem verständigen Ermessen über die Notwendigkeit der Aufwendungen zu entscheiden und sich dabei am Interesse des Auftraggebers zu orientieren. Die Einschätzung eines Auftragnehmers, seine Aufwendungen seien notwendig, ist bei objektiv fehlender Notwendigkeit nur dann gerechtfertigt, wenn er seine Entscheidung nach sorgfältiger, den Umständen des Falles gebotener Prüfung trifft, wobei auf den Zeitpunkt der getroffenen Disposition abzustellen ist. Aufwendungen in diesem Sinne sind die Kosten des Auftragnehmers, die dieser freiwillig oder aber auf Weisung des Auftraggebers macht, und solche, die sich als notwendige Folge der Ausführung ergeben, etwa auch gewissen Schäden, die der Auftragnehmer bei der Ausführung des Auftrages erleidet[248].

9. § 2 Abs. 9 VOB/B – Besondere planerische Leistungen des Auftragnehmers auf Verlangen des Auftraggebers

Verlangt der Auftraggeber Zeichnungen, Berechnungen oder andere Unterlagen, die der Auftragnehmer nach dem Vertrag, bsonders den Technischen Vertragsbedingungen oder der gewerblichen Verkehrssitte, nicht zu beschaffen hat, so hat er sie zu vergüten. Lässt der Auftraggeber vom Auftragnehmer nicht aufgestellte technische Berechnungen nachprüfen, so hat er die Kosten zu tragen.

a) Verlangen von Zeichnungen, Berechnungen oder anderen Unterlagen (§ 2 Abs. 9 Nr. 1 VOB/B)

Der in § 2 Abs. 9 VOB/B geregelte Vergütungsanspruch setzt voraus, dass der Auftraggeber die Beschaffung oder Anfertigung von Ausführungsunterlagen verlangt. Es muss also ein darauf bezogener besonderer Auftrag des Auftraggebers vorliegen, wobei sich dieser auch auf Unterlagen beziehen kann, die in § 2 Abs. 9 Nr. 1 VOB/B nicht ausdrück-

---
[248] Hierzu st. Rspr. BGHZ 8, 222/229; BGH NJW-RR 1994, 87; BGHZ 95, 375.

lich genannt sind. Die Aufzählung von Zeichnungen, Berechnungen oder anderen Unterlagen in § 2 Abs. 9 Nr. 1 VOB/B ist beispielhaft.

Mit dem Auftrag muss der Auftraggeber Ausführungsunterlagen anfordern, die der Auftragnehmer nach dem Vertrag, besonders den Technischen Vertragsbestimmungen oder der gewerblichen Verkehrssitte, nicht zu beschaffen hat. Eine Vergütung nach § 2 Abs. 9 VOB/B scheidet aus, wenn der Auftragnehmer die geforderten Unterlagen bereits nach dem Inhalt des Bauvertrages schuldet, z. B. aufgrund von Einzelbestimmungen der VOB/C. Dazu rechnen etwa DIN 18330 Nr. 4.2.3, DIN 18331 Nr. 4.2.5, DIN 18335 Nr. 3.2.2 und 4.2.5 oder auch DIN 18360 Nr. 4.2.6. Aber auch sonst können sich aus dem Vertrag, vor allem aus etwaigen Zusätzlichen Technischen Vertragsbedingungen, bereits derartige Verpflichtungen des Auftragnehmers ergeben. Im Einzelfall ist der Vertrag auszulegen. Ergebnis kann beispielsweise sein, dass Ausführungspläne, die eine bei einem Umbau erforderliche Stahlkonstruktion zur zeitweiligen statischen Unterstützung des Bauwerkes betreffen, keine bereits nach dem Vertrag geschuldeten Nebenleistungen sind, so dass der Auftragnehmer Anspruch auf gesonderte Vergütung hat[249].

Die Verpflichtung des Auftragnehmers, der Aufforderung des Auftraggebers zur Beschaffung der verlangten Ausführungsunterlagen nachzukommen, ergibt sich aus § 1 Abs. 4 VOB/B, gegebenenfalls auch aus § 1 Abs. 3 VOB/B, allgemein aber auch wegen des notwendigen Zusammenhangs mit der auszuführenden vertraglichen Bauleistung aus dem Gesichtspunkt von Treu und Glauben. Deshalb kommen hier auch solche Unterlagen nicht in Betracht, die mit dem speziell auszuführenden Bauobjekt in keinem Zusammenhang stehen und dafür nicht benötigt werden. Werden von einem Auftragnehmer Ausführungsunterlagen gefordert, die nicht für seine, sondern für die vertragliche Leistung eines anderen Auftragnehmers am selben Objekt notwendig sind, kommt eine Beschaffungs- oder Herstellungspflicht des Auftragnehmers nur in Betracht, wenn er sich hiermit ausdrücklich oder stillschweigend einverstanden erklärt. Ist in einem solchen Fall keine Vergütungsregelung getroffen, so ist § 2 Abs. 9 VOB/B mit der Folge entsprechend anwendbar, dass die übliche Vergütung gemäß § 632 Abs. 2 BGB als vereinbart gilt.

b) Nachprüfung technischer Berechnungen, § 2 Abs. 9 Nr. 2 VOB/B

Nach § 2 Abs. 9 Nr. 2 VOB/B erstreckt sich die Vergütungspflicht des Auftraggebers auch auf die Nachprüfung technischer Berechnungen (Mengenberechnungen, statische Berechnungen usw.), die vom Auftragnehmer nicht aufgestellt und vertraglich nicht geschuldet sind.

---

[249] OLG Köln, BauR 1992, 637.

c) Höhe der Vergütung

Haben die Vertragsparteien zur Abgeltung der nach § 2 Abs. 9 Nr. 1 und 2 VOB/B erbrachten Leistungen keine Vergütung vereinbart, ist deren Höhe grundsätzlich angemessen festzulegen (§ 632 Abs. 2 BGB). Bei der Bewertung ist die Leistung eines entsprechend qualifizierten Fachmannes zugrunde zu legen, wobei je nach Sachlage § 2 Abs. 5 VOB/B oder insbesondere § 2 Abs. 6 VOB/B entsprechend zur Anwendung kommt.

10. § 2 Abs. 10 VOB/B – Vergütung von Stundenlohnarbeiten

Stundenlohnarbeiten werden nur dann vergütet, wenn sie als solche vor Beginn ausdrücklich[250] vereinbart worden sind. Dabei regelt § 2 Abs. 10 VOB/B den Anspruch dem Grunde nach.

§ 15 VOB/B regelt hingegen, welche Vergütung dem Auftragnehmer im Einzelfall für vereinbarte Stundenlohnarbeiten der Höhe nach geschuldet wird. Dies hat zur logischen Konsequenz, dass zunächst die Anspruchsvoraussetzungen von § 2 Abs. 10 VOB/B und erst in der Folge die Voraussetzungen von § 15 VOB/B hinsichtlich der Höhe des Anspruches zu prüfen sind. Die erforderliche, ausdrückliche Stundenlohnabsprache muss spätestens vor Beginn der betreffenden Arbeiten getroffen werden, anderenfalls kann eine Vergütung auf der Basis der Stundenlohnabrechnung nicht gefordert werden.

Damit schließt die VOB/B aus, dass mangels einer Stundenlohnvereinbarung die Vergütung gemäß § 632 Abs. 2 BGB als angemessen bzw. üblich auf Stundenlohnbasis abgerechnet werden kann. In diesem Fall kommt je nachdem eine Vergütung auf Grundlage der Einheitspreise[251] oder im Rahmen einer Pauschalpreisvereinbarung in Frage. Hierzu müssen die entsprechenden Voraussetzungen jedoch zusätzlich vorliegen.

---

[250] OLG München, IBR 2002, 240: Für eine Vereinbarung der Vergütung nach Stundenlöhnen reicht es nicht aus, wenn der Auftragnehmer ohne eine vor Ausführung der betreffenden Arbeiten getroffene Vereinbarung dem Auftraggeber später nur die Stundenlohnzettel vorlegt und der Auftraggeber diese unterzeichnet. Damit begründet der Auftraggeber nur die Tatsache der Ausführung, bestätigt aber keine Stundenlohnvergütung.
[251] BGH, BB 1961, 989.

III. Exkurs: Zahlungsansprüche des Auftragnehmers bei Bauablaufstörungen

1. Einleitung

Selbst von den Rechtsgutachtern der Auftraggeber wird zugestanden, dass Eingriffe in den Bauablauf zu wirtschaftlich erheblichen Mehrkosten führen[252]. Dennoch gelingt es den Auftragnehmern regelmäßig nicht, berechtigte Ansprüche gegen den Auftraggeber gerichtlich durchzusetzen[253], obwohl die Rechtsprechung durchaus Hilfestellung bietet, indem Privatgutachten als qualifizierter Parteivortrag beigebracht werden können, die vom Tatrichter vollständig zu berücksichtigen und zu würdigen sind und nur die Bauablaufstörungen nach den allgemeinen Grundsätzen des § 286 ZPO vom Auftragnehmer darzulegen und zu beweisen sind, während die konkreten Folgen, die nicht mehr zum Haftungsgrund gehören, einer schätzenden Bewertung durch den Tatrichter nach § 287 ZPO unterliegen[254]. Wie sich in der Bestandsaufnahme des Autors Thode und exemplarisch in der Entscheidung des Oberlandesgerichtes Hamm vom 14.04.2005 zeigt, liegt das Problem einerseits in der unzureichenden rechtlichen Aufarbeitung der Anspruchsgrundlagen und andererseits in den vom Sachverhalt und dem Recht losgelösten Berechnungen[255]. Diese Praxis entstand, weil in der Vergangenheit Streitigkeiten wegen Bauablaufstörungen aus dem Risikobereich des Auftraggebers oft kooperativ außergerichtlich auf der Grundlage baubetrieblicher Bewertungen gelöst wurden[256] und nur wenn dies scheiterte, die gerichtliche Durchsetzung in Rechtfertigung der vorherigen Berechnung gesucht wurde.

---

[252] So Thode in seiner kritischen Bestandsaufnahme, ZfBR 2004, 214 ff.
[253] OLG Hamm, Urteil vom 14.04.2005, 21 U 133/04 oder auch BGH-Urteil vom 24.02.2005 VII ZR 225/03.
[254] BGH, Urteil vom 24.02.2005, VII ZR 225/05 = BauR 2005, 861–866.
[255] Diese Differenz wird auch an den wissenschaftlichen Beiträgen deutlich, Dipl.-Kaufmann Heilfort, Baurecht 2003, 1646–1649 oder Dipl.-Ing. Nina Rodde, Dr. Ing. Günter Bauer in Zusammenarbeit mit Dr. jur. Dieter Stassen in ZfBR 2005, 634–643 ZfBR.
[256] Hierzu Lang, Andreas, Ein Verfahren zur Bewertung von Bauablaufstörungen und zur Projektsteuerung. Diss., Technische Hochschule Darmstadt, Düsseldorf, VDI-Verlag, 1988; Mitschein, Andreas, Die baubetriebliche Bewertung gestörter Bauabläufe aus Sicht des Auftragnehmers. Diss., Universität Gesamthochschule Essen, Aachen, Wissenschaftsverlag Mainz 1999; Dreier, Frank, Nachtragsmanagement für gestörte Bauabläufe aus baubetrieblicher Sicht. Diss., Technische Universität Cottbus, Eigenverlag, 2001; Heilfort, Thomas, Ablaufstörungen in Bauprojekten – Einflussfaktoren für die Terminsicherung im Bauprojektmanagement, Renningen, expert, 2003.

Hier erfolgt ein Überblick der möglichen Anspruchsgrundlagen und deren Verhältnis zueinander. Dabei liegen dieser rechtlichen Betrachtung im wesentlichen folgende beispielhafte Fallgruppen zugrunde:

— die zeitliche Verschiebung des Zuschlages, etwa infolge eines Drittkonkurrentenwiderspruches im Vergabeverfahren[257];

— Anordnungen des Auftraggebers, ursprünglich vorgesehene Fertigstellungstermine zu verkürzen, etwa weil ein Bürgermeister aufgrund des Besuches eines Ministers eine Woche früher einen Straßenabschnitt eröffnen möchte;

— Anordnung von Bauunterbrechungen, etwa weil sich bei der Durchführung der Sanierung eines Kaufhauses eine unvorhersehbare Asbestbelastung zeigt, deren Ausmaß untersucht und zu der ein Sanierungsplan vor Fortführung der Leistung erstellt und von der Gewerbeaufsicht freigegeben werden muss;

— Anordnungen des Auftraggebers zur Änderung des Bauentwurfes etwa dahingehend, dass statt eines leichten Spundwandverbaus ein schwerer entgegen der ursprünglichen Vereinbarung notwendig wird;

— Anordnungen des Auftraggebers von zusätzlichen Leistungen, etwa die Beseitigung eines Findlings, der nach dem vertragsgegenständlichen Baugutachten und dem vertragsgegenständlichen Leistungsverzeichnis mit Leistungsbeschreibung dem Kanalbau nicht hätte im Wege sein dürfen;

— aber auch faktischer Stillstand auf der Baustelle, weil aus welchen Gründen auch immer vom Auftraggeber beizustellende Ausführungsunterlagen entgegen dem geplanten Bauablauf noch nicht vorgelegt werden können und nach dem mutmaßlichen Willen des Auftraggebers ohne deren Vorlage auch nicht begonnen werden soll;

— zudem eigenmächtige Handlungen des Auftragnehmers, die aber bei objektiver Betrachtung dem mutmaßlichen Willen des Auftraggebers entsprechen, weil sie tatsächlich alternativlos erforderlich sind, etwa die unverzügliche Injektion von Zement unter einer Brückengründung, um deren Abrutschen im Rahmen einer Umbaumaßnahme zu verhindern, wobei die Gründungsprobleme der alten Brücke weder im vertraglichen Baugrundgutachten, noch in der Leistungsbeschreibung enthalten und von beiden Parteien unvorhersehbar waren.

---

[257] Hierzu ausführlich Diehr, ZfBR 2002, 316 ff.; Schlösser, ZfBR 2005, 733 jeweils mit Nachweis der Literatur und Rechtsprechung und dem folgend BGH 7. Zivilsenat, Entscheidungsdatum: 10.09.2009, Aktenzeichen: VII ZR 255/08; Entscheidungsdatum: 10.09.2009, Aktenzeichen: VII ZR 82/08; Entscheidungsdatum: 10.09.2009, Aktenzeichen: VII ZR 152/08 in Fortführung von BGH, Urteil vom 11. Mai 2009, VII ZR 11/08, BauR 2009, 1131 = NZBau 2009, 370.

— Als Fallgruppe nicht unerwähnt bleiben können etwaige Anordnungen von Behörden, etwa zur Asbestsanierung oder im Rahmen einer Verkehrsregelung bei Straßenumbaumaßnahmen, die zum zeitlichen oder teilweisen Baustopp, zur Bauzeitverlängerung, zur Bauzeitverkürzung, zu Änderungen des Bauentwurfes oder zusätzlichen Leistungen führen können auch in der Alternative, dass diesen der Auftraggeber ausdrücklich nicht folgen will.

Die Beispiele lassen sich fortsetzen, sollen aber als Referenz für die nachfolgende Betrachtung genügen.

2. Der Vergütungsanpassungsanspruch wegen geänderter Ausführungszeit

a) Mehrvergütungsanspruch nach verzögerter Vergabe

aa) Anspruchsgrund nach Vergabeverzögerung

In der Entscheidung vom 11.05.2009 VII ZR 11/08 stellte der BGH[258] fest, dass einem Unternehmer nach einem verzögerten Zuschlag ein Vergütungsanpassungsanspruch wegen einer Bauzeitverschiebung zustehen kann.

— Etwa während eines Nachprüfungsverfahren kann sich bei der *öffentliche Vergabe* der Zuschlag verschieben. Das kann dazu führen, dass die in der öffentlichen Ausschreibung vorgesehenen Bautermine überholt sind, bevor überhaupt der Zuschlag erteilt wird. Die Bieter werden dann zu einer Verlängerung der Bindefrist für ihr Angebot, dem die öffentliche Ausschreibung zugrunde liegt, aufgefordert. Haben die Bieter die Bindefrist verlängert, kann der Zuschlag auch zu einem Zeitpunkt erteilt werden, an dem die Bautermine nicht mehr eingehalten werden können, was häufig geschieht.

— Entstehen durch die *Bauzeitverschiebung* Mehrkosten, etwa weil sich für den Auftragnehmer infolge der Bauzeitverschiebung die Einkaufspreise für das Material erhöht haben (hier: Stahl und Zement), ist der Anspruch auf Mehrvergütung nach einem verzögerten Vergabeverfahren für die Fallkonstellation zu bejahen, in der der Zuschlag unverändert auf das Angebot erteilt worden ist. In diesem Fall ist der Zuschlag ungeachtet der Bindefristverlängerung wegen der Formstrenge des Vergabeverfahrens, das Änderungen der Ausschreibung grundsätzlich nicht zulässt, mit den in der Ausschreibung vorgesehenen Terminen zustande gekommen. Da der Vertrag

---

[258] BGH 11.05.2009 VII ZR 11/08; die Entscheidung BGH vom 26.11.2009 – VII ZR 131/08 zeigt auch, dass man nun von einer feststehenden Rechtsprechung ausgehen kann, die sich auch nicht nur auf die Frage der vergabeverfahrensspezifischen Verschiebung beschränken lässt.

zu diesen (ganz oder teilweise bereits verstrichenen) Terminen nicht mehr durchgeführt werden kann, entstehe eine Vertragslücke, die im Wege der ergänzenden Vertragsauslegung nach Treu und Glauben so zu schließen ist, dass die Parteien sich über eine neue Bauzeit und über die Bezahlung eventueller Mehrkosten verständigen müssen. Die Vergütungsanpassung sei entsprechend § 2 Abs. 5 VOB/B vorzunehmen, und zwar grundsätzlich auch in Fällen, in denen nur geringe Mehrkosten geltend gemacht werden. Findet keine Verständigung statt, entscheide das Gericht.

Der BGH hat auch darauf hingewiesen, dass Fälle in gleicher Weise zu behandeln sind, in denen der Bieter im Zusammenhang mit der Bindefristverlängerung erklärt, er behalte sich im Falle verschobener Ausführungsfristen und hierdurch erhöhter Kosten die Geltendmachung einer Mehrvergütung vor, der Zuschlag jedoch aus zwingenden Gründen des Vergaberechts unverändert auf die ausgeschriebene Bauzeit erfolgt ist.

Die entsprechende Reichweite des Anspruches stellte der BGH mit 3 weiteren Entscheidungen vom 10.09.2009 (VII ZR 152/08; 82/08 und 255/08) nochmals klar:

— In BGH VII ZR 152/08[259] führte er die Voraussetzungen des Anspruches bei Zustimmung des Auftragnehmers zu einer Verlängerung der Bindefrist noch einmal vertiefend aus. Den Anspruch wegen der infolge verzögerter Vergabe erforderlichen Bauzeitverschiebung hat der BGH in Anlehnung an § 2 Abs. 5 VOB/B zugesprochen (BGH VII ZR 152/08 Rdn. 17). In BGH VII ZR 152/08 Rdn. 21 stellt der BGH unter Bezugnahme auf seine Entscheidung vom 11.05.2009 klar, dass eine Modifizierung des Zuschlages regelmäßig nicht im Wege der Auslegung angenommen werden kann. Dies müsste im Zuschlagsschreiben klar und unzweideutig zum Ausdruck gebracht und sodann letztendlich auch widerspruchsfrei bleiben. Der BGH verweist ausdrücklich zur Auslegung eines solchen Zuschlages auf sein Urteil vom 11.05.2009.

— Die Entscheidung BGH VII ZR 255/08[260] bestätigt ebenso den Mehrvergütungsanspruch nach öffentlicher Ausschreibung in Abgrenzung zu einem Verhandlungsverfahren. Nur für das Verhandlungsverfahren hält der BGH die Modifikation des Angebotes für möglich, wie neben dem Rückverweis in VII ZR 255/08 Rdn. 19 auch aus Rdn. 21 deutlich wird. Den Unterschied zur öffentlichen Ausschreibung mit der Besonderheit der verbotenen Nachverhandlung nach § 24 VOB/A stellt der BGH VII ZR 255/08 in Rdn. 19 besonders hervor. Zudem betont der BGH VII ZR 255/08 Rdn. 28, dass gerade für das förmliche

---

[259] BGH 10.09.2009 VII ZR 152/08.
[260] BGH 10.09.2009 VII ZR 255/08.

Vergabeverfahren die Zuschlagserteilung mit Änderung regelmäßig ausscheidet, es sei denn, der Bieter würde hinreichend deutlich den Zuschlag mit Änderungen zumindest konkludent annehmen, indem er etwa Arbeiten kommentarlos aufnimmt

— In BGH VII ZR 82/08[261] Rdn 14 f. bestätigt der BGH ebenso für die öffentliche Ausschreibung, dass durch die Verlängerung der Bindefrist an das Angebot gemäß § 148 BGB das Angebot nicht verändert wird und ein Zuschlagsschreiben regelmäßig die unveränderte Annahme des Angebotes ist. Der BGH VII ZR 82/08 Rdn. 20 hat klargestellt, dass Folge des verschobenen Zuschlages auch eine Änderung der Ausführungsfristen sein muss, damit eine Preisanpassung in Betracht kommt.

bb) Anspruchshöhe (Berechnung) nach Vergabeverzögerung

Aktuell zeigt sich mit Blick auf die jüngste Rechtsprechung des BGH vom 10.09.2009 hinsichtlich der Berechnung nach BGH VII ZR 152/08 Rdn. 42 bis 44 Folgendes:

— Es sind – nach BGH VII ZR 152/08 Rdn. 42 bis 44 – die tatsächlich entstandenen Kosten für den tatsächlich erfolgten Einbau zu belegen. Also müsste chronologisch genau mitgeteilt werden, wann z. B. welcher Stahl wo eingebaut wurde und welche Kosten (anhand von belegt bezahlten Rechnungen) entstanden.

— Hiervon sind die Kosten in Abzug zu bringen, die regelmäßig gemessen am Marktpreis zum Zeitpunkt des ursprünglich ohne Bauablaufverschiebung geplanten Einbaus entstanden wären. Der BGH lässt einige Aufweichungen zu, insbesondere auch den Fall des Nachweises eines z. B. Stahleinkaufes insgesamt zu einem früheren Zeitpunkt, was man dann mit entsprechenden verbindlichen Angeboten belegen können müsste.

Zieht man von den Ist-Kosten dann die Soll-Kosten ab, verbleibt der relevante Mehrbetrag (so die Schlussfolgerung aus BGH VII ZR 152/08 Rdn. 42 bis 44).

— Bei alledem sieht der BGH eine Ausgleichsfähigkeit nur dann gegeben, wenn sich tatsächlich ein Unterschied zwischen geplantem Einbauzeitpunkt und tatsächlicher Einbauzeit ausmachen lässt. Die bloße Verschiebung des Zuschlages, ohne dass sich die Einbauzeit ändert und das deswegen auslaufende Angebot eines Lieferanten bliebe Kalkulationsrisiko des Auftragnehmers (BGH VII ZR 152/08, Rdn. 45).

---

[261] BGH 10.09.2009 VII ZR 82/08.

b) Auftraggeber-Anordnung von Änderungen des Bauentwurfs und zusätzlichen Leistungen

aa) Ein Vergütungsanpassungsanspruch nach § 2 Abs. 5 S. 1 Alt. 1 VOB/B liegt vor, hat der Auftraggeber durch eine Anordnung den Bauentwurf geändert. Die Regelung des § 2 Abs. 5 VOB/B formuliert hier zwar passiv: „werden durch Änderung des Bauentwurfs", so dass sich eine Auftraggeberanordnung als Tatbestandsvoraussetzung für die Vergütungsanpassung nicht aufdrängt. Die wörtliche Auslegung dieser Allgemeinen Geschäftsbedingungen i. S. v. § 305 Abs. 1 S. 1 BGB ließe die Bewertung zu, dass es auf die Änderung des Bauentwurfs an sich ankommt. Weil es im zweiten Teilsatz des § 2 Abs. 5 VOB/B aber heißt „oder andere Anordnungen des Auftraggebers" lässt sich aus dieser Systematik schlussfolgern, dass auch die Bauentwurfsänderung auf eine Auftraggeberanordnung zurückgehen muss. Dies wird bestätigt durch § 2 Abs. 8 Nr. 1 VOB/B, wonach die vom Auftragnehmer veranlassten Änderungen grundsätzlich nicht vergütet werden und die Ausnahmen besonders in § 2 Abs. 8 Nr. 2 VOB/B geregelt werden[262]. Daher ist die Auftraggeberanordnung Tatbestandsvoraussetzung für die Begründung des Vergütungsanpassungsanspruches.

Die Anordnungskompetenz findet sich in § 1 Abs. 3 VOB/B. Demnach bleibt dem Auftraggeber, die Änderung des Bauentwurfs anzuordnen, vorbehalten. In diesem Rahmen ist der Auftraggeber berechtigt, durch eine einseitige empfangsbedürftige rechtsgeschäftliche Willenserklärung den Leistungsumfang des Vertrages zu ändern[263]. Mithin handelt es sich um ein einseitiges Leistungsbestimmungsrecht des Auftraggebers im Sinne von § 315 BGB. Nach dem gesetzlichen Leitbild des § 315 BGB sind entsprechende Änderungsanordnungen nach billigem Ermessen zu treffen, womit eine allgemeine Beschränkung der Kompetenz angesprochen ist. Außerdem wird das Leistungsbestimmungsrecht durch § 1 Abs. 3 VOB/B auf die Änderung des Bauentwurfs begrenzt. Während also § 1 Abs. 3 VOB/B den Anspruch des Auftraggebers gegen den Auftragnehmer regelt, bestimmt hieran anknüpfend § 2 Abs. 5 VOB/B den Anspruch des Auftragnehmers gegen den Auftraggeber, indem für den Vergütungsanpassungsanspruch die Ausübung der Anordnungs-

---

[262] Zu § 2 Abs. 8 Nr. 2 S. 2 VOB/B unten.
[263] BGH, BauR 1994, 760 = ZfBR 1995, 15; BGH, ZfBR 1996, 196 = BauR 1996, 378, BGH Report 2004, 289–291: „Eine wirksame Leistungsänderung gemäß § 1 Nr. 4 VOB/B a. F. begründet unmittelbar einen Anspruch des Auftragnehmers gemäß § 2 Nr. 6 VOB/B a. F. auf eine zusätzliche Vergütung." Entsprechendes gilt für das Verhältnis von § 1 Abs. 3 VOB/B zu § 2 Abs. 5 VOB/B. A. A. Thode, ZfBR 2004, 214/216, der den Vergütungsanspruch des Auftragnehmers im Änderungsanspruch des Auftraggebers aus § 1 Nr. 3 und § 1 Nr. 4 VOB/B a. F. in § 2 Nr. 5 bzw. Nr. 6 VOB/B a. F. jedoch keine eigenständige Anspruchsgrundlage, sondern lediglich eine Rechtsfolge sieht.

kompetenz Tatbestandsvoraussetzung ist. Unter der „Änderung des Bauentwurfs" gemäß § 2 Abs. 5 VOB/B und gemäß § 1 Abs. 3 VOB/B muss deswegen und wegen desselben Wortlautes dasselbe verstanden werden.

Eine Änderung des Bauentwurfs liegt vor, wird in die nach Art und Umfang durch den Vertrag beschriebene Leistung eingegriffen[264], womit nicht etwa nur der planerische Bereich i.S.d. Entwurfsplanung gemeint ist, sondern die gesamte bautechnische Leistung, wie sie i.S.v. § 1 Abs. 1 VOB/B durch den Vertrag bestimmt wird[265]. Nach den allgemeinen zivilrechtlichen Grundsätzen des BGB besteht – abgesehen vom absoluten Fixgeschäft – zwischen Zeit und Vergütung kein vertragliches Synallagma[266]. Auch im VOB-Vertrag muss nur das zu erreichende Ziel als Bauentwurf für einen wirksamen Vertrag vereinbart werden. Die Vereinbarung des Wie, Wo und Wann ist fakultativ. Der tatsächlich vereinbarte Bauentwurfs, also die vertragliche Art und der vertragliche Umfang der Leistung, bestimmt sich nach dem konkreten Vertrag, § 1 Abs. 1 VOB/B. Ist etwa in einem Funktionalpauschalpreisvertrag nur das „Was" der Leistung vereinbart, beschränken sich zulässig der vertragliche Bauentwurf und die Anordnungskompetenz des Auftraggebers hierauf[267]. Wird zudem der Bauablauf technologisch und/oder zeitlich vereinbart, wird auch diese prozessbezogene Leistungsbeschreibung vertraglicher Bauentwurf in technologischer und/oder zeitlicher Hinsicht. So kann ein Auftraggeber Interesse an der Festlegung der Technologie haben, etwa vibrationsfreies Rammen, um Nachbargrundstücke nicht zu gefährden. Der Auftraggeber kann auch ein Interesse haben, an welcher genauen Stelle ein Werk zu erbringen ist, zumal, wenn es sich um ein Bauwerk handelt. Schließlich hat ein Auftraggeber oft Interesse an einer hinreichenden vertraglichen Bestimmung der Ausführungsabläufe, etwa, wenn die Gewerke des Auftragnehmers koordiniert werden müssen mit Gewerken Dritter, § 4 Abs. 1 Nr. 1 VOB/B. Vom Leistungssoll gemäß § 1 Abs. 1 und Abs. 2 VOB/B ist dann die Bauzeit umfasst und durch die Vergütung gemäß § 2 Abs. 1 VOB/B im vertraglichen Umfang abgedeckt. Daher ist der Rechtsprechung zu folgen, dass der Bauent-

---

[264] OLG Düsseldorf, NJW-RR 2002, 165 f.; OLG Braunschweig, BauR 2001, 1739–1747 bezüglich Art und Weise der Ausführung das Material, die Ausführungsweise und die vertragliche Ausführungszeit betreffend mit weitergehendem Literaturnachweis.
[265] OLG Braunschweig, ebenda.
[266] Diehr, ZfBR 2002, 316 ff.; Thode, ZfBR 2004, 214 ff.; Schlösser, ZfBR 2005, 733 ff.
[267] A. A. Zanner/Keller, Das einseitige Anordnungsrecht des Auftraggebers zu Bauzeit und Bauablauf und seine Vergütungsfolgen, NZBau 2004, 353–360, die in § 1 Abs. 3 VOB/B in jedem Fall die Kompetenz zur Änderung der Bauinhalte als auch der Baumstände, zu denen sie die Bauzeit und den Bauablauf zählen, annehmen.

wurf die vorgesehene Art und Weise der Ausführung umfasst, also etwa das vertraglich vereinbarte Material, die vertraglich vereinbarte Ausführungsweise (Technologie), aber auch die vertraglich vorgesehene Bauzeit[268]. Verbindliche Ausführungsfristen gemäß § 5 Abs. 1 VOB/B sind dann nicht bloße zeitliche Leistungsbestimmungen i. S. d. § 286 Abs. 2 Nr. 1 BGB, sondern als vertraglicher Bauablaufplan zeitlicher Bauentwurf gemäß § 1 Abs. 3 VOB/B und § 2 Abs. 5 VOB/B.

bb) Ansonsten bleibt der Vergütungsanspruch nach § 2 Abs. 5 S. 1 Alt. 2 VOB/B. Auch hier bedarf es einer Anordnung des Auftraggebers, aber nicht die nach § 1 Abs. 3 VOB/B, sondern einer „anderen". Die anderen Anordnungen im Sinne der 2. Alternative von § 2 Abs. 5 VOB/B müssen solche sein, die von § 1 Abs. 3 VOB/B nicht abgedeckt sind, sich nicht auf den Bauentwurf beziehen. Z. B. könnte der Auftraggeber die Auswechslung des Bauleiters wünschen. Dies kann das hier fragliche Thema betreffend die Anordnung einer Baubeschleunigung oder eines Baustopps sein, obwohl Ausführungsfristen und Bauablauf nicht vertraglich vereinbart waren. § 2 Abs. 5 VOB/B ist also nicht auf den Anwendungsbereich des § 1 Abs. 3 VOB/B beschränkt, sondern kommt weitergehend auch dann in Betracht, wenn der Auftraggeber Änderungen anordnet, zu denen er nach § 1 Abs. 3 VOB/B nicht berechtigt ist[269].

Bisher wurde oft ausgeführt, dass solche anderen, bauzeitlichen Anordnungen kompetenzlos wären und damit rechtswidrig[270]. Das würde dann aber zur Regelung des § 4 Abs. 1 Nr. 4 VOB/B führen[271]. Hingegen ist der Anspruch des Auftragnehmers, die Bauzeit nach Vertragsschluss trotz Fehlens von Vertragsfristen einseitig zu bestimmen, besonders ausführlich durch die Einbeziehung der VOB/B disponiert. So regelt § 5 Abs. 2 VOB/B die Anordnungskompetenz des Auftraggebers, den Beginn der Bauleistung zu bestimmen, § 5 Abs. 3 VOB/B die Anordnungskompetenz des Auftraggebers, die Beschleunigung der Leistung zu bestimmen, und § 5 Abs. 4 VOB/B die Anordnungskompetenz des Auftraggebers, den Zeitpunkt der Fertigstellung zu bestimmen. Dies blendet nicht aus, dass sich diese Kompetenzen im vertraglich vorgegebenen Rahmen und der vertraglichen und tatsächlichen Angemessenheit halten müssen, was auch – wie oben mit den beiden Beschränkungen gezeigt – für § 1 Abs. 3 VOB/B und besonders deutlich für § 1 Abs. 4 VOB/B mit den dor-

---

[268] So ausdrücklich OLG Braunschweig, BauR 2001, 1739–1747 m. w. N.
[269] OLG Braunschweig, a. a. O.; OLG Düsseldorf, BauR 1995, 706/707; OLG Düsseldorf, NJW-RR 1996, 730/731 mit der Anmerkung, der Auftragnehmer sei in diesen Fällen nicht verpflichtet, die vom Auftraggeber verlangten Änderungen zu akzeptieren und auszuführen.
[270] Zusammenfassung dieser Auffassung in Diehr, BauR 2001, 1507 ff.; ablehnend Thode, ZfBR 2004, 214 ff.
[271] Hierzu unten.

tigen zwei ausdrücklichen Einschränkungen – vertragliches Erfordernis und betriebliche Einrichtung – gilt[272]. Dennoch sind die Regelungen des § 5 Abs. 2 bis Abs. 4 VOB/B in erster Linie eine spezielle vertragliche Ausgestaltung der gesetzlichen Regelungen über die Mahnung zur Leistungserbringung gemäß § 286 Abs. 1 S. 1 und Abs. 4 BGB i. V. m. § 271 BGB. Die zeitlichen Anordnungskompetenzen gehen aber über die bloße Mahnmöglichkeit nach dem Eintritt der Fälligkeit hinaus. § 5 Abs. 2 S. 2 VOB/B gibt dem Auftraggeber das Recht, den Zeitpunkt des Beginns der Ausführung einseitig festzulegen. § 5 Abs. 3 VOB/B knüpft ebenso nicht nur an die Vertragsfristen des § 5 Abs. 1 VOB/B, sondern auch an – unverbindliche – Ausführungsfristen an und räumt dem Auftraggeber das Recht ein, durch Anordnung den Bauablauf einseitig während der Baudurchführung festzulegen. Schließlich knüpft § 5 Abs. 4 VOB/B nicht nur an den Verzug im Hinblick auf Vertragsfristen an, sondern nimmt den Beginn der Ausführung nach § 5 Abs. 2 VOB/B und auch § 5 Abs. 3 VOB/B in Bezug. Nur unangemessenen Aufforderungen muss der Auftragnehmer nicht Folge leisten. Die Leistungspflicht ist demnach in den Fällen des § 275 Abs. 1 bis 3 BGB ausgeschlossen. Bei der Bewertung der Angemessenheit einer auf die Bauzeit gerichteten Anordnung ist der Preisanpassungsanspruch nach § 2 Abs. 5 S. 1 Alt. 2 VOB/B zu berücksichtigen. Wegen dieser Vergütungsregelung können dem Auftragnehmer weitgehende Anstrengungen im Sinne von § 275 Abs. 2 BGB bis zu seinen Kapazitätsgrenzen zugemutet werden, wobei dies der der VOB zugrunde liegenden gegenseitigen Kooperationspflicht entspricht.

Folgte man dieser extensiven Auslegung der Kompetenzen des § 5 Abs. 2 bis Abs. 4 VOB/B nicht und beschränkte die Rechte des Auftraggebers in diesem Rahmen entsprechend §§ 271, 286 BGB, bliebe es bei dem zivilrechtlichen Grundsatz der Vertragsfreiheit, wie er in § 1 Abs. 4 letzter Satz VOB/B auch für die VOB/B für technische Leistungen zum Ausdruck kommt, für die nachträgliche Vereinbarung einer Bauzeit. Der Auftragnehmer wäre in diesen Fällen nicht verpflichtet, der Auftraggeberanordnung zu folgen[273]. Es wäre ihm freigestellt, einer solchen Anordnung zu folgen. In diesem Sinne wäre der Auftragnehmer zumindest berechtigt, etwa Beschleunigungswünschen des Auftraggebers ausdrücklich oder konkludent zuzustimmen, §§ 147, 151 BGB. Die bauzeitgerichtete Anordnung wäre als ein entsprechender Antrag zur beschleunigten Bauausführung im Sinne von §§ 145, 140 BGB umzudeuten. Akzeptierte also der Auftragnehmer eine Anordnung des Auftraggebers, zu dem dieser jedenfalls nicht nach § 1 Abs. 3 VOB/B berechtigt wäre, und führte

---

[272] BGHReport 2004, 289–291 m. w. N.
[273] Vgl. noch einmal die Zusammenfassung der Rechtsprechung OLG Braunschweig, a. a. O.

diese aus, begründete dies den Vergütungsanpassungsanspruch nach § 2 Abs. 5 in der Alternative 2 VOB/B[274]. Für diese konkludente einvernehmliche Vertragsfortschreibung sieht § 2 Abs. 5 S. 1 Alt. 2 der VOB/B die Vergütung auf der Grundlage der Preisermittlung der vertraglichen Leistung vor, womit die sonst geltende Vergütungsregelung des § 632 Abs. 2 BGB durch vertragliche Vereinbarung verdrängt wird. Stattdessen könnte aber der Auftragnehmer nach diesem Lösungsansatz die Angelegenheit auch wie einen frei verhandelbaren Anschlussauftrag entsprechend § 1 Abs. 4 VOB/B behandeln. Beides wird der Kooperationspflicht der VOB/B nicht gerecht und stünde nicht im Widerspruch zu § 4 Abs. 1 Nr. 4 VOB/B, hierzu unter III. 3. unten.

cc) Als weiterer Vergütungsanpassungsanspruch wegen vom Auftraggeber unmittelbar oder mittelbar angeordneter Bauzeitenänderungen kommt § 2 Abs. 6 VOB/B i. V. m. § 1 Abs. 4 VOB/B[275] in Betracht. Unmittelbare Eingriffe in die Bauzeit wie Baustopps, Bauverschiebungen, Baubeschleunigungen und deren Einflüsse auf den Bauablauf sowie dessen Neuordnung sind dem Sachverhalt nach für sich noch keine zusätzlichen Leistungen, sondern – wie beschrieben – höchstens Änderungen des ursprünglichen zeitlichen Bauentwurfs oder Konsequenz anderer Anordnungen gemäß § 2 Abs. 5 VOB/B, auch wenn sich aus diesen Eingriffen zusätzliche Leistungen ergeben können, wie etwa Transportleistungen zur Umsetzung von Mannschaft, Gerät und Material oder Warten. § 2 Abs. 6 VOB/B ist nur bei Anordnung erforderlicher zusätzlicher Leistungen Anspruchsgrundlage, womit deren unmittelbare Anordnung angesprochen ist, wie etwa die unvorhergesehen erforderliche zusätzliche Errichtung eines schweren Verbaus zur Sicherung eines Damms oder die Beseitigung von unvorhergesehenem Asbest im Rahmen der Sanierung und Modernisierung eines Kaufhauses. Die Eintaktung solcher zusätzlichen Leistungen wirkt sich mittelbar auf den gesamten Bauablauf aus, weil die zusätzlichen Leistungen inklusive deren Planung zusätzliche Zeit in Anspruch nimmt, was bei der Vergütungsanpassung zu berücksichtigen ist.

---

[274] An dieser Stelle wird deutlich, dass § 2 Abs. 5 VOB/B nicht nur eine Rechtsfolge von § 1 Abs. 3 VOB/B ist, sondern einen eigenständigen Vergütungsanpassungsanspruch mit unterschiedlichen Tatbestandsvoraussetzungen in den zwei Alternativen regelt.
[275] Für die rechtliche Einordnung und das Verhältnis von § 1 Abs. 4 VOB/B als einseitiges Leistungsbestimmungsrecht i. S. eines Auftraggeberanspruches zu § 2 Abs. 6 VOB/B als Vergütungsanpassungsanspruch des Auftragnehmers gelten die obigen Ausführungen zum Verhältnis von § 1 Abs. 3 VOB/B zu § 2 Abs. 5 VOB/B entsprechend.

c) Geänderter Bauentwurf, zusätzliche Leistungen und Mengenänderungen ohne Anordnung

aa) Ein Vergütungsanpassungsanspruch infolge faktischer Mengenänderungen[276] mit Blick auf die Kosten wegen des geänderten zeitlichen Bauablaufs beinhaltet § 2 Abs. 3 Nr. 2 und Nr. 3 VOB/B. Angesprochen ist die Problematik, dass sich abweichend von den Mengen- und Massenangaben in einem Einheitspreisvertrag 10 % Über- oder Unterschreitungen ergeben. Hier ist die rechtliche Situation einfach, weil der Fall hinreichend klar geregelt ist. Er soll dennoch Erwähnung finden, weil aus dem Berechnungsmodus deutlich wird, dass im Rahmen der Abgeltung der tatsächlich erbrachten Mengen und Massen der Zeitfaktor als ein maßgebliches Kriterium der Preiskalkulation zu berücksichtigen ist, also verkürzte oder verlängerte Ausführungszeiten infolge von Mindermengen oder Mehrmengen durch Verteilung der Baustelleneinrichtungs- und Baustellengemeinkosten und der Allgemeinen Geschäftskosten auf die veränderten Mengen abgegolten werden, vgl. § 2 Abs. 3 Nr. 3 VOB/B.

bb) Den Tatbestandsvoraussetzungen der gesetzlich geregelten Geschäftsführung ohne Auftrag gemäß §§ 677, 683 BGB folgt der Anspruch aus § 2 Abs. 8 Nr. 2 S. 2 VOB/B. Im Wesentlichen lässt sich nur der Unterschied ausmachen, dass im Rahmen der VOB die Leistung im Sinne einer – unangemessenen und daher bei isolierter Betrachtung unwirksamen[277] – Tatbestandsvoraussetzung unverzüglich angezeigt werden muss, währenddessen § 681 BGB die Anzeige als Nebenpflicht normiert, deren Verletzung zu aufrechenbaren Schadensersatzansprüchen führt, §§ 241, 241 a Abs. 2, 280, 311 Abs. 2 Nr. 3 BGB. Bemerkenswert ist aber die unterschiedliche Rechtsfolge. Während die VOB, klargestellt in der Fassung 2002, ausdrücklich die Vergütungsanpassung nach den § 2 Abs. 5 und Abs. 6 VOB/B vorsieht, und die Vorschriften des BGB über die Geschäftsführung ohne Auftrag im Übrigen unberührt bleiben, § 2 Abs. 8 Nr. 3 VOB/B, regelt das Gesetz unmissverständlich den Anspruch auf Ersatz von Aufwendungen, § 683 i.V.m. § 670 BGB. Dadurch wird die Vorschrift des § 2 Abs. 8 Nr. 2 S. 2 VOB/B auch bei isolierter Inhaltskontrolle am Maßstab der §§ 307 ff. BGB nicht unwirksam, weil die Ausgleichsregelung mit diesem Unterschied Vergütung statt Aufwendungsersatz nicht unangemessen, nicht unklar oder unverständlich wird, sondern ein bestimmter Abrechnungsmodus, nämlich der der Vergütungsanpassung auf der Grundlage der Preisermittlung der vertraglichen Leistungen vorgegeben wird. Rechtsdogmatisch interessant ist aber, dass die Vergütungsanpassung ohne gegenseitig über-

---

[276] Thode, ZfBR 2004, 214 ff. und Schwenker, IBR 2004, 290 meinen, dass es immer der Ausübung eines Leistungsbestimmungsrechtes zur Begründung der Vergütungsanpassung bedarf.
[277] BGH, BauR 2004, 994.

einstimmende Willenserklärungen und ohne einseitiges Leistungsbestimmungsrecht begründet werden kann[278].

Mit Blick auf die Bauzeit und den Bauablauf muss eine Leistung, die für die Erfüllung des Vertrages notwendig ist, feststellbar sein. Leistung ist der Quotient aus verrichteter Arbeit und dazu benötigter Zeit. Wird in einer bestimmten Zeit keine Arbeit erbracht, fehlt es in dieser Zeit an Leistung. Es kommt also darauf an, welchen Zeitraum man betrachtet. Würde man den Stillstand isolieren, wie dies § 6 Abs. 2 bis Abs. 4 VOB/B für die Zeitanpassungsberechnung vorsieht, könnte ein Vergütungsanpassungsanspruch mangels Leistung immer ausgeschlossen werden. Dem Werkvertragsrecht prozessbezogen und erfolgsorientiert folgend, ist aber die gesamte Ausführungszeit zu berücksichtigen, um die erbrachte Leistung und die hieraus entstandenen Kosten feststellen zu können. So ist selbst erforderlicher Stillstand notwendiger Produktionsfaktor zur Leistungserbringung, der Kosten verursacht. Demgemäß ist bei der Kalkulation ausweislich des auch in § 15 Abs. 5 VOB/B enthaltenen Prinzips der „wirtschaftlich vertretbare Aufwand an Arbeitszeit und Verbrauch von Stoffen, für Vorhaltung von Einrichtungen, Geräten, Maschinen und maschinellen Anlagen, für Frachten, Fuhr- und Ladeleistungen sowie etwaige Sonderkosten" zu berücksichtigen. Dies wird deutlich, wenn neben dem kostenverursachenden Warten weitere Aufwendungen notwendig werden, etwa zur Umsetzung von Mannschaft und Material, aber auch Kosten zur Neuplanung des Bauablaufs, Preis- und Tarifsteigerungen bei späterer Ausführung etc. führen.

d) Vergütungsanpassungsberechnung und Vorbehalt

aa) Die Höhe der Vergütungsanpassung, mithin der neue Preis, ist gemäß § 2 Abs. 5 und Abs. 6 VOB/B unter Berücksichtigung der Mehr- oder Minderkosten zu vereinbaren. Mit dieser Bestimmung wird klargestellt, dass sich das Vereinbarungsgebot lediglich auf die Höhe der Vergütung, nicht auf den Grund bezieht. Denn begründet wird der Vergütungsanspruch durch das Vorliegen der soeben dargestellten Tatbestandsvoraussetzungen.

Die Höhe der Vergütung ist nicht frei vereinbar, sondern gebunden an die bisherige Preisermittlung der vertraglichen Leistung, dem vertraglichen Preisniveau. Damit wird sogleich klargestellt, dass anders als bei § 632 Abs. 2 BGB die ortsüblichen Preise nicht Maßstab sind.

Bei der hier gemeinten Vereinbarung geht es um eine kooperative und einvernehmliche Abstimmung, ob der Nachtragspreis wie vertraglich

---

[278] Thode, ZfBR 2004, 214 ff. und Schwenker, IBR 2004, 290 setzten zumindest die Ausübung eines Leistungsbestimmungsrechtes zur Begründung der Vergütungsanpassung voraus.

vorgegeben gebildet wurde. Im Rückblick auf eine etwaige vorhergehende Ausschreibung verhindert diese Preisbindung auch eine verbotene Nachverhandlung von Preisen für Leistungen, die für die Erbringung des Vertrages erforderlich sind[279] und rechtfertigen es, dass – ohne dass noch einmal ausgeschrieben werden muss – das günstige Preisgefüge beibehalten wird. Der dadurch entstehende Vergütungsanspruch hinsichtlich Grund und Höhe rechtfertigt im Übrigen die Verpflichtung des Auftragnehmers, Anordnungen des Auftraggebers zu folgen und trotz Streitigkeiten im Rahmen der Nachtragsverhandlungen weiter leisten zu müssen, § 18 Abs. 5 VOB/B. Leistungsverweigerungsrechte entstehen erst, wenn eine Seite die Kooperation zur Nachtragsvereinbarung endgültig unberechtigt verweigert[280].

Daher ist eine Nachtragsberechnung weniger ein Angebot i. S. v. § 145 BGB als vielmehr eine Bestimmung der Gegenleistungen wie in § 316 BGB oder § 632 Abs. 2 BGB, die freilich durch die vorgehende vertragliche Vereinbarung des § 2 Abs. 5 und Abs. 6 VOB/B hinsichtlich des Maßstabes der Vergütungsanpassung auf der Grundlage der Preisermittlung für die vertragliche Leistung und den besonderen Kosten der geforderten Leistung verdrängt werden.

Die Berechnungsmodelle sind vielfältig[281] und weisen Besonderheiten für den Fall der Vergabeverzögerungen[282] auf. An folgende Grundsätze wird man sich aus rechtlicher Sicht halten können:

(1) **hypothetische Bauablauf**

— Rechtlich kommt es im ersten Schritt darauf an, dass die ursprünglich vertraglichen Soll-Leistungen hinsichtlich der Bauinhalte und Bauumstände (Was, Wie, Wo, Wann, Wer) prozessbezogen nachvollziehbar dargelegt und zum Vertragspreis plausibel sind. Probleme, die sich der Auftragnehmer selbst zuzuschreiben hat, dürfen nicht berücksichtigt werden. Sie müssen – wie Kalkulationsirrtümer – dem vom ursprünglichen Vertragspreis abgedeckten Soll-Ablauf zugerechnet werden. Dieser **hypothetische Bauablauf** muss sich auch im Rahmen der Vertragstermine halten.

— Die **Vertragsfristen** – etwa als Zeitpunkt zum Beginn der Leistungen und Ende der Leistungen – sind aber nicht Leistungsinhalt oder Geschäftsgrundlage und beschreiben nur den zeitlichen Rahmen,

---

[279] Vgl. zur verbotenen Nachverhandlung im Rahmen des Ausschreibungsverfahrens § 15 Abs. 3 VOB/A.
[280] Ständige Rechtsprechung, insbesondere BGH, ZfBR 2000, 170 f.
[281] Vgl. aus der baubetrieblichen Literatur Fßn. 1 alle m. w. N. und zuletzt: Rodde/Bauer/Stasse, ZfBR 2005, 634–643.
[282] Ausführlich unter der Kommentierung § 2 III. 2. a) bb); auch zu finden über Stichwortverzeichnis/Index: Vergabeverzögerung, Berechnung.

§ 2 VOB/B – Vergütung

in dem der Auftragnehmer seine Kapazitäten an Mannschaft, Gerät, Material vorhalten muss. Genau dieser Plan ist der hypothetische Bauablauf, der naturgemäß für eine angemessene Kalkulation der Preise unter Berücksichtigung dessen, was, wie, wo, wann, durch wen zu leisten ist nach baubetriebswirtschaftlichen Gesichtspunkten der Effektivität zu prognostizieren ist.

— Also diesen machbaren Bauablaufplan zu Erreichung eines durch den Vertrag vorgegebenen Leistungsumfanges in einer durch den Vertrag vorgegebenen Anfangs- und Endzeit bezeichnet die Rechtsprechung als hypothetischen Bauablauf[283]. Die Klägerin folgt dieser Betrachtung auch hinsichtlich der Wortwahl. Der Beklagten scheint dies nicht bekannt zu sein, so dass sie offensichtlich auch zwischen den Vertragsfristen und dem hypothetischen Bauablauf nicht zu unterscheiden vermag.

(2) modifizierter Soll-Bauablauf

— Vom hypothetische Bauablauf ausgehend ist ein um die aus dem Risikobereich des Auftraggebers stammenden Störungen **modifizierter Soll-Bauablauf** fortzuschreiben. Der Fristenanpassungsanspruch zur Bestimmung des störungsmodifizierten Soll-Bauablaufes findet sich in § 6 Abs. 2 bis 4 VOB/B und ist die Grundlage für die Berechnung des Vergütungsanpassungsanspruches im Verhältnis zum vertraglichen Bauablauf[284]. Dieser Anspruch hat eine Risikozuordnung zur Voraussetzung und ist verschuldensunabhängig.

— Die adäquat-kausal modifizierten Soll-Leistungen sind nachvollziehbar darzulegen und dies als neues Bau- und Bauablauf-Soll wie die ursprünglichen Leistungen – also auf derselben Kalkulationsgrundlage – plausibel unter Berücksichtigung der adäquat-kausalen Mehr- oder Minderkosten zu verpreisen, wie dies auch geschehen wäre, wären diese Umstände und Vorstellungen die ursprünglichen gewesen[285]. So bildet sich das Nachtragsangebot für die Bauablaufstörung.

---

[283] Vgl. die Zusammenfassung in der kritischen Bestandsaufnahme von Prof. Dr. Reinhold Thode, ZfBR 2004, Seite 214/214 Spalte 2 zweiter Absatz.

[284] Zum Anspruch auf Anpassung der Bauzeit und Anpassung der Vergütung für den Fall nachprüfungsbedingter Bauzeitenverschiebung und Verlängerung, Diehr, ZfBR 2002, 316 ff. und dem folgend BayObLG, NZBau 2002, 534 ff.; OLG Jena, NZBau 2005, 341 ff. und dem folgend Schlösser, ZfBR 2005, 733–741.

[285] Ein ähnlicher Rechtsgedanke findet sich in § 313 BGB zur Vertragsanpassung wegen der Störung der Geschäftsgrundlage und in § 316 BGB als Rechtsfolge eines einseitigen Leistungsbestimmungsrechtes.

(3) Ist-Bauablauf

— Wie jede Nachtragsleistung ist schließlich auch die Bauablaufstörung endabzurechnen, stimmen sich die Parteien nicht – etwa durch die pauschale Vereinbarung zum Nachtragsangebot – anders ab.

— Für die Abrechnung sind dann die tatsächlich kausal entstandenen Aufwendungen (also anders als bei der Angebotsbildung nicht die nur kalkulatorische) nachzuweisen und zu belegen, § 14 Abs. 1 VOB/B. Hierzu bedarf es der Dokumentation des Ist-Bauablaufes.

— Diese tatsächlichen Ist-Aufwendungen sind dann freilich nicht mit den tatsächlichen Kosten geltend zu machen, sondern mit dem Preisniveau des Vertrages, also den Ansätzen aus der Kalkulation, zu beziffern, weil es sich bei der Vergütungsanpassung nicht um einen Selbstkostenerstattungsvertrag handelt[286].

bb) Dem Berechnungsgrundsatz des § 2 Abs. 5 VOB/B: *„unter Berücksichtigung der* (aller) *Mehr- oder Minderkosten"* und § 2 Abs. 6 Nr. 2 VOB/B: *„den* (allen) *besonderen Kosten"* folgend wird man sowohl für technische Bauentwurfsänderungen, als auch für zusätzliche Leistungen davon ausgehen können, dass die bauzeitbedingten Kosten im technischen Nachtrag bereits enthalten sind. Dies ist für die Verpreisung der technischen Leistungen auch gar nicht anders möglich, weil die Einzelkosten der Teilleistung (EKT), etwa bestehend aus Arbeitskräften, Material, Gerät, genauso wie die Allgemeinen Geschäftskosten (AGK) und die Baustellengemeinkosten (BGK) zeitabhängig kalkuliert werden[287].

Die eigentlichen Auswirkungen dieser Leistungen auf den Gesamtbauablauf sind damit aber noch nicht erfasst. Dennoch wird vorgeschlagen, die Geltendmachung dieser müsse ebenso im technischen Nachtrag erfolgen, sonst müsse ein Vorbehalt erklärt werden, um einen Anspruchsausschluss zu vermeiden[288]. Das Fehlen des Vorbehaltes kann aber grundsätzlich nicht für sich zum Anspruchsausschluss führen. Denn es gibt weder im Gesetz, noch in der VOB/B das Vorbehaltserfordernis. Rechtlich geht an dieser Stelle § 16 Abs. 3 Nr. 5 VOB/B am weitesten, wonach ein Vorbehalt gegen die Annahme der Schlusszahlung erklärt werden muss, wenn der Auftraggeber hinreichend deutlich über die Ausschlusswirkungen belehrt hatte. Selbst dies ist nach der Rechtsprechung unangemessen und daher bei isolierter Betrachtung

---

[286] Zum Preisniveau des Vertrages und den Grenzen vgl. schon oben zu § 1 „V. Abgrenzung zwischen „Nachtrag" und „Neuvergabe".
[287] Vgl. auch die Kalkulationsgrundsätze in § 2 Abs. 3 Nr. 3 und § 15 Abs. 5 VOB/B.
[288] Kemper, NZBau 2001, 238.

unwirksam[289], obwohl doch auch die Schlussrechnung die Vollständigkeit der Abrechnung unterstellt. Daher kann nur ausnahmsweise durch eine vereinbarte Abgeltungsklausel oder wegen Verwirkung nach § 242 BGB der Anspruch untergehen. Nur wenn ein Auftraggeber den Umständen des Einzelfalls folgend davon ausgehen konnte, dass ein Auftragnehmer mit einem technischen Nachtrag bereits alle Mehr- und Minderkosten abschließend berücksichtigt hatte und dies auch Voraussetzung für die Vereinbarung des oder der technischen Nachtragsvergütungen war, begründet dies den Vertrauenstatbestand und somit den Ausschluss, dass später nicht noch weitere Kosten abgerechnet werden. Oft lassen sich aber – ähnlich wie bei der Vergütungsanpassungsberechnung wegen Mengenänderungen nach § 2 Abs. 3 VOB/B – die Auswirkungen einzelner Baustopps, Verschiebungen, Verlängerungen und Beschleunigungen erst in der Gesamtschau der Bestandsaufnahme aufzeigen und die Kostenfolgen effektiv zutreffend erfassen und belegen. Bauzeitbedingte Mehrkosten können also wie sonstige, z. B. auch vergessene Abrechnungspositionen[290], gesondert und nachträglich geltend gemacht werden[291].

Die hier gemeinte Erklärung, sich im Rahmen sonstiger Nachtragsberechnungen weitergehende Ansprüche vorzubehalten, ist also nicht mit dem Rechtsinstitut der Verjährung oder Verwirkung und auch nicht mit dem Rechtsinstitut des vertraglichen Vorbehaltes i. S. v. § 16 Abs. 3 VOB/B verwandt. Genauso wenig ist sie Tatbestandsvoraussetzung für die Vergütungsanpassung. Sie ist auch kein Angebot auf eine allgemeine Abgeltungsvereinbarung. Dennoch ist einem Auftragnehmer zu empfehlen, grundsätzlich an diesem Vorbehalt zu denken, schon, um den Auftraggeber im Rahmen der vertraglichen Kooperation über die zu erwartende Abrechnung zu unterrichten und im Rahmen der eigenen Organisation Doppeltabrechnungen von Anfang an zu vermeiden[292].

---

[289] BGHZ 101, 357, 362 ff.; BGH, NJW 1995, 526–527; BGH, BauR 2004, 994; BGHZ 157, 346–350.
[290] Siehe im Stichwortverzeichnis (Index) unter „Abrechnungspositionen, vergessene"
[291] Zu dieser Problematik BGH, ZfBR 1985, 179–180 mit der Differenzierung zwischen Nachforderungen wegen in der Schlussrechnung vergessener Leistungsteile, Erhöhung von Teilen der bisherigen Schlussrechnung, Berichtigung von Teilen der bisherigen Schlussrechnung bezüglich Multiplikations- oder Additionsfehler, worauf sich die Ausschlusswirkung des § 16 Abs. 3 Nr. 2 S. 1 VOB/B beziehen könnte, und dem Problem der Doppelbuchung bzw. Fehlbuchung bzw. doppelter Anrechnung von Abschlagszahlungen, deren Berichtigung dann keine Nachforderung ist.
[292] Zum Problem der Doppeltabrechnung bei technischen Nachträgen im Verhältnis zu Bauzeitnachträgen: Rodde/Bauer/Stasse, ZfBR 2005, 634–643.

3. Der Aufwendungsersatzanspruch wegen geänderter Ausführungszeit

a) Es bleibt der Aufwendungsersatz nach den Grundsätzen über die Geschäftsführung ohne Auftrag gemäß §§ 677 ff. BGB, deren Anwendung ausweislich § 2 Abs. 8 Nr. 3 VOB/B unberührt bleibt. Er kommt für Sachverhalte in Betracht, in denen sich keine Wahrnehmung eines einseitigen Leistungsbestimmungsrechtes oder keine einvernehmliche Abstimmung während der Bauausführung nachweisen lässt. Dies deckt sich mit den Fallgruppen und bestätigt die rechtliche Sonderstellung des vertraglichen § 2 Abs. 8 Nr. 2 S. 2 VOB/B, der dem Tatbestand nach eine Geschäftsführung ohne Auftrag, der Rechtsfolge nach aber eine Vergütungsanpassung enthält, so dass in dessen Anwendungsbereich der Auftragnehmer ein Wahlrecht hat, seine Ansprüche als gesetzliche Aufwendungserstattung, also am Maßstab der tatsächlichen Aufwendungen unter entsprechender Nachweisführung zu berechnen oder als vertragliche Vergütungsanpassung, also am Maßstab der Grundlagen der Preisermittlung der vertraglichen Leistungen. Dies kann der Auftraggeber auf die Vergütungsanpassung beschränken, wenn er seine Anordnungskompetenz wahrnimmt und in diesem Sinne aktiv kooperiert. So verstanden löst die VOB mit dem Nebeneinander der Ansprüche die Wertungsschwierigkeiten bei passiver auftraggeberseitiger Bauleitung und Bauüberwachung, indem sie selbst dann noch die kooperative, möglichst einvernehmliche Vergütungsanpassung explizit anbietet, ohne die gesetzliche Kostenerstattung auszuschließen.

b) Nicht mehr von diesem – vertraglich durch die Einbeziehung der VOB/B als AGB eingeräumten – Nebeneinander abgedeckt sind die Bereiche, in denen sich der Auftraggeber aktiv verweigert und daher noch nicht einmal eine passive Kooperation unterstellt werden kann, so dass ausschließlich die gesetzliche Geschäftsführung ohne Auftrag greift, namentlich wenn ein Auftragnehmer gegen den Willen des Auftraggebers in Erfüllung öffentlichen Interesses gem. § 679 BGB handelt. Solche Fälle sind zu beobachten, wenn etwa während der Durchführung ein Baustopp infolge unvorhergesehener Asbestfunde bei Abbrucharbeiten von der Gewerbeaufsicht angeordnet wird und der Bauherr dennoch vom Auftragnehmer verlangt, ohne zeitlichen Verzug und ohne Änderung der vereinbarten Abbrucharbeiten fortzufahren. Dies darf der Auftragnehmer wegen gesetzlicher Verbote und der ergehenden öffentlich-rechtlichen Sanierungsanordnung nicht und muss gegen den ausdrücklichen Willen des Auftraggebers handeln, aber für Aufwendungsersatz, § 679 BGB. Anwendbar wäre § 679 BGB auch, wenn etwa nach Vertragsschluss und für die Parteien unvorhergesehen die Straßenverkehrsbehörde bei dem Umbau einer Straße die ursprünglich vorgesehene Vollsperrung aufhebt und stattdessen die einseitige Befahrbarkeit anordnet, zu dessen Organisation der Bau erst einmal still steht, bevor dann in geänderter Bauzeit und im geänderten – verlängerten – Bauablauf weitergeleistet werden kann.

c) Weiter ist § 4 Abs. 1 Nr. 4 VOB/B zu berücksichtigen, wonach der Auftragnehmer auch „unberechtigte" Anordnungen zu befolgen hat[293], die sich auf die Modalitäten, die Art und Weise der Leistungsausführung beziehen[294]. Freilich hat der Auftraggeber die Mehrkosten aus der unberechtigten Erschwerung zu tragen, § 4 Abs. 1 Nr. 4 Satz 2 VOB/B. Bei diesem Zahlungsanspruch soll es sich um einen besonderen Vergütungsanspruch handeln, dessen Höhe sich nicht am Maßstab der Urkalkulation gemäß § 2 Abs. 5 und 6 VOB/B, sondern am Maßstab der Üblichkeit des § 632 Abs. 2 BGB bestimmt. Dem steht entgegen, dass Mehrkosten aus unberechtigten Erschwerungen infolge unberechtigter Anordnungen keine Vergütung begründen können[295]. Andererseits wird der Auftragnehmer durch § 4 Abs. 1 Nr. 4 VOB/B aber gerade verpflichtet, auch unberechtigten Anordnungen nachzukommen, so dass die Mehrkosten aus dieser Pflichterfüllung nicht die Folgen einer Pflichtverletzung sein können, die einen Schadensersatzanspruch begründen. Der Mehrkostenerstattungsanspruch ist vielmehr auch dem Wortlaut nach Aufwendungsersatz nach § 670 BGB aus pflichtgemäßer Geschäftsbesorgung. Hierzu muss der Auftragnehmer der Anordnung aber ausdrücklich durch Bedenken widersprechen. Stimmt der Aufragnehmer der Anordnung, verstanden als Antrag (§§ 147, 140 BGB) gemäß §§ 147 ff. BGB zu, ist sie keine „unberechtigte" mit der Rechtsfolge der Entlohnung gemäß § 632 Abs. 2 BGB. Es handelt sich dann um eine Form des Anschlussauftrages, wie er auch Folge von § 1 Abs. 4 Satz 2 VOB/B ist.

d) Der Umfang des Ersatzes beläuft sich auf die Aufwendungen, die der Auftragnehmer zur Ausführung nach den Umständen für erforderlich halten durfte. Der Auftragnehmer hat nach seinem verständigen Ermessen über die Notwendigkeit der Aufwendungen zu entscheiden und sich dabei am Interesse des Auftraggebers zu orientieren. Die Einschätzung eines Auftragnehmers, seine Aufwendungen seien notwendig, ist bei objektiv fehlender Notwendigkeit nur dann gerechtfertigt, wenn er seine Entscheidung nach sorgfältiger, den Umständen des Falles gebotener Prüfung trifft, wobei auf den Zeitpunkt der getroffenen Disposition abzustellen ist. Aufwendungen in diesem Sinne sind die Kosten des Auftragnehmers, die dieser freiwillig oder aber auf Weisung

---

[293] Thode, ZfBR 2004, 214 ff. meint, dass der Auftragnehmer „unberechtigte" Anordnungen des Auftraggebers nicht befolgen muss.
[294] Vgl. Reiner Hochstein in Festschrift für Korbion, 1986, 165/173 ff.
[295] Diesen Grundsatz betont Thode, ZfBR 2004, 214 ff. dem folgend OLG Hamm, Urteil vom 14.04.2005, Az.: 21 U 133/04.

des Auftraggebers macht, und solche, die sich als notwendige Folge der Ausführung ergeben, etwa auch gewissen Schäden, die der Auftragnehmer bei der Ausführung des Auftrages erleidet[296]. Demnach hat der Auftraggeber dem Auftragnehmer die nach obigem Maßstab tatsächlich entstandenen, angemessenen und insofern üblichen Mehrkosten zu ersetzen, so dass es nicht auf die ursprünglich kalkulierten Preise ankommt. Die eigene Arbeitskraft und Tätigkeit des Auftragnehmers und auch ein Gewinnanteil sind in diesem Rahmen Aufwendung, weil der eigentliche Werkvertrag ein entgeltlicher ist und nunmehr zur Ausführung diesen ergänzen, obwohl sie ursprünglich nicht für erforderlich erschienen, wozu Unentgeltlichkeit nicht vereinbart wurde. Dies folgt aus dem Verweis des § 675 Abs. 1 BGB für die Geschäftsbesorgung im Sinne von § 4 Abs. 1 Nr. 4 S. 2 VOB/B und aus dem Verweis des § 683 BGB für die Geschäftsführung ohne Auftrag im Rahmen des § 2 Abs. 8 Nr. 3 VOB/B.

4. Der Entschädigungsanspruch wegen geänderter Ausführungszeit

Der gesetzliche Entschädigungsanspruch nach § 642 BGB kann im Einzelfall ebenso den Zahlungsanspruch eines Auftragnehmers wegen der Änderung der Bauzeit und des Bauablaufes begründen. Nach dieser Vorschrift kann der Auftragnehmer eine angemessene Entschädigung verlangen, wenn der Auftraggeber durch das Unterlassen einer bei der Herstellung des Werkes erforderlichen Mitwirkungshandlung in Verzug der Annahme kommt, wie etwa bei fehlender Baufreiheit, z. B. nach Überflutung der Baustelle[297], fehlender/fehlerhafter gemäß § 3 Abs. 1 VOB/B zur Verfügung zu stellenden Ausführungsunterlagen oder bei fehlenden Vorunternehmerleistungen[298].

Wie bei der Vergütungsanpassung setzt der Entschädigungsanspruch kein Verschulden des Auftraggebers voraus. Denn der Annahmeverzug nach §§ 293 ff. BGB ist verschuldensunabhängig. Rechtsfolge ist daher nicht Schadensersatz, sondern Entschädigung, deren Höhe sich nach der Dauer des Verzuges und der Höhe der vereinbarten Vergütung bemisst, womit also wie bei der Vergütungsanpassung die Kosten der Störungen am vergleichenden Maßstab der Vertragsvergütung zu verpreisen sind. Im Unterschied zur Vergütungsanpassung kann jedoch Wagnis und Gewinn nicht als Teil der Entschädigung begehrt werden[299].

---

[296] Hierzu st. Rspr. BGHZ 8, 222/229; BGH NJW-RR 1994, 87; BGHZ 95, 375.
[297] BGHZ 159, 161–168; BGHZ 143, 32.
[298] BGH, ZfBR 2003, 254–255; BGHZ 143, 32-41.
[299] BGHZ 143, 32–41 gegen Wagnis und Gewinn; auch OLG Braunschweig, BauR 2004, 1621–1623; OLG Celle, BauR 2000, 416–419, das den Gewinnausfall bei der Entschädigung berücksichtigt.

5. Der Schadensersatzanspruch wegen geänderter Ausführungszeit

Schließlich bleibt wegen verschuldeten Bauzeitenstörungen der Schadensersatzanspruch, dessen Grundlage beim VOB-Vertrag gemeinhin in § 6 Abs. 6 VOB/B gesehen wird, auch wenn die Regelung bei genauer Betrachtung im Verhältnis zu den gesetzlichen Vorschriften der § 280 i.V.m. § 249 ff. BGB, vor allem eine Haftungsprivilegierung mit sich bringt, wonach entgangener Gewinn nur bei Vorsatz oder grober Fahrlässigkeit ersetzt werden muss. Diese Privilegierung verstößt aber auch bei der isolierten Inhaltskontrolle weder gegen § 307 BGB noch gegen die Klauselverbote mit Wertungsmöglichkeit, § 308 BGB, oder die Klauselverbote ohne Wertungsmöglichkeit, § 309 BGB. Ansonsten birgt der Tatbestand aus rechtlicher Hinsicht keine Besonderheiten. Bei der Berechnung der Höhe nach ist unumstritten nicht auf kalkulatorische Ansätze, sondern auf einen konkreten Schadensnachweis nach der Differenzmethode abzustellen[300].

6. Verhältnis der Anspruchsgrundlagen

Der Auftragnehmer ist nicht auf die Rechte aus § 642 BGB beschränkt, wenn der Auftraggeber ihm obliegende Mitwirkungspflichten endgültig verweigert. Er kann in diesem Falle auch Erfüllung durch Vorauszahlung des Werklohns beanspruchen[301], so dass der Vergütungsanspruch nicht durch den Entschädigungsanspruch ausgeschlossen wird. Auch wenn z.B. Ausführungsunterlagen gemäß § 3 Abs. 1 VOB/B später als vertraglich vereinbart übergeben werden, kommt nicht lediglich Entschädigung in Betracht. Egal ob diese Verspätung vom Auftraggeber verschuldet ist oder nicht, ist an Vergütungsanpassung i.S.v. § 2 Abs. 8 Nr. 2 Satz 2 VOB/B oder an Aufwendungsersatz i.S.v. § 2 Abs. 8 Nr. 3 VOB/B zu denken, weil es im mutmaßlichen Willen des Auftraggebers liegt, nicht ohne genehmigte Ausführungsplanung zu beginnen[302]. Bei

---

[300] Seit Jahrzehnten unstrittig, zu den Einzelheiten BGH, ZfBR 2000, 399–403; BGH, NJW 1999, 430 ff.; BGHZ 159, 161–168 und vor allem BGHZ 97, 163–171 auch mit der Rentabilitätsvermutung unter Bezugnahme auf BGH, VersR 1979, 179/180 und den Schätzgrundlagen nach § 287 ZPO unter Bezugnahme auf BGH, NJW 1964, 589.

[301] BGHZ 50, 175–179.

[302] Nach OLG Braunschweig, BauR 2001, 1739–1747 fallen zwar „bloße Unterlassungen des Auftraggebers durch Nichterfüllung oder nicht rechtzeitige Erfüllung von Bereitstellungs- und Mitwirkungspflichten grundsätzlich nicht unter § 2 Nr. 5 VOB/B, weil in der verspäteten Planbereitstellung noch keine Änderung des Bauentwurfs oder eine andere Anordnung des Auftraggebers liegt. Deshalb stellt die fehlende Mitwirkung des Bauherrn bei der zügigen Genehmigung der Pläne keine Anordnung im Sinne von § 2 Nr. 5 VOB/B dar". Es kommt aber die Vergütungsanpassung gemäß § 2 Abs. 8 Nr. 2 Satz 2 VOB/B oder Aufwendungsersatz wegen Geschäftsführung ohne Auftrag gemäß § 2 Abs. 8 Nr. 3 VOB/B; §§ 677, 683, 670 BGB in Betracht.

vom Auftraggeber verschuldeter Verspätung wird die Vergütungsanpassung gemäß § 2 Abs. 8 Nr. 2 Satz 2 VOB/B oder der Aufwendungsersatz wegen Geschäftsführung ohne Auftrag gemäß § 2 Abs. 8 Nr. 3 VOB/B; §§ 677, 683, 670 BGB[303] gemäß den oben erläuterten Tatbestandsvoraussetzungen nicht ausgeschlossen, weil eine verschuldete Pflichtverletzung eines Auftraggebers nicht dessen objektiven, mutmaßlichen Willen zur Ausräumung der Folgen im Rahmen des für die Vertragserfüllung Notwendigen ausschließt. Möglicherweise ordnet der Auftraggeber Entsprechendes, z. B. Beschleunigung, sogar an, so dass hierfür die Vergütungsanpassung nach § 2 Abs. 5 oder Abs. 6 VOB/B in Betracht kommt[304]. Solche Ausnahmefälle ändern jedoch nichts an dem von Thode[305] betonten Grundsatz, dass bei einem vertragswidrigen Verhalten des Auftraggebers keine Vergütungsanpassung in Betracht kommt. Bei rechtswidrigen Auftraggeberanordnungen, die nach § 4 Abs. 1 Nr 4 VOB/B befolgt werden müssen und zum Aufwendungsersatz nach §§ 675, 670 BGB führen oder die wegen § 679 BGB nicht befolgt werden dürfen und zum Aufwendungsersatz nach §§ 677, 683, 670 BGB führen, ist stattdessen auch Schadensersatz möglich. Und wie ausgeführt setzt der Entschädigungsanspruch zwar kein Verschulden des Auftraggebers voraus; ein Verschulden des Auftraggebers schließt den Entschädigungsanspruch aber auch nicht aus. So wird § 642 BGB bei einem aufrechterhaltenen VOB-Vertrag durch § 6 Abs. 6 VOB/B nicht verdrängt, da § 6 Abs. 6 VOB/B keine abschließende Regelung von Leistungsstörungen enthält, die zu Verzögerungen führen[306]. Entsprechendes gilt im Fall einer Kündigung des Vertrages[307]. So kann also in Anspruchskonkurrenz Schadensersatz § 6 Abs. 6 VOB/B, Entschädigung § 642 BGB, Vergütung aus § 2 Abs. 8 Nr. 2 Satz 2 VOB/B und Aufwendungsersatz nach § 4 Abs. 1 Nr. 4 VOB/B i.V.m. §§ 675, 670 BGB bzw. wegen § 2 Abs. 8 Nr. 3 VOB/B i.V.m. §§ 677, 679, 683, 670 BGB stehen.

---

[303] Vgl. zur möglichen Anspruchskonkurrenz von Arbeiten zur Vermeidung weiteren Schadens: Schadensersatz unter Berücksichtigung der Schadensminimierungspflicht; alternativ Vergütung infolge schlüssiger Beauftragung der Beschleunigung; zumindest Vergütung nach § 2 Abs. 8 Nr. 2 Satz 2 VOB/B oder Aufwendungsersatz aus dem rechtlichen Gesichtspunkt der Geschäftsführung ohne Auftrag die Fallgestaltung in BGH 7. Zivilsenat, Datum: 10. Dezember 1970, Az. VII ZR 17/69.

[304] OLG Braunschweig, BauR 2001, 1739–1747: „Bei Bauzeitverzögerungen können sich Ansprüche auf Ersatz der Mehrkosten aus § 2 Nr. 5 oder Nr. 6 VOB/B, aber auch aus § 6 Nr. 6 VOB/B oder § 642 BGB ergeben. Diese Vorschriften schließen sich nicht gegenseitig verdrängend aus" ... mit Begründung.

[305] Thode, ZfBR 2004, 214/225 und dem folgend OLG Hamm, Urteil vom 14.04.2005, Az. 21 U 133/04.

[306] BGHZ 143, 32.

[307] BGHZ 159, 161–168.

7. Umsatzsteuerrechtliche Behandlung

Auch ohne eine besondere Vereinbarung ist davon auszugehen, dass der Auftraggeber zur Zahlung von Umsatzsteuer nur insoweit verpflichtet ist, wie der Auftragnehmer steuerbaren Umsatz hatte. Wenn der Auftragnehmer dagegen allein gemäß § 14 Abs. 2 oder 3 UStG a. F. (§ 14 c UStG n. F.) verpflichtet sein sollte, Umsatzsteuer abzuführen, weil er in seiner Rechnung Umsatzsteuer ausgewiesen hat, kann dies eine entsprechende Zahlungspflicht des Auftraggebers nicht begründen[308].

Ergibt sich der Anspruch aus § 2 Abs. 5 VOB/B, ist er auf die für die Leistung des Auftragnehmers zu entrichtende Vergütung gerichtet, die aufgrund der Änderung des Bauentwurfs oder anderer Anordnungen des Auftraggebers zu erhöhen ist. Damit erhöht sich auch die Bemessungsgrundlage für die Umsatzsteuer entsprechend (§ 10 Abs. 1 Satz 2 UStG)[309].

Auch einer gemäß § 642 BGB zu zahlenden „Entschädigung" liegt eine steuerbare Leistung zugrunde. Entscheidend ist, ob die Zahlung mit einer Leistung des Steuerpflichtigen in einer Wechselbeziehung steht. Das Verhalten des Leistenden muss darauf abzielen oder zumindest geeignet sein, ein Entgelt für die erbrachte Leistung auszulösen[310]. Der Unternehmer wird dafür vergütet, dass er für den Besteller Kapital und Arbeitskraft bereithält[311]. Dem entspricht, dass sich die Höhe der „Entschädigung" nach der Höhe der vereinbarten Vergütung bestimmt, § 642 Abs. 2 BGB[312].

§ 6 Abs. 6 VOB/B gewährt dagegen einen Schadensersatzanspruch, dem keine steuerbare Leistung zugrunde liegt[313]. Schadensersatzzahlungen gemäß § 6 Abs. 6 VOB/B sind keine Gegenleistung für eine Leistung des Auftragnehmers an den Auftraggeber. Anders als im Fall des § 2 Abs. 5 VOB/B bleiben die Pflichten des Auftragnehmers und daher auch die Vergütung als Bemessungsgrundlage für die Umsatz-

---

[308] BGH, Urteil vom 22. November 2007 – VII ZR 83/05.
[309] St. Rspr. zusammengefasst in BGH, VII ZR 280/05, MDR 2008, 499–500 = BauR 2008, 821–823.
[310] BGH, Urteile vom 17. Juli 2001 – X ZR 71/99, BauR 2001, 1903, 1904 = NJW 2001, 3535 = ZfBR 2001, 534 und vom 22. Oktober 1997 – XII ZR 142/95, DB 1998, 875 = NJW-RR 1998, 803 = MDR 1998, 94 m. w. N.
[311] Vgl. BGH, Urteil vom 7. Juli 1988 – VII ZR 179/87, BauR 1988, 739, 740.
[312] So ausdrücklich BGH 7. Zivilsenat dieser seiner Entscheidung vom 24.01.2008, Aktenzeichen: VII ZR 280/05 (MDR 2008, 499–500 = BauR 2008, 821–823).
[313] Die umsatzsteuerrechtliche Behandlung des Anspruchs aus § 6 Abs. 6 VOB/B in der Literatur ist nicht einheitlich. Für die Annahme eines „echten" Schadensersatzes vgl. etwa OFD Berlin, Vfg. vom 21. August 2000, St 137-S 7100-4/00; Binner, BrBp 2005, 185, 189; Hochstadt/Matten, BauR 2003, 626, 632.

steuer unverändert. Der Auftragnehmer erbringt aufgrund der Behinderungen im Unterschied zu § 642 BGB keine zusätzlichen steuerbaren Leistungen. Mit dem Schadensersatzanspruch wird der Ausgleich des Vermögensschadens verlangt, der sich aus Behinderungen ergibt, die sich als vertragliche Pflichtverletzungen erweisen. Dies gilt auch dann, wenn als Schaden Ersatz für die Kosten verlangt wird, die dem Auftragnehmer dadurch entstanden sind, dass er für die Herstellung des Werks zusätzlichen Aufwand hatte, etwa durch den zusätzlichen Einsatz eines Projekt- oder Bauleiters. Auch dieser Aufwand ist keine Leistung an den Auftraggeber. Dem entspricht es, dass der nach § 6 Abs. 6 VOB/B zu ersetzende Schaden auf der Grundlage der §§ 249 ff. BGB errechnet wird[314].

8. Fazit

Bei Bauablaufstörungen während der Durchführung eines VOB-Vertrages kommen grundsätzlich Zahlungsansprüche des Auftragnehmers gegen den Auftraggeber aus Vergütung, Aufwendungsersatz, Entschädigung oder Schadensersatz in Betracht. Erst unter rechtsdogmatischer Beachtung des die VOB/B durchziehenden Kooperationsprinzips gelingt die zutreffende Bestimmung des Anwendungsbereichs und der Überschneidung der möglichen Anspruchsgrundlagen. Selbst etwaige Konkurrenzen zwischen den Anspruchsgrundlagen ermöglicht es aber einem Auftragnehmer nicht, auf eine Sachverhaltsanamnese und die Zuordnung des jeweiligen Störfalles zur tatsächlich erfüllten Anspruchsgrundlage zu verzichten. Vielmehr ist eine sorgfältige rechtliche Aufbereitung des Sachverhaltes erforderlich, um so die nach den jeweiligen zugeordneten Anspruchsgrundlagen richtige Berechnung des Anspruches der Höhe nach zu ermöglichen. Es muss also erst geklärt werden, aufgrund welchen Sachverhaltes welche Anspruchsgrundlage erfüllt wird, um dann den Anspruch unter Berücksichtigung seiner Rechtsnatur zutreffend berechnen zu können. Während etwa bei der Vergütungsanpassung eine Fortschreibung der Vertragskalkulation vorzunehmen ist, müssen für den Schadensersatz ein konkreter zurechenbarer Schaden und bei dem Entschädigungsanspruch die Grundlagen für die Festsetzung einer angemessenen Entschädigung vorgetragen und belegt werden. Gibt es in einem Bauvorhaben Sachverhalte, die nur zu einer Anspruchsgrundlage passen, und andere Sachverhalte, die nur zu einer anderen Anspruchsgrundlage passen, müssen diese im Vortrag

---

[314] Hoffentlich hat der BGH 7. Zivilsenat mit dieser seiner Entscheidung vom 24.01.2008, Aktenzeichen: VII ZR 280/05 (MDR 2008, 499–500 = BauR 2008, 821–823) – mit der er sich auch ausdrücklich von seiner Entscheidung vom 21. März 1968 (VII ZR 84/67, BGHZ 50, 25, 29 f.) distanziert – diesbezüglich für die Beteiligten und den Finanzämter endlich Klarheit geschaffen.

deutlich getrennt und entsprechend gesondert berechnet werden[315]. So ist die hypothetische Fortschreibung der Vertragskalkulation keine Schadensberechnung und noch nicht einmal für die Schadenschätzung geeignet[316]. Dies soll nicht ausblenden, dass die Fortschreibung der Vertragskalkulation im Rahmen eines Vergütungsanpassungsanspruches bei Anspruchskonkurrenz auch Grundlage für die Festsetzung einer angemessenen Entschädigung, gemindert um Wagnis und Gewinn, sein kann. Genauso kann eine konkrete Mehrkostenberechnung nach der Differenzmethode sowohl die Grundlage der Bezifferung eines Schadensersatzes, als auch des Aufwendungsersatzes sein und als Grundlage im Sinne von § 287 ZPO für die Festsetzung einer angemessenen Entschädigung genügen, wenn sich in dieser die Dauer des Verzuges, die Höhe der vereinbarten Vergütung im Verhältnis zu den nachgewiesenen Mehrkosten und etwaig ersparter Aufwendungen spiegeln, vgl. § 642 Abs. 2 BGB.

IV. Exkurs: Grundsätze der Handhabung von FIDIC-Bauvertragsbedingungen in Abgrenzung zur VOB/B im Claim Management (Nachtragsmanagement)

1. Überblick

Von den sechs verschiedenen FIDIC-Musterverträgen sind das
— Red Book für Bau- und Ingenieurprojekte, bei denen die Planungsleistung durch den Auftraggeber erfolgt,
— Yellow Book für Planungs- und Bauleistungen des Auftragnehmers, das vor allem für Anlagenprojekte herangezogen wird,
— Silver Book, das eine auftragnehmerseitige Planung und schlüsselfertige Herstellung vorsieht,
praktisch in der Anwendung.

Im Red und Yellow Book ist ein vom Auftraggeber eingesetzter Engineer vorgesehen, der das Vorhaben überwacht und Zahlungen auf Grundlage von Zahlungsplänen nach Baufortschritt freigibt. Im Gegensatz zu den früheren Versionen des Red und Yellow Book ist seine Stellung aber nicht mehr als unparteiischer Dritter und Schiedsrichter zwischen den Parteien geregelt, sondern er ist nun den Interessen des Auftraggebers

---
[315] OLG Hamm, Urteil vom 14.04.2005 – 21 U 133/04 – II 1 4. Abs.
[316] Schon zutreffend BGHZ 97, 163–171.

zugeordnet. Dies entspricht faktisch nach deutschem Recht der Bauoberleitung nebst örtliche Bauüberwachung.

Das Silver Book fällt durch die weitgehende Übertragung von Risiken auf den Bauunternehmer auf. So soll der Auftragnehmer z. B. auch das Risiko für die Grund- und Bodenverhältnisse übernehmen. Die FIDIC rät im Vorwort von der Verwendung des Silver Books ab, wenn der Auftragnehmer keine ausreichende Zeit hat, die Leistungsbeschreibung des Auftraggebers zu prüfen, die Boden- und andere Risiken nicht überschaubar sind und außenstehende Dritte die Höhe der Teilzahlung mit bindender Wirkung für den Auftragnehmer feststellen sollen. Die FIDIC-Standardbedingungen sehen noch Verhandlungsmöglichkeiten vor. Es bleibt dem Auftragnehmer also unbenommen, dem Auftraggeber anzubieten, die VOB/B und deutsches Recht zu vereinbaren.

2. Unterschiede zur VOB/B

Ein Unterschied zwischen der VOB/B und den FIDIC-Verträgen gibt es bei den Regelungen zur Bauzeitverlängerung oder über die zusätzliche Vergütung. Diese kann nur verlangt werden, wenn es dem Auftraggeber oder dessen Vertreter innerhalb einer 28-tägigen Ausschlussfrist nach Kenntnis der Umstände oder bloßem Kennenmüssen anzeigt. Ferner hat der Auftragnehmer innerhalb von 42 Tagen nach Eintritt des anspruchsbegründenden Ereignisses den Anspruch schlüssig zu formulieren. Nach deutschen Recht ist dies freilich AGB-widrig, § 307 BGB. Der Engineer oder der Auftraggeber hat innerhalb von 42 Tagen zu der aufgestellten Forderung Stellung zu nehmen, wobei eine Überschreitung der Frist sanktionslos ist. Die Entscheidung des Engineers oder des Auftraggebers ist bindend, wenn sie nicht erfolgreich angefochten wird. Nach deutschen Recht ist dies ebenso AGB-widrig, § 307 BGB. Die Überprüfung erfolgt vor dem Dispute Adjudication Board (DAB), das eine Art schlichtungs- und schiedsgutachterliche Tätigkeit ausübt. Haben die Parteien ein solches Schiedgericht nicht eingerichtet, hat jede Partei die Möglichkeit, innerhalb von 28 Tagen nach der Entscheidung des DAB ihre Unzufriedenheit über die Entscheidung anzuzeigen. Wird die Frist versäumt, ist die Entscheidung verpflichtend. Nach deutschen Recht ist dies AGB-widrig, § 307 BGB. Andernfalls ist der Streit über die internationale Schiedsgerichtsbarkeit zu führen. Der Auftragnehmer kann mit dem Auftraggeber auch vereinbaren, dass ein staatliches Gericht entscheiden soll.

Eine freie Kündigung des Vertrages ist dem Auftraggeber beim FIDIC-Vertrag zur jeder Zeit möglich, ohne dass er – wie in § 649 BGB vorgesehen – dem Auftragnehmer den vollen Werklohn abzüglich ersparter Aufwendungen zahlen muss. Nach deutschen Recht ist dies AGB-widrig,

§ 307 BGB. Eine Bauhandwerkersicherung wie in § 648a BGB kennen die FIDIC-Verträge nicht. Dies ändert aber an der Anwendung wegen § 648a Abs. 7 BGB in Deutschland nichts.

Im Unterschied zur VOB/B enthalten die FIDIC-Bauvertragsbedingungen nur eine teilweise Rangfolgeregelung und folgen dem Grundsatz, dass sich alle Vertragsdokumente gegenseitig erklären sollen und untereinander gleichen Rang haben, sofern der Vertrag nicht ausdrücklich etwas anderes vorsieht. Es sei der Hinweis erlaubt, dass nach der jüngeren Rechtsprechung der deutschen Gerichte dies übrigens auch für die VOB/B trotz Rangfolgeregelung gelten soll und dass das Vertragswerk als Ganzes ohne besonderen Vorrang etwa der Vormerkungen vor dem Leistungsverzeichnis oder umgekehrt etc. zu betrachten ist. Diese Auslegung ist wesentlicher Ansatzpunkt für das Claim Management (Nachtragsmanagement) zur Beschreibung von Art und Umfang der Leistung bei vermeintlichen Lücken, Widersprüchlichkeiten etc.

Hinsichtlich der Vergütung gehen die FIDIC-Bauvertragsbedingungen ausschließlich vom Einheitspreisvertrag aus, sehen also die Möglichkeit der Verabschiedung von Pauschalpreisverträgen oder von Mischformen anders als die VOB/B gar nicht erst vor. Das Verständnis des Einheitspreisvertrages unterscheidet sich hingegen von dem der VOB/B nicht.

Während in der VOB/B eine 10%ige Grenze für die Möglichkeit der Anpassung bei Massenänderungen (Mehrung oder Minderung) vorgesehen ist, bestimmen die FIDIC-Verträge eine Grenze bei 15%.

Im Übrigen nehmen die FIDIC-Verträge einen lang gehegten Plan der VOB/B bereits voraus und fassen alle sonstigen geänderten oder zusätzlichen Leistungen in einem Tatbestand der „sonstigen Vertragsänderungen", für die es – ganz wie nach der VOB/B – regelmäßig einer Änderungsanordnung des Auftraggebers bedarf, zusammen, damit sie eine zusätzliche Vergütung auslösen können.

Auch wenn dies in der Literatur teilweise anders beschrieben wird[317] – was aber ein Missverständnis der deutschen Rechtslage ist –, werden die somit namhaften Fälle der Vergütungsanpassung (Claim Management = Nachtragsmanagement) in den Fallgruppen der Massenmehrungen/Massenminderung, Vertragsänderung (Änderung des Bauentwurfs oder zusätzlicher Leistung) und schließlich auch der Entfall von Vertragsleistungen in gleicher Weise abgerechnet. Maßstab ist – ganz wie bei der VOB – der ursprüngliche Vertragspreis, wobei dann in der Umsetzung auf die Grundlagen der Preisbildung abzustellen

---

[317] Vgl. den Überblick m.w.N. bei Götz-Sebastian Hök, Handbuch des internationalen und ausländischen Baurechts, 2005, ISBN 978-3-540-21881-4 Springer, Berlin

ist, namentlich für zusätzliche Leistungen, die keinen ausdrücklichen Vertragspreis haben. Ansonsten betont auch der FIDIC-Bauvertrag die Kooperationsverpflichtung der Parteien, die nämlich den neuen Preis zu vereinbaren haben.

Hinsichtlich der Ordnungsvorschrift und zur Organisation der Baudurchführung entsprechen die FIDIC-Vertragsbedingungen durchaus den Regelungen der §§ 3 und 4 VOB/B, sind sogar ausführlicher und detaillierter. Ansonsten sehen die FIDIC-Bauverträge (ganz wie auch nach VOB/B bekannt) eine Bauüberwachung seitens des Auftraggebers vor. Übrigens entsprechend den Gedanken aus Leistungsphase 8 der HOAI soll die Hauptaufgabe der Bauüberwachung die Prüfung der Rechnungen (als Zertifizierung der Zahlungen bezeichnet) sein.

Besonderen Wert legen die FIDIC-Bauvertragsbedingungen auf die Regelungen der Ausführungsfristen, Behinderungen und Unterbrechungen der Ausführung. Wie in §§ 5 und 6 der VOB/B sind auch in den FIDIC-Bauvertragsbedingungen die Regelungen diesbezüglich konzentriert und übersichtlich zusammengefasst.

Es gibt noch weitere Abweichungen:

— Anders als die VOB-Verträge in § 6 Abs. 2 VOB/B werden etwa Streik und Aussperrung nicht als Grund für eine Behinderung zu Lasten des Auftraggebers beschrieben, was aber an dem entsprechenden Grundtatbestand der Umstände aus dem Risikobereich des Auftraggebers nichts zu ändern vermag.

— Entscheidend ist, dass noch klarer als in der VOB/B in den FIDIC-Bauvertragsbedingungen alle Umstände aus dem Risikobereich des Auftraggebers (egal ob sie – verschuldet – zu vertreten sind oder nicht) eine Bauzeitverlängerung zu Gunsten des Auftragnehmers begründen. Über die Berechtigung der Dauer der Bauzeitverlängerung soll der Ingenieur (Bauüberwacher) entscheiden.

— Besonders hervorzuheben ist, dass der in der VOB/B seit Jahren heftig geführte Streit für die FIDIC-Bauvertragsbedingungen längst entschieden ist: Der Auftraggeber darf Anordnungen die Bauzeit betreffend eindeutig erlassen und hat eine ausdrückliche Kompetenz diesbezüglich, die vom Ingenieur (vom Bauüberwacher des Auftraggebers) wahrgenommen wird, womit auch Vertretungsprobleme sogleich mitgeregelt werden.

— Es ist dann ein in der Literatur anzutreffendes Missverständnis (a. a. O.), die FIDIC-Bauvertragsbedingungen würden keine Ansprüche bereithalten, würde die Ausführung ohne Anordnung des Auftraggebers – etwa infolge tatsächliche Umstände – behindert/unterbrochen/verzögert etc. Denn genau diese Problematik regeln die FIDIC-Bauvertragsbedingungen als Grundfall der Verlängerung der

Ausführungsfristen, soweit diese Umstände im Risikobereich des Auftraggebers anzusiedeln sind, und knüpft hieran auch die Preisanpassung.

— Hinsichtlich dieser Preisanpassung wegen Bauablaufstörungen stellen die FIDIC-Bauvertragsbedingungen sogar (im Unterschied zum VOB/B-Vertrag) eindeutig klar, dass neben der Bauzeitverlängerung auch Kostenersatz beansprucht werden kann.

— Genauso wird klargestellt, dass sich ein Auftragnehmer schadensersatzpflichtig macht, verschuldet er den Verzug.

— Ein weiteres manchmal in der Literatur zu findendes Missverständnis (a. a. O.) ist es, dass ein Auftragnehmer bei einer von einem Bauüberwacher des Auftraggebers angeordneten Unterbrechung entscheiden könnte, ob er Mehrkostenerstattung oder Schadensersatz verlangen könne. Ganz eindeutig kommt nach den FIDIC-Bauverträgen nur dann Schadensersatz in Betracht, kann man dem Auftraggeber eine verschuldete Pflichtverletzung vorwerfen (vom Auftraggeber zu verschuldende Umstände). Macht hingegen der Ingenieur (Bauüberwacher des Auftraggebers) von dem Anordnungsrecht die Bauzeit betreffend Gebrauch, weil er z. B. eine Unterbrechung anordnet, scheiden Schadensersatzansprüche mangels schuldhafter Pflichtverletzung in Wahrnehmung einer gegebenen Kompetenz aus. Es bleibt in diesen Fällen der Mehrkostenerstattungsanspruch im Sinne der Preisanpassung.

— Im Übrigen kennen die FIDIC-Bauvertragsbedingungen nicht die Haftungsbeschränkung des § 6 Abs. 6 VOB/B, also dem Ausschluss für entgangenen Gewinn fehlt es an Vorsatz oder grober Fahrlässigkeit.

Die FIDIC-Bauvertragsbedingungen kennen dann – wie die VOB – die Kündigungsmöglichkeit des Auftragnehmers, dauert eine Unterbrechung länger als 90 Tage (3 Monate). Zu betonen bleibt, dass die Unterbrechung aber vom Ingenieur (Bauüberwacher des Auftraggebers) angeordnet sein muss. Über die Form einer solchen Anordnung (schriftlich, ausdrücklich, konkludent/durch schlüssiges Verhalten) schweigen die FIDIC-Vertragsbedingungen. Genauso ist unklar, ob etwa öffentlich-rechtliche Anordnungen als solche des Ingenieurs gelten, z. B. Unmöglichkeit des Baubeginns mangels Vorlage einer Baugenehmigung oder wegen öffentlich-rechtlicher angeordneter archäologischer Untersuchungen. In der Praxis lässt sich aber feststellen, dass mit der „Anordnung des Ingenieurs" sehr weitgreifend umgegangen wird. Jeweils, wenn sich andere Handlungsalternativen im Wesentlichen verschließen, wird zumindest der entsprechende mutmaßliche Wille des Auftraggebers bzw. eine entsprechende Anordnung seines Ingenieurs (non verbal) unterstellt.

An vielen Stellen sehen die FIDIC-Bauvertragsbedingungen den Bauingenieur gleichsam als Schiedsgutachter und -richter in vielen rechtlichen und technischen Fragen. Dies kann nicht ausblenden, dass es letztendlich objektiver Maßstäbe und entsprechender Ansprüche für die Bauzeitverlängerung und deren Berechnung bedarf.

Einen Darstellung über die Verteilung der Gefahr, über die Abnahme etc. stelle ich derzeit zurück, genauso wie mögliche Vertragsbeendigungsszenarien oder Haftungsszenarien bis hin zur Gewährleistung/Garantie/Mängelansprüche, auch das Problem etwaiger Vertragsstrafen sowie der Streitbeilegung, die genauso übersichtlich handhabbar in den FIDIC-Bauvertragsbedingungen geregelt werden.

Ausführungsunterlagen § 3 VOB/B

(1) Die für die Ausführung nötigen Unterlagen sind dem Auftragnehmer unentgeltlich und rechtzeitig zu übergeben.

(2) Das Abstecken der Hauptachsen der baulichen Anlagen, ebenso der Grenzen des Geländes, das dem Auftragnehmer zur Verfügung gestellt wird, und das Schaffen der notwendigen Höhenfestpunkte in unmittelbarer Nähe der baulichen Anlagen sind Sache des Auftraggebers.

(3) Die vom Auftraggeber zur Verfügung gestellten Geländeaufnahmen und Absteckungen und die übrigen für die Ausführung übergebenen Unterlagen sind für den Auftragnehmer maßgebend. Jedoch hat er sie, soweit es zur ordnungsgemäßen Vertragserfüllung gehört, auf etwaige Unstimmigkeiten zu überprüfen und den Auftraggeber auf entdeckte oder vermutete Mängel hinzuweisen.

(4) Vor Beginn der Arbeiten ist, soweit notwendig, der Zustand der Straßen und Geländeoberfläche, der Vorfluter und Vorflutleitungen, ferner der baulichen Anlagen im Baubereich in einer Niederschrift festzuhalten, die vom Auftraggeber und Auftragnehmer anzuerkennen ist.

(5) Zeichnungen, Berechnungen, Nachprüfungen von Berechnungen oder andere Unterlagen, die der Auftragnehmer nach dem Vertrag, besonders den Technischen Vertragsbedingungen, oder der gewerblichen Verkehrssitte oder auf besonderes Verlangen des Auftraggebers (§ 2 Absatz 9) zu beschaffen hat, sind dem Auftraggeber nach Aufforderung rechtzeitig vorzulegen.

(6) 1. Die in Absatz 5 genannten Unterlagen dürfen ohne Genehmigung ihres Urhebers nicht veröffentlicht, vervielfältigt, geändert oder für einen anderen als den vereinbarten Zweck benutzt werden.

2. An DV-Programmen hat der Auftraggeber das Recht zur Nutzung mit den vereinbarten Leistungsmerkmalen in unveränderter Form auf den festgelegten Geräten. Der Auftraggeber darf zum Zwecke der Datensicherung zwei Kopien herstellen. Diese müssen alle Identifikationsmerkmale enthalten. Der Verbleib der Kopien ist auf Verlangen nachzuweisen.

3. Der Auftragnehmer bleibt unbeschadet des Nutzungsrechts des Auftraggebers zur Nutzung der Unterlagen und der DV-Programme berechtigt.

I. Allgemeines

In § 3 VOB/B sind die Rechte und Pflichten im Zusammenhang mit den Ausführungsunterlagen geregelt, die der Auftragnehmer benötigt, um die von ihm geschuldete Leistung ordnungsgemäß erbringen zu können. Demnach obliegt es grundsätzlich dem Auftraggeber, diese Unterlagen zur Verfügung zu stellen. Die meisten rechtserheblichen Probleme ergeben sich, werden die Unterlagen

— nicht rechtzeitig/unvollständig oder

— mit Mängeln/Widersprüchen

übergeben. In beiden Konfliktfällen, die im Weiteren aus rechtlicher Sicht mit Blick auf die wirtschaftlichen Auswirkungen – insbesondere die Vergütung betreffend – näher erläutert werden, ist die vertragliche Kooperation gefragt.

II. Übergabe der Ausführungsunterlagen, § 3 Abs. 1 VOB/B

1. Die rechtzeitige und unentgeltliche Übergabe

Nach der vertraglichen Regelung des § 3 Abs. 1 VOB/B schuldet der Auftraggeber die Ausführungsunterlagen. Es müssen die Unterlagen unentgeltlich und rechtzeitig übergeben werden, die für die Durchführung der jeweils in Auftrag gegebenen Bauleistungen nötig sind. Dazu gehören alle Unterlagen, die nach den einschlägigen öffentlich-rechtlichen Vorschriften, den Vertragsbestimmungen, insbesondere den Technischen Vertragsbedingungen und der allgemeinen anerkannten Gewerbesitte für eine sachgemäße und pünktliche Ausführung erforderlich sind. Der Auftragnehmer muss die Ausführungsunterlagen vor Beginn des betreffenden Leistungsteils in den Händen haben, und zwar so rechtzeitig, dass eine angemessene Zeit für die gebotene und sachgerechte Vorbereitung verbleibt.

Verletzt der Auftraggeber seine Mitwirkungspflicht, die Ausführungsunterlagen rechtzeitig zu übergeben, begründet dies unter Umständen eine Schadensersatzpflicht gem. § 280 i.V.m. § 286 BGB bzw. § 280 Abs. 3 i.V.m. §§ 281 ff. BGB.

Bis zur Übergabe der Unterlagen ist der Auftragnehmer in der Erbringung seiner Leistungen im Sinne von § 6 Abs. 1 VOB/B offenkundig behindert, was den Schadensersatzanspruch nach § 6 Abs. 6 VOB/B begründen kann. Gestützt auf selben Sachverhalt bleibt es dem Auftragnehmer auch unbenommen, seine Mehrkosten als billige Entschädigung zu berechnen[318].

Die Wartezeit und die Neufestlegung von Ausführungsfristen stellen sogleich eine Änderung des zeitlichen Bauablaufes, mithin des Bauentwurfes im Sinne von § 2 Abs. 5 VOB/B dar, die einen Anspruch auf die Anpassung des Preises unter Berücksichtigung der Mehr- oder Minderkosten begründet. Der Auftragnehmer ist in einem solchen Fall also berechtigt, wegen der sich aus der verspäteten Übergabe ergebenden zeitlichen Änderungen des Bauentwurfes einen Mehrvergütungsanspruch nach § 2 Abs. 5 VOB/B zu berechnen[319].

Die vergütungsrechtliche Vorschrift des § 2 Abs. 5 VOB/B hat zugunsten des Auftragnehmers den Vorteil, dass er dem Auftraggeber kein Verschulden vorwerfen muss und auch keinen konkreten Schaden für die Verschiebung der Bauzeit darzulegen und zu beweisen hat. Vielmehr kommt es darauf an, den Grund der Änderung des Bauentwurfes in zeitlicher Hinsicht in der Risikosphäre des Auftraggebers nachzuweisen. Dies gelingt mit Blick auf die klare vertragliche Regelung des § 3 Abs. 1 VOB/B ohne weiteres, wonach der Auftraggeber die Ausführungsunterlagen schuldet. Die Mehr- oder ggf. auch Minderkosten dieser zeitlichen Änderung sind kalkulatorisch, also auf der Grundlage der Preisermittlung der vertraglichen Leistungen prüfbar zu berechnen. Dazu muss er den bei der Angebotsabgabe vorgesehenen und entsprechend kalkulierten Bauablauf zu dem jetzt etwa durch den Baustillstand später begonnenen Leistungen inkl. etwaigen Beschleunigungswünschen des Auftraggebers anzunehmenden, also modifizierten Soll-Bauablauf ins Verhältnis setzen und den so entweder

- nach § 5 VOB/B neu angeordneten oder
- nach § 6 Abs. 4 VOB/B neu gebildeten

Bauablauf hinsichtlich der hieraus folgenden Mehr- oder Minderkosten auf der Grundlage der Preisermittlung der vertraglichen Leistung neu berechnen.

Dies ist regelmäßig schwierig genug. Er muss dem Auftraggeber wegen der Verspätung anders als nach § 6 Abs. 6 VOB/B und § 642 BGB aber kein Verschulden vorwerfen. Vor allem muss er dem Auftraggeber – will er entgangenen Gewinn geltend machen – nicht auch noch Vorsatz oder grobe Fahrlässigkeit vorwerfen und nachweisen, was regelmäßig nicht möglich sein wird. Weiter muss er nicht die regelmäßig praktisch kaum mögliche konkrete Schadensberechnung mit Nachweislegung aufarbeiten.

---

[318] BGH, BauR 2000, 722.
[319] Zum Verhältnis von Vergütungs- und Schadensersatzanspruch wegen Bauzeitstörung im Einzelnen Diehr, BauR 2001, Seite 1507 ff. m. w. N.; Diehr, ZfBR 2002, Seite 316 ff. m. w. N.

Verzögert sich die Übergabe der Ausführungsunterlagen für einen längeren Zeitraum, kann der Auftragnehmer nach § 6 Abs. 5 VOB/B abrechnen. Diese Abrechnung enthält die Leistungen, die tatsächlich schon erbracht wurden. Außerdem können die Kosten zur Vergütung gestellt werden, die dem Auftragnehmer bereits entstanden sind und in den Vertragspreisen des nicht ausgeführten Teils der Leistungen enthalten sind. Mit dieser Formulierung des § 6 Abs. 5 VOB/B sind also nicht die eigentlichen Stillstandzeiten, nicht die Kosten der Verschiebung der Bauzeit – etwa Mehrkosten aus einer Bauzeit in ungünstigerer Jahreszeit – und auch nicht etwaige Beschleunigungskosten gemeint. In Bezug genommen werden vielmehr schlicht die Vergütungsanteile, die durch die Erbringung der Leistung durch den eigentlich geschuldeten Erfolg noch verdient werden müssen. Insofern können Vorfinanzierungen abgelöst werden, z. B. wenn bereits Material eingekauft wurde.

Werden die Unterlagen länger als 3 Monate nicht übergeben, darf der Auftragnehmer nach § 6 Abs. 7 VOB/B kündigen und wie vorbeschrieben abrechnen und Schadensersatz geltend machen. Interessant ist, dass zumindest die Kommentarliteratur dem Auftragnehmer daneben das Recht einräumt, bereits vor Ablauf der 3 Monate dem Auftraggeber eine angemessene Frist zur Übergabe der Unterlagen nach § 9 Abs. 1 Nr. 1 VOB/B zu setzen, um eine vorzeitige Beendigung des Vertragsverhältnisses durch schriftliche Kündigung nach § 9 Abs. 2 VOB/B zu erreichen. Auch nach berechtigter Kündigung kann Schlussrechnung über die bisher erbrachten Leistungen gelegt und zusätzlich Entschädigung nach § 642 BGB geltend gemacht werden, wobei weitergehende Ansprüche des Auftragnehmers, etwa auf Mehrvergütung wegen der Bauzeitenstörung nach § 2 Abs. 5 VOB/B oder Schadensersatz nach § 6 Abs. 6 VOB/B unberührt bleiben.

2. Konsequenzen mangelhafter Ausführungsunterlagen

Bleibt es bei dem Vertrag, hat der Auftragnehmer die geschuldete Leistung nach den durch die Unterlagen vorgegebenen Richtlinien auszuführen. Eine eigenmächtige Abweichung hiervon machte die Leistung mangelhaft, es sei denn, hierdurch würden der Wert der Leistungen oder seine Tauglichkeit zu den gewöhnlichen oder nach dem Vertrag vorausgesetzten Gebrauch nicht gemindert[320].

Der Auftragnehmer ist verpflichtet, die Ausführungsunterlagen auf etwaige Unstimmigkeiten zu überprüfen und den Auftraggeber auf entdeckte oder vermutete Mängel hinzuweisen, § 3 Abs. 3 Satz 2 VOB/B.

---

[320] BGH, NJW 1982, 1702.

Erkennt der Auftragnehmer Mängel, Widersprüchlichkeiten oder Lücken in den Ausführungsunterlagen, soll er diese also nicht eigenmächtig korrigieren.

Für die Wartezeit der Klärung gelten obige Ausführungen zur Änderung der zeitlichen Bauausführung/Behinderung ganz entsprechend.

Im Rahmen der durch § 3 Abs. 3 Satz 2 VOB/B initiierten Kooperation sollten die Mängel der Ausführungsplanung einverständlich zwischen den Parteien im beiderseitigen Bewusstsein einer Planänderung erfolgen. Denn während sowohl die einseitige Korrektur des Auftraggebers auf die Hinweise des Auftragnehmers als auch die gemeinsam vorgenommene Planänderung zu einem Vergütungsanpassungsanspruch nach § 2 Abs. 5 VOB/B führten, ist dem Auftragnehmer nicht zu empfehlen, die Unterlagen eigenständig nach seinem Gutdünken zu korrigieren und sie nur vom Auftraggeberplaner/Architekt gegenzeichnen zu lassen. Denn der Auftragnehmer setzt sich so dem Planungsrisiko aus. Er liefert dem Auftraggeber die Vergütung betreffend das Argument, es sei etwas nicht Gefordertes/Vereinbartes i. S. v. § 2 Abs. 8 Abs. 1 Satz 1 VOB/B geleistet worden, was nicht vergütet werden müsse.

Der Auftragnehmer sollte also seine Kooperationspflicht ernst nehmen und auf Mängel – am besten schriftlich, auch wenn § 3 Abs. 3 Satz 2 VOB/B dies anders als § 4 Abs. 3 VOB/B nicht verlangt – hinweisen; die Korrektur der Unterlagen jedoch dem Auftraggeber überlassen und anzeigen, dass bis dahin seinerseits nicht geleistet werden kann. Schon alleine das Unterbreiten eines Vorschlages könnte später zu Irritationen hinsichtlich der Haftungsfolgen führen. Wegen der Möglichkeit, für die Wartezeit und die Verschiebung der Bauleistungen eine Mehrvergütung nach § 2 Abs. 5 VOB/B berechnen zu können, besteht für eine „Selbstvornahme" die Korrektur der Ausführungsplanung betreffend regelmäßig kein wirtschaftliches Bedürfnis.

Diese Pflichtverteilung begrenzt dann auch die Prüfungspflicht des Auftragnehmers bzgl. vermuteter oder entdeckter Mängel. Ähnlich der Prüfungs- und Hinweispflicht nach § 4 Abs. 3 VOB/B reduziert sich diese weiter, hat der Auftraggeber Sonderfachleute mit der Ausführungsplanung beauftragt. Maßstab ist der verantwortungsbewusste Auftragnehmer, der nach Treu und Glauben unter Zugrundelegung seines fachlichen Könnens und seiner Erfahrung nicht ohne weiteres blind auf die Angaben des Auftraggebers vertrauen darf und vielmehr damit rechnen muss, dass sich Fehler in die Ausführungsplanung einschleichen können. Auf inhaltliche Probleme, wie z. B. rechnerische Fehler oder offenkundige Abweichungen der Planung von den örtlichen Gegebenheiten, muss aber hingewiesen werden.

Die Praxis lehrt, dass der Auftraggeber regelmäßig auf die Ansprüche des Auftragnehmers wegen mangelhafter Ausführungsplanungen einwendet, der Auftragnehmer habe die Prüfpflicht verletzt. In der Tat kann ein Mithaftungsrisiko nie ausgeschlossen werden. Die meisten Fälle werden daher außergerichtlich oder gerichtlich letztendlich unter kaufmännischen Gesichtspunkten verglichen. Allein deswegen ist dem Auftragnehmer zu empfehlen, die Prüf- und Hinweispflicht ernster zu nehmen, als er nach der rechtlichen Bewertung müsste, und vorsorglich schriftlich lieber einmal zu viel als zu wenig Rückfrage zu halten, zeigen sich aus seiner Sicht Ansatzpunkte. Diese Empfehlung soll jedoch nicht die Rechtslage ausblenden, dass es zum vertraglichen Pflichtenkreis des Auftraggebers gehört, die Ausführungsplanung zu erbringen und dieser grundsätzlich für Planungsfehler seines Architekten oder sonstigen beschäftigten Fachmannes (z. B. Statiker) als dessen Erfüllungsgehilfe nach § 278 BGB einzustehen hat.

III. Abstecken der Hauptachsen, § 3 Abs. 2 VOB/B

1. Mitwirkungspflicht des Auftraggebers

Nach § 3 Abs. 2 VOB/B sind Sache des Auftraggebers

— das Abstecken der Hauptachsen der baulichen Anlagen, der Grenzen des Gebäudes, das dem Auftragnehmer zur Verfügung gestellt wird, sowie

— das Schaffen der notwendigen Höhenfestpunkte in unmittelbarer Nähe der baulichen Anlage.

Diese Pflicht gilt dann gleichermaßen auch für den bauleitenden Architekten als Erfüllungsgehilfen des Auftraggebers. Denn auch diese Maßnahme ist dem Planungsbereich zuzuordnen. Der bauleitende Architekt muss also für das ordnungsgemäße Abstecken und die vorgenannten Pflichten Sorge tragen. Unterlässt er dieses und entstehen daraus Fehlleistungen des Auftragnehmers, kann dieser sich entsprechend bei dem Auftraggeber schadlos halten. Dieses in entsprechender Höhe bei einem Mitverschulden des Auftraggebers wegen fehlender Absteckung und der Fehlleistung des Auftragnehmers nach § 254 BGB und bei alleinigem Verschulden des Auftraggebers/bauleitenden Architekten in voller Höhe, §§ 276, 278 BGB. Gleichermaßen kann dann der Auftraggeber bei dem bauleitenden Architekten Rückgriff nehmen[321]. Aber nicht nur wegen diesbezüglichen Fehlverhaltens des bauleitenden Architekten

---

[321] BGH SFH Z 3.01 Bl. 153 ff.; BGH, BauR 1986, 203.

kann der Auftragnehmer sich unter Umständen bei dem Auftraggeber schadlos halten. Stattdessen gilt Gleiches auch für den Vermessungsingenieur, der vom Auftraggeber gesondert mit der Einmessung und Absteckung des Standortes des auf dem Baugrundstück zu errichtenden Hauses beauftragt wurde. Denn dann steht dieser in einem selbständigen werkvertraglichen Verhältnis zum Auftraggeber[322]. Insgesamt sind die in § 3 Abs. 2 definierten Mitwirkungspflichten des Auftraggebers Vorbereitungsarbeiten. Dieses, um eine sachgemäße, vertraglich richtige Bauausführung überhaupt zu ermöglichen. In diesem Sinne muss der Auftraggeber als grundlegende Bereitstellungsaufgabe das Grundstück bebauungsreif zur Verfügung stellen.

Dieses gilt nicht nur für das Abstecken, sondern insbesondere auch Schaffen der erforderlichen Höhenfestpunkte[323]. Das Schaffen der notwendigen Höhenpunkte muss darüber hinaus in unmittelbarer Nähe der baulichen Anlage erfolgen. Die VOB/B selber definiert diese unmittelbar Nähe nicht. Eine Entfernung von 90 bis 100 m kann aber wohl ausreichend sein, wenn z. B. der Auftragnehmer mit Hilfe eines Nivelliergerätes in der Lage ist, einen für mehrere Bauwerke zugleich bestimmten Höhenfestpunkt anzumessen. Entscheidend ist, dass der Auftragnehmer unter Berücksichtigung des Einzelfalles in der Lage ist, die Höhenfestpunkte für das von ihm zu erstellende Bauwerk zu nutzen. Hat der Auftraggeber hingegen die eigene Feststellung des Höhenfestpunktes offenbar für zweckmäßig gehalten und selbst vorgenommen, haftet er bei Fehlerhaftigkeit schon aus seinem Handeln für die irrige Angabe und das Versäumen einer Richtigstellung[324]. Daraus folgt, dass wegen der Verantwortlichkeit des Auftraggebers für diese Mitwirkungspflichten auch eine Haftung des Auftragnehmers grundsätzlich nicht in Betracht kommt, wenn er sich bei der Erbringung der Bauleistungen an die Absteckungen und Bestimmungen der notwendigen Höhenfestpunkte hält. Waren jedoch die Vorgaben des Auftraggebers für ihn aufgrund einer ihm zumutbaren, im normalen Rahmen liegenden Überprüfung klar erkennbar und wies er darauf nicht hin – entgegen § 4 Abs. 3 VOB/B –, so wird er sich eine Mitverantwortlichkeit entgegenhalten lassen müssen, § 254 BGB[325].

2. Ausnahme: Ausführung durch Auftragnehmer

Eine Ausnahme zu Vorgesagtem gilt dann, wenn die Parteien vertraglich die Übernahme der in § 3 Abs. 2 VOB/B benannten Pflichten durch den Auftragnehmer vereinbarten. Etwas anderes gilt auch dann, wenn

---
[322] OLG Hamm. BauR 1992, 78.
[323] BGH, BauR 1986, 203.
[324] BGH, BauR 1986, 203.
[325] OLG Düsseldorf, BauR 1998, 340.

die Parteien dies zwar nicht vereinbarten, der Auftraggeber Entsprechendes aber nach § 1 Abs. 4 VOB/B anordnet und der Betrieb des Auftragnehmers auf solche Arbeiten eingerichtet ist. Dann haftet wegen Übernahme der vertraglichen Leistungspflicht der Auftragnehmer für eventuelle Mangelhaftigkeit der Leistungen, also einer mangelhaften Absteckung der Hauptachse, einer mangelhaften Absteckung der Grenzen des Geländes sowie einer mangelhaften Schaffung der notwendigen Höhenfestpunkte. Darüber hinaus hat dann jedoch der Auftragnehmer Anspruch auf Vergütung. Wenn die Pflicht nach § 3 Abs. 2 VOB/B bereits im Vertrag definiert ist, so nach der vertraglich vereinbarten Vergütung. Ordnet der Auftraggeber hingegen im Nachhinein nach § 1 Abs. 4 VOB/B Entsprechendes an, so hat der Auftragnehmer den Mehrvergütungsanspruch nach § 2 Abs. 9 VOB/B.

Es ist freilich eine Auslegungsfrage, ob die Parteien bereits im Vertrag die Übernahme entsprechender Leistungspflichten durch den Auftragnehmer vereinbarten. Dabei wird der Vertrag nach dem wirklichen Willen auszulegen sein, §§ 133, 157 BGB. Nicht hinreichend in diesem Sinne ist die vertragliche Vereinbarung im Hinblick auf die Übernahme des Festlegens der Höhenfestpunkte mittels Angabe in der Leistungsbeschreibung, die richtige Situierung des Gebäudes auf dem Grundstück nach dem genehmigten Eingabeplan und die Einhaltung der Abstandsflächen liege im alleinigen Aufgabenbereich des Auftragnehmers. Denn hierdurch wird die Vorbereitungspflicht des Auftraggebers nicht geändert. Stattdessen kommt nur zum Ausdruck, dass er sich an die ihm vom Auftraggeber und/oder seinem Erfüllungsgehilfen gemachten Angaben unter eigener Verantwortung zu halten hat[326]. Darüber hinaus ist die Übertragung von Planungsleistungen auf den Bauunternehmer werkvertraglich ohne weiteres zulässig. Dieses gilt sogar für Formularverträge, sofern die Planungsleistung nicht kostenlos, sondern gesonderte Vergütung erfolgen soll[327]. Ist hingegen die Erstellung von Plänen und Detailzeichnungen bereits als „zusätzliche Nebenleistung" – auch im Pauschalpreisvertrag – vereinbart und entsprechend geschuldet, kann der Bauunternehmer dann für die Fertigung dieser Pläne keine gesonderte Vergütung mehr verlangen[328].

---

[326] BGH, BauR 1982, 374.
[327] OLG Frankfurt, IBR 1997, 49.
[328] OLG Karlsruhe, IBR 1995, 510 und zur Vergütung des weiteren OLG Köln, IBR 1996, 358 und auch OLG Hamburg, BauR 1982, 69.

IV. Maßgeblichkeit der Geländeaufnahmen und Absteckungen, § 3 Abs. 3 VOB/B

1. Grundsatz: Verantwortlichkeit des Auftraggebers

Dem Grundsatz nach sind die vom Auftraggeber zur Verfügung gestellten Geländeaufnahmen und Absteckungen und die übrigen für die Ausführung übergebenen Unterlagen für den Auftragnehmer maßgebend, § 3 Abs. 3 S. 1 VOB/B. Entsprechend trägt der Auftraggeber die Verantwortlichkeit für die herausgereichten Unterlagen[329]. In der Konsequenz überreicht also der Auftraggeber dem Auftragnehmer die Ausführungsunterlagen und muss der Auftragnehmer die geschuldete Bauleistung nach diesen Unterlagen ausführen. Weicht er von diesen Unterlagen eigenmächtig ab, so läuft er Gefahr, gar nicht oder jedenfalls mangelhaft zu leisten, es sei denn, die Abweichung mindert die Tauglichkeit oder den Gebrauch der Werkleistung nicht[330]. Etwas anderes gilt nur dann, wenn die Parteien einvernehmlich eine Abweichung von den herausgegebenen Ausführungsunterlagen vereinbaren. Dabei muss insbesondere der Auftraggeber sich deutlich mit der Planabweichung einverstanden erklären. In diesem Zusammenhang reicht es etwa nicht, dass der Auftragnehmer abweichende Ausführungsunterlagen anfertigt und diese vom Architekten des Auftraggebers lediglich gegenzeichnen lässt[331].

2. Ausnahme: Prüfungs- und Hinweispflicht des Auftragnehmers

Abweichend von vorgenanntem Grundsatz muss der Auftragnehmer die Unterlagen auf etwaige Unstimmigkeiten überprüfen und den Auftragnehmer auf verdeckte oder vermutete Mängel hinweisen, wenn dieses zur ordnungsgemäßen Vertragserfüllung gehört, § 3 Abs. 3 S. 2 VOB/B. Deshalb ist die festgelegte Prüfungspflicht des Auftragnehmers nicht umfassend, würde anderenfalls die Grenze der Zumutbarkeit überschritten. Denn die Anfertigung sowie das Überlassen der Ausführungsunterlagen gehört grundsätzlich zum vertraglichen Pflichtenkreis des Auftraggebers. Es muss also zur ordnungsgemäßen Vertragserfüllung gehören. Dies bedeutet, dass der Auftragnehmer sich unter Zugrundelegung seines fachlichen Könnens und seiner Erfahrung

---

[329] BGH, BauR 1982, 374.
[330] BGH, BauR 1982, 374.
[331] BGH, BauR 1982, 374.

nicht ohne weiteres auf das verlassen darf, was ihm vom Auftraggeber angegeben wird. Dieses widerspräche den Grundsätzen von Treu und Glauben und der Auffassung eines verantwortungsbewussten Handelns auch des Auftragnehmers. Umgekehrt soll aber der Auftragnehmer dem Auftraggeber auch nicht die diesbezügliche Verantwortung abnehmen. Ob die Überprüfungs- und Hinweispflicht zur ordnungsgemäßen Vertragserfüllung gehört, wird sich dabei maßgeblich nach den Ausführungsunterlagen richten. Entdeckt oder vermutet der Auftragnehmer hierin Widersprüchlichkeiten vor Benutzung der Ausführung dergestalt, dass sie nicht zur ordnungsgemäßen Erstellung der Bauleistung beitragen, so muss er hinweisen. In den Rahmen des Zumutbaren sollte der Auftragnehmer deshalb eine inhaltliche, rechnerische Nachprüfung der Ausführungsunterlagen durchführen. Umso stärker wiegt die Prüfungs- und Hinweispflicht, je offensichtlicher die Unterlagen unvollständig oder unklar sind. Gleichwohl gilt auch hier zu beachten, dass es grundsätzlich bei der Vertragspflicht des Auftraggebers – auch seines Architekten – bleibt, die Unterlagen ordnungsgemäß zu erstellen. Ob Prüfung und Hinweis im Einzelfall geboten sind, ist unter Berücksichtigung der Gesamtumstände abzuwägen. Missachtet der Auftragnehmer eine ihm sich aus den Unterlagen ergebende Prüfungspflicht schuldhaft, so haftet er unter Umständen gegenüber dem Auftraggeber wegen Verletzung einer Nebenpflicht, wobei dann auch ein Mitverschulden des Auftraggebers eventuell zu berücksichtigen ist, vgl. § 254 BGB.

3. Beispielsfälle für Prüfungs- und Hinweispflicht sowie diesbezügliche Vertragsvereinbarungen

— Der Bauunternehmer, der die Genehmigungspläne im Maßstab 1:100 erhält, aber keine Ausführungspläne, sondern nur die Pläne des Statikers, kann davon ausgehen, dass er nach den Statikerplänen bauen soll; er ist nicht verpflichtet, diese Pläne auf Übereinstimmung mit den Genehmigungsplänen zu überprüfen und den Auftraggeber auf Abweichungen hinzuweisen[332].

— Der Rohbauunternehmer ist nicht verpflichtet, die Architektenplanung hinsichtlich der Fahrbahnkrümmung und Kurvenradien mit der Fahrbahnbreite abzugleichen. Die dafür erforderlichen Spezialkenntnisse sind von einem Rohbauunternehmer nicht zu erwarten[333].

— Ein Rohbauunternehmer, der eine Bodenplatte (für Doppelhaus) errichtet, hat den Baugrund auf optische und mechanische „Boden-Alarmsignale" zu prüfen und bei unübersehbaren Warnzeichen sein

---
[332] OLG Düsseldorf, BauR 2000, 1339, Ls. 1.
[333] OLG Dresden, IBR 2002, 70.

Bedenken hinsichtlich der Tragfähigkeit dem Auftraggeber mitzuteilen. Unterlässt er dies, haftet er für den entstehenden Schaden[334].

— Bemerkt ein Bauunternehmer in den ihm zur Verfügung gestellten Werkplänen des Architekten und des Statikers Widersprüchlichkeiten hinsichtlich der Wärmedämmung des Gebäudes (Gefahr von Kältebrücken), so muss er die Beteiligten auf diese Widersprüche hinweisen und haftet im Falle des Unterlassens für Mängel der Wärmedämmung. Dabei muss sich der Bauherr die fehlende Planerstellung von Architekt und Statiker als seine Erfüllungsgehilfen als eigenes Mitverschulden anrechnen lassen[335].

— Unzulässig sind Vertragsbedingungen, die dem Auftragnehmer die planerische Verantwortung über dessen vertraglichen Leistungsbereich hinaus auferlegen, z. B. die Klausel, wonach der Auftragnehmer „zunächst die vom Auftraggeber zur Verfügung gestellten Unterlagen eingehend zu prüfen (hat) und ... ausschließlich alle weiteren Ausführungsunterlagen selbst erstellen" muss[336].

— Unzulässig sind ebenfalls Klauseln, die dem Auftragnehmer auferlegen, fehlende oder mangelhafte Zeichnungen selbst zu erstellen, ohne dass er hieraus Ansprüche herleiten könnte[337].

V. Festhalten des Zustandes der Straßen- und Geländeoberfläche etc., § 3 Abs. 4 VOB/B

1. Notwendigkeit der Niederschrift

Nach § 3 Abs. 4 VOB/B sind vor Beginn der Arbeiten der Zustand der Straßen- und Geländeoberfläche, der Vorfluter und Vorflutleitungen, ferner die baulichen Anlagen im Baubereich in einer Niederschrift festzuhalten, soweit notwendig. Sodann sind die inhaltlichen Festlegungen dieser Niederschrift vom Auftraggeber und Auftragnehmer anzuerkennen.

Sinn der Regelung ist insbesondere, spätere Beweisschwierigkeiten zu vermeiden. Dieses im Hinblick darauf, dass die örtlichen Gegebenheiten von wesentlichem Einfluss auf die ordnungsgemäße Baudurchführung sein können und gegebenenfalls bewirken, dass die Erbringung

---
[334] OLG München, IBR 1999, 522.
[335] OLG Stuttgart, NJW-RR 1995, 892, Ls. 2.
[336] BGH SFH § 3 AGB-Gesetz, Nr. 11.
[337] BGH SFH § 3 AGB-Gesetz, Nr. 11.

der Bauleistung auf eine bestimmte Art notwendig wird. Behauptet etwa der Auftragnehmer im Nachhinein, die Bauleistung nur in der tatsächlich ausgeführten Art und Weise vollbracht haben zu können wegen des Zustandes der Straßen oder der Geländeoberfläche und ist eine entsprechende Beweissicherung nicht erfolgt, droht er, insoweit beweisfällig zu bleiben. Haben die Parteien hingegen vor Beginn der Arbeiten dieses in einer Niederschrift dokumentiert und anerkannt, ist das Risiko etwaiger Streitigkeiten diesbezüglich reduziert. Die Niederschrift ist also ein Beweismittel. Ist eine der Parteien nicht einverstanden mit der Niederschrift, will sie diese insbesondere nicht anerkennen, so ist diese abweichende Auffassung unter Darlegung der fraglichen Einzelpunkte in die Niederschrift mit aufzunehmen. Besteht darüber hinaus Streit zwischen den Parteien, ob eine Notwendigkeit zu den Feststellungen überhaupt besteht, so reicht es aus, wenn der Vertragspartner darauf besteht. Jedenfalls als vertraglicher Nebenpflicht zur Mitwirkung sollte es dann dem anderen obliegen, die entsprechenden Feststellungen mitzutreffen. Verweigert insbesondere der Auftraggeber die Mitwirkung, kommt die Kündigung des Auftragnehmers nach § 9 Abs. 1 VOB/B in Betracht. Führt die Verweigerung außerdem zu Verzögerungen, kommt ein Schadensersatzanspruch nach § 6 VOB/B in Betracht. Umgekehrt droht der Auftragnehmer, dass der Auftraggeber ihm bei fehlender Mitwirkung den Vertrag kündigt nach § 8 Abs. 3 VOB/B oder – bei Aufrechterhaltung des Vertrages – seinerseits Schadensersatz nach § 6 VOB/B geltend macht.

Ob die Niederschrift im konkreten Einzelfall hingegen „notwendig" im Sinne der Norm ist, ist eine Frage des Einzelfalls. Es müssen hinreichende Anhaltspunkte dafür vorliegen, dass eine Prüfung und Festhaltung des vorhandenen Zustandes mit Blick auf spätere Beweisschwierigkeiten – insbesondere wegen problematischen Straßenzustandes etc. – es ratsam erscheinen lassen. Entscheidend ist dabei regelmäßig die objektive Sicht der Dinge.

2. Kosten der Niederschrift

§ 3 Abs. 4 VOB/B selber trifft keine Aussage darüber, wer die Kosten der Niederschrift zu tragen hat. Allerdings ist hierzu einschlägig die nach § 1 Abs. 1 S. 2 VOB/B gleichfalls in den Vertrag einbezogene VOB/C: Dort sind besondere Vertragsbestimmungen im Hinblick auf die Kostentragungspflicht definiert. Zu zahlreichen DIN-Vorschriften lautet es dann jeweils unter Ziff. 4.1.1, dass das Feststellen des Zustandes der Straßen- und Geländeoberfläche eine Nebenleistung des Auftragnehmers ist. Solche Nebenleistungen gehören dann auch ohne ausdrückliche Erwähnung in der Leistungsbeschreibung zur vertraglichen Leistung und sind daher vom Auftragnehmer zu erbringen. In einer Vielzahl von Fällen wird man deshalb davon ausgehen können, dass der Auftragnehmer die Kosten der Niederschrift zu tragen hat[338]. Finden sich solche besonderen Kostenregelungen hingegen nicht, wird der Auftraggeber die Kosten tragen müssen. Denn er ist allgemein dafür verantwortlich, das Grundstück baureif zu übergeben, ebenso die zur Ausführung notwendigen Unterlagen zu übergeben. Dann aber muss er auch dafür Sorge tragen, dass die Baureife des Grundstückes und die Voraussetzungen für die Bauausführungen entsprechend – beweisgesichert – dokumentiert sind.

VI. Vom Auftragnehmer zu beschaffende und vorzulegende Unterlagen, § 3 Abs. 5 VOB/B sowie Nutzungsrechte diesbezüglich, § 3 Abs. 6 VOB/B

1. Grundsatz: Verpflichtung des Auftraggebers

Grundsätzlich hat der Auftraggeber nach § 3 Abs. 1 VOB/B die Pflicht, die zur Ausführung nötigen Unterlagen dem Auftragnehmer zu übergeben. Insoweit ist § 3 Abs. 5 VOB/B eine Ausnahmeregelung. Nach diesen sind Zeichnungen, Berechnungen, Nachprüfungen von Berechnungen oder anderen Unterlagen, die der Auftragnehmer nach dem Vertrag, besonders den Technischen Vertragsbedingungen, oder der gewerblichen Verkehrssitte oder auf besonderes Verlangen des Auftraggebers (§ 2 Abs. 9 VOB/B) zu beschaffen hat, dem Auftraggeber nach Aufforderung rechtzeitig vorzulegen. Es ist also zunächst zu fragen, ob es nicht bei der grundsätzlichen Vorlagepflicht des Auftraggebers verbleibt. Eine Ausnahme liegt nur vor, wenn die Vorlage durch den Auftragnehmer insbesondere nach dem Vertrag, der gewerblichen Verkehrssitte oder auf besonderes Verlangen des Auftraggebers geschuldet sind.

---

[338] Die DIN-Vorschriften zu Erdarbeiten, Bohrarbeiten, Verbauarbeiten, Rammarbeiten, Wasserhaltungsarbeiten, Entwässerungskanalarbeiten, Gas- und Wasserleitungsarbeiten im Erdreich, Dränagearbeiten, Einpressarbeiten, Sicherungsarbeiten an Gewässern, Deichen und Küstendünen, Nassbaggerarbeiten, Untertagebauarbeiten, Schlitzwanderarbeiten mit stützenden Flüssigkeiten, Spritzbetonarbeiten, Straßenbauarbeiten verschiedener Art, Rohrvortriebsarbeiten, Landschaftsbauarbeiten, Gleisbauarbeiten, Stahlbauarbeiten; Betonerhaltungsarbeiten.

2. Ausnahme: Vorlagepflicht des Auftragnehmers

Ob der Auftragnehmer nach dem Vertrag schuldet, die benannten Unterlagen zu beschaffen und vorzulegen, ist durch Auslegung zu ermitteln, §§ 133, 157 BGB. Mit Blick auf den Ausnahmecharakter des § 3 Abs. 5 VOB/B ist dann aber eine inhaltlich klare und zweifelsfreie Vereinbarung erforderlich. Ob dieses der Fall ist, ist eine Frage des Einzelfalles.

Ob der Auftragnehmer selbiges aus der gewerblichen Verkehrssitte schuldet, ist gleichfalls eine Frage der Auslegung. Diese wird sich danach beurteilen, ob Beschaffungs- und Überprüfungspflichten je nach Lage des Einzelfalles innerhalb des Gewerbes am Leistungsort als allgemein übliche Pflicht des Auftragnehmers anerkannt sind. Entscheidendes Auslegungskriterium ist die Ortsüblichkeit.

Begründen hingegen weder der Vertrag noch die gewerbliche Verkehrssitte die Pflicht des Auftragnehmers, die benannten Unterlagen zu beschaffen und vorzulegen, so bleibt immer noch der Anspruch des Auftraggebers, dieses anzuordnen. Ermächtigungsgrundlage ist dann § 1 Abs. 4 VOB/B. Korrespondierend ist dann der diesbezügliche Vergütungsanspruch des Auftragnehmers in § 2 Abs. 9 Nr. 1 VOB/B geregelt: Verlangt der Auftraggeber Zeichnungen, Berechnungen oder andere Unterlagen, die der Auftragnehmer nach dem Vertrag, besonders den Technischen Vertragsbedingungen oder der gewerblichen Verkehrssitte, nicht zu beschaffen hat, so hat er sie zu vergüten.

Darüber hinaus gilt, dass auch die diesbezügliche Pflicht des Auftragnehmers nach den Vertragsunterlagen oder der gewerblichen Verkehrssitte einen Vergütungsanspruch begründen. Dieses mit Blick darauf, dass § 3 Abs. 5 VOB/B die erwähnte Ausnahmeregelung ist, es grundsätzlich dem Auftraggeber nach § 3 Abs. 1 VOB/B obliegt, die notwendigen Unterlagen zu übergeben. Ist jedoch die Leistung des Auftragnehmers entsprechend grundsätzlich nicht geschuldet, so muss für die Ausnahme der Vergütungsanspruch zugestanden werde.

All dieses muss der Auftragnehmer – wenn geschuldet – auch rechtzeitig erledigen, insbesondere muss er die Unterlagen rechtzeitig vorlegen. Unterlässt er dieses, kommen das Kündigungsrecht des Auftraggebers nach § 8 Abs. 3 VOB/B oder – bei Aufrechterhaltung des Vertrages – Schadensersatzansprüche nach § 6 Abs. 6 VOB/B in Betracht.

3. Nutzungsrechte, § 3 Abs. 6 VOB/B

Nach § 3 Abs. 6 Nr. 1 VOB/B dürfen die zuvor genannten Unterlagen ohne Genehmigung ihres Urhebers nicht veröffentlicht, vervielfältigt, geändert oder für einen anderen als den vereinbarten Zweck benutzt werden. Dabei ist der Begriff des Urhebers in diesem Sinne nicht rechtstechnisch nach Maßgabe des Urheberrechtsgesetzes zu verstehen. Denn § 3 Abs. 5 VOB/B – und damit Abs. 6 – beziehen sich außer auf Zeichnungen auch auf bloße Berechnungen, Nachprüfungen von Berechnungen und andere Unterlagen, bei denen regelmäßig eine Urheberrechtsschutzfähigkeit ausscheidet[339]. Urheber in diesem Sinne ist also jeder, der durch seine Tätigkeit die Unterlagen gemäß Regelungsbereich des § 3 Abs. 5 VOB/B geschaffen hat.

Dabei begründet § 3 Abs. 6 Nr. 1 VOB/B eine vertragliche Pflicht zur Unterlassung. Die Zuwiderhandlung kann die Unterlassungsklage zur Folge haben. Dessen ungeachtet hat der Urheber gegebenenfalls Anspruch auf Schadensatz. Dieses deshalb, weil der Auftraggeber gegenüber dem Auftragnehmer (Urheber) dann eine Vertragsverletzung begeht.

Sodann stellt § 3 Abs. 6 Nr. 2 VOB/B klar, dass Unterlagen in vorgenanntem Sinne auch DV-Programme sind: Auch an diesen hat der Auftraggeber das Recht zur Nutzung nur mit den vereinbarten Leistungsmerkmalen in unveränderter Form auf den festgelegten Geräten. Dabei darf der Auftraggeber zwar zum Zwecke der Datensicherung zwei Kopien herstellen, müssen diese allerdings alle Identifikationsmerkmale enthalten.

Schließlich bestimmt § 3 Abs. 6 Nr. 3 VOB/B, dass der Auftragnehmer unbeschadet des Nutzungsrechtes des Auftraggebers zur Nutzung sowohl der Unterlagen nach § 3 Abs. 6 Nr. 1 VOB/B, also auch der DV-Programme nach § 3 Abs. 6 Nr. 2 VOB/B zur Nutzung berechtigt bleibt.

VII. Abweichende Vereinbarungen/ AGB-Prüfung

Von § 3 VOB/B abweichende Vereinbarungen sind grundsätzlich möglich. So kann der Auftraggeber den Auftragnehmer von Anfang an beauftragen, die Ausführungsplanung gegen Vergütung zu erbringen. In einem solchen Fall dürfte sich die Kooperationspflicht umkehren. Entsprechend der Vorschrift des § 3 Abs. 3 S. 2 VOB/B muss dann der Auftraggeber auf etwaige Unstimmigkeiten bzw. entdeckte oder vermutete Mängel der Ausführungsplanung hinweisen, zumal der Auftraggeber das grundsätzliche Projekt durch eine Entwurfsplanung – ausgearbeitet von dessen Sonderfachleute – vorgegeben hat.

---

[339] BGH, BauR 1985, 571.

Unwirksam ist es aber, wird einem Auftragnehmer in Allgemeinen Geschäftsbedingungen durch den Auftraggeber die Ausführungsplanung ohne Vergütung überantwortet. Genauso AGB-widrig sind Klauseln, wonach dem Auftragnehmer übergebene Unterlagen als vollständig gelten sollen, wenn der Auftragnehmer nicht – z. B. binnen 3 Tagen – Widerspruch eingelegt. Sie weichen vom gesetzlichen Leitbild ab, wonach der Auftraggeber die von ihm beauftragten Leistungen zu beschreiben hat, wobei § 3 VOB/B eine Ausformung dieses allgemeinen Rechtsgrundsatzes darstellt. Eine Einschränkung dieser Pflicht durch fingierte Erklärung verstößt gegen § 308 Nr. 5 BGB.

Auch Haftungsfreistellungen wären unwirksam, § 309 Nr. 7 und 8 BGB. Unwirksam sind so Klauseln, wonach zwar der Auftraggeber dem Auftragnehmer die Ausführungsplanung zur Verfügung stellt, der Auftragnehmer dann jedoch für die Richtigkeit die Haftung zu übernehmen hat und die weitere Ausführungsunterlagen selbst erstellen muss.

Im Übrigen sind allgemeinen Freizeichnungen nach § 307 BGB unangemessen und daher unwirksam. Hierzu gehören Formulierungen, wonach während der Bauausführungsphase notwendig werdende Änderungsplanungen vom Auftragnehmer kostenlos erbracht werden müssen. Gleiches gilt für Klauseln, die dem Auftragnehmer auferlegen, fehlende oder mangelhafte Zeichnungen selbst zu erstellen, ohne dass er hieraus Ansprüche herleiten könnte.

Ausführung § 4 VOB/B

(1) 1. Der Auftraggeber hat für die Aufrechterhaltung der allgemeinen Ordnung auf der Baustelle zu sorgen und das Zusammenwirken der verschiedenen Unternehmer zu regeln. Er hat die erforderlichen öffentlich-rechtlichen Genehmigungen und Erlaubnisse — z. B. nach dem Baurecht, dem Straßenverkehrsrecht, dem Wasserrecht, dem Gewerberecht — herbeizuführen.

2. Der Auftraggeber hat das Recht, die vertragsgemäße Ausführung der Leistung zu überwachen. Hierzu hat er Zutritt zu den Arbeitsplätzen, Werkstätten und Lagerräumen, wo die vertragliche Leistung oder Teile von ihr hergestellt oder die hierfür bestimmten Stoffe und Bauteile gelagert werden. Auf Verlangen sind ihm die Werkzeichnungen oder andere Ausführungsunterlagen sowie die Ergebnisse von Güteprüfungen zur Einsicht vorzulegen und die erforderlichen Auskünfte zu erteilen, wenn hierdurch keine Geschäftsgeheimnisse preisgegeben werden. Als Geschäftsgeheimnis bezeichnete Auskünfte und Unterlagen hat er vertraulich zu behandeln.

3. Der Auftraggeber ist befugt, unter Wahrung der dem Auftragnehmer zustehenden Leitung (Absatz 2) Anordnungen zu treffen, die zur vertragsgemäßen Ausführung der Leistung notwendig sind. Die Anordnungen sind grundsätzlich nur dem Auftragnehmer oder seinem für die Leitung der Ausführung bestellten Vertreter zu erteilen, außer wenn Gefahr im Verzug ist. Dem Auftraggeber ist mitzuteilen, wer jeweils als Vertreter des Auftragnehmers für die Leitung der Ausführung bestellt ist.

4. Hält der Auftragnehmer die Anordnungen des Auftraggebers für unberechtigt oder unzweckmäßig, so hat er seine Bedenken geltend zu machen, die Anordnungen jedoch auf Verlangen auszuführen, wenn nicht gesetzliche oder behördliche Bestimmungen entgegenstehen. Wenn dadurch eine ungerechtfertigte Erschwerung verursacht wird, hat der Auftraggeber die Mehrkosten zu tragen.

(2) 1. Der Auftragnehmer hat die Leistung unter eigener Verantwortung nach dem Vertrag auszuführen. Dabei hat er die anerkannten Regeln der Technik und die gesetzlichen und behördlichen Bestimmungen zu beachten. Es ist seine Sache, die Ausführung seiner vertraglichen Leistung zu leiten und für Ordnung auf seiner Arbeitsstelle zu sorgen.

2. Er ist für die Erfüllung der gesetzlichen, behördlichen und berufsgenossenschaftlichen Verpflichtungen gegenüber seinen

Arbeitnehmern allein verantwortlich. Es ist ausschließlich seine Aufgabe, die Vereinbarungen und Maßnahmen zu treffen, die sein Verhältnis zu den Arbeitnehmern regeln.

(3) Hat der Auftragnehmer Bedenken gegen die vorgesehene Art der Ausführung (auch wegen der Sicherung gegen Unfallgefahren), gegen die Güte der vom Auftraggeber gelieferten Stoffe oder Bauteile oder gegen die Leistungen anderer Unternehmer, so hat er sie dem Auftraggeber unverzüglich — möglichst schon vor Beginn der Arbeiten — schriftlich mitzuteilen; der Auftraggeber bleibt jedoch für seine Angaben, Anordnungen oder Lieferungen verantwortlich.

(4) Der Auftraggeber hat, wenn nichts anderes vereinbart ist, dem Auftragnehmer unentgeltlich zur Benutzung oder Mitbenutzung zu überlassen:

1. die notwendigen Lager- und Arbeitsplätze auf der Baustelle,

2. vorhandene Zufahrtswege und Anschlussgleise,

3. vorhandene Anschlüsse für Wasser und Energie. Die Kosten für den Verbrauch und den Messer oder Zähler trägt der Auftragnehmer, mehrere Auftragnehmer tragen sie anteilig.

(5) Der Auftragnehmer hat die von ihm ausgeführten Leistungen und die ihm für die Ausführung übergebenen Gegenstände bis zur Abnahme vor Beschädigung und Diebstahl zu schützen. Auf Verlangen des Auftraggebers hat er sie vor Winterschäden und Grundwasser zu schützen, ferner Schnee und Eis zu beseitigen. Obliegt ihm die Verpflichtung nach Satz 2 nicht schon nach dem Vertrag, so regelt sich die Vergütung nach § 2 Absatz 6.

(6) Stoffe oder Bauteile, die dem Vertrag oder den Proben nicht entsprechen, sind auf Anordnung des Auftraggebers innerhalb einer von ihm bestimmten Frist von der Baustelle zu entfernen. Geschieht es nicht, so können sie auf Kosten des Auftragnehmers entfernt oder für seine Rechnung veräußert werden.

(7) Leistungen, die schon während der Ausführung als mangelhaft oder vertragswidrig erkannt werden, hat der Auftragnehmer auf eigene Kosten durch mangelfreie zu ersetzen. Hat der Auftragnehmer den Mangel oder die Vertragswidrigkeit zu vertreten, so hat er auch den daraus entstehenden Schaden zu ersetzen. Kommt der Auftragnehmer der Pflicht zur Beseitigung des Mangels nicht nach, so kann ihm der Auftraggeber eine angemessene Frist zur Beseitigung des Mangels setzen und erklären, dass er ihm nach fruchtlosem Ablauf der Frist den Auftrag entziehe (§ 8 Absatz 3).

(8) 1. Der Auftragnehmer hat die Leistung im eigenen Betrieb auszuführen. Mit schriftlicher Zustimmung des Auftraggebers darf er sie an Nachunternehmer übertragen. Die Zustimmung ist nicht notwendig bei Leistungen, auf die der Betrieb des Auftragnehmers nicht eingerichtet ist. Erbringt der Auftragnehmer ohne schriftliche Zustimmung des Auftraggebers Leistungen nicht im eigenen Betrieb, obwohl sein Betrieb darauf eingerichtet ist, kann der Auftraggeber ihm eine angemessene Frist zur Aufnahme der Leistung im eigenen Betrieb setzen und erklären, dass er ihm nach fruchtlosem Ablauf der Frist den Auftrag entziehe (§ 8 Absatz 3).

2. Der Auftragnehmer hat bei der Weitervergabe von Bauleistungen an Nachunternehmer die Vergabe- und Vertragsordnung für Bauleistungen Teile B und C zugrunde zu legen.

3. Der Auftragnehmer hat die Nachunternehmer dem Auftraggeber auf Verlangen bekannt zu geben.

(9) Werden bei Ausführung der Leistung auf einem Grundstück Gegenstände von Altertums, Kunst- oder wissenschaftlichem Wert entdeckt, so hat der Auftragnehmer vor jedem weiteren Aufdecken oder Ändern dem Auftraggeber den Fund anzuzeigen und ihm die Gegenstände nach näherer Weisung abzuliefern. Die Vergütung etwaiger Mehrkosten regelt sich nach § 2 Absatz 6. Die Rechte des Entdeckers (§ 984 BGB) hat der Auftraggeber.

(10) Der Zustand von Teilen der Leistung ist auf Verlangen gemeinsam von Auftraggeber und Auftragnehmer festzustellen, wenn diese Teile der Leistung durch die weitere Ausführung der Prüfung und Feststellung entzogen werden. Das Ergebnis ist schriftlich niederzulegen.

§ 4 VOB/B regelt die wesentlichen Grundsätze und Verhaltensanforderungen der Vertragsparteien eines VOB-Vertrages während der Ausführung der Bauleistung.

I. Überwachungs- und Anordnungs kompetenz des Auftraggebers, § 4 Abs. 1 VOB/B

Gemäß § 4 Abs. 1 Nr. 1 VOB/B hat der Auftraggeber für die Ordnung auf der Baustelle zu sorgen und das Zusammenwirken der verschiedenen Gewerke zu koordinieren. Er hat die notwendigen Genehmigungen und Erlaubnisse einzuholen. Hierzu werden dem Auftraggeber die notwendigen Überwachungs- und Anordnungskompetenzen eingeräumt, § 4 Abs. 1 Nr. 2 und 3 VOB/B.

1. Ordnungspflicht des Auftraggebers, § 4 Abs. 1 Nr. 1 S. 1 VOB/B

Für die allgemeine Ordnung auf der Baustelle ist der Auftraggeber verpflichtet. Diese Ordnungsvorschrift ist einerseits in Abgrenzung zur Verpflichtung des Auftragnehmers, für Ordnung auf seiner Arbeitsstelle zu sorgen (vgl. § 4 Abs. 2 Nr. 1 S. 3 VOB/B), zu verstehen. Andererseits ist damit das Kooperationsverhältnis umrissen, das insbesondere im Überschneidungsbereich von Baustelle und Arbeitsstelle das gemeinsame Vorgehen von Auftraggeber und Auftragnehmer zur ordnungsgemäßen Erbringung der Leistungen beschreibt. Nach diesem Strukturmerkmal ist es die Verletzung der Kooperationspflicht, die möglicherweise Schadensersatzansprüche nach § 280 BGB begründen könnte. Die Ordnungsvorschrift ist also in diesem Sinne keine eigenständige Anspruchsgrundlage zur Herleitung von vollstreckungsfähigen Ansprüchen des Auftragnehmers gegen den Auftraggeber oder umgekehrt. Die Ordnungsvorschrift flankiert im Übrigen die Anordnungsbefugnisse des Auftraggebers im Sinne der Ergänzung und Abrundung.

a) Baustelle

Zur Baustelle gehört dabei das gesamte Gelände des Bauvorhabens, also die Gesamtheit der einzelnen Arbeitsstellen inklusive aller Nebengelände, die der Arbeitsvorbereitung dienen könnten und zumindest im engen räumlichen Zusammenhang stehen, nicht aber entferntere Lagerplätze oder Lagerräume des Auftragnehmers. Zur Baustelle gehören also auch die Plätze für die Lagerung der Baustelleneinrichtung, der Materialien, der Bauteile, der Maschinen für Unterkunfts-, Bürobaracken, Sanitäreinrichtungen, Zufahrtswege am Ort des Baus, wobei letztendlich die allgemeine Verkehrsauffassung für den Umfang im Einzelfall maßgebend ist.

b) Allgemeine Ordnung

Der Begriff der allgemeinen Ordnung ist weder im gesetzlichen Zivilrecht, noch in der VOB/B definiert. Begrifflich ist aber ein Zustand gemeint, der eine gefahrlose und auch sonst reibungslose Erstellung der einzelnen Gewerke in ihrer Gesamtheit ermöglicht. Dies einerseits zur mangelfreien Errichtung des Bauwerkes, dies andererseits zum Ausschluss von Schäden an Sachen und Personen infolge der Bauarbeiten. Umfasst sind somit auch die sog. Verkehrssicherungspflichten des Auftraggebers und die Einhaltung der öffentlich-rechtlichen Vorschriften, die auch die Nachbarn oder sonstige Dritte, etwa Passanten, in den Schutzbereich mit einbeziehen. Ob damit die Regelung einen Vertrag mit Schutzwirkung zugunsten Dritter bringt, ist jedoch nicht entschieden. Dritte bleiben wohl regelmäßig außerhalb des Schutzbereiches des VOB-Vertrages zwischen Auftraggeber und Auftragnehmer und können nur Ansprüche aus außervertraglicher Haftung, etwa nach §§ 823 ff. BGB herleiten.

Die Formulierung, dass die Ordnung aufrechtzuerhalten ist, verweist auf den prozesshaften Charakter und die laufenden Anstrengungen mit Blick auf die Baudurchführung. Die Ordnungsverpflichtung beginnt also spätestens mit der Einrichtung der Baustelle, geht über die gesamte Zeit der Baudurchführung und endet mit der Abwicklung der Gewährleistungsprobleme nach Abnahme.

2. Koordinationspflicht des Auftraggebers, § 4 Abs. 1 Nr. 1, Nr. 2 VOB/B

Der Auftraggeber hat das Zusammenwirken der verschiedenen Auftragnehmer zu regeln. Nur ihm stehen gegenüber dem Auftragnehmer entsprechende Anordnungskompetenzen zu, vorausgesetzt, er hat in dem jeweiligen Vertragsverhältnis die VOB/B wirksam einbezogen. Daher kann der Auftraggeber den Auftragnehmer nicht auf § 4 Abs. 2 VOB/B mit Blick auf die dort enthaltene Eigenkoordinierung verweisen, um den einzelnen Auftragnehmern aufzugeben, sich selbst zu koordinieren.

Seit dem 01.07.1998 ist auch die Baustellenverordnung zu beachten, die der Verbesserung von Sicherheit und Gesundheitsschutz der Beschäftigten dienen soll und wonach der Bauherr einen sog. Sicherheits- und Gesundheitsschutzplan aufzustellen hat.

Für die parallele Tätigkeit verschiedener Gewerke bietet sich die Aufstellen eines Baustellenordnungsplanes an, in dem etwa die Lagerplätze, die Anfuhrwege, die Büros, Unterstellplätze für Fahrzeuge und Maschinen, Licht- und Fernsprechanschlüsse für alle Auftragnehmer verbindlich vorgegeben werden.

Für die Organisation des zeitlichen Ablaufs können Bauzeitenpläne aufgestellt werden, die Ergebnis der Plankoordinierung der mit den einzelnen Auftragnehmern im Sinne von § 5 Abs. 1 VOB/B vereinbarten Bauzeitenpläne darstellen und die Vernetzung der einzelnen Gewerke in Balkenplänen, Linienplänen, Netzplänen zur Vermeidung von Missverständnissen für alle Baubeteiligten verbindlich vorgibt.

In der Folge kann auch nur der Auftraggeber den Bauablauf in seiner Gesamtheit und damit die Abfolge der Gewerke und deren Leistung vorgeben. Die Verpflichtung umfasst also die parallele Tätigkeit der einzelnen Unternehmen sowie deren zeitliche Abfolge. Die Verletzung dieser Koordinationsverpflichtung kann zu Schadensersatzansprüchen wegen etwaiger hieraus folgender Mehrkosten führen. Anspruchsgrundlage ist regelmäßig § 280 BGB, für hindernde Umstände jedoch § 6 Abs. 6 VOB/B, wobei hier die Haftungsbeschränkung für entgangenen Gewinn auf Vorsatz und grobe Fahrlässigkeit zu berücksichtigen ist.

Sind aber Änderung des Bauentwurfs oder zusätzliche Leistungen Ergebnis der Koordination, können Folge, neben der Anpassung der Ausführungsfrist nach § 6 Abs. 2 VOB/B, auch Vergütungsanpassungsansprüche sein. Zu denken ist an § 2 Abs. 5 VOB/B infolge ausdrücklicher Anordnungen, etwa zur Neugestaltung des parallelen und zeitlichen Bauablaufs, möglicherweise aber auch § 2 Abs. 6 VOB/B, ergeben sich aus solchen Anordnungen zusätzliche Leistungen, und nicht zuletzt § 2 Abs. 8 Nr. 2 S. 2 VOB/B, werden Leistungen im mutmaßlichen Willen des Auftraggebers zur Vertragserfüllung mit Blick auf die gebotene Abstimmung des Zusammenwirkens und deren Folgen notwendig. In diesem Bereich greift auch wieder der Aufwendungserstattungsanspruch nach §§ 677, 683, 670 BGB, der gemäß § 2 Abs. 8 Nr. 3 VOB/B unberührt bleibt[340].

3. Herbeiführung öffentlich-rechtlicher Genehmigungen und Erlaubnisse, § 4 Abs. 1 Nr. 1 S. 2 VOB/B

Es ist auch Aufgabe des Auftraggebers, die erforderlichen öffentlich-rechtlichen Genehmigungen und Erlaubnisse herbeizuführen. Insgesamt hat er die öffentlich-rechtlichen Vorschriften einzuhalten.

Der Auftraggeber hat vor allem die Baugenehmigung herbeizuführen, daneben oder inklusive der etwaigen straßenverkehrsrechtlichen oder

---

[340] Ausführlich unter der Kommentierung § 2 III. Exkurs: Zahlungsansprüche des Auftragnehmers bei Bauablaufstörungen (auch zu finden über Stichwortverzeichnis/Index: Bauablaufstörungen: Zahlungsansprüche – eine ausführliche Darstellung –).

wasserrechtlichen oder denkmalschutzrechtlichen oder gewerberechtlichen Erlaubnisse. Hierzu kann er sich Sonderfachleuten bedienen, wobei solche Leistungen grundsätzlich der Leistungsphase 4 HOAI unterfallen und im Verhältnis zu den sonstigen Auftragnehmern an der Zuständigkeit des Auftraggebers nichts ändern können. In diesem Fall wird der Sonderfachmann Erfüllungsgehilfe (§ 278 BGB) des Auftraggebers, so dass sich der Auftraggeber etwaiges Verschulden des Sonderfachmannes, kommt es etwa zu Behinderungen und Unterbrechungen – etwa im Rahmen von Schadensersatzansprüchen gemäß § 6 Abs. 6 VOB/B –, zurechnen lassen muss.

Namentlich die Verpflichtung zur Einholung der Genehmigung kann aber auch abweichend von § 4 Abs. 1 VOB/B vom Auftraggeber mit dem Vertrag dem Auftragnehmer übertragen werden. Dies bietet sich im Verhältnis zu einem Generalunternehmer oder einem Generalübernehmer an. Dieser ist sich dann aus § 4 Abs. 2 VOB/B selbst gegenüber zur Aufrechterhaltung der Ordnung und gegenüber seinen Nachunternehmern unter Berücksichtigung der spiegelbildlichen Weitervergabe der Leistungen unter Einbeziehung der VOB/B ohnehin zur Einholung der öffentlich-rechtlichen Genehmigung verpflichtet. In diesem Fall hat der Generalunternehmer auch hinreichende Auftraggeberkompetenzen, die Rechte und Pflichten aus § 4 Abs. 1 VOB/B gegenüber den sonstigen Baubeteiligten durchzusetzen.

4. Überwachungsrecht des Auftraggebers, § 4 Abs. 2 VOB/B

Das Überwachungsrecht ist im engen Zusammenhang mit der Verpflichtung zur Aufrechterhaltung der allgemeinen Ordnung auf der Baustelle und des Regelns des Zusammenwirkens der verschiedenen Unternehmen aus § 4 Abs. 1 VOB/B zu verstehen. Nur durch die permanente Überwachung kann im Rahmen des Bauprozesses diese Pflicht erfüllt werden. Nur so wird dem Auftraggeber im Übrigen die effiziente Wahrnehmung seiner Anordnungsrechte ermöglicht.

Grundsätzlich ist dabei die Bauüberwachung nicht anders zu verstehen, als durch die Leistungsphase 8 der HOAI spiegelbildlich beschrieben und durch die einzelnen Landesbauordnungen durch die öffentlich-rechtlichen Bauleiter als Aufgabe auferlegt[341].

a) Zutrittsrechte

Um der Überwachungsaufgabe gerecht zu werden, darf der Auftraggeber die Arbeitsplätze, Werkstätten und Lagerräume, in denen die ver-

---
[341] Vgl. unter § 4 II. 2. d) Exkurs: Zu den Rechten und Pflichten des Bauleiters.

traglichen Leistungen oder Teile hiervon hergestellt werden, oder die hierfür bestimmten Stoffe und Bauteile gelagert werden, betreten und die Vorlage von Werkzeichnungen oder anderen Ausführungsunterlagen verlangen sowie die Ergebnisse von Güteprüfungen zur Einsicht und erforderlichen Auskünfte verlangen. Die Grenze sind die allgemeinen Geschäftsgeheimnisse.

Diese Klausel ist für sich betrachtet unangemessen, weil sie auch in die durch Art. 13 GG geschützte Unverletzlichkeit von Räumen, die Gewerberäume mit einschließen, eingreift, ohne dass dies in jedem Fall gerechtfertigt wäre. Unangemessen ist es auch, dass sich so betrachtet die Überwachung über die Baustelle hinaus selbst auf weit entfernte Fertigteilwerke des Auftragnehmers beziehen lässt. Bei isolierter Inhaltskontrolle ist das Recht somit insgesamt unwirksam, zumal es auch sonst keine entsprechenden gesetzlichen Vorschriften gibt. Das so verstandene Überwachungsrecht kollidiert im Übrigen auch mit der Eigenkoordinierung und führt zu Missverständnissen und unnötigen Konflikten in den Bereichen, in denen der Auftragnehmer ohne weiteres die ordnungsgemäße Herstellung des Werkes schuldet. Regelmäßig ist der Auftragnehmer in der Folge nicht verpflichtet, solch weitgehenden Forderungen des Auftraggebers nachzukommen.

Im Übrigen sind Geschäftsgeheimnisse geheim und nicht lediglich vertraulich, so dass auch § 4 Abs. 1 Nr. 2 S. 3 VOB/B bei isolierter Inhaltskontrolle unangemessen ist, soweit lediglich eine vertrauliche Behandlung vorgesehen wird und das Geheimhaltungsrecht des Auftragnehmers aufgelöst wird. Regelmäßig bleibt es daher außerhalb staatlicher Eingriffe, etwa im Rahmen staatsanwaltschaftlicher Untersuchungen nach richterlicher Anordnung, beim Geheimhaltungsrecht des Auftragnehmers.

b) Sonderbefugnisse aus Treu und Glauben, § 242 BGB

Es wird vertreten, dass aus der Natur der Bauleistung es im Einzelfall notwendig sein kann, dem Auftraggeber schon während der Tätigkeit des Auftragnehmers weit reichende Eingriffe in dessen Betrieb, wie sie mit dem Zutritt zu Arbeitsplätzen etc. verbunden sind, zuzugestehen, um zu verhindern, dass Mängel bereits im Rahmen der Baudurchführung vermieden werden.

Entsprechende Rechte zur Abwehr von Mängeln schon während der Bauausführung sind in § 4 Abs. 7 VOB/B auch enthalten. Im Übrigen regelt § 4 Abs. 10 VOB/B bereits die Möglichkeit, den Zustand von Teilen der Leistungen auf Verlangen gemeinsam festzustellen. Dies muss dann aber auch genügen, so dass es weitergehender Eingriffe in die Rechte des Auftragnehmers nicht bedarf.

Insofern kommt weder eine einschränkende Auslegung des § 4 Abs. 1 Nr. 2 S. 2 VOB/B in Betracht, der daher bei nicht vollständiger Einbeziehung der VOB/B als unwirksam unbeachtlich ist, noch eine Herleitung eines entsprechend eingeschränkten Grundsatzes aus Treu und Glauben.

5. Modalitäten – Anordnungsrecht des Aufraggebers, § 4 Abs. 1 Nr. 3 VOB/B

Anordnungen, die schlicht das wiederholen, was bereits der Vertrag vorgibt, sind deklaratorisch im Sinne einer Erinnerung oder Mahnung, wozu es des gesonderten Anordnungsrechtes des Auftraggebers nach § 4 Abs. 1 Nr. 3 VOB/B nicht bedarf.

Greift eine Anordnung aber in die Art und Weise der Ausführung ein, müssen auch Art und Umfang im Sinne von § 1 Abs. 1 VOB/B betroffen sein, so dass es sich zugleich um eine Anordnung im Sinne von § 1 Abs. 3 oder 4 VOB/B handeln muss[342]. Es muss dabei bleiben, dass die Leistungsdurchführung des Auftragnehmers nur in den Fällen durch Anordnungen des Auftraggebers rechtmäßig beeinflusst werden kann, in denen sie nach Art und Umfang durch den Vertrag bestimmt waren[343]. Ob in der Folge einer solchen Anordnung tatsächlich eine Vergütungsanpassung in Betracht kommt, regelt sich dann im Einzelnen nach § 2 Abs. 5 oder § 2 Abs. 6 VOB/B[344].

Neben der auf Art und Umfang der durch Vertrag zur Ausführung bestimmten Leistungen geregelten Anordnungskompetenzen des § 1 Abs. 3 und 4 VOB/B enthält § 4 Abs. 1 Nr. 3 VOB/B also eine klarstellende Wiederholung, dass die Anordnung auch der Durchsetzung der Ordnungspflicht dienen kann.

Im Übrigen wiederholt § 4 Abs. 1 Nr. 3 S. 2 VOB/B, dass Anordnungen nur dem Auftragnehmer oder seinem Vertreter wirksam erteilt werden können, womit die Frage des Zuganges der Anordnung als einseitig empfangsbedürftige Willenserklärung als Wirksamkeitsvoraussetzung angesprochen ist.

Es ist aber nicht möglich, eine Willenserklärung ohne Zugang beim Adressaten oder dessen Vertreter für wirksam zu erachten, zumal der Adressat ohne Kenntnis von der Anordnung diese nicht ausführen kann.

---

[342] Hierzu auch Hochstein, Festschrift Korbion 1986, 165/173 ff.
[343] Vgl. hierzu auch den Gedanken in BGH, BauR 1992, 759 – Wasserhaltung I –.
[344] So auch in BGH, BauR 1992, 759 – Wasserhaltung I –, in dem der Auftraggeber die einzige mögliche Wasserhaltungsvariante anordnete, die vom vertraglichen Leistungsumfang des Auftragnehmers nach der Risikobewertung bereits abgedeckt war, so dass ein Vergütungsanspruch des Auftragnehmers scheiterte.

Dies gilt naturgemäß auch für die Fälle der „Gefahr im Verzug", so dass § 4 Abs. 1 Nr. 3 S. 2 letzter Halbsatz VOB/B keine Bedeutung hat. Am ehesten wären Fallgruppen denkbar, in denen ein Auftraggeber unmittelbar die Arbeiter des Auftragnehmers auf der Baustelle anweist. Unter diesem Gesichtspunkt stellte die Klausel einen unwirksamen Vertrag zu Lasten Dritter dar. Die arbeitsrechtliche Weisungsbefugnis des Auftragnehmers dürfte aber noch so weit reichen, den Arbeitern aufzugeben, zumindest bei Gefahr im Verzug auch unmittelbar die Anordnungen des Auftraggebers zu befolgen. Ob der einzelne Arbeiter mit einer solchen Situation im Einzelfall dann überfordert ist, wäre im Einzelfall zu lösen und ändert an der grundsätzlichen Unangemessenheit und Unwirksamkeit der Vorschrift nichts.

Damit sich der Auftraggeber sogleich an die richtige Person wenden kann, sieht aber § 4 Abs. 1 Nr. 3 S. 3 VOB/B vor, dass der Auftragnehmer die vertretungsberechtigte Person benennt. Dies sollte bereits mit Vertragsschluss erfolgen, verbunden mit der Klarstellung, dass etwaige Änderungen an der Vertretung jeweils unverzüglich mitgeteilt werden. Auch dies ist eine allgemeine Ergänzung für alle Willenserklärungen der VOB/B.

6. Unberechtigte und unzweckmäßige Anordnungen, § 4 Abs. 1 Nr. 4 VOB/B

Unberechtigt sind alle Anordnungen, die den vertraglichen Vereinbarungen zuwiderlaufen. Unzweckmäßig sind solche Anordnungen, die mit Blick auf die Vertragsdurchführung nicht zielführend sein können.

a) Bedenkenanzeige des Auftragnehmers bei Verdacht

Der Auftragnehmer hat schon dann Bedenken anzuzeigen, hält er eine Anordnung für unberechtigt oder unzweckmäßig, so dass es nicht darauf ankommt, ob die Anordnung tatsächlich unberechtigt oder unzweckmäßig ist.

Er hat seine Bedenken geltend zu machen. Dies ist nur so zu verstehen, dass er im Einzelnen erklären soll, warum er die Anordnung für unberechtigt oder unzweckmäßig erachtet. Eine bestimmte Form – etwa wie die Schriftlichkeit der Bedenkenanzeige nach § 4 Abs. 3 VOB/B – ist hingegen nicht vorgesehen. Schon wegen der Abgrenzungsschwierigkeiten zu § 4 Abs. 3 VOB/B ist aber die schriftliche Bedenkenanzeige zu empfehlen.

b) Ausführung trotz Bedenken

Verlangt der Auftraggeber trotz der Bedenken des Auftragnehmers die Ausführung, muss der Auftragnehmer dem folgen, wenn nicht gesetzliche oder behördliche Bestimmungen entgegenstehen. Mit dieser Einschränkung wird zugleich klar, dass der Auftragnehmer auch objektiv unberechtigten oder unzweckmäßigen Anordnungen folgen muss.

Eine solche Allgemeine Geschäftsbedingung, die also von Anfang an einem Vertragsteil die überobligatorische Leistungsverpflichtung nach beliebiger Willkür des anderen Vertragsteils vorgibt, ist bei isolierter Inhaltskontrolle unangemessen gemäß § 307 BGB und daher unwirksam. Dies ist jeweils dann der Fall, wenn die VOB nicht als Ganzes in den Vertrag einbezogen wurde.

Ansonsten verpflichtet die Vorschrift den Auftragnehmer zur Geschäftsführung ohne Auftrag. Was also nach den gesetzlichen Vorschriften der §§ 677 ff. BGB dem einen Teil möglich wäre, wird nach § 4 Abs. 1 Nr. 3 VOB/B zur vertraglichen Pflicht, was ebenso vom gesetzlichen Leitbild abweicht und daher nach § 307 BGB unangemessen, mithin unwirksam ist, kommt es auf die isolierte Inhaltskontrolle der VOB/B in den Fällen der nicht vollständigen Einbeziehung an.

c) Einschränkung für gesetzliche oder behördliche Bestimmungen

Das Befolgungsrecht ist nur in den Fällen nicht gegeben, in denen die entsprechende Ausführung gesetzlichen oder behördlichen Bestimmungen entgegenstehen würde. Ein entsprechender Gedanke findet sich in § 679 BGB, wonach der Wille des Geschäftsherrn dann unbeachtlich ist, wenn deren Befolgung dem öffentlichen Interesse entgegenstünde. Weil diese gesetzliche Vorschrift ohnehin nicht durch vertragliche Vereinbarungen abbedungen werden kann, ist dieser Hinweis in der VOB/B deklaratorischer Natur und gilt auf jeden Fall.

d) Erstattung der Mehrkosten

Es bleibt zusammenzufassen, dass in den Fällen des § 4 Abs. 1 Nr. 4 VOB/B der Auftragnehmer also letztlich auch unberechtigte und unzweckmäßige Anordnungen zu befolgen hat[345], die sich auf die Modalitäten, die Art und Weise der Leistungsausführung beziehen[346].

---

[345] Thode, ZfBR 2004, 214 ff. meint, dass der Auftragnehmer „unberechtigte" Anordnungen des Auftraggebers nicht befolgen muss.
[346] Vgl. Reiner Hochstein in Festschrift für Korbion, 1986, 165/173 ff.

aa) Abgrenzung von Vergütung und Schadensersatz

Freilich hat der Auftraggeber die Mehrkosten aus der unberechtigten Erschwerung zu tragen, § 4 Abs. 1 Nr. 4 Satz 2 VOB/B. Bei diesem Zahlungsanspruch soll es sich um einen besonderen Vergütungsanspruch handeln, dessen Höhe sich nicht am Maßstab der Urkalkulation gemäß § 2 Abs. 5 und 6 VOB/B, sondern am Maßstab der Üblichkeit des § 632 Abs. 2 BGB bestimmt. Dem steht entgegen, dass Mehrkosten aus unberechtigten Erschwerungen infolge unberechtigter Anordnungen keine Vergütung begründen können[347]. Andererseits wird der Auftragnehmer durch § 4 Abs. 1 Nr. 4 VOB/B aber gerade verpflichtet, auch unberechtigten Anordnungen nachzukommen, so dass die Mehrkosten aus dieser Pflichterfüllung nicht die Folgen einer Pflichtverletzung sein können, die einen Schadensersatzanspruch begründen. Der Mehrkostenerstattungsanspruch ist vielmehr auch dem Wortlaut nach Aufwendungsersatz nach § 670 BGB aus pflichtgemäßer Geschäftsbesorgung. Hierzu muss der Auftragnehmer der Anordnung aber ausdrücklich durch Bedenken widersprechen. Stimmt der Auftragnehmer der Anordnung, verstanden als Antrag (§§ 147, 140 BGB) gemäß §§ 147 ff. BGB, zu, ist sie keine „unberechtigte" mit der Rechtsfolge der Entlohnung gemäß § 632 Abs. 2 BGB. Es handelt sich dann um eine Form des Anschlussauftrages, wie er auch Folge von § 1 Abs. 4 Satz 2 VOB/B ist.

bb) Umfang des Ersatzes

Der Umfang des Ersatzes beläuft sich auf die Aufwendungen, die der Auftragnehmer zur Ausführung nach den Umständen für erforderlich halten durfte. Der Auftragnehmer hat nach seinem verständigen Ermessen über die Notwendigkeit der Aufwendungen zu entscheiden und sich dabei am Interesse des Auftraggebers zu orientieren. Die Einschätzung eines Auftragnehmers, seine Aufwendungen seien notwendig, ist bei objektiv fehlender Notwendigkeit nur dann gerechtfertigt, wenn er seine Entscheidung nach sorgfältiger, den Umständen des Falles gebotener Prüfung trifft, wobei auf den Zeitpunkt der getroffenen Disposition abzustellen ist. Aufwendungen in diesem Sinne sind die Kosten des Auftragnehmers, die dieser freiwillig oder aber auf Weisung des Auftraggebers macht, und solche, die sich als notwendige Folge der Ausführung ergeben, etwa auch gewissen Schäden, die der Auftragnehmer bei der Ausführung des Auftrages erleidet[348].

Demnach hat der Auftraggeber dem Auftragnehmer die nach obigem Maßstab tatsächlich entstandenen, angemessenen und insofern üblichen Mehrkosten zu ersetzen, so dass es nicht auf die ursprüng-

---

[347] Diesen Grundsatz betont Thode, ZfBR 2004, 214 ff. dem folgend OLG Hamm, Urteil vom 14.04.2005, Az. 21 U 133/04.
[348] Hierzu st. Rspr. BGHZ 8, 222/229; BGH NJW-RR 1994, 87; BGHZ 95, 375.

lich kalkulierten Preise ankommt. Die eigene Arbeitskraft und Tätigkeit des Auftragnehmers und auch ein Gewinnanteil sind in diesem Rahmen Aufwendung, weil der eigentliche Werkvertrag ein entgeltlicher ist und nunmehr zur Ausführung diesen ergänzen, obwohl sie ursprünglich nicht für erforderlich erschienen, wozu Unentgeltlichkeit nicht vereinbart wurde. Dies folgt aus dem Verweis des § 675 Abs. 1 BGB für die Geschäftsbesorgung im Sinne von § 4 Abs. 1 Nr. 4 S. 2 VOB/B.

II. Eigenkoordinierung des Auftragnehmers, § 4 Abs. 2 VOB/B

Der vertraglichen Kooperation folgend bestimmt § 4 Abs. 2 VOB/B als Gegenstück zur Auftraggeberkompetenz nach § 4 Abs. 1 VOB/B, dass der Auftragnehmer seine Leistungen in eigener Verantwortung nach dem Vertrag, unter Berücksichtigung der anerkannten Regeln der Technik und den gesetzlichen sowie behördlichen Bestimmungen auszuführen hat und sich dabei selbst koordinieren muss.

1. Umfang der Eigenkoordinierung

a) Bestimmung durch Vertrag

Was nach § 4 Abs. 2 VOB/B von der Selbstkoordinierung des Auftragnehmers umfasst ist, bestimmt sich nach dem Vertrag, § 1 Abs. 1 und 2 VOB/B. Demgemäß wird der Umfang der Verantwortlichkeiten des Auftragnehmers im Ergebnis auch lediglich wiederholt, so dass die Regelung keine eigenständige Anspruchsgrundlage zur Herleitung von Rechten des Auftragnehmers gegenüber dem Auftraggeber oder des Auftraggebers gegenüber dem Auftragnehmer darstellt, die im Wesentlichen während der Vertragsdurchführung von § 4 Abs. 7 VOB/B und nach der Abnahme gemäß § 13 Abs. 5 VOB/B geregelt werden.

Die Regelung greift nicht in die Verantwortlichkeit zu sonst vor Ort handelnden Unternehmen, namentlich der Sonderfachleute oder Vor- bzw. Nachunternehmern, ein. So ändert etwa die Einschaltung eines Bauüberwachers an den Zuständigkeiten des Auftragnehmers regelmäßig nichts, greift aber auch in diese nicht ein.

Wegen der aus § 4 Abs. 2 Nr. 1 VOB/B folgenden eigenen Bauüberwachungsverpflichtung wird die Haftung wegen fehlerhafter Bauüberwachung zwischen dem Bauherrn und einem in Leistungsphasen 8 und 9 HOAI bauüberwachenden Architekten hälftig geteilt, wenn der Bauherr die Leistungen in einem eigenen Baubetrieb erbringt[349].

---
[349] LG Kiel, IBR 2005, 34.

Die Verantwortlichkeit des Auftragnehmers nach § 4 Abs. 2 VOB/B scheidet aber da aus, wo eine bestimmte Art und Weise der Leistungserbringung mit Blick auf den Gegebenheiten nicht anders möglich ist. Dort sind auch die Prüfungs- und Hinweispflichten – hierzu im Einzelnen oben zu § 4 Abs. 3 VOB/B – des Auftragnehmers, wenn die vorgesehene Art der Ausführung durch die auftraggeberseitige Planung vorgegeben wird, am geringsten[350].

Eine Alleinverantwortung des Auftragnehmers ist aus § 4 Abs. 2 VOB/B ist für diejenigen seiner Handlungen gegeben, die lebensgefährdende Zustände erzeugen. In diesem Bereich kann sich dann ein Auftragnehmer auch nicht darauf berufen, er habe dem Architekten oder dem Auftraggeber nach § 4 Abs. 3 VOB/B Bedenken angezeigt[351].

b) Beachtung der anerkannten Regeln der Technik

§ 4 Abs. 2 Nr. 1 S. 2 VOB kann man genauso wie § 1 Abs. 1 VOB/B und § 13 Abs. 1 VOB/B entnehmen, dass ein Auftragnehmer die anerkannten Regeln der Technik[352] zu beachten hat und im diesem Rahmen etwa den Mindestanforderungen an den Schallschutz entsprechen muss. Ansonsten ist das Werk mangelhaft und führt zu den Mängelansprüchen nach § 4 Abs. 7, § 13 Abs. 5 ff. VOB/B[353].

Übernimmt der Auftragnehmer neben der Ausführung auch die Erstellung der Planung, etwa der Ausführungsplanung auf der Grundlage der Entwurfsplanung, übernimmt er damit auch die Ermittlung aller aus fachlicher Sicht erforderlichen Aufgaben, um eine mangelfreie Werkleistung sicherzustellen[354].

c) Beachtung öffentlichen Rechts

Aus § 4 Abs. 2 Nr. 1 S. 2 VOB/B folgt, dass der Auftragnehmer bei der Ausführung der Leistungen die behördlichen Bestimmungen zu beachten hat, wie etwa die erteilte Baugenehmigung und die darin enthaltenen Auflagen[355]. Weicht ein Auftragnehmer im Rahmen der Eigenkoordinierung nach § 4 Abs. 2 Nr. 1 VOB/B eigenmächtig schuldhaft von der Baugenehmigung bei der Ausführung der Leistungen ab, kann dies Schadensersatzansprüche des Auftraggebers wegen der Vertragspflichtverletzung aus § 280 BGB begründen[356].

---

[350] OLG Hamm, BauR 2003, 1052–1054.
[351] OLG Hamm, IBR 1998, 201.
[352] Vgl. hierzu die Kommentierung unter § 13 Abs. 1 VOB/B.
[353] LG Hamburg, BauR 1997, 839 f.
[354] OLG Düsseldorf, BauR 1997, 475–477.
[355] BGH, MDR 1998, 530.
[356] OLG Hamburg, BauR 1998, 338 f.

2. Ordnung halten

Mit § 4 Abs. 2 Nr. 1 S. 3 VOB/B wird klargestellt, dass der Auftragnehmer die Ausführung seiner vertraglichen Leistung selbst zu leiten und für Ordnung auf seiner Arbeitsstelle zu sorgen hat.

a) Ordnungsbegriff

Der Begriff der Ordnung ist im zivilen Recht nicht definiert. Nach dem öffentlich-rechtlichen Ordnungsbegriff wäre hiervon die Einhaltung aller Vorschriften des öffentlichen Rechts abgedeckt. Im Sinne von § 4 Abs. 2 S. 3 VOB/B wird man diejenigen Erfordernisse hierunter zu fassen haben, die zur vertragsgemäßen Bauausführung hinsichtlich der Erreichung des Ziels, der technologischen Vorgaben, der örtlichen und zeitlichen Vorgaben gehören.

Über die grundsätzliche Definition von Art und Umfang der durch den Vertrag zur Ausführung bestimmten Leistungen wird man unter Einhaltung zugleich zu verstehen haben, dass der allgemeine Angemessenheitsmaßstab eingehalten wird, soweit es ausdrückliche Vereinbarungen zwischen den Parteien nicht gibt, wie dies für die Ausführungszeit namentlich nach § 5 Abs. 2–4 VOB/B unter dem Begriff der angemessenen Frist umfasst wird.

b) Ordnung auf der Baustelle und der Arbeitsstelle

Die Verpflichtung zur Ordnung auf der Arbeitsstelle ist abzugrenzen von der Verpflichtung des Auftraggebers zur Ordnung auf der Baustelle nach § 4 Abs. 1 Nr. 1 VOB/B. Es kommt aber häufig zu Überschneidungen in den Bereichen. Dies ist besonders auffällig, ist nur ein Auftragnehmer als Generalunternehmer tätig. Örtlich deckt sich dann die Baustelle i.S.v. § 4 Abs. 1 Nr. 1 VOB/B mit der Arbeitsstelle i.S.v. § 4 Abs. 2 S. 3 VOB/B.

Die gemeinte Ordnung lässt sich also nur im Wege der wohlverstandenen vertraglichen Kooperation meistern und verpflichtet bzw. berechtigt sowohl Auftraggeber als auch Auftragnehmer. Maßgeblich ist für etwaige Sanktionen, wer die Ordnung bricht. Als Nebenpflichtverletzung kann dies gemäß § 280 BGB Schadensersatzansprüche begründen.

c) Erfüllung der Ordnung

Zur Erfüllung dieses Rechtes und dieser Pflicht kann sich der Auftragnehmer grundsätzlich Gehilfen bedienen (Erfüllungsgehilfen i.S.v. § 278 BGB). Dies können Sonderfachleute wie Architekten sein, die in diesem Rahmen auf Seiten des Auftragnehmers mit der Bauleitung im Sinne der Leistungsphase 8 der HOAI beauftragt werden.

Regelmäßig kommen aber Arbeitnehmer des Auftragnehmers in Betracht, wobei eine gewisse organisatorische Hierarchie eingerichtet wird. An der Spitze kann bei größeren Vorhaben ein Projektmanager fungieren, dem in den einzelnen Leistungsbereichen dann Firmen-Bauleiter[357] zugeordnet sind, die wiederum Polieren vorstehen. Der Polier[358] (abgeleitet von Parlier – franz. parler = sprechen) fungiert als Meister der Baustelle oder eines Baustellenabschnitts. Er ist weisungsberechtigter Leiter für die gewerblichen Mitarbeiter seines Unternehmens. Insbesondere in Ausführungsfragen ist der Polier in der Praxis oft Bindeglied zwischen Architekt, Statiker, Bauherr und Unternehmen, in dem er beschäftigt ist. Hierarchisch unter ihm stehen die gewerblichen Arbeitnehmer, wie Werkpoliere, Vorarbeiter, Spezialbaufacharbeiter, Facharbeiter, Helfer. Er muss eine abgeschlossene Ausbildung in einem Bauberuf (Maurer, Zimmermann usw.) und eine mehrjährige Berufspraxis vorweisen können. Im Einzelfall können auch Arbeiter ohne Gesellenbrief, aber mit langjähriger Berufserfahrung zur Polierausbildung zugelassen werden.

Durch eine entsprechende innerbetriebliche Arbeitsorganisation kann das planvolle Miteinander erfolgen. Alle auf Seiten des Auftragnehmers Beschäftigten sind regelmäßig durch arbeitsrechtliche Dienstverträge mit dem Auftragnehmer verbunden. Hinzu kommen manchmal Leiharbeiter, für die dann aber infolge der organisatorischen Einordnung in dem Betrieb des Auftragnehmers rechtlich und haftungsrechtlich nichts anderes gilt. Es ist zu berücksichtigen, dass für diese das Arbeitsrecht und insofern auch die haftungsrechtliche Privilegierung nach den Grundsätzen der gefahrgeneigten Tätigkeit gilt, wobei eine Haftung nur bei Vorsatz, eine eingeschränkte Haftung bei grober Fahrlässigkeit und keine Haftung bei einfacher Fahrlässigkeit gilt[359]. Dies gilt etwa auch, wenn ein Arbeitnehmer also Planungsleistungen für seinen Arbeitgeber erbringt. Anders als bei der Beauftragung von selbständigen Sonderfachleuten (freiberuflichen Architekten) muss hier also an eine gesonderte Haftpflichtversicherung durch den Auftragnehmer selbst gedacht werden.

Mit § 4 Abs. 2 VOB/B wird klargestellt, dass der Auftragnehmer auch im Übrigen für die innere Organisation seines Betriebes zuständig ist, damit dort die gesetzlichen, behördlichen und berufsgenossenschaftlichen Verpflichtungen gegenüber seinen Arbeitnehmern eingehalten

---

[357] Hiervon zu unterscheiden ist freilich der Bauleiter nach den Landesbauordnungen, der den Bauüberwacher auf Seiten des Auftraggebers meint und vor allem die Einhaltung des öffentlichen Rechtes überwachen soll.
[358] Die Poliere im Tief- und Straßenbau werden oft auch als Schachtmeister bezeichnet.
[359] Vgl. etwa BAG-Report, 2000, 370–373.

werden. Es wird klargestellt, dass diese strikt vom Bauvertrag zwischen Auftraggeber und Auftragnehmer zu trennen sind und in der Folge der Auftraggeber auch insofern keine Direktionsbefugnisse in diesem innerbetrieblichen und arbeitsrechtlichen Bereich hat.

d) Exkurs: Zu den Rechten und Pflichten des Bauleiters

aa) Begriff und Aufgaben des Bauleiters

Der „Bauleiter" ist zivilrechtlich gesetzlich nicht definiert. Allerdings wird man denjenigen als Bauleiter bezeichnen, der die Objekt- bzw. Bauüberwachung nach der Leistungsphase 8 HOAI bzw. die Bauoberleitung bei sogenannten Ingenieurbauwerken und Verkehrsanlagen übernommen hat. Oft wird zugleich eine Mitübernahme der Objektbetreuung und der Dokumentation nach der Leistungsphase 9 vorliegen. Insofern ergeben sich die Pflichten, aber auch die Rechte des Bauleiters spiegelbildlich aus denen in der HOAI festgelegten Leistungsbildern[360].

Daneben gibt es den Begriff des nach den Landesbauordnungen verantwortlichen Bauleiters. Nach § 56 MBO (Musterbauordnung) hat dieser darüber zu wachen, dass die Baumaßnahme entsprechend den öffentlich-rechtlichen Anforderungen durchgeführt wird und die dafür erforderlichen Weisungen zu erteilen. Er hat im Rahmen dieser Aufgabe auf den sicheren bautechnischen Betrieb der Baustelle, insbesondere auf das gefahrlose Ineinandergreifen der Arbeiten der Unternehmer zu achten.

Entsprechend diesen Regelungen hat der Bauherr vor Beginn der Bauarbeiten einen geeigneten Fachmann als Bauleiter zu benennen (Bauleitererklärung). Den verantwortlichen Bauleiter treffen mit der Abgabe der Bauleitererklärung – und zivilrechtlicher Auftragserteilung – Pflichten gegenüber der Bauaufsicht und der Öffentlichkeit.

bb) Vollmacht des Bauleiters

Eine umfassende Vertretungsmacht kann nur angenommen werden, wenn sich ein dahin gehender Wille des Bauherrn aus seiner Erklärung oder den Umständen zweifelsfrei feststellen lässt[361]. Wird der Architekt als „bevollmächtigter Vertreter" des Bauherrn bezeichnet, ohne dass die Vollmacht ausdrücklich auf bestimmte Handlungen beschränkt ist, so bedeutet dies nach Auffassung des BGH[362] nicht, dass er damit eine unbegrenzte rechtsgeschäftliche Vertretungsmacht in allen mit dem Bau zusammenhängenden Fragen hat. Eine derartige Formulierung soll

---

[360] BGH, Urteil vom 10.02.1994 – VII ZR 20/93.
[361] BGH, NJW 1960, 859; BGH, BauR 1978, 139.
[362] BGH, BauR 1978, 139.

lediglich besagen, dass der Architekt Vollmacht hat, nicht aber, wie weit diese reicht. Ebenso hat der BGH[363] bei einer Vertragsklausel mit folgendem Wortlaut entschieden: „Die Vertretung des Bauherrn gegenüber dem Auftragnehmer obliegt der Bauleitung."

Der Umfang der Vollmacht richtet sich daher stets nach der Erteilung im Einzelfall[364]. Im Zweifel ist die Vollmacht gemäß Rechtsprechung des BGH eng auszulegen, um den Bauherrn vor ungewollten rechtsgeschäftlichen Verpflichtungen zu schützen. Umfasst beispielsweise die Vertretungsbefugnis in einem Architektenvertrag die rechtsgeschäftliche Abnahme der Bauleistungen, ist damit dem Architekten noch keine Vollmacht über die Abnahme hinaus (z. B. Verkürzung von Verjährungsfristen, Anerkennung von Rechnungen usw.) erteilt worden[365].

Es ist daher Aufgabe des Bauleiters, klare und unmissverständliche Vereinbarungen hinsichtlich seiner Vollmacht zu treffen. Die Unternehmer selbst können sich vor Überraschungen dadurch schützen, dass sie im Zweifel bei dem Bauherrn den Umfang der Vollmacht durch Rückfrage erklären[366]. Allerdings genießen die Unternehmer über die Duldungs- und Anscheinsvollmacht (siehe unten) weiteren Vertrauensschutz.

Soweit dem Architekten und Bauleiter nicht ausdrücklich eine Vollmacht erteilt wurde gilt Folgendes:

Der Architekt hat eine sogenannte originäre Vollmacht, die sich aus den ihm übertragenen Pflichten als Spiegelbild ergibt. Grundsätzlich ist zwar davon auszugehen, dass der Architekt nicht originär bevollmächtigt ist, den Bauherrn in vollem Umfang zu vertreten[367]. Aus der reinen Tatsache, dass ein Architekt im Rahmen eines Bauvorhabens bestellt wurde, kann noch nicht auf eine weitreichende Vollmachtserteilung geschlossen werden[368]. Die Vereinbarung der HOAI ändert daran nichts[369]. Der BGH[370] hat jedoch darauf hingewiesen, dass, „wenn der Bauherr dem Architekten, dem er die technische und geschäftliche Oberleitung sowie die Bauausführung überträgt, damit zugleich in gewissem Umfang auch die Befugnis erteilt, ihn den Bauhandwerkern gegenüber zu vertreten". Ist der Umfang der Architektenvollmacht nicht ausdrücklich festgelegt, soll sich diese nach Treu und Glauben und der Verkehrssitte (§§ 157, 242 BGB) richten[371]. So soll bei Übertragung der Oberleitung und der

---

[363] BGH, BauR 1975, 358.
[364] BGH, ZfBR 1983, 220.
[365] OLG Düsseldorf, BauR 2001, 845.
[366] OLG Düsseldorf, BauR 1984, 428 und so schon BGH, BB 1963, 111.
[367] OLG Düsseldorf, BauR 2000, 1878.
[368] OLG Düsseldorf, BauR 2000, 891.
[369] BGH, BauR 1997, 154.
[370] BGH, NJW 1960, 859.
[371] OLG Koblenz, Schäfer/Finnern, Z 3.002 Bl. 2.

Bauausführung „die Vollmacht die Vergabe einzelner Bauleistungen, die Erteilung von Weisungen, die Rüge von Mängeln und die Abnahme geleisteter Arbeiten ohne weiteres umfassen"[372].

Der BGH hat die vorgenannten Grundsätze[373] auch für den Fall bestätigt, dass mit einem Unternehmer ein Pauschalwerklohn vereinbart war und vom Architekten namens des Bauherrn Zusatzaufträge vergeben wurden. Allerdings hat der BGH dies ausdrücklich darauf beschränkt, dass es sich „im Verhältnis zu den Gesamtleistungen (und) geringfügige Zusatzaufträge" handelt. Gewichtige Stimmen[374] verneinen eine originäre Vollmacht des Architekten im Sinne einer rechtsgeschäftlichen Mindestvollmacht.

Die originäre Vollmacht des Architekten wird man daher nur im Bereich der tatsächlichen und insbesondere technischen Feststellungen[375] durch den Architekten annehmen können.

Danach umfasst die originäre Vollmacht insbesondere nicht

— die Vergabe von Zusatzaufträgen oder Änderungsaufträgen (OLG Düsseldorf, BauR 2002, 1198);
— die rechtsgeschäftliche Abnahme der Werkleistungen des Unternehmers im Sinne des § 640 BGB oder § 12 VOB/B, soweit sie über die rein technische Abnahme hinaus geht (OLG Düsseldorf, BauR 1997, 647);
— die Annahme einer Abtretungsanzeige des Unternehmers gegenüber dem Bauherrn durch den bauleitenden Architekten, dem die Entgegennahme der Rechnungen und deren Prüfung auf ihre sachliche Richtigkeit obliegt (BGH, NJW 1960, 1805);
— die Änderung vertraglicher Vereinbarungen zwischen Bauherrn und Bauunternehmer (OLG Düsseldorf, VersR 1982, 1147);
— namens des Bauherrn die Rechnungen des Unternehmers anzuerkennen (OLG Düsseldorf, BauR 1996, 740) oder hierüber Vergleiche zu schließen, auch wenn der Architekt, dem die Objektüberwachung übertragen wurde, verpflichtet ist, die Bauabrechnungen des Unternehmers sachlich und rechnerisch zu prüfen (BGH, NJW 1978, 994);
— die Abgabe der Vorbehaltserklärung einer bereits verwirkten Vertragsstrafe (Landgericht Leipzig, NJW-RR 1999, 1183) im Rahmen der technischen Abnahmeverhandlungen (OLG Stuttgart, BauR

---

[372] BGH, NJW 1960, 859.
[373] Im Jahr 1975 (BauR 1975, 358) und im Jahr 1978 (BauR 1978, 314).
[374] In Literatur z. B. Quak, BauR 1995, 441 und Rechtsprechung OLG Saarbrücken, NJW-RR 1999, 668, OLG Naumburg, NZBau 2000, 143 oder OLG Düsseldorf, BauR 2000, 891.
[375] OLG Düsseldorf, BauR 2002, 1878.

1975, 432), es sei denn, der Architekt ist ausdrücklich zur Durchführung der förmlichen Abnahme bevollmächtigt (BGH, SFH, Nr. 11 zu § 11 VOB/B);
- die Vergabe von Aufträgen an Sonderfachleute (OLG Hamm, NJW-RR 1991, 1430);
- die Anerkennung von Stundenlohnzetteln (BGH, BauR 1994, 760);
- die Änderung vertraglich vereinbarter Fertigstellungstermine oder sonstiger Vertragsbestimmungen (BGH, BauR 1978, 139);
- die Entgegennahme des Vergütungsverlangens des Unternehmers (§ 2 Abs. 6 VOB/B), es sei denn, es geht um Leistungen geringfügigen Umfangs;
- den Verzicht auf die Erteilung einer Schlussrechnung (OLG Düsseldorf, BauR 1996, 740).

Dagegen umfasst die originäre Vollmacht des Architekten
- die Aufnahme eines gemeinsamen, den Bauherrn bindenden Aufmaßes (OLG Oldenburg, BauR 1997, 523);
- die technische Abnahme, § 4 Abs. 7 VOB/B;
- die Entgegennahme von Stundenlohnzetteln (BGH, BauR 1994, 760);
- die Befugnis, Weisungen auf der Baustelle zu erteilen, Mängel zu rügen, Angebote und Schlussrechnungen (nicht aber Mahnungen) entgegenzunehmen und diese auf Unstimmigkeiten von Bauleistungen und Baustoffen zu prüfen;
- die Entgegennahme von Erklärungen nach § 4 Abs. 3 VOB/B (Bedenken gegen die Art der Ausführung), nach § 3 Abs. 3 VOB/B (Bedenken gegen die Ausführungsunterlagen) und § 4 Abs. 1 Nr. 4 VOB/B (Bedenken gegen die Anordnung des Auftraggebers), es sei denn, der Architekt verschließt sich den berechtigten Einwendungen, oder es handelt sich um eigene Fehler des Architekten (BGH, BauR 1978, 54);
- die Entgegennahme von Anzeigen nach § 2 Abs. 8 Nr. 2 VOB/B – Vergütung nicht vereinbarter, aber notwendiger Leistungen im mutmaßlichen Willen des Auftraggebers (OLG Hamm, BauR 1978, 146);
- die Entgegennahme von Vorbehalten (BGH, BauR 1987, 92);
- die Entgegennahme von Hinweisen des Auftragnehmers, die seine Rechnung betreffen, wie z. B. die Erklärung eines Unternehmers, seine Rechnung sei noch keine Schlussrechnung, sondern nur eine Akonto- oder Zwischenrechnung (BGH, BauR 1978, 145);
- Ausführungsunterlagen von Bauhandwerkern in technischer Hinsicht zu genehmigen (OLG Köln, SFH, Nr. 1 zu – § 13 Abs. 7 VOB/B);

— die Abgabe einer der Schlusszahlung gleichstehenden Erklärung, wonach weitere Zahlungen endgültig abgelehnt werden (BGH, BauR 1987, 218).

Neben ausdrücklich erteilter und originärer Vollmacht gibt es noch die **Duldungs- und Anscheinsvollmacht.**

— **Duldungsvollmacht** liegt vor, wenn der Vertretene das Handeln des Bauleiters in seinem Namen kennt, der Vertretene dieses Handeln duldet, ohne es trotz Möglichkeit zu unterbinden, und der Vertragspartner dieses Dulden nach Treu und Glauben dahin verstehen darf, dass der als Vertreter handelnde auch Vollmacht hat. In diesem Fall muss sich der Vertretene so behandeln lassen, als habe er dem Architekten bzw. Bauleiter die entsprechende Vollmacht für die vorgenommenen Handlungen des Architekten (z. B. Erteilung von Aufträgen, insbesondere Zusatzaufträgen, rechtsgeschäftlichen Abnahmen, Anerkennung von Stundenlohnzetteln usw.) gegeben[376]. Hierdurch sollen gutgläubige Beteiligte geschützt werden[377], z. B. bei widerspruchsloser Entgegennahme der Kopie eines durch den Architekten erteilten Auftrags oder Bezahlung eines solchen Auftrags[378]. Konnte der Vertragspartner allerdings bei Anwendung zumutbarer Sorgfalt erkennen, dass trotz der Duldung des Verhaltens des Architekten bzw. Bauleiters durch den Bauherrn dieser noch keine Vollmacht erteilen wollte, wird das Vertrauen des Dritten nicht durch das Institut der Duldungsvollmacht geschützt. Im Zweifelsfall ist es für einen Auftragnehmer durchaus zumutbar, sich beim Bauherrn über den Umfang der Vollmacht des Architekten durch eine entsprechende Rückfrage zu informieren[379].

— Die – den Vertretenen ebenfalls verpflichtende – **Anscheinsvollmacht** unterscheidet sich dadurch, dass der Vertretene das Handeln des Dritten in seinem Namen nicht kennt, es aber bei pflichtgemäßer Sorgfalt hätte erkennen und verhindern können. In diesem Fall wird der Vertretene deswegen gebunden, wenn er durch sein Verhalten den Rechtsschein erweckt, den Architekten bzw. Bauleiter für bestimmte rechtsverbindliche Handlungen (insbesondere Auftragsvergabe) bevollmächtigt zu haben[380]. Die Anscheinsvollmacht ist sozusagen der Auffangtatbestand, wenn ein Wissen des Vertretenen vom Vertreterhandeln nicht nachweisbar ist. Es handelt sich insoweit um einen Fall der Vertrauenshaftung[381]. Auch das Überschreiten einer dem

---

[376] BGH, BB 1961, 548.
[377] OLG Düsseldorf, BauR 2000, 1198.
[378] OLG Hamburg, BauR 1996, 256.
[379] BGH, DB 1985, 432.
[380] BGH, BM 1957, 926.
[381] BGH, NJW 1962, 1003.

Architekten vertraglich übertragenen Vollmacht kann zu einer Haftung des Bauherrn nach den Regeln der Anscheinsvollmacht führen, sofern der Rechtsschein gerade im Hinblick auf die Überschreitung der Vollmacht gesetzt und insofern Vertrauen erweckt worden ist[382]. Von einer Anscheinsvollmacht ist auszugehen, wenn der Bauherr den Architekten allein die Vertragsverhandlungen mit dem Bauunternehmer überlässt[383]. Der Auftragnehmer muss also aufgrund des Verhaltens des Bauherrn mit Recht darauf vertraut haben, dass dieser das Verhalten des Architekten kennt und damit im Sinne einer Bevollmächtigung einverstanden ist. Vergibt z. B. der Architekt mit Vollmacht den Hauptauftrag an einen Unternehmer, kann damit gleichzeitig der Anschein einer Vollmacht auf die Zusatzaufträge erweckt werden[384]. Bevollmächtigt der Bauherr seinen Bauleiter zur Abnahme, ist dieser auch nicht kraft Anscheinsvollmacht berechtigt, eine Verkürzung der Gewährleistung zu Lasten des Bauherrn zu vereinbaren. Dagegen ist von einer Anscheinsvollmacht auszugehen, wenn ein Auftraggeber seinen Bauleiter zu einer Besprechung über die Schlussrechnung und die darin enthaltenen Bauleistungen entsendet. In diesem Fall gelten die vom Bauleiter dabei bestätigten Leistungen grundsätzlich als prüfbar abgerechnet[385]. Der Rechtsschein kann dem Bauherrn nur dann angelastet werden, wenn er das vertragswidrige Verhalten des Bauleiters kannte oder bei pflichtgemäßer Sorgfalt hätte erkennen und verhindern können[386]. Im Übrigen muss der Rechtsschein der Vollmacht ursächlich für die Entschließung des Vertragspartners gewesen sein[387]. Wie bei der Duldungsvollmacht gilt auch hier, dass der Vertragspartner bei Anwendung pflichtgemäßer Sorgfalt Zweifel im Hinblick auf den Tatbestand der Anscheinsvollmacht beachten muss und sich insofern beim Vertretenen über die Vollmacht und den Umfang der Vollmacht zu vergewissern hat.

cc) Folgen fehlender Vollmacht

Liegt keine Vollmacht vor, kann der Vertragspartner den angeblich Vertretenen nur aus dem Vertrag in Anspruch nehmen, wenn dieser den Vertragsschluss durch den vollmachtlosen Vertreter nach §§ 177 Abs. 1, 184 BGB rechtzeitig genehmigt. Die Genehmigung kann nur innerhalb von zwei Wochen nach Aufforderung erteilt werden, ansonsten gilt sie als verweigert (§ 177 Abs. 2 S. 2 BGB). Bis zur Genehmigung ist der Vertragspartner nach § 178 S. 1 BGB zum Widerruf berechtigt, es sei

---

[382] BGH, NJW-RR 1987, 308.
[383] BGH, NJW 1983, 816.
[384] OLG Stuttgart, BauR 1994, 789.
[385] OLG Nürnberg, BauR 2000, 730.
[386] BGH, MDR 1991, 635.
[387] BGH, WM 1957, 926.

denn, dass er den Mangel der Vertretungsmacht beim Abschluss des Vertrages gekannt hat. Nach Verweigerung der Genehmigung kann er gemäß § 179 Abs. 1 BGB den vollmachtlosen Vertreter auf Vertragserfüllung oder Schadensersatz in Anspruch nehmen, es sei denn, er kannte den Mangel der Vertretungsmacht oder hätte ihn kennen müssen (§ 179 Abs. 3 S. 1 BGB). Der Vertreter ohne Vertretungsmacht haftet, wenn er selbst nicht weiß, dass er keine Vollmacht hat, nach § 179 Abs. 2 BGB auch nur auf das sogenannte negative Interesse begrenzt durch das Erfüllungsinteresse.

Nach dem Offenheitsprinzip, § 164 Abs. 2 BGB[388], muss derjenige, der im fremden Namen handelt, dies erkennbar zum Ausdruck bringen. Dies gilt auch[389], wenn die Unternehmensbezogenheit des Geschäfts behauptet wird, selbst dann, wenn gewisse Umstände darauf hindeuten, dass als Vertragsgegner möglicherweise ein anderer als der Handelnde in Betracht kommt[390]. Wird diese Fremdbezogenheit des Handelns nicht offengelegt, so gilt der Handelnde selbst als Vertragspartner. Vom Architekten dagegen, der als solcher auftritt, wird vermutet, dass er im Namen des Bauherrn auftritt. Er braucht dies nicht ausdrücklich nach § 164 Abs. 1 und 2 BGB hervorzuheben. Das gilt auch, wenn er als angestellter Bauleiter für eine Firma auftritt. Weist er bei einer schriftlichen Bestellung jedoch nicht darauf hin, dass es sich bei der vertretenen Firma um eine GmbH handelt, so haftet er bei evtl. Ausfall des Vertragspartners für diesen Ausfall, falls der Vertragspartner darauf vertraut hat, nicht mit einer beschränkt haftenden juristischen Person zu kontrahieren[391]. Dies folgt aus § 4 Abs. 2 GmbHG, nachdem die Firmenbezeichnung in allen Fällen den Zusatz „mbH" enthalten muss. Diese Rechtsscheinshaftung gilt deshalb nicht bei mündlichen oder auch telefonischen Vertragsabschlüssen.

III. Bedenken – Anzeige des Auftragnehmers – Pflicht und Recht, § 4 Abs. 3 VOB/B

Gemäß § 4 Abs. 3 VOB/B – vgl. in Abgrenzung hierzu oben § 4 Abs. 1 Nr. 4 VOB/B – muss der Auftragnehmer Bedenken gegen die vorgesehene Art der Ausführung, gegen die Güte der vom Auftraggeber gelieferten Stoffe oder Bauteile oder gegen die Leistungen anderer Unternehmer dem Auftraggeber unverzüglich schriftlich mitteilen.

---

[388] BGHZ 85, 252 ff.
[389] BGH, NJW 1995, 43 f.
[390] BGH, WM 1961, 1381 f.
[391] BGHZ 64, 11 ff.; WM 1991, 1505 f.

1. Unangemessenheit der Prüf- und Bedenkenanzeigepflicht

a) Unbeschränkter Umfang

§ 4 Abs. 3 VOB/B dürfte unangemessen und damit bei nicht vollständiger Einbeziehung der VOB/B unwirksam sein, weil der Auftragnehmer in jedem Fall Bedenken anzuzeigen hat, selbst wenn die vorgesehene Art der Ausführung etc. von einem Sonderfachmann seitens des Auftraggebers vorgegeben wurde und dieser Sonderfachmann die Ausführung überwacht. Obwohl dann eine Bedenkenanzeige ähnlich wie im Rahmen von § 2 Abs. 8 Nr. 2 S. 2 VOB/B die Anzeige der Mehrvergütung reine Förmelei wäre und vom wahren Interesse des Auftraggebers nicht mehr abgedeckt sein kann, gilt die Bedenkenanzeige zum Haftungsausschluss nach § 10 Abs. 2 VOB/B und zum Gewährleistungsausschluss nach § 13 Abs. 3 VOB/B dem Wortlaut der Klausel nach uneingeschränkt und kann nicht einfach gegen den Wortlaut im Wege der normativen Auslegung reduziert werden.

Unabhängig davon ist in jedem Fall eher eine Bedenkenanzeige zu viel als zu wenig zu empfehlen.

b) Schriftform

Anders als bei der Bedenkenanzeige i. S. v. § 4 Abs. 1 Nr. 4 VOB/B ist zudem die Schriftform für die Voraussetzung, was ebenso unangemessen und daher bei nicht vollständiger Einbeziehung der VOB/B unwirksam ist, wenn ansonsten die Bedenkenanzeige unbeachtlich sein soll. Unabhängig davon ist in jedem Fall die Schriftform schon zu Beweiszwecken zu empfehlen. Gemeint ist dabei die vereinbarte Schriftform, weil die VOB/B kein Gesetz, sondern eine Allgemeine Geschäftsbedingung ist. Die gewillkürte Schriftform ist in § 127 BGB geregelt, so dass diesbezüglich eine telekommunikative Übermittlung (also vor allem Telefax) genügt.

Eine Faxbestätigung ist problematisch, so dass beim Empfänger etwa durch Zeugen beweisgesichert noch, z. B. fernmündlich, nachgefragt werden muss, ob das Fax seinen Adressaten erreichte. Eine solche mündliche Empfangsbestätigung des Adressaten kann dann durch den Zeugen etwa auf dem Faxsendebericht protokolliert zu den Akten genommen werden. Auch wenn der Zugang regelmäßig vorsorglich fernmündlich durch einen Zeugen abgefragt werden sollte, genügt eigentlich auch der „OK-Vermerk" auf dem Sendebericht. Jedenfalls scheint die Meinung überholt, der „OK-Vermerk" erbringe nicht den Beweis für einen Zugang des Faxes beim Empfänger und reiche nicht für die Annahme eines Anscheinsbeweises aus[392]. So vertritt das OLG München bereits seit geraumer Zeit die Auffassung, dass wegen der sehr hohen Übertragungssicherheit bei einem Sendeprotokoll mit „OK-Vermerk" der Anscheinsbeweis für einen Zugang des Faxes spreche[393]. Auch im Schrifttum wird dies so zunehmend vertreten[394]. Zu berücksichtigen ist ferner, dass der BGH seine bisherige Rechtsprechung zur Frage des Zugangs eines Faxes im Jahr 2006 geändert hat. Während er davor die Ansicht vertrat, dass ein per Telefax übermittelter Schriftsatz erst mit dem vollständigen Ausdruck durch das Empfangsgerät zugegangen ist, es sei denn, der Fehler hat in der Sphäre des Empfängers gelegen, stellt der BGH für die Frage der Rechtzeitigkeit des Zugangs nunmehr alleine darauf ab, wann die gesendeten Signale vollständig vom Telefaxgerät des Empfängers empfangen bzw. gespeichert wurden[395]. Auf den Ausdruck kommt es demgegenüber wegen der bei neueren Faxgeräten gegebenen Möglichkeit, Daten zunächst zu speichern und erst später auszudrucken, nicht an. Hierfür spricht auch die Regelung des § 130a Abs. 3 ZPO, der bei elektronischen Dokumenten ebenfalls auf den Zeitpunkt der Datenaufzeichnung im Empfangsgerät abstellt, auch wenn die Vorschrift auf Telefaxe und Computerfaxe unmittelbar nicht anwendbar ist.

— Dabei kommt es nicht darauf an, ob ein Mitarbeiter das Fax tatsächlich gelesen hat, ob es vom Empfangsgerät überhaupt ausgedruckt wurde, ein Papierstau bestand oder gar das zunächst gespeicherte Fax vor seinem Ausdruck wieder gelöscht wurde. Insoweit hat der BGH klargestellt, dass es bei solchen Geräten nicht auf den Zeitpunkt des Ausdrucks ankommt, sondern auf den Zeitpunkt des vollständigen Empfangs (Speicherung) der gesendeten technischen Signale im Empfangsgerät abzustellen ist[396].

— Die Wahrscheinlichkeit einer Zusammenfassung der Ausfallquote auf ein entscheidendes Wort des übermittelten Textes ist dabei gering, so dass damit im Regelfall die Verwertbarkeit der übermittelten Vorlage nicht beeinträchtigt wird. In einer gerichtlicher Beweiswürdigung, kommt es nicht auf absolute, über jeden Zweifel erhabene Gewissheit an, sondern darauf, ob verbleibenden Zweifeln Schweigen geboten wird, ohne sie völlig auszuschließen[397].

---

[392] So noch BGH NJW 1996, 665; 2004, 1320; BFH BB 1999, 303; BAG MDR 2003, 91; KG KGR 2002, 27.
[393] OLGR 1999, 10; NJW 1994, 527.
[394] Vgl. Faulhaber/Riesenkampff DB 2006, 376; Riesenkampf NJW 2004, 3296; Gregor NJW 2005, 2885.
[395] BGH, NJW 2006, 2263.
[396] BGH, NJW 2006, 2263.
[397] BGHZ 53, 245, 256.

2. Umfang der Prüf-, Hinweis- und Bedenkenanzeigepflicht nach Treu und Glaube

Die – angemessene – Bedenkenanzeige ist im Übrigen selbst bei Unwirksamkeit der Klausel des § 4 Abs. 3 VOB/B aus dem Gebot von Treu und Glauben nach § 242 BGB mit sonst gleicher Sanktion nötig[398]. Denn auch beim BGB-Werkvertrag gilt der Grundsatz des § 4 Abs. 3 VOB/B, der eine Prüfungspflicht und bei Bedenken gegen die Ausführung eine Hinweispflicht des Bauunternehmers vorsieht, so dass sie auch bei der Unwirksamkeit des § 4 Abs. 3 VOB/B zu beachten ist.

Es gilt dann wieder, Bedenken frühzeitig und selbst in Zweifel eher zu oft und schriftlich auszubringen, als die Sache zu leicht zu nehmen.

Grundsätzlich ist jeder Werkunternehmer selbst für die von ihm zu erbringende Leistungen und damit auch für die ihm obliegende Prüfung der Vorleistung anderer Unternehmer verantwortlich. Das gilt selbst dann, wenn der Bauherr einen Architekten zur Bauüberwachung oder zur Koordination der verschiedenen Gewerke eingeschaltet hat, und muss erst recht gelten, wenn das nicht der Fall ist. Der Bauherr muss sich darauf verlassen können, dass der Bauunternehmer die ihm obliegenden Pflichten erfüllt, ohne ihn ständig selbst oder durch Dritte zu beaufsichtigen[399]. Die für den Werkvertrag typische Einstandspflicht des Auftragnehmers für einen trotz genereller Eignung des Stoffes im Einzelfall auftretenden Fehler – „Ausreißer" – wird durch eine Anordnung des Auftraggebers, die eine an sich geeignete Art des zu verwendenden Stoffes vorsieht, nicht aufgehoben[400].

Der Rahmen der Prüfungs- und Hinweispflicht und ihre Grenzen ergeben sich aus dem Grundsatz der Zumutbarkeit, wie sie sich nach den besonderen Umständen des Einzelfalls darstellt. Was hiernach zu fordern ist, bestimmt sich in erster Linie durch das vom Unternehmer zu erwartende Fachwissen und durch alle Umstände, die für den Unternehmer bei hinreichend sorgfältiger Prüfung als bedeutsam erkennbar sind. Steht die Arbeit eines Werkunternehmers in engem Zusammenhang mit der Vorarbeit eines anderen Unternehmers oder ist sie aufgrund dessen Planung auszuführen, muss er prüfen und gegebenenfalls auch geeignete Erkundigungen einziehen, ob diese Vorarbeiten, Stoffe oder Bauteile eine geeignete Grundlage für sein Werk bieten und keine Eigenschaften besitzen, die den Erfolg seiner Arbeit in Frage stellen können[401].

---

[398] BGH, Beschluss v. 26. August 2004, Az. VII ZR 36/04 – in Bestätigung OLG Dresden, Urteil vom 20.01.2004, 14 U 1198/03 und OLG Koblenz, BauR 2003, 1728–1729.
[399] OLG Bremen, NJW-RR 2001, 1463–1465.
[400] BGH, NJW 1996, S. 2372; Abweichung von BGH, BauR 1973, 188, 190.
[401] BGH, Urt. v. 08.11.2007, VII ZR 183/05, NJW 2008, 511.

Welche Anforderungen an die Prüf- und Bedenkenanzeigepflicht des Bauunternehmers im Einzelnen zu stellen sind, bestimmt sich nach dem von dem Unternehmer zu erwartenden Fachwissen, nach seiner Kenntnis vom Informationsstand des Vorunternehmers und überhaupt durch alle Umstände, die für den Unternehmer bei hinreichend sorgfältiger Prüfung als bedeutsam erkennbar sind. Dabei sind die Anforderungen an die Erfüllung einer solchen Verpflichtung umso höher, je wichtiger die Überprüfung für den Erfolg der Baumaßnahme ist.

Will oder kann der Bauunternehmer die Güte der Vorarbeiten nicht selbst beurteilen, muss er sich gegebenenfalls sachverständig beraten lassen[402].

Die Erklärung etwa eines vor Ort tätigen Baubetreuers des Auftraggebers, der Auftragnehmer solle trotz seiner Bedenkenanmeldung gegen das Vorgewerk leisten, weil es bisher immer gut gegangen sei und es keine Schwierigkeiten gegeben habe, darf der Auftragnehmer dahin verstehen, dass er einen sach- und fachkundigen Baubetreuer vor sich hat, der das Problem kennt und den der Auftraggeber als fachkundigen Mitarbeiter für das Bauvorhaben eingesetzt hat. Deshalb scheidet eine Haftung des Auftragnehmers aus[403].

Ein Unternehmer, der etwa Betonplatten auf einer Terrasse verlegt, muss den Auftraggeber darauf hinweisen, wenn etwa der Untergrund unzureichend verdichtet ist. Kommt es zu einem Absacken der Platten, so ist der Unternehmer nur von der Gewährleistung befreit, wenn er die ihm obliegende Hinweispflicht erfüllt hatte[404].

Vor Ausführung von Lehmputzarbeiten auf Bruchsteinwänden in einem denkmalgeschützten, vor 1900 errichteten Bauwerk hat der Werkunternehmer grundsätzlich Anhaltspunkte für eine Salz- und Feuchtigkeitsbelastung der zu verputzenden Wände, die zu einem Abplatzen des Lehmputzes führen kann, zu prüfen und den Bauherrn gegebenenfalls auf die Notwendigkeit weiterer Untersuchungen hinzuweisen. Die Prüfungs- und Hinweispflicht entfällt, wenn sich der Werkunternehmer darauf verlassen kann, dass der fachkundige Bauherr selbst oder sein bauleitender Vertreter (Architekt bzw. Sonderfachmann) ein bestimmtes Risiko erkannt und bewusst in Kauf genommen hat; in diesem Fall kann von einer stillschweigenden Risikoübernahme durch den Bauherrn ausgegangen werden[405].

Der Umfang der Prüfpflicht wird durch die DIN nicht abschließend, sondern nur beispielhaft umschrieben[406]. Auch wenn die ATV (VOB/C,

---

[402] OLG Bremen, NJW-RR 2001, 1463–1465.
[403] OLG Celle, BauR 2002, 93-95 – Estrichleger –.
[404] OLG Köln, NJW-RR 1995, 19.
[405] OLG Köln Urteil vom 16.01.2007, Az. 3 U 214/05.
[406] BGH NJW-RR 2001, 1102 = BauR 2001, 1414 = NZBau 2001, 495.

also den DIN-Normen, wie etwa in DIN 18365 in 3.1.1. hinsichtlich der Wandflächen)[407] eine Prüfpflicht nicht ausdrücklich vorsieht, ist der Auftragnehmer für alle Faktoren, die sich unmittelbar auf die Qualität der Werkleistung auswirken können, in vollem Umfange zur Prüfpflicht verpflichtet[408].

Hat etwa der Auftraggeber als Fachfirma den herzustellenden Betonbodenbelag selbständig geplant und insbesondere die hierfür geeignete Betonsorte ausgewählt, so ist der mit dem mechanischen Einbau beauftragte Auftragnehmer nicht verpflichtet, die gelieferte Betonqualität bzw. deren Eignung zum vorgesehenen Zweck zu überwachen. Vielmehr beschränkt sich die gem. § 13 Abs. 3 i.V.m. § 4 Abs. 3 VOB/B haftungsrelevante Mitteilungspflicht auf solche Unzulänglichkeiten des gelieferten Betons, die sich ohne besondere eigene Überprüfungen aufdrängen müssen[409].

3. Prüf- und Hinweispflicht des Auftragnehmers kontra Mitverantwortlichkeit des Auftraggebers

Steht die Arbeit eines Werkunternehmers in engem Zusammenhang mit der Vorarbeit eines anderen Unternehmers oder ist sie aufgrund dessen Planung auszuführen, muss er prüfen und gegebenenfalls auch geeignete Erkundigungen einziehen, ob diese Vorarbeiten, Stoffe oder Bauteile eine geeignete Grundlage für sein Werk bieten und keine Eigenschaften besitzen, die den Erfolg seiner Arbeit in Frage stellen können. Trifft den Besteller oder dessen Erfüllungsgehilfen an dem zu beseitigenden Mangel eine Mitverantwortlichkeit, muss er sich in diesem Umfang an den Mängelbeseitigungskosten beteiligen[410].

Zum Beispiel hatte eine Auftragnehmerin für ein Falttor weder die Statik des Trägers berechnet, noch diesen in die Giebelkonstruktion der Halle eingebaut. Ihre Werkleistung lag vielmehr in der Erstellung und Montage des Falttores an den Träger. Zwar traf sie die Pflicht, den Träger, an welchen sie ihr Tor montieren wollte, dahin zu untersuchen, ob er aufgrund seiner Dimensionierung, Fertigung und Montage geeignet ist, das von ihr gefertigte und zu montierende Tor zu tragen. Wäre sie im Ergebnis ihrer Prüfung zu der Erkenntnis gelangt, dass hiergegen Bedenken bestehen, wäre sie vor Ausführung ihrer eigenen Werkleistung verpflichtet gewesen, diese Bedenken gegenüber der Beklagten

---

[407] Fall in: OLG Köln, 11 U 93/04, NJW-RR 2006, 1456–1457.
[408] OLG Düsseldorf NJW-RR 1997, 1450 = BauR 1998, 126; BauR 1999, 1309.
[409] OLG Saarbrücken, 21.08.2007, 4 U 448/03-73/04.
[410] So entschied das OLG Rostock 3. Zivilsenat am 11.06.2009, Az. 3 U 213/08.

als Bestellerin anzuzeigen (fehlende Bedenkenanzeige des Auftragnehmers; in einem VOB/B-Vertrag würde noch das Schriftformerfordernis nach § 4 Abs. 3 i. V. m. § 13 Abs. 3 VOB/B beachtlich sein).

Allerdings muss sich die Auftraggeberin an der Mängelbeseitigung beteiligen, wenn ihr oder dem Erfüllungsgehilfen an dem zu beseitigenden Mangel eine Mitverantwortlichkeit trifft. Insoweit finden auf den Mängelbeseitigungsanspruch ebenso wie auf den an seine Stelle tretenden Aufwendungsersatzanspruch die Grundsätze des § 254 BGB entsprechende Anwendung[411]. Die Auftraggeberseite muss sich etwa zum einen mangelhafte Statikerleistung des von ihr beauftragten Streithelfers zurechnen lassen. Dieser hat den Träger, an dem die Klägerin ihr Tor zu montieren hatte, unzureichend dimensioniert und diesen zudem in der Statik falsch bezeichnet.

Auch greift Mitverantwortlichkeit, wenn etwa ein fehlerhaft dimensionierten Träger auftraggeberseits eingebaut wurde.

Schließlich ist an Mitverantwortung zu denken, wenn der Bauherr die Überwachung und Leitung des Bauvorhabens übernahm. Im Rahmen dessen hätte er Bedenken haben müssen, wenn etwa eine Toranlage dieser Größe und dieses Gewichtes an einen provisorisch montierten Träger montiert wird[412]. Oft meinen die Gerichte aber, dass etwaige Bauüberwachungsfehler den Mitverschuldenseinwand nicht rechtfertigen, weil ein Auftragnehmer keinen Anspruch auf Bauüberwachung hat, so dass den Auftraggeber diesbezüglich auch keine Pflichtverletzung treffen kann. Im Fall des OLG Rostock[413] dürfte die Besonderheit in der eigenen Leistungserbringung der Beklagten und der Zurechnung des Statikerverhaltens als Planungsfehler gelegen haben.

4. Rechtsfolge

Nur wenn die Prüf- und Bedenkenanzeigepflicht vollumfänglich vom Auftragnehmer erfüllt wurde und der Auftraggeber dennoch die Leistungserbringung in der bedenklichen Art und Weise verlangt, kann sich der Auftragnehmer auf das Haftungsprivileg nach § 10 Abs. 2 VOB/B

---

[411] BGH, Urt. v. 05.11.1998, VII ZR 236/97, NJW 1999, 416; BGH, Urt. v. 22.03.1984, VII ZR 286/82, BGHZ 90, 354; BGH, Urt. v. 22.03.1984, VII ZR 50/82, BGHZ 90, 344 = NJW 1984, 1676.
[412] OLG Rostock 3. Zivilsenat am 11.06.2009, Az. 3 U 213/08.
[413] OLG Rostock 3. Zivilsenat am 11.06.2009, Az. 3 U 213/08. Das OLG Rostock gewichtet die Verantwortlichkeiten der Klägerin, der Beklagten und des Statikers im Wege der freien Beweiswürdigung des § 286 ZPO zu gleichen Teilen, so dass sich die Beklagte 2/3 der Kosten – 1/3 aus eigener Verantwortlichkeit und 1/3 für ihren Erfüllungsgehilfen – anrechnen lassen musste.

und auf einen Gewährleistungsausschluss nach § 13 Abs. 3 VOB/B bezüglich der als bedenklich erachteten Leistungen berufen.

Weist der spätere Auftragnehmer bereits im Rahmen der Auftragsausschreibung auf seine Bedenken hinsichtlich einer der Vorgaben des Leistungsverzeichnisses hin (hier: das Mischungsverhältnis bezüglich Binder und Splittmastixasphalt im Straßenbau unter Bezug auf die ZTV-Stra 88) und erwidert der öffentliche Auftraggeber darauf, Abweichungen vom Leistungsverzeichnis könnten nur „im Rahmen der genannten Vorschrift" akzeptiert werden, wird der Auftragnehmer gemäß § 13 Abs. 3 VOB/B von seiner Haftung für Mängel befreit, unabhängig davon, ob sein Hinweis fachlich richtig war oder nicht[414].

Der Werkunternehmer muss prüfen und gegebenenfalls Erkundigungen einziehen, ob die Vorarbeiten, auf denen er sein Werk aufbaut, eine geeignete Grundlage für sein Werk bieten oder Eigenschaften aufweisen, die den Erfolg des Gesamtwerks in Frage stellen können. Diese Prüfungs- und Hinweispflicht besteht auch gegenüber Vorarbeiten, die der Auftraggeber selbst fehlerhaft ausgeführt hat. Kommt es aufgrund der unterlassenen Prüfung des Nachunternehmers zu einem Baumangel, der durch fehlerhafte Vorarbeiten des auftraggebenden Generalunternehmers verursacht wurde, so ist der Schaden zwischen den Parteien zu teilen (hier: 2/3 zu Lasten des Nachunternehmers)[415].

Im Gesamtschuldnerausgleich zwischen Architekt und Handwerker bei Baumängeln gemäß § 426 BGB wiegt ein offensichtlicher Verstoß des Architekten gegen die anerkannten Regeln der Technik um so viel schwerer als ein etwaiger Verstoß des Handwerkers, dass dessen Haftung im Ergebnis ausscheidet und deshalb ein Anspruch des Architekten gegen den Handwerker auf Gesamtschuldnerausgleich nicht besteht[416].

IV. Unentgeltlich Benutzung, § 4 Abs. 4 VOB/B

Gemäß § 4 Abs. 4 VOB/B hat der Auftraggeber dem Auftragnehmer unentgeltlich zur Benutzung oder Mitbenutzung zu überlassen:

a) die notwendigen Lager- und Arbeitsplätze auf der Baustelle,
b) vorhandene Zufahrtswege und Anschlussgleise,

---

[414] OLG Köln 17. Zivilsenat Urteil vom 16.03.2005, Az. 17 U 6/04.
[415] OLG Karlsruhe, Urteil vom 28.10.2004, Az. 17 U 19/01, BauR 2006, 540–543.
[416] OLG Celle Az. 5 U 34/04 BauR 2006, 137–138.

c) vorhandene Anschlüsse für Wasser und Energie. Die Kosten für den Verbrauch und den Messer oder Zähler trägt der Auftragnehmer, mehrere Auftragnehmer tragen sie anteilig.

Die Klausel ist Preisabrede, die der Inhaltskontrolle der Gerichte nach § 305 BGB nicht unterliege. Es stellt eine Verletzung vertraglicher Nebenpflichten dar, wenn der Auftragnehmer den von ihm eingebauten Baustromzähler nach Beendigung der Bauarbeiten demontiert, ohne dem Auftraggeber Gelegenheit gegeben zu haben, den Zähler abzulesen, oder wenigstens dem Auftraggeber den abgelesenen Stand des Zwischenzählers mitgeteilt zu haben. In diesem Fall muss der Auftragnehmer bezüglich des von ihm verbrauchten Baustroms Schätzungen des Auftraggebers hinnehmen, soweit diese auf nachvollziehbaren Grundlagen und feststehenden Tatsachen beruhen[417].

Alle hiervon abweichenden Regelungen etwa über Umlagen greifen in die VOB/B ein und führen zum Wegfall der VOB/B-Privilegierung. Etwa Klausel: „In der Schlussrechnung werden die Verbrauchskosten für Bauwasser und etwaige Kosten für Messer und Zähler in Höhe von 1,2 % des Endbetrages der Schlussrechnung ... abgesetzt." unterliegen zwar nicht der richterlichen Inhaltskontrolle als Allgemeine Geschäftsbedingung nach §§ 305 ff. BGB[418]. Die Klausel verliert ihren Charakter als Allgemeine Geschäftsbedingung nicht dadurch, dass die Höhe des vom Unternehmer hinzunehmenden Abzugs in die Klausel maschinenschriftlich eingefügt wird. Die Eintragung des Prozentsatzes stellt lediglich eine notwendige, aber unselbständige Ergänzung der Klausel dar[419]. Die beanstandete Klausel enthält eine von dem vereinbarten Werklohn unabhängige Entgeltabrede für eine selbständige Leistung des Bestellers. Eine solche Abrede unterliegt ihrer Art nach nicht der Regelung durch Gesetz oder andere Rechtsvorschriften. Mit ihr wird allein der Preis für die Lieferung von Bauwasser festgesetzt. An die Stelle der Preisabrede, sofern eine wirksame vertragliche Regelung fehlen würde, könnte dispositives Gesetzesrecht nicht treten. § 4 Abs. 4 VOB/B ist keine gesetzliche Vorschrift, sonders selbst Allgemeine Geschäftsbedingung, die aber hierdurch modifiziert wird, was zum Wegfall der VOB/B-Privilegierung führen muss.

---

[417] OLGR Celle 1999, 233–234.
[418] BGHZ 142, 46–50 = NJW 1999, 3260–3261.
[419] BGH, Urteile vom 2. Juli 1998 – IX ZR 255/97, NJW 1998, 2815 f. und vom 17. März 1993 – VIII ZR 180/92, NJW 1993, 1651 f.

V. Gefahrtragung: Beschränkung bei Beschädigung, Diebstahl, Vandalismus, Graffiti etc., § 4 Abs. 5 VOB/B

Mit § 4 Abs. 5 VOB/B wird die Gefahrtragungsverpflichtung des Auftragnehmers bis zur Abnahme seiner Leistungen geregelt. Demnach muss der Auftragnehmer die von ihm ausgeführten Leistungen bis zur Abnahme vor Beschädigung und Diebstahl schützen. Die Reichweite dieser Pflicht lässt sich trotz dieser dem Wortlaut nach klaren Bestimmung oft nur schwer definieren. Als ein Beispiel sei Vandalismus durch Graffiti benannt. Durch entsprechende Schmiereien wird man eine Sachbeschädigung annehmen können mit der Folge, dass das Risiko diesbezüglich bis zur Abnahme dem Auftragnehmer obliegen würde.

Es wäre jedoch eine entsprechende Forderung des Auftraggebers, der Auftragnehmer möge ein Gewerk, zum Beispiel eine bereits erbrachte Lärmschutzwand, vor der Abnahme von Graffiti reinigen, unangemessen und unverhältnismäßig, zumal wenn zu befürchten steht, dass kurz nach der Abnahme entsprechende Graffitischmierereien wieder erfolgen könnten. Dem Wortlaut des § 4 Abs. 5 VOB/B folgend wäre höchstens zu fordern, dass der Auftragnehmer in einem angemessenen Umfang die Gegenstände vor entsprechender Beschädigung und Diebstahl schützt. Kann man ihm diesbezüglich im Einzelfall keinen Verschuldensvorwurf machen, kann ihm billigerweise auch die Beschädigung oder gar ein Diebstahl nicht wirtschaftlich zugerechnet werden. Vertretbar scheint auch, dass mit § 4 Abs. 5 VOB/B dem Auftragnehmer schon im Rahmen des Vertragsschlusses ein nicht kalkulierbares Wagnis überbürdet würde, was jedoch nach § 7 Abs. 3 VOB/A unzulässig wäre.

Mit Blick auf die verschuldensunabhängige Gefahrtragung des Auftragnehmers vor der Abnahme bezüglich der von ihm ausgeführten Leistungen kann sich dieser schließlich noch auf die Gefahrverteilungsregelung des § 7 VOB/B berufen. Stellt sich eine Beschädigung unter diesem Gesichtspunkt als ein unabwendbares, vom Auftragnehmer nicht zu vertretendes Ereignis dar, kann er die Leistungen vergütet verlangen und muss keinen Schadensersatz leisten. Es ist aber rechtsungeklärt, ob zum Beispiel Graffitischmierereien zu in diesem Sinne objektiv unabwendbaren Ereignissen, ähnlich wie höhere Gewalt, Krieg oder Aufruhr, gehören.

Die neuere Literatur beschränkt § 4 Abs. 5 S. 1 VOB/B, wonach der Auftragnehmer Maßnahmen zum Schutz der eigenen Leistung auf eigene Kosten erbringen muss, ganz entsprechend[420]. Unter dem Gesichts-

---

[420] Stephan Kaminsky, Jarl-Hendrik Kues, NZBau 2006, 747–752.

punkt des ungewöhnlichen Wagnis (§ 9 Nr. 2 VOB/A a. F. = § 7 Abs. 3 VOB/A n. F.) der höheren Gewalt nach § 7 VOB/B und des Umfangs von Schutzmaßnahmen nach der VOB/C beziehungsweise den Allgemeinen Technischen Vertragsbedingungen für Bauleistungen (ATV), wird die Pflicht aus § 4 Abs. 5 VOB/B eingeschränkt, da die einseitige Risikoverteilung in manchen Fällen, wie zum Beispiel bei Beschädigungen durch Vandalismus, Graffiti oder Taubenkot, unangemessen erscheine. Eine Kalkulation sei nicht möglich, weshalb der Auftragnehmer eine gesonderte Vergütung für Schutzmaßnahmen gemäß § 2 Abs. 5 und Abs. 6 VOB/B verlangen könne.

Genauso wird vertreten, dass der Auftragnehmer bis zur Abnahme, also der Übergabe des neu erstellten Bauwerkes, dem Bauherrn gegenüber zur Beseitigung von Graffiti-Schäden verpflichtet sei, diese Pflicht aber entfalle, falls es sich bei dem Schaden um ein unabwendbares Ereignis oder höhere Gewalt handelt[421].

Die Rechtsprechung[422] schränkt die Verpflichtung des Unternehmers zum Schutz unfertiger Bauleistungen auch ein. Der Bauunternehmer sei zwar gemäß § 4 Abs. 5 VOB/B grundsätzlich gehalten, seine Werkleistung von „externen" Einflüssen wie Witterung und Beschädigung oder Diebstahl zu schützen. Hat der Unternehmer den Auftraggeber auf die Risiken fehlender Schutzmaßnahmen hingewiesen (eine Bedenkenanzeige nach § 4 Abs. 3 VOB/B wäre zu empfehlen) und hat es der Auftraggeber nicht für erforderlich gehalten, entsprechende Schutzmaßnahmen zu veranlassen, muss der Auftragnehmer für entstehende Schäden nicht einstehen.

Der Unternehmer trägt auch unabhängig von einer Abnahme keine Leistungsgefahr in Bezug auf für ihn zufällige Beschädigungen des Werks durch Dritte, wenn der Auftraggeber die tatsächliche Verfügungsgewalt und damit Schutzmöglichkeit über das Werk hat, und der Unternehmer seinerseits nicht die tatsächliche Möglichkeit hat, das Werk zu schützen und gegebenenfalls Maßnahmen gegen den Willen des Auftraggebers zu ergreifen[423]. Dies gilt auch dann, wenn der Auftraggeber die Abnahme des Werks wegen Mängeln verweigert, und in der Zeit bis zur Abnahme oder Abnahmereife eine für den Auftragnehmer zufällige Verschlechterung des Werks eintritt, die mit seiner Leistung oder ihren etwaigen Mängeln in keinem ursächlichen Zusammenhang steht[424].

---

[421] Karsten Edgar Köhler, BauR 2002, 27–31 Graffiti-Schmierereien – höhere Gewalt oder unabwendbares Ereignis?
[422] Schleswig-Holsteinisches Oberlandesgericht 8. Zivilsenat, Urteil vom 04.06.2002, Az. 8 U 18/01.
[423] OLG Hamm Urteil vom 20.12.2001, Az. 24 U 25/00.
[424] Ebenda in Anschluss an LG Berlin, Urt. vom 25. November 1982, 20 O 309/81, BauR 1994, 180.

Werden etwa Metallfensterrahmen eingebaut und verglast, so geht die Gefahr der Beschädigung oder Zerstörung der Rahmen und Scheiben auch ohne Abnahme auf den Eigentümer über, wenn ein wirkungsvoller Schutz durch den Unternehmer nicht erfolgen kann[425].

VI. Entfernung von Stoffen oder Bauteilen, § 4 Abs. 6 VOB/B

Nach § 4 Abs. 6 VOB/B sind Stoffe oder Bauteile, die dem Vertrag oder den Proben nicht entsprechen, auf Anordnung des Auftraggebers innerhalb einer von ihm bestimmten Frist von der Baustelle zu entfernen. Geschieht es nicht, so können sie auf Kosten des Auftragnehmers entfernt oder für seine Rechnung veräußert werden.

Es gibt keine Rechtsprechung zu dieser Regelung, zumal die Sachverhalte von den präziseren Regelungen über Mängel nach § 4 Abs. 7 i. V. m. § 8 Abs. 3 VOB/B vor der Abnahme und § 13 Abs. 5 ff. VOB/B nach der Abnahme erfasst werden. Soweit § 4 Abs. 6 VOB/B den Grundsatz aus § 2 Abs. 8 Nr. 1 VOB/B wiederholt, ist auf die dortige Kommentierung zu verweisen.

VII. Mängel während der Ausführung, § 4 Abs. 7 VOB/B

Von besonderer Relevanz sind die Regelungen des § 4 Abs. 7 VOB/B. Anders als im BGB-Werkvertrag ist es nämlich dem Auftraggeber auferlegt, die Auftragnehmerleistungen schon während der Ausführung zu überwachen, so dass ihm auch das Recht eingeräumt ist, während der Ausführung als mangelhaft oder vertragswidrig erkannte Leistungen sofort als solche zu rügen.

Hierzu enthält § 4 Abs. 7 VOB/B zwei Anspruchsgrundlagen:

Einerseits wird mit § 4 Abs. 7 Satz 2 VOB/B ein unmittelbarer Schadensersatzanspruch begründet, der ohne weiteres entsteht, wenn ein Auftragnehmer einen Mangel oder die Vertragswidrigkeit zu vertreten hat und hieraus unmittelbar ein Schaden entsteht. Andererseits ist der Auftraggeber berechtigt, dem Auftragnehmer den Vertrag zu entziehen und die Ersatzvornahme einzuleiten, wozu er jedoch dem Auftragnehmer zuerst eine angemessene Frist zur Beseitigung der Mängel setzen muss und androhen muss, dass er nach fruchtlosem Ablauf der Frist den

---

[425] LG Berlin, Urt. vom 25.11.1982, Az. 20 O 309/81.

Auftrag nach § 8 Abs. 3 VOB/B entziehen werde. Zu beachten ist also seitens des Auftraggebers, dass er **zwei Erklärungen** abgeben muss:

— Zuerst sind die Mängel mit Fristsetzung zu deren Beseitigung zu rügen, wobei sich die Angemessenheit der Frist nach dem Umfang der zu behebenden Mängel bestimmt. Die Frist sollte also eher etwas zu lang als zu kurz bemessen sein.

— Sodann folgt die eigentliche Auftragsentziehung zur Vorbereitung der Ersatzvornahme, die anders als die erste Erklärung wegen § 8 Abs. 5 VOB/B schriftlich abgegeben werden muss (zur Schriftform vgl. die obigen Ausführungen, die hier entsprechend gelten).

Würde die Auftragsentziehung verfrüht erfolgen, könnte ein Auftraggeber nicht nur keine Mehrkosten der Ersatzvornahme nach § 8 Abs. 3 VOB/B und sonstige Schadensersatzansprüche infolge der frühzeitigen Vertragsbeendigung berechnen. Vielmehr müsste er nach § 2 Abs. 4 i.V.m. § 8 Abs. 1 VOB/B dem Auftraggeber die vereinbarte Vergütung zubilligen und könnte nur das als Abzugsposition einwenden, was der Auftragnehmer infolge der Aufhebung des Vertrages an Kosten ersparte oder durch anderweitige Verwendung seiner Arbeitskraft und seines Betriebes erwarb oder zu erwerben böswillig unterließ (§ 649 BGB).

VIII. Nachunternehmereinsatz, § 4 Abs. 8 VOB/B

Schließlich ist noch auf den Nachunternehmereinsatz einzugehen, der in § 4 Abs. 8 VOB/B geregelt wird.

Der Vorschrift ist zu entnehmen, dass der Auftragnehmer die Leistungen grundsätzlich im eigenen Betrieb auszuführen hat und eine schriftliche Zustimmung (zur Schriftform vgl. die obigen Ausführungen, die hier entsprechend gelten) vom Auftraggeber benötigt, will er dennoch in diesem Rahmen Nachunternehmer beauftragen.

Der Grundsatz gilt nur dann nicht, weswegen es in diesem Rahmen auch keiner Zustimmung des Auftraggebers bedarf, handelt es sich um für die Erbringung des Vertrages notwendige Leistungen, auf die der Betrieb des Auftragnehmers gar nicht eingerichtet ist. Dann darf der Auftragnehmer ohne weiteres Nachunternehmer einschalten.

In jedem Fall muss der Auftragnehmer bei der Weitervergabe von Bauleistungen an den Nachunternehmer die VOB einbeziehen, § 4 Abs. 8 Nr. 2 VOB/B. Außerdem muss der Auftragnehmer dem Auftraggeber die konkret eingeschalteten Nachunternehmer auf Verlangen bekannt geben, § 4 Abs. 8 Nr. 3 VOB/B.

Dieses Konzept beschränkt effektiv und pragmatisch die Möglichkeiten des Auftraggebers, in die Disposition des Auftragnehmers die Nachunternehmervergabe betreffend einzugreifen.

Mit der VOB/B 2006 wurde im Interesse einer Verfahrensvereinfachung in § 4 Abs. 8 Nr. 2 VOB/B klargestellt, dass Auftragnehmer bei der Weitervergabe von Bauleistungen an Nachunternehmer nicht die VOB/A zugrunde zu legen haben. Davon unbeschadet bleiben sie bei der Vergabe von Unteraufträgen zur Anwendung des Vergaberechts verpflichtet, wenn sie selbst Auftraggeber nach § 98 GWB sind.

1. Zustimmung des Auftraggebers

Wenn der Auftraggeber eine schriftliche Zustimmung für den Nachunternehmereinsatz abgegeben hat, kann er diese Zustimmung nicht mehr entziehen. Bei etwaigen Verstößen des Nachunternehmers kann der Auftraggeber aber den Auftragnehmer in Anspruch nehmen, der für die Handlungen seines Nachunternehmers als dessen Erfüllungsgehilfe i. S. v. § 278 BGB einzustehen hat. Insofern hat der Auftraggeber zum Beispiel die Möglichkeit, nach § 4 Abs. 7 VOB/B gegenüber dem Auftragnehmer etwaige Mängel zu rügen, die letztendlich der Nachunternehmer verursacht hat. Genauso kann er etwaige Schadensersatzansprüche gegen den Auftragnehmer geltend machen, die letztendlich der Nachunternehmer verursacht hat.

Er kann aber – wie gesagt – nicht wegen solcher Sachverhalte einfach die Zustimmung nach § 4 Abs. 8 VOB/B widerrufen und verlangen, der Auftragnehmer möge die Leistungen selbst oder durch einen anderen Nachunternehmer erbringen lassen. Ein solcher Widerruf ist schlicht unbeachtlich, könnte höchstens zu einer freien Kündigung des betroffenen Teils des Vertrages i. S. v. § 2 Abs. 4 bzw. § 8 Abs. 1 VOB/B nach § 140 BGB – mit der oben beschriebenen vergütungsrechtlichen Folge des § 649 BGB – umgedeutet werden.

In der Konsequenz kann auch ein Auftragnehmer seinem Nachunternehmer nicht den Vertrag außerordentlich mit der Begründung entziehen, der Auftraggeber habe die Nachunternehmerzustimmung widerrufen. Eine solche Erklärung stellt im Ergebnis eine Selbstübernahmeerklärung i. S. v. § 2 Abs. 4 i. V. m. § 8 Abs. 1 VOB/B dar mit der Folge, dass der betroffene Nachunternehmer gegenüber dem Auftragnehmer die vereinbarte Vergütung abzüglich ersparter Aufwendungen (vgl. noch einmal § 649 BGB) abrechnen könnte, der Auftragnehmer also doppelt belastet würde, ohne dass das Rechte gegen den Auftraggeber wegen einer widerrufenden Zustimmung begründen würde.

Man könnte den Widerruf der Zustimmung dann nur als eine unberechtigte Anordnung i. S. v. § 4 Abs. 1 Nr. 4 VOB/B qualifizieren (vgl. hierzu oben) und wenigstens über diesen Weg dem Auftragnehmer einen Mehrkostenerstattungsanspruch gegen den Auftraggeber zubilligen.

Selbes gilt erst recht für die Leistungen, die auch ohne Zustimmung des Auftraggebers an einen Nachunternehmer vergeben werden können, weil der Betrieb des Auftragnehmers auf diese nicht eingerichtet ist.

2. Fehlende Zustimmung

Strikt zu trennen von dieser Problematik ist die Sachlage, setzt ein Auftragnehmer, obwohl er die Zustimmung benötigt, ohne selbige Nachunternehmer ein.

Erbringt ein Auftragnehmer ohne schriftliche Zustimmung des Auftraggebers Leistungen nicht im eigenen Betrieb, obwohl sein Betrieb darauf eingerichtet ist, kann der Auftraggeber ihm eine angemessene Frist zur Aufnahme der Leistungen im eigenen Betrieb setzen (Aufforderung zur Selbstvornahme) und erklären, dass er ihm nach fruchtlosem Ablauf der Frist den Auftrag entzieht (§ 8 Abs. 3 VOB/B).

Bleibt die Frist fruchtlos, kann der Auftrag entzogen werden. Auch insofern bedarf es aber zwei Erklärungen, wobei insbesondere die zweite, nämlich die Auftragsentziehung wegen § 8 Abs. 5 VOB/B, auf jeden Fall schriftlich erfolgen muss (vgl. oben entsprechend), dies zumindest in vorbeschriebener gewillkürter Schriftform nach § 127 BGB.

3. Abgrenzung

So klar ist die Situation jedoch nicht, ist ein Auftragnehmer zwar grundsätzlich berechtigt, mit Nachunternehmer zu leisten, will jedoch ein Auftraggeber den Einsatz eines konkreten Nachunternehmers unterbinden. Denn ein Auftraggeber kann lediglich die Offenlegung vom Auftraggeber verlangen, welchen Nachunternehmer er eingeschaltet hat, § 4 Abs. 8 Nr. 3 VOB/B. Er kann dann kontrollieren, ob tatsächlich die Regelungen der VOB mit einbezogen wurden, § 4 Abs. 8 Nr. 2 VOB/B. Insofern kann der Auftraggeber verlangen, dass die Bauleistungen einem fachkundigen, leistungsfähigen und zuverlässigen Unternehmer zu angemessenen Preisen subsumiert wurden.

Er kann jedoch dem Auftragnehmer keinen bestimmten Nachunternehmer vorgeben. Er hat auch sonst keinerlei Möglichkeiten, die Nachunternehmervergabe einzuschränken.

4. Pflichtenverstoß des Auftragnehmers

Verstößt ein Auftragnehmer gegen die Pflicht, in dem Vertrag zum Nachunternehmer die VOB/B einzubeziehen und nur fachkundige, leistungsfähige und zuverlässige Nachunternehmer zu angemessenen Preisen zu beauftragen, sind die Sanktionsmöglichkeiten des Auftraggebers diesbezüglich nicht geregelt. Weder § 4 Abs. 8 VOB/B, noch die Aufzählung der Auftragsentziehungsgründe nach § 8 Abs. 3 VOB/B beschreiben ausdrücklich ein Kündigungsrecht. Gerade die isolierte Inbezugnahme von § 8 Abs. 3 Nr. 1 VOB/B auf die Regelung von § 4 Abs. 8 Nr. 1 VOB/B gibt zu erkennen, dass für eine Verletzung von § 4 Abs. 8 Nr. 3 VOB/B keine Kündigung aus wichtigem Grund in Betracht kommt.

Der Auftraggeber kann die Bekanntgabe lediglich im Wege einer Auskunftsklage gerichtlich durchsetzen.

Im Übrigen regeln sich die Folgen aus der Vergabe an nicht fachkundige, nicht leistungsfähige oder unzuverlässige Unternehmen bzw. zu nicht auskömmlichen Preisen nach den sonstigen VOB/B-Vorschriften. Diese „Vergabeverstöße" müssten sich bei der Baudurchführung z. B. als mangelhafte Leistungserfüllung i. S. v. § 4 Abs. 7 VOB/B oder als nicht termingerechte Leistung nach § 5 Abs. 3 und Abs. 4 VOB/B auswirken, wobei – wie gesagt – für das Verschulden des Nachunternehmers der Auftragnehmer dem Auftraggeber haftet, § 278 BGB, so dass hierüber ein außerordentliches Kündigungsrecht des Auftraggebers gegen den Auftragnehmer nach § 8 Abs. 3 VOB/B entsteht.

IX. Archäologische Funde, § 4 Abs. 9 VOB/B

Werden bei Ausführung der Leistung auf einem Grundstück Gegenstände von Altertums-, Kunst- oder wissenschaftlichem Wert entdeckt, so hat der Auftragnehmer vor jedem weiteren Aufdecken oder Ändern dem Auftraggeber den Fund anzuzeigen und ihm die Gegenstände nach näherer Weisung abzuliefern. Die Vergütung etwaiger Mehrkosten regelt sich nach § 2 Abs. 6 VOB/B. Die Rechte des Entdeckers (§ 984 BGB) hat der Auftraggeber.

1. Schatzfund und sofortiger Baustopp

Ob es sich um bewegliche oder unbewegliche Sachen von Altertums-, Kunst- oder wissenschaftlichem Wert handelt, richtet sich nach der Verkehrsauffassung und der wissenschaftlichen Fachwelt der Archäologie. Im übertragenen Sinne und gemäß § 984 BGB, der in § 4 Abs. 9

VOB/B auch in Bezug genommen wird, sind umgangssprachlich diejenigen Dinge gemeint, die einen Schatz darstellen[426].

Fossilienfunde dürfen sich zwar nicht auf das herkömmliche Schatzregal beziehen, aber als Wert des Altertums der Regelung des § 4 Abs. 9 VOB/B unterliegen[427].

Mit der Entdeckung geht nach § 4 Abs. 9 VOB/B ein sofortiger Baustopp einher, und zwar schon, bevor dieser überhaupt angezeigt werden kann[428].

2. Zahlungsansprüche

a) Zahlungsansprüche des Auftragnehmers

Der Ausgleich der Mehrkosten nach § 4 Abs. 9 VOB/B hat nach § 2 Abs. 6 Nr. 2 VOB/B zu erfolgen, wie mit § 4 Abs. 9 S. 2 VOB/B klargestellt wird. Umfasst sind demnach alle Aufwendungen, die auf der Grundlage der Preisermittlung der vertraglichen Leistungen zu verpreisen sind, die infolge des Fundes entstehen. Dies können zusätzliche Aufwendungen zum vorsichtigen Aufdecken und zum Sicherstellen/Zwischenlagern sein genauso wie Aufwendungen zur Organisation des Baustopps, mithin der Wartezeiten.

Den Baustillstand als unterlassenen Mitwirkungshandlung des Auftraggebers i. S. v. § 642 BGB, mithin als Folge eines Verzuges mit der Annahme der Leistung seitens des Auftraggebers zu begreifen und etwaige Wartezeiten als Entschädigung zu fassen[429], würde dem Sachverhalt nicht gerecht. Es lässt sich schon keine Mitwirkungshandlung des Bestellers ausmachen, die ursächlich für den vertraglich vereinbarten Baustopp angesichts eines Schatzfundes sein könnte. Daher müssten vorrangig Vergütungsanpassungsansprüche an den vertraglich vereinbarten Baustillstand knüpfen[430].

b) Zahlungsansprüche des Auftraggebers

Während der Auftraggeber den Auftragnehmer wegen z. B. archäologische Grabungen bezahlen muss, kann der Auftraggeber regelmäßig gegen Dritte keine Ansprüche geltend machen. Dies gilt etwa für den

---

[426] Vgl. zu einem Münzfund BGH, BauR 1988, 354.
[427] Zum Schatzregal vgl. BVerwGe 102, 260–269; für Schatzregal OVG Koblenz, BauR 1994, 217–219.
[428] So auch der Wortlaut.
[429] Zumindest missverständlich: OLGR Braunschweig 2004, 434–436.
[430] Ausführlich unter § 2 III. Exkurs: Zahlungsansprüche des Auftragnehmers bei Bauablaufstörungen (auch zu finden über Stichwortverzeichnis/Index: Bauablaufstörungen: Zahlungsansprüche – eine ausführliche Darstellung –).

Fall, dass eine Gemeinde Bauarbeiten durchführen lässt und diese durch „Rettungsgrabungen" gestört werden. Die entsprechenden öffentlich-rechtlichen Eingriffsermächtigungen entsprechen der Sozialbindung des Eigentums aus Gründen des Denkmalschutzes[431]. In der Folge ist einem Investor also zu raten, möglichst vorher mit der Denkmalfachbehörde die archäologische Erkundung und eine möglicherweise folgende Flächengrabung vertraglich abzustimmen, wonach sich die Denkmalfachbehörde verpflichtet, die Grabungen in einer bestimmten Zeit durchzuführen und sich der Investor im Gegenzug finanziell beteiligt. Eine solche öffentlich-rechtliche Vereinbarung ist zulässig und verstößt auch nicht gegen das Kopplungsverbot der §§ 54 ff. VwVfG[432].

3. Rechte des Finders, Anzeige- und Ablieferungspflicht

Der Verweis auf § 984 BGB stellt klar, dass der Finder von bis dahin verborgenen Schätzen als Entdecker zur Hälfte Eigentümer des Schatzes wird, währenddessen zur anderen Hälfte derjenige Eigentümer des Schatzes wird, dem die Sache (regelmäßig das Grundstück) gehört, auf dem der Schatz gefunden wird. Nach den öffentlich-rechtlichen Vorschriften in den Denkmalschutzgesetzen der Länder wird aber hierzu eine Enteignung im Wege der Ablieferung, größtenteils gegen Entschädigung normiert, so dass den handelnden Auftragnehmer und Auftraggeber regelmäßig nicht viel bleibt[433].

Finder/Entdecker ist dabei der konkrete Mensch, oft also der Arbeiter, also nicht der Auftragnehmer, der die Tätigkeiten durchführt und dabei z. B. zufälligerweise den Schatz findet[434].

Muss der Auftragnehmer den Fund anzeigen, setzt dies voraus, dass zuvor sein Arbeiter den Fund anzeige. Eine rechtliche Verpflichtung des Arbeitnehmers lässt sich jedoch nicht ausmachen. Wenn überhaupt, wäre der Arbeitnehmer als Entdecker grundsätzlich wegen § 984 BGB angehalten, den Eigentümer der Sache, in dem er den Schatz fand, von seinem hälftigen Miterwerb zu informieren. Vor diesem Hintergrund dürfte § 4 Abs. 9 VOB/B jedenfalls bei isolierter Inhaltskontrolle eine unangemessene Verpflichtung des Auftragnehmers gegenüber dem Auftragnehmer sein, mithin unwirksam; dies auch, weil die Verletzung der Anzeigepflicht nach §§ 280, 241 Abs. 2 BGB Schadensersatzansprüche des Auftraggebers gegen den Auftragnehmer begründen könnte.

---

[431] Bayrisches Verwaltungsgericht, BauR 2004, 1137 ff.
[432] OVG Koblenz, BauR 2003, 1373–1378.
[433] Zur entschädigungspflichtigen Entziehung des Eigentums vgl. etwa OVG Münster, NWVBl 1995, 213–217; BGHZ 105, 15–23.
[434] BGHZ, 103, 101–113.

Gesetzesfremd und jedenfalls bei isolierter Inhaltskontrolle eine unwirksame Verpflichtung des Auftragnehmers ist zudem, dass nicht der tatsächliche Entdecker i.S.v. § 4 Abs. 9 S. 2 VOB/B der Entdecker sein soll, sondern der Auftraggeber, der in der Konsequenz – vorausgesetzt er ist etwa auch Eigentümer der Sache, in dem der Schatz gefunden wird – Alleineigentümer wird.

Gesetzesfremd und jedenfalls bei isolierter Inhaltskontrolle eine unwirksame Verpflichtung des Auftragnehmers ist weiter der in § 4 Abs. 9 S. 1 letzter Halbsatz VOB/B geregelte Grundsatz, wonach der Auftragnehmer dem Auftraggeber die Gegenstände abzuliefern hat. Denn einerseits werden Entdecker und Grundstückseigentümer nach § 984 BGB gleichberechtigt zur Hälfte Eigentümer. Andererseits kann die Abgabeverpflichtung gegen etwaige öffentlich-rechtliche Herausgabeansprüche kollidieren, die sich namentlich aus den Denkmalschutzgesetzen der Länder ergeben können.

§ 4 Abs. 9 S. 3 VOB/B ist außerdem ein unzulässiger Vertrag zulasten Dritter, weil durch die Regelung auch die Entdeckereigenschaft des Arbeitnehmers durch die Einbeziehung der VOB/B in den Bauvertrag zwischen Auftragnehmer und Auftraggeber ausgeschlossen werden soll. Die arbeitsrechtliche Weisungsbefugnis des Auftragnehmers als auch Arbeitgeber wäre schließlich überschritten, müsste er den Arbeitnehmer anweisen, auf die Rechte des Entdeckers nach § 984 BGB zu verzichten[435].

X. Gemeinsame Feststellung des Zustandes von Teilleistungen, § 4 Abs. 10 VOB/B

„Der Zustand von Teilen der Leistung ist auf Verlangen gemeinsam vom Auftraggeber und Auftragnehmer festzustellen, wenn diese Teile der Leistung durch die weitere Ausführung der Prüfung und Feststellung entzogen werden. Das Ergebnis ist schriftlich niederzulegen."

§ 4 Abs. 10 VOB/B kam mit der Fassung der VOB/B 2000 zustande und folgt allgemeinen Zweckmäßigkeitsüberlegungen, wonach unselbständige Leistungsteile, die für sich kein abgeschlossenes Werk oder Teilwerk darstellen, mit Blick auf ihre ordnungsgemäße Beschaffenheit überprüft werden sollen, um Prüfschwierigkeiten nach deren Überbauung zu vermeiden. Dies gilt etwa für unselbständige Leistungsteile bei Gas-, Wasser- und Abwasserinstallationen DIN 18381 Nr. 4.1.4, Was-

---

[435] BGH, BauR 1988, 354.

sererwärmungsanlagen DIN 18380 Nr. 3.6.2 oder raumlufttechnischen Anlagen DIN 18379 Nr. 3.4, 3.5.

1. Zustandsfeststellung als Beweissicherung

Bei der Zustandsfeststellung handelt es sich um eine vertraglich vereinbarte Beweissicherung, deren Vereitelung demjenigen zur Last zu legen ist, der sie betreibt[436]. Das gemeinsam Festgestellte bindet die Parteien, so dass derjenige, der Einwendungen gegen die Feststellungen hat, diese darlegen und beweisen muss[437]. Die Vereitelung ist dabei nicht lediglich Obliegenheitspflichtverletzung, sondern Nebenpflichtverletzung und kann Schadensersatzansprüche nach §§ 280, 241 Abs. 2 BGB begründen. Demgemäß hat die die gemeinsame Feststellung vereitelnde Partei später diejenigen Mehrkosten zu tragen, die hieraus folgen. Zeigen sich etwa später an der Wasserinstallation nach der Durchfeuchtung der Wand Schäden, muss etwa ein Auftraggeber sich an den Kosten beteiligen, die jetzt zusätzlich entstehen, weil er der gemeinsamen Zustandsfeststellung nicht nachkam, wenn bei dieser das Problem sogleich aufgefallen wäre.

Die Zustandsfeststellung dient einerseits der Vorbereitung der Abnahme und andererseits der Vorbereitung der Schlussrechnung.

Die rechtlichen Wirkungen der rechtsgeschäftlichen Abnahme können aber dann erst zum Zeitpunkt der eigentlichen Abnahme eintreten, auch wenn die Zustandsfeststellungen bezüglich der unselbständigen Leistungsteile in dieser rechtsgeschäftlichen Abnahme nicht mehr angegriffen werden.

Auch die im Rahmen der Zustandsfeststellung zwischen den Parteien unstreitig gestellten Leistungen hinsichtlich Quantität (Mengen und Massen) und Qualität sind dann verbindlich. Zumindest trägt die Seite die Darlegungs- und Beweislast, die die Fehlerhaftigkeit der gemeinsamen Zustandsfeststellung einwendet. Eine solche Beweisführung ist insbesondere nach Überbauung solcher unselbständigen Leistungsteile faktisch regelmäßig unmöglich.

2. Zustandsfeststellung auf Verlangen

Die gemeinsame Zustandsfeststellung hat auf Verlangen einer Vertragspartei zu erfolgen. Insofern kann sowohl der Auftraggeber als auch der Auftragnehmer die Feststellung verlangen. Genauso wie nach § 8 Abs. 6 VOB/B und § 14 Abs. 2 VOB/B empfiehlt es sich, die Feststellung wie

---

[436] Vygen, Bauvertragsrecht, Rdn. 40.
[437] Locher, Das private Baurecht, Rdn. 140.

eine Abnahme unter Fristsetzung zu verlangen. Kommt dann eine Seite binnen der angemessenen Frist dem Verlangen nicht nach, gerät sie in den Verzug mit dieser Nebenpflicht und muss sich entsprechend § 640 Abs. 1 S. 3 BGB und der Rechtsprechung zur gemeinsamen Feststellung gemäß § 14 Abs. 2 VOB/B die dann möglichen einseitigen Feststellungen des verlangenden Vertragspartners gegen sich gelten lassen, als wären sie gemeinsam festgestellt worden.

Keine der Vertragsparteien hat aber einen Anspruch darauf, dass die andere Vertragspartei die gemeinsame Feststellung verlangt. Insofern macht sich z. B. ein Auftragnehmer nicht dadurch schadensersatzpflichtig, wenn er vom Auftraggeber keine gemeinsame Feststellung verlangt. Hinsichtlich des Verlangens handelt es sich insofern um keine Haupt- oder Nebenpflicht, sondern der rechtlichen Natur nach um eine einseitige empfangsbedürftige Willenserklärung, deren Abgabe eine Obliegenheit zur Sicherung eigener Rechte darstellt.

3. Schriftlichkeit der Zustandsfeststellung

Nach § 4 Abs. 10 S. 2 VOB/B ist das Ergebnis der gemeinsamen Zustandsfeststellung schriftlich niederzulegen. Schriftlich meint die gewillkürte Schriftform des § 127 BGB und ist daher etwa auch per Fax möglich. Wesentlich ist die hinreichende Dokumentation der Gemeinsamkeit, etwa durch gegenseitiges Unterschreiben. Das Schriftformerfordernis dürfte wie durchgängig im Rahmen der VOB/B nicht lediglich der Beweisführung dienen, sondern Voraussetzung für die Wirksamkeit sein, wie in § 4 Abs. 3 VOB/B – die Bedenkenanzeige – oder § 8 Abs. 5 VOB/B – die Kündigungserklärung –. Jeweils handelt es sich nicht lediglich um „Soll"-Vorschriften.

§ 5 VOB/B Ausführungsfristen

(1) Die Ausführung ist nach den verbindlichen Fristen (Vertragsfristen) zu beginnen, angemessen zu fördern und zu vollenden. In einem Bauzeitenplan enthaltene Einzelfristen gelten nur dann als Vertragsfristen, wenn dies im Vertrag ausdrücklich vereinbart ist.

(2) Ist für den Beginn der Ausführung keine Frist vereinbart, so hat der Auftraggeber dem Auftragnehmer auf Verlangen Auskunft über den voraussichtlichen Beginn zu erteilen. Der Auftragnehmer hat innerhalb von 12 Werktagen nach Aufforderung zu beginnen. Der Beginn der Ausführung ist dem Auftraggeber anzuzeigen.

(3) Wenn Arbeitskräfte, Geräte, Gerüste, Stoffe oder Bauteile so unzureichend sind, dass die Ausführungsfristen offenbar nicht eingehalten werden können, muss der Auftragnehmer auf Verlangen unverzüglich Abhilfe schaffen.

(4) Verzögert der Auftragnehmer den Beginn der Ausführung, gerät er mit der Vollendung in Verzug, oder kommt er der in Absatz 3 erwähnten Verpflichtung nicht nach, so kann der Auftraggeber bei Aufrechterhaltung des Vertrages Schadenersatz nach § 6 Absatz 6 verlangen oder dem Auftragnehmer eine angemessene Frist zur Vertragserfüllung setzen und erklären, dass er ihm nach fruchtlosem Ablauf der Frist den Auftrag entziehe (§ 8 Absatz 3).

§ 5 VOB/B behandelt den zeitlichen Bauablauf, der für beide Vertragsparteien von grundlegender Bedeutung ist. Denn der Auftraggeber beauftragt regelmäßig nur Leistungen, die er zu einer bestimmten Zeit benötigt. Für den Auftragnehmer ist die Definition der

— Bauzeit/Bauablauf neben der

— Bautechnologie und den

— örtlichen Verhältnissen

eine der wesentlichen Grundlagen **für die Preisermittlung der vertraglichen Leistungen**, was sich entsprechend in der Urkalkulation niederschlägt.

Eine genaue Definition der zeitabhängigen sowie produktiven Baukosten schon in der Angebotsphase ist Voraussetzung, um später die Änderungen des zeitlichen Bauentwurfes feststellen und nachweisen zu können. Gerade unter diesem Gesichtspunkt ist nicht nur die Definition des Beginns und des Endes der Bauausführungszeit, sondern der gesamte Bauablauf von Bedeutung.

I. Vertragsfristen und Bauzeitenplan, § 5 Abs. 1 VOB/B

1. Ausführungsfristen, Vertragsfristen und Bauzeitenplan

Es wird bei den Ausführungsfristen zwischen sogenannten

— Vertragsfristen und

— sonstigen Fristen

unterschieden. Nur die Vertragsfristen sind verbindlich und begründen bei einer Überschreitung ohne weitere Mahnung den Verzug i. S. v. § 5 Abs. 4 VOB/B. Nur an solche Vertragsfristen können auch Vertragsstrafenberechnungen i. S. v. § 11 VOB/B anknüpfen.

Vertragsfristen können schon in der Ausschreibungsphase verhandelt und mit dem Vertrag vereinbart werden. Es ist aber auch die Absprache möglich, dass die Parteien erst eine gewisse Zeit nach Unterzeichnung des Vertrages die verbindlichen Ausführungsfristen einvernehmlich festlegen.

Nimmt der Auftraggeber das Angebot des Auftragnehmers auf Abschluss eines Bauvertrages mit der Maßgabe an, dass noch eine neue Bauzeit festgelegt wird, gilt das als Ablehnung, verbunden mit einem neuen Antrag auf Abschluss des Vertrages mit im Übrigen unveränderten Bedingungen. Dieser Antrag kann dadurch angenommen werden, dass der Auftragnehmer mit dem Auftraggeber einen auf die neue Bauzeit abgestimmten Bauzeitenplan vereinbart[438].

Manchmal hat ein Auftraggeber auch einen Anspruch auf Übergabe eines Bauzeitenplans, selbst wenn dies vorab nicht vereinbart worden war. Dies soll etwa gelten, wenn ein Werkunternehmer mit der Beseitigung eines Wasserschadens in einem Krankenhaus beauftragt war und seine Werkleistung Mängel aufweist. Er kommt mit der Mängelbeseitigung dann in Verzug, wenn er sich weigert, dem Krankenhausbetreiber vor der Mängelbeseitigung einen Bauzeitenplan zu übergeben und die Mängel (auch) in Nachtarbeit ohne Anspruch auf Nachtarbeitszuschläge zu beseitigen, obwohl der Auftraggeber/Krankenhausbetreiber zur Vermeidung von Störungen in seinem Betriebsablauf auf diese Leistungen des Werkunternehmers angewiesen ist. Dem Auftraggeber steht dann ein Anspruch auf Vorschussleistung für die voraussichtlichen Mängelbeseitigungskosten zu[439].

---

[438] BGHZ 162, 259–269.
[439] OLG Koblenz, IBR 2005, 368.

2. Verknüpfung von Bauzeit- und Preisanpassung

Regelmäßig korrespondiert die Ausführungsfristanpassung auch mit einem Preisanpassungsanspruch. Dies ist sogar für den Fall der verzögerten Vergabe nun rechtsgeklärt[440]. Waren etwa in den Ausschreibungsunterlagen bereits Ausführungsfristen vorgegeben, verzögert sich jedoch die Zuschlagserteilung im Vergabeverfahren, etwa dadurch, dass ein Drittkonkurrent ein Vergabe-Nachprüfungsverfahren anstrengt, und verlängert der Bieter deshalb auf Bitten des Ausschreibenden die Bindefrist zu seinem Angebot, so begründet dies eine gesteigerte **Kooperationsverpflichtung**, dass die Parteien nach Zuschlagserteilung den zeitlichen Aufschub zu den in dem Angebot enthaltenen Fristen hinzurechnen[441].

Hat die **Anpassung der Ausführungsfristen** im Verhältnis zu den im Bauentwurf enthaltenen Fristen Auswirkungen auf die zeitabhängigen Kosten, etwa weil sich die Bauzeit in eine ungünstigere Jahreszeit verschiebt, sind die Parteien aus derselben gesteigerten Kooperationsverpflichtung sodann auch verpflichtet, über die **Anpassung der Vergütung** auf der Grundlage der Preisermittlung der vertraglichen Leistungen zu verhandeln. Der entsprechende Anspruch des Auftragnehmers ergibt sich aus § 2 Abs. 5 VOB/B wegen der Änderung des zeitlichen Bauentwurfes[442].

Diese eigentlich logische **Verknüpfung von Bauzeitanpassung und Baupreisanpassung** führt dazu, dass einerseits die Ausführungsfristen nach § 5 Abs. 1 VOB/B gemäß oder entsprechend § 6 Abs. 3-4 VOB/B fortzuschreiben sind. Andererseits haben die Parteien – wenn und soweit sich infolge der Änderung des zeitlichen Bauentwurfs die zeitabhängigen sowie produktiven Baukosten ändern – genauso über die Vergütungsfortschreibung zu verhandeln, wobei die neuen Vertragspreise nicht frei, sondern auf der Grundlage der Preisermittlung der vertraglichen Leistungen unter Berücksichtigung der Mehr- oder Minderkosten zu vereinbaren sind gemäß oder entsprechend § 2 Abs. 5 VOB/B zu

---

[440] BGH 7. Zivilsenat, Entscheidungsdatum: 10.09.2009, Az. VII ZR 255/08; Entscheidungsdatum: 10.09.2009, Az. VII ZR 82/08; Entscheidungsdatum: 10.09.2009, Az. VII ZR 152/08 in Fortführung von BGH, Urteil vom 11. Mai 2009, VII ZR 11/08, BauR 2009, 1131 = NZBau 2009, 370. Die weitere Entscheidung BGH vom 26.11.2009 – VII ZR 131/08 zeigt auch, dass man nun von einer feststehenden Rechtsprechung ausgehen kann, die sich auch nicht nur auf die Frage der vergabeverfahrensspezifischen Verschiebung beschränken lässt.

[441] Im Ergebnis schon zutreffend OLG Jena, BauR 2000, 1612.

[442] Ausführlich Diehr, ZfBR 2002, 316 ff. und dem folgend BayObLG Vergaberecht 2002, 534 ff.

erfolgen hat[443]. Irgendwelche Schadensersatzansprüche, etwa nach § 6 Abs. 6 VOB/B, folgen hieraus gegenseitig nicht, solange die hindernden Umstände von keinem Vertragsteil verschuldet wurden. So kann z. B. im Fall der Verschiebung der Zuschlagserteilung infolge eines von dritter Seite eingeleiteten Vergabe-Nachprüfungsverfahrens dem Auftraggeber kein Verschulden vorgeworfen werden. Hingegen liegt die Gefahr, dass ein Dritter ein Nachprüfungsverfahren anstrengt, in der Risikosphäre (was nichts mit einem Verschuldensvorwurf zu tun hat) des öffentlichen Auftraggebers. Denn diesem wird durch den Gesetzgeber das entsprechende Rechtsschutzverfahren aufgebürdet. Nicht mehr entscheidend ist dann, dass letztendlich auch nur der öffentliche Auftraggeber durch konsequente Einhaltung der Vergabevorschriften möglicher Nachprüfungsverfahren effektiv verhindern, zumindest aber einschränken und kurzhalten kann.

Verschuldet der Auftragnehmer eine Bauzeitenstörung, hat er nicht nur keinen Anspruch auf Bauzeit- und Vergütungsanpassung, sondern macht sich schadensersatzpflichtig und verwirkt etwa eine vereinbarte Vertragsstrafe.

II. Fristbestimmungsrecht des Auftraggebers, § 5 Abs. 2–4 VOB/B

Sind keine Ausführungsfristen verbindlich vertraglich vereinbart, steht dem Auftraggeber ein einseitiges Bestimmungsrecht zu.

1. Beginn, § 5 Abs. 2 VOB/B

So kann der Auftraggeber den Auftragnehmer auffordern, über den voraussichtlichen Beginn der Arbeiten Auskunft zu erteilen, § 5 Abs. 2 Satz 1 VOB/B. Der Auftraggeber kann den Auftragnehmer auch auffordern, mit den Leistungen zu beginnen. Binnen 12 Werktagen muss der Auftragnehmer dann die Ausführung beginnen und dies dem Auftraggeber anzeigen, § 5 Abs. 2 Satz 2 und 3 VOB/B.

---

[443] BGH 7. Zivilsenat, Entscheidungsdatum: 10.09.2009, Az. VII ZR 255/08; Entscheidungsdatum: 10.09.2009, Az. VII ZR 82/08; Entscheidungsdatum: 10.09.2009, Az. VII ZR 152/08 in Fortführung von BGH, Urteil vom 11. Mai 2009, VII ZR 11/08, BauR 2009, 1131 = NZBau 2009, 370. Die weitere Entscheidung BGH vom 26.11.2009 – VII ZR 131/08 zeigt auch, dass man nun von einer feststehenden Rechtsprechung ausgehen kann, die sich auch nicht nur auf die Frage der vergabeverfahrensspezifischen Verschiebung beschränken lässt.
Im Ergebnis schon zutreffend OLG Jena, BauR 2000, 1612.

2. Beschleunigung, § 5 Abs. 3 VOB/B

Während der Bauausführung kann der Auftraggeber nach § 5 Abs. 3 VOB/B den Auftragnehmer jederzeit auffordern, die Baustelle mit Arbeitskräften, Geräten, Gerüsten, Stoffen oder Bauteilen zu verstärken, um vereinbarte Ausführungsfristen noch einhalten zu können. Diese Vorschrift ist sehr undifferenziert. So muss der Auftraggeber vorab prüfen, dass die Baustelle „**so unzureichend** ... (besetzt ist), dass die Ausführungsfristen **offenbar** nicht eingehalten werden können, ...". Dies setzt voraus, dass zwischen den Parteien ein Endtermin vereinbart oder vom Auftraggeber angemessen gesetzt wurde und später auch noch dargelegt und bewiesen werden kann, warum die Ausführungsfristen offenbar nicht eingehalten hätten werden können. Das ist von Bedeutung, wird dem Auftragnehmer nach § 5 Abs. 3 i. V. m. Abs. 4 und § 8 Abs. 3 VOB/B frühzeitig der Auftrag nach § 8 Abs. 5 VOB/B schriftlich entzogen. Der Auftragnehmer wird nun einwenden können, dass er die Ausführungszeit etwa durch eine von ihm etwas später vorgesehene „Bauspitze" noch gut hätte einhalten können und es mangels eines verbindlichen Bauablaufplans mit Zwischenterminen ihm im Rahmen der Selbstkoordinierung seiner Leistung nach § 4 Abs. 2 Nr. 1 VOB/B oblag, wie er dies hätte erreichen wollen. So entsteht die Gefahr, dass die Kündigung zu einer freien nach § 2 Abs. 4 i. V. m. § 8 Abs. 1 VOB/B umgedeutet werden müsste mit der Folge, dass der Auftragnehmer die gesamte vereinbarte Vergütung gegen den Auftraggeber liquidieren könnte und sich nur ersparte Aufwendungen abziehen lassen müsste (§ 649 BGB).

3. Vollendung, § 5 Abs. 4 VOB/B

Handfester ist dann wieder die Vorschrift des § 5 Abs. 4 VOB/B, wonach dem Auftraggeber Schadensersatz nach § 6 Abs. 6 VOB/B zusteht, verzögert der Auftragnehmer den Beginn der Ausführung oder gerät er mit der Vollendung in Verzug. Sind beide Ausführungsfristen, nämlich Beginn und Ende, vertraglich definiert, lässt sich auch klar aufzeigen, ab wann der Verzug eintritt. Etwas schwieriger ist die Situation wieder, wurde der Anfangs- und/oder Endtermin vom Auftraggeber gesetzt, weil dann geklärt werden muss, ob die Fristsetzung angemessen war, und lässt sich nur im Einzelfall in Abhängigkeit der konkreten Bauumstände bewerten.

Ist aber ein Verzug gegeben, muss dann der Auftraggeber im Einzelnen darstellen, dass er an der Verzögerung keine Schuld trägt. Dies ist regelmäßig der Fall, gibt es geänderte oder zusätzliche Leistungen oder erhebliche Mengenmehrungen, die auf die Bauzeit einen Einfluss haben, was eine etwaige Fristüberschreitung rechtfertigen. Die Darlegungslast liegt beim Auftragnehmer.

Gelingt ihm eine solche Darstellung, hat er nicht nur Anspruch auf Anpassung der Ausführungsfristen nach § 5 Abs. 1 VOB/B entsprechend § 6 Abs. 4 VOB/B, sondern auch wegen der Änderung des zeitlichen Bauentwurfes Anspruch auf Anpassung des Vertragspreises nach § 2 Abs. 5 VOB/B. Liegen solche rechtfertigenden Gründe nicht vor oder kann sie der Auftragnehmer nicht hinreichend darlegen, kann der Auftraggeber dem Auftragnehmer nach fruchtlosem Ablauf der angemessen gesetzten Frist und einer mit der Fristsetzung verbundenen Androhung der Auftragsentziehung den Auftrag sodann nach § 8 Abs. 3 VOB/B schriftlich i. S. v. § 8 Abs. 5 VOB/B kündigen und die Mehrkosten der Ersatzvornahme geltend machen.

III. Abweichungen durch AGB

Es ist etwa nach § 308 Nr. 1 BGB unwirksam, versucht sich entweder ein Auftraggeber oder aber ein Auftragnehmer als Verwender von Allgemeinen Geschäftsbedingungen unangemessen lange oder nicht hinreichend bestimmte Fristen für die Leistungserbringung vorzubehalten. So ist es unwirksam, regelt ein Auftragnehmer in seinen Allgemeinen Geschäftsbedingungen, dass etwaig vereinbarte Ausführungsfristen um 3 Monate überschritten werden dürfen[444].

Auch kann ein Auftragnehmer nicht wirksam durch eine AGB vorgeben, dass von ihm angegebene Liefer- bzw. Leistungstermine unverbindlich sein sollen, weil dies ein Verstoß gegen § 309 Nr. 7 b) und Nr. 8 a) BGB darstellen kann[445].

Klauseln, wonach eine Leistung erst bis zu 6 Wochen nach dem individuell vereinbarten Lieferungstermin erbracht werden muss, sind unbeachtlich, schon weil die einzelvertragliche Individualvereinbarung Vorrang hat[446]. Außerdem verstößt eine solche Klausel gegen § 307 BGB, weil sie unangemessen ist.

Weiter kann in Allgemeinen Geschäftsbedingungen nicht wirksam vereinbart werden, dass bei Überschreitung einer Ausführungsfrist ein Auftraggeber erst noch eine Nachfrist setzen müsse, um Verzug zu begründen. Dies verstieße gegen § 309 Nr. 8 a) BGB, weil damit auch Fälle erfasst werden, bei denen eine Nachfristsetzung entbehrlich wäre. Überhaupt ist das Erfordernis einer Nachfrist für Sachverhalte, die dies nach dem gesetzlichen Leitbild gerade nicht voraussetzen, ein Verstoß gegen § 308 Nr. 2 BGB und damit unwirksam[447]. Bei verbindlich verein-

---
[444] OLG Düsseldorf, Betrieb 1982, 220.
[445] OLG Koblenz, ZIP 1981, 509.
[446] BGHZ 92, 24 aber auch OLG Stuttgart, BauR 1982, 581.
[447] BGH, BauR 1985, 192.

barten Fristen bedarf es zur Begründung des Verzuges dabei nie einer nochmaligen Nachfristsetzung.

Andererseits kann ein Auftraggeber in seinen AGB nicht wirksam regeln, dass ein Auftragnehmer nach besonderer schriftlicher Aufforderung durch den Auftraggeber mit den Leistungen beginnen muss, weil dem Auftragnehmer dadurch eine angemessene Abruffrist zur betrieblichen Planung nicht zugebilligt wird. Mit § 5 Abs. 2 VOB/B werden dem Auftragnehmer hingegen 12 Werktage zugestanden.

Auch eine Klausel, mit der sich ein Bauherr vorbehält, erst im Auftragsschreiben den Beginn und das Ende der Ausführungsfrist und etwaige Einzelfristen einseitig datumsmäßig gleichsam als Vertragsfristen festzulegen, ist unwirksam, weil sich damit der Bauherr unangemessen weitgehendes einseitiges Leistungsbestimmungsrecht einräumt[448].

Unwirksam ist auch, behält sich ein Auftraggeber das Recht vor, den Auftrag ohne Nachfristsetzung zu entziehen. Zwar regelt sowohl das Gesetzesrecht als auch § 5 Abs. 4 VOB/B, dass Schadensersatzansprüche bereits bei Verzug geltend gemacht werden können. Eine sofortige Auftragsentziehung vor der Abnahme der Leistung aus wichtigem Grund soll jedoch nicht zulässig sein. § 5 Abs. 4 VOB/B sieht sogar vor, dem Auftragnehmer diese Konsequenz unter Einräumung einer angemessenen Frist ausdrücklich anzudrohen.

---

[448] OLG Frankfurt, BauR 2003, 269.

Behinderung und Unterbrechung der Ausführung § 6 VOB/B

(1) Glaubt sich der Auftragnehmer in der ordnungsgemäßen Ausführung der Leistung behindert, so hat er es dem Auftraggeber unverzüglich schriftlich anzuzeigen. Unterlässt er die Anzeige, so hat er nur dann Anspruch auf Berücksichtigung der hindernden Umstände, wenn dem Auftraggeber offenkundig die Tatsache und deren hindernde Wirkung bekannt waren.

(2) 1. Ausführungsfristen werden verlängert, soweit die Behinderung verursacht ist:

   a) durch einen Umstand aus dem Risikobereich des Auftraggebers,

   b) durch Streik oder eine von der Berufsvertretung der Arbeitgeber angeordnete Aussperrung im Betrieb des Auftragnehmers oder in einem unmittelbar für ihn arbeitenden Betrieb,

   c) durch höhere Gewalt oder andere für den Auftragnehmer unabwendbare Umstände.

   2. Witterungseinflüsse während der Ausführungszeit, mit denen bei Abgabe des Angebots normalerweise gerechnet werden musste, gelten nicht als Behinderung.

(3) Der Auftragnehmer hat alles zu tun, was ihm billigerweise zugemutet werden kann, um die Weiterführung der Arbeiten zu ermöglichen. Sobald die hindernden Umstände wegfallen, hat er ohne weiteres und unverzüglich die Arbeiten wieder aufzunehmen und den Auftraggeber davon zu benachrichtigen.

(4) Die Fristverlängerung wird berechnet nach der Dauer der Behinderung mit einem Zuschlag für die Wiederaufnahme der Arbeiten und die etwaige Verschiebung in eine ungünstigere Jahreszeit.

(5) Wird die Ausführung für voraussichtlich längere Dauer unterbrochen, ohne dass die Leistung dauernd unmöglich wird, so sind die ausgeführten Leistungen nach den Vertragspreisen abzurechnen und außerdem die Kosten zu vergüten, die dem Auftragnehmer bereits entstanden und in den Vertragspreisen des nicht ausgeführten Teils der Leistung enthalten sind.

(6) Sind die hindernden Umstände von einem Vertragsteil zu vertreten, so hat der andere Teil Anspruch auf Ersatz des nachweislich entstandenen Schadens, des entgangenen Gewinns aber nur bei Vorsatz oder grober Fahrlässigkeit. Im Übrigen bleibt der Anspruch des Auftragnehmers auf angemessene Entschädigung nach § 642

BGB unberührt, sofern die Anzeige nach Absatz 1 Satz 1 erfolgt oder wenn Offenkundigkeit nach Absatz 1 Satz 2 gegeben ist.

(7) Dauert eine Unterbrechung länger als 3 Monate, so kann jeder Teil nach Ablauf dieser Zeit den Vertrag schriftlich kündigen. Die Abrechnung regelt sich nach den Absätzen 5 und 6; wenn der Auftragnehmer die Unterbrechung nicht zu vertreten hat, sind auch die Kosten der Baustellenräumung zu vergüten, soweit sie nicht in der Vergütung für die bereits ausgeführten Leistungen enthalten sind.

§ 6 VOB/B regelt die Tatbestände der Behinderung und Unterbrechung der Bauausführung und die wesentlichen Folgen dieser. Sehr glücklich ist die Regelung nicht gelungen und bietet daher erhebliches Streitpotenzial. Keine Regelungen der VOB/B sind allein hinsichtlich ihrer rechtlichen Bewertung schon zwischen den Juristen so im Streit, wie die Regelungen den gestörten Bauablauf betreffend[449]. An Folgendem kann man sich aber orientieren:

I. Behinderungsanzeige, § 6 Abs. 1 VOB/B

1. Anzeigepflicht

Behinderungen und Unterbrechungen der Ausführung müssen vom Auftragnehmer grundsätzlich angezeigt werden. An diesen Grundsatz sollte sich ein Auftragnehmer ausnahmslos schon zur eigenen Baudokumentation halten. Nur in Ausnahmen, nämlich dann, wenn die hindernde Wirkung offenkundig auch dem Auftraggeber bekannt ist, kann auf die Anzeige verzichtet werden. Über den Begriff der „Offenkundigkeit" später zu streiten, und später noch ableiten zu wollen, von wann bis wann im Einzelnen eine Behinderung oder Unterbrechung andauerte, ist jedoch nicht sinnvoll.

Jeder Auftragnehmer sollte sich also merken, dass eine Behinderung oder Unterbrechung nur dann die Ausführungsfrist nach § 6 Abs. 2 VOB/B verlängert und möglicherweise Schadensersatzansprüche nach § 6 Abs. 6 VOB/B begründen kann, wenn tatsächlich eine Behinderung und Unterbrechung vorliegt und diese ordnungsgemäß angezeigt ist.

Dabei sollte eine Anzeige bereits dann erfolgen, wenn sich der Auftragnehmer behindert fühlt („glaubt"). Er sichert sich dann erst einmal die Einhaltung der formalen Anzeige. Es bleibt im Weiteren genügend

---

[449] Überblick des Autors Thode, „Nachträge wegen gestörten Bauablaufes im VOB/B-Vertrag" – eine kritische Bestandsaufnahme –, ZfBR 2004, 214 ff.

Zeit festzustellen, ob es sich tatsächlich um eine Behinderung handelt. Gerade in den unsicheren Fällen ist dabei die Anzeige dringend zu empfehlen, weil sich ein Auftragnehmer dann nicht auf Offenkundigkeit berufen kann. Die Anzeige einer Behinderung oder Unterbrechung, die dann inhaltlich nicht gerechtfertigt ist, besitzt keine Bedeutung, schadet also weder dem Auftragnehmer noch dem Auftraggeber.

Es ist nicht erforderlich, dass die Behinderung oder Unterbrechung bereits eingetreten ist. Die Anzeige kann bereits erfolgen, wenn der Auftragnehmer Besorgnis hat, er könnte aufgrund bestimmter Umstände in absehbarer Zeit behindert werden. Weil jedoch eine bloße Verdachtsanzeige nicht genügt, ist zu empfehlen, beim tatsächlichen Eintritt der Behinderung die Anzeige ordnungsgemäß zu wiederholen[450].

2. Rechtsfolgen der Anzeige

a) Ansprüche des Auftragnehmers

Die Anzeige ist Tatbestandsvoraussetzung für den Anspruch des Auftragnehmers auf

— Verlängerung der Ausführungsfrist i. S. v. § 6 Abs. 2 VOB/B sowie

eines etwaigen

— Schadensersatzanspruches des Auftragnehmers gegen den Auftraggeber nach § 6 Abs. 6 VOB/B.

Entgangener Gewinn kann aber nur bei Vorsatz oder grober Fahrlässigkeit geltend gemacht werden.

Mit der VOB/B 2006 wurde § 6 Nr. 6 VOB/B noch wie folgt ergänzt: „Im Übrigen bleibt der Anspruch des Auftragnehmers auf angemessene Entschädigung nach § 642 BGB unberührt, sofern die Anzeige nach Nr. 1 Satz 1 erfolgt oder wenn Offenkundigkeit nach Nr. 1 Satz 2 gegeben ist." Die Empfehlung des Instituts für Baurecht Freiburg im Breisgau e. V. (IfBF) zur Überarbeitung der VOB/B vom 21.04.1999 wurde in der seither ergangenen Rechtsprechung des BGH vom 21. Oktober 1999 (VII ZR 185/98) und vom 13. Mai 2004 (VII ZR 363/02) dahingehend weiterentwickelt, dass § 642 BGB – auch ohne einen Verweis in der VOB/B – neben § 6 VOB/B Anwendung findet. Nach dem BGH muss aber auch für den gesetzlichen Anspruch aus § 642 BGB bei einem VOB-Vertrag die zusätzliche Voraussetzung des Vorliegens einer Behinderungsanzeige oder der Offenkundigkeit vorliegen. Zur Klarstellung soll die Rechtsprechung des BGH mit einem Verweis auf § 642 BGB in § 6 Nr. 6 VOB/B deutlich gemacht werden.

---

[450] OLG Köln, BauR 1981, 472, OLG Düsseldorf, BauR 2002, 1551.

Statt Schadensersatz können die Mehrkosten aber auch wegen der Änderung des zeitlichen Bauentwurfes nach § 2 Abs. 5 VOB/B als Preisanpassungsanspruch oder aber nach § 642 BGB als Quasi-Vergütungsanspruch i. S. einer angemessenen Entschädigung geltend gemacht werden. In jedem Fall kommt es darauf an, dass sich die unterschiedlichen Tatbestandsvoraussetzungen der konkurrierenden Anspruchsgrundlagen aufzeigen lassen[451].

Während es für den Schadensersatzanspruch einer verschuldeten Pflichtverletzung eines konkreten Schadensnachweises bedarf und über diesen nur bei Vorsatz oder grober Fahrlässigkeit ein entgangener Gewinn geltend gemacht werden kann, ist Tatbestandsvoraussetzung des Vergütungsanspruches nach § 2 Abs. 5 VOB/B die Änderung des Bauentwurfes oder andere Anordnungen des Auftraggebers, die die Grundlagen des Preises für eine im Vertrag vorgesehene Leistung ändern müssen. Dann ist kalkulatorisch ein neuer Preis unter Berücksichtigung der Mehr- oder Minderkosten zu berechnen. Die Änderung des Bauentwurfes muss – wenn schon nicht auf einer ausdrücklichen Anordnung des Auftraggebers – so doch auf einem Umstand aus dem Risikobereich des Auftraggebers beruhen, so dass ein Vergütungsanpassungsanspruch des Auftragnehmers gegen den Auftraggeber nicht gegeben sein kann, beruht die Abweichung vom vertraglichen Bauentwurf auf Pflichtverletzungen des Auftragnehmers, weil ohne Auftrag i. S. v. § 2 Abs. 8 Nr. 1 Satz 1, 1. Alt. VOB/B oder weil unter eigenmächtiger Abweichung vom Auftrag i. S. v. § 2 Abs. 8 Nr. 1 Satz 1, 2. Alt. VOB/B. Dann hat der Auftragnehmer auf Verlangen den vertragsgemäßen Zustand wieder herzustellen und muss für etwaige Schäden dem Auftraggeber haftet. Für unverschuldete Umstände aus dem Risikobereich des Auftragnehmers wird man einen Mehrvergütungsanspruch des Auftragnehmers abzulehnen haben. Hingegen könnte ein Auftraggeber nach § 2 Abs. 5 VOB/B wegen etwaiger Minderkosten eine Preisanpassung zu seinen Gunsten verlangen.

b) Ansprüche des Auftraggebers

Es wird vertreten, dass die Anzeige auch eine vertragliche Nebenpflicht zugunsten des Auftraggebers ist. Nimmt man die von der VOB gewollte gegenseitige Kooperationspflicht der Vertragsparteien ernst, muss man dem zustimmen. Denn die rechtzeitige Anzeige von Behinderungen ermöglicht es dem Auftragnehmer, frühzeitig zu disponieren.

Soweit dies in seinem Verantwortungsbereich liegt, kann er frühzeitig Maßnahmen ergreifen, die die Behinderung oder Unterbrechung erst gar nicht zum Tragen kommen, zumindest die Zeiträume jedoch

---

[451] Diehr, BauR 2001, Seite 1507, aber auch Thode, ZfBR 2004, 214 ff.

so kurz als möglich halten lässt. Er kann z. B. auf rechtzeitige Anzeige schnellstmöglich Finanzierungsunterlagen oder die von ihm geschuldete Koordinierung der verschiedenen Bauunternehmerleistungen entsprechend § 4 Abs. 1 Nr. 1 Satz 1 VOB/B erbringen[452]. Eine unterlassene Anzeige der Behinderung kann zu Lasten des Auftraggebers zur Folge haben, dass er nicht nur seinen Ausführungsfristverlängerungsanspruch und etwaigen Schadensersatzanspruch verwirkt, sondern dass er sich zusätzlich schadensersatzpflichtig macht, kann ein Auftraggeber darlegen und beweisen, dass er bei einer rechtzeitigen Behinderungsanzeige Abhilfemaßnahmen hätte einleiten können, die Schaden beim Auftraggeber vermieden hätten.

Unabhängig davon kann ein Auftraggeber auch nach § 6 Abs. 6 VOB/B Schadensersatz gegen den Auftragnehmer geltend machen kann, hat der Auftragnehmer eine Behinderung oder Unterbrechung schuldhaft verursacht. Der Auftraggeber muss die Behinderung oder Unterbrechung trotz § 6 Abs. 1 VOB/B nicht anzeigen.

Nimmt man aber die von der VOB gewollte gegenseitige Kooperation ernst, wird man auch vom Auftraggeber gleichsam als Nebenpflicht verlangen dürfen, dass er den Auftragnehmer unverzüglich darauf hinweist und warnt, dass dieser auch mit Blick etwa auf andere Unternehmen den Bauablauf durch eine bestimmte Handlung stört und sich hieraus Schäden ergeben können. Gerade bei Großvorhaben kann nur durch diesen Warnhinweis sichergestellt werden, dass ein Auftragnehmer rechtzeitig die notwendigen Maßnahmen ergreift, um Schäden vom Auftraggeber abzuwenden. Je komplexer das Vorhaben, desto ernster wird ein Auftraggeber diese aus seiner Koordinierungspflicht nach § 4 VOB/B folgende vertragliche Pflicht auch mit Blick auf das Gebot der Schadensminimierung i. S. v. § 254 Abs. 2 BGB nehmen müssen.

3. Form der Anzeige

a) Grundsatz

§ 6 Abs. 1 Satz 1 VOB/B formuliert eindeutig das schriftliche Formerfordernis[453]. Eine mündliche Anzeige genügt daher nicht.

b) Ausnahme

Nur im Einzelfall wird man unter dem Gesichtspunkt von Treu und Glauben von der Schriftform Abstand nehmen können, nämlich immer dann,

---

[452] BGH, BauR 1983, 73 und OLG Koblenz, NJW-RR 1988, 851.
[453] Zum Schriftformerfordernis der VOB bereits die Ausführung zu § 3 mit Blick auf die hier maßgebliche gewillkürte Schriftform, wobei Faxschreiben genügt in Abgrenzung zur gesetzlichen Schriftform, §§ 126/127 BGB.

wenn die Schriftform reine Förmelei wäre. Dies ist der Fall, ist eine Behinderung eindeutig belegbar mündlich angezeigt und durch diesen Akt oder sonst i. S. v. § 6 Abs. 1 Satz 2 VOB/B dem Auftraggeber offenkundig geworden.

Es muss jedoch ausdrücklich davon abgeraten werden, Anzeigen lediglich mündlich zu tätigen. Der Auftragnehmer sollte einen gesteigerten Wert darauf legen, dass die Anzeige schriftlich niedergelegt wird. Zu empfehlen ist, sich die Anzeige schriftlich quittieren zu lassen, z. B. im Bautagebuch oder durch die Aufnahme des vom Auftraggeber geführten Besprechungsprotokolls.

4. Inhalt der Behinderungsanzeige

Die Anzeige muss hinreichende Klarheit über die Gründe der Behinderung oder Unterbrechung schaffen. Es muss definiert werden, ab wann die Behinderung greift, wie lange sie dauern wird. Lässt sich die Dauer der Behinderung/Unterbrechung zum Zeitpunkt des Eintrittes der Behinderung oder Unterbrechung nicht definieren, ist zu empfehlen, zumindest einen ungefähren Zeitraum anzugeben.

Auf jeden Fall ist sodann auch schriftlich anzuzeigen, wann die Behinderung oder Unterbrechung beendet ist, damit die Zeitfenster für die Verlängerung der Ausführungsfrist und zur Berechnung etwaiger Schadensersatzansprüche definiert und am besten zwischen den Parteien unstreitig gestellt sind[454].

Dabei hat der Auftragnehmer alles zu tun, was ihm billigerweise zugemutet werden kann, um die Weiterführung der Arbeiten zu ermöglichen und die Arbeiten unverzüglich wieder aufzunehmen, sobald die hindernden Umstände entfallen sind, und den Auftraggeber davon zu unterrichten, § 6 Abs. 3 VOB/B. Auch diese Benachrichtigung sollte schon im Interesse des Auftragnehmers schriftlich erfolgen. Durch die Behinderungsanzeige einerseits und die Benachrichtigung über die Fortsetzung der Arbeiten andererseits ist dann auch der Zeitraum der Unterbrechung substantiiert beweisgesichert.

---

[454] Zum Umfang der Inhalte einer Behinderungsanzeige BGH, BauR 2000, 722 und BGH, BauR 2002, 1249.

II. Der Anspruch auf Verlängerung der Ausführungsfrist, § 6 Abs. 2 VOB/B

1. Allgemeine Voraussetzungen

Ein Anspruch auf Verlängerung der Ausführungsfrist nach § 6 Abs. 2 VOB/B ist gegeben, wenn einerseits

— die Voraussetzungen des § 6 Abs. 1 VOB/B (schriftliche Behinderungsanzeige) vorliegen.

Dies genügt jedoch nicht. Als zweites Tatbestandsmerkmal

— ist eine tatsächliche Behinderung und Unterbrechung zu verlangen.

Drittens muss diese

— Behinderung oder Unterbrechung im Risikobereich des Auftraggebers liegen.

Dieser Grundsatz ist in § 6 Abs. 2 Nr. 1 a VOB/B geregelt.

Streik und Aussperrung werden dann durch § 6 Abs. 2 Nr. 1 b VOB/B wie höhere Gewalt und andere unabwendbare Umstände, § 6 Abs. 2 Nr. 1 c VOB/B dem Risikobereich des Auftraggebers zugeordnet. Weiter gehören zum Risikobereich des Auftraggebers Witterungseinflüsse während der Ausführungszeit, mit denen der Auftragnehmer bei der Abgabe des Angebotes normalerweise nicht rechnen musste, § 6 Abs. 2 Nr. 2 VOB/B.

Für den Anspruch auf Ausführungsfristverlängerung zugunsten des Auftragnehmers ist dann aber nicht erforderlich, dass der Auftraggeber die Behinderung oder Unterbrechung verschuldet hat.

2. Der Risikobereich des Auftraggebers

Das größte Streitpotenzial liegt in der Definition, welche Umstände dem Risikobereich des Auftraggebers zuzuordnen sind. Hier hilft die Kasuistik der Rechtsprechung.

a) Pflichtverletzungen des Auftraggebers

Unabhängig von einem Verschulden liegen im Risikobereich des Auftraggebers jedenfalls alle seine Pflichtverletzungen. Beispielhaft zu nennen sind hier Verletzungen von Mitwirkungspflichten i.S.v. § 642 BGB, etwa die nicht rechtzeitige Übergabe von Planungsunterlagen, die nicht ordnungsgemäße Absteckung von Hauptachsen, soweit sie nicht dem Auftragnehmer übertragen wurden[455], die nicht rechtzeitige Zur-

---

[455] OLG Düsseldorf, BauR 1998, 340.

Verfügung-Stellung von Statiken[456], die fehlende oder fehlerhafte Auftraggeberkoordinierung nach § 4 Abs. 1 Nr. 1 Satz 1 und 2 VOB/B und § 4 Abs. 4 VOB/B, die fehlerhafte oder verspätete Übergabe von Ausführungsunterlagen nach § 3 Abs. 1 VOB/B.

Im Auftraggeberrisiko liegen auch die bei Beachtung normaler Prüfungsanforderungen unvorhersehbaren Wasser- und Baugrundverhältnisse[457]. Gleiches gilt für die rechtzeitige Erlangung der Baugenehmigung, weil auch dies im Risikobereich des Auftraggebers nach § 4 Abs. 1 Nr. 1 VOB/B liegt.

b) Geänderte und zusätzliche Leistungen

— Im Risikobereich des Auftraggebers stehen auch die bauzeitbedingten Auswirkungen infolge der Anordnung von geänderten oder zusätzlichen Leistungen. So hat der Auftraggeber einen Anspruch darauf, jederzeit den Bauentwurf zu ändern, § 1 Abs. 3 VOB/B, und jederzeit zusätzliche Leistungen anzuordnen, § 1 Abs. 4 VOB/B. Haben diese Änderungen oder zusätzlichen Leistungen Auswirkungen auf die Bauzeit, die sich auch entsprechend schlüssig darlegen lassen, begründet dies nach § 6 Abs. 2 VOB/B zugunsten des Auftragnehmers einen Anspruch auf entsprechende Verlängerung der Ausführungsfrist[458]. Dies gilt für alle Anordnungsrechte des Auftraggebers namentlich auch nach § 4 Abs. 1 Nr. 1, 3 und 4 VOB/B, § 3 Abs. 1 VOB/B, § 5 Abs. 2 VOB/B.

— Im Verlangen geänderter oder zusätzlicher Leistungen ist also eine sogar offenkundige Behinderung i.S.v. § 6 Abs. 1 VOB/B zu sehen. Obwohl der Auftraggeber geänderte oder zusätzliche Leistungen verlangt und daher erkennen muss, dass dies Auswirkungen auf die Ausführungszeit hat, ist gleichwohl zu empfehlen, dass die zeitlichen Folgen entsprechend angezeigt werden und möglichst klar von Anfang an definiert wird, welche Auswirkungen dies auf den bisherigen zeitlichen Bauablauf hat.

Dies ist Voraussetzung, um Streit hinsichtlich der entsprechend notwendigen Verlängerung der Ausführungszeit zu vermeiden, um dem Auftraggeber die Möglichkeit zu eröffnen, auch unter dem zeitlichen Aspekt über seine Entscheidung noch einmal zu disponieren.

— Der Auftraggeber sollte in diesem Zusammenhang auch seinen etwaigen Mehrvergütungsanspruch i.S.v. § 2 Abs. 5 oder § 2 Abs. 6 VOB/B anzeigen. Von besonderer Bedeutung dürfte auch sein, dass

---

[456] OLG Saarbrücken, BauR 1998, 1010.
[457] Zum Baugrundrisiko des Auftraggebers BGH, ZfBR 1997, 300 (Schürmann-Bau I) und BGH, BauR 1997, 1021 (Schürmann-Bau I).
[458] St. Rspr. seit BGH, ZfBR 1990, 138.

er sogleich neben der Anzeige seines Vergütungsbegehrs hinsichtlich der technisch geänderten und zusätzlichen Leistungen seinen Anspruch auf Vergütung der bauzeitbedingten Kosten vorbehält[459].
— Die Veränderung des ursprünglich im Rahmen des Angebotes angenommenen und insofern vertragsgegenständlich gewordenen Bauablaufes stellt eine Änderung des Bauentwurfes i. S. v. § 2 Abs. 5 VOB/B dar. Denn der Bauentwurf ist regelmäßig nicht nur das, was gebaut werden soll, sondern auch wie dies an welcher Stelle und in welcher Zeit vertraglich geplant war. Diese Kriterien sind Voraussetzung, um sicher einen Preis i. S. v. § 7 Abs. 1–3 VOB/A und i. S. v. § 2 Abs. 5 sowie § 2 Abs. 6 VOB/B für die vertraglichen Leistungen kalkulieren zu können. Ändert sich dann der zeitliche Bauentwurf, kann dies – etwa durch Verschiebung in eine ungünstige Jahreszeit oder wegen der Erbringung eines höheren Leistungsvolumens – Mehr- oder Minderkosten verursachen.

Der Zeitfaktor ist also eine Grundlage der Preisermittlung der im Vertrag vorgesehenen Leistungen und kann in der Folge nach § 2 Abs. 5 VOB/B zur Vergütungsanpassung führen.

c) Vorunternehmerrisiko

Auch Behinderungen, die durch Vorunternehmer des Auftraggebers verursacht sind, fallen in den Risikobereich des Auftraggebers und führen also zur Verlängerung der Ausführungsfrist nach § 6 Abs. 2 VOB/B, obwohl der Auftraggeber nicht für den Vorunternehmer haftet, ihm das Verschulden des Vorunternehmers auch nicht zugerechnet wird, weswegen insofern keine Schadensersatzansprüche nach § 6 Abs. 6 VOB/B hinsichtlich der Mehrkosten auferlegt werden können.

Der BGH eröffnet dem Auftragnehmer insofern aber den quasi-vergütungsrechtlichen Anspruch des § 642 BGB[460].

Nach richtiger Literaturauffassung steht dem Auftragnehmer wegen etwaiger Mehrkosten infolge der Bauablaufstörung durch Vorunternehmer nach § 2 Abs. 5 VOB/B auch der verschuldensunabhängige Vergütungsanpassungsanspruch zu, weil die Störung eine zeitliche Änderung des Bauentwurfes darstellt, wobei der Zeitfaktor regelmäßig Grundlage der Preisermittlung der vertraglichen Leistungen ist.

d) Beschleunigungsmaßnahmen

Steht dem Auftraggeber der Anspruch gegen den Auftragnehmer zu, jederzeit die Änderung des Bauentwurfes anzuordnen, und gehört zum

---
[459] Seit der Veröffentlichung von Kemper, NZBau 2001, 238 herrschende Meinung.
[460] BGH, BauR 2000, 722 = NJW 2000, 1336.

Bauentwurf etwa auch, in welcher Zeit, also wann, geleistet werden muss[461], ergibt sich bereits unmittelbar aus § 1 Abs. 3 VOB/B eine Kompetenz des Auftraggebers, Änderungen des zeitlichen Bauentwurfes anzuordnen.

Es ist in diesem Sinne also nicht rechtswidrig und kompetenzlos, verlangt ein Auftraggeber vom Auftragnehmer sachlich begründet einen Baustopp, die Verschiebung der Leistungszeit und später eine dem Auftragnehmer billigerweise zumutbare beschleunigte Weiterführung der Arbeiten. Sachlich gerechtfertigt sind solche Anordnungen immer dann, gibt es Störungen im Risikobereich des Auftraggebers, die er aber nicht zu vertreten hat. Dies lässt sich beispielhaft annehmen für die Fälle der Vorunternehmerbehinderung, für unvorhersehbare Eigenschaften des Baugrundes und für Fragen des Streikes, der Aussperrung oder anderer Umstände höherer Gewalt durch ungewöhnliche Witterungseinflüsse oder unabwendbare Schadensereignisse.

Allgemein lässt sich formulieren, dass eine solche Anordnung immer dann sachlich gerechtfertigt und von der Kooperationsverpflichtung der Parteien i. S. v. § 1 Abs. 3 VOB/B und § 2 Abs. 5 VOB/B abgedeckt ist, wenn den Bauablauf störende Umstände von keiner Partei zu vertreten sind und der entsprechende Umstand in den Risikobereich des Auftraggebers fällt.

Einer solchen Anordnung des Auftraggebers auf Beschleunigung der Baumaßnahme zur Einhaltung der Termine kann sich der Auftragnehmer dann wegen der ihn bindenden Kooperationsverpflichtung bei zumutbaren Anstrengungen nicht widersetzen.

In der Folge können dem Auftragnehmer insofern Vergütungsansprüche nach § 2 Abs. 5 VOB/B zustehen, liegen die dort geregelten übrigen Voraussetzungen vor. Weil die Anordnung/der Wunsch des Auftraggebers mit Blick auf die gegenseitige Kooperation nicht als widerrechtlich angesehen werden kann, ist daneben ein Schadensersatzanspruch etwa nach § 6 Abs. 6 VOB/B nicht gegeben.

III. Pflicht zur Weiterführung der Arbeiten, § 6 Abs. 3 VOB/B

Der Auftragnehmer hat alles zu tun, was ihm billigerweise zugemutet werden kann, um die Weiterführung der Arbeiten zu ermöglichen und die Arbeiten unverzüglich wieder aufzunehmen, sobald die hindernden

---

[461] Vgl. zum „Bauentwurf: was, wie, wo, wann, wer" (zu finden über das Stichwortverzeichnis/Index).

Umstände entfallen sind und den Auftraggeber davon zu benachrichtigen, § 6 Abs. 3 VOB/B.

1. Benachrichtigung bei Wegfall der hindernden Umstände

Auf jeden Fall hat der Auftragnehmer den Auftraggeber zu benachrichtigen, und zwar vom Wegfall der hindernden Umstände und der Aufnahme der Arbeiten. Die Benachrichtigung ist eine Obliegenheit des Auftragnehmers, damit die Zeitfenster für die Verlängerung der Ausführungsfrist und zur Berechnung etwaiger Zahlungsansprüche[462] definiert und möglichst zwischen den Parteien beweisgesichert unstreitig gestellt sind[463]. Diese Benachrichtigung sollte daher schon im Interesse des Auftragnehmers schriftlich erfolgen, auch wenn dies § 6 Abs. 3 VOB/B nicht verlangt. Durch die Behinderungsanzeige einerseits und die Benachrichtigung über die Fortsetzung der Arbeiten andererseits ist dann auch der Zeitraum der Unterbrechung substantiiert beweisgesichert.

Die Benachrichtigung ist zugleich eine Pflicht. Weil die Klausel keine Einschränkung der Anzeigepflicht, etwa bei Offenkundigkeit wie in § 6 Abs. 1 VOB/B kennt, dürfte sie bei isolierter Kontrolle unwirksam sein, auch weil keine selbständigen Sanktionen ersichtlich sind, die bei der bloßen Verletzung drohen. Entstünden dem Auftraggeber jedoch Schäden aus der unterlassenen oder verspäteten Anzeige, könnte er diese gemäß § 280 BGB gegen den Auftragnehmer unabhängig von § 6 Abs. 3 VOB/B liquidieren, weil jedenfalls die gebotene unterlassene Anzeige zumindest auch eine Nebenpflichtverletzung aus § 242 BGB darstellt.

2. Weiterführung der Arbeiten

Der Auftragnehmer hat alles zu tun, was ihm billigerweise zugemutet werden kann, um die Weiterführung der Arbeiten zu ermöglichen und die Arbeiten unverzüglich wieder aufzunehmen, sobald die hindernden Umstände entfallen sind. Erst wenn der Auftraggeber den Auftragnehmer nach (teilweisem) Wegfall der hindernden Umstände vergeblich unter angemessener Fristsetzung auffordert, mit den Arbeiten (teilweise) zu beginnen bzw. fortzufahren, und der Auftragnehmer dennoch und auch nach einer gesetzten Nachfrist nicht tätig wird, kann der Auf-

---

[462] Vgl. Kommentierung bei § 2 III. Exkurs: Zahlungsansprüche des Auftragnehmers bei Bauablaufstörungen (auch zu finden über Stichwortverzeichnis/Index: Bauablaufstörungen: Zahlungsansprüche – eine ausführliche Darstellung –).

[463] Zum Umfang der Inhalte einer Behinderungsanzeige BGH, BauR 2000, 722 und BGH, BauR 2002, 1249.

traggeber ihm den Auftrag entziehen und die Mehrkosten der Fertigstellung durch einen Drittunternehmer gemäß § 8 Abs. 3 VOB/B ersetzt verlangen, wenn die Formalien des § 5 Abs. 2 bis 4 VOB/B i. V. m. § 8 Abs. 5 VOB/B – Kündigungsandrohung und schriftliche Auftragsentziehung – eingehalten wurden.

3. Frist zur Weiterführung

Für die Wiederaufnahme der Arbeit wird man die 12 Werktage des § 5 Abs. 2 VOB/B als Faustregel entsprechend anwenden können, wobei im Einzelfall Verkürzungen oder Verlängerungen dieser Frist unter dem Gesichtspunkt denkbar sind, was einem Auftragnehmer mit Blick auf den konkreten Einzelfall billigerweise zugemutet werden kann. So kann dann auch eine Nachfrist von nur 1 Tag kann angemessen sein, wenn dem Auftraggeber für jeden Tag der Verzögerung erhebliche Einnahmeausfälle drohen. Die Angemessenheit der Frist beurteilt sich im Übrigen nicht nach dem konkreten Stand der Vorkehrungen des betreffenden Unternehmens, sondern danach, welche Zeit ein leistungsfähiger, sachkundiger und zuverlässiger Unternehmer benötigt[464].

IV. Berechnung der Fristverlängerung, § 6 Abs. 4 VOB/B

Die Fristverlängerung wird berechnet nach der Dauer der Behinderung mit einem Zuschlag für die Wiederaufnahme der Arbeit und die etwaige Verschiebung in eine ungünstige Jahreszeit, § 6 Abs. 4 VOB/B. Für die Wiederaufnahme der Arbeit wird man die 12 Werktage des § 5 Abs. 2 VOB/B als Faustregel entsprechend anwenden können, wobei im Einzelfall Verkürzungen oder Verlängerungen dieser Frist unter dem Gesichtspunkt denkbar sind, was einem Auftragnehmer mit Blick auf den konkreten Einzelfall billigerweise zugemutet werden kann. Regelmäßig wird man davon ausgehen dürfen, dass der Auftragnehmer selbst ein Interesse daran hat, unverzüglich die Arbeiten wieder aufzunehmen, so dass sich die Interessen von Auftragnehmer und Auftraggeber decken dürften.

---

[464] OLG Hamm, Urteil v. 23. April 2004, Az. 26 U 130/03, IBR 2005, 363.

V. Abrechnung infolge längerer Unterbrechung gemäß § 6 Abs. 5 VOB/B und nach Kündigung wegen mehr als 3-monatiger Unterbrechung gemäß § 6 Abs. 7 VOB/B

Der Auftragnehmer kann nach einer längerer Unterbrechung gem. § 6 Abs. 5 VOB/B die ausgeführten Leistungen nach den Vertragspreisen abrechnen.

Daneben kann er die Kosten in die Abrechnung einstellen, die ihm bereits mit Blick auf den nicht ausgeführten Teil der Leistungen entstanden, wie etwa durch Bereitstellung von Baumaterialien.

Zu diesen Kosten müssen dann aber auch die Kosten aus dem Stillstand zählen, die, weil es sich ausweislich § 6 Abs. 5 VOB/B um einen Vergütungsanspruch handelt, kalkulatorisch zu bestimmen sind. Insofern kann nichts anderes gelten als für eine Abrechnung nach § 2 Abs. 5 VOB/B, so dass etwaige Mehrkosten auf der Grundlage der Preisermittlung für die vertragliche Leistung zu bestimmen sind[465]. Sind die Kosten bereits bekannt oder lassen sich diese zumindest erst einmal für einen relevanten Zeitraum ermitteln, muss die Abrechnung zulässig sein. Dem Auftragnehmer ist sonst zu empfehlen, einen entsprechenden Vorbehalt in die Abrechnung aufzunehmen. Rechtlich dürfte dies eigentlich entbehrlich sein, weil ein Vorbehalt weder von der VOB noch vom Gesetz gefordert wird und weil es sich nach zutreffender Rechtsauffassung dann ohnehin nur um eine Abschlagsrechnung handelt, die eben unter dem Vorbehalt der prüfbaren Schlussrechnung steht. Jedoch könnten sich die Parteien über die Abrechnungsinhalte einigen, was dann zum Ausschluss weiterer Forderungen führen könnten, wenn es den Vorbehalt nicht gibt.

Für die Abrechnung nach einer Kündigung infolge 3-monatiger Unterbrechung gelten die §§ 6 Abs. 5 und 6 VOB/B genauso.

Wenn der Auftragnehmer die Unterbrechung nicht zu vertreten hat, sind zudem auch noch die Kosten der Baustellenräumung zu vergüten, soweit sie nicht in der Vergütung für die bereits ausgeführten Leistungen enthalten sind.

---

[465] Zur Abrechnung bei Bauablaufstörung vgl. ausführlich unter: „§ 2 III. Exkurs: Zahlungsansprüche des Auftragnehmers bei Bauablaufstörungen" (auch zu finden über Stichwortverzeichnis/Index: Bauablaufstörungen: Zahlungsansprüche – eine ausführliche Darstellung –).

Außerdem ist dann die Zeit für die Schlussrechnung etwaiger zuvor nach § 6 Abs. 5 VOB/B abgerechneten Kosten aus dem Stillstand gekommen.

Vor und nach der Kündigung bleibt es bei der Möglichkeit des Entschädigungsanspruchs gemäß § 642 BGB – genauso wie für den Anwendungsbereich des § 6 Abs. 6 VOB/B ausdrücklich im VOB/B-Text klargestellt[466].

VI. Schadensersatz wegen Bauverzug, § 6 Abs. 6 VOB/B

1. Überblick[467]

§ 6 Abs. 6 VOB/B regelt einen Schadensersatzanspruch bei Verzug, den entweder der Auftraggeber gegen den Auftragnehmer, oder aber der Auftragnehmer gegen den Auftraggeber geltend machen kann. Es kommt darauf an, wer die hindernden Umstände im Sinne einer verschuldeten Pflichtverletzung zu vertreten hat. Die hieraus entstehenden nachweislichen Schäden muss dann der verschuldende Vertragsteil dem anderen ersetzen. Hinsichtlich des Gewinnausfalls wird der Anspruch aber beschränkt und ist nur zu ersetzen, erfolgte die Pflichtverletzung vorsätzlich oder grob fahrlässig.

Der Schadensersatzanspruch greift für den Fall, dass der Bauvertrag trotz der hindernden Umstände aufrechterhalten bleibt, aber auch dann, wenn der Vertrag seitens des Auftragnehmers gemäß § 9 Abs. 1 Nr. 1 VOB/B oder vom Auftraggeber gemäß § 8 Abs. 3 VOB/B, oder etwa nach § 6 Abs. 7 VOB/B wegen längerer Unterbrechung gekündigt wird[468].

Zu ergänzen bleibt, dass neben den Ansprüche aus vertraglicher Haftung auch die Schadensersatzansprüche aus der außervertraglichen Haftung nach den Regelungen der §§ 823 ff. BGB oder dem Produkthaftungsgesetz Anwendung finden. Auch die gesetzlichen Schadensersatzansprüche aus Werkvertrag, wie in § 634 Nr. 4 BGB aufgezählt (nämlich §§ 636, 280, 281, 283 und 311a BGB oder § 284 BGB), finden Anwendung.

---

[466] BGH, Datum: 13. Mai 2004, Az. VII ZR 363/02, WM 2004, 1453–1455 = ZIP 2004, 1420–1422 = NJW 2004, 2373–375 im Anschluss an BGH, Urteil vom 21. Oktober 1999 VII ZR 185/98, BGHZ 143, 32.

[467] Vgl. Kommentierung zu § 2 „III. Exkurs: Zahlungsansprüche des Auftragnehmers bei Bauablaufstörungen" (auch zu finden über Stichwortverzeichnis/Index: Bauablaufstörungen: Zahlungsansprüche – eine ausführliche Darstellung –).

[468] Vgl. hierzu BGHZ 48, 78 – § 6 Abs. 6 VOB/B als eigenständige Anspruchsgrundlage bei Aufrechterhaltung des Bauvertrages –; BGHZ 62, 90/92 – Anwendbarkeit für den Fall der Kündigung bis auf Insolvenzkündigung nach § 8 Abs. 2 VOB/B.

Im Überschneidungsbereich zu § 6 Abs. 6 VOB/B bleibt es freilich bei der Haftungsbeschränkung, was im Ergebnis die eigentlich Funktion von § 6 Abs. 6 VOB/B sein dürfte. Andere vertragliche Ansprüche, die nicht dem Schadensersatzanspruch zuzuordnen sind, bleiben unberührt und können ebenso Zahlungsansprüche aus Behinderungen und Unterbrechungen begründen[469].

2. Tatbestandsvoraussetzungen

a) Hindernde Umstände

aa) Behinderung oder Unterbrechung i. S. v. § 6 Abs. 1 und 2 VOB/B

Es müssen hindernde Umstände vorliegen. Dies meint die Behinderung oder Unterbrechung i. S. v. § 6 Abs. 1 VOB/B, wie sie beispielhaft in § 6 Abs. 2 VOB/B beschrieben werden, dort zur Abgrenzung der Risikobereiche zwischen Auftraggeber und Auftragnehmer. Es kann sich dabei um klassische Behinderungen der Arbeiten handeln, wodurch diese verlangsamt, uneffektiv werden oder in deren Folge die Technologie verändert werden muss. Es muss aber nicht zur kompletten oder teilweisen Unterbrechung der Leistung kommen. Beachtliche Umstände sind aber erst recht Unterbrechung der Arbeiten. Insgesamt ist hiermit der objektive Tatbestand angesprochen, der die Behinderung und Unterbrechung weder einem Risikobereich, noch einer schuldhaften Pflichtverletzung zuordnet.

bb) Behinderungsanzeige oder Offenkundigkeit, § 6 Abs. 1 VOB/B

Regelmäßig wird über den Tatbestand des § 6 Abs. 6 VOB/B für die Begründung des Schadensersatzes verlangt, zumindest der Auftragnehmer müsse dem Auftraggeber zuvor die hindernden Umstände unverzüglich schriftlich angezeigt habe oder aber sie müssen offenkundig dem Auftraggeber bekannt gewesen sein. Hingegen muss der Auftraggeber dem Auftragnehmer solche Ansprüche nicht anzeigen[470]. Dieses zusätzliche Erfordernis ist § 6 Abs. 1 S. 1 und 2 VOB/B zu entnehmen, wonach das Unterlassen der Anzeige bei Nichtoffenkundigkeit zum Ausschluss von Ansprüchen führen soll. Dieser generelle Haftungsausschluss wäre zumindest bei der gebotenen isolierten Kontrolle der Klausel gemäß §§ 309 Nr. 8 a) und Nr. 7 b), 307 BGB unwirksam.

---

[469] Vgl. Kommentierung zu § 2 „III. Exkurs: Zahlungsansprüche des Auftragnehmers bei Bauablaufstörungen" (auch zu finden über Stichwortverzeichnis/Index: Bauablaufstörungen: Zahlungsansprüche – eine ausführliche Darstellung –).

[470] OLG Celle, OLGR Celle 2002, 28–29.

b) Pflichtverletzung

Die hindernden Umstände müssen von einem Vertragsteil zu vertreten sein, damit der andere Vertragsteil hieraus den Ersatzanspruch herleiten kann. Dies meint eine Pflichtverletzung. Der Anspruchsteller muss also darlegen, welche Pflichten des Anspruchsgegners ihm gegenüber bestanden, die im konkreten Fall nicht erfüllt wurden. Die Rechtswidrigkeit dieser Nichterfüllung wird dann indiziert.

c) Verschulden

aa) Beweislastumkehr

Wenn die hindernden Umstände von einem Vertragsteil zu vertreten sein müssen, damit der andere Vertragsteil hieraus den Ersatzanspruch herleiten kann, meint dies eine (subjektiv) verschuldete (objektive) Pflichtverletzung. Hinsichtlich des Verschuldens greift die Umkehrregelung des § 280 Abs. 1 S. 2 BGB und § 286 Abs. 4 BGB, wonach dann der Pflichtverletzende im Einzelnen darlegen und beweisen muss, warum er die Pflichtverletzung nicht zu verschulden hat.

bb) Haftungsbeschränkung

Hinsichtlich des Gewinnausfalls wird der Anspruch aber beschränkt und ist nur zu ersetzen, erfolgte die Pflichtverletzung vorsätzlich oder grob fahrlässig. Auch die Voraussetzungen der Haftungsbegrenzung muss der Pflichtverletzende vortragen und belegen.

Vorsätzlich handelt dabei, wer mit Wissen und Willen den rechtswidrigen Erfolg des Schadens herbeiführt, aber auch derjenige, der den Schaden zwar nicht erstrebt, aber doch als mögliche Folge der Tat voraussieht und ihn für den Fall des Eintritts in Kauf nimmt. Grob fahrlässig handelt, wer die im Verkehr erforderliche Sorgfalt in besonders hohem Maße außer Acht lässt und dadurch den Schaden verursacht.

Weiter als der Ausschluss der Haftung für entgangenen Gewinn bei Vorsatz oder grober Fahrlässigkeit können auch andere Allgemeine Geschäftsbedingungen ausweislich § 309 Nr. 8 a), Nr. 7 b) und § 307 BGB nicht gehen. Unwirksam sind daher Klauseln, wonach dem Auftragnehmer Vorhaltungs- und Stilllegungskosten der Baustelleneinrichtung einschließlich Maschinenpark – gleich aus welchem Grund – nicht erstattet werden[471], oder der Auftraggeber bzw. Generalunternehmer bei Unterbrechung der Leistung Schadensersatz- oder Minderkosten nur schuldet, wenn er selbst die Ursachen für die Unterbrechung, Behinderung oder Vertragskündigung vorsätzlich oder grob fahrlässig verletzt hat[472].

---
[471] OLG München, NJW-RR 1987, 661.
[472] OLG Köln, SFH § 9 AGB-Gesetz Nr. 58.

Auch das Setzen einer Obergrenze, die immer gelten soll, ist unwirksam. Insofern unterscheidet sich der Anspruch auf Erstattung konkret entstandener Schäden von Vertragsstrafenklauseln, die die Obergrenze sogar als Wirksamkeitsvoraussetzung haben[473]. Die Pauschalierung etwa durch prozentuale Festsetzung von Tagessätzen oder Obergrenzen, orientiert an der Brutto- oder Nettoauftragssumme oder Abrechnungssumme, stellen demgemäß Vertragsstrafeklauseln dar.

Haftungsbeschränkungen von Versicherungen, auch wenn sie in dem Bauvertrag mitgeteilt werden, regeln bei der gebotenen normativen Auslegung lediglich das Versicherungsvertragsverhältnis, nicht das Bauvertragsverhältnis und können also die Haftung nach § 6 Abs. 6 VOB/B nicht weiter einschränken.

cc) Zurechnung: Erfüllungsgehilfe kontra Voruntermehmer

Dabei haftet der Vertragspartner nicht nur für eigenes Verschulden im Sinne von § 276 BGB, sondern auch für dasjenige Verschulden, das er sich zurechnen lassen muss. Dies gilt insbesondere für seine Erfüllungsgehilfen im Sinne von § 278 BGB, also diejenigen, denen er sich zur Erfüllung seiner eigenen Verpflichtungen im Verhältnis zum Vertragsteil bedient.

Im Einzelfall können die Sonderfachleute des Auftraggebers, etwa Architekten und Ingenieure, die Ausführungspläne im Sinne von § 3 Abs. 1 VOB/B zu erbringen haben oder die Koordinierungspflichten im Sinne von § 4 Abs. 1 Nr. 1 S. 1 VOB/B erbringen, Erfüllungsgehilfen sein[474].

Eine Voruntermehmerhaftung zu Lasten des Auftragnehmers für all seine Nachuntermehmer ist aber abzulehnen. Eine solche weit reichende Verschuldenszurechnung hat der BGH verneint, gleichwohl erkannt, dass die Voruntermehmer im Rahmen der Mitwirkungspflichten des Auftraggebers tätig sind und daher die Anwendbarkeit des § 642 BGB bejaht, wonach also dem Auftragnehmer in diesen Fällen Entschädigungsansprüche entstehen können[475]. Dies stellt die VOB/B seit 2006 BGB klar. Also andere auf der Baustelle tätige Bauhandwerker, die den Auftragnehmer wegen verspäteter Erbringung von Vorleistungen behindern, sind dem Auftraggeber nicht als verschuldete Pflichtverletzung zuzurechnen[476]. Schadensersatzansprüche des Auftragnehmers gegen den Auftraggeber kommen dann nur unter Berücksichtigung der Auftraggeberpflicht aus § 4 Abs. 1 Nr. 1 S. 1 VOB/B in Betracht, wonach der

---

[473] Vgl. OLG Saarbrücken, NJW-RR 2001, 1030 f. und Kommentierung zu § 11 VOB/B.
[474] Dies ist strittig, dafür etwa OLG Köln, BauR 1986, 582, dem Grundsatz nach dagegen die Voruntermehmerrechtsprechung des BGH.
[475] BGH, BauR 2000, 722.
[476] OLG Köln, NJW-RR 2004, 818–820.

Auftraggeber das Zusammenwirken der verschiedenen Unternehmer zu regeln hat. Dann begründet aber das Organisationsverschulden des Auftraggebers die Haftung[477].

Alle Schadensersatzleistungen oder Vertragsstrafen, die infolge des Verschuldens des Erfüllungsgehilfen an den Geschädigten gezahlt werden müssen, können gegen den Erfüllungsgehilfen, also namentlich den Nach-(Sub-)unternehmer durchgeleitet werden[478]. Dies jedenfalls dann, wenn der Betroffene diese Reichweite von Anfang an hatte erkennen können und jedenfalls nicht außerhalb jeglicher Lebenserfahrung lag.

dd) Beiderseitiges Vertreten

Bei beiderseitigem Vertreten stehen sich die Schadensersatzansprüche gleichsam im Wege der gegenseitigen Aufrechnung gegenüber. Lassen sich verschiedene hindernde Umstände, die dem einen oder anderen Vertragsteil zuzuordnen sind, feststellen und berechnen, kann die Aufrechnung der so entstehenden Schadensersatzforderungen erfolgen. Ist aber ein Umstand von beiden Seiten zu vertreten, ist zuerst im Wege der freien Beweiswürdigung nach § 286 ZPO der Quotient des jeweiligen Verschuldensanteils zu ermitteln, um dann im Rahmen der Schadensermittlung unter Würdigung aller Umstände schätzend nach § 287 ZPO die Bezifferung durchzuführen. Sowohl für den Haftungsgrund, als auch für die Haftungshöhe dürften diverse Beweisaufnahmen notwendig werden, finden die Parteien keine außergerichtliche Lösung, etwa auch nicht unter entsprechender Anwendung von § 18 Abs. 4 VOB/B bezüglich der Mitwirkung von Sachverständigen.

d) Ersatz des nachweislich entstandenen Schadens/Schadenshöhe

Der Anspruchsteller muss den nachweislich entstandenen Schaden darlegen und beweisen, der adäquat-kausal, also im Sinne eines angemessenen Sachzusammenhangs aus der verschuldeten Pflichtverletzung entstanden ist.

aa) Berechnungsmethode

Ein Schaden ist jeder Vermögensnachteil, der im Sinne der Adäquanztheorie[479] (also im Sinne eines angemessenen Sachzusammenhanges) dem Geschädigten ursächlich vom Schädiger zugefügt wird. Nach der

---

[477] OLG Köln, NJW-RR 2004, 818–820.
[478] BGH, BauR 1998, 330 = NJW 1998, 1493.
[479] Hierzu BGH, BauR 1976, 128 und BGH, NJW-RR 2000, 684.

Differenztheorie[480] kommt es darauf an, wie die Vermögenslage des Geschädigten ohne die hindernden Umstände gewesen wäre und wie sie sich infolge dieser Umstände nunmehr darstellt. Die negative Differenz ist der Schaden.

Der Schaden muss im jeweiligen Einzelfall grundsätzlich konkret dargelegt und bewiesen werden, auch bei Großbaustellen[481]. Eine bloße kalkulatorische Darstellung oder baubetriebswirtschaftliche Berechnungen nach Äquivalenz-Überlegungen genügen noch nicht einmal der Schätzgrundlage nach § 287 ZPO. Auch bloße Abschreibung nach Baugeräteliste genügt nicht der Differenzmethode.

Für die Darlegung der haftungsausfüllenden Kausalität des konkreten Schadens der Höhe nach müssen zumindest so viele Fakten vorgetragen werden, die es dem Gericht nach § 287 Abs. 1 ZPO ermöglichen, um unter Würdigung aller Umstände nach freier Überzeugung entscheiden zu können[482]. Insofern sind also an die Belegführung weniger strenge Anforderungen gestellt, als für die Darlegungs- und Beweislast bezüglich der Pflichtverletzung als haftungsbegründende Kausalität, weil hierfür die schätzende Bewertung des Gerichtes nach § 287 ZPO nicht in Betracht kommt, sondern § 286 ZPO greift[483].

bb) Schadenspositionen

Der Schaden kann sich zusammensetzen aus den tatsächlichen Kosten der Behinderung/Unterbrechung, also den Stillstandskosten für Mannschaft und Gerätschaften, etwaigen Lagerkosten für Materialien, internen oder externen Kosten zur Dokumentation/Belegführung/Beweissicherung und der Durchsetzung, die bei dem eigenen Personal (Bauleiter und interne Rechtsabteilung) oder bei hierzu herangezogenen Sonderfachleuten (Ingenieurbüro und externer Rechtsanwalt) entstehen. Hinzu können kommen Kosten für zusätzliche Transporte, Lagerungen sowie Einsatz von Personal und Material hierfür[484], zusätzliches Personal, zusätzliche Fahrkosten[485]; bereits entstandene und nicht mehr vermeidbare Vorhaltekosten, wie gemietete, nicht anderweitig einzusetzende Geräte, Kosten für eingetretene Lohn- und Materialpreiserhöhungen[486]. Auch längere Finanzierungskosten auf Seiten des Auftragnehmers die

---

[480] Vgl. zur Differenztheorie im Rahmen von § 6 Nr. 6 VOB/B a.F., BGHZ 97, 163 ff. und zum abzulehnenden Äquivalenzkostenverfahren S. 168.
[481] BGH, BauR 1986, 347.
[482] BGH, BauR 2005, 861–866.
[483] BGH, BauR 2005, 861–866.
[484] KG Berlin, ZfBR 1984, 129; OLG Düsseldorf, BauR 1997, 646.
[485] OLGR Düsseldorf, 1996, 88.
[486] Hierzu OLG Düsseldorf, BauR 1988, 487 im Sinne erhöhter allgemeiner Geschäftskosten, hierzu auch KG Berlin, ZfBR 1984, 129.

Leistungserbringung betreffend oder auf Seiten des Auftraggebers die Finanzierung der Bauleistung betreffend können Schaden sein[487].

Entgangener Gewinn ist Schaden, wie auch in § 252 BGB vorgesehen, unterliegt aber der Haftungsbeschränkung, ist mithin infolge von § 6 Abs. 6 letzter Halbsatz VOB/B nur bei Vorsatz oder grober Fahrlässigkeit erstattungsfähig. Während grundsätzlich die konkreten Kosten als entstandener Schaden geltend zu machen sind, ist bei der Gewinnausfallberechnung durchaus auf die Kalkulation und des dort kalkulierten Gewinns als hinreichende Schätzgrundlage nach § 287 BGB abzustellen. Diese abstrakte Berechnung des Gewinnausfalls ist jedenfalls dann zulässig, wenn eine konkrete Gewinnausfallberechnung nicht möglich oder unzumutbar wäre[488]. Die auch in § 252 BGB aufgenommene Beweiserleichterung, wonach sich die Gewinnausfallberechnung auch an allgemeinen Erfahrungswerten richten kann, betrifft aber nur die haftungsausfüllende, nicht jedoch die haftungsbegründende Kausalität, so dass also die Ausgangs- und Anknüpfungstatsachen schlüssig darzulegen und zu beweisen sind[489].

Dabei kann nicht nur ein Auftragnehmer, sondern auch ein Auftraggeber entgangenen Gewinn geltend machen, etwa einen Mietausfallschaden, der durch die spätere Vermietbarkeit durch spätere Fertigstellung entsteht, genauso alle anderen Schäden aus verspäteter Inbetriebnahme (verspätete Öffnung eines Kaufhauses, verspätete Aufnahme der Stromproduktion oder der sonstigen Produktion mit sicherem Absatz).

Umsatzsteuer ist bei § 6 Abs. 6 VOB/B nicht erstattungsfähig[490], weil Schadensersatzzahlungen gemäß § 6 Abs. 6 VOB/B keine Gegenleistungen für eine Leistung des Auftragnehmers an den Auftraggeber sind. Anders als im Fall des § 2 Abs. 5 VOB/B bleiben die Pflichten des Auftragnehmers und daher auch die Vergütung als Bemessungsgrundlage für die Umsatzsteuer unverändert. Der Auftragnehmer erbringt aufgrund der Behinderungen im Unterschied zu § 642 BGB keine zusätzlichen steuerbaren Leistungen. Mit dem Schadensersatzanspruch wird der Ausgleich des Vermögensschadens verlangt, der sich aus Behinderungen ergibt, die sich als vertragliche Pflichtverletzungen erweisen. Dies gilt auch dann, wenn als Schaden Ersatz für die Kosten verlangt wird, die dem Auftragnehmer dadurch entstanden sind, dass er für die

---

[487] BGH, BauR 2000, 1188.
[488] BGHZ 29, 398.
[489] OLG Koblenz, BauR 1997, 872.
[490] Die umsatzsteuerrechtliche Behandlung des Anspruchs aus § 6 Abs. 6 VOB/B in der Literatur ist nicht einheitlich. Für die Annahme eines „echten" Schadensersatzes vgl. etwa OFD Berlin, Vfg. vom 21. August 2000, St 137-S 7100-4/00; Binner, BrBp 2005, 185, 189; Hochstadt/Matten, BauR 2003, 626, 632.

Herstellung des Werks zusätzlichen Aufwand hatte, etwa durch den zusätzlichen Einsatz eines Projekt- oder Bauleiters. Auch dieser Aufwand ist keine Leistung an den Auftraggeber. Dem entspricht es, dass der nach § 6 Abs. 6 VOB/B zu ersetzende Schaden auf der Grundlage der §§ 249 ff. BGB errechnet wird[491].

Hingegen wäre die Umsatzsteuer (Mehrwertsteuer) wohl Schaden, wenn der Geschädigte diese letztgültig zu tragen hat, z. B. wenn eine auftraggebende Gemeinde wegen hindernder Umstände bestimmte einzubauende Materialien auf eigene Kosten bei Drittunternehmen zwischenlagern muss.

Da die Schadensersatzansprüche nach § 4 Abs. 7 VOB/B (Verzug mit der Mängelbeseitigung während der Vertragsdurchführung) und § 13 Abs. 5 ff. VOB/B (Verzug mit der Mängelbeseitigung nach Abnahme) ohne die Haftungsbeschränkung des § 6 Abs. 6 VOB/B sind und nach diesen Vorschriften also grundsätzlich auch der Gewinnausfall etwa für verspätete Vermietung geltend gemacht werden kann, sind dann die entsprechenden Spezialregelungen vorzuziehen[492].

Beschleunigungskosten, also solche Mehrkosten durch den schnelleren Abschluss der Arbeiten, können nicht unter dem rechtlichen Gesichtspunkt einer Entschädigung geltend gemacht werden, weil § 642 BGB ausschließlich für die Kosten infolge des Annahmeverzuges des Auftraggebers greift, nicht aber für die Fälle, dass nach der Beendigung des Annahmeverzuges Mehrkosten durch die Notwendigkeit des schnelleren Abschlusses der Arbeiten entstehen. Auch Schadensersatzansprüche können diesbezüglich nicht greifen, weil solche Beschleunigungsleistungen eher dem Grundsatz der Schadensminimierung des § 254 BGB unterfallen. Beschleunigungsmaßnahmen sind aber bei der Vergütungsanpassung zu berücksichtigen, sind sie im Sinne von § 2 Abs. 5 VOB/B angeordnet oder im Sinne von § 2 Abs. 8 Nr. 2 S. 2 VOB/B für die Erfüllung des Vertrages erforderlich. Auch Aufwendungserstattungsansprüche nach § 2 Abs. 8 Nr. 3 i. V. m. §§ 677, 683, 670 BGB können entstehen, wenn die Beschleunigung im mutmaßlichen Willen des Auftraggebers und erforderlicherweise durchgeführt werden[493].

---

[491] Hoffentlich hat der BGH 7. Zivilsenat dieser seiner Entscheidung vom 24.01.2008, Az. VII ZR 280/05 (MDR 2008, 499–500 = BauR 2008, 821–823) – mit der er sich auch ausdrücklich von seiner Entscheidung vom 21. März 1968 (VII ZR 84/67, BGHZ 50, 25, 29 f.) distanziert – diesbezüglich für die Beteiligten und den Finanzämter endlich Klarheit geschaffen.
[492] BGH, BauR 2000, 1189.
[493] Vgl. im Einzelnen Kommentierung zu § 2 „III. Exkurs: Zahlungsansprüche des Auftragnehmers bei Bauablaufstörungen" (auch zu finden über Stichwortverzeichnis/Index: Bauablaufstörungen: Zahlungsansprüche – eine ausführliche Darstellung –).

BGK, AGK sind regelmäßig kein Schaden, soweit sie auch ohne das schädigende Ereignis angefallen wären. Wagnis ist kein Schaden, zumal es auf die nicht erbrachten Positionen in dem entsprechenden Zeitraum nicht anfällt.

Externe Kosten, z. B. die von Schadensgutachtern oder Rechtsanwälten, können auch Schaden sein. Die Erstattungsfähigkeit lässt sich unter Umständen begründen. So hat das OLG Köln[494] sogar Rechtsberatungskosten zugesprochen, weil die Kosten der Rechtsverfolgung zum ersatzfähigen Schaden gehören und vom Schutzzweck eines Anspruchs aus Vertragsverletzung umfasst sind[495]. Dabei seien auch die Kosten zur Ermittlung des Schadensumfangs als mit dem Schaden unmittelbar verbundenem und nach § 249 BGB auszugleichender Nachteil ersatzfähig. Damit sind regelmäßig Sachverständigenkosten, die für die Beweissicherung und Schadensermittlung erforderlich sind, im angemessenen Umfang gemeint. Denn die Schadensermittlung ist Voraussetzung für die Geltendmachung des Schadensersatzanspruchs[496]. Zwar sind die Kosten für die Geltendmachung einer Ersatzforderung nach ständiger Rechtsprechung des Bundesgerichtshofs[497] lediglich in der Höhe ersatzfähig, in der die Forderung auch berechtigt ist. Das muss aber nicht zu einer Kürzung der Rechtsberatungskosten führen, wenn diese sich wesentlich auch auf die Prüfung und Ermittlung des ersatzfähigen Schadens beziehen. Die Inanspruchnahme eines Rechtsanwalts könnte in diesem Sinne erforderlich und zweckmäßig sein, wenn es sich um rechtlich schwierig gelagerte Fälle handelt. Grund und Höhe des Anspruchs hängen in erster Linie von Rechtsfragen ab, die vorprozessual zu klären sind. Der angemessene Zeitaufwand könnte so berücksichtigt werden. Die Höhe der Gesamtkosten wäre durch nachvollziehbare Rechnungen zu belegen. Es muss dann keine Verletzung der Schadensminderungspflicht angenommen werden, wenn auf Basis eines Zeithonorars abgerechnet wird.

cc) **Vorteilsausgleich**

Etwaige Vorteile aus Behinderung und Unterbrechungen sind anzurechnen, etwa Steuerersparnisse durch die erst mit Bezugsfertigkeit eintretende Beschränkung des Schuldzinsabzuges gemäß § 21a EStG[498], möglicherweise auch Verringerung der Kosten für die Durchführung von Leistungen, etwa infolge von gesunkenen Materialkosten (Stahl) oder sonstigen gesunkenen Preisen für Stoffe (etwa Diesel).

---

[494] OLG Köln Az. 20 U 128/05 Urteil vom 18.05.2007 Vorinstanz: LG Köln, Az. 5 O 291/04.
[495] Ähnlich BGH NJW 2006, 1065.
[496] BGH NJW-RR 1989, 953, 956 zu § 249 BGB.
[497] BGH NJW 1970, 1122; 1995, 1112.
[498] BGH, BauR 1983, 465.

Wenn ein Geschädigter als Ersatz für eine beschädigte oder zerstörte Sache eine neue Sache anschafft, muss er sich regelmäßig den höheren Wert der neuen Sache abziehen lassen (Vorteilsausgleich „neu für alt"). Bei der Mängelbeseitigung soll dies aber nicht gelten, weil dann der Verpflichtete durch die Verzögerung der Nachbesserung besser gestellt wird[499].

VII. Kündigung infolge länger als 3-monatiger Unterbrechung, § 6 Abs. 7 VOB/B

1. Der besondere Kündigungsgrund wegen länger als 3-monatiger Unterbrechung

Durch § 6 Abs. 7 VOB/B wird geregelt, dass bei einer Unterbrechung von länger als 3 Monaten jeder Teil, also sowohl Auftragnehmer als auch Auftraggeber, den Vertrag schriftlich kündigen kann.

Dabei greift § 6 Abs. 7 VOB/B selbst dann, wenn ein Auftragnehmer mit seiner Arbeit auf der Baustelle noch gar nicht begonnen hatte[500]. So ist der Auftragnehmer zur Kündigung berechtigt, wenn z. B. als Baubeginn „14 Tage nach Baugenehmigung" vereinbart war, der Baubeginn sich aber wegen der Nichterteilung der straßenverkehrsrechtlichen Genehmigung mehr als 3 Monate hinausschiebt[501]. Eine danach erfolgte Kündigung des Auftraggebers wegen Verzuges und Erfüllungsverweigerung ist unberechtigt[502].

Die Kündigung nach § 6 Abs. 7 VOB/B kann vor Ablauf der Dreimonatsfrist erklärt werden, wenn mit Sicherheit feststeht, dass die Unterbrechung länger als drei Monate dauern wird[503].

Zumindest der Auftraggeber ist nach § 6 Abs. 7 VOB/B auch dann zur Kündigung berechtigt, wenn die Ursache für den Baustillstand zwar nicht von ihm verschuldet ist, aber in seinem Risikobereich eintritt[504]. Wenn etwa andere vom Auftraggeber beauftragte Bauunternehmer oder Bauleiter den Baustillstand verursacht oder verschuldet haben (z. B.:

---

[499] OLG Schleswig vom 29.5.2009, 14 U 137/08.
[500] BGH, Datum: 13. Mai 2004, Az. VII ZR 363/02, WM 2004, 1453–1455 = ZIP 2004, 1420–1422 = NJW 2004, 2373–2375.
[501] OLG Frankfurt, 21. Oktober 1997, Az. 8 U 129/97, BauR 1999, 774–776.
[502] OLG Frankfurt, 21. Oktober 1997, Az. 8 U 129/97, BauR 1999, 774–776.
[503] BGH, Datum: 13. Mai 2004, Az. VII ZR 363/02, WM 2004, 1453–1455 = ZIP 2004, 1420–1422 = NJW 2004, 2373–2375.
[504] OLG Köln, 1. Oktober 1999, Az. 11 U 234/98, IBR 2000, 8 = OLGR Köln 2000, 1–3 = NJW-RR 2000, 389–391 = VersR 2000, 980–981.

wegen fehlender Herstellung eines Hochwasserschutzes vor Errichtung einer Heizanlage), muss sich der Auftraggeber dies nicht als eigenes Verschulden zurechnen lassen, weil Vorunternehmer und/oder Bauleiter keine Erfüllungsgehilfen des Auftraggebers sind[505].

Man wird dann generell auch zugunsten des Auftragnehmers annehmen müssen, dass die Kündigung nach § 6 Abs. 7 VOB/B immer auch von der Vertragspartei erklären werden kann, aus deren Risikobereich die Ursache für die Unterbrechung der Bauausführung herrührt[506].

Jedoch kann eine Seite einen Bauvertrag nicht wegen mehr als 3-monatiger Unterbrechung kündigen, wenn diese die Ursache des Stillstandes zu vertreten hat[507], also selbst verschuldete, es sei denn, dass ihr ein Festhalten an dem Vertrag nicht zumutbar ist[508].

2. Grenzen des Kündigungsrechtes nach länger als 3-monatiger Unterbrechung

Der Grundsatz von Treu und Glauben verbietet die Kündigung, wenn dadurch nach den sonstigen Vertragsbedingungen weitergehende Rechte des Vertragspartners vereitelt würden.

Hier sind alle Fälle anzuordnen, in dem etwa ein Auftraggeber seine Pflichten verletzt, wie das Nichtbezahlen fälliger Rechnungen, die schuldhafte Verletzung von Mitwirkungshandlungen, das Verletzen der vertraglichen Kooperationspflicht durch Nichtverhandeln von Nachträgen. Kommt es zur über 3-monatigen Unterbrechung, soll der Auftraggeber nicht kündigen können, weil er so die Rechte des Auftragnehmers zur Kündigung aus wichtigem Grund nach § 9 Abs. 1 VOB/B unterlaufen könnte. Dem Auftraggeber bliebe nur das jederzeitige Kündigungsrecht nach § 8 Abs. 1 VOB/B, § 649 BGB.

Entsprechendes gilt für den umgekehrter Fall, dass ein Auftragnehmer seinen Pflichten nicht nachkommt und hierdurch die 3-monatige Unterbrechung zustande kommt. Auch in solchen Fällen soll einem Auftragnehmer dann nicht die Kündigung nach § 6 Abs. 7 VOB/B zustehen, um eine außerordentliche Kündigung des Auftraggebers etwa nach § 8 Abs. 2 bis 4 VOB/B die Spitze nehmen zu können.

---

[505] OLG Köln, 1. Oktober 1999, Az. 11 U 234/98, IBR 2000, 8 = OLGR Köln 2000, 1–3 = NJW-RR 2000, 389–391 = VersR 2000, 980–981.
[506] BGH, Datum: 13. Mai 2004, Az. VII ZR 363/02, WM 2004, 1453–1455 = ZIP 2004, 1420–1422 = NJW 2004, 2373–2375.
[507] OLG Köln, 1. Oktober 1999, Az. 11 U 234/98, IBR 2000, 8 = OLGR Köln 2000, 1–3 = NJW-RR 2000, 389–391 = VersR 2000, 980–981.
[508] BGH, Datum: 13. Mai 2004, Az. VII ZR 363/02, WM 2004, 1453-1455 = ZIP 2004, 1420–1422 = NJW 2004, 2373–2375.

Unzulässig ist die Kündigung auch, wenn sie zu einem Zeitpunkt ausgesprochen wird, in dem die fragliche Unterbrechung nicht mehr fortdauern wird, selbst wenn zuvor bereits über drei Monate nicht geleistet werden konnte.

Gleiches gilt, wenn bereits bei Vertragsschluss eine derart lange Unterbrechung vorauszusehen war und wenn die Kündigung erst ausgesprochen wird, wenn in Kürze die Möglichkeit der Leistungsfortführung besteht. Unter dem Gesichtspunkt von Treu und Glauben und der Zumutbarkeit muss dann berücksichtigt werden, dass insbesondere im Zusammenhang mit der Aufforderung zur Wiederaufnahme der Leistung nach Maßgabe von § 6 Abs. 3 und unter Berücksichtigung von § 5 Abs. 2 VOB/B dann erst eine Kündigungserklärung erfolgt. Hier wird man berücksichtigen müssen, dass beide Parteien lange genug Zeit hatten, für oder gegen den Vertrag zu disponieren, und es dann unzulässig sein muss, wenn angesichts der Möglichkeit der Fortführung der Arbeiten dann eine Seite schlicht kündigt und somit bei der anderen Seite die Disposition erzwingt, sich nun am Markt nach einem neuen Vertragspartner umschauen zu müssen.

Schließlich muss unter dem gleichen Gesichtspunkt von Treu und Glauben die Kündigung nach § 6 Abs. 7 VOB/B wegen längerer Unterbrechung als 3 Monate ausgeschlossen sein, wenn die Parteien bereits im Rahmen der Unterbrechung einen neuen Bauablauf mit entsprechend angepassten Preisen vereinbart hatten. Selbst wenn nur dem Grunde nach eine Vergütungsanpassung und wenigstens eine ungefähre Zeit der Fortsetzung der Leistung abgestimmt war, muss die gegenseitige Kooperationspflicht bestehen, sich in einer solcher Situation nicht wegen der Unterbrechung zu kündigen.

Liegen die Gründe der Unterbrechung im Risikobereich des Auftraggebers oder sogar im Verschulden des Auftraggebers, sind sie zum Beispiel verursacht durch Planungsänderungen und Gründungsschwierigkeiten, so kann der Bauunternehmer einen Ausgleich für zwischenzeitlich eingetretene Lohn-Stoffpreise auch dann verlangen, wenn eine Preisgleitklausel nicht vertraglich vereinbart war[509]. Würde ein Auftragnehmer die Preisanpassung ablehnen, könnte der Bauunternehmer den Baubeginn verweigern[510]. Hat ein Auftraggeber aber ausdrücklich den Preisanpassungsanspruch akzeptiert und stimmen die Parteien in der Nachfolge nur der Modalität der Berechnung ab, können Unstimmigkeiten diesbezüglich nicht zum Anlass für eine dann noch nachfolgende Kündigung nach § 6 Abs. 7 VOB/B durch den Auftragnehmer verwendet werden.

---

[509] OLG Düsseldorf, 25.04.1995, Az. 21 U 192/94, BauR 1995, 706 ff.
[510] OLG Düsseldorf, 25.04.1995, Az. 21 U 192/94, BauR 1995, 706 ff.

Sonstige Einschränkung des Sonderkündigungsrechts nach § 6 Abs. 7 VOB/B ist regelmäßig unwirksam, weil sie gegen § 9 AGBG und § 307 BGB verstößt[511].

3. Abrechnung nach Kündigung infolge länger als 3-monatiger Unterbrechung

Die Abrechnung richtet sich nach § 6 Abs. 5 und 6 VOB/B, so dass auf die obige Kommentierung insbesondere zu § 6 Abs. 5 VOB/B auch wegen der verbleibenden Besonderheit der Schlussrechnung nach der Kündigung verwiesen wird.

---

[511] OLG Frankfurt, 21. Oktober 1997, Az. 8 U 129/97, BauR 1999, 774–776.

Verteilung der Gefahr § 7 VOB/B

(1) Wird die ganz oder teilweise ausgeführte Leistung vor der Abnahme durch höhere Gewalt, Krieg, Aufruhr oder andere objektiv unabwendbare vom Auftragnehmer nicht zu vertretende Umstände beschädigt oder zerstört, so hat dieser für die ausgeführten Teile der Leistung die Ansprüche nach § 6 Absatz 5; für andere Schäden besteht keine gegenseitige Ersatzpflicht.

(2) Zu der ganz oder teilweise ausgeführten Leistung gehören alle mit der baulichen Anlage unmittelbar verbundenen, in ihre Substanz eingegangenen Leistungen, unabhängig von deren Fertigstellungsgrad.

(3) Zu der ganz oder teilweise ausgeführten Leistung gehören nicht die noch nicht eingebauten Stoffe und Bauteile sowie die Baustelleneinrichtung und Absteckungen. Zu der ganz oder teilweise ausgeführten Leistung gehören ebenfalls nicht Hilfskonstruktionen und Gerüste, auch wenn diese als Besondere Leistung oder selbstständig vergeben sind.

§ 7 VOB/B trifft Ausnahmeregelungen für den Grundsatz, wonach das Risiko für den Bestand einer erbrachten Leistung erst mit der Abnahme vom Auftragnehmer auf den Auftraggeber übergeht. Neben

— § 4 Abs. 5 VOB/B (Diebstahl/Beschädigung vor Abnahme) und
— § 6 Abs. 2 VOB/B (Bauzeit)

ist hier die vertragliche Gefahrverteilung für die Umstände geregelt, die im Allgemeinen weder in der Hand des Auftragnehmers noch in der Hand des Auftraggebers liegen. Als solche Umstände werden benannt: „höhere Gewalt, Krieg, Aufruhr oder andere objektiv unabwendbare vom Auftragnehmer nicht zu vertretende Umstände". Beschädigen oder zerstören solche unabwendbaren Umstände bereits ganz oder teilweise ausgeführte Leistungen, sind diese Teile der Leistungen dennoch vom Auftraggeber an den Auftragnehmer nach § 6 Abs. 5 VOB/B zu vergüten. Es entstehen jedoch sonst weder zugunsten des Auftragnehmers noch zugunsten des Auftraggebers Schadensersatzansprüche.

I. Gefahrverteilung, Auftraggeberrisiko vor Abnahme

§ 7 VOB/B regelt die Ausnahmefälle, nach denen anders als nach dem gesetzlichen Leitbild des § 644 BGB und der entsprechenden Allgemeinen Geschäftsbedingung des § 12 Abs. 6 VOB/B die Vergütungs- und/

oder Leistungsgefahr vorzeitig vom Auftragnehmer auf den Auftraggeber, nämlich bereits vor der Abnahme übergeht, anders ausgedrückt, der Auftragnehmer bereits vor der Abnahme entlastet wird. Diese Risikoverteilung ist konsistent, weil es dem Auftragnehmer darum geht, durch seine Leistungen die vereinbarte Vergütung zu verdienen und zu erhalten und ihm daher auch nur das Risiko seiner Leistung, nicht aber das allgemeine Bestandsrisiko, wie sie die Eigentümerposition mit sich bringt, aufzuerlegen ist. Wenn sich also während der Leistungserbringung, mithin vor der Abnahme, typische Bauherrenrisiken verwirklichen und bereits ganz oder teilweise erbrachte Leistungen beschädigen oder zerstören, muss dieses Risiko beim Bauherrn verbleiben. Diesem Grundsatz von Treu und Glauben mit dem besonderen Blick der Risiken bei Bauvorhaben – in Abgrenzung zu anderen Gewerken, wie etwa die Erstellung eines schriftlichen Gutachtens oder die Reparatur einer Uhr etc. – folgt § 7 VOB/B. Es stehen sich zwei Grundsätze gegenüber:

— Einerseits der speziell baurechtliche Grundsatz, wonach ein Auftragnehmer bis zur Abnahme die Gefahr tragen soll. Dem liegt der Gedanke zugrunde, dass in dieser Zeit der Auftraggeber nicht die tatsächliche Sachherrschaft über die Gegenstände, letztendlich sein Eigentum, hat.

— Andererseits der Grundsatz, wonach ein Eigentümer das Risiko der Beschädigung oder Zerstörung durch von niemandem zu vertretende Umstände trägt, eben weil er letztlich der Veranlasser des Vorhabens ist.

II. Verhältnis der gesetzlichen Gefahrtragung zur Gefahrtragung nach VOB/B

Es wird überwiegend vertreten, dass dies eine Privilegierung des Auftragnehmers sei, die zu den Ausnahmen des § 644 BGB hinzutrete. Zutreffend dürfte sein, dass § 7 VOB/B nur den allgemeinen Grundsatz von § 242 BGB für die Vergütungs- und/oder Leistungsgefahrtragung im Bauwerkvertragsrecht nach Treu und Glauben benennt, so dass sich ein Auftragnehmer auch für den Fall, dass die VOB/B nicht einbezogen ist, darauf berufen kann, dass die Vergütungs- und/oder Leistungsgefahr durch höhere Gewalt, Krieg, Aufruhr oder andere objektiv unabwendbare Umstände bereits vor der Abnahme vom Auftragnehmer auf den Auftraggeber übergeht.

Im Verhältnis zu den sonstigen gesetzlichen Gefahrtragungsregelungen gilt daher, dass diese bei Einbeziehung der VOB/B ohne weiteres daneben anwendbar sind, weil sich kein Konflikt zwischen den gesetzlichen Gefahrtragungsregelungen und den Regelungen der VOB/B, die ihrer

Rechtsnatur nach Allgemeine Geschäftsbedingungen sind, feststellen lassen. So hat der BGH entschieden, dass z. B. § 645 BGB im VOB/B-Vertrag anwendbar ist[512].

Neben der Ausnahme nach § 7 VOB/B sind also auch folgende gesetzliche Ausnahmen anwendbar:

1. Auftragnehmerverzug, § 644 Abs. 1 Satz 2 BGB

Nach § 644 Abs. 1 Satz 2 BGB geht die Gefahr auf den Auftraggeber (dort als Besteller bezeichnet) im Rahmen seines Verzuges mit der Abnahme über. Hier wird im gesetzlichen Werkvertragsrecht die allgemeine Gefahrtragungsregelung des § 300 BGB dem Rechtsgedanken nach übernommen.

2. Zufälliger Untergang, § 644 Abs. 1 Satz 3 BGB

Auch § 644 Abs. 1 Satz 3 BGB ist anwendbar, wonach der Auftragnehmer für den zufälligen Untergang und eine zufällige Verschlechterung des von dem Besteller gelieferten Stoffes nicht verantwortlich ist. An dieser Vorschrift zeigt sich der gleiche Gedankengang wie in § 7 VOB/B. Im Gesetz wird als zufälliger Untergang bzw. zufällige Verschlechterung bezeichnet, was § 7 VOB/B als „objektiv unabwendbare vom Auftragnehmer nicht zu vertretende Umstände" bezeichnet, wobei die „Verschlechterung" als „Beschädigung" und der „Untergang" als „Zerstörung" bezeichnet wird.

3. Verantwortlichkeit des Auftraggebers, § 645 BGB

Unmittelbar als gesetzliche Vorschrift findet auch § 645 BGB im VOB-Vertrag Anwendung, wonach der Unternehmer (Auftragnehmer) einen der geleisteten Arbeit entsprechenden Teil der Vergütung und Ersatz der in der Vergütung nicht inbegriffenen Auslagen verlangen kann, ist das Werk vor der Abnahme infolge eines Mangels des von dem Besteller gelieferten Stoffes oder infolge einer von dem Besteller für die Ausführung erteilten Anweisung untergegangen, verschlechtert oder unausführbar geworden, ohne dass ein Umstand mitgewirkt hat, den der Auftragnehmer zu vertreten hat.

---

[512] BGHZ 136, 303 (Schürmann Bau I) und BGHZ 137, 35 (Schürmann Bau II).

4. § 645 Abs. 1 Satz 1 BGB analog

Der BGH hat in den vorbezeichneten Entscheidungen § 645 Abs. 1 Satz 1 BGB entsprechend (das heißt analog) für den Fall angewendet, dass das Werk nicht infolge eines Mangels des von dem Besteller gelieferten Stoffes oder infolge einer von dem Besteller für die Ausführung erteilten Anweisung untergeht, verschlechtert oder unausführbar wurde, sondern bildete eine Analogie zu dem nicht geregelten Fall, dass ein Auftraggeber bestimmte Nebenleistungen – hier den Hochwasserschutz während der Bauzeit – übernommen hatte, auf die der Auftragnehmer nicht einwirken konnte, so dass nach Treu und Glauben der Auftraggeber auch die Gefahr, die sich aus der Beschaffenheit dieser Nebenleistung – Hochwasserschutz – ergibt, billigerweise tragen müsse (Haftung für übernommenes Risiko).

5. Untergang der Leistung aufgrund Verhalten des Auftraggebers

In vergleichbaren Konstellationen wird man jeweils zu einem solchen billigen Interessenausgleich kommen müssen, z. B. wenn eine Anweisung des Auftraggebers, die zwar nicht den Besteller (Auftragnehmer), sondern einen Vorunternehmer trifft, später zur Verschlechterung oder zum Untergang der Leistung des Bestellers führt. Gleiches muss für alle einseitigen, eigenmächtigen Handlungen oder Unterlassungen des Auftraggebers mit den genannten Auswirkungen gelten. Dies muss für voreilige Benutzung von nicht abgenommenen Leistungen gelten. In diesem Zusammenhang ist auf die Baugrundproblematik hinzuweisen, z. B. wenn der Baugrund infolge vom Auftragnehmer unvorhergesehener Umstände nicht für die Ausführung des in Auftrag gegebenen Bauwerks geeignet ist[513] und für den Fall, dass ein Grundstück aus allein den Bauherrn treffenden Gründen überhaupt nicht bereitgestellt werden konnte.

III. „Zusätzliche" Risikoabgrenzung nach der VOB: Definition der „unabwendbaren Umstände"

1. Allgemeine Risikoabgrenzung gemäß § 7 Abs. 1 VOB/B

Nach dieser Benennung der gesetzlichen Gefahrverteilung geht es im Folgenden um die Risikoabgrenzung, wie sie die VOB/B danebenen zusätzlich

---

[513] OLG München, BauR 1992, 74.

vornimmt. § 7 VOB/B folgt der gleichen Risikoabgrenzung wie § 6 Abs. 2 Nr. 1 a) bis c) VOB/B. Dies wird an § 6 Abs. 2 Nr. 1 c) VOB/B deutlich. Dort heißt es ebenso „höhere Gewalt oder andere für den Auftragnehmer unabwendbare Umstände". In § 7 Abs. 1 VOB/B finden sich entsprechende Begriffe „höhere Gewalt" und „unabwendbare vom Auftragnehmer nicht zu vertretende Umstände".

2. Besondere Risikoabgrenzung gemäß § 7 Abs. 1 VOB/B

Nach Auffassung des BGH sind Ereignisse gemäß § 7 Abs. 1 VOB/B dann unabwendbare, vom Auftragnehmer nicht zu vertretende Umstände, wenn sie nach menschlicher Einsicht und Erfahrung in dem Sinne unvorhersehbar sind, dass sie oder ihre Auswirkungen trotz Anwendung wirtschaftlich erträglicher Mittel durch die äußerste nach der Sachlage zu erwartende Sorgfalt nicht verhütet oder in ihren Wirkungen bis auf ein erträgliches Maß unschädlich gemacht werden können. Das Ereignis muss objektiv, und zwar unabhängig von der konkreten Situation des betroffenen Auftragnehmers unvorhersehbar und unvermeidbar sein (vgl. die beiden oben zitierten Schürmann-Bau-Urteile).

In der Folge hat der BGH etwa den Hochwassereinbruch wegen Entfernung des Hochwasserschutzes an zwei Stellen durch ein Drittunternehmen entgegen der ausgereichten Planung nicht für unabwendbar gehalten. Zumindest für den Auftraggeber, der hier den Hochwasserschutz übernommen hatte, war das Ereignis nicht objektiv unabwendbar, nachdem er für den Fall eines Hochwassers aufwändige Schutzmaßnahmen planen und bauen ließ, die nach seiner Behauptung bei ordnungsgemäßer Ausführung auch standgehalten hätten. Höhere Gewalt hätte also nur vorgelegen, wenn selbst die zumutbaren geplanten und gebauten Schutzmaßnahmen wegen unvorhersehbarer Urgewalten des Hochwassers nicht gehalten hätten[514]. Weil in den Fällen Schürmann Bau I und II der Auftraggeber die Hochwasserschutzmaßnahmen in seinen Risikobereich übernommen hatte und diese versagten, wurde zwar § 7 Abs. 1 VOB/B verneint, dafür aber § 645 BGB in analoger Anwendung bejaht und dem Auftragnehmer der Anspruch auf Vergütung der geleisteten Arbeit inklusive Auslagen zugesprochen.

Witterungseinflüsse, z. B. durch Hochwasser, sind dennoch das Standardbeispiel unabwendbarer Umstände, wobei solche Witterungseinflüsse ausgeschlossen sind, mit denen ein Auftragnehmer während der Ausführungszeit bei Abgabe des Angebotes normalerweise rechnen musste. Auch insofern ist die Risikobereichsbestimmung im Rahmen von § 7 VOB/B identisch mit § 6 Abs. 2, hier insbesondere Nr. 2 VOB/B.

---
[514] BGH, BauR 1973, 317.

IV. Berechnung der Auftragnehmeransprüche

Für die Berechnung der Ansprüche des Auftragnehmers nach § 7 VOB/B ist auf § 6 Abs. 5 VOB/B abzustellen, wonach die ausgeführten Leistungen nach den Vertragspreisen abzurechnen und außerdem die Kosten zu vergüten sind, die dem Auftragnehmer bereits entstanden und in den Vertragspreisen des nicht ausgeführten Teils der Leistung enthalten sind.

Für die daneben unmittelbar anwendbaren Gefahrübergangsregelungen der §§ 644 Abs. 1 Satz 2, Satz 3 und 645 BGB gilt, dass der Unternehmer einen der geleisteten Arbeit entsprechenden Teil der Vergütung und Ersatz der in der Vergütung nicht inbegriffenen Auslagen verlangen kann.

Es dürfen also jeweils die erbrachten Leistungen nach der vereinbarten Vergütung abgerechnet werden. Jeweils dürfen daneben für den nicht ausgeführten Teil die bereits getätigten Aufwendungen verlangt werden: Denn das BGB formuliert „Auslagen verlangen" und die VOB formuliert „Kosten ... die ... bereits entstanden", wobei man den Begriff der Auslagen definieren kann als die Kosten, die bereits entstanden sind.

V. Versicherung der Gefahren

Anzumerken ist, dass sowohl der Auftragnehmer als auch der Auftraggeber ihre entsprechenden Risiken versichern können. Angesprochen sind damit die sogenannten Bauleistungsversicherungen (früher Bauwesenversicherungen). Durch solche Versicherungen können vom Baubeginn bis zur Abnahme die Bauleistungen gegen unvorhergesehene Beschädigungen und Zerstörungen versichert werden. Hierfür wurden sogenannte Allgemeine Bedingungen für die Bauwesenversicherung von Unternehmerleistungen (ABU) und Allgemeine Bedingungen für die Bauwesenversicherung von Gebäudeneubauten durch Auftraggeber (ABN) nebst Klauseln und Zusatzbedingungen entwickelt. Die einzelnen Versicherer können eigene ABU und ABN entwerfen, wobei es keine staatliche Genehmigungspflicht mehr gibt. Wegen der Vielgestaltigkeit von den am Markt üblichen Versicherungsverträgen ist den Beteiligten zu raten, die Versicherungsbedingungen genau zu studieren, damit nicht Beiträge gezahlt werden, ohne die eigentlichen Probleme tatsächlich abgesichert zu haben.

Bei der Gestaltung der Inhalte der Versicherungsverträge ist zu beachten, dass hier die Absicherung des Risikos für von niemandem zu vertretende Nachteile gemeint ist in Abgrenzung zur Versicherung von Schadensersatzansprüchen infolge von schuldhaften Pflichtverletzungen durch Haftpflichtversicherung, wie sie namentlich in § 10 Abs. 2 Nr. 2 VOB/B und insbesondere in § 13 Abs. 7 Nr. 3 c) VOB/B in Bezug genommen sind. Die Risiken nach §§ 4 Abs. 5, 6 Abs. 2, 7 VOB/B sind also verschuldensunabhängige, währenddessen die in §§ 10 Abs. 2 Nr. 2, 13 Abs. 7 Nr. 3 c) VOB/B gemeinten Versicherungsrisiken Folge von schuldhaften Pflichtverletzungen des Auftragnehmers sind.

Als Kuriosität ist insofern anzumerken, dass die Versicherungsfähigkeit von unabwendbaren Risiken der 1. Kategorie in der VOB nicht angesprochen wird, währenddessen die Versicherungsfähigkeit von Schadensersatzforderungen infolge verschuldeter Pflichtverletzungen des Auftragnehmers, nicht jedoch die spiegelbildliche Möglichkeit von Auftraggeber mit rechtlicher Konsequenz benannt sind.

Nach den maßgeblichen Richtlinien der öffentlichen Hand, wiedergegeben in Abs. 2 zu § 7 VOB/B im Vergabehandbuch (VHB), wird eine Mitversicherung des Unternehmers durch den Bauherrn abgelehnt, weil dies gegen den Grundsatz verstößt, dass sich jeder Beteiligte selbst versichern solle. Dem ist zumindest entgegenzuhalten, dass es von besonderem Vorteil sein kann, sind die Beteiligten einheitlich versichert. So wird unnötiger Streit zwischen den Beteiligten vermieden, der oft daraus fließt, dass sich die dahinterstehenden Versicherungen untereinander über die Verschuldensbeiträge und Haftungsquoten nicht einigen.

Sogenannte Pfuscharbeit, also die mit Ausführungsmängeln behaftete Leistung des Auftragnehmers, ist von der Bauleistungsversicherung nicht abgedeckt[515], so dass der Deckungsumfang nur Sachschäden an der Bauleistung, nicht dagegen Leistungsmängel, die sich erst bei der Erbringung der Leistung ergeben, umfasst. Anders als bei der Haftpflichtversicherung deckt die Bauleistungsversicherung nicht die Folgen eines in die Versicherungszeit fallenden, haftbar machenden Ereignisses. Sie gewährt vielmehr Schutz gegen Beschädigung oder Zerstörung, regelmäßig beschränkt auf den Zeitraum der Erstellung der Bauleistung, also bis zur Abnahme oder zum Ablauf einer vereinbarten Nachfrist. Schadensfälle müssen unverzüglich angezeigt werden, wobei die Oberlandesgerichtsrechtsprechung bereits fünf Tage nach Schadensereignis als zu spät erachtete[516].

Sowohl die Bauleistungsversicherung als auch die Bauhaftpflichtversicherung decken nicht ohne weiteres die Feuerversicherung mit ab. Der Schutz der Gebäudefeuerversicherung des Auftraggebers erstreckt sich im Rohbaustadium nicht auf den Auftragnehmer, wenn dieser den Feu-

---

[515] BGHZ 75, 50 zu §§ 2 und 3 der AVB.
[516] OLG Köln, Versicherungsrecht 1998, 184.

erschaden fahrlässig verursacht hat, so dass ein Auftragnehmer regelmäßig auch an den Abschluss einer Feuerversicherung denken sollte.

Ein Unterfall der Bauleistungsversicherung ist die sogenannte Montageversicherung, mit der Konstruktionen aller Art während der Montage versichert werden können.

Auch Baugeräte und Maschinen können gesondert versichert werden, wobei solche Versicherungen regelmäßig nach § 3 AMB (Allgemeine Maschinenversicherungsbedingungen) nur für das Betriebsgrundstück gelten. Für den Einsatz auf der Baustelle ist eine zusätzliche Kaskoversicherung von Baugeräten auf dem Markt. Dies gilt auch für fahrbare Geräte.

Abschließend sei noch auf die Möglichkeit der sogenannten Bauunterbrechungsversicherung hingewiesen. Hinsichtlich der Problematik der Unterbrechung ist auf die Kommentierung zu § 6 VOB/B hinzuweisen.

VI. Wirksamkeit abweichender AGB-Klauseln

In der Literatur wird vertreten, dass § 7 VOB/B eine Privilegierung des Auftragnehmers sei. In der Konsequenz ist es nach dieser Auffassung ohne weiteres möglich, § 7 VOB/B auch durch Allgemeine Geschäftsbedingung vollständig abzubedingen. Nach der hier vertretenen Auffassung entspricht § 7 VOB/B dem gesetzlichen Grundsatz nach § 242 BGB von Treu und Glauben für den speziellen Fall des Werkvertrages zur Durchführung eines Bauvorhabens in Ergänzung der sonstigen gesetzlichen Regelungen nach §§ 631 ff. BGB, so dass selbst der wirksame Ausschluss von § 7 VOB/B nach den allgemeinen gesetzlichen Regelungen zu entsprechenden Ergebnissen führt.

In jedem Fall bliebe es bei der Anwendung der §§ 644 und 645 BGB inkl. der vom BGH zwischenzeitlich gebildeten Analogien. Zugunsten des Auftragnehmers wird hierzu vertreten, dass die Gefahrtragungsregelungen der §§ 644, 645 BGB zu Lasten des Auftragnehmers nicht verschärft werden dürfen. Die Gefahrtragung ist schon bis zur Grenze des Belastbaren durch das Gesetz in Richtung des Auftraggebers verschoben, so dass jede weitere Verschiebung i. S. v. § 307 BGB unangemessen und damit unwirksam ist.

Unwirksam ist daher eine Klausel, wonach ein Auftragnehmer die Gefahr noch bis zu einer behördlichen Bauabnahme unabhängig von der zivilrechtlichen Abnahme zwischen Auftragnehmer und Auftraggeber und unabhängig von der eigentlichen Fertigstellung tragen soll. Eine solche Klausel ist nicht nur nach § 307 BGB unangemessen, sondern auch nach § 308 Nr. 1 BGB, weil hiermit der Zeitpunkt des Gefahrüberganges unbestimmt verschoben wird und der Auftragnehmer keinen unmittelbaren Einfluss hierauf nehmen kann.

Hinsichtlich der Bauleistungsversicherungen spielen regelmäßig Umlage-Klauseln eine Rolle, wonach ein Auftragnehmer einen bestimmten Prozentsatz der Bauleistungsversicherung, z. B. ausgedrückt als 0,14 % der Abrechnungssumme, übernehmen soll. Solche Umlageklauseln sind wirksam. Einerseits hält sie die oberlandesgerichtliche Rechtsprechung für i. S. v. § 307 Abs. 1 und 2 BGB angemessen. Andererseits hat sie insbesondere der BGH als unabhängige Vergütungsabrede für eine entgeltliche Geschäftsbesorgung qualifiziert und sie somit der Inhaltskontrolle nach § 307 Abs. 3 Satz 1 BGB entzogen. Es handele sich um eine nicht vom dispositiven Gesetzesrecht abweichende Hauptleistungspflicht, nämlich Versicherung gegen Vergütung. Dies sei auch keine verdeckte Kürzung der eigentlichen Vergütung für die Werkleistung, so dass es sich nicht um eine Preisnebenabrede handele. Vielmehr bezwecke die Umlageklausel nur die Verrechnung der rechtlich voneinander unabhängigen Werklohnvergütung der Leistung des Auftragnehmers und die Geschäftsbesorgungsvergütung des Auftraggebers, der den Auftragnehmer mitversichert.

§ 8 VOB/B Kündigung durch den Auftraggeber

(1) 1. Der Auftraggeber kann bis zur Vollendung der Leistung jederzeit den Vertrag kündigen.

2. Dem Auftragnehmer steht die vereinbarte Vergütung zu. Er muss sich jedoch anrechnen lassen, was er infolge der Aufhebung des Vertrags an Kosten erspart oder durch anderweitige Verwendung seiner Arbeitskraft und seines Betriebs erwirbt oder zu erwerben böswillig unterlässt (§ 649 BGB).

(2) 1. Der Auftraggeber kann den Vertrag kündigen, wenn der Auftragnehmer seine Zahlungen einstellt, von ihm oder zulässigerweise vom Auftraggeber oder einem anderen Gläubiger das Insolvenzverfahren (§§ 14 und 15 InsO) beziehungsweise ein vergleichbares gesetzliches Verfahren beantragt ist, ein solches Verfahren eröffnet wird oder dessen Eröffnung mangels Masse abgelehnt wird.

2. Die ausgeführten Leistungen sind nach § 6 Absatz 5 abzurechnen. Der Auftraggeber kann Schadenersatz wegen Nichterfüllung des Restes verlangen.

(3) 1. Der Auftraggeber kann den Vertrag kündigen, wenn in den Fällen des § 4 Absatz 7 und 8 Nummer 1 und des § 5 Absatz 4 die gesetzte Frist fruchtlos abgelaufen ist (Entziehung des Auftrags). Die Entziehung des Auftrags kann auf einen in sich abgeschlossenen Teil der vertraglichen Leistung beschränkt werden.

2. Nach der Entziehung des Auftrags ist der Auftraggeber berechtigt, den noch nicht vollendeten Teil der Leistung zu Lasten des Auftragnehmers durch einen Dritten ausführen zu lassen, doch bleiben seine Ansprüche auf Ersatz des etwa entstehenden weiteren Schadens bestehen. Er ist auch berechtigt, auf die weitere Ausführung zu verzichten und Schadenersatz wegen Nichterfüllung zu verlangen, wenn die Ausführung aus den Gründen, die zur Entziehung des Auftrags geführt haben, für ihn kein Interesse mehr hat.

3. Für die Weiterführung der Arbeiten kann der Auftraggeber Geräte, Gerüste, auf der Baustelle vorhandene andere Einrichtungen und angelieferte Stoffe und Bauteile gegen angemessene Vergütung in Anspruch nehmen.

4. Der Auftraggeber hat dem Auftragnehmer eine Aufstellung über die entstandenen Mehrkosten und über seine anderen Ansprüche spätestens binnen 12 Werktagen nach Abrechnung mit dem Dritten zuzusenden.

(4) Der Auftraggeber kann den Auftrag entziehen, wenn der Auftragnehmer aus Anlass der Vergabe eine Abrede getroffen hatte, die eine unzulässige Wettbewerbsbeschränkung darstellt. Die Kündigung ist innerhalb von 12 Werktagen nach Bekanntwerden des Kündigungsgrundes auszusprechen. Absatz 3 gilt entsprechend.

(5) Die Kündigung ist schriftlich zu erklären.

(6) Der Auftragnehmer kann Aufmaß und Abnahme der von ihm ausgeführten Leistungen alsbald nach der Kündigung verlangen; er hat unverzüglich eine prüfbare Rechnung über die ausgeführten Leistungen vorzulegen.

(7) Eine wegen Verzugs verwirkte, nach Zeit bemessene Vertragsstrafe kann nur für die Zeit bis zum Tag der Kündigung des Vertrags gefordert werden.

§ 8 VOB/B regelt die Kündigung durch den Auftraggeber. Grundsätzlich ist zwischen der

— freien/ordentlichen/grundlosen Kündigung und der
— außerordentlichen Kündigung aus wichtigem Grund zu unterscheiden.

I. Die freie Kündigung, § 8 Abs. 1 VOB/B

Wie die gesetzliche Vorschrift des § 649 BGB ermöglicht auch die Allgemeine Geschäftsbedingung des § 8 Abs. 1 VOB/B dem Auftraggeber die freie Vertragsbeendigung. Ein Auftraggeber kann bis zur Vollendung der Leistungen jederzeit den Vertrag ganz oder teilweise kündigen, ohne dass er dafür Gründe nennen muss, wobei alle denkbaren Fallgruppen nach dem Wortlaut abgedeckt sind. Nach erfolgter Abnahme ist eine Kündigung nicht mehr möglich[517].

1. Form der Kündigung § 8 Abs. 5 VOB/B

Die Kündigung muss in der gewillkürten Schriftform des § 8 Abs. 5 VOB/B i.V.m. § 127 BGB, und zwar durch den Auftraggeber selbst oder einen ordnungsgemäß bevollmächtigten Vertreter erfolgen. Rechtlich spricht man von einer einseitig gestaltenden empfangsbedürftigen Willenserklärung, die bedingungsfeindlich ist. Sie muss dem richtigen Adressaten, also dem Auftragnehmer oder dessen bevollmächtigten Vertreter zugehen[518].

---

[517] BGH, BauR 1975, 280.
[518] BGHZ 67, 271.

Es bedarf also grundsätzlich der Schriftform nach § 8 Abs. 5 VOB/B bis auf den Fall, dass der Auftraggeber die fraglichen Leistungen selbst erbringt, wie sich aus § 2 Abs. 4 VOB/B ergibt. Hintergrund dieser Ausnahme kann nur sein, dem Auftraggeber eine formal fehlgeleitete Ersatzvornahme möglichst weitgehend zu retten. Denn würde ein Auftraggeber z. B. unter Verletzung der Formalien des § 4 Abs. 7 VOB/B (Mahnung der mangelhaften Ausführung unter Fristsetzung mit Androhung der Auftragsentziehung) die Ersatzvornahme durchführen, müsste er dem Auftragnehmer dennoch die vollständige Leistung bezahlen, als wenn der Auftragnehmer sie selbst erbracht hätte. Mit Blick auf § 2 Abs. 4 i. V. m. § 8 Abs. 1 VOB/B und § 649 BGB wird er zumindest insofern besser gestellt, dass er bei der faktischen Ersatzvornahme dem Auftragnehmer wenigstens die ersparten Aufwendungen vom Vergütungsanteil abziehen kann.

Ein Fax genügt der Schriftform des § 127 BGB. Auch wenn der Zugang regelmäßig vorsorglich fernmündlich durch einen Zeugen abgefragt werden sollte, genügt eigentlich auch der „OK-Vermerk" auf dem Sendebericht. Jedenfalls scheint die Meinung überholt, der „OK-Vermerk" erbringe nicht den Beweis für einen Zugang des Faxes beim Empfänger und reiche nicht für die Annahme eines Anscheinsbeweises aus[519]. So vertritt das OLG München bereits seit geraumer Zeit die Auffassung, dass wegen der sehr hohen Übertragungssicherheit bei einem Sendeprotokoll mit „OK-Vermerk" der Anscheinsbeweis für einen Zugang des Faxes spreche[520]. Auch im Schrifttum wird dies so zunehmend vertreten[521].

2. Anwendungsbereich

Hinsichtlich des Anwendungsbereiches liegt eine freie Kündigung auch etwa dann vor, wenn eine fest beauftragte Leistungsposition des Bauvertrages vollständig (sogenannte Nullposition) oder teilweise (Gehwegplatten auf beiden Straßenseiten werden reduziert und sind nur noch auf einer Straßenseite zu erbringen) entfällt und der Auftragnehmer keinen Ausgleich dafür erhält, weil keine andere Leistung an die Stelle der weggefallenen Leistung tritt[522]. Demnach ist die Abgrenzung zwischen freier Kündigung und Änderung des Bauentwurfes nach § 2 Abs. 5 VOB/B darin zu sehen, ob für Minderkosten auch Mehrkosten zu berücksichtigen sind.

---

[519] So noch BGH NJW 1996, 665; 2004, 1320; BFH BB 1999, 303; BAG MDR 2003, 91; KG KGR 2002, 27.
[520] OLGR 1999, 10; NJW 1994, 527.
[521] Vgl. Faulhaber/Riesenkampff DB 2006, 376; Riesenkampf NJW 2004, 3296; Gregor NJW 2005, 2885.
[522] OLG Oldenburg, BauR 2000, 897.

Müssen Eventual- oder Alternativpositionen oder sogenannte angehängte Stundenlohnarbeiten, die ebenso als Bedarfspositionen anzusehen sind, nicht erbracht werden, ist dies keine Kündigung, weil sie noch nicht beauftragt waren, vielmehr die Beauftragung unter der Bedingung der entsprechenden Anordnung oder ihrer entsprechenden Notwendigkeit i. S. v. § 2 Abs. 8 Nr. 2 Satz 2 VOB/B stand[523].

3. Ohne wichtigen Grund

Als freie Kündigung gelten alle Kündigungen des Auftraggebers, die ohne wichtigen Grund erfolgen. Als wichtiger Grund in diesem Sinne gelten dabei nur Sachverhalte, die im Bereich des Auftragnehmers liegen. Sollte ein Auftraggeber solche behaupten, sie jedoch nicht hinreichend belegen können, würde eine Kündigung aus wichtigem Grund regelmäßig nach § 140 BGB umgedeutet zur hier gemeinten freien Kündigung[524].

4. Bei Pflichtverletzung des Auftraggebers

Eine freie Kündigung ist auch für die Fälle gerechtfertigt, in denen der Auftraggeber die Kündigung selbst verschuldet hat. Es ist also ernsthaft so, dass eine freie Kündigung auch möglich ist, wenn der Auftraggeber eigene Pflichten zulasten des Auftragnehmers verletzt und deswegen den Vertrag kündigt (ein Beispiel ist etwa das Fehlen von Geldmitteln zur Baufinanzierung[525], aber auch fehlerhafte, nicht ausführbare Auftraggeberplanungen). Auch wenn der Auftraggeber seine Mitwirkungspflichten verletzt und in der Konsequenz kündigt, ist dies eine freie Kündigung und schneidet dem Auftragnehmer weitergehende Rechte als Konsequenz des ihn schädigenden Verhaltens seines Auftraggebers ab[526].

5. Wirksamkeitszeitpunkt

Die Kündigung wird wirksam mit deren Zugang beim Auftragnehmer; bzw. zum Beginn der Selbstvornahme i. S. v. § 2 Abs. 4 VOB/B. Sie ist ohne jegliche Einhaltung einer Frist, nämlich nach dem Wortlaut „jederzeit" zulässig und führt zur Beendigung des Bauvertragsverhältnisses für die Zukunft, lässt damit den Vertrag für die Vergangenheit sowohl als Rechtsgrund für die Abrechnung der erbrachten Leistungen als auch

---

[523] Im Einzelnen Vygen, BauR 1992, 135 ff.
[524] BGH, NJW-RR 1993, 882; NZBau 2001, 621 f.
[525] BGH SFHZ 2.510, Blatt 60.
[526] Als Beispiel kann die Entscheidung OLG Schleswig, BauR 1989, 731 angeführt werden.

als Rechtsgrund für die Mängelansprüche (Gewährleistungsansprüche) dieser erbrachten Leistungen bestehen[527].

6. Abrechnung nach freier Kündigung

Dem Auftragnehmer steht nach einer freien Kündigung die vereinbarte Vergütung aus § 8 Abs. 1 Nr. 2 VOB/B, § 649 BGB zu, wobei er sich jedoch anrechnen lassen muss, was er infolge der Aufhebung des Vertrages an Kosten ersparte oder durch anderweitige Verwendung erwarb.

Mit dem Verweis auf § 649 BGB wird klargestellt, dass der in der VOB verwendete Begriff der „Kosten" dem gesetzlichen Begriff der „Aufwendungen" entspricht. Es geht darum festzustellen, welche ursprünglich für die Leistungserbringung angenommenen Aufwendungen mit Blick auf den Wegfall dieser Leistungen nun erspart werden und von der ursprünglich vereinbarten Vergütung als bezifferter Vergütungsanteil abgezogen werden muss. Der Auftragnehmer muss nach freier Kündigung des Auftraggebers seine Vergütung für nicht erbrachte Leistungen auf der Grundlage des dafür vereinbarten Preises abzüglich anderweitigen Erwerbs und der Kosten berechnen, die bei Fortführung des Bauvertrages tatsächlich entstanden wären; entsprechen diese Kosten seiner Kalkulation, kann er diese vortragen[528]. Eine kalkulatorische Darstellung der Kosten genügt[529]. Zutreffend hat daher die BGH-Rechtsprechung klargestellt, dass es sich um eine Rechnungslegung handelt, für die § 14 Abs. 1 VOB/B hinsichtlich der Frage der Prüfbarkeit und der Belegführung entsprechend gilt, nicht etwa um einen Aufwendungserstattungsanspruch, einen Schadensersatzanspruch, der jeweils den Nachweis konkreter Kosten voraussetzen würde[530]. Mit der Abrechnung unter Abgrenzung der erbrachten Leistungen und der nicht erbrachten Leistungen auf der Grundlage der Kalkulationsansätze entspricht ein Auftragnehmer seiner Darlegungslast auch im prozessualen Sinne, §§ 282, 286, 287 ZPO[531]. Maßgeblich muss auch hier das Kontrollinteresse des Auftraggebers sein[532].

Skonto oder sonstige Nachlässe können nach einer freien Kündigung des Auftraggebers nicht von der für nicht erbrachte Leistungen geschul-

---

[527] BGH, ZfBR 1982, 160 m. w. N.
[528] BGH, BauR 2005, 1916–1918.
[529] BGH, Urteil vom 22.09.2005, VII ZR 63/04.
[530] BGH, Urteil vom 14.11.2002, VII ZR 224/01 oder BGH, Urteil vom 18.04.2002, VII ZR 164/01.
[531] BGH, Urteil vom 16.10.1997, VII ZR 82/96.
[532] BGH, Urteil vom 11.02.1999, VII ZR 399/97 und fortgesetzt BGH, Urteil vom 02.05.2002, VII ZR 325/00 für die Prüfbarkeit einer Rechnungslegung.

deten Vergütung als ersparte Aufwendung des Auftragnehmers abgezogen werden[533].

Ein Wagnisanteil ist – wenn er bei der Bildung des Vergütungspreises als Lohnkostenanteil, bestehend aus Mittellohn, Sozialkosten, Lohnnebenkosten, Allgemeine Geschäftskosten enthalten war – als Abzugsposition zu berücksichtigen[534]. Der Gewinn ist als zu vergütende Preisbildungsanteil, der nicht erspart werden kann, nie abzuziehen[535].

Hinsichtlich der Allgemeinen Geschäftskosten (AGK) und der Baustellengemeinkosten (BGK) ist zu prüfen, ob diese um das verminderte Volumen abbaubar waren oder als fortlaufende Aufwendung entstanden und nicht abgezogen werden können. Bei den Stoffkosten ist zu berücksichtigen, ob diese tatsächlich erspart wurden, jedoch hinsichtlich der Höhe der Ersparnis die Mengenrabatte, die verloren gingen, gegenzurechnen, genau wie etwa nicht ersparte Aufwendungen für An- und Abtransporte etc. Nachunternehmerkosten sind zu berücksichtigen, wenn sie nicht erspart wurden, wobei dem Auftragnehmer nicht vorgeworfen werden kann, disponierte er beizeiten, um am Markt hinreichenden Vorsprung für günstige Preise und für die Eintaktung der Nachunternehmerleistungen in den Gesamtbauablauf im Rahmen der Koordinierung der Nachunternehmer zu haben. Die rechtzeitige Bindung als unternehmerische Entscheidung kann also nicht etwa im Sinne eines Mitverschuldens an dem Entstehen der Kosten „bestraft" werden, zumal die gesamte Kündigungsabrechnung frei von dem Tatbestandsmerkmal der rechtswidrigen Pflichtverletzung und des Verschuldens und somit auch der Grundsätze der Schadensminimierung ist. Grenzen lassen sich insofern nur unter dem allgemeinen Gebot von „Treu und Glauben" des § 242 BGB ziehen.

Als abzurechnende entfallende Leistungen sind auch potentielle Nachträge zu berücksichtigen. Schon die faktische Erforderlichkeit von Leistungen und die faktische Selbstübernahme begründen den Vergütungsanspruch nach § 2 Abs. 4 i. V. m. § 8 Abs. 1 Nr. 2 VOB/B und § 649 BGB. Es sind also auch die Leistungen als entfallende abrechenbar,

— die erforderlich geworden wären und dem mutmaßlichen Willen des Auftraggebers entsprochen hätten (§ 2 Abs. 8 Nr. 2 S. 2 und 3 i. V. m. § 2 Abs. 5 VOB/B), oder

— die als Änderung des Bauentwurfs oder zusätzliche Leistung (§ 1 Abs. 3 i. V. m. § 2 Abs. 5 VOB/B und § 1 Abs. 4 i. V. m. § 2 Abs. 5 VOB/B) hätten angeordnet werden müssen,

---

[533] BGH, BauR 2005, 1916–1918.
[534] KG Berlin, Urteil vom 28.04.2000, 4 U 3229/98 und auch LG Berlin, Urteil vom 11.04.2001, Az. 105 O 119/99.
[535] OLG Köln, Urteil vom 11.12.1996, 11 U 94/96.

mit der Rechtsfolge des § 8 Abs. 1 Nr. 2 VOB/B i.V.m. § 649 BGB. Dies ist Ergebnis der Einbeziehung der VOB, wodurch von Anfang an auch all diejenigen Leistungen abgedeckt werden, die zur Ausführung der vertraglichen Leistungen erforderlich werden. Einer Nachtragsbeauftragung bedarf es nicht[536]. Demgemäß hat der BGH für den Fall einer Auftraggeber-Auftragsentziehung aus wichtigem Grund gemäß § 8 Abs. 3 Nr. 4 VOB/B entschieden, dass ein Auftraggeber selbst die Mehrkosten für solche Leistungen verlangen kann, die zwar im Zeitpunkt der Kündigung noch nicht vereinbart waren, die der Auftragnehmer aber hätte durchführen müssen, selbst wenn zum Zeitpunkt der Kündigung die Erforderlichkeit noch nicht bekannt war und/oder die Auftraggeber-Anordnung noch nicht vorlag[537]. Nichts anderes kann dann für die freie Kündigung gelten.

Hinsichtlich des Kriteriums der anderweitigen Verwendung des Betriebes sind nach ständiger Rechtsprechung nur sog. Füllaufträge zu berücksichtigen, die gerade deswegen angenommen wurden und angenommen werden konnten, weil der fragliche Auftrag entfiel[538].

II. Kündigung des Auftraggebers aus wichtigem Grund

1. Kündigung wegen Insolvenz des Auftragnehmers, § 8 Abs. 2 VOB/B

Als wichtige Kündigungsgründe zugunsten des Auftraggebers gelten nach der VOB insbesondere die Zahlungseinstellung des Auftragnehmers oder die Beantragung des Insolvenzverfahrens bzw. vergleichbare gesetzliche Verfahren über das Vermögen des Auftragnehmers, die Eröffnung des Insolvenzverfahrens über das Vermögen des Auftragnehmers oder aber die Ablehnung der Eröffnung des Insolvenzverfahrens mangels Maße, vgl. § 8 Abs. 2 VOB/B. Der mit der VOB/B 2000 in die VOB/B aufgenommene Kündigungsgrund der Beantragung des Insolvenzverfahrens erfasste nur den Antrag des Auftragnehmers als Schuldner i.S.d. § 13 InsO. Der Antrag auf Eröffnung des Insolvenzverfahrens durch einen oder mehrere Gläubiger wurde von § 8 Abs. 2 Nr. 1 VOB/B nicht erfasst. Da die Interessenlage im Hinblick auf die Kontinuität der Ausführung der Leistung auf Seiten des Auftraggebers aber in beiden

---

[536] BGH, BauR 1994, 760; BGH, ZfBR 1996, 196; BGH-Report 2004, 289–291.
[537] BGH VII ZR 468/98, Urteil vom 25.11.1999, NJW 2000, 1116 f. = ZfBR 2000, 174 f.
[538] KG Berlin, Urteil vom 28.04.2000, 4 U 3229/98.

Fällen identisch ist, wurde eine entsprechende Erweiterung des Kündigungsrechts mit der VOB/B 2006 vorgenommen.

Jeder Tatbestand setzt ein neues Kündigungsrecht. Hat sich etwa ein Auftraggeber bei der Zahlungseinstellung des Auftragnehmers noch nicht zur Kündigung durchringen können, kann er dies, wird nun das Insolvenzverfahren beantragt. Hat er sich noch immer nicht entschieden, kann er kündigen, wird das Insolvenzverfahren eröffnet oder aber die Eröffnung mangels Maße abgelehnt.

In jedem Fall bleibt dem Auftragnehmer der Anspruch auf Vergütung der tatsächlich ausgeführten Leistungen, wobei er diese nach § 6 Abs. 5 VOB/B abzurechnen hat. Der Auftraggeber kann im Übrigen Schadensersatz wegen Nichterfüllung des Restes verlangen. Dies wird regelmäßig wirtschaftlich wenig Sinn machen, es sei denn, es steht genügend Vertragserfüllungsbürgschaft bereit. Die Erfüllungsschäden, namentlich die Mehrkosten der Ersatzvornahme werden also praktisch regelmäßig aus der Vertragserfüllungssicherheit befriedigt werden.

2. Kündigung wegen Mängel oder Verzug des Auftragnehmers, § 8 Abs. 3 VOB/B

Wichtige Gründe für eine außerordentliche Vertragskündigung sind sodann die Fälle des § 4 Abs. 7 VOB/B, also die mangelhafte Ausführung der Leistungen vor der Abnahme und nach § 4 Abs. 8 VOB/B des unerlaubten Nachunternehmereinsatzes, die Fälle des Verzuges des Auftragnehmers mit der Leistungserfüllung nach § 5 Abs. 4 VOB/B.

Jeweils muss der Auftraggeber die fragliche Vertragspflichtverletzung ausdrücklich abmahnen und unter Fristsetzung die Auftragsentziehung androhen. Auch wenn dies nicht vorgeschrieben ist, wäre einem Auftraggeber zu raten, die Abmahnung schriftlich zu gestalten. Nach fruchtlosem Ablauf kann dann gekündigt werden.

a) Vollständige oder teilweise Auftragsentziehung

Alle vorbenannten Kündigungsgründe nach § 8 Abs. 3 VOB/B berechtigen zur vollständigen Entziehung des Auftrages, aber auch zur Teilentziehung, wobei sich diese dann auf in sich abgeschlossene Teile der vertraglichen Leistungen beziehen muss. Leistungsteile innerhalb eines Gewerks sind grundsätzlich keine in sich abgeschlossenen Teil der Leistung, auf den die Entziehung des Auftrags nach § 8 Abs. 3 Nr. 1 Satz 2 VOB/B beschränkt werden kann[539]. Ist der Auftragnehmer nach einer unzulässigen Teilkündigung des Auftraggebers seinerseits zu einer

---

[539] BGH Az. VII ZR 212/07 am 20. August 2009.

außerordentlichen Kündigung berechtigt, kann der Auftraggeber dem sich hieraus ergebenden Schadensersatzanspruch des Auftragnehmers gemäß § 254 Abs. 1 BGB den Einwand des Mitverschuldens entgegenhalten, wenn der Auftragnehmer durch sein vertragswidriges Verhalten Anlass für die Teilkündigung gegeben hat.

b) Ersatzvornahme; Mehrkosten und sonstige Schäden

Auch wenn dies § 8 Abs. 3 VOB/B nicht ausdrücklich erwähnt, hat der Auftragnehmer trotz der außerordentlichen Kündigung Anspruch auf Vergütung der von ihm erbrachten Leistungen.

Nach der Auftragsentziehung kann der Auftraggeber die entzogenen Leistungen im Wege der Ersatzvornahme erbringen lassen. Die Mehrkosten der Ersatzvornahme und alle weiteren Schäden kann er gegen den Auftragnehmer geltend machen. Der Auftraggeber kann selbst die Mehrkosten für solche Leistungen verlangen, die zwar im Zeitpunkt der Kündigung noch nicht vereinbart waren, die der Auftragnehmer aber hätte durchführen müssen, selbst wenn zum Zeitpunkt der Kündigung die Erforderlichkeit noch nicht bekannt war und/oder die Auftraggeber-Anordnung noch nicht vorlag[540]. Denn durch die vertragliche Einbeziehung der VOB werden auch die Leistungen abgedeckt, die zur Ausführung der vertraglichen Leistungen erforderlich werden. Einer Beauftragung bedarf nicht[541].

Der Auftraggeber ist auch berechtigt, auf die Ausführung der Leistungen zu verzichten und lediglich Schadensersatz wegen Nichterfüllung geltend zu machen, § 8 Abs. 3 Nr. 2 VOB/B.

c) Inanspruchnahme verbliebener Geräte, Gerüste und sonstiger auf der Baustelle vorhandener Einrichtungen, angelieferter Stoffe und Bauteile

Für die Weiterführung der Arbeiten darf der Auftraggeber die verbliebenen Geräte, Gerüste und sonstige auf der Baustelle vorhandenen Einrichtungen, angelieferte Stoffe und Bauteile gegen Vergütung in Anspruch nehmen, § 8 Abs. 3 Nr. 3 VOB/B.

Diese Anspruch kann gerichtlich, etwa auch im Eilverfahren durchgesetzt werden. So kann z. B. ein Spezialgerüst auf der Baustelle gegen den Willen des gekündigten Gerüstbauers weiter verwendet und der Abbau des Gerüstes durch den Gerüstbauer verhindert werden.

---

[540] BGH VII ZR 468/98, Urteil vom 25.11.1999, NJW 2000, 1116 f. = ZfBR 2000, 174 f.
[541] BGH, BGH, BauR 1994, 760; BGH, ZfBR 1996, 196; BGH-Report 2004, 289–291.

d) Aufstellung über die entstandenen Mehrkosten – Frist

Der Auftraggeber hat nach § 8 Abs. 3 Nr. 4 VOB/B dem Auftragnehmer eine Aufstellung über die entstandenen Mehrkosten und über seine anderen Ansprüche spätestens binnen 12 Werktagen nach Abrechnung mit dem Dritten (also Ersatzvornehmenden) zuzusenden.

Es handelt sich hierbei um eine Ordnungsvorschrift, deren Verletzung nicht zugleich zum Ausschluss von Gegenforderungen führt. Bei einer Fristüberschreitung könnte ein Auftragnehmer höchstens eine Nebenpflichtverletzung des Auftraggebers und sich etwa hieraus ergebende Schäden aus der späteren Abrechnung rügen[542]. Zu diesem theoretischen Fall lässt sich praktisch nichts anführen.

3. Kündigung wegen sonstiger Pflichtverletzungen durch den Auftragnehmer

Auch alle sonstigen wichtigen Gründe rechtfertigen zur Kündigung, selbst wenn sie nicht in § 8 Abs. 3 VOB/B ausdrücklich erwähnt sind. Dann ist maßgeblich auf das Gesetzesrecht und hier auf das Gebot von Treu und Glauben nach § 242 BGB abzustellen, wobei im Rahmen des VOB/B-Vertrages im Wege der ergänzenden Vertragsauslegung auf § 8 Abs. 3 VOB/B entsprechend abgestellt werden kann.

Maßstab für die sonstigen wichtigen Gründe ist nach der Rechtsprechung, ob eine grobe Störung des vertraglichen Vertrauensverhältnisses vorliegt, die den Vertragszweck gefährdet und es einem Vertragspartner deswegen nicht mehr zumutbar ist, an dem Vertrag festzuhalten[543].

Es ist müßig, Beispiele für solche sonstigen wichtigen Gründe kurz benennen zu wollen, weil jeweils auf einen umfangreichen Sachverhalt abgestellt werden muss. Gleichwohl sei zumindest die Entscheidung des BGH erwähnt, der einen wichtigen Grund für die Kündigung darin sah, dass ein Auftragnehmer trotz wiederholter Abmahnungen Boden über die Straße transportierte anstatt über die Schienen oder Wasserwege, wie dies im Bauvertrag und in der wasserrechtlichen Genehmigung vorgesehen war[544].

In jedem Fall sollten solche Weiterungen auch unter Berücksichtigung der gegenseitigen vertraglichen Kooperation sehr sorgfältig bedacht und Rechtsrat eingeholt werden. Andererseits kann eine Kündigung bei der Verletzung der aus dem VOB-Vertrag fließenden Kooperationspflicht begründet sein[545]. Es ist jedoch hinzuzusetzen, dass die Recht-

---
[542] OLG Celle, NJW-RR 1996, 343.
[543] BGH, BauR 1996, 704 und BauR 2000, 409.
[544] BGH, BauR 1996, 704 f.
[545] BGH, BauR 2000, 409.

sprechung bisher regelmäßig wichtige Kündigungsgründe im Ergebnis mit Blick auf den konkreten Tatsachenvortrag gerade in diesem Bereich verneinte.

4. Kündigung wegen Wettbewerbsverstoß, § 8 Abs. 4 VOB/B

Kündigen kann der Auftraggeber den Vertrag auch wegen unzulässiger Wettbewerbsbeschränkungen, und zwar innerhalb von 12 Werktagen nach Bekanntwerden des Kündigungsgrundes, § 8 Abs. 4 und 5 VOB/B.

Hinsichtlich der Rechtsfolgen der Kündigung gilt im Übrigen § 8 Abs. 3 VOB/B, wie sich aus der entsprechenden Verweisung des § 8 Abs. 4 letzter Satz VOB/B ergibt.

5. Form der Kündigung aus wichtigem Grund, § 8 Abs. 5 VOB/B

Wie die freie Kündigung müssen alle Kündigungen aus wichtigem Grund gem. § 8 Abs. 5 VOB/B schriftlich erfolgen.

III. Aufmaß und Abnahme gemäß § 8 Abs. 6 VOB/B

1. Aufmaß zur Schlussrechnung

Immer – also sowohl nach der freien also auch nach der außerordentlichen – kann der Auftragnehmer alsbald nach der Kündigung Aufmaß und Abnahme der von ihm ausgeführten Leistungen verlangen. Er muss unverzüglich eine prüfbare Rechnung über die ausgeführten Leistungen vorlegen, § 8 Abs. 6 VOB/B.

Nach der Kündigung kann der Unternehmer keine Abschlagszahlungen mehr verlangen, sondern muss Schlussrechnung legen und kann auch nur aus dieser klagen[546]. Dabei muss sich der Auftragnehmer streng an die Formalien des § 14 Abs. 1 VOB/B halten.

Hilfreich ist, wenn zwischen den Parteien wenigstens der Tatbestand der Leistungsabgrenzung geklärt wird, am besten durch ein gemeinsames Aufmaß i. S. v. § 14 Abs. 2 VOB/B, wobei namentlich § 8 Abs. 6 VOB/B dem Auftragnehmer auch das Recht speziell für den Fall der Kündigung einräumt, Aufmaß und Abnahme der von ihm ausgeführten Leistungen

---

[546] BGH, BauR 1985, 456; NJW-RR 1987, 724; BauR 2000, 1482.

alsbald nach der Kündigung zu verlangen. Er sollte dies unter Fristsetzung tun.

Sowohl im Rahmen von § 14 Abs. 2 als auch im Rahmen von § 8 Abs. 6 VOB/B gilt, dass nach fruchtlosem Ablauf der Frist eine Beweislastumkehr eintritt, lässt sich später die Leistungsabgrenzung nicht mehr vornehmen. Der Auftragnehmer kann also nach Ablauf der Frist ein Aufmaß selbst fertigen und auf dieser Grundlage abrechnen. Den von der Rechtsprechung aufgestellten Regelungen der Beweislastumkehr folgend muss der Auftraggeber darlegen und beweisen, dass andere Mengen und Massen erbracht wurden, obwohl naturgemäß grundsätzlich der Auftragnehmer für seine Leistungserbringung darlegungs- und beweisbelastet ist[547].

Es bedarf also grundsätzlich keines selbständigen Beweisverfahrens oder einer privaten Beweissicherung. Nur wenn ein Geschäftsführer eines mittelständischen Unternehmens darauf angewiesen ist, sein Aufmaß selbst zu fertigen, sollte er sich einen sachverständigen Zeugen für die Beweissicherung hinzuziehen, weil er – anders als seine Mitarbeiter – als Zeuge nicht zugelassen ist.

Es genügt letztlich, nimmt der Auftragnehmer sein Aufmaß, wobei er vor Ort lediglich feststellen muss, welche Leistungspositionen des Vertrages erbracht sind, so dass dann am Schreibtisch – etwa anhand von Ausführungszeichnungen – die Mengen z. B. nach DIN 18209 Ziff. 5 ermittelt werden können. Kompliziert ist die Situation, soweit einzelne Leistungspositionen begonnen, aber nicht vollständig ausgeführt wurden. Hier muss vor Ort der genaue Schnitt entweder durch örtliches Aufmaß, zumindest aber durch Einzeichnung in die entsprechende Planung erfolgen.

2. Abnahme nach Kündigung des Bauvertrages notwendig

Nach der bisherigen Rechtsprechung des BGH (vgl. BGH, VII ZR 249/85 = Urteil vom 09.10.1986) musste eine Werkleistung dann nicht abgenommen werden, wenn der Bauvertrag entweder vom Auftraggeber oder aber vom Auftragnehmer wirksam gekündigt worden war. Möglicherweise hatte der BGH die umfangreichen Folgen der Abnahme übersehen, insbesondere den Gefahrübergang vom Auftragnehmer auf den Auftraggeber gemäß § 12 Abs. 6 VOB/B; die Fälligkeit der Zahlung gemäß § 16 Abs. 3 VOB/B, die Umkehr der Darlegung- und Beweislast wegen Mängel gemäß § 4 Abs. 7 zu § 13 Abs. 5 VOB/B und den Gewährleistungsbeginn gemäß § 13 Abs. 4 VOB/B.

---
[547] BGH, BauR 2003, 689 ff. und 1207 ff.

Mit seinem Urteil vom 11.05.2006 hat sich der BGH (VII ZR 146/04) nunmehr korrigiert und seine Rechtsprechung in diesem Punkt geändert. Demnach ist nunmehr selbst bei einer Kündigung des Bauvertrages eine gesonderte Abnahme der bis dahin erbrachten Werkleistungen notwendig, namentlich auch, um die bis dahin verdiente Werklohnforderung fällig zu stellen. Dieser Grundsatz dient primär dem Schutz des Auftraggebers, der nun nicht zahlen muss, lässt sich eine Abnahme und eine Abnahmefähigkeit der bis zur Kündigung erbrachten Werkleistungen vom Auftragnehmer nicht darlegen und beweisen. Der Auftraggeber ist nunmehr nicht auf die bloße Geltendmachung von Einwendungen etwa mit Ersatzvornahme- und Mängelbeseitigungskosten sowie Minderungs- und Mängelbeseitigungsansprüchen beschränkt, die er darlegen und beweisen und in bezifferter Höhe zur Aufrechnung gegen die Werklohnforderung stellen müsste.

Diese neue Rechtsprechung war zu erwarten und beendet damit die entsprechenden Tendenzen vorhergehender Entscheidungen, die der BGH selbst in Bezug nimmt. Nunmehr gilt die Selbstverständlichkeit, dass die obigen Rechtsfolgen der Abnahme auch wirklich nur eintreten können, liegt Abnahme vor. Damit hat der BGH also nur seine Rechtsprechung in Übereinstimmung mit dem Gesetz gebracht. Er erkannte jetzt, dass es keinen rechtfertigenden Grund gibt, von der Voraussetzung der Abnahme abzusehen. Dies blendet nicht aus, dass in Folge der Kündigung lediglich Teilleistungen erbracht wurden und sich nur hierauf der Umfang der vom Unternehmen geschuldeten Werkleistung beziehen kann. Entsprechend beschränkt sich die Abnahme hierauf, genauso wie der Vergütungsanspruch und alle sonstigen Rechtsfolgen von der Gefahrtragung bis zum Beginn der Gewährleistungszeit. Es bleibt aber ein erhebliches strukturelles Problem, wurden zwar Arbeiten in bestimmter Ausführungszeit erbracht, ergeben diese Leistungen jedoch kein in sich abgeschlossenes Teilwerk, das abnahmefähig im Sinne einer Funktionsfähigkeit sein kann. Genau dieses Problem lässt der BGH dann auch offen. Nach seiner Anmerkung (Rdn. 24 der Entscheidung) meint er wohl, es müsse nicht um funktionsfähige Teilgewerke gehen. Vielmehr reiche es, wenn die Leistungen, die tatsächlich erbracht wurden, hinreichend in einem Aufmaß belegt gleichsam im Sinne einer Bestandsaufnahme über die Erbringung dieser Leistungen festgehalten werden und verweist hierzu auf die Regelung des § 8 Abs. 6, 1. HS VOB/B.

Schließlich bleibt noch klarzustellen, dass Korrekturen zu Gunsten des Auftragnehmers über die Formen der Abnahme, beginnend von der förmlichen, über die ausdrückliche hin zur konkludenten (durch schlüssiges Verhalten) bis zur fiktiven Abnahme möglich sind. Die Kündigung selbst kann man aber nicht als konkludente Abnahme auslegen; auch kommt eine fiktive Abnahme nach einer Kündigung nicht in Betracht, wie der BGH gleich klarstellt. Ansonsten bleibt es bei den bisherigen, gesetzlich vorgegebenen und von der Rechtsprechung erkannten Ausnahmen, wonach es keiner Abnahme bedarf, verlangt der Auftraggeber nicht mehr Erfüllung, sondern Minderung oder Schadensersatz oder hat der Auftraggeber die Abnahme des Werkes ernsthaft und endgültig abgelehnt.

Es bleibt festzuhalten, dass die Entscheidung eine unverständliche Ausnahme vom Gesetzesrecht beendet, ohne einer gerechten Lösung der widerstreitenden Interessen von Auftraggeber und Auftragnehmer entgegenzustehen. Ohnehin sollte es für Auftraggeber und Auftragnehmer eine Selbstverständlichkeit sein, dass nach einer Kündigung oder sonstigen vorzeitigen Beendigung des Vertragsverhältnisses schnellstmöglich ein gemeinsames Aufmaß zur Bestandssicherung vorgenommen wird, mit diesem also die erbrachten Leistungen, soweit notwendig eben mit Mangelvorbehalten, abgenommen wird. Nur so kann der Auftragnehmer abrechnen, nur so kann der Auftraggeber die noch verbliebenen Restleistungen an Dritte vergeben und also ausgehend von der Bestandsaufnahme die Mehrkosten der Ersatzvornahme abrechnen.

IV. Abrechnung nach Kündigung

Die Abrechnung des vorzeitig gescheiterten Vertrages ist kompliziert, wobei der Grad davon abhängt, ob ein Einheitspreisvertrag (eher leicht), ein Detailpauschalpreisvertrag (etwas schwieriger) oder gar ein Funktional- bzw. Globalpauschalpreisvertrag (besonders schwierig) vorliegt.

1. Einheitspreisvertrag

Bei einem Einheitspreisvertrag kann der Auftragnehmer die Vertragspositionen abrechnen, indem die erbrachten Mengen und Massen mit den Einheitspreisen multipliziert werden. Mengenminderungen infolge der Kündigung begründen keinen Anspruch auf Anpassung des Einheitspreises nach § 2 Abs. 3 VOB/B. Denn insofern ist etwa der Modus des § 8 Abs. 1 Nr. 2 VOB/B i.V.m. § 649 Satz 2 BGB für die freie Kündigung das speziellere und somit vorgehende Recht[548].

2. Pauschalpreisvertrag

Besonders kompliziert ist die Abrechnung eines vorzeitig beendeten Pauschalpreisvertrages. Hier lässt sich die Höhe der Vergütung nur

---
[548] OLG Celle, BauR 1995, 558.

nach dem Verhältnis des Wertes der erbrachten Teilleistung zum Wert der nach dem Pauschalpreisvertrag geschuldeten Gesamtleistung berechnen[549].

Der Auftragnehmer muss in einem ersten Schritt erst einmal das vertragliche Leistungsprogramm des Pauschalpreisvertrages aufsplitten, am besten in Form eines Leistungsverzeichnisses, das plausibel zum Leistungsprogramm passt.

Handelt es sich nicht um einen Funktionalpauschalpreisvertrag, sondern um einen Detailpauschalpreisvertrag, also einen Pauschalpreisvertrag, dem ein Einheitspreisangebot (ein Leistungsverzeichnis mit Preisen) zugrunde liegt, muss das Leistungsverzeichnis nicht erst durch Aufsplittung des Leistungsprogramms geschaffen werden.

Das Leistungsverzeichnis muss weiter aufgebrochen werden, indem die einzelnen Positionen hinsichtlich der Vergütungsanteile kalkulatorisch unterlegt werden. Hatte der Auftragnehmer von Anfang an ordentlich kalkuliert, ist diese Arbeit bereits erbracht. Ansonsten spricht der BGH davon, dass plausibel nachkalkuliert werden muss[550].

Erst dann kann der Auftragnehmer im Rahmen seiner Schlussrechnung die tatsächlich erbrachten Leistungen diesem aufgeschlüsselten Leistungsprogramm, also dem zur Abrechnung gefertigten Leistungsverzeichnis, zuordnen und mit den Kalkulationsansätzen für die einzelnen Teilleistungen bewerten.

3. Freie Kündigung

Im Falle der freien Kündigung steht dem Auftragnehmer die vereinbarte Vergütung zu. Er kann also auch die Leistungen, die er nicht erbrachte, abrechnen. Er muss sich jedoch anrechnen lassen, was er infolge der Aufhebung des Vertrages an Kosten erspart oder durch anderweitige Verwendung seiner Arbeitskraft und seines Betriebes erwirbt oder zu erwerben böswillig unterlässt, § 8 Abs. 1 Nr. 2 VOB/B (inhaltlich identisch § 649 Satz 2 BGB, der statt Kosten den Begriff Aufwendungen verwendet)[551].

Der Auftragnehmer soll durch die Vorschrift so gestellt werden, wie er stünde, hätte er den Vertrag bis zu Ende durchgeführt. Er soll keine finanziellen Einbußen erleiden, aber infolge der Kündigung auch nicht zusätzlich bereichert werden[552].

---

[549] Ständige Rechtsprechung BGH: BGH, ZfBR 1999, 194.
[550] BGH, BauR 1997, 304.
[551] Vgl. im Einzelnen Kommentierung unter § 8 I.6: Abrechnung nach freier Kündigung.
[552] BGH, BauR 1996, 382.

Zur Abrechnung der nicht erbrachten Leistungen kann der Auftragnehmer seine Kalkulation öffnen, damit nachvollziehbar wird, wie er die einzelnen Leistungen hätte erbringen müssen und welche Kosten infolge der Nichterbringung nicht anfallen, wie Material oder Treibstoff. Teilweise können aber auch nicht eingebaute Teile berücksichtigt werden, etwa wenn Aufwendungen und somit Kosten für das Anfahren und wieder Abfahren angefallen waren oder aber wenn solche Bauteile nicht mehr anders verwendbar sind und entsorgt werden müssen etc.[553].

Weil es sich bezüglich der ersparten Aufwendungen nach der rechtlichen Regelung von § 8 Abs. 1 Nr. 2 VOB/B und § 649 BGB um Einwendungen des Auftraggebers handelt, muss dieser beweisen, dass mehr Aufwendungen erspart wurden, als sie ein Auftragnehmer schlüssig darlegte oder aber dass der Auftragnehmer darüber hinaus sogar böswillig unterließ, Kosten zu ersparen (primäre Darlegungslast beim Auftragnehmer, Beweislast jedoch beim Auftraggeber).

4. Geänderte und/oder zusätzliche Leistungen bis zur Vertragsbeendigung

Kompliziert ist es, wenn bis zur Beendigung schon eine Reihe von geänderten und zusätzlichen Leistungen als Nachträge geltend zu machen sind. Auch könnte der Auftragnehmer im Rahmen der Abrechnung der nicht erbrachten Leistungen die potentiellen Nachträge mit einstellen, soweit er diese inhaltlich hinreichend sicher vorhersehen konnte, etwa weil sich die Notwendigkeit eines bestimmten Nachtrages vor der Kündigung schon gezeigt, dieser möglicherweise sogar schon angezeigt oder gar angeboten war.

5. Kosten der Erstellung der Schlussrechnung

Schließlich ist zu berücksichtigen, dass durch die Form der beim Scheitern des Pauschalpreisvertrages notwendigen Abrechnung enorme zusätzliche Aufwendungen entstehen können. Sollte der ursprüngliche Pauschalpreisvertrag es dem Auftragnehmer gerade ersparen, eine umfangreiche Abrechnung mit umfangreichen Aufmaßen und Nachweisen zu erbringen, muss er sich nunmehr sogar mehr Arbeit machen als bei der Abrechnung eines bloßen Einheitspreisvertrages. Daher muss man zumindest bei einer freien Kündigung befürworten, dass ein sogenannter Pauschalierungsnachlass unberücksichtigt bleibt. Konsequenter wäre es aber, es dem Auftragnehmer zu ermöglichen, gleichsam als zusätzliche Leistung seine internen und externen Kosten für die Aufstellung der Schlussrechnung als zusätzliche Leistung infol-

---

[553] BGH, BauR 1995, 545.

ge der freien Kündigung i. S. v. § 2 Abs. 6 VOB/B als vergütungsfähig zuzugestehen oder hierin zusätzliche Aufwendungen/Kosten infolge der Aufhebung des Vertrages zu sehen, die er nach Treu und Glauben in die Vergütung bei der Abrechnung jeden Vertragstyps, also auch des Einheitspreisvertrages, einstellen kann.

V. Zeitpunkt für die Vertragsstrafenberechnung, § 8 Abs. 7 VOB/B und zu den Anforderungen an die Mehrkostenberechnung durch den Auftraggeber

1. Vertragstrafenberechnung nach Kündigung

Der Auftraggeber kann eine wegen Verzuges verwirkte, nach Zeit bemessene Vertragsstrafe nur für die Zeit bis zum Tag der freien oder außerordentlichen Kündigung des Vertrages fordern, § 8 Abs. 7 VOB/B.

2. Anforderungen an die Mehrkostenberechnung durch den Auftraggeber

Als Rechtsfolge einer berechtigten Kündigung aus wichtigem Grund wurde bereits darauf hingewiesen, dass der Auftraggeber die Mehrkosten der Ersatzvornahme, etwaige Schadensersatzansprüche und auch Vertragsstrafen bis zum Zeitpunkt der Kündigung berechnen kann, vgl. zu § 8 Abs. 3 VOB/B. Ein Auftraggeber sollte immer bedenken, dass die Anforderungen an die Mehrkostenberechnung hinsichtlich der Darlegungs- und Beweissituation hoch sind:

— Es muss im Einzelnen belegt werden, welche Leistungen noch ausstanden und daher durch Dritte erbracht werden mussten, so dass auch der Auftraggeber an das gemeinsame Aufmaß nach § 8 Abs. 6 und § 14 Abs. 2 VOB/B zur Leistungsabgrenzung Interesse haben muss.

— Es muss im Einzelnen belegt werden, dass die verursachten Kosten tatsächlich angefallen sind und auch ortsüblich und angemessen waren. Etwaige Ohnehin- bzw. Sowieso-Kosten sind nicht erstattungsfähig. Hierzu gehören etwa auch Leistungen, für die mit Blick auf den ursprünglichen Auftrag ein Nachtrag nach § 2 Abs. 5 oder 6 VOB/B hätte ausgelöst werden müssen. Gerade in diesem Bereich der Mehrkosten infolge der Kündigung zu belegen, ist besonders schwierig. Das soll nicht ausblenden, dass ein Auftraggeber auch die Mehrkosten für solche Leistungen verlangen kann, die zwar im Zeitpunkt der Kündigung noch nicht vereinbart waren, die der Auftragnehmer aber hätte durchführen müssen, selbst wenn zum Zeitpunkt der Kündigung die Erforderlichkeit noch nicht bekannt war und/oder die Auftraggeber-Anordnung noch nicht vorlag[554].

— Das Gebot, die Ersatzvornahme möglichst preiswert vorzunehmen, also den Rahmen von ortsüblich und angemessenen Preisen nicht zu überschreiten, folgt dabei aus der Schadensminimierungspflicht des Auftraggebers nach § 254 Abs. 2 BGB.

— Schwierigkeiten folgen auch bezüglich der Gewährleistung mit Blick auf die Leistungsabgrenzung. Zwar hat der Auftraggeber gegen den gekündigten Auftragnehmer bezüglich der erbrachten Leistungen Gewährleistungsansprüche. In der Folge hat der gekündigte Auftragnehmer nach der Kündigung einen Anspruch, Mängel an dem von ihm erstellten Teilwerk zu beseitigen, so dass der Auftraggeber insofern noch Frist nach § 13 Abs. 5 VOB/B setzen muss. Nur wenn die Kündigung gerade wegen der fraglichen Mängel berechtigt war, muss der Auftraggeber bezüglich dieser Mängel dem Auftragnehmer nicht nochmals Frist setzen. Erbringt dann ein Dritter die Restleistungen nach der Kündigung, entstehen oft Abgrenzungsschwierigkeiten, zeigen sich an diesen Restleistungen später Mängel, weil dann zu klären ist, ob die Probleme vom ursprünglichen Auftragnehmer oder von der ersatzvornehmenden Firma verursacht wurden.

VI. Abweichende Vereinbarungen durch Allgemeine Geschäftsbedingungen

Die sogenannte freie Kündigung nach § 8 Abs. 1 VOB/B und § 649 BGB ist durch individuelle Vereinbarung abdingbar. So kann geregelt werden, dass beide Parteien nur aus wichtigem Grund kündigen können.

Nach der neueren Rechtsprechung soll es dem Auftragnehmer hingegen nicht möglich sein, in Allgemeinen Geschäftsbedingungen das freie Kündigungsrecht des Auftraggebers auszuschließen. Dies sei zulasten des Auftraggebers unangemessen und daher unwirksam[555]. Der BGH meint, ein Auftraggeber muss in der Lage sein, ein Bauvorhaben jederzeit zu stoppen, und führt namentlich Probleme wie die Verlegung des Regierungssitzes von Bonn nach Berlin oder den Abzug von US-Stützpunkten nach der Wiedervereinigung oder infolge der Verlagerung des

---

[554] BGH VII ZR 468/98, Urteil vom 25.11.1999, NJW 2000, 1116 f. = ZfBR 2000, 174 f.
[555] BGH, BauR 1999, 1294.

Firmensitzes oder der Produktionseinstellung eines Geschäftsbetriebes oder durch berufliche Versetzung und den dadurch bedingten Stopp des Baus eines bereits begonnenen Einfamilienhauses an[556].

Eine Klausel in Allgemeinen Geschäftsbedingungen des Auftraggebers, dass der Auftragnehmer im Falle der Teilkündigung keinen entgangenen Gewinn verlangen kann, wenn ihm ein gleichwertiger Ersatzauftrag angeboten wird, soll i. S. v. §§ 307, 308 BGB angemessen und damit wirksam sein[557].

Darf zwar ein Auftragnehmer das freie Kündigungsrecht durch AGB nicht abbedingen, kann dies in Allgemeinen Geschäftsbedingungen, die vom Auftraggeber verwendet werden, wirksam geschehen. Der Auftraggeber kann aber mit Allgemeinen Geschäftsbedingungen den Vergütungsanspruch des Auftragnehmers nach erfolgter grundloser Kündigung nicht einschränken, etwa dahingehend, dass dieser nur die bis zur Kündigung erbrachten Leistungen abrechnen darf[558].

Es soll aber zulässig sein, die Höhe des Vergütungsanteils für nicht erbrachte Leistungen angemessen zu pauschalieren, soweit es den Vertragsparteien möglich bleibt, etwaige höhere oder niedrigere ersparte Kosten darzulegen und zu beweisen. Dementsprechend hat die Rechtsprechung Pauschalen von 5 %[559], aber auch einen Prozentsatz von 7,5 %[560] des auf die infolge der Kündigung entfallenen Vergütungsanspruches für die nicht mehr erbrachten Leistungen als unbedenklich erachtet. Eine Pauschale von 25 % hat der BGH für unangemessen erachtet[561]. Dem Auftraggeber darf aber nicht der Nachweis verwehrt werden, dass der Auftragnehmer höhere Aufwendungen erspart hatte etc.[562].

---

[556] Vygen, Jahrbuch BauR 1998, 20 f.
[557] OLG Koblenz, BauR 1992, 379.
[558] BGH, BauR 1985, 77 und BGH, BauR 1990, 81.
[559] OLG Koblenz, BauR 2000, 419.
[560] BGH, BauR 2000, 1194.
[561] BGH, BauR 2000, 430.
[562] BGH, BauR 1985, 79.

Kündigung durch den Auftragnehmer §9 VOB/B

(1) Der Auftragnehmer kann den Vertrag kündigen:

1. wenn der Auftraggeber eine ihm obliegende Handlung unterlässt und dadurch den Auftragnehmer außerstande setzt, die Leistung auszuführen (Annahmeverzug nach §§ 293 ff. BGB),

2. wenn der Auftraggeber eine fällige Zahlung nicht leistet oder sonst in Schuldnerverzug gerät.

(2) Die Kündigung ist schriftlich zu erklären. Sie ist erst zulässig, wenn der Auftragnehmer dem Auftraggeber ohne Erfolg eine angemessene Frist zur Vertragserfüllung gesetzt und erklärt hat, dass er nach fruchtlosem Ablauf der Frist den Vertrag kündigen werde.

(3) Die bisherigen Leistungen sind nach den Vertragspreisen abzurechnen. Außerdem hat der Auftragnehmer Anspruch auf angemessene Entschädigung nach § 642 BGB; etwaige weitergehende Ansprüche des Auftragnehmers bleiben unberührt.

I. Allgemeines

§ 9 VOB/B regelt die Kündigung durch den Auftragnehmer. Es ist kein Zufall, dass diese Vorschriften im Verhältnis zu den Regelungen der Kündigung durch den Auftraggeber in § 8 VOB/B nicht einmal halb so lang sind. Auch der Sache nach hat ein Auftragnehmer bedeutend weniger Rechte zur vorzeitigen Beendigung eines VOB-Vertrages.

II. Anwendungsbereich: Keine Kündigung ohne Grund

Anders als ein Auftraggeber darf ein Auftragnehmer den Vertrag nicht ohne Grund kündigen. Ihm steht also kein freies Kündigungsrecht zu. Ein Auftragnehmer darf nur aus wichtigem Grund kündigen. Solche Gründe sind

— unterlassene Mitwirkung des Auftraggebers,
— sonstige wichtige Gründe,
— Unterbrechung länger als 3 Monate oder
— Zahlungsverzug des Auftraggebers.

Zu diesen außerordentlichen Kündigungsgründen im Einzelnen:

1. Kündigung wegen unterlassener Mitwirkung des Auftraggebers, § 9 Abs. 1 Nr. 1 VOB/B

Folgende Mitwirkungspflichten des Auftraggebers i. S. v. § 9 Abs. 1 Nr. 1 VOB/B, deren Verletzung den Auftragnehmer zur außerordentlichen Kündigung berechtigt – wenn diese vorher gemäß § 9 Abs. 2 Satz 2 VOB/B abmahnend fristsetzend angedroht wurde –, sind für den VOB/B-Vertrag besonders relevant:

a) Keine Anordnungen i. S. v. § 1 Abs. 3 und 4 VOB/B

Anordnungen i. S. v. § 1 Abs. 3 und 4 VOB/B, die erforderlich sind, um die weiteren Leistungen erbringen zu können. Es kann sich auch um Anordnungen handeln, wie mit etwaigen Bedenkenanzeigen i. S. v. § 4 Abs. 3 VOB/B umgegangen werden soll, oder um die kooperative Abstimmung von Maßnahmen beim Antreffen bestimmter Probleme, wie von Schadstoffen in Böden, Gewässern oder Bauteilen – DIN 18299 Ziff. 3.3 – oder bei verändert angetroffenen Boden- oder Wasserverhältnissen – DIN 18300 insbesondere ab Ziff. 3.2–3.7.

b) Kooperationspflichtverletzung

Die Mitwirkung kann in der Vereinbarung von Vergütungsanpassungsansprüchen i. S. v. § 2 Abs. 5 und 2 Abs. 6 VOB/B bestehen (Kooperationspflichtverletzung)[563].

Denkbar sind die Verletzungen von Mitwirkungspflichten hinsichtlich der Zurverfügungstellung vollständiger und fehlerfreier Ausführungsunterlagen i. S. v. § 3 Abs. 1 VOB/B. Zu nennen ist die Pflicht zum Abstecken der Hauptachsen der baulichen Anlagen, § 3 Abs. 2 VOB/B, die Pflicht zur Zustandsfeststellung nach § 3 Abs. 4 VOB/B.

c) Keine Mitwirkung gemäß § 4 Abs. 1 VOB/B

Weiter finden sich relevante Mitwirkungspflichten in § 4 Abs. 1 VOB/B hinsichtlich der Aufrechterhaltung der allgemeinen Ordnung auf der Baustelle und der Koordinierungspflicht bezüglich verschiedener Unternehmer, der Einholung von öffentlich-rechtlichen Genehmigungen und Erlaubnissen nach § 4 Abs. 1 Nr. 1 VOB/B, die Mitwirkung zur Anordnung, die zur vertragsgemäßen Ausführung der Leistungen notwendig ist i. S. v. § 4 Abs. 1 Nr. 3 VOB/B. Außerdem ist die Pflicht zur unentgeltlichen Überlassung von Lager und Arbeitsplätzen und Anschlüssen nach § 4 Abs. 4 VOB/B beachtlich.

---

[563] Ständige Rechtsprechung seit BGH 7. Zivilsenat, 28. Oktober 1999, Az. VII ZR 393/98.

d) Keine Mitteilung von Ausführungsfristen

Relevant sind auch Mitwirkungspflichten hinsichtlich der Bestimmung von Ausführungsfristen i. S. v. § 5 Abs. 2 Satz 1 hinsichtlich der Mitteilungsverpflichtung des Auftraggebers gegenüber dem Auftragnehmer, wann mit der Bauausführung zu beginnen ist.

e) Androhung vor Kündigung

In allen Fällen nach § 9 Abs. 1 Nr. 1 VOB/B muss der Auftragnehmer die dann schriftlich auszubringende Kündigung mit der abmahnenden Nachfristsetzung ausdrücklich androhen, vgl. § 9 Abs. 2 S. 2 VOB/B, sonst ist die Kündigung unwirksam.

2. Zahlungsverzug des Auftraggebers, § 9 Abs. 1 Nr. 2 VOB/B

Das eigentliche Interesse eines Auftragnehmers zur Erbringung von Leistungen ist – nach der Rechtslage – das Vergütungsinteresse. Daher besitzt die Kündigungsmöglichkeit wegen Zahlungsverzuges des Auftraggebers eine besondere Bedeutung. Sie ist geregelt in § 9 Abs. 1 Nr. 2 VOB/B.

a) Fälligkeit von Abschlags- und Schlussrechnung

Vor dem Verzug muss der Werklohnanspruch fällig werden, also die Zahlungspflicht durchsetzbar entstehen. Hinsichtlich der Fälligkeit der Zahlung ist zwischen Abschlagsrechnungen und Schlussrechnungen zu unterscheiden:

— Abschlagsrechnungen werden binnen 18 Werktagen nach deren Zugang beim Auftraggeber fällig, § 16 Abs. 1 VOB/B,

— Schlussrechnungen werden 2 Monate nach Zugang beim Auftraggeber fällig, § 16 Abs. 3 VOB/B.

Zwischen Kaufleuten können sodann die gesetzlichen Fälligkeitszinsen in Höhe von 5 % beansprucht werden, §§ 352 f. HGB[564].

b) Verzug von Abschlags- und Schlussrechnung

Um den Verzug zu begründen, muss wegen § 16 Abs. 5 Nr. 3 VOB/B eine Nachfrist gesetzt werden. Erst nach Ablauf dieser Frist können dann Verzugszinsen in Höhe der in § 288 BGB angegebenen Zinssätze (als 5 % über Basiszinssatz nach § 247 BGB bei Verbrauchern, sonst 8 % über

---

[564] Strittig, dafür: Diehr, Kein Ausschluss von kaufmännischen Fälligkeitszinsen durch die VOB/B, BauR 2004, 1040 ff.

Basiszinssatz nach § 247 BGB), wenn nicht ein höherer Verzugsschaden nachgewiesen wird, beansprucht werden. Außerdem kann nach § 16 Abs. 5 Nr. 5 VOB/B die Leistungserbringung eingestellt werden.

aa) Nachschieben von Entschuldigungsgründen

Es obliegt dann dem Auftraggeber darzulegen und zu beweisen, dass er Zahlungen zu Recht nicht leistete, etwa weil im ein Zurückbehaltungsrecht wegen Mängel oder aufrechenbare Gegenansprüche wegen Schadensersatz zustanden.

Dennoch kann die Kündigung aus wichtigem Grund des Auftragnehmers berechtigt sein, wenn der Auftraggeber die Gründe der Zahlungsverweigerung/des Einbehaltes nicht (hinreichend) bekannt gibt, selbst wenn der Auftraggeber später – nach erfolgter Kündigung – ein objektiv bestehendes Leistungsverweigerungsrecht etwa wegen Mängeln doch noch belegen kann[565]. Denn ein Auftragnehmer muss seine Entscheidung in einer vorhandenen zeitlichen Situation treffen, so dass ein Auftraggeber für seine Zahlungsverweigerung hinreichend nachvollziehbare Gründe nebst Größenordnung angeben muss, die seine Haltung nachvollziehbar erscheinen lässt. Ansonsten liegt nämlich zumindest eine hinreichend empfindliche Störung des Vertrauensverhältnisses vor. Man kann also eine Partei durch Zurückhaltung von Informationen nicht ins „offene Messer" laufen lassen.

bb) Kündigung wegen nur geringfügigen Zahlungsverzuges

Die Kündigung wegen nur geringfügigen Zahlungsverzuges könnte wegen § 320 Abs. 2 BGB im Einzelfall gegen Treu und Glauben verstoßen[566]. Diese Ausnahme könnte sowohl in zeitlicher Hinsicht als auch hinsichtlich des Betrages beachtlich sein. Dies ändert aber nichts an dem Grundsatz, dass das Gesetz keine Beschränkung des Leistungsverweigerungsrechtes (etwa auf den Wert der ausstehenden Teilleistung) vorsieht, so dass ein Schuldner (hier der Auftragnehmer) seine Leistung grundsätzlich voll zurückbehalten (also auch kündigen) kann, selbst wenn die Gegenleistung (mithin die Zahlung des Auftraggebers) bereits teilweise erbracht worden ist[567]. Für die ausnahmsweise Einschränkung nach Treu und Glauben gemäß § 242 BGB sind freilich alle Umstände zu berücksichtigen[568], wobei der Auftraggeber die Darlegungs- und Beweislast für seine Entschuldigung trägt.

---

[565] OLG Celle, Baurecht 2000, 416.
[566] OLG Düsseldorf BB 1978, 1339/1340 für den Fall, dass von Abschlagsrechnungen nur noch ein geringer Teil offen ist.
[567] BGHZ 54, 249, Grüneberg in Palandt, 69. Auflage 2010, § 320 Rdn. 8.
[568] BGH, NJW 1997, S. 939.

c) Fristsetzung und Androhung, § 9 Abs. 2 Satz 2 VOB/B

Auch im Fall des Zahlungsverzuges nach § 9 Abs. 1 Nr. 2 VOB/B muss der Auftragnehmer die dann schriftlich auszubringende Kündigung mit der abmahnenden Nachfristsetzung ausdrücklich androhen, vgl. § 9 Abs. 2 S. 2 VOB/B, sonst ist die Kündigung unwirksam.

3. Kündigung aus sonstigen wichtigen Gründen

Auch können alle sonstigen wichtigen Gründe ein Kündigungsrecht zugunsten des Auftragnehmers begründen, wenn es dem Auftragnehmer nicht mehr zuzumuten ist, wegen grober Vertragswidrigkeiten des Auftraggebers oder sonstiger schwerwiegender absoluter Vertrauensverluste am Vertrag festzuhalten oder wenn dadurch die Erreichung des Vertragszweckes gefährdet ist und deswegen dem Auftragnehmer nach Treu und Glauben nicht mehr zugemutet werden kann, am Vertrag festzuhalten[569].

Solche Fälle können vorliegen, wenn ein Auftraggeber die Arbeitnehmer seines Auftragnehmers zur Schwarzarbeit im Direktgeschäft motiviert[570], wenn ein Auftraggeber Abschlagszahlungen mit ungedeckten Schecks bezahlt oder wenn Auftragnehmer verleumderisch unberechtigterweise bei der Polizei oder der Staatsanwaltschaft wegen vermeintlicher Straftaten angezeigt werden. Auch eine ungerechtfertigte fristlose Kündigung des Auftraggebers berechtigt den Auftragnehmer, seinerseits wegen Vertrauensverlustes aus wichtigem Grund zu kündigen[571].

Diese Kündigungsmöglichkeiten wegen nachhaltiger Störung der Vertrauensverhältnisse finden sich zwar nicht wortwörtlich in der VOB/B. Sie sind aber verallgemeinert in §§ 242, 314 BGB normiert, wobei sich auf den Einzelfall bezogen weitere Sachverhalte ergeben können, die die Bewertung zulassen, dass es einem Auftragnehmer nach Treu und Glauben nicht mehr zugemutet werden kann, am Vertrag festzuhalten.

4. Kündigung wegen Unterbrechung länger als 3 Monate, § 6 Abs. 7 VOB/B

§ 6 Abs. 7 VOB/B bringt noch eine spezielle Kündigungsmöglichkeit, die sowohl für den Auftragnehmer als auch für den Auftraggeber bei einer

---

[569] BGH 7. Zivilsenat, 30. Juni 1983, Az. VII ZR 293/82.
[570] OLG Köln 19. Zivilsenat, 18. September 1992, Az. 19 U 106/91.
[571] BGH 7. Zivilsenat, 14. November 1966, Az. VII ZR 112/64; BGH 8. Zivilsenat, 1. Dezember 1993, Az. VIII ZR 129/92 oder BGH 7. Zivilsenat, 22. Oktober 1981, Az. VII ZR 310/79.

Unterbrechung länger als 3 Monate gilt. Hier ist es nicht von Bedeutung, ob bzw. wer diese Unterbrechung zu verschulden hat.

III. Schriftform der Kündigung, § 9 Abs. 2 Satz 1 VOB/B

Jede Kündigung im Rahmen des VOB/B-Vertrages bedarf der Schriftform. Dies gilt für alle oben beschriebenen Kündigungsmöglichkeiten, namentlich für die Kündigung wegen 3-monatiger Unterbrechung in § 6 Abs. 7 Satz 1 VOB/B ausdrücklich geregelt, als auch für die Kündigungsmöglichkeiten des Auftragnehmers wegen unterlassener Mitwirkung und wegen Zahlungsverzuges, ausdrücklich geregelt in § 9 Abs. 2 VOB/B.

Auch wegen Kündigung aus sonstigen wichtigen Gründen sollte die Schriftform eingehalten werden, selbst wenn dies nicht ausdrücklich in der VOB/B oder im Gesetz vorgeschrieben wird.

Bedarf es für eine Kündigung nach § 6 Abs. 7 VOB/B und für eine Kündigung nach § 314 BGB wegen Störung des Vertrauensverhältnisses keiner vorherigen Abmahnung mit Androhung dieses Schrittes, ist zwingende Voraussetzung für die Kündigungen nach § 9 VOB/B wegen unterlassener Mitwirkung und wegen Zahlungsverzuges, dass der Auftragnehmer zuerst dem Auftraggeber ohne Erfolg eine angemessene Frist zur Vertragserfüllung gesetzt und erklärt hat, dass er nach fruchtlosem Ablauf der Frist den Vertrag kündigen werde. Es muss also ausdrücklich die Kündigung angedroht werden, damit die spätere schriftliche Erklärung überhaupt formwirksam wird.

Insofern ist auch zu beachten, dass nach § 16 Abs. 5 Nr. 5 VOB/B bei fruchtloser Nachfristsetzung zwar die Arbeiten eingestellt werden können, damit aber noch nicht die Kündigungsmöglichkeit gegeben ist, wurde im Rahmen der Nachfristsetzung nicht bereits die Kündigung ausdrücklich angedroht.

IV. Abrechnung des vorzeitig gescheiterten Vertrages, § 9 Abs. 3 VOB/B

Hinsichtlich der Abrechnung des vorzeitig gescheiterten Vertrages gilt nichts anderes als nach einer Kündigung durch den Auftraggeber.

1. Vergütungsanspruch

§ 9 Abs. 3 VOB/B weist wenigstens darauf hin, dass die bisherigen Leistungen nach den Vertragspreisen abzurechnen sind. Anders als bei einer freien Kündigung nach § 8 Abs. 1 VOB/B können damit aber die nicht erbrachten Leistungen nicht abgerechnet werden.

2. Vergütungsähnlicher Anspruch

Sodann weist § 9 Abs. 3 Satz 2 lediglich darauf hin, dass ein Auftragnehmer Anspruch auf angemessene Entschädigung nach § 642 BGB hat. § 642 Abs. 2 BGB bestimmt dabei, dass sich die Höhe der Entschädigung bemisst.

— einerseits nach der Dauer des Verzuges und der Höhe der vereinbarten Vergütung,

— andererseits nach demjenigen, was der Unternehmer infolge des Verzuges an Aufwendungen erspart oder durch anderweitige Verwendung seiner Arbeitskraft erwerben kann.

Mit Blick auf diese Formulierung, dass sich die Entschädigung maßgeblich anhand der vereinbarten Vergütung regelt und im Übrigen inhaltlich die Abrechnungsmodalität des § 649 BGB (§ 8 Abs. 1 Nr. 2 VOB/B) wiederholt, wird in der rechtswissenschaftlichen Literatur von einem Quasi-Vergütungsanspruch gesprochen. Der Entschädigungsanspruch des Auftragnehmers erfasst solche Nachteile, die ihm durch den Verzug des Auftraggebers während der ursprünglich geplanten Vertragsdauer entstanden sind, wie etwa Vorhaltung von Geräten, Verdienstausfall[572].

Insgesamt können die für die freie Kündigung des Bauvertrages durch den Auftraggeber nach § 8 Abs. 1 VOB/B/§ 649 BGB entwickelten Grundsätze des BGH zur Anwendung kommen[573]. Es handelt sich bei dem Entschädigungsanspruch um einen vergütungsähnlichen Anspruch, weil maßgeblich auf die vereinbarte Vergütung und auf ersparte Aufwendungen abzustellen ist. Dies lehnt sich an § 649 Satz 2 BGB an.

Die Berechnung muss also anhand der Vertragspreise und damit der Kalkulationsgrundlagen geschehen[574].

Die Berechnung kann also losgelöst von den tatsächlichen Kosten geschehen. Sie berechnet sich nach der fortgeschriebenen Kalkulation für zusätzlich entstehende zeitabhängige Kosten, also z. B. zusätzliche Mietkosten für Geräte, Container usw., zusätzliche Kosten für die längere Vorhaltung der Baustelleneinrichtung und des Bauleitungsperso-

---

[572] OLG München, 14. Februar 1978, Az. 9 U 2388/77.
[573] Kniffka, Jahrbuch BauR 2000, 1 ff.
[574] OLG Celle 14a. Zivilsenat, 24. Februar 1999, Az. 14a (6) U 4/98.

nals auf der Grundlage der Auftragskalkulation und unter Berücksichtigung der kalkulatorisch ersparten Kosten. Der Entschädigungsanspruch beschränkt sich dabei nicht auf verzugsbedingte Zusatzaufwendungen. Vielmehr sind alle Bestandteile der Vergütung einzurechnen, soweit sie nicht infolge der Kündigung erspart werden, also auch Baustellengemeinkosten, allgemeine Geschäftskosten und auch Wagnis und Gewinn, soweit sie Inhalt der Kalkulation waren.

In der Konsequenz der Einordnung als vergütungsähnlichen Anspruch unterliegt der Entschädigungsanspruch der Mehrwertsteuer[575].

Auch wenn vertreten wird, dass die Anforderungen für die Bezifferung des Entschädigungsanspruches geringer ausfallen als für eine normale Schlussrechnung, trägt der Auftragnehmer die volle Darlegungs- und Beweislast für die Höhe, so dass er sich bei der Abrechnung an dem Modus der Schlussrechnungslegung orientieren sollte. Nur so würde ein Gericht auch in die Lage versetzt, einen Anspruch bei etwaig verbliebenen Zweifeln nach § 287 ZPO zu schätzen. Maßstab für die Abrechnung bleibt demnach zumindest das subjektive Informations- und Kontrollinteresse des Auftraggebers genauso wie bei der Schlussrechnung.

Auch wenn die Abrechnung schwierig ist, muss man sich beeilen, weil für § 642 BGB nach neuem Recht die 3-Jahres-Frist nach § 195 BGB hinsichtlich der Verjährung gilt, die mit dem Schluss des Jahres, in dem die Kündigung wirksam wurde und in dem die Fälligkeit der dem Auftraggeber vorgelegten prüfbaren Schlussrechnung eingetreten ist, abläuft § 199 BGB.

3. Schadensersatzansprüche

Sodann besagt § 9 Abs. 3 letzter Halbsatz VOB/B noch, dass etwaige weitergehende Ansprüche des Auftragnehmers unberührt bleiben. Es ist bei einem eigentlich als ausgewogen bezeichneten Regelwerk nicht nachzuvollziehen, warum hier nicht deutlich die Schadensersatzansprüche des Auftragnehmers gegenüber dem Auftraggeber angesprochen werden, wo doch § 8 Abs. 3 Nr. 2 VOB/B sage und schreibe den Begriff Ersatz des Schadens und Schadensersatz gleich zweimal benennt und auch sonst ausführlich die möglichen Belastungen des Auftragnehmers dargelegt werden.

4. Sonstige Rechte

Für die nicht im Einzelnen angesprochenen weitergehenden Ansprüche des Auftragnehmers gem. § 9 Abs. 3 Satz 2 Halbsatz 2 VOB/B gilt, dass damit lediglich klargestellt wird, dass § 9 Abs. 3 VOB/B keine abschlie-

---

[575] OLG Koblenz 5. Zivilsenat, 20. September 2001, Az. 5 U 1453/00.

ßende Regelung sein soll und also andere gesetzliche Vorschriften nicht ausschließt.

Zu benennen sind insofern der Anspruch auf Erstattung von Mehraufwendungen gem. § 304 BGB, Schadensersatz wegen Schuldnerverzug des Auftraggebers nach den §§ 241, 280, 281, 288 BGB und wegen sonstiger positiver Vertragsverletzung nach §§ 241, 280 BGB.

Denkbar sind noch andere vertragliche Ansprüche, wie z. B. Schadensausgleichspflichten oder Bereicherungsansprüche nach §§ 812 ff. BGB, Ansprüche aus Geschäftsführung ohne Auftrag nach §§ 677 ff. BGB, etwa wenn zur Zeit der Vertragskündigung durch den bisherigen Bauvertrag nicht gedeckte Leistungen erbracht worden sind und hierfür noch keine Preisvereinbarungen, etwa nach § 2 Abs. 3 oder Abs. 5 und 6 VOB/B, getroffen wurden. Für die Bestimmung der Höhe solcher Ansprüche aus ungerechtfertigter Bereicherung oder Geschäftsführung ohne Auftrag wird man aber auf den Modus der einschlägigen VOB-Vorschriften abstellen können, wobei die Parteien hier eine nachvertragliche Kooperationspflicht haben, die der vertraglichen Kooperationspflicht entspricht.

Schließlich könnte § 326 Abs. 2 BGB einschlägig sein, wonach ein Auftragnehmer seinen Anspruch auf Gegenleistung, also die vereinbarte Vergütung behält, wenn der Gläubiger/Auftraggeber für den Umstand, aufgrund dessen der Schuldner nach § 275 Abs. 1 bis 3 BGB nicht zu leisten braucht, allein oder weit überwiegend verantwortlich ist oder dieser vom Schuldner nicht zu vertretende Umstand zu einer Zeit eintritt, zu welcher der Gläubiger im Verzug der Annahme ist, wie dies regelmäßig bei einer Kündigung nach § 9 Abs. 1 Nr. 1 VOB/B der Fall sein dürfte. Auch in diesem Rahmen müsse sich ein Auftragnehmer jedoch anrechnen lassen, was er infolge der Befreiung von der Leistung erspart oder durch anderweitige Verwendung seiner Arbeitskraft erwirbt oder zu erwerben böswillig unterlässt, wie dies entsprechend § 8 Abs. 1 VOB/B bzw. § 649 BGB vorsieht.

V. Anforderungen an die Abrechnung
1. Bedeutung des Aufmaßes und Notwendigkeit der Abnahme

Damit der Auftragnehmer die bisher erbrachten Leistungen abrechnen kann, muss er die Leistungsabgrenzung feststellen. Auch wenn das § 9 VOB/B nicht sagt, gilt, dass der Auftragnehmer entsprechend § 8 Abs. 6 VOB/B Aufmaß und Abnahme der von ihm ausgeführten Leistungen alsbald nach der Kündigung verlangen kann.

Hinsichtlich des gemeinsamen Aufmaßes ist § 14 Abs. 2 VOB/B anwendbar und somit die gemeinsame Feststellung des Leistungsstandes begehren, die für seine Abrechnung notwendig ist. Setzt der Auftragnehmer den Auftraggeber zur gemeinsamen Aufmaßnahme durch Fristsetzung in Verzug, kann er sodann das Aufmaß alleine durchführen, dies entweder vor Ort oder anhand der Ausführungspläne gem. DIN 18299 Ziff. 5. Er entspricht damit seiner Darlegungslast, währenddessen nunmehr der Auftraggeber den Beweis führen müsste, dass die Inhalte dieser Abrechnung nicht zutreffen[576]. Würde ein Auftragnehmer nicht unter Fristsetzung zum gemeinsamen Aufmaß auffordern und ohne weiteres sein eigenes zur Grundlage der Abrechnung machen, müsste er später beweisen, dass die Inhalte richtig sind, und dürfte regelmäßig in Beweisnot kommen, werden die Leistungen von dritter Stelle nach der Kündigung fortgesetzt (Beweisvereitelung zulasten des Auftragnehmers).

Mit seinem Urteil vom 11.05.2006 hat sich der BGH (VII ZR 146/04) nunmehr korrigiert und entgegen etwa BGH, VII ZR 249/85 = Urteil vom 09.10.1986 erkannt, dass nach einer Kündigung des Bauvertrages eine gesonderte Abnahme der bis dahin erbrachten Werkleistungen notwendig ist, um die Folgen der Abnahme hinsichtlich des Übergangs der Gefahrübergang vom Auftragnehmer auf den Auftraggeber gemäß § 12 Abs. 6 VOB/B, die Fälligkeit der Zahlung gemäß § 16 Abs. 3 VOB/B, die Umkehr der Darlegung- und Beweislast wegen Mängel gemäß § 4 Abs. 7 zu § 13 Abs. 5 VOB/B und den Gewährleistungsbeginn gemäß § 13 Abs. 4 VOB/B auszulösen. Dabei gelten § 12 VOB/B und die gesetzlichen Vorschriften über die Abnahme nach § 640 BGB unmittelbar, so dass hier auf die Kommentierung in § 12 VOB/B zu verweisen ist.

2. Abrechnung unterschiedlicher Vertragstypen (Einheits-, Detailpauschal-, Funktionalpauschalpreisverträge)

Das Aufmaß ist nun Grundlage für die Abrechnung des Einheitspreisvertrages als auch des Pauschalpreisvertrages. Insofern ist auf die Kommentierung zu § 8 Abs. 6 VOB/B für die Abrechnungsgrundsätze Bezug zu nehmen. Währenddessen die Abrechnung des Einheitspreisvertrages hinsichtlich der erbrachten Leistungen wieder keine Besonderheiten mit sich bringt, muss – wie ausgeführt – für die Abrechnung des Pauschalpreisvertrages erst dargestellt werden, was für die ursprünglich vereinbarte Pauschale insgesamt überhaupt erbracht werden sollte. Handelt es sich um einen Detailpauschalpreisvertrag, liegt also der Pauschalierungsabrede ein Leistungsverzeichnis zugrunde, fällt dies ver-

---

[576] Beweislastumkehr: BGH 7. Zivilsenat, 22. Mai 2003, Az. VII ZR 143/02.

hältnismäßig leicht, weil das Leistungsverzeichnis zur Bestimmung der Gesamtleistung herangezogen werden kann. Handelt es sich hingegen um einen Funktional- bzw. Globalpauschalpreisvertrag, gibt es also nur eine allgemeine Leistungsbeschreibung, ein Leistungsprogramm, muss sich der Auftragnehmer nun erst einmal die Arbeit machen und aus dem Leistungsprogramm ein Leistungsverzeichnis entwickeln, um so plausibel darzulegen, was er im Einzelnen zur Erfüllung des Leistungsprogramms erbracht hätte. Erst jetzt kann er diesem Leistungsverzeichnis die tatsächlich erbrachten Leistungen zuordnen und somit das Verhältnis der Gesamtleistung zum Verhältnis der tatsächlich erbrachten Leistungen darstellen und die anteilige Vergütung ermitteln[577].

3. Schadensminimierungspflicht

Dabei ergibt sich aus der gesetzlichen Vorschrift der Schadensminimierung nach § 254 Abs. 2 BGB und im Übrigen aus § 642 Abs. 2 BGB zur Bestimmung der angemessenen Entschädigung anhand der vereinbarten Vergütung und der tatsächlichen Aufwendungen, dass auch solche Aufwendungen bei der Vergütungsbestimmung zu berücksichtigen sind, die über den Zeitpunkt der Kündigung hinaus aus Sicherheitsgründen ausgeführt wurden, um in technischer Hinsicht einen erforderlichen Abschluss zu erreichen. So können Betonierarbeiten noch zu Ende geführt, angelieferte Bauteile noch eingebaut, angefallene Transporte oder Löhne für bevorstehende Arbeiten aufgewendet und abgerechnet werden. Auch Kündigungsfolgekosten für bereits beauftragte Subunternehmerleistungen können abgerechnet werden, wenn diese Subunternehmer etwa nach § 8 Abs. 1 VOB/B/§ 649 BGB infolge der Kündigung im Verhältnis zum Auftraggeber ebenso gekündigt werden müssen.

Angelieferte Baumaterialien bzw. zwar noch nicht angelieferte, aber bereits hergestellte Bauteile fallen nach richtiger Auffassung unter die bereits erbrachten Leistungen und können also ohne weiteres nach § 9 Abs. 3 VOB/B in die Abrechnung eingestellt werden.

VI. Mängelansprüche/Gewährleistung nach Kündigung durch Auftragnehmer

Auch nach der Kündigung bleibt der Auftragnehmer hinsichtlich der von ihm bereits erbrachten Leistungen in der Pflicht. Für diese Leistungsteile kann der Auftraggeber also ohne weiteres nach § 13 Abs. 5 VOB/B Mängelbeseitigung verlangen und seine hieraus folgenden Rechte gel-

---

[577] BGH 7. Zivilsenat, 4. Juli 1996, Az. VII ZR 227/93.

tend machen. Daher sind von der Schlussrechnung auch die möglicherweise vereinbarten Sicherheitseinbehalte vorzunehmen.

Die Mängelbeseitigung kann vom Auftraggeber naturgemäß nur verlangt werden, befand er sich bezüglich der fraglichen Leistungen nicht vorher bereits im Annahmeverzug und war dies nicht der Grund für die Kündigung[578].

Die Gewährleistungsfrist beginnt mit der Abnahme der Leistungen[579], so dass hier nichts anderes gilt als bei einer normalen Vertragsbeendigung.

Weil der Auftragnehmer nach der Kündigung einen Anspruch auf Abnahme hat, diese also unter Fristsetzung auch verlangen kann, ist es der Abnahme gleichzusetzen, kommt der Auftraggeber mit dieser in Verzug oder verweigert er diese ohne hierzu berechtigt zu sein. Eine fiktive Abnahme nach § 12 Abs. 5 VOB/B kommt freilich infolge der Kündigung des Auftragnehmers nicht in Betracht[580]. Letztendlich zum gleichen Ergebnis führt jedoch der Verzug mit der Abnahme nach § 640 Abs. 1 Satz 3 BGB. Im Unterschied zu § 12 Abs. 5 VOB/B gilt also z. B. keine 12-Werktages-Frist automatisch. Vielmehr muss eine angemessene Frist (12 Werktage dürften angemessen sein) ausdrücklich gesetzt werden.

VII. Abweichende AGB

Die Berechnungsmöglichkeiten nach § 9 Abs. 3 VOB/B ausschließende oder einschränkende Auftraggeber-AGB sind an §§ 305 ff. BGB zu messen[581]. Unzulässig ist demnach eine Klausel in AGB des Auftraggebers, die Schadensersatz oder Entschädigung nach einer Kündigung gemäß § 9 VOB/B ausschließen soll[582].

---

[578] BGH 7. Zivilsenat, 4. April 2002, Az. VII ZR 252/01.
[579] BGH 7. Zivilsenat, 19. Dezember 2002, Az. VII ZR 103/00.
[580] BGH 7. Zivilsenat, 19. Dezember 2002, Az. VII ZR 103/00.
[581] Schon zum AGB-Gesetz: BGH 7. Zivilsenat, 4. Oktober 1984, Az. VII ZR 65/83.
[582] BGH 7. Zivilsenat, 28. September 1989, Az. VII ZR 167/88.

Haftung der Vertragsparteien § 10 VOB/B

(1) Die Vertragsparteien haften einander für eigenes Verschulden sowie für das Verschulden ihrer gesetzlichen Vertreter und der Personen, deren sie sich zur Erfüllung ihrer Verbindlichkeiten bedienen (§§ 276, 278 BGB).

(2) 1. Entsteht einem Dritten im Zusammenhang mit der Leistung ein Schaden, für den auf Grund gesetzlicher Haftpflichtbestimmungen beide Vertragsparteien haften, so gelten für den Ausgleich zwischen den Vertragsparteien die allgemeinen gesetzlichen Bestimmungen, soweit im Einzelfall nichts anderes vereinbart ist. Soweit der Schaden des Dritten nur die Folge einer Maßnahme ist, die der Auftraggeber in dieser Form angeordnet hat, trägt er den Schaden allein, wenn ihn der Auftragnehmer auf die mit der angeordneten Ausführung verbundene Gefahr nach § 4 Absatz 3 hingewiesen hat.

2. Der Auftragnehmer trägt den Schaden allein, soweit er ihn durch Versicherung seiner gesetzlichen Haftpflicht gedeckt hat oder durch eine solche zu tarifmäßigen, nicht auf außergewöhnliche Verhältnisse abgestellten Prämien und Prämienzuschlägen bei einem im Inland zum Geschäftsbetrieb zugelassenen Versicherer hätte decken können.

(3) Ist der Auftragnehmer einem Dritten nach den §§ 823 ff. BGB zu Schadenersatz verpflichtet wegen unbefugten Betretens oder Beschädigung angrenzender Grundstücke, wegen Entnahme oder Auflagerung von Boden oder anderen Gegenständen außerhalb der vom Auftraggeber dazu angewiesenen Flächen oder wegen der Folgen eigenmächtiger Versperrung von Wegen oder Wasserläufen, so trägt er im Verhältnis zum Auftraggeber den Schaden allein.

(4) Für die Verletzung gewerblicher Schutzrechte haftet im Verhältnis der Vertragsparteien zueinander der Auftragnehmer allein, wenn er selbst das geschützte Verfahren oder die Verwendung geschützter Gegenstände angeboten oder wenn der Auftraggeber die Verwendung vorgeschrieben und auf das Schutzrecht hingewiesen hat.

(5) Ist eine Vertragspartei gegenüber der anderen nach den Absätzen 2, 3 oder 4 von der Ausgleichspflicht befreit, so gilt diese Befreiung auch zugunsten ihrer gesetzlichen Vertreter und Erfüllungsgehilfen, wenn sie nicht vorsätzlich oder grob fahrlässig gehandelt haben.

(6) Soweit eine Vertragspartei von dem Dritten für einen Schaden in Anspruch genommen wird, den nach den Absätzen 2, 3 oder 4 die andere Vertragspartei zu tragen hat, kann sie verlangen, dass ihre Vertragspartei sie von der Verbindlichkeit gegenüber dem Dritten befreit. Sie darf den Anspruch des Dritten nicht anerkennen oder befriedigen, ohne der anderen Vertragspartei vorher Gelegenheit zur Äußerung gegeben zu haben.

I. Allgemeines

§ 10 VOB/B regelt den Schadensausgleich zwischen den Vertragsparteien. Während es im Rahmen der beschriebenen Gefahrtragung nach § 7 VOB/B darum ging, wer von den Baubeteiligten die wirtschaftlichen Folgen eines Schadensereignisses zu tragen hat, das von keinem der Vertragspartner zu vertreten ist, haben die Bestimmungen des § 10 VOB/B verschuldete Schadensereignisse im Blick.

Wie das Gesetzesrecht unterscheidet § 10 VOB/B zwischen der

— vertraglichen Haftung

und der

— außervertraglichen Haftung. Dabei definiert § 10 Abs. 1 VOB/B, in welchem Umfang die Vertragsparteien einander haften. § 10 Abs. 2 bis Abs. 4 VOB/B regelt den internen Ausgleich der Parteien bei einer Haftung im Außenverhältnis für den Fall, dass einem Dritten ein Schaden zugefügt wird. Dritte in diesem Sinne sind diejenigen, die jedenfalls nicht Vertragspartei sind.

II. Die Vertragsparteien haften einander, § 10 Abs. 1 VOB/B

Die Vertragsparteien haften sich gegeneinander für die konkreten Schäden, die kausal aus von ihnen verschuldeten oder ihnen zurechenbaren Pflichtverletzungen entstehen.

1. Vertragspflichtverletzung

a) Vertragliche Pflichten

Die haftungsrelevanten Rechte und Pflichten ergeben sich vor allem aus dem Vertrag, regelmäßig bestehend aus:

— dem Vertragstext/Verhandlungsprotokoll nebst Leistungsverzeichnis bzw. Leistungsbeschreibung/Leistungsprogramm,

- den Allgemeinen Vertragsbedingungen,
- den Besonderen Vertragsbedingungen,
- den Zusätzlichen Vertragsbedingungen.

Neben diesen ausdrücklichen Vertragsregelungen sind die nach dem Gesetz für den Vertragsabschluss geltenden Vorschriften zu beachten, wobei die Verträge regelmäßig insbesondere auf die Geltung des BGB verweisen. Namentlich aus §§ 631, 242 BGB folgen weitere ungeschriebene Pflichten. Mit folgenden Beispielen sollen diese umrissen werden:

aa) Pflichten des Auftragnehmers

Der Auftragnehmer hat die Pflicht, mit dem Eigentum des Auftraggebers, das im Rahmen der Bauleistung der Einwirkung seiner Arbeiten ausgesetzt ist, pfleglich umzugehen und eine Beschädigung dieses Eigentums zu unterlassen[583].

Er hat eine Obhutspflicht in Bezug auf die in sein Gewahrsam gelangten oder seiner Einwirkung unmittelbar unterliegenden Sachen des Auftraggebers[584], bei deren Verletzung er sich schadensersatzpflichtig macht[585].

Er muss bereits ganz oder teilweise erstellte Leistungen anderer, an demselben Bauwerk tätiger Unternehmer pfleglich behandeln und schützen. Bei Pflichtverletzungen macht er sich schadensersatzpflichtig.

Er muss die persönliche Unversehrtheit des Auftraggebers schützen, dieses unter Berücksichtigung der besonderen Umstände sowie der Verhältnisse an der Baustelle, einschließlich der Sicherung von Baumaßnahmen[586].

bb) Pflichten des Auftraggebers

Der Auftraggeber muss alles ihm Zumutbare und ihm Mögliche unternehmen, um den Auftragnehmer bei der Erfüllung seiner Vertragspflichten vor Schaden zu bewahren[587], zumal bei besonderen Gefahrenquellen oder gefahrerhöhenden Umständen. Bei Pflichtverletzung macht sich der Auftraggeber schadensersatzpflichtig[588].

---

[583] BGH, VersR 1964, 238; VersR 1966, 1157; VersR 1969, 827; MDR 1975, 375; LM § 631 BGB Nr. 15; VersR 1982, 1196 = NJW 1983, 113.
[584] BGHSFH Z 4.01 Bl. 42 ff. = VersR 1966, 1154.
[585] BGH, VersR 1973, 1069 = SFH Z 4.01 Bl. 81; auch BGH, VersR 1975, 1094.
[586] OLG Nürnberg, VersR 1979, 748; OLG Karlsruhe VersR 1985, 297.
[587] BGH, VersR 1959, 948.
[588] BGH, VersR 1959, 948.

Er hat eine Fürsorge- und Obhutspflicht hinsichtlich der vom Auftragnehmer auf der Baustelle eingesetzten Personen sowie von ihm dort verwendeter Sachen (z. B. Maschinen, KfZ, etc)[589]. Bei der Verletzung macht er sich schadensersatzpflichtig.

b) Außervertragliche Pflichten

Neben den vorbeschriebenen vertraglichen haftungsrelevanten Rechten und Pflichten ist noch das sogenannte „Jedermannsrecht" auch von den Vertragsparteien zu beachten. Insofern sind die Rechtsnormen angesprochen, die selbst dann zwischen den Parteien gelten, hätten diese keinen Vertrag miteinander geschlossen.

Als wichtiges Beispiel sind die Fälle der Haftung wegen unerlaubter Handlung nach § 823 BGB zu benennen. Demnach macht sich derjenige schadensersatzpflichtig, der vorsätzlich oder fahrlässig das Leben, den Körper, die Gesundheit, die Freiheit, das Eigentum oder sonstige (absolute) Rechte eines anderen widerrechtlich verletzt.

Zu diesen weiteren absoluten Rechten zählt die Rechtsprechung z. B. dingliche Rechte (also etwa Hypotheken, Grundschulden, grundrechtlich gesicherte Dienstbarkeiten, Nießbräuche etc.), Besitzrechte, Namensrechte, aber auch Immaterialgüterrechte wie etwa das Urheberrecht und sogar Familienrecht (genannt sei die Kuriosität des Ehebruches, die im Werkvertragsrecht eher keine Rolle spielen dürfte), Rechte am eingerichteten und ausgeübten Gewerbebetrieb, Rechte am Arbeitsplatz, die allgemeine Handlungsfreiheit sowie Persönlichkeitsrechte.

2. Verschulden

Der § 10 Abs. 1 VOB/B bestimmt, dass die Parteien einander für eigenes Verschulden, also für Pflichtverletzung bei Vorsatz und Fahrlässigkeit, haften, vgl. § 276 BGB.

a) Fahrlässigkeit

Fahrlässig handelt, wer die im Verkehr erforderliche Sorgfalt außer Acht lässt (§ 276 Abs. 2 BGB). Die Rechtsprechung differenziert zwischen sogenannter bewusster Fahrlässigkeit und unbewusster Fahrlässigkeit. Bewusste Fahrlässigkeit liegt vor, wenn der Handelnde mit dem möglichen Eintritt des schädlichen Erfolges rechnet, aber darauf vertraut, der Schaden werde nicht eintreten. Bei unbewusster Fahrlässigkeit hat der Handelnde den möglichen Eintritt des schädlichen Erfolges nicht

---

[589] BGH, BauR 1975, 64 = VersR 1975, 41 = SFH Z 2.210 Bl. 14; OLG Celle VersR 1977, 671.

erkannt, hätte ihn aber bei gehöriger Sorgfalt voraussehen und verhindern können.

Weiter differenziert die Rechtsprechung zwischen unterschiedlichen Graden der Fahrlässigkeit. Danach liegt grobe Fahrlässigkeit vor, wenn die im Verkehr erforderliche Sorgfalt in besonders schwerem Maße verletzt worden ist[590]. Hingegen liegt nur einfache (leichte, gewöhnliche) Fahrlässigkeit vor, wenn die zuvor definierten, besonderen Merkmale grober Fahrlässigkeit nicht erfüllt sind[591].

b) Vorsatz

Vorsätzlich handelt, wer wissentlich und willentlich den Tatbestand verwirklicht[592]. Die Rechtsprechung unterscheidet zwischen direktem Vorsatz und bedingtem Vorsatz. Der direkte Vorsatz umfasst die Absicht sowie das Wissen der Tatbestandsverwirklichung. Bei bedingtem Vorsatz hält der Handelnde die Tatbestandsverwirklichung für möglich und nimmt sie billigend in Kauf[593].

3. Haftung für gesetzlichen Vertreter und vertraglichen Erfüllungsgehilfen

Nach § 10 Abs. 1 VOB/B haften die Vertragsparteien einander nicht nur für eigenes Verschulden, sondern auch für das Verschulden ihrer gesetzlichen Vertreter und der Personen, derer sie sich zur Erfüllung ihrer Verbindlichkeit bedienen, vgl. § 278 BGB.

a) Gesetzlicher Vertreter

Gesetzliche Vertreter sind Eltern für ihre Kinder, gesetzliche Betreuer, Pfleger oder Beistände und alle sonstigen Personen, die aufgrund gesetzlicher Vorschriften mit Wirkung für andere handeln können[594], also z. B. Testamentsvollstrecker[595], Nachlassverwalter, Insolvenzverwalter, Zwangsverwalter und Treuhänder[596]; ebenso ein Ehegatte, der aufgrund der sog. Schlüsselgewalt ein Geschäft zur Deckung des Lebensbedarfes abschließt, sowie der Ehegatte, der bei Verwaltung des Gesamtgutes mit Wirkung für den Ehepartner handelt.

---

[590] BGHZ 10, 16; 89, 161; BGH, NJW 92, 3236; NJW-RR 02, 1108.
[591] Zur einfachen Fahrlässigkeit BGHZ 39, 283; 80, 193; 103, 323/330; BGH, NJW 88, 909; NJW 2000, 2812.
[592] Reichsgericht (RG) 70, 258.
[593] BGHSt 9, 147; KG Berlin, NJW 57, 882; RGZ 32, 303; 55, 205; BGHSt 36, 10; BGH, VRS 59, 183.
[594] BGH, NJW 58, 670.
[595] RGZ 144, 402; BGH, LM § 823 Ad Nr. 1.
[596] BGH, NJW 58, 670.

b) Vertraglicher Erfüllungsgehilfe

Erfüllungsgehilfe ist, wer nach den tatsächlichen Gegebenheiten des Falles mit dem Willen des Schuldners bei der Erfüllung einer diesem obliegenden Verbindlichkeit als seine Hilfsperson tätig wird[597]. Anders als der Verrichtungsgehilfe im Rahmen der deliktischen Haftung nach § 831 BGB ist er jedoch nicht weisungsabhängig im Geschäftsbereich des Schuldners tätig. Gemeint ist namentlich nicht der Arbeitnehmer oder die arbeitnehmerähnliche Person, sondern der Freiberufler, also alle Sonderfachmänner wie freie Ingenieure, Architekten oder der externe Bauleiter, die mit Wissen und Wollen des Schuldners in dessen Pflichtenkreis als Hilfspersonen tätig sind, ohne dem Weisungsrecht des Schuldners zu unterliegen.

Nicht Erfüllungsgehilfen sind dann z. B. bloße Lieferanten des Schuldners, weil sie nicht mehr direkt im Pflichtenkreis – also zur Erfüllung von Leistungs- und Sorgfaltspflichten des Schuldners – tätig werden und somit nicht in der Erfüllung dessen Verbindlichkeit handeln.

Die Art der zwischen der jeweiligen Vertragspartei und dem Erfüllungsgehilfen bestehenden rechtlichen Beziehung ist gleichgültig. Sie kann auch öffentlich-rechtlich gestaltet sein oder in einer tatsächlichen Zusammenarbeit bestehen[598].

4. Haftungsausgleich

Haften sich die Parteien einander, stellt sich einerseits die Frage, wie ein gegenseitiges Mitverschulden nach § 254 BGB zu beurteilen ist, und andererseits die Frage, was gilt, sind mehr als zwei Vertragsparteien zu berücksichtigen.

a) Mitverschulden

Kann der Schädiger darlegen und beweisen, dass bei der Entstehung des Schadens auch ein Verschulden des Beschädigten mitgewirkt hat, so hängen die Verpflichtung zum Ersatz sowie der Umfang des zu leistenden Ersatzes von den Umständen, insbesondere davon ab, inwiefern der Schaden vorwiegend von dem einen oder dem anderen Teil verursacht worden ist.

Außerdem bleibt es dem Schädiger unbenommen, darzulegen und zu beweisen, dass ein Beschädigter es unterließ, den Schädiger auf die Gefahr eines ungewöhnlich hohen Schadens aufmerksam zu machen, oder dass der Beschädigte es unterließ, den Schaden abzuwenden oder zu mindern, § 254 Abs. 1 und 2 BGB.

---

[597] BGHZ 13, 113; 50, 35; 62, 124; 98, 334.
[598] BGHZ 13, 113; 50, 35; 62, 124; BGH, NJW 84, 1748; BGH, NJW 85, 915.

b) Haftung bei mehreren Vertragspartnern

Am Bau ist regelmäßig zu beachten, dass ein Auftraggeber mehrere Bauunternehmer und oft auch zusätzliche Sonderfachleute, wie den bauplanenden und bauüberwachenden Architekten binden wird. Das Standardbeispiel ist dann, dass etwa eine fehlerhafte Bauüberwachung genauso schadensverursachend ist, wie die Baudurchführung. Hier würden sowohl der bauüberwachende Architekt als auch die bauausführende Firma dem Auftraggeber i. S. d. § 10 Abs. 1 VOB/B für eigenes Verschulden haften.

Der bauausführenden Firma bliebe es unbenommen, gegenüber dem Auftraggeber anzuführen, dass der planende Architekt letztendlich als Sonderfachmann Erfüllungsgehilfe des Auftraggebers war, so dass sich der Auftraggeber dessen Mitverschulden über § 278 BGB (Zurechnung des Erfüllungsgehilfen) vorhalten lassen muss.

Geht es hingegen um die Problematik der Haftung eines Auftragnehmers und eines anderen Auftragnehmers (Vorunternehmers), scheidet nach der höchstrichterlichen BGH-Rechtsprechung regelmäßig die Haftungszurechnung des Vorunternehmerverschuldens nach § 278 BGB aus, so dass der Auftragnehmer dem Auftraggeber ein Verschulden des Vorunternehmers nicht vorwerfen kann. Insofern würden Vorunternehmer und Unternehmer dem Auftraggeber gesamtschuldnerisch nach §§ 631, 421 BGB haften, wobei dann die beiden bauausführenden Firmen nach § 426 BGB je die Hälfte des Schadens tragen müssten. Der Unternehmer könnte stattdessen oder – für den Fall der Insolvenz des Vorunternehmers – nur noch Entschädigungsansprüche nach § 642 BGB gegenüber dem Auftraggeber geltend machen[599].

Der Architekt ist aber dann nicht Erfüllungsgehilfe des Auftraggebers, schuldet der Auftraggeber die jeweilige Architektenleistung – wie etwa die Bauüberwachung – dem Auftragnehmer nicht. Dann gilt die Vorunternehmerrechtsprechung des BGH[600].

c) Gesamtschuldnerausgleich zwischen Architekt und Bauunternehmer

Auf Seiten des Bauunternehmers können Ausführungsfehler vorliegen. Auf Seiten des Architekten kommen Planungsfehler und unzureichende Bauaufsicht (Objektüberwachung) in Betracht. Dann besteht eine

---

[599] Vorunternehmerrechtsprechung des BGH: BGH, BauR 2003, 1213 ff.; ZfBR 2003, 254 f.; NJW-RR 2000, 970 f. und bezüglich des Entschädigungsanspruches nach BGB und VOB/B insbesondere BGH, NJW 2000, 1336 ff.
[600] BGH, NJW-RR 2002, 1175 f.

gesamtschuldnerische Haftung zwischen bauausführendem Unternehmen und bauleitendem und planendem Architekten[601].

Gemäß § 426 Abs. 1 BGB sind die Gesamtschuldner im Verhältnis untereinander zu gleichen Anteilen verpflichtet, soweit nicht ein anderes bestimmt ist. Inwieweit etwas anderes bestimmt ist, d. h., in welchem Umfang der andere Gesamtschuldner ausgleichspflichtig ist, hängt hierbei von den jeweiligen Umständen ab. Hierbei ist nach § 254 BGB zu berücksichtigen, inwieweit der Schaden vorwiegend von dem einen oder anderen Gesamtschuldner verursacht worden ist[602].

Bei der Abgrenzung, wer der eigentliche Schadensverursacher ist, ist als Orientierungshilfe zu berücksichtigen, dass

— Planungsfehler grundsätzlich in den Verantwortungsbereich des Architekten,

— Ausführungsfehler dagegen in den Verantwortungsbereich des Unternehmers fallen.

So kann der Architekt, der durch einen Planungsfehler die eigentliche Schadensursache gesetzt hat, gegenüber dem Bauunternehmer voll ausgleichspflichtig sein.

Ist der Baumangel dagegen auf einen Ausführungsfehler des Unternehmers zurückzuführen, den der Architekt im Rahmen seiner Bauaufsicht lediglich nicht erkannt hat, so trifft den Unternehmer grundsätzlich die alleinige, zumindest aber die ganz überwiegende Haftung, denn der Unternehmer kann weder dem Bauherrn noch dessen Architekten gegenüber einwenden, er sei bei seinen Arbeiten nicht ausreichend beaufsichtigt worden.

Dieser Grundsatz erfährt jedoch eine Einschränkung dann, wenn die vertragliche Pflichtverletzung des Sekundärverantwortlichen besonders schwerwiegend ist. Dies betrifft insbesondere Aufsichtsfehler, die einen besonders fehlerträchtigen Bauabschnitt betreffen[603].

III. Haftungsausgleich zwischen den Vertragsparteien bei Schädigung Dritter

Regelt § 10 Abs. 1 VOB/B die Schadensersatzansprüche der Vertragsparteien gegeneinander, bezieht sich § 10 Abs. 2 VOB/B ausschließlich

---

[601] OLG Stuttgart 5. Zivilsenat, Entscheidungsdatum: 13.02.2006 Az. 5 U 136/05 und ständige Rechtsprechung grundlegend BGHZ 43, 227.
[602] BGH NJW 1969, 653.
[603] OLG Stuttgart 5. Zivilsenat, Entscheidungsdatum: 13.02.2006 Az. 5 U 136/05.

auf die Frage, wer von den Vertragsparteien im Innenverhältnis einem Dritten, am Baugeschehen gar nicht beteiligten und somit vertraglich nicht gebundenen haftet. Angesprochen sind also Fälle, in denen ein Dritter z. B. einen Pkw auf einen nicht abgesperrten Parkplatz stellt und im Zusammenhang mit Bauarbeiten dieser Pkw z. B. durch herunterfallende Materialien beschädigt wird. Dabei bestimmt § 10 Abs. 2 VOB/B nicht, welche Ansprüche der Dritte hat, sondern nur, wie die Vertragsparteien gegeneinander diesen vom Dritten tatsächlich mit Erfolg geltend gemachten Schaden gegeneinander ausgleichen sollen. Hierzu wie folgt:

1. Schaden wegen „gesetzlicher Haftpflichtbestimmungen", § 10 Abs. 2 VOB/B

§ 10 Abs. 2 bis Abs. 4 VOB/B bestimmt den Haftungsausgleich der Vertragsparteien im Innenverhältnis, kommen Dritte zu Schaden. Voraussetzung ist, dass dem Dritten ein Schaden entstanden ist, für den beide Vertragsparteien haften, z. B.:

a) weil die Vertragsparteien vorsätzlich oder fahrlässig das Leben, den Körper, die Gesundheit, die Freiheit, das Eigentum oder ein sonstiges Recht dieses Dritten widerrechtlich verletzten, § 823 Abs. 1 BGB;

b) weil die Vertragsparteien gegen ein den Schutz des Dritten bezweckendes Gesetz gem. § 823 Abs. 2 BGB verstoßen, etwa gegen:

— das Verbot des Herstellens oder Haltens gefahrdrohender Anlagen, § 907 BGB;

— das Verbot der unzulässigen Vertiefung von Grundstücken, § 909 BGB;

— das Verbot der Eigentums- insbesondere Grundstücksbeeinträchtigung, § 1004 Abs. 1 S. 1 BGB, sowie

— Verbote aus weiteren Gesetzen, vorausgesetzt, dass gegen geschützte Einzelinteressen verstoßen wurde[604], z. B. das Verbot der Luftverunreinigung bei dem Betrieb einer Baustelle, § 325 StGB, oder die dem Schutz des Nachbarn dienenden Bauordnungen der Bundesländer,

c) weil der Grundstücksbesitzer, der Gebäudebesitzers oder der Gebäudeunterhaltungspflichtige die von der Errichtung solcher Bauwerke typischerweise ausgehenden Gefahren nicht beachtet hat, §§ 836 ff. BGB. Denn der Besitzer eines Gebäudes oder eines anderen mit einem Grundstück verbundenen Werkes haftet aufgrund der gesetzlichen Verschuldensvermutung für die typischen Baugefahren. Ihnen

---
[604] BGH, MDR 1975, 130; NJW 1976, 1740 = BauR 1977, 66.

kann nur durch Beachtung der Erfahrungsregeln der Bau- und Ingenieurkunst bei der Errichtung sowie einer sachentsprechenden Unterhaltung begegnet werden[605];

d) weil gegen übrige und neben den Schutzgesetzen bestehende Verkehrssicherungspflichten des Bauwesens verstoßen wurde. Im Zusammenleben werden ständig Gefahrenquellen geschaffen. Diese begründen die Verpflichtung, Vorkehrungen zu treffen, um den Eintritt von Schäden bei anderen zu vermeiden[606].

Zur Verdeutlichung:

Im Straßen- oder sonstigen Tiefbau ist der Auftragnehmer bei außergewöhnlichen Gefahren nicht nur verpflichtet, die Baustelle abzusperren und zu kennzeichnen[607], sondern auch zu besonderen Maßnahmen, wie ständiger Bewachung[608].

Im Zuge von Straßenbauarbeiten angebrachte Fahrbahnmarkierungen sind im Falle ihrer Aufhebung so deutlich und nachhaltig zu entfernen, dass dies für einen sorgfältigen und nicht völlig unerfahrenen Verkehrsteilnehmer durch einen raschen, beiläufigen Blick unzweifelhaft erkennbar ist[609].

Werden auf der Fahrbahnmitte einer Landstraße Asphaltarbeiten ausgeführt (hier: Vergießen der Mittelnaht mit Teer), so genügt das bloße Aufstellen eines Leitkegels auf der weißen Mittellinie nicht, um die Baustelle ausreichend zu sichern[610].

Die Verkehrssicherungspflichten reichen hingegen nur so weit, wie Sicherheitsvorkehrungen erforderlich und aus der Sicht des Verantwortlichen zumutbar sind[611].

Der Verkehrssicherungspflichtige einer Straßenbaustelle (Baugrube in der Straßenmitte) muss die Gefahren

— ausräumen oder

— vor ihnen warnen,

die für den Verkehrsteilnehmer nicht oder nicht rechtzeitig erkennbar sind und auf die er sich nicht oder nicht rechtzeitig einzustellen ver-

---

[605] BGH, NJW 1961, 1670 = VersR 1961, 803; BGH, BauR 1985, 471 = NJW 1985, 2588 = SFH § 836 BGB Nr. 2.
[606] BGHZ 9, 373, 386, 387; 24, 124; RGZ 121, 404.
[607] OLG Köln, VersR 1966, 834.
[608] KG Berlin, VerkMitt 1972, 43.
[609] OLG Düsseldorf, VersR 1981, 960.
[610] OLG Oldenburg, VersR 1993, 333.
[611] Für einen Tiefbauunternehmer im Verhältnis zum Straßenbenutzer OLG Karlsruhe, VersR 1971, 1022; OLG Düsseldorf, VersR 1993, 1029; OLG Koblenz, VersR 1993, 1246.

mag[612]. Diese berücksichtigend muss etwa bei einer Baugrube in der Straßenmitte mit einer Tiefe von bis zu 20 cm, einer Länge von 2–3 m und einer Breite von ca. 1,5 m eine Absicherung mit 15–28 cm hohen Sichtzeichen (Warnhütchen) zusammen mit einer gelben Fahrbahnmarkierung etwa 6 m vor der Baugrube auch dann nicht ausreichen, wenn vor der Baustelle die Zeichen 123 und 121 zu § 40 StVO (Baustelle und Fahrbahnverengung) aufgestellt sind, sowie durch die Zeichen 276 und 274 zu § 41 StVO ein Überholverbot und eine Höchstgeschwindigkeit von 30 km/h angeordnet wird. Vielmehr sind ein einem solchen Fall Warnbaken mit Signalleuchten erforderlich.

Gerät der Kraftfahrer mit nicht angepasster Geschwindigkeit in die Baugrube, weil er die reflektierende gelbe Fahrbahnmarkierung nicht beachtet hat, kommt ein Mitverschulden des Verkehrssicherungspflichtigen von 50 % in Betracht.

2. Haftungsausgleich

§ 10 Abs. 2 Nr. 1 Satz 1 VOB/B knüpft an eine Konstellation an, in der die Vertragsparteien dem Dritten gesamtschuldnerisch haften. Er räumt den Vertragsparteien ein, ihren internen Ausgleich zu vereinbaren. Soweit es eine solche Einzelfallvereinbarung nicht gibt, ist dort geregelt, dass die Parteien nach den allgemeinen gesetzlichen Bestimmungen, also namentlich §§ 840 und 426 BGB, sich auszugleichen haben.

Nach § 426 BGB gilt dann der Grundsatz, dass sich die Vertragsparteien im Innenverhältnis zu gleichen Anteilen verpflichtet sind. Gibt es mehr als zwei gesamtschuldnerisch Haftende, etwa dahingehend, dass der Auftraggeber, der Bauunternehmer und der Architekt dem Dritten gesamtschuldnerisch haften, gilt nach § 426 BGB, dass jeder von ihnen 1/3 zu tragen hat etc.

Abweichendes in diesem Sinne kann entweder vertraglich vereinbart, § 426 Abs. 1 S. 1 BGB, oder – wegen feststellbarer anteiliger Haftung – gesetzlich bestimmt sein. Zu diesen Abweichung vom anteiligen Haftungsausgleich im Einzelnen:

a) § 242 BGB

Nach § 242 BGB, also dem allgemeinen Grundsatz von Treu und Glauben, gilt, dass im Innenverhältnis derjenige mit dem Umfang haften muss, der seinem Verschuldens- und Schadensanteil entspricht. Hat etwa ein Vertragspartner den Schaden nachweislich allein verursacht, muss er im Innenverhältnis diesen auch alleine regulieren. Ist der Fall in dieser Hinsicht klar, scheidet sogar eine gesamtschuldnerische Haftung

---

[612] Kammergericht Berlin, Urteil vom 05.10.2009, Az. 12 U 195/08.

aus. Nach der Rechtsprechung verhielte sich nämlich der Dritte rechtsmissbräuchlich, der eine Partei in Anspruch nimmt, die letztendlich im Innenverhältnis nicht ausgleichspflichtig wäre (vgl. BGH, WM 84, 906).

b) § 840 Abs. 2 und 3 BGB

Gleichermaßen ist auf die gesetzlichen Ausnahmetatbestände des § 840 Abs. 2 und 3 BGB hinzuweisen. Hieraus ergibt sich der Grundsatz, dass die Verschuldenshaftung der Gefährdungshaftung vorgeht. Denn anteilig feststellbar und damit gesetzlich bestimmt ist die Haftung im Innenverhältnis etwa dann, wenn die eine Vertragspartei wegen schuldhafter Schadensverursachung gegenüber dem Dritten haftet, die andere Vertragspartei lediglich aufgrund von Gefährdungshaftung, § 840 Abs. 3 BGB[613]. Gefährdungshaftung ist z. B.

— die Haftung des Grundstücksbesitzers, des Gebäudebesitzers sowie Gebäudeunterhaltungspflichtigen, §§ 836 ff. BGB;

— die Haftung des Tierhalters oder Tieraufsehers, §§ 833 ff. BGB, oder

— die Haftung nach Straßenverkehrsgesetz, Haftpflichtgesetz, Luftverkehrsgesetz, Produkthaftungsgesetz.

c) Haftung des Auftragnehmers wegen unerlaubter Handlung oder Beschädigung angrenzender Grundstücke, § 10 Abs. 3 VOB/B

Anteilig feststellbar und damit gesetzlich bestimmt ist die alleinige Haftung im Innenverhältnis durch den Auftragnehmer nach § 10 Abs. 3 VOB/B auch dann, wenn er dem Geschädigten wegen unerlaubter Handlung zu Schadensersatz verpflichtet ist, z. B.

— wegen unbefugten Betretens oder Beschädigung angrenzender Grundstücke;

— wegen Entnahme oder Auflagerung von Boden oder anderen Gegenständen außerhalb der vom Auftraggeber dazu angewiesenen Flächen oder

— wegen der Folgen eigenmächtiger Versperrung von Wegen oder Wasserläufen

oder dem Geschädigten wegen Beschädigung angrenzender Grundstücke haftet, z. B.

— bei unzulässigen Geräuschimmissionen durch den Betrieb von technischem Gerät etc.[614];

---

[613] OLG Schleswig, NJW-RR 90, 470.
[614] BGH, Betrieb 1958, 1039 = SFH Z 4.141 Bl. 24 = VersR 1958, 481.

- bei Erschütterungsschäden wegen Einrammens von Spundwänden[615];
- bei Erschütterungsschäden wegen Straßenbauarbeiten und Einsatzes einer Vibrationswalze[616];
- bei Kürzen eines Baumes durch den Mitarbeiter einer Baufirma auf dem Nachbargrundstück, weil dieser Baum die Spitze eines auf dem Nachbargrundstück stehenden Kranauslegers bzw. dessen Drehbewegung behindert[617].

d) Bedenken des Auftragnehmers gegen Anordnung des Auftraggebers

Der Auftraggeber trägt den Schaden des Dritten auch dann allein, wenn der Schaden die Folge einer von ihm angeordneten Maßnahme ist und der Auftragnehmer auf Bedenken hinwies, § 10 Abs. 2 Nr. 1 S. 2, 4 Abs. 3 VOB/B. Musste der Auftragnehmer die Weisung des Auftraggebers trotz Bedenkenanzeige beachten, § 4 Abs. 1 Nr. 4 VOB/B, entspricht es Treu und Glauben, den Schaden dem anordnenden Auftraggeber zuzuweisen, § 242 BGB.

Gleichermaßen trägt der Auftraggeber den Schaden allein, wenn er in anderer grob fahrlässiger oder vorsätzlicher Weise den Schaden auch allein verursacht hat, § 242 BGB.

e) Schadensdeckung durch gesetzliche Haftpflicht des Auftragnehmers

Der Auftragnehmer trägt den Schaden im Innenverhältnis allein, soweit er ihn durch Versicherung seiner gesetzlichen Haftpflicht gedeckt hat oder eine solche zu tarifmäßigen, nicht auf außergewöhnliche Verhältnisse abgestellten Prämien und Prämienzuschläge bei einem im Inland zum Geschäftsbetrieb zugelassenen Versicherer hätte decken können, § 10 Abs. 2 Nr. 2 VOB/B.

Denn es entspricht den allgemeinen Gepflogenheiten im Baugewerbe, dass ein Auftragnehmer eine Haftpflichtversicherung abgeschlossen hat. Er kalkuliert die Haftpflichtversicherung regelmäßig in seinen Angebotspreisen. Deshalb ist es billig und zumutbar, den Schadensausgleich dann auf den Auftragnehmer und dessen Haftpflicht abzuwälzen[618].

Hat der Auftraggeber den Schaden hingegen grob fahrlässig oder vorsätzlich verursacht (grobes Verschulden), wird der Schaden trotz Versi-

---
[615] OLGR Celle 1995, 244.
[616] OLG Hamm, BauR 1991, 632 = NJW-RR 1991, 601.
[617] LG Detmold, VersR 1982, 253.
[618] BGH, MDR 1962, 283.

cherung nicht auf den Auftragnehmer abzuwälzen sein. Denn für diesen Fall greift die speziellere Regelung des Innenausgleichs, wie auch in § 10 Abs. 2 Nr. 1 S. 2 VOB/B benannt: Bei grobem Verschulden haftet auch im Innenverhältnis diejenige Partei, die den Schaden verursacht hat.

Andernfalls wäre die Bestimmung über die alleinige Haftung des Auftragnehmers sowie dessen Versicherung bei einem Haftungsausschluss zugunsten des grob pflichtwidrig handelnden Auftraggebers bei isolierter Inhaltskontrolle von § 10 Abs. 2 Nr. 2 S. 1 VOB/B wegen unangemessener Benachteiligung des Auftragnehmers unwirksam, vgl. § 309 Nr. 7 BGB.

In entsprechender Anwendung des § 61 VVG würde auch die Versicherung des Auftagnehmers die Schadensregulierung bei grobem Verschulden des Auftraggebers ablehnen: Denn die Versicherung ist bei grob fahrlässiger oder vorsätzlicher Schadensherbeiführung durch den Versicherungsnehmer (Auftragnehmer) von der Verpflichtung zur Leistung frei. Das gilt erst recht dann, wenn sie aufgrund groben Verschuldens eines Dritten – des Auftraggebers – haften soll. Ist diese Bestimmung nicht bereits wegen unangemessener Benachteiligung des Auftragnehmers unwirksam, § 309 Nr. 7 BGB, so wäre sie jedenfalls ein unwirksamer Vertrag zulasten Dritter, der Versicherung[619].

War dem Auftragnehmer die Versicherbarkeit des Schadens zumutbar, so haftet er im Innenverhältnis auch dann allein, wenn der Schaden tatsächlich nicht durch die Versicherung abgedeckt ist. Es muss für den Auftragnehmer also die Möglichkeit bestanden haben, für tragbare und gewerbeübliche Prämien eine Versicherung abschließen zu können. Unvorhersehbares muss hingegen auch der Auftragnehmer nicht versichern.

Mit der BGH-Entscheidung vom 17.12.2009[620] wurde bestätigt, dass grundsätzlich ein Haftungsausschluss für Beschädigungen von Fremdleitungen wirksam auch in Rahmen von Allgemeinen Geschäftsbedingungen reguliert werden kann. Der vom Auftraggeber mit dem von ihm beauftragten Tiefbauunternehmer vereinbarte Haftungsausschluss für Beschädigungen von Fremdleitungen kann sich dann auch auf den mit der Einweisung des Tiefbauunternehmers beauftragten Bauleiter erstrecken. Eine solche Verkettung sollte aber von Anfang an im Regelungstext klargestellt werden, um eine komplizierte Rechtsfindung nach den Auslegungsregelungen über Willenserklärungen nach § 133 BGB zu vermeiden.

---

[619] BGHZ 54, 247; 61, 361; 78, 374.
[620] BGH-Entscheidung vom 17.12.2009 VII ZR 172/08.

f) Haftung des Auftragnehmers wegen Verletzung gewerblicher Schutzrechte

Der Auftragnehmer haftet für die Verletzung gewerblicher Schutzrechte allein, wenn er selbst das geschützte Verfahren oder die Verwendung geschützter Gegenstände angeboten oder wenn der Auftraggeber die Verwendung vorgeschrieben und auf das Schutzrecht hingewiesen hat, § 10 Abs. 4 VOB/B.

Auch haftet er, wenn zwar der Auftraggeber die Verwendung vorgeschrieben hat, jedoch auf das Schutzrecht hinwies. Nach der Wertung der VOB/B hätte dann der Auftragnehmer Bedenken anzeigen müssen, vgl. § 4 Abs. 3, § 4 Abs. 1 Nr. 4 VOB/B. Unterlässt er Bedenkenanzeige, so ist er wegen dieses pflichtwidrigen Verhaltens im Innenverhältnis allein schadensersatzpflichtig.

Gewerbliches Schutzrecht in diesem Sinne ist insbesondere das Urheberrechtsgesetz, das Patentgesetz, das Gebrauchsmustergesetz, das Geschmacksmustergesetz sowie das Markengesetz.

g) Mitverschulden Dritter

Bei alledem ist schließlich ein eventuelles Mitverschulden des Dritten zu berücksichtigen. Von dessen Maße hängt die Verpflichtung zum Schadensersatzanspruch der Parteien im Außenverhältnis – und damit des internen Ausgleiches – ab (vgl. § 254 BGB).

3. Abwicklung des Haftungsausgleiches

Wird eine Vertragspartei von dem Dritten für einen Schaden in Anspruch genommen, obwohl sie selbst im Innenverhältnis haftungsbefreit ist, kann sie von der anderen Vertragspartei Befreiung von der Verbindlichkeit verlangen, vgl. § 257 BGB. Außerdem kann sie verlangen, die Ansprüche des Dritten abzuwehren[621].

Weigert sich die andere Vertragspartei, den in Anspruch Genommenen freizustellen, hat dieser nach Zahlung einen Schadensersatzanspruch aus positiver Vertragsverletzung gegen die im Innenverhältnis allein haftende Partei[622].

Bevor die in Anspruch genommene Vertragspartei an den Dritten zahlt, muss sie dem Vertragspartner Gelegenheit zur Äußerung geben. Sie darf den Anspruch des Dritten vorher weder anerkennen noch befriedigen, § 10 Abs. 6 S. 2 VOB/B. Anderenfalls macht sie sich ihrerseits schadensersatzpflichtig und kann die übergangene Vertragspartei ihr dann

---

[621] BGH, NJW 1970, 1594.
[622] BGH, NJW 1970, 1594.

alle Einwendungen entgegenhalten, die sie auch dem Dritten hätte entgegenhalten können. Etwas anderes gilt nur, wenn die Gelegenheit zur Äußerung bloße Förmelei wäre[623].

4. Unwirksame Parteivereinbarung

Wird eine vom anteiligen Innenausgleich abweichende Vereinbarung getroffen, sind Wirksamkeitsgrenzen wegen unangemessener Benachteiligung des Adressaten zu berücksichtigen. Unwirksam ist eine Vertragsbedingung, mit der der Auftraggeber auch solche Risiken auf den Auftragnehmer abwälzen möchte, die bei ordnungsgemäßer Ausführung der Arbeiten zwangsläufig entstehen und die für den Auftragnehmer unvermeidbar sind[624]. Auch kann der Innenausgleich bei Verletzung von Leben, Körper und Gesundheit bei eigenem Vorsatz oder grobem Verschuldensanteil nicht ausgeschlossen werden (vgl. § 309 Nr. 7 BGB).

---

[623] LG Wuppertal, VersR 1983, 594.
[624] BGH, BauR 1972, 116 = NJW 1972, 256.

Vertragsstrafe § 11 VOB/B

(1) Wenn Vertragsstrafen vereinbart sind, gelten die §§ 339 bis 345 BGB.

(2) Ist die Vertragsstrafe für den Fall vereinbart, dass der Auftragnehmer nicht in der vorgesehenen Frist erfüllt, so wird sie fällig, wenn der Auftragnehmer in Verzug gerät.

(3) Ist die Vertragsstrafe nach Tagen bemessen, so zählen nur Werktage; ist sie nach Wochen bemessen, so wird jeder Werktag angefangener Wochen als 1/6 Woche gerechnet.

(4) Hat der Auftraggeber die Leistung abgenommen, so kann er die Strafe nur verlangen, wenn er dies bei der Abnahme vorbehalten hat.

I. Allgemeines, § 11 Abs. 1 VOB/B

§ 11 VOB/B regelt die in der Praxis häufig vereinbarten Vertragsstrafen. In Abs. 1 wird auf die gesetzlichen Vorschriften der §§ 339 bis 345 BGB verwiesen. Sodann wird in den Nummern 2, 3 und 4 die im Bauwesen übliche Strafe wegen der Überschreitung von vorgesehener Fristen näher ausgestaltet. § 11 VOB/B hat dabei nur das Fehlverhalten des Auftragnehmers im Blick, nicht aber Vertragsstrafenregelungen für den Fall, dass ein Fehlverhalten des Auftraggebers vorliegt. Auch solche Vertragsstrafen könnten nach dem gesetzlichen Leitbild vereinbart werden.

Regelmäßig finden sich in den Ausschreibungsunterlagen und in der Folge in den Verträgen mit der öffentlichen Hand Klauseln über die Vertragsstrafe, obwohl diese nach den vergaberechtlichen Vorgaben nur vereinbart werden sollen, wenn durch die Überschreitung von Ausführungsfristen erhebliche Nachteile verursacht werden können. Die Reaktion der Rechtsprechung auf solche Klauseln zwingt auch mit Blick auf die prozessuale Durchsetzbarkeit der Strafe zu einer kritischen Auseinandersetzung mit der weitgehend durch die rechtswissenschaftliche Literatur bisher unreflektierte Ausschreibungspraxis der öffentlichen Hand.

II. Arten der Vertragsstrafe, § 11 Abs. 2 VOB/B

Die Vertragsstrafe (auch Konventionalstrafe od. Konventionsstrafe genannt) ist eine dem Vertragspartner fest zugesagte Geldsumme für den Fall, dass der Versprechende seine vertraglichen Verpflichtungen nicht oder nicht in gehöriger Weise erfüllt. Vertragsstrafen werden als Druckmittel vereinbart. Zugleich sollen Vertragsstrafen den Gläubiger ermöglichen, sich bei Verletzung der sanktionierten Vertragspflichten bis zur Höhe der Vertragsstrafe ohne Einzelnachweis schadlos zu halten[625]. Diese Möglichkeit ist gesetzlich in den §§ 339 ff. BGB geregelt.

Das Gesetz unterscheidet in § 339 BGB zwei Arten der Vertragsstrafe:

1. Vertragsstrafe wegen Nichterfüllung,
2. die Vertragsstrafe wegen nicht gehöriger Erfüllung.

1. Vertragsstrafe wegen Nichterfüllung

Die Vertragsstrafe wegen Nichterfüllung umfasst die Fälle, in denen der Auftragnehmer seinen Vertragspflichten nicht nachkommt. Zur Nichterfüllung zählt bei einer Bauleistung, wenn das Werk nicht abnahmefähig ist, etwa weil es wesentliche Mängel im Sinne von § 12 Abs. 3 VOB/B hat[626]. Bei einer Vertragsstrafe wegen der Nichterfüllung der Hauptpflicht kann der Gläubiger die Vertragsstrafe nur anstelle der Erfüllung verlangen. Solange er das Verlangen noch nicht gestellt hat, kann der Schuldner die Leistung noch erbringen. Hat der Gläubiger hingegen dem Schuldner erklärt, dass er die verwirkte Strafe verlange, ist der Anspruch auf weitere Erfüllung ausgeschlossen, sofern die Vertragsstrafe nach den getroffenen Abreden tatsächlich verwirkt ist. Solange dies nicht feststeht, kann der Erfüllungsanspruch neben dem Anspruch auf die Vertragsstrafe geltend gemacht werden[627].

Auch auf einen aktuellen Fall einer strafbewehrten Nebenpflichtverletzung sei hingewiesen. So enthalten Landesregelungen, wie etwa das Niedersächsische Landesvergabegesetz, unter anderem, dass Aufträge für Bauleistungen nur an solche Unternehmen vergeben werden dürfen, die sich schriftlich verpflichten, ihren Arbeitnehmern mindestens das tarifvertraglich vorgesehene Entgelt zu zahlen. Der Auftragnehmer muss sich zudem verpflichten, Entsprechendes den Nachunternehmern aufzuerlegen und die Einhaltung zu überwachen. Die Verletzung dieser

---

[625] BGH, Urteil v. 20.1.2000, VII ZR 46/98, NJW 2000, 2106 = ZfBR 2000, 331 = NZBau 2000, 327.
[626] OLG Naumburg, NZBau 2001, 139.
[627] BGH, LM Nr.2 zu § 17 UWG.

Pflicht soll eine Vertragsstrafe auslösen, was in entsprechenden Vertragsstrafenklauseln vertraglich umgesetzt wird[628].

Die hieraus folgenden Rechtsfragen werden mit Blick auf die Beschränkung des Gegenstandes dieser Bestandsaufnahme nicht weiter untersucht.

2. Vertragsstrafe wegen nicht gehöriger Erfüllung

Eine Vertragsstrafe wegen nicht gehöriger Erfüllung umfasst die Fälle, in denen der Auftragnehmer nicht in der vertraglich vereinbarten Art und Weise leistet. Zur Gruppe der nichtgehörigen Erfüllung wird die Schlechterfüllung und die verspätete Erfüllung gezählt[629]. Die hier zu untersuchende Vertragsstrafe gehört nun zu dieser verspäteten, weil nicht rechtzeitige Erledigung einer vertraglichen Verpflichtung, worauf sich die folgenden Ausführungen beziehen.

---

[628] Dabei hat der EuGH in seinem Urteil vom 03. April 2008 – Rs. C-346/06 – erkannt, dass die fraglichen Bestimmungen mit der Gemeinschaftsrichtlinie über die Entsendung von Arbeitnehmern unvereinbar sind. Er führt aus, dass der Lohnansatz nach dem fraglichen Baugewerbe-Tarifvertrag nicht nach einer der in der Entsenderichtlinie vorgesehenen Modalitäten festgelegt worden sei. Zwar gebe es in Deutschland ein System zur Allgemeinverbindlicherklärung von Tarifverträgen, doch sei der Baugewerbe-Tarifvertrag nicht für allgemein verbindlich erklärt worden. Außerdem erstrecke sich die Bindungswirkung dieses Tarifvertrages nur auf einen Teil der Bautätigkeit, da zum einen die einschlägigen Rechtsvorschriften nur auf die Vergabe öffentlicher Aufträge anwendbar seien und nicht für die Vergabe privater Aufträge gelten und zum anderen der Tarifvertrag nicht für allgemein verbindlich erklärt worden sei. Die landesgerichtlichen Vorschriften entsprächen somit nicht den Bestimmungen der Gemeinschaftsrichtlinie über die Entsendung von Arbeitnehmern, nach denen die Mitgliedstaaten bei einer staatenübergreifenden Erbringung von Dienstleistungen den in anderen Mitgliedstaaten ansässigen Unternehmen unter bestimmten Voraussetzungen Mindestlohnsätze vorschreiben können. Der EuGH stellt weiter fest, dass die Beschränkung des freien Dienstleistungsverkehrs, die sich aus der Verpflichtung zur Zahlung des tarifvertraglich vorgesehenen Entgeltes an die Arbeitnehmer ergebe, im vorliegenden Fall nicht durch den Zweck des Schutzes der Arbeitnehmer gerechtfertigt sei. Mit dieser Argumentation hatte im vergangenen Jahr des Bundesverfassungsgericht das Berliner Tariftreuegesetz für verfassungsgemäß erklärt. Es sei nämlich, so der EuGH, nicht nachgewiesen, dass ein im Bausektor tätiger Arbeitnehmer nur bei seiner Beschäftigung im Rahmen eines öffentlichen Auftrages für Bauleistungen und nicht bei seiner Tätigkeit im Rahmen eines privaten Auftrages des Schutzes bedarf, der sich aus einem solchen Lohnsatz ergibt, der im Übrigen über den Lohnsatz nach dem deutschen Arbeitnehmer-Entsendegesetz hinausgehe.

[629] KG Berlin, BauR 1984, 529.

III. Rechtliche Vorgaben für die Vertragsstrafengestaltung

1. Vorgaben aus dem Vergaberecht

§ 9 Abs. 5 VOB/A[630] regelt die Möglichkeit der Vertragsstrafenvereinbarung. Nach dem Wortlaut sind Vertragsstrafen nur für die Überschreitung von Vertragsfristen vereinbar. Gleichwohl ist für die VOB/A anerkannt, dass auch andere Pflichtverletzungen einer Vertragsstrafenvereinbarung zugänglich sind, wie etwa Nichterfüllung, teilweise Nichterfüllung, anderweitige nichtgehörige Erfüllung, sonst verspätete Erfüllung sowie die Verletzung von Nebenpflichten.

§ 9 Abs. 5 VOB/A[631] regelt zusätzlich die Möglichkeit der Vereinbarung einer Beschleunigungsvergütung. Während Vertragsstrafen häufig vereinbart werden und im Baugewerbe inzwischen üblich sind, ist die Vereinbarung von Prämien für eine Fertigstellung der Leistung vor dem vereinbarten Termin selten.

Die hier zu untersuchende Vertragsstrafe ist definiert als ein unselbständiges, an eine auf ein Tun oder Unterlassen gerichtete Hauptverbindlichkeit angelehntes, vertraglich bestimmtes Strafversprechen, welches die Erfüllung der Hauptverbindlichkeit im Sinne eines Druckmittels sichern und dem Gläubiger den Schadensbeweis ersparen soll[632]. Die Vertragsstrafenvereinbarung ist regelmäßig in den Zusätzlichen oder in den Besonderen Vertragsbedingungen enthalten, es kann aber auch eine Individualvereinbarung, dies selbst noch nachträglich, getroffen werden.

Weiteres ergibt sich aus dem Vergabehandbuch für die Durchführung von Bauaufgaben des Bundes im Zuständigkeitsbereich der Finanzbauverwaltungen (VHB), das bei der Durchführung von Bauvorhaben des Bundes als Arbeitsmittel für die Vergabe und vertragliche Abwicklung von Bauleistungen genutzt wird. Das VHB kommentiert die Vergabe- und Vertragsordnung für Bauleistungen (VOB), Teile A und B für die Anwendung durch die Bauverwaltung und will die Voraussetzung für eine weitestgehend einheitliche, rechtssichere Durchführung schaffen[633]. Dieses VHB mahnt zu § 9 Abs. 5 VOB/A die Auftraggeber eindeu-

---

[630] § 9 Abs. 5 S. 1 VOB/A: „Vertragsstrafen für die Überschreitung von Vertragsfristen sind nur auszubedingen, wenn die Überschreitung erhebliche Nachteile verursachen kann. Die Strafe ist in angemessenen Grenzen zu halten."

[631] § 9 Abs. 5 S. 3 VOB/A: „Beschleunigungsvergütungen (Prämien) sind nur vorzusehen, wenn die Fertigstellung vor Ablauf der Vertragsfristen erhebliche Vorteile bringt."

[632] VK Darmstadt, Beschluss v. 7.8.2003, 69 d VK-26/2003; siehe auch § 339 BGB.

[633] Weiterführend siehe im Internet: http://www.bmvbs.de/-,1535/knoten.htm.

tig zu einem vorsichtigen Umgang mit dem Instrument der Vertragsstrafe. So soll berücksichtigt werden, dass der Bieter die damit verbundene Erhöhung des Wagnisses in den Angebotspreis einkalkulieren. Für die Bemessung soll das Ausmaß der Nachteile, die bei verzögerter Fertigstellung voraussichtlich eintreten werden, entscheidend sein. Sollen Vertragsstrafen für Einzelfristen vereinbart werden, so ist nach dieser behördeninternen Richtlinie nur die Überschreitung solcher Einzelfristen für in sich abgeschlossene Teile der Leistung unter Strafe zu stellen, von denen der Baufortschritt entscheidend abhängt.

Vertragsstrafen sind demnach nur auszubedingen, wenn die Vertragsverletzung **erhebliche Nachteile** verursachen kann. Kann der Auftraggeber die Möglichkeit der Entstehung solcher erheblicher Nachteile nicht schlüssig darlegen, ist die Vertragsstrafenvereinbarung im Zweifel – nach Auffassung einzelner Gerichte – schon nicht wirksam[634]. Es kommt allerdings für die wirksame Vereinbarung nicht darauf an, dass solche Nachteile tatsächlich eingetreten sind, es kommt lediglich auf die abstrakte Möglichkeit an, dass solche Nachteile entstehen können[635].

2. Vorgaben aus dem Baudurchführungsrecht

§ 11 VOB/B verweist auf die §§ 339 bis 345 BGB, wenn eine Vertragsstrafe vereinbart wird. § 11 VOB/B enthält keine konkreten Vorgaben für die inhaltliche Gestaltung der Strafe. In § 11 Abs. 2 VOB/B wird lediglich klargestellt, dass für den Fall, in dem der Auftragnehmer nicht in der vorgesehenen Frist erfüllt, die Strafe fällig wird, wenn der Auftragnehmer in Verzug gerät. Mit § 11 Abs. 3 VOB/B wird die Auslegung vorgegeben, dass bei einer nach Tagen bemessenen Strafe nur Werktage zählen und bei einer nach Wochen bemessenen Strafe jeder Werktag einer angefangenen Woche als 1/6 Woche gerechnet wird. Außerdem bringt § 11 Abs. 4 VOB/B die Vorgabe, dass sich der Auftraggeber die Strafe bei der Abnahme vorbehalten muss.

IV. Keine Vertragsstrafe ohne deutliche Vereinbarung

§ 11 VOB/B ist nur anzuwenden, wenn die Vertragsstrafe ausdrücklich und hinreichend klar vereinbart wurde[636]. Ohne die tatsächliche Vereinbarung der Vertragsstrafe hat § 11 VOB/B also keine Bedeutung. Weil

---

[634] Thüringer OLG, Urteil v. 22.10.1996, 8 U 474/96 BauR 2001, 1446.
[635] OLG des Landes Sachsen-Anhalt, Urteil v. 8.1.2001, 4 U 152/00, IBR 2002, 6; KG Berlin, Urteil v. 7.1.2002, 24 U 9084/00, IBR 2003, 124.
[636] LG Amberg, IBR 1999, 528.

Vertragsstrafenvereinbarungen in der Praxis sehr häufig Verwendung finden, sind sie zwar nicht überraschend, ein Auftragnehmer muss vielmehr – vornehmlich in den „Zusätzlichen Vertragsbedingungen" – mit Vertragsstrafenvereinbarungen rechnen[637]. Da § 9 Abs. 5 VOB/A und § 11 VOB/B wie die gesetzlichen Regelungen aber voraussetzen, dass die Vertragsstrafen gesondert vereinbart werden, sind sie aufgrund ihrer gravierenden Auswirkungen auf den Bauvertrag an einer deutlich erkennbaren, übersichtlichen Stelle im Bauvertrag anzusiedeln[638].

Die Vertragsstrafe kann auch noch nach Abschluss des Vertrages bis zu dessen endgültigen Abwicklung vereinbart werden. Die Vereinbarung einer Vertragsstrafe zur Sicherung einer Ausführungsfrist ist aber nur dann wirksam, wenn bei Abschluss der Vereinbarung die zu sichernde Frist noch nicht abgelaufen war[639]. Wegen der schwerwiegenden Folgen der Strafvereinbarung ist eine einschränkende Auslegung der in Betracht kommenden vertraglichen Vereinbarungen geboten[640]. Da die hier erörterte Vertragsstrafe als ein Druckmittel zur zeitgerechten Erfüllung der Leistungspflicht des Auftragnehmers gelten soll, kann sie mit diesem Zweck nicht mehr vereinbart werden, wenn der Auftragnehmer als Schuldner seine Leistungspflicht bereits erfüllt hat und die Frist abgelaufen ist. Eine später dennoch vereinbarte Vertragsstrafe ist gegenstandslos, da die zu sanktionierende Pflicht bereits durch Erfüllung erloschen ist.

Die Vereinbarung kann auch jederzeit wieder aufgehoben werden. Heben die Parteien einen ursprünglich vereinbarten Fertigstellungstermin, der überschritten worden ist, einvernehmlich auf und vereinbaren, dass die Restarbeiten zu einem neuen Termin zum vertraglich vereinbarten Preis fertig gestellt werden sollen, ist davon auszugehen, dass die ursprüngliche Vertragsstrafenregelung nicht mehr gelten soll, wenn dazu keine neue Regelung getroffen worden ist[641].

V. Inhalt der Vertragsstrafenklausel

1. Inhaltskontrolle für Allgemeine Geschäftsbedingungen

Es ist praktisch nicht mehr möglich, Vertragsstrafenklauseln individuell auszuhandeln. Regelmäßig wird die Rechtsprüfung im gegenständlichen Bereich der hier fraglichen Auftragsvergabe durch die öffentliche

---

[637] BGH, BauR 1983, 80.
[638] OLG Düsseldorf, BauR 1982, 582.
[639] OLG Düsseldorf, BauR 1979, 153-154.
[640] KG Berlin, BauR 1984, 529.
[641] OLGR Celle 2004, 292 ff.

Hand zu dem Ergebnis kommen müssen, es handele sich um Allgemeine Geschäftsbedingungen (AGB). Gemäß § 305 BGB (vor dem 31.12.2001: § 1 AGB-Gesetz) sind Allgemeine Geschäftsbedingungen (AGB) alle für eine Vielzahl von Verträgen vorformulierte Vertragsbedingungen, die eine Vertragspartei der anderen bei Abschluss eines Vertrages stellt. Es ist gleichgültig, ob die Bestimmungen einen äußerlich gesonderten Bestandteil des Vertrages bilden oder in die Vertragsurkunde selbst aufgenommen werden, welchen Umfang sie haben, in welcher Schriftart sie verfasst sind oder welche Form der Vertrag hat. Die Vertragsbedingungen sind vorformuliert, wenn sie für eine mehrfache Verwendung schriftlich aufgezeichnet oder in sonstiger Weise fixiert sind. Selbst handschriftliche Änderungen oder Ausfüllungen etwa die Höhe betreffend ändern hieran nichts, etwa wenn der Prozentsatz oder/und der Höchstsatz der Vertragsstrafe handschriftlich in den ansonsten vorgedruckten Text eingefügt oder/und in der Zeile „Je Kalendertag/Arbeitstag" das Wort „Arbeitstag" gestrichen würde[642]. Genau dies wird auch für die ausschreibungsrelevanten Vertragsstrafen-Klauseln gelten, so dass der Maßstab zur Wirksamkeitsprüfung nach §§ 307 ff. BGB einschlägig ist.

2. Höhe der Vertragsstrafe

In § 12 Abs. 1 Satz 2 VOB/B heißt es lediglich, dass die Vertragsstrafe in vernünftigen Grenzen zu halten sei. Die Druckfunktion erlaubt durchaus eine spürbare Vertragsstrafe. Das Maß der Vertragsstrafe muss nach den in Betracht kommenden Auswirkungen bestimmt werden[643]. Da die Vertragsstrafe auch den Zweck hat, den Schaden des Auftraggebers auszugleichen, muss sie sich innerhalb voraussichtlicher Schadensbeträge halten. Dies umsetzend hat die Rechtsprechung entwickelt, dass die Vertragsstrafenregelung

— nach der Dauer des Verzuges differenziert werden muss (etwa durch die Vereinbarung von Tagessätzen) und

— eine Begrenzung nach oben aufweisen muss[644].

Fehlt eine dieser Einschränkungen, ist die Vertragsstrafenvereinbarung unwirksam, da sie den AGB-Regeln des BGB widerspricht[645].

---

[642] OLGR Hamm 2000, 149–150.
[643] BGH, Urteil v. 20.1.2000, VII ZR 46/98, NJW 2000, 2106 = ZfBR 2000, 331 = NZBau 2000, 327.
[644] BGH, Urteil v. 19.1.1989, VII ZR 348/87, NJW-RR 1989, 527 = ZfBR 1989, 102.
[645] BGH, Urteil v. 19.1.1989, VII ZR 348/87, NJW-RR 1989, 527 = ZfBR 1989, 102.

Die Rechtsprechung hat Vertragsstrafenregelungen als gültig anerkannt, nach denen für jeden Werktag der Verspätung eine Vertragsstrafe von 0,1 % der Angebotssumme zu zahlen sind[646]. Regelungen, nach denen ein Tagessatz von 0,5 % des Auftragswertes gezahlt werden sollten, wurden hingegen als unwirksam verworfen[647]. Somit übt eine Vertragsstrafenklausel in Allgemeinen Geschäftsbedingungen, nach welcher der Auftragnehmer für jeden Arbeitstag der Verspätung eine Vertragsstrafe von 0,5 % zu zahlen hat, einen wirtschaftlich nicht mehr vertretbaren Druck auf den Auftragnehmer aus. Sie ist ungeachtet einer Obergrenze unwirksam[648]. Nicht geklärt ist die Bezugnahme auf:

— Kalendertag (7 die Woche),

— Arbeitstag (5 die Woche) und

— Werktag (6 die Woche),

wobei sich hieraus beachtliche Berechnungsunterschiede ergeben können. Der BGH nahm etwa 0,3 % der Auftragsumme (brutto) pro Arbeitstag in Bezug[649] und erkannte dies als zulässig.

Bei Vertragsstrafenvereinbarungen liegt – nach der aktuellen Rechtsprechung – die zulässige Obergrenze bei 5 % des Auftragsvolumens[650]. Damit gab der BGH die Rechtsprechung auf, wonach eine Obergrenze bis zu 10 % des Auftragsvolumens als zulässig angesehen wurde[651]. Wird eine höhere Grenze als die zulässige vereinbart, ist die gesamte Klausel unwirksam[652]. Auch hier ist nicht geklärt, ob als in Bezug zu nehmender Berechnungsmaßstab „Auftragsvolumen" die

— beauftragte Summe (Angebotssumme) brutto oder netto bzw.

— die Abrechnungssumme brutto oder netto gemeint ist.

Denn immerhin kann es hier nach unten oder oben erhebliche Abweichungen mit möglicherweise wieder unangemessenen Ergebnissen geben. Es bietet sich – dem Regelungsgedanken des § 17 Abs. 6 Nr. 1 S. 2 VOB/B folgend – an, sofern Rechnungen ohne Umsatzsteuer gemäß

---

[646] BGH, Urteil v. 25.9.1986, VII ZR 276/84, NJW 1987, 380 = ZfBR 1987, 35.
[647] BGH, Urteil v. 20.1.2000, VII ZR 46/98, NJW 2000, 2106 = ZfBR 2000, 331 = NZBau 2000, 327.
[648] BGH, EBE/BGH 2002, 164 f. und BGH BB 2002, 698 f. in Fortführung BGH, Urt. vom 20. Januar 2000, VII ZR 45/98, BauR 2000, 1049.
[649] BGH VII ZR 122/74 (1976).
[650] BGH, 23. Januar 2003 – Az. VII ZR 210/01 – BGHZ 153, 311–327 Aufgabe von BGH, Urteil vom 25. September 1986 – VII ZR 276/84, BauR 1987, 92, 98 = ZfBR 1987, 35.
[651] BGH, Urteil v. 23.1.2003, VII ZR 210/01, BGHZ 153, 311 = NJW 2003, 1805 = ZfBR 2003, 447 = NZBau 2003, 321.
[652] OLG Saarbrücken, Urteil v. 5.4.2001, 8 U 642/00, NJW-RR 2001, 1030 = ZfBR 2001, 332.

§ 13 b UStG gestellt werden, die Umsatzsteuer bei der Berechnung unberücksichtigt zu lassen, sie ansonsten aber einzubeziehen.

Unzulässig ist es schließlich, würde man zu einer Kumulation der Vertragsstrafen aus Zwischen- und Endtermin kommen. Regelungen in Allgemeinen Geschäftsbedingungen, die die Überschreitung jeder nach Vertragsschluss vereinbarten Zwischenfrist mit einer Vertragsstrafe in derselben Höhe belegen, wie sie für die Überschreitung des Endtermins vorgesehen ist, oder Ähnliches, wären unwirksam, und zwar unabhängig davon, ob eine Höchstgrenze für die gesamte Vertragsstrafe festgelegt ist oder nicht. Denn eine solche Vertragsstrafe für die Überschreitung einer Zwischenfrist hält der Inhaltskontrolle nicht stand, wenn sich die Vertragsstrafe nach einem Promille-Satz der Endabrechnungssumme bemessen soll und nicht nach dem mit der Zwischenfrist zu erreichenden Leistungsstand[653]. Eine solche Klausel könnte nämlich dazu führen, dass bei nur geringfügiger Überschreitung mehrerer Zwischentermine durch die Kumulierung der Einzelvertragsstrafen innerhalb weniger Tage die gesamte Vertragsstrafe verwirkt sein kann, und zwar unabhängig davon, ob der Endtermin eingehalten wird oder nicht[654].

3. Keine Strafe ohne Verschulden

Es gilt der Grundsatz: keine Strafe ohne Schuld. Sowohl im normalen Rechtsverkehr als auch im kaufmännischen Verkehr verstößt daher eine einseitig vom Verwender aufgestellte Klausel in AGB, wonach die Vertragsstrafe unabhängig vom Verschulden verwirkt sein soll, gegen § 307 BGB und ist unwirksam. Dies kann nur dann anders beurteilt werden, wenn gewichtige Gründe vorliegen[655]. Es ist daher nicht gerechtfertigt, formelhaft und unabhängig vom konkreten Bauvertrag und den gerade dafür maßgebenden Gesichtspunkten verschuldensunabhängige Regelungen in AGB generell aufzunehmen[656].

Ergibt sich aus dem VOB/B-Vertrag nichts Gegenteiliges, ergänzt die Regelung des § 11 Abs. 2 VOB/B nach ihrem Sinn und Zweck die im Vertrag an anderer Stelle getroffene Vertragsstrafenvereinbarung, so dass auch bei nicht ausdrücklicher Benennung des Verschuldensmerkmals dieses als vereinbart gilt[657].

Bei zeitlicher Verzögerung der Leistungserbringung ist ein Verschulden des Auftragnehmers zu unterstellen. Insoweit hat dieser als Schuldner der

---
[653] OLGR Celle 2005, 533–535 und BauR 2005, 1780–1782.
[654] OLGR Hamm 2000, 149–150 m.w.N., vgl. auch OLG Koblenz, BauR 2000, 1338–1339 m.w.N.
[655] BGH, Der Betrieb 1984, 1673.
[656] OLG Celle, BauR 2003, 1413.
[657] BGHZ 149, 283 ff.

Vertragsstrafe darzulegen und zu beweisen, dass er die Fristüberschreitung nicht zu vertreten hat, er hat die Darlegungs- und Beweislast[658]. Ist etwa im Vertrag ausdrücklich gemäß § 5 Abs. 1 VOB/B als verbindliche Vertragsfrist niedergelegt, dass die Arbeiten z. B. in der Zeit ab 25.04.2005 bis 15.07.2005 durchzuführen waren und diese Fertigstellungszeit nicht eingehalten wurde, sondern die Leistungserbringung ausweislich des Abnahmeprotokolls erst am 14.10.2005 beendet war, wurde die vertraglich festgelegte Fertigstellungszeit um 64 Werktage überschritten. Kann der Auftragnehmer nicht darlegen und beweisen, welche tatsächlichen Umstände aus dem Risikobereich des Auftraggebers einer rechtzeitigen Leistungserbringung entgegengestanden haben (Behinderungen gemäß § 6 Abs. 1 und 2 VOB/B), wird das Auftragnehmerverschulden unterstellt, §§ 280 Abs. 1, 286 Abs. 4, § 345 BGB.

Wegen unangemessener Benachteiligung des Auftragnehmers unwirksam ist jedoch eine Klausel in Allgemeinen Geschäftsbedingungen des Auftraggebers, die im Anschluss an die Vereinbarung einer kalendermäßig bestimmten Fertigstellungsfrist folgende Regelung enthält: „Die Frist gilt als verbindlich und verlängert sich auch nicht durch witterungsbedingte Beeinträchtigungen. Bei Überschreitung der Ausführungsfrist hat der Auftragnehmer eine Vertragsstrafe von 0,3 % der Auftragssumme pro Werktag des Verzuges zu zahlen, höchstens jedoch 10 % der Schlussrechnungssumme." Denn die Vertragsstrafe soll auch dann verwirkt sein, wenn die Beklagte eine Überschreitung des vereinbarten Fertigstellungstermins aufgrund witterungsbedingter Beeinträchtigungen nicht zu vertreten hat[659].

4. Keine Strafe ohne erheblichen Nachteil

Eine Vertragsstrafenregelung ist zwar nach strittiger Auffassung wirksam, wenn dem Auftraggeber durch die Überschreitung der Vertragsfrist keine erheblichen Nachteile im Sinne des § 9 Abs. 5 VOB/A entstanden sind[660]. Zumindest ein öffentlicher Auftraggeber soll sich nach Treu und Glauben aber nicht auf eine Vertragsstrafenvereinbarung berufen dürfen, wenn ihm aus der Nichteinhaltung des Fertigstellungstermins kein erheblicher Nachteil entstanden ist[661]. Also kann zumindest ein

---

[658] BGH NJW 1999, 1108, 1109, Brandenburgisches Oberlandesgericht 4. Zivilsenat, Urteil vom 11.07.2007, Aktenzeichen: 4 U 185/06.
[659] BGH 7. Zivilsenat, Urteil vom 06.12.2007, Az. VII ZR 28/07 (BGH-Report 2008, 429–430).
[660] KGR Berlin 2003, 263, a. A.: Thüringer OLG, Urteil v. 22.10.1996, 8 U 474/96 BauR 2001, 1446.
[661] LG Lüneburg 5. Zivilkammer, Entscheidung vom 12. September 2000, Az. 5 O 86/00; OLG Jena, BauR 2001, 1446 f.; BGH; Entscheidung vom 19.02.1998, VII ZR 345/96.

öffentlicher Auftraggeber, der nach der VOB/A ausgeschrieben hat, die vereinbarte Vertragsstrafe nur dann verlangen, wenn ihm aus der Fristüberschreitung tatsächlich Nachteile entstehen[662]. So jedenfalls lässt sich die Tendenz der Rechtsprechung erst einmal für die Praxis zur Beachtung zusammenfassen, auch wenn sich Rechtsprechung nachweisen lässt, wonach der Anspruch auf Zahlung der Vertragsstrafe nicht die Entstehung eines entsprechenden Schadens beim Gläubiger voraussetzt[663].

Bei genauer Betrachtung ist diese Einschränkung nach hiesiger Auffassung zutreffend und muss für jeden Auftraggeber gelten. Denn soll die Strafe nicht nur Druckmittel, sondern auch ein Mindestbetrag eines Schadens sein, vgl. § 340 Abs. 2 S. 1 und § 341 Abs. 2 BGB, meint also auch das Gesetz, dass letztendlich der Schadensersatzanspruch pauschaliert wird und den Schadensnachweis ersparen soll. Lässt sich dann aber feststellen, dass im konkreten Fall überhaupt kein Nachteil entstanden sein kann, muss dem Schuldner der Einwand eröffnet sein, die Vertragsstrafe abzuwehren.

5. Transparenz

Wegen unangemessener Benachteiligung des Auftragnehmers unwirksam ist eine Klausel in Allgemeinen Geschäftsbedingungen des Auftraggebers, die im Anschluss an die Vereinbarung einer kalendermäßig bestimmten Fertigstellungsfrist folgende Regelung enthält: „Die Frist gilt als verbindlich und verlängert sich auch nicht durch witterungsbedingte Beeinträchtigungen. Bei Überschreitung der Ausführungsfrist hat der Auftragnehmer eine Vertragsstrafe von 0,3 % der Auftragssumme pro Werktag des Verzuges zu zahlen, höchstens jedoch 10 % der Schlussrechnungssumme." Denn der Begriff der Auftragssumme ist unklar, weil dies mehrere Deutungen zulässt. Unter „Auftragssumme" kann zunächst die nach der Abwicklung des Vertrags geschuldete Vergütung zu verstehen sein. Jedoch kann die „Auftragssumme" auch als ein Wert verstanden werden, der sich nach der von den Parteien vor der Ausführung des Auftrags vereinbarten Vergütung der Beklagten bemisst, also die „Schlussrechnungssumme". Daher ist die Bemessungsgrundlage für den Tagessatz der Vertragsstrafe nicht eindeutig bestimmt. Ich meine zudem, dass unklar ist, ob von Netto oder von Brutto ausgegangen wird[664].

---

[662] OLG Jena, BauR 2001, 1446.
[663] Brandenburgisches Oberlandesgericht 4. Zivilsenat, Urteil vom 11.07.2007, Az. 4 U 185/06; was aber nicht besagt, dass nicht zumindest ein Nachteil vorliegen müsste.
[664] BGH 7. Zivilsenat, Urteil vom 06.12.2007, Az. VII ZR 28/07 (BGH-Report 2008, 429–430).

VI. Anwendungsproblem bei der Geltendmachung der Vertragsstrafe

1. Verzug durch Mahnung und dessen Berechnung

Die Vertragsstrafe ist nur bei Verzug verwirkt, vgl. §§ 280, 286 BGB. Zu der Fälligkeit der Leistungen müssen also grundsätzlich nach Fristablauf ausgesprochene Mahnungen (§ 286 Abs. 1 BGB) des Berechtigten[665] und Verschulden (§ 286 Abs. 4 BGB) des Verpflichteten hinzukommen, wobei die Bestimmungen in den „Besonderen" oder „Zusätzlichen Vertragsbedingungen", die Vertragsstrafe sei bei Überschreiten von Vertragsfristen zu zahlen, die Mahnung nicht ohne Weiteres entbehrlich machen[666]. Vielmehr kann nur auf eine Mahnung verzichtet werden, liegen die Voraussetzungen des § 286 Abs. 2 BGB vor. Demnach bedarf es der Mahnung nicht, wenn für die Leistung eine Zeit nach dem Kalender bestimmt ist[667], der Leistung ein Ereignis vorauszugehen hat und eine angemessene Zeit für die Leistung in der Weise bestimmt ist, dass sie sich von dem Ereignis an nach dem Kalender berechnen lässt, der Schuldner die Leistung ernsthaft und endgültig verweigert oder aus besonderen Gründen unter Abwägung der beiderseitigen Interessen der sofortige Eintritt des Verzugs gerechtfertigt ist.

Unentbehrlich ist eine Mahnung, wenn die Leistungszeit im Einvernehmen mit dem Auftraggeber, z. B. durch Anrechnung von Schlechtwetterzeiten oder sonstigen Behinderungen des Auftragnehmers oder Urlaub, ohne hinreichende Festlegung eines Endzeitpunktes verlängert worden ist. Gleiches gilt, wenn die Nichteinhaltung der kalendermäßig bestimmten Fristen auf einer nicht rechtzeitigen Erfüllung von dem Auftraggeber obliegenden Mitwirkungshandlungen beruht und zwischen den Vertragspartnern eine neue Fristenvereinbarung nicht getroffen wird[668].

Die Überschreitung unverbindlicher Fristen führt nicht zur Vertragsstrafe nach § 11 Abs. 2 VOB/B[669]. Nur bei bestimmten oder bestimmbaren verbindlichen Ausführungsfristen lässt sich eine Überschreiten durch einen Soll-Ist-Vergleich feststellen. Die Zeit für die Leistung ist gemäß § 284 Abs. 2 S. 1 BGB auch dann nach dem Kalender bestimmt, wenn eine Fertigstellung der Bauarbeiten nach Ablauf eines bestimmten Zeitraums im Vertrag vereinbart ist und das Datum des Beginns des

---

[665] BGH, BauR 1985, 576.
[666] KG Berlin, BauR 1984, 529.
[667] Zu dieser Fallgruppe schon BGH, BauR 1985, 576.
[668] BGH, BauR 1993, 600.
[669] OLG Düsseldorf, BauR 1982, 582.

Zeitraums während der Vertragsdurchführung einvernehmlich festgelegt wird[670].

Ist für die nicht fristgerechte Erfüllung eine Vertragsstrafe vereinbart, gilt für ihre Verwirkung, vor allem aber für den dafür vorauszusetzenden Verzug, dass in die Fristberechnung nur die Zeit einzubeziehen ist, in der die im Vertrag vereinbarte Bauleistung zu erfüllen war und tatsächlich auch ungehindert erfüllt werden konnte, insbesondere der Auftraggeber seine im Zusammenhang mit der Ermöglichung fristgerechter Erfüllung durch den Auftragnehmer stehenden Pflichten selbst erfüllt hat[671].

Hat der Auftraggeber die Umstände zu vertreten, die zu einem verspäteten Leistungsbeginn geführt haben, oder fallen sie jedenfalls wie beispielsweise nachträgliche Leistungen in den ihm zurechenbaren Bereich, sind die darauf entfallenden Verzögerungen wie auch diejenige Zeit, die für die Erstellung des ursprünglich nicht vereinbarten Leistungsteils benötigt wurde, bei der Fristberechnung der Vertragsstrafe nicht in Ansatz zu bringen[672]. Gleiches gilt, wenn zugunsten des Auftragnehmers von den in § 6 Abs. 2 VOB/B geregelten Ausnahmetatbeständen auszugehen ist, mithin Behinderung etwa

— durch einen Umstand aus dem Risikobereich des Auftraggebers,

— durch Streik oder eine von der Berufsvertretung der Arbeitgeber angeordnet Aussperrung im Betrieb des Auftragnehmers oder in einem unmittelbar für ihn arbeitenden Betrieb,

— durch höhere Gewalt oder andere für den Auftragnehmer unabwendbare Umstände

vorliegt. Witterungseinflüsse während der Ausführungszeit hingegen, mit denen bei Abgabe des Angebots normalerweise gerechnet werden musste, gelten nicht als Behinderung, § 6 Abs. 2 Nr. 2 VOB/B. Hinsichtlich der Behinderungen bedarf es grundsätzlich der Anzeige nach § 6 Abs. 1 S. 1 VOB/B, es sei denn, es kann beim Auftraggeber Offenkundigkeit hinsichtlich der hindernden Umstände angenommen werden[673]. Den Auftragnehmer trifft die Darlegungs- und Beweislast für seine Behauptung, er habe die Fristüberschreitung nicht zu vertreten, oder durch von ihm nicht zu vertretende Umstände sei der Zeitplan so gestört, dass ein Anspruch auf Vertragsstrafe ganz entfällt[674], jetzt geregelt in § 280 Abs. 1 Satz 2 und § 286 Abs. 4, § 345 BGB. Im Allgemeinen wird der Auftraggeber durch Vorlage einer zutreffenden Behin-

---

[670] BGHZ 149, 283 ff.
[671] BGH, BauR 2003, 531.
[672] OLG Düsseldorf, IBR 2000, 120.
[673] OLG Celle, BauR 2003, 1413.
[674] BGH, NJW 1999, 1108.

derungsanzeige den Nachweis der Schuldlosigkeit einer Verzögerung führen können, naturgemäß für den Bereich und den damit zusammenhängenden Ausführungszeitraum, auf den sie sich bezieht[675]. Dem Auftragnehmer ist aber nicht der Nachweis der Schuldlosigkeit genommen, wenn er die Baubehinderungsanzeige unterlassen hat, da die Behinderungsanzeige nur für die Ansprüche gilt, die in § 6 VOB/B Abs. 2, 4, 6 erfasst sind[676].

Im Falle der Leistungserweiterung bleibt es ausnahmsweise bei der ursprünglichen Fristberechnung, wenn nach dem Vertrag oder aus den Umständen zu entnehmen ist, dass die im Vertrag vereinbarte Frist auch für den Fall der nachträglichen Erweiterung gelten soll. Allerdings kommt eine Fristverlängerung, für die § 6 Abs. 4 VOB/B entsprechend gilt, sofern eine nachträgliche ausdrückliche Regelung hinsichtlich der Vertragsstrafe getroffen wird, nur in Betracht, wenn es sich bei den in den Bereich des Auftraggebers fallenden Umständen um solche handelt, durch die sich nicht sonderlich ins Gewicht fallende und zeitlich klar nachvollziehbare Abweichungen vom Fristenplan ergeben[677].

Haben dagegen vom Auftragnehmer nicht zu vertretende Umstände die Bauausführung so erheblich verzögert, dass der ganze Zeitplan des Auftragnehmers umgeworfen und er zu einer durchgreifenden Neuordnung gezwungen wird, ist die Vertragsstrafenzusage hinfällig[678]. Sie ist im Zweifel neu zu vereinbaren. Zwar werden Vertragsfristen grundsätzlich durch Hinzurechnen von Ausfalltagen (Schlechtwettertagen etc.) fortgeschrieben. Diese Fortschreibung findet jedoch ihre Grenze, wenn durch vom Unternehmer nicht zu vertretende Umstände der Zeitplan so gestört wird, dass der Unternehmer zur Neuordnung gezwungen wird; dann müssen Vertragsfristen als Grundlage für eine Vertragsstrafe neu vereinbart werden[679]. Dies gilt auch dann, wenn der Auftraggeber nach Setzen einer Nachfrist mit Ablehnungsandrohung mit dem Unternehmer weiterarbeitet oder für sonst vom Auftraggeber zu verantwortende beachtliche Zeitverschiebungen[680]. Grundlegende Änderungen ziehen weitere Folgen nach sich, die in das ursprüngliche Vertragsbild nicht mehr einzuordnen sind und deswegen eine neue Fristberechnung unmöglich, zumindest aber zu unsicher machen, weshalb eine neue vertragliche Vereinbarung nicht getroffen wird oder getroffen werden kann. Vor allem unter Berücksichtigung einer bereits verlängerten Baufrist. Dies hat auch bei wesentlicher Verschiebung des Arbeitsbeginns zu gel-

---

[675] BGH, BauR 2003, 531; OLG Düsseldorf, BauR 2001, 812.
[676] BGH, BauR 1999, 645; OLG Saarbrücken, BauR 1998, 1010.
[677] OLG Hamm, BauR 1996, 392.
[678] BGH, NJW 1966, 971.
[679] BGH NJW 1966, 971; BGH NJW 1999, 1108.
[680] OLG Düsseldorf, BauR 2003, 259.

ten, insbesondere wenn die Ausführungsfristen nicht nach dem Kalender, sondern nach Arbeitstagen bestimmt sind[681].

Wird hingegen die im Vertrag vorgesehene Leistung später vermindert, so gilt mangels abweichender Vereinbarung die bisher maßgebliche Frist, es sei denn, dass im Einzelfall eine anderweitige Beurteilung geboten ist. Der Auftraggeber hat den Auftragnehmer allerdings rechtzeitig und eindeutig auf die Verkürzung der Frist hinsichtlich der Vertragsstrafe hinzuweisen. Der Anspruch auf eine solche Fristverkürzung ergibt sich dabei nicht unmittelbar aus § 6 Abs. 2 bis 4 VOB/B, kann aber aus § 6 Abs. 3 VOB/B und § 242 BGB (dem Grundsatz von Treu und Glauben) entwickelt werden, wonach ein Auftragnehmer alles zu tun hat, was ihm billigerweise zugemutet werden kann, um die Weiterführung der Arbeiten zu ermöglichen. Der Verkürzungsanspruch kann sich auch – soweit ursprünglicher vertraglicher Bauentwurf die Bauzeit war – aus § 1 Abs. 3 i. V. m. § 2 Abs. 5 VOB/B ergeben und könnte in der Konsequenz als Beschleunigungsanordnung sogar die Folge einer Reduzierung der Vergütung haben. Hinsichtlich des umgekehrten Falls der Verlängerung von Ausführungsfristen käme dann eine um die hieraus entstehenden Mehrkosten erhöhte Vergütung in Betracht[682].

2. Anrechnung der Vertragsstrafe auf Schadensersatz

Auch wenn in den AGB die Bestimmung enthalten ist, dass Schadensersatzansprüche durch die Vertragsstrafe nicht berührt werden, muss sich der Auftraggeber die Vertragsstrafe auf den Schadensersatzanspruch anrechnen lassen, weil eine solche Bestimmung gegen das Gerechtigkeitsgebot verstößt und deshalb unwirksam ist[683]. So wäre auch eine Klausel unwirksam, die diese Anrechnung ausschließt und zusätzlich zum Schadensersatz eine Vertragsstrafe verlangt[684].

---

[681] BGH, BauR 1973, 48.
[682] BayObLG, Beschluss vom 15.07.2002 VerG 15/02 „A8 München-Ulm", Vergaberecht 5/2002, 534 ff. unter Bezugnahme auf Diehr, ZfBR 2002, 316 ff. für den Fall der Bauzeitverschiebung vor Auftragsvergabe und dem folgend BGH 7. Zivilsenat, Entscheidungsdatum: 10.09.2009, Az: VII ZR 255/08; Entscheidungsdatum: 10.09.2009, Az. VII ZR 82/08; Entscheidungsdatum: 10.09.2009, Az. VII ZR 152/08 in Fortführung von BGH, Urteil vom 11. Mai 2009, VII ZR 11/08, BauR 2009, 1131 = NZBau 2009, 370. Die weitere Entscheidung BGH vom 26.11.2009 – VII ZR 131/08 zeigt auch, dass man nun von einer feststehenden Rechtsprechung ausgehen kann, die sich auch nicht nur auf die Frage der vergabeverfahrensspezifischen Verschiebung beschränken lässt.
Im Ergebnis schon zutreffend OLG Jena, BauR 2000, 1612.
[683] OLG Karlsruhe, BB 1983, 725.
[684] BGH, BauR 1989, 459.

3. Herabsetzung der Vertragsstrafe

Die zulässige Höhe und etwaige Herabsetzung einer überhöhten Vertragsstrafe steht, wenn diese wirksam vereinbart und verwirkt ist, nach § 343 BGB im Ermessen des Tatrichters. Zu berücksichtigen ist dabei jedes berechtigte Interesse des Auftraggebers, nicht nur das Vermögensinteresse, andererseits auch die anzuerkennenden Belange des Auftragnehmers. Grundsätzlich müssen aber Sinn und Zweck als Druck- und Sicherungsmittel gewahrt bleiben[685]. Verlangt der Auftragnehmer als Schuldner die Herabsetzung der Vertragsstrafe, so hat er die behauptete Unverhältnismäßigkeit der Vertragsstrafenhöhe ebenfalls darzulegen und zu beweisen. Keine Herabsetzung der Vertragsstrafe kommt gem. § 343 Abs. 1 BGB in Betracht, wenn die Vertragsstrafe von einem Kaufmann im Rahmen seines Handelsgewerbes versprochen ist, § 348 HGB. Wer ein Bauunternehmen betreibt, ist dabei als Kaufmann gem. § 1 Abs. 1 HGB anzusehen[686].

Die Herabsetzungsmöglichkeit des § 343 BGB besteht auch nicht bei unangemessen hohen Vertragsstrafen, die in Allgemeinen Geschäftsbedingungen enthalten sind. Insofern ist § 343 BGB eng auszulegen. Solche Vertragsstrafenvereinbarungen sind vielmehr unwirksam[687].

4. Aufrechnung/Verrechnung

Der Vertragsstrafenanspruch ist eigenständig durchsetzbar, insbesondere bedarf er nicht notwendigerweise einer Schlussrechnung, da die Schlussrechnungssumme von vornherein feststeht[688].

Ansonsten ist der Auftraggeber auch berechtigt, eine zu seinen Gunsten verwirkte Vertragsstrafe mit dem Vergütungsanspruch des Auftragnehmers zu verrechnen. Es entfällt im Falle der Verwirkung der Vertragsstrafe der entsprechende Teil des Vergütungsanspruches[689]. Bei der Geltendmachung von Schadensersatz- und Vertragsstrafenansprüchen des Auftraggebers handelt es sich um eine Aufrechnung i. S. d. § 302 ZPO, so dass ein Vorbehaltsurteil ohne Abzug der eingewandten Gegenforderungen in Betracht kommt.

---

[685] OLG Hamm, BauR 1995, 548.
[686] OLGR Celle 2002, 311 f. = BauR 2003, 1413 ff.; BGH, BauR 1981, 374 ff.; OLGR Oldenburg 1998, 271 f.
[687] BGHZ 85, 305 ff. in Bestätigung BGH, 1960-11-03, VII ZR 150/59, BGHZ 33, 236; Bestätigung BGH, 1971-03-11, VII ZR 112/69, NJW 1979, 883; Bestätigung BGH, 1977-02-10, VII ZR 17/75, NJW 1977, 897.
[688] OLG Düsseldorf, BauR 1985, 576.
[689] OLG Düsseldorf, BauR 1975, 57.

Verteidigt sich der Auftraggeber im Werklohnprozess gegenüber dem Vergütungsanspruch des Auftragnehmers vorsorglich mit dem Anspruch aus einem Vertragsstrafenversprechen für nicht gehörige Erfüllung, liegt darin die hilfsweise Aufrechnung mit einer Gegenforderung[690].

Eine von Amts wegen zu berücksichtigende und den Erlass eines Vorbehaltsurteils verhindernde Ver- bzw. Anrechnung unter Anwendung der Differenztheorie liegt nur dann vor, wenn der Auftraggeber die Leistung insgesamt zurückweist und Schadensersatz wegen Nichterfüllung verlangt[691].

5. Durchstellen einer Vertragsstrafe

Ein Hauptunternehmer, der wegen verzögerter Fertigstellung des Werks an den Auftraggeber eine Vertragsstrafe zu zahlen hat, kann seinen Subunternehmer nach § 6 Abs. 6 VOB/B auf Schadensersatz in Anspruch nehmen, wenn die Verzögerung auf dessen schuldhafter Verletzung einer vertraglichen Pflicht beruht. Wenn der Hauptunternehmer gegen den Werklohnanspruch des Subunternehmers mit einer solchen Vertragsstrafe aufrechnet, kann der Subunternehmer dagegen nicht mit Erfolg einwenden, die Überwälzung einer Vertragsstrafe in Höhe von fast 70 % seiner Schlussrechnungssumme sei unzulässig. Auch eine besondere Schadensanfälligkeit des Hauptunternehmers entlastet den Subunternehmer nicht und die Nichtersatzfähigkeit von Schäden muss die Ausnahme bleiben. Jedoch kann der Subunternehmer der Aufrechnungsforderung unter dem Gesichtspunkt mitwirkenden Verschuldens unter Umständen entgegensetzen, dass ihn der Hauptunternehmer vor Vertragsschluss oder bei Durchführung der Arbeiten nicht oder nicht ausreichend auf diese wirtschaftlichen Risiken hingewiesen hat[692].

Auch unterbricht der Abschluss eines Vergleiches über die Zahlung einer Vertragsstrafe in einem Prozess Auftraggeber gegen Generalunternehmer den Zurechnungszusammenhang im Verhältnis zum Nachunternehmer nicht. Es kann in einem solchen Fall dann zumindest der Vergleichsbetrag als konkret verbliebener Schaden gegen den Nachunternehmer geltend gemacht werden[693].

---

[690] OLG Nürnberg, Beschluss vom 12. April 1999, Az. 4 W 1167/99.
[691] OLG Hamm, BauR 2002, 1591; OLG Brandenburg, BauR 2001, 1111.
[692] BGH, NJW-RR 2000, 684 f.; BauR 1998, 330 ff.; OLG Naumburg 1998, 313 ff.
[693] Ständige Rechtsprechung seit OLGR Naumburg 1998, 313 ff.

VII. Vorbehalt der Vertragsstrafe, § 11 Abs. 4 VOB/B

1. Vorbehaltserklärung bei der Abnahme

Die Vorbehaltserklärung ist eine empfangsbedürftige Willenserklärung, die aber nicht notwendigerweise das Wort „Vorbehalt" enthalten muss. Die Willenserklärung muss nicht jeweils individuell abgegeben werden, es genügt, wenn der Vorbehalt in eine formularmäßig vorbereitete Abnahmeniederschrift aufgenommen worden ist und dann mit deren Unterzeichnung durch den Auftraggeber erklärt wird, nachdem der Auftraggeber die Vorbehaltserklärung hinreichend klar gekennzeichnet hat[694]. Der Auftraggeber muss seinen Vorbehaltswillen bei der Abnahme zweifelsfrei erkennbar kundtun. Der Vermerk „Konventionalstrafe regelt der Vertrag" genügt hier nicht[695]. In Allgemeinen Geschäftsbedingungen kann der nach § 341 Abs. 3 BGB erforderliche Vorbehalt der Vertragsstrafe auch nicht durch die Klausel „Die verwirkte Vertragsstrafe wird der Einfachheit halber von der Schlussrechnung abgezogen" wirksam ausgeschlossen werden[696].

Die Vorbehaltserklärung kann an sich mündlich geschehen. Bei einer förmlichen Abnahme ist der Vorbehalt wiederum nur wirksam erklärt, wenn er in das Abnahmeprotokoll aufgenommen worden ist[697].

Sinn des Vorbehaltes ist es, dem Auftragnehmer von Seiten des Auftraggebers klarzumachen, dass er unter dem Eindruck der nachgeholten Erfüllung sein Recht, die Vertragsstrafe zu fordern, nicht aufgeben will[698]. Dies muss der Auftraggeber dem Auftragnehmer ganz unzweifelhaft mitteilen. Die Vorbehaltserklärung des Auftraggebers ist bei der Abnahme der nicht fristgerecht erbrachten Leistung zu erklären, wenn er nicht einen Rechtsverlust erleiden will[699]. Eine frühere oder spätere Geltendmachung des Vorbehaltes genügt deshalb im Allgemeinen nicht[700]. Nicht ausreichend ist ferner, wenn die Abnahme an Ort und Stelle förmlich vorgenommen, dabei über den Vorbehalt nichts gesagt wird, sondern dieser erst in einem später erstmals angefertigten Abnahmeprotokoll auftaucht[701].

---

[694] BGH, BauR 1987, 92.
[695] OLG Frankfurt, BauR 1986, 584; KG Berlin, IBR 2000, 318.
[696] BGH, BauR 1984, 643.
[697] OLG Brandenburg, IBR 2000, 596.
[698] BGH, NJW 1987, 380.
[699] OLG Düsseldorf, BauR 1977, 281.
[700] BGHZ 85, 240.
[701] OLG Düsseldorf, BauR 1982, 582.

Wird über das Ergebnis der förmlichen Abnahme vereinbarungsgemäß eine Niederschrift gefertigt, die von beiden Parteien unterzeichnet werden muss, so ist das Erfordernis eines Vorbehaltes von Vertragsstrafenansprüchen gewahrt, wenn der Auftraggeber den Vorbehalt in der Niederschrift vor der Unterzeichnung vermerkt[702]. Eine vom Auftragnehmer in das Abnahmeprotokoll gesetzte Unterschrift bedeutet allerdings für sich allein noch nicht ein Anerkenntnis der Vertragsstrafenansprüche des Auftraggebers, sondern erklärt lediglich, dass der Auftragnehmer den Inhalt der Abnahmeniederschrift und damit auch die Vorbehaltserklärung zur Kenntnis genommen hat[703].

Hat der Schuldner auch für den Gläubiger erkennbar eindeutig zum Ausdruck gebracht, dass er die bereits verwirkte Vertragsstrafe endgültig im Rahmen der Abrechnung gegen sich gelten lassen will, bedarf es zum Schutz des Schuldners bei der späteren Abnahme nicht mehr eines Vorbehalts des Gläubigers[704]. Nicht gefordert wird ein Vorbehalt in den Fällen der Abnahmeverweigerung[705] sowie bei Durchführung einer Ersatzvornahme nach § 633 Abs. 3 BGB.

Sofern eine Teilabnahme nach § 12 Abs. 2 VOB/B in Betracht kommt, und die Vertragspartner in Besonderen oder Zusätzlichen Vertragsbedingungen von der Teilabnahme erfassten Teil der Gesamtleistungen eine Vertragsstrafe vereinbart haben, muss der Vorbehalt der Vertragsstrafe bei der Teilabnahme erklärt werden. Ist dagegen die Vertragsstrafe für die nicht rechtzeitige Erbringung der vertraglichen Gesamtleistung vereinbart, so ist der Vorbehalt bei der Abnahme der letzten Teilleistung zu erklären[706].

2. Vertretung bei Abgabe und Entgegennahme der Vorbehaltserklärung

Der Auftraggeber kann sich bei der Abgabe der Vorbehaltserklärung nicht ohne weiteres durch den bauleitenden Architekten oder Ingenieur vertreten lassen[707]. Diese bedürfen einer besonderen Vollmacht des Auftraggebers[708].

Es ist dem Auftraggeber aber möglich, seinen Architekten oder Ingenieur ausdrücklich und für den Auftragnehmer erkennbar mit einer Vollmacht

---

[702] BGH, NJW 1987, 380.
[703] BGH, BauR 1974, 206.
[704] OLG Celle, BauR 2000, 278.
[705] BGH, BauR 1997, 640.
[706] OLG Düsseldorf, SFH § 11 Nr.6 VOB/B.
[707] BGHZ 74, 235.
[708] OLG Stuttgart, BauR 1975, 432.

zur Vornahme der Abnahme des Werkes auszustatten[709]. Dies kann durch Vollmachtsurkunde, aber auch durch direkte Anzeige gegenüber dem Auftragnehmer geschehen. Einhergehend mit der Bevollmächtigung zur Abnahme besteht dann auch die Vollmacht zur Erklärung des Vorbehaltes. Denn der Vorbehalt zur Vertragsstrafe ist direkt mit der Abnahme des Werkes verbunden[710]. Zur Abgabe der Vorbehaltserklärung und zu ihrer Entgegennahme ist im Zweifel jeder zur Durchführung der förmlichen Abnahme bevollmächtigte Vertreter der Vertragspartner befugt[711]. Mit der Erklärung wird aber lediglich die Geltendmachung des Vertragsstrafenanspruches vorbehalten, eine spätere tatsächliche Durchsetzung dieses Anspruches obliegt dem Auftraggeber.

Der Vorbehalt der Vertragsstrafe kann im Zweifel gegenüber dem dortigen Polier oder Bauleiter erklärt werden. In der Regel ist anzunehmen, dass ein vom Auftragnehmer zur Durchführung der förmlichen Abnahme bevollmächtigter Vertreter nicht nur zur Entgegennahme der Mängelanzeigen des Auftraggebers befugt ist, sondern auch zum Empfang einer den Vorbehalt einer Vertragsstrafe betreffenden Erklärung[712]. Ist eine zum Empfang berechtigte Person bei der Abnahme nicht zugegen, muss die Erklärung des Vorbehaltes gesondert dem Auftragnehmer oder einem insoweit zum Empfang bevollmächtigten Vertreter zugeleitet werden. Anderseits ist im Zweifel anzunehmen, dass derjenige, der vom Auftragnehmer zur Entgegennahme der Abnahme bevollmächtigt ist, auch die Vollmacht zum Empfang der Vorbehaltserklärung hat[713].

3. Hinweispflicht des Architekten auf einen Vertragsstrafenvorbehalt

Wichtig für den Auftraggeber ist in diesem Zusammenhang, dass nicht bevollmächtigte Architekten, wenn sie an der Vereinbarung der Vertragsstrafe im Rahmen der Bauvertragsgestaltung mitgewirkt haben, verpflichtet sind, den Auftraggeber auf die Erforderlichkeit der Erklärung des Vorbehaltes bei der Abnahme hinzuweisen[714]. Der BGH erkennt nämlich eine Schadensersatzpflicht des nicht bevollmächtigten Architekten für den Fall, dass er den Auftraggeber in Kenntnis der Vereinbarung einer Vertragsstrafe – auch wenn er daran nicht mitgewirkt hat – nicht auf das Erfordernis einer rechtzeitigen Vorbehaltserklärung bei Abnahme hinweist[715]. Dies begründet sich in den Beratungs- und

---

[709] LG Leipzig, BauR 2000, 298.
[710] BGH, BauR 1979, 345.
[711] BGH, NJW 1987, 380.
[712] BGHZ 74, 235; OLG Düsseldorf, BauR 1986, 457; BGH, BauR 1987, 92.
[713] BGH, BauR 1987, 92.
[714] OLG Düsseldorf, BauR 2002, 1420.
[715] BGH NJW 1979, 1499.

Betreuungspflichten des Architekten gegenüber dem Auftrageber. Allerdings reicht das Wissen, dass üblicherweise in der Baubranche Vertragsstrafen vereinbart werden, nicht aus. Es müssen sich dem Architekten konkrete Anhaltspunkte der Vertragsstrafenvereinbarung aufgedrängt haben[716]. Der Architekt als Sachwalter seines Auftraggebers ist aber von seiner Beratungspflicht hinsichtlich des Vertragsstrafenvorbehalts bei eigener Sachkunde des Auftraggebers befreit. Von der eigenen Sachkunde des Auftraggebers ist auszugehen, wenn dieser seit mehreren Jahren als Gesellschafter und Geschäftsführer einer GmbH, deren Tätigkeitsbereich Installationsarbeiten sind, tätig ist[717]. Eigene Sachkunde ist auch dem öffentlichen Auftraggeber – etwa einer ausschreibenden Baubehörde – regelmäßig zu unterstellen.

4. Genehmigungsfähigkeit der vollmachtlosen Vorbehaltserklärung

Schließlich ist bei der Vorbehaltserklärung zu beachten, dass ein durch einen nicht bevollmächtigten Dritten für die Auftraggeber erklärter Vorbehalt nicht durch nachträgliche Genehmigung des Auftraggebers geheilt werden kann, § 180 BGB[718]. Eine Heilungsmöglichkeit besteht nur, wenn der Auftragnehmer oder die zur Entgegennahme des Vorbehaltes berechtigte Person diesen Vorbehalt bei der Abnahme nicht beanstandet hatte.

5. Vorbehalt bis Fälligkeit der Schlusszahlung

Eine Regelung in den AGB von Bauverträgen, wonach der Auftraggeber sich vorbehält, die Vertragsstrafe bis zur Schlusszahlung geltend machen zu dürfen, ist wirksam, sofern mit dem Begriff „Schlusszahlung" in zeitlicher Hinsicht die Fälligkeit der Schlusszahlung gemeint ist[719] und dies hinreichend deutlich zum Ausdruck kommt. So kann der Vorbehalt nicht wirksam bis zur tatsächlichen Schlusszahlung[720] verschoben werden, weil eine solche Klausel den Auftragnehmer benachteiligen würde. Der Auftraggeber hätte es dann in der Hand, nicht nur den Zeitpunkt der Schlusszahlung, sondern insoweit auch die Erklärung des Vorbehaltes der Vertragsstrafe beliebig hinauszuschieben[721]. Das berechtigte Interesse des Auftragnehmers an dem Erhalt des unbestrittenen Guthabens sowie die Verpflichtung des Auftraggebers zur Zahlung

---
[716] BGH, BauR 1979, 345.
[717] OLG Düsseldorf, BauR 2002, 1420.
[718] LG Leipzig, BauR 2000, 298.
[719] BGHZ 72, 222.
[720] LG Leipzig, BauR 2000, 298.
[721] BGH, BauR 2000, 1758.

desselben erfordern daher eine Vorbehaltserklärung bis zum Eintritt der Schlusszahlungsfälligkeit.

Ebenso ist die Abbedingung des Vorbehaltes in AGB unwirksam, § 307 BGB[722]. Unwirksam ist auch eine Vereinbarung, wonach der Gläubiger bis zum Ablauf der Verjährung berechtigt bleiben soll, die Strafe geltend zu machen[723].

Der Gläubiger muss sich das Recht auf Vertragsstrafe bei der Annahme der Leistung auch dann vorbehalten, wenn er mit dem Vertragsstrafenanspruch vorher aufgerechnet hat[724], so dass auch für solche Fälle die Obliegenheit der Vorbehaltserklärung nicht weiter nach hinten verschoben werden kann.

---

[722] BGH, BauR 1983, 80; OLG Köln, BauR 1977, 425.
[723] BGH, MDR 1980, 398.
[724] BGHZ 85, 240.

Abnahme § 12 VOB/B

(1) Verlangt der Auftragnehmer nach der Fertigstellung — gegebenenfalls auch vor Ablauf der vereinbarten Ausführungsfrist — die Abnahme der Leistung, so hat sie der Auftraggeber binnen 12 Werktagen durchzuführen; eine andere Frist kann vereinbart werden.

(2) Auf Verlangen sind in sich abgeschlossene Teile der Leistung besonders abzunehmen.

(3) Wegen wesentlicher Mängel kann die Abnahme bis zur Beseitigung verweigert werden.

(4) 1. Eine förmliche Abnahme hat stattzufinden, wenn eine Vertragspartei es verlangt. Jede Partei kann auf ihre Kosten einen Sachverständigen zuziehen. Der Befund ist in gemeinsamer Verhandlung schriftlich niederzulegen. In die Niederschrift sind etwaige Vorbehalte wegen bekannter Mängel und wegen Vertragsstrafen aufzunehmen, ebenso etwaige Einwendungen des Auftragnehmers. Jede Partei erhält eine Ausfertigung.

2. Die förmliche Abnahme kann in Abwesenheit des Auftragnehmers stattfinden, wenn der Termin vereinbart war oder der Auftraggeber mit genügender Frist dazu eingeladen hatte. Das Ergebnis der Abnahme ist dem Auftragnehmer alsbald mitzuteilen.

(5) 1. Wird keine Abnahme verlangt, so gilt die Leistung als abgenommen mit Ablauf von 12 Werktagen nach schriftlicher Mitteilung über die Fertigstellung der Leistung.

2. Wird keine Abnahme verlangt und hat der Auftraggeber die Leistung oder einen Teil der Leistung in Benutzung genommen, so gilt die Abnahme nach Ablauf von 6 Werktagen nach Beginn der Benutzung als erfolgt, wenn nichts anderes vereinbart ist. Die Benutzung von Teilen einer baulichen Anlage zur Weiterführung der Arbeiten gilt nicht als Abnahme.

3. Vorbehalte wegen bekannter Mängel oder wegen Vertragsstrafen hat der Auftraggeber spätestens zu den in den Nummern 1 und 2 bezeichneten Zeitpunkten geltend zu machen.

(6) Mit der Abnahme geht die Gefahr auf den Auftraggeber über, soweit er sie nicht schon nach § 7 trägt.

I. Allgemeines – Abnahmereife nach Fertigstellung

§ 12 VOB/B regelt die Abnahme der fertiggestellten Bauleistung. Die Abnahme kommt also erst nach der Fertigstellung in Betracht, so dass man von Abnahmereife sprechen kann, die mit der Schlussrechnungsreife zusammenfällt. Erst dann kann der Abnahmezeitpunkt bestimmt oder vereinbart werden. Im Vergleich zur Abnahme nach BGB (§ 640 BGB) weist § 12 VOB/B Besonderheiten auf, die als vertragliche Vereinbarungen den gesetzlichen Regelungen vorgehen. Die Abnahme hat wegen ihren Wirkungen auf die rechtlichen Beziehungen zwischen Auftraggeber und -nehmer erhebliche Bedeutung, weswegen ihr besondere Aufmerksamkeit zu schenken ist.

II. Begriff der Abnahme

Die Abnahme bezeichnet einseitige, empfangsbedürftige Willenserklärung bzw. entsprechende rechtsgeschäftliche Handlung des Auftraggebers gegenüber dem Auftragnehmer. Es ist die körperlichen Entgegennahme des Werkes durch den Auftraggeber, verbunden mit dessen Erklärung, dass er die Bauleistung als im Wesentlichen vertragsgemäß annimmt[725]. Keine solche zivilrechtliche, rechtsgeschäftlich Abnahme ist hingegen:

— die technische Zustandsfeststellung (§ 4 Abs. 10 VOB/B),
— das Aufmaß oder die Bestandsaufnahme (§ 14 Abs. 2 VOB/B oder § 8 Abs. 6 VOB/B),
— der Prüfvermerk des Bauherrn oder seines Architekten unter der Schlussrechnung,
— die öffentlich-rechtlichen Bauabnahme.

III. Arten der Abnahme

1. Ausdrückliche Abnahme; § 12 Abs. 1 VOB/B

Die ausdrücklich erklärte Abnahme erfordert, dass der Auftraggeber seinen Abnahmewillen, also die Billigung der Leistung als vertragsgemäß, gegenüber dem Auftragnehmer zum Ausdruck bringt[726].

---

[725] BGH, NJW 1993, 1972 ff.
[726] BGH, NJW 1974, 95 f.

Die entsprechende Willenserklärung kann wegen Irrtums oder arglistiger Täuschung nicht angefochten werden. Der Auftraggeber ist dann auf die Spezialregelungen der Gewährleistung beschränkt[727].

Sofern keine andere Frist vereinbart ist, hat der Auftraggeber die Bauleistungen gemäß § 12 Abs. 1 VOB/B innerhalb von 12 Werktagen (auch Samstag ist ein Werktag, wie sich aus § 11 Abs. 3 VOB/B ergibt[728]) abzunehmen, wenn der Auftragnehmer die Abnahme nach Fertigstellung verlangt. Der Fristlauf beginnt mit Zugang der Aufforderung beim Auftraggeber.

Gemäß § 640 Abs. 1 Satz 3 BGB steht es der Abnahme gleich, wenn der Besteller das Werk nicht innerhalb einer ihm vom Unternehmer bestimmten angemessenen Frist abnimmt, obwohl er dazu verpflichtet ist (Abnahmeverzug). Die Regelung in § 12 Abs. 1 VOB/B dient gemäß § 286 Abs. 2 Nr. 1 und 2 BGB der Festlegung, wann der Auftraggeber zur Abnahme verpflichtet ist. Läuft die 12-Tage-Frist fruchtlos ab, gerät der Auftraggeber § 640 Abs. 1 Satz 3 BGB in Verzug mit der Annahme der Leistung (Gläubigerverzug) und gleichzeitig (Verschulden vorausgesetzt) auch ohne gesonderte Mahnung in Verzug mit der Abnahme (Schuldnerverzug).

Der Auftraggeber trägt dann das Risiko eines zufälligen Untergangs der Bauleistung und der Auftragnehmer ist insoweit nur noch verantwortlich zu machen, wenn ihm Vorsatz oder grobe Fahrlässigkeit (§ 300 BGB) – was praktisch nie der Fall sein wird – nachzuweisen ist. Ferner kann der Auftragnehmer vom Auftraggeber Mehraufwendungen für die Erhaltung der Bauleistung verlangen. Dazu rechnen insbesondere diejenigen Kosten, die dem Auftragnehmer durch § 4 Abs. 5 VOB/B auferlegt sind. Bei Schuldnerverzug kann der Auftraggeber Verzugsschaden, insbesondere wegen nicht rechtzeitiger Vergütung, geltend machen (§§ 280 Abs. 1 und 2, 286, 288 BGB).

2. Konkludente Abnahme als Unterfall des § 12 Abs. 1 VOB/B

Die Abnahme kann auch konkludent erklärt werden, das heißt sich aus dem schlüssigen Verhalten des Auftraggebers ergeben. Sie setzt wie die ausdrückliche Abnahme ein vom Willen des Auftraggebers getragenes Verhalten voraus. Von einer konkludenten Abnahme kann nur ausgegangen werden, wenn der Billigungswille des Auftraggebers zweifelsfrei aus den Umständen des Einzelfalles zu entnehmen ist.

---

[727] Ausnahme: Anfechtung eines Abnahmeprotokolls wegen widerrechtlicher Drohung: BGH, BauR 1983, 77 ff.
[728] BGH, BauR 1978, 485 ff.

Hier ist auf eine umfangreiche Rechtsprechung zurückzugreifen. Z. B. kann die vorbehaltlose Zahlung der Vergütung[729] vor allem bei gleichzeitiger bestimmungsgemäßer Ingebrauchnahme des Bauwerks[730] eine stillschweigende Abnahme darstellen. Gleiches gilt etwa bei Freigabe der Sicherheitsleistung des Auftragnehmers bzw. des vom Auftraggeber einbehaltenen Sicherheitsbetrages[731] oder bei Einbehalt eines geringfügigen Betrages für gerügte Mängel im Rahmen eines Schlussgespräches über die Restforderung des Auftragnehmers[732].

Eine konkludente Abnahme liegt dann nicht vor, wenn die Leistung nur teilweise und dazu noch vertragswidrig ausgeführt wurde, weil hier von einer stillschweigenden Billigung der Werkleistung durch den Auftraggeber nicht ausgegangen werden kann, selbst wenn die Bauleistung in Nutzung genommen wird[733]. Das Gleiche gilt z. B. auch, wenn der Auftraggeber Mängel der Werkleistung geltend macht und damit zum Ausdruck bringt, dass er das Werk nicht als vertragsgemäß billigt[734].

3. Teilabnahme nach § 12 Abs. 2 VOB/B

Die Abnahme in sich abgeschlossener Teile eines Auftrages findet als „Teilabnahme" nach § 12 Abs. 2 VOB/B statt. Keine Teilabnahme ist es, wenn zwei unabhängige Aufträge durchgeführt wurden und deren Leistungen abzunehmen sind. Denn dann sind jeweils auch zwei getrennte Gesamtabnahmen nach § 12 Abs. 1 VOB/B durchzuführen. Die Abnahme eines Auftrags kann nicht als Teilabnahme des anderen Auftrages verstanden werden, selbst wenn die Leistungen tatsächlich von einander abhängen.

Was „in sich abgeschlossene Teile" desselben Auftrages sind, ist nach herrschender Meinung anhand der Verkehrsauffassung in Bezug auf die Gebrauchs-, Nutzungs- bzw. technische Funktionsfähigkeit der Bauleistung am Einzelfall orientiert zu beurteilen.

Auch die Teilabnahme ist grundsätzlich eine erklärte Abnahme. Sie muss also ausdrücklich oder stillschweigend erfolgen. Die fiktive Abnahme kommt nach Sinn und Zweck nur für den in § 12 Abs. 5 Nr. 2 VOB/B geregelten Fall in Betracht, wie der unterschiedliche Wortlaut zu § 12 Abs. 5 Nr. 1 VOB/B („verlangt") ergibt.

---

[729] OLG Köln, BauR 1992, 514 ff.
[730] OLG München, BauR 2003, 124 ff.
[731] BGH, NJW 1963, 806 f.
[732] OLG Koblenz, NJW-RR 1994, 786 ff.
[733] BGH, BauR 1995, 91 f.
[734] BGH, NJW-RR 1996, 883 ff.

4. Abnahmeverweigerung nach § 12 Abs. 3 VOB/B

Die Abnahme kann vom Auftraggeber verweigert werden, wenn wesentliche Mängel vorliegen, § 12 Abs. 3 VOB/B. Ein solcher wesentlicher Mangel im Sinne des § 12 Abs. 3 VOB/B liegt in Anlehnung an § 13 Abs. 1 VOB/B vor, wenn die Bauleistung die vertraglich zugesicherten Eigenschaften nicht hat, nicht den anerkannten Regeln der Bautechnik entspricht oder sonst mit beachtlichen Mängeln behaftet ist, die den Wert oder die Tauglichkeit zu dem gewöhnlichen oder dem nach dem Vertrag vorausgesetzten Gebrauch aufheben oder wesentlich mindern. Dies umfasst dann auch entsprechende wesentliche **Restleistungen**. Hierüber ist nach der Art, dem Umfang und vor allem den Auswirkungen des Mangels bzw. der Restleistung, und zwar im Hinblick auf die Zweckbestimmung und die ungehinderte Gebrauchstauglichkeit der in Auftrag gegebenen Leistung unter Berücksichtigung der Umstände des jeweiligen Einzelfalls zu entscheiden[735]. Dabei kann die Höhe der voraussichtlichen Mängelbeseitigungskosten ein wichtiger Ansatzpunkt sein, aber ebenfalls nur einer der zu berücksichtigenden Umstände[736].

Wenn nun § 12 Abs. 3 VOB/B die Abnahmeverweigerung daran knüpft, dass der vorher noch zu beseitigende Mangel wesentlich sein muss, so wird damit letztlich auf den Gesichtspunkt der Zumutbarkeit abgehoben. Tritt der Mangel an Bedeutung so weit zurück, dass es unter Abwägung der beiderseitigen Interessen für den Auftraggeber zumutbar ist, eine zügige Abwicklung des gesamten Vertragsverhältnisses nicht länger aufzuhalten und deshalb nicht mehr auf den Vorteilen zu bestehen, die sich ihm vor vollzogener Abnahme bieten, dann darf er die Abnahme nicht verweigern. Vielmehr muss er sich trotz der Mängel mit deren Beseitigung Zug um Zug gegen Zahlung des restlichen Werklohns begnügen[737].

Eine Abnahmepflicht wurde von den Gerichten angenommen bei unwesentlichen Mängeln mit einem Mängelbeseitigungsaufwand in Höhe von 5 % der Auftragssumme[738].

---

[735] BGH, Urteil vom 26.02.1981, BauR 1981, 284 = NJW 1981, 1448; BGH, Urteil vom 30.04.1992, BauR 1992, 627; auch OLG Hamm, BauR 1992, 240.
[736] BGH, Urteil vom 26.02.1981, a.a.O.
[737] BGH, Urteil vom 26.02.1981, a.a.O.; BGH, Urteil vom 28.04.1980, BauR 1980, 357; auch BGHZ 61, 42, 44 m.w.N.; BGHZ 73, 140, 145.
[738] OLG Brandenburg, BauR 2005, 1971–1972 in Anschluss BGH, 28. April 1980, VII ZR 109/79, BauR 1980, 357 und BGH, 21. Dezember 1978, VII ZR 269/77, BGHZ 73, 140.

5. Förmliche Abnahme nach § 12 Abs. 4 VOB/B

Die förmliche Abnahme (§ 12 Abs. 4 VOB/B) als besondere Form der ausdrücklichen Abnahme ist eine Spezialität der VOB/B und im BGB nicht zu finden. Sie hat den Zweck, dass die Parteien eines Bauvertrages an Ort und Stelle klären, was der Auftraggeber als vertragsgerecht erachtet und was nicht. Das soll spätere Streitigkeiten über bekannte oder unbekannte Mängel und Beweisschwierigkeiten vermeiden[739].

Die förmliche Abnahme kann bereits im Bauvertrag vereinbart werden[740], sie ist aber regelmäßig erst nach der Fertigstellung von einer Vertragspartei zu verlangen (§ 12 Abs. 4 VOB/B). In diesem Fall muss ein genauer Abnahmetermin bestimmt oder mit der anderen Vertragspartei vereinbart sein. Die Einladung muss konkrete Angaben über Ort und Zeit der Abnahme enthalten sowie über die abzunehmenden Leistungen informieren. Zwischen dem Zugang der Einladung und dem geplanten Abnahmetermin muss eine ausreichende Frist bestehen, damit der Vertragspartner Gelegenheit hat, sich auf den Termin einzurichten. Außerdem muss die Baustelle oder der Ort der abzunehmenden Leistung zugänglich sein, wofür der Auftragnehmer zu sorgen hat. Das zu fertigende Abnahmeprotokoll hat eine Erklärung zu enthalten, dass die Bauleistung abgenommen wurde. Vorbehalte wegen bekannter Mängel und einer Vertragsstrafe sind aufzunehmen. Die Niederschrift ist von beiden Seiten zu unterzeichnen. Jede Partei erhält eine Ausfertigung des Protokolls.

Der Auftraggeber kann die förmliche Abnahme in Abwesenheit des Auftragnehmers durchführen, wenn der Termin vereinbart war oder der Auftraggeber mit genügender Frist dazu eingeladen hatte (§ 12 Abs. 4 Nr. 2 VOB/B). Dadurch verhindert der Auftraggeber, dass er in (Schuldner-)Verzug mit seiner Pflicht zur Abnahme kommt.

Erscheint der Auftraggeber nicht zu dem von ihm anberaumten Abnahmetermin, kommt er in Gläubiger- und zugleich Schuldnerverzug.

Im Übrigen kann jede Partei auf ihre Kosten einen Sachverständigen für die förmliche Abnahme hinzuziehen (§ 12 Abs. 4 Nr. 1 S. 2 VOB/B). Die in § 12 Abs. 4 Nr. 1 S. 2 VOB/B geregelte Kostentragungspflicht bezieht sich ausschließlich auf die dort genannte sachverständige Tätigkeit, also auf die erstmalige Begutachtung von Mängeln. Hiervon zu unterscheiden ist die Hinzuziehung eines Sachverständigen zum Zwecke der Feststellung von bereits aufgetretenen Mängeln. Hier kann sich

---

[739] BGH, BauR 1996, 378 ff., wodurch freilich die fiktive Abnahme ausgeschlossen ist und somit in die VOB/B eingegriffen wird, vgl. hierzu das Problem der „Privilegierung der VOB/B und deren Wegfall", zu finden über das Stichwortverzeichnis/Index.

[740] BGH, BauR 1996, 378 ff.

hinsichtlich der Sachverständigenkosten ein Anspruch des Auftraggebers gegen den Auftragnehmer bei weiteren Voraussetzungen vor der Abnahme aus § 4 Abs. 7 S. 2 VOB/B und nach der Abnahme aus § 13 Abs. 5 VOB/B oder § 13 Abs. 7 Nr. 1 VOB/B[741] ergeben.

6. Fiktive Abnahme nach § 12 Abs. 5 VOB/B

Die fiktive Abnahme ist in § 12 Abs. 5 VOB/B geregelt. Die Abnahmewirkung tritt aufgrund Ereignisse und unabhängig vom ausdrücklich oder sich aus den Umständen ergebenden Willen des Auftraggebers ein, die Leistung als vertragsgerecht entgegenzunehmen. Hier geht es nicht um eine stillschweigende Billigung, so dass der vertraglich vereinbarte Ausschluss der fiktiven Abnahme nicht auch gleichzeitig den Ausschluss einer schlüssigen Abnahme bewirkt. Die Abnahme wird gemäß § 12 Abs. 5 VOB/B aufgrund von zwei Sachverhalten fingiert:

— Zum einen tritt die Fiktion **12 Werktage** nach schriftlicher Mitteilung – Fax genügt[742] – der Fertigstellungsanzeige der Bauleistung ein, sofern keine Abnahme verlangt wird (§ 12 Abs. 5 Nr. 1 VOB/B). Für die Mitteilung genügt nach ständiger Rechtsprechung die Zusendung der Schlussrechnung[743]. Vorbehalte wegen bekannter Mängel oder wegen Vertragsstrafen muss der Auftraggeber innerhalb der 12-Tage-Frist erklären (§ 12 Abs. 5 Nr. 3 VOB/B), wobei es auf den Zugang der entsprechenden empfangsbedürftigen Willenserklärung beim Auftragnehmer ankommt (§ 130 Abs. 1 BGB). Der Vorbehalt kann zwar mündlich erklärt werden, sollte aber zu Beweiszwecken schriftlich erfolgen.

— Gemäß § 12 Abs. 5 Nr. 2 VOB/B wird die Abnahme nach Ablauf von **6 Werktagen**, nachdem der Auftraggeber die Leistung oder einen in sich abgeschlossenen Teil in Benutzung genommen hat, fingiert, sofern auch hier keine Abnahme verlangt wird und sonst nichts anderes vereinbart ist. Die Frist beginnt mit dem bestimmungsgemäßen Gebrauch der Leistung. Die fiktive Abnahme ist ausgeschlossen, wenn die Bauleistung beispielsweise nur aufgrund einer dem Auftragnehmer bekannten Zwangslage des Auftraggebers in Benutzung genommen wird[744]. Keine Ingebrauchnahme ist die Benutzung von Teilen einer baulichen Anlage zur Weiterführung der Arbeiten (§ 12 Abs. 5 Nr. 2 S. 2 VOB/B). Der Auftraggeber hat auch hier dar-

---

[741] BGH, NJW 1971, 99 ff.
[742] Finde im Stichwortverzeichnis (Index) „Fax".
[743] Zuletzt BGH, BauR 1989, 603 ff.; finde im Stichwortverzeichnis (Index) „Schlussrechnungsreife" und „Abnahmereife".
[744] Einzug in den Bau, weil das bisherige Haus geräumt werden muss: BGH, NJW 1975, 1701 ff.

auf zu achten, dass etwaige Vorbehalte innerhalb der 6-Werktage-Frist erklärt werden müssen.

Die Vereinbarung einer förmlichen oder ausdrücklichen Abnahme schließt die fiktive Abnahme nach § 12 Abs. 5 VOB/B grundsätzlich aus[745]. Kommen die Vertragsparteien auf die förmliche Abnahme bewusst oder unbewusst nicht zurück („vergessene förmliche Abnahme"), soll sich aus ihrem Verhalten ein Verzicht auf die Abnahmeförmlichkeiten ergeben, selbst wenn sie im Vertrag noch ausdrücklich die förmliche Abnahme vereinbart hatten[746]. Gemäß dem Berliner Kammergericht sollen dabei jedoch nicht die in § 12 Abs. 5 VOB/B genannten Fristen gelten. Vielmehr sei deren Länge nach den Grundsätzen von Treu und Glauben anhand der Umstände des Einzelfalles festzulegen[747]. Dieser Auffassung wird man nur im Ergebnis, nicht aber auf der Grundlage von § 12 Abs. 5 VOB/B folgen können. Haben die Vertragspartner eine förmliche Abnahme vereinbart, wollen sie in aller Regel gerade die Wirkung der Abnahmefiktion, insbesondere unter Berücksichtigung der kurzen Fristen, ausschließen. Ergibt sich ein Verzicht auf die vereinbarte förmliche Abnahme, ist eine Lösung über die Annahme einer konkludenten Abnahme sachgerechter. Dies hat der BGH[748] z. B. für den Fall entschieden, dass der Auftragnehmer die Schlussrechnung übersendet, ohne die vereinbarte förmliche Abnahme zu fordern, da er hiermit zum Ausdruck bringt, auf eine förmliche Abnahme keinen Wert zu legen. Verlangt der Auftraggeber dann seinerseits keine förmliche Abnahme, ist von einem entsprechenden übereinstimmenden Verzicht auszugehen. Darüber hinaus kann sich derjenige, der zwar eine förmliche Abnahme vereinbart hat, hierauf jedoch über einen längeren Zeitraum nicht zurückkommt, nach den Grundsätzen von Treu und Glauben nicht auf eine fehlende förmliche Abnahme berufen[749]. Maßstab – so der BGH – können die 12 Werktage des § 12 Abs. 1 bzw. Abs. 5 Nr. 1 VOB/B sein.

---

[745] BGH, BauR 1984, 166 ff., womit in die VOB/B eingegriffen wird, vgl. hierzu das Problem der „Privilegierung der VOB/B und deren Wegfall", zu finden über das Stichwortverzeichnis/Index.
[746] OLG Stuttgart, NJW-RR 1986, 898 ff.
[747] KG Berlin, BauR 1988, 230 ff.
[748] BB 1977, 869 ff.
[749] BGH, BauR 1989, 727 f. und aus der umfangreichen Literatur zum Thema zuvor grundlegend etwa: Brügmann, Die ursprünglich vereinbarte und später nicht durchgeführte förmliche Abnahme nach VOB, BauR 1979, 277 ff.; Hochstein, Die „vergessene" förmliche Abnahmevereinbarung und ihre Rechtsfolgen im Bauprozess, BauR 1975, 221.

IV. Wirkungen der Abnahme, § 12 Abs. 6 VOB/B

1. Übergang der Gefahr

Mit der Abnahme geht die Gefahr auf den Auftraggeber über (§ 12 Abs. 6 VOB/B), soweit er sie nicht schon nach § 7 VOB/B trägt. Vor allem entfällt also mit der Abnahme die dem Auftragnehmer nach § 4 Abs. 5 VOB/B obliegende Schutzpflicht. Der Auftraggeber hat somit die Bauleistung etwa selbst dann zu vergüten, wenn sie nach Abnahme zufällig beschädigt oder völlig zerstört wird. Insofern ist auch auf die Gefahrtragung der §§ 293 ff. BGB, insbesondere § 300 BGB, zu verweisen.

2. Beginn der Gewährleistung sowie Beweislastumkehr für bei der Abnahme nicht vorbehaltene Mängel und Restleistung

Auch wenn in § 12 Abs. 6 VOB/B nicht erwähnt, bleibt hier festzuhalten, dass nach der Abnahme dem Auftraggeber die Mängelansprüche gem. § 13 Abs. 5–7 VOB/B zustehen, die innerhalb der Verjährungsfrist des § 13 Abs. 4 VOB/B geltend zu machen sind. Dies wird an entsprechender Stelle ausführlich kommentiert.

Der Auftragnehmer hat nach der Abnahme nicht mehr zu beweisen, dass seine Leistung mangelfrei ist, sondern der Auftraggeber trägt nunmehr die Beweislast dafür, dass ein mangelhaftes Werk vorliegt[750]. Der Auftraggeber muss sich also die Mängel und Restleistungen bei der Abnahme vorbehalten, um die Beweislastumkehr zu vermeiden. Nur wenn der Vorbehalt erklärt wird, verbleibt es dabei, dass der Auftragnehmer eine vertragsgerechte Leistung im Einzelnen darzulegen und zu beweisen hat[751].

Fehlt der Vorbehalt wegen Mängel und Restleistungen bei der Abnahme, obwohl der Auftraggeber diese kannte, verliert er seine Ansprüche aus § 13 Abs. 5 bis 7 VOB/B unter Umständen sogar ganz (§ 12 Abs. 4 Nr. 1 S. 4 und Abs. 5 Nr. 3 VOB/B, die auf § 640 Abs. 2 BGB abstellen). „Kennenmüssen" ist der gemeinten positiven Kenntnis nicht gleichgestellt. Der Auftraggeber hat das Bauwerk nicht eingehend zu untersuchen, um den Rechtsverlust zu vermeiden, da eine entsprechende Prüfungspflicht grundsätzlich nicht besteht[752].

---

[750] BGH, NJW-RR 1997, 339 f.
[751] Brandenburgisches OLG, BauR 2003, 1054 ff.
[752] BGH, NJW-RR 1992, 626 f.

Der Vorbehalt muss zum Zeitpunkt der Abnahme erklärt werden. Eine spätere Erklärung des Vorbehalts reicht ebenso wie ein vor der Abnahme erklärter Vorbehalt nicht aus. Allerdings genügt bei Gewährleistungsrechten ausnahmsweise der Vorbehalt vor Abnahme, wenn er in unmittelbarem zeitlichen Zusammenhang mit den Abnahmehandlungen steht und der Auftragnehmer damit rechnen muss, dass die kurz zuvor geäußerte Mängelrüge aufrechterhalten bleibt[753] oder weil etwa noch eine nach § 4 Abs. 7 VOB/B gesetzte Frist läuft und somit der Vorbehalt für die Abnahmeerklärung gilt.

Ein entsprechender Vorbehalt ist ebenso nicht notwendigerweise zu wiederholen, wenn im Zeitpunkt der Abnahme wegen des betreffenden Mangels bereits auf Mängelbeseitigung geklagt wird[754] oder ein gerichtliches Beweisverfahren läuft[755].

Die Erklärung eines Vorbehalts bedarf keiner Form und kann z. B. auch mündlich ausgesprochen werden. Zur Beweissicherung empfiehlt es sich aber, den Vorbehalt im Abnahmeprotokoll aufzunehmen – was bei der förmlichen Abnahme ohnehin gemäß § 12 Abs. 4 Nr. 1 S. 3 VOB/B vorgeschrieben ist – oder eine entsprechende schriftliche Erklärung gegenüber dem Auftragnehmer abzugeben und jeweils den rechtzeitigen Zugang der Erklärung nachzuweisen.

3. Fälligkeit der Vergütung und Durchgriffsfälligkeit im Kettenvertrag

Neben dem Erfordernis einer prüfbaren Schlussrechnung (§ 16 Abs. 3 VOB/B) ist die Abnahme Voraussetzung für die Fälligkeit der Restwerklohnvergütung[756]. Sofern also zum Zeitpunkt der Abnahme noch nicht schlussgerechnet ist, ist der Auftraggeber auch noch nicht zur Schlusszahlung verpflichtet. Ist hingegen zum Zeitpunkt des Zugangs der Schlussrechnung eine Abnahme vollzogen, ist die Schlusszahlung alsbald nach Prüfung und Feststellung der Rechnung, jedoch spätestens innerhalb von zwei Monaten nach Rechnungszugang fällig (§ 16 Abs. 3 Nr. 1 VOB/B).

Nach der sogenannten Durchgriffsfälligkeit des § 641 Abs. 2 BGB wird der Vergütungsanspruch des Subunternehmers gegen den Hauptunternehmer (Generalunternehmer) – aber auch unabhängig von der Abnahme – jedenfalls dann fällig, wenn dieser von einem Dritten (etwa dem Bauherren) zumindest teilweise seine Vergütung erhalten hat oder das

---

[753] BGH, NJW 1975, 1701 ff.
[754] Jagenburg, NJW 1974, 2264 ff.
[755] OLG Köln, BauR 1983, 463 ff.
[756] BGH, BauR 1981, 201 ff.

Werk von einem Dritten abgenommen worden ist[757]. Damit wird die Fälligkeit des Werklohnanspruchs des Subunternehmers von der Abnahme seiner Leistungen abgekoppelt. Die Vorschrift will verhindern, dass der Subunternehmer vom Hauptunternehmer „hingehalten" wird. Häufig wenden Hauptunternehmer Mängel ein, die der eigene Auftraggeber gar nicht erhoben hat, oder verzögern geschickt die Abnahme, um die Fälligkeit der Vergütung des Subunternehmers zugunsten der eigenen Liquidität hinauszuschieben. Diesem Verhalten will die Regelung einen Riegel vorschieben. Der Subunternehmer sollte sich also beim Bauherrn informieren und dürfte insofern sogar einen Auskunftsanspruch in der Folge des § 641 Abs. 2 BGB haben.

4. Keine Kündigung nach Abnahme, aber Abnahme nach Kündigung

Bis zur Vollendung des Bauwerks kann der Auftraggeber den Vertrag jederzeit kündigen (§ 8 Abs. 1 VOB/B). Dieses Recht scheidet nach der Abnahme aus, da sie die Vollendung bzw. Fertigstellung des Werkes voraussetzt. Entsprechendes gilt für die Kündigung wegen Zahlungseinstellung oder wegen Antrags eines Insolvenzverfahrens (§ 8 Abs. 2 Nr. 1 VOB/B), da bei Abnahme die Fertigstellung des Bauwerkes nicht mehr in Gefahr ist, sowie aus gleichem Grund wegen Nichteinhaltung einer vom Auftraggeber gesetzten Frist zur rechtzeitigen Fertigstellung bzw. ordnungsgemäßen Bewirkung der Bauleistung (§ 8 Abs. 3 VOB/B).

Nach der bisherigen Rechtsprechung des BGH (vgl. BGH, VII ZR 249/85 = Urteil vom 09.10.1986) musste eine Werkleistung dann nicht abgenommen werden, wenn der Bauvertrag entweder vom Auftraggeber oder aber vom Auftragnehmer wirksam gekündigt worden war. Möglicherweise hatte der BGH die umfangreichen Folgen der Abnahme übersehen, insbesondere den Gefahrübergang vom Auftragnehmer auf den Auftraggeber gemäß § 12 Abs. 6 VOB/B, die Fälligkeit der Zahlung gemäß § 16 Abs. 3 VOB/B, die Umkehr der Darlegung- und Beweislast wegen Mängel gemäß § 4 Abs. 7 zu § 13 Abs. 5 VOB/B und den Gewährleistungsbeginn gemäß § 13 Abs. 4 VOB/B. Mit seinem Urteil vom 11.05.2006 hat sich der BGH (VII ZR 146/04) nunmehr korrigiert und seine Rechtsprechung in diesem Punkt geändert. Demnach ist nunmehr selbst bei einer Kündigung des Bauvertrages eine gesonderte Abnahme

---

[757] Dies sah die Rechtsprechung übrigens schon vor der gesetzlichen Einführung nicht anders: OLG Jena, Entscheidung vom 17.06.1998, 2 U 997/97 und Anmerkung von Horschitz, IBR 1998, 520: Wenn ein Subunternehmervertrag hinsichtlich des vom Subunternehmer zu erbringenden Gewerks identisch ist mit dem Werkvertrag des Hauptunternehmers, wirkt eine vom Hauptauftraggeber durchgeführte Abnahme auch im Verhältnis des Hauptunternehmers zum Subunternehmer.

der bis dahin erbrachten Werkleistungen notwendig, namentlich auch, um die bis dahin verdiente Werklohnforderung fällig zu stellen. Dieser Grundsatz dient primär dem Schutz des Auftraggebers, der nun nicht zahlen muss, lassen sich eine Abnahme und eine Abnahmefähigkeit der bis zur Kündigung erbrachten Werkleistungen vom Auftragnehmer nicht darlegen und beweisen. Der Auftraggeber ist nunmehr nicht auf die bloße Geltendmachung von Einwendungen etwa mit Ersatzvornahme- und Mängelbeseitigungskosten sowie Minderungs- und Mängelbeseitigungsansprüchen beschränkt, die er darlegen und beweisen und in bezifferter Höhe zur Aufrechnung gegen die Werklohnforderung stellen müsste.

Diese neue Rechtsprechung war zu erwarten und beendet damit die entsprechenden Tendenzen vorhergehender Entscheidungen, die der BGH selbst in Bezug nimmt. Nunmehr gilt die Selbstverständlichkeit, dass die obigen Rechtsfolgen der Abnahme auch wirklich nur eintreten können, liegt Abnahme vor. Damit hat der BGH also nur seine Rechtsprechung in Übereinstimmung mit dem Gesetz gebracht. Er erkannte jetzt, dass es keinen rechtfertigenden Grund gibt, von der Voraussetzung der Abnahme abzusehen. Dies blendet nicht aus, dass in Folge der Kündigung lediglich Teilleistungen erbracht wurden und sich nur hierauf der Umfang der vom Unternehmen geschuldeten Werkleistung beziehen kann. Entsprechend beschränkt sich die Abnahme hierauf, genauso wie der Vergütungsanspruch und alle sonstigen Rechtsfolgen von der Gefahrtragung bis zum Beginn der Gewährleistungszeit. Es bleibt aber ein erhebliches strukturelles Problem, wurden zwar Arbeiten in bestimmter Ausführungszeit erbracht, ergeben diese Leistungen jedoch kein in sich abgeschlossenes Teilwerk, das abnahmefähig im Sinne einer Funktionsfähigkeit sein kann. Genau dieses Problem lässt der BGH dann auch offen. Nach seiner Anmerkung (Rdn. 24 der Entscheidung) meint er wohl, es müsse nicht um funktionsfähige Teilgewerke gehen. Vielmehr reiche es, wenn die Leistungen, die tatsächlich erbracht wurden, hinreichend in einem Aufmaß belegt gleichsam im Sinne einer Bestandsaufnahme über die Erbringung dieser Leistungen festgehalten werden, und verweist hierzu auf die Regelung des § 8 Abs. 6, 1. HS VOB/B.

5. Sicherheiten nach Abnahme

§ 648a Abs. 1 BGB gibt dem Auftragnehmer auch nach der Abnahme das Recht, eine Sicherheit zu verlangen, wenn der Besteller noch Erfüllung des Vertrages (Mängelbeseitigung) fordert. Leistet der Auftraggeber auf ein berechtigtes Sicherungsverlangen nach der Abnahme die Sicherheit nicht, ist der Auftragnehmer berechtigt, die Mängelbeseitigung zu verweigern. Er kann dem Auftraggeber in sinngemäßer Anwendung des § 648a Abs. 5 S. 1 BGB i. V. m. § 643 Abs. 1 BGB eine Nachfrist zur Sicherheitsleistung mit der Erklärung setzen, dass er die Mängelbeseitigung ablehne, wenn die Sicherheit nicht fristgerecht geleistet werde. Nach fruchtlosem Ablauf der Nachfrist wird der Auftragnehmer von der Pflicht zur Mängelbeseitigung frei. Ihm steht in weiterer sinngemäßer Anwendung des § 645 Abs. 1 BGB und § 648a Abs. 5 S. 2 BGB der Anspruch auf die um den Mangel bedingten Minderwert verkürzte Vergütung und der Anspruch auf Ersatz des Vertrauensschadens zu. Macht der Auftragnehmer von dieser Möglichkeit keinen Gebrauch, kann der Auftraggeber dem Verlangen auf Zahlung des vollen Werklohns das gesetzliche Leistungsverweigerungsrecht (§ 273 BGB) auch dann entgegenhalten, wenn er die Sicherheit nicht gestellt hat[758].

Auch § 648 BGB (Sicherungshypothek des Bauunternehmers) ist nach Abnahme anwendbar, wobei die sich durch die Abnahme geänderte Beweislastverteilung zu beachten ist. Soll z. B. eine Werklohnforderung durch eine Bauhandwerkersicherungshypothek (§ 648 BGB) gesichert werden und will der Auftraggeber wegen behaupteter Mängel Abzüge von der Werklohnforderung vornehmen, obliegt ihm die Darlegungs- und Beweislast der behaupteten Mängel, wenn er die Leistungen des Auftragnehmers bereits abgenommen hat[759].

V. Wirksamkeit abweichender Klauseln

Vertragliche Vereinbarungen, wonach die Abnahme von einer Mängelfreiheitsbescheinigung eines Dritten (z. B. des Erwerbers eines Bauwerks) abhängig gemacht wird, sind in aller Regel unwirksam. Entsprechende Regelungen finden sich oft in Bauverträgen. Da der Auftragnehmer aber zu Dritten in keiner rechtlichen Beziehung steht, kann er von diesen auch keine Mängelfreiheitsbescheinigung erfolgreich mit dem Ziel verlangen, dass damit die Bedingung für die Abnahme eintritt. Insofern würde dem Auftragnehmer etwas aufgebürdet werden, worauf er im Streitfall keinen Einfluss hat[760].

Gleiches gilt in Bezug darauf, wenn die Abnahme von einer öffentlichen Gebrauchsabnahme abhängig gemacht werden soll. Auch hier fehlt dem Auftragnehmer jedwede Handhabe, die Bedingung für die Abnahme herbeizuführen. Eine entsprechende Klausel, wie im Übrigen auch eine individualvertragliche Abrede, ist daher unwirksam[761].

---
[758] Zum Ganzen: BGH, BauR 2004, 830 ff.
[759] Entsprechend bei einem einstweiligen Verfügungsverfahren: OLG Hamm, BauR 1999, 407 ff.
[760] OLG Celle, IBR 1999, 366 ff.
[761] OLG Düsseldorf, BauR 2002, 482 ff.

Ähnlich gelagert ist der Fall, wenn eine Abnahme durch den Generalunternehmer laut Allgemeinen Geschäftsbedingungen in einem Subunternehmervertrag erst dann stattfinden soll, wenn der Bauträger das Gesamtbauwerk, in dessen Rahmen der Subunternehmer Teilleistungen für den Generalunternehmer erbracht hat, abnimmt. Auch hier fehlt dem Subunternehmer eine Handhabe, die Wirkungen der Abnahme zügig herbeizuführen. Entsprechende Vereinbarungen sind unangemessen und daher nicht bindend[762]. Allerdings lässt der BGH hier Einschränkungen zu. Der zwischen (Bauherrn und Subunternehmer) „eingeklemmte" Generalunternehmer hat zwangsläufig ein berechtigtes Interesse an der Parallelschaltung wichtiger Regelungen des Generalunternehmervertrages einerseits und des Subunternehmervertrages andererseits[763]. Daher sind Generalunternehmer regelmäßig bemüht, ein Regelwerk zu schaffen, mit dem sie (als Auftraggeber) gegenüber dem Subunternehmer rechtlich nicht schlechter gestellt sind als im Verhältnis zu ihrem Auftraggeber, dem Bauherrn. Dies betrifft auch den Zeitpunkt der Abnahme wegen der damit verbundenen Auswirkungen. Diese Situation erkennt der BGH an und spricht dem Generalunternehmer ein berechtigtes Interesse an einer Parallelschaltung des Abnahmezeitpunktes sowohl im Generalunternehmer- als auch im Subunternehmervertrag zu. Jedoch nicht unbegrenzt. So soll eine entsprechende Gleichschaltung nur dann zulässig sein, wenn z. B. das Werk des Subunternehmers erst im Zusammenhang von darauf aufbauenden Leistungen anderer Subunternehmer beurteilt werden kann, oder etwa, wenn eine Gesamtabnahme, in deren Rahmen die Leistungen des Subunternehmers abgenommen werden sollen, innerhalb eines zumutbaren Zeitraumes erfolgen soll[764].

---

[762] OLG Düsseldorf, BauR 1999, 497 f.
[763] BGH, BauR 1996, 378 ff.
[764] BGH, BauR 1989, 322 ff.

Mängelansprüche § 13 VOB/B

(1) Der Auftragnehmer hat dem Auftraggeber seine Leistung zum Zeitpunkt der Abnahme frei von Sachmängeln zu verschaffen. Die Leistung ist zur Zeit der Abnahme frei von Sachmängeln, wenn sie die vereinbarte Beschaffenheit hat und den anerkannten Regeln der Technik entspricht. Ist die Beschaffenheit nicht vereinbart, so ist die Leistung zur Zeit der Abnahme frei von Sachmängeln,

1. wenn sie sich für die nach dem Vertrag vorausgesetzte,

sonst

2. für die gewöhnliche Verwendung eignet und eine Beschaffenheit aufweist, die bei Werken der gleichen Art üblich ist und die der Auftraggeber nach der Art der Leistung erwarten kann.

(2) Bei Leistungen nach Probe gelten die Eigenschaften der Probe als vereinbarte Beschaffenheit, soweit nicht Abweichungen nach der Verkehrssitte als bedeutungslos anzusehen sind. Dies gilt auch für Proben, die erst nach Vertragsabschluss als solche anerkannt sind.

(3) Ist ein Mangel zurückzuführen auf die Leistungsbeschreibung oder auf Anordnungen des Auftraggebers, auf die von diesem gelieferten oder vorgeschriebenen Stoffe oder Bauteile oder die Beschaffenheit der Vorleistung eines anderen Unternehmers, haftet der Auftragnehmer, es sei denn, er hat die ihm nach § 4 Absatz 3 obliegende Mitteilung gemacht.

(4) 1. Ist für Mängelansprüche keine Verjährungsfrist im Vertrag vereinbart, so beträgt sie für Bauwerke 4 Jahre, für andere Werke, deren Erfolg in der Herstellung, Wartung oder Veränderung einer Sache besteht, und für die vom Feuer berührten Teile von Feuerungsanlagen 2 Jahre. Abweichend von Satz 1 beträgt die Verjährungsfrist für feuerberührte und abgasdämmende Teile von industriellen Feuerungsanlagen 1 Jahr.

2. Ist für Teile von maschinellen und elektrotechnischen/elektronischen Anlagen, bei denen die Wartung Einfluss auf Sicherheit und Funktionsfähigkeit hat, nichts anderes vereinbart, beträgt für diese Anlagenteile die Verjährungsfrist für Mängelansprüche abweichend von Nummer 1 zwei Jahre, wenn der Auftraggeber sich dafür entschieden hat, dem Auftragnehmer die Wartung für die Dauer der Verjährungsfrist nicht zu übertragen; dies gilt auch, wenn für weitere Leistungen eine andere Verjährungsfrist vereinbart ist.

3. Die Frist beginnt mit der Abnahme der gesamten Leistung; nur für in sich abgeschlossene Teile der Leistung beginnt sie mit der Teilabnahme (§ 12 Absatz 2).

(5) 1. Der Auftragnehmer ist verpflichtet, alle während der Verjährungsfrist hervortretenden Mängel, die auf vertragswidrige Leistung zurückzuführen sind, auf seine Kosten zu beseitigen, wenn es der Auftraggeber vor Ablauf der Frist schriftlich verlangt. Der Anspruch auf Beseitigung der gerügten Mängel verjährt in 2 Jahren, gerechnet vom Zugang des schriftlichen Verlangens an, jedoch nicht vor Ablauf der Regelfristen nach Absatz 4 oder der an ihrer Stelle vereinbarten Frist. Nach Abnahme der Mängelbeseitigungsleistung beginnt für diese Leistung eine Verjährungsfrist von 2 Jahren neu, die jedoch nicht vor Ablauf der Regelfristen nach Absatz 4 oder der an ihrer Stelle vereinbarten Frist endet.

2. Kommt der Auftragnehmer der Aufforderung zur Mängelbeseitigung in einer vom Auftraggeber gesetzten angemessenen Frist nicht nach, so kann der Auftraggeber die Mängel auf Kosten des Auftragnehmers beseitigen lassen.

(6) Ist die Beseitigung des Mangels für den Auftraggeber unzumutbar oder ist sie unmöglich oder würde sie einen unverhältnismäßig hohen Aufwand erfordern und wird sie deshalb vom Auftragnehmer verweigert, so kann der Auftraggeber durch Erklärung gegenüber dem Auftragnehmer die Vergütung mindern (§ 638 BGB).

(7) 1. Der Auftragnehmer haftet bei schuldhaft verursachten Mängeln für Schäden aus der Verletzung des Lebens, des Körpers oder der Gesundheit.

2. Bei vorsätzlich oder grob fahrlässig verursachten Mängeln haftet er für alle Schäden.

3. Im Übrigen ist dem Auftraggeber der Schaden an der baulichen Anlage zu ersetzen, zu deren Herstellung, Instandhaltung oder Änderung die Leistung dient, wenn ein wesentlicher Mangel vorliegt, der die Gebrauchsfähigkeit erheblich beeinträchtigt und auf ein Verschulden des Auftragnehmers zurückzuführen ist. Einen darüber hinausgehenden Schaden hat der Auftragnehmer nur dann zu ersetzen,

a) wenn der Mangel auf einem Verstoß gegen die anerkannten Regeln der Technik beruht,

b) wenn der Mangel in dem Fehlen einer vertraglich vereinbarten Beschaffenheit besteht oder

c) soweit der Auftragnehmer den Schaden durch Versicherung seiner gesetzlichen Haftpflicht gedeckt hat oder durch eine solche zu tarifmäßigen, nicht auf außergewöhnliche Verhältnisse abgestellten Prämien und Prämienzuschlägen bei einem im Inland zum Geschäftsbetrieb zugelassenen Versicherer hätte decken können.

4. Abweichend von Absatz 4 gelten die gesetzlichen Verjährungsfristen, soweit sich der Auftragnehmer nach Nummer 3 durch Versicherung geschützt hat oder hätte schützen können oder soweit ein besonderer Versicherungsschutz vereinbart ist.

5. Eine Einschränkung oder Erweiterung der Haftung kann in begründeten Sonderfällen vereinbart werden.

I. Allgemeines

§ 13 VOB/B regelt die Ansprüche des Auftraggebers, wenn die Leistung des Auftragnehmers ab dem Zeitpunkt der Abnahme mangelhaft ist. Vorher gilt § 4 Abs. 7 VOB/B.

II. Mangel der Bauleistung, § 13 Abs. 1 VOB/B

Die Mangelhaftigkeit kann sich aus sachlichen (Sachmangel) oder rechtlichen (Rechtsmangel) Gründen ergeben[765].

1. Sachmangel

a) Mangelbegriff

Ob ein Sachmangel vorliegt, ist in drei Stufen zu prüfen.

aa) Vereinbarte Beschaffenheit und anerkannte Regeln der Technik

Nach der ersten Stufe liegt kein Mangel vor, wenn die Leistung der vereinbarten Beschaffenheit und den anerkannten Regeln der Technik entspricht (§ 13 Abs. 1 S. 2 VOB/B).

(1) Vereinbarte Beschaffenheit

Die vereinbarte Beschaffenheit definiert die Ist-Beschaffenheit der Bauleistung, angeknüpft an den Willen der Bauvertragsparteien. Vereinbart ist die Beschaffenheit, wenn sie im Vertrag, auch aufgrund eines Bestätigungsschreibens[766] oder stillschweigend[767], festgelegt ist. Es

---
[765] BGH, BauR 1995, 230; BauR 2000, 411; BauR 2001, 823.
[766] OLG Dresden, BauR 2003, 882.
[767] BGH, NJW-RR 2002, 1533.

genügt jede verbindliche Beschreibung. Sie bedarf bei formbedürftigen Verträgen (z. B. nach § 311 b BGB) ebenfalls dieser Form. Der Vertrag ist als sinnvolles Ganzes auszulegen, wobei je nach den Umständen Detailbeschreibungen gegenüber Plänen vorrangig sein können[768]. Das geschuldete Werk kann nach der Art seiner Ausführung, aber auch funktional nach der erwarteten Leistung beschrieben sein, z. B. durch ein Leistungsverzeichnis[769], wobei bei Aufträgen aufgrund öffentlicher Ausschreibung von deren Wortlaut und dessen Verständnis aus der Sicht eines objektiven fachkundigen Empfängers auszugehen ist[770], aber auch die Umstände, insbesondere die konkreten Verhältnisse des Bauwerks zu berücksichtigen sind[771]. Ist die Beschaffenheit durch Funktion und Ausführungsart beschrieben, richtet sich die geschuldete Qualität danach, was mit der vereinbarten Ausführungsart üblicherweise erreicht werden kann[772].

(2) Anerkannte Regeln der Technik

Als anerkannte Regeln der Technik versteht man die technischen Standards, die von den einschlägigen Fachwissenschaften als theoretisch richtig akzeptiert und von den einschlägigen Fachkreisen in der Praxis als bewährt erachtet werden. Der Begriff der anerkannten Regeln der (Bau-)Technik ist mit einer für das Bauvertragswesen erforderlichen Ergänzung dahin zu definieren, dass es sich um technische Regeln für den Entwurf und die Ausführung baulicher Anlagen handelt, die in der technischen Wissenschaft als theoretisch richtig erkannt sind und feststehen sowie insbesondere in dem Kreise der für die Anwendung der betreffenden Regeln maßgeblichen, nach dem neuesten Erkenntnisstand vorgebildeten Techniker durchweg bekannt und aufgrund fortdauernder praktischer Erfahrung als technisch geeignet, angemessen und notwendig akzeptiert werden[773].

Seit 2009 ist in § 2 Nr. 12 HOAI eine Begriffsbestimmung für die **„allgemein anerkannte Regeln der Technik"** eingefügt. Diese werden wie folgt definiert: „Fachlich allgemein anerkannte Regeln der Technik sind schriftlich fixierte technische Festlegungen für Verfahren, die nach herrschender Auffassung der beteiligten Fachleute, Verbraucher und der öffentlichen Hand geeignet sind, die Ermittlung der anrechenbaren Kosten nach dieser Verordnung zu ermöglichen, und die sich in der Praxis allgemein bewährt haben oder deren Bewährung nach herrschender Auffassung in überschaubarer Zeit bevorsteht."

---

[768] BGH, NJW 2003, 743.
[769] BGH, NJW 1999, 2432.
[770] BGHZ 134, 245; BauR 2003, 536.
[771] BGH, NJW 2002, 1954.
[772] BGHZ 139, 16.
[773] OLG Celle, BauR 1984, 522 ; RGSt 44, 76.

Die anerkannten Regeln der Technik können sich aus Rechtsnormen ergeben, die im Außenverhältnis unmittelbar rechtsverbindlich sind. So regelt die Arbeitsstättenrichtlinienverordnung als materielles Recht auch die anerkannten Regeln der Technik für die Klimatisierung von Büroräumen als verbindliches Recht[774]. Auch den sog. technischen Anordnungen zum Bundesimmissionsschutzgesetz (TA, z. B. TA-Luft oder TA-Lärm) kann man eine Rechtsnormqualität zusprechen. Diese Regelwerke werden als normenkonkretisierende Verwaltungsvorschriften betrachtet und sind schon im öffentlich-rechtlichen (Bau-) Genehmigungsverfahren von Bedeutung[775].

Regelmäßig sind die anerkannten Regeln der Technik jedoch nicht derart demokratisch legitimiert zustande gekommen. Von sonstigen Gremien, Gruppen oder Vereinen niedergeschriebene Regelungen wie die DIN-Normen oder die VDI-Richtlinien sind naturgemäß keine Rechtsnormen, sondern nach der Rechtsprechung private technische Regelungen mit Empfehlungscharakter[776], die Orientierungswerte, brauchbare Orientierungshilfen beinhalten[777] und Beurteilungsgrundlage gleichsam als antizipierte Gutachten, standardisierte Beurteilung sein können[778].

Zu solchen anerkannten Regeln der Bautechnik zählen auch z. B. die Festlegungen bestimmter Ausschüsse, wie des Deutschen Dampfkesselausschusses (DDA), des Deutschen Aufzugsausschusses (DAA) sowie des Kerntechnischen Ausschusses (KTA). Zu den möglichen anerkannten Regeln der Bautechnik zählen außerdem die Vorschriften der Berufsgenossenschaften, insbesondere die Unfallverhütungsvorschriften, sofern sie sich auf die Bauausführung selbst beziehen.

Neben den DIN-Normen als technische Bestimmungen weiter hervorzuheben sind die Einheitlichen Technischen Baubestimmungen (ETB). Das sind Normen, die im Zusammenwirken mit dem Ausschuss NA-Bau ausgearbeitet und von den obersten Bauaufsichtsbehörden als Richtlinien oder Hinweise für die Baugenehmigungsbehörde, also für den Bereich des Bauordnungsrechts, eingeführt werden[779]. Als technische

---

[774] LG Bielefeld, Urteil vom 16.04.2003, Az. 3 O 411/01.

[775] BVerwGE 114, 342–350; BVerwG, Buchholz 406.25 § 48 BImSchG Nr. 4; SächsVBl 2000, 86–93; VG Würzburg, 4. Kammer, 17.10.1991, W 4 K 90.741 oder HesVGH, 9. Senat, 17.03.2003, 9 N 3232/99.

[776] BGH 7. Zivilsenat, Datum: 14. Mai 1998, Az. VII ZR 184/97 = BauR 1998, 872–873.

[777] Oberverwaltungsgericht Rheinland-Pfalz 1. Senat, Datum: 2. Mai 2002, Az. 1 C 11563/00 = UPR 2002, 360; BVerwG 4. Senat, Datum: 23. November 2001, Az. 4 A 46/99 = DVBl 2002, 565–566.

[778] BVerwG 9. Senat, Datum: 13. November 2001, Az. 9 B 57/01 = NVwZ-RR 2002, 178–180; Hessischer Verwaltungsgerichtshof 3. Senat, BauR 2004, 1047.

[779] Einführung in die Musterbauordnung, Teil A, Schriftreihe des Bundesministers für Wohnungsbau, Band 17, Abschnitt I 1.53.

Bestimmungen sind ferner die Normen des Deutschen Ausschusses für Stahlbeton im DNA sowie etwa auch die des Verbandes Deutscher Elektrotechniker (VDE-Vorschriften), die Richtlinien des Vereins Deutscher Ingenieure (VDI)[780] sowie die Bestimmungen des Deutschen Vereins der Gas- und Wasserfachmänner heranzuziehen. Die nationalen technischen Maßstäbe werden darüber hinaus zunehmend durch internationale, insbesondere europarechtliche Bauregelungen beeinflusst. Beispielhaft sind auf europäischer Ebene die im Baubereich relevanten technischen Normierungen durch die internationale Organisation für Normung (ISO) zu nennen, wobei diese Regelungen nur zu beachten sind, soweit sie in nationale Bestimmungen umgesetzt wurden.

Eine Dokumentation der anerkannten Regeln der Technik – etwa in DIN-Normen (VOB/C) – kann veralten[781]. Es kann also ein Werkmangel vorliegen, wenn eine Ausführungsweise im Zeitpunkt der Abnahme dem Stand der Technik entsprach, sich jedoch später aufgrund neuer wissenschaftlich-technischer Erkenntnisse ergibt, dass hierdurch eine erhöhte Schadensanfälligkeit besteht[782]. Regelmäßig kommt es nach der Rechtsprechung aber darauf an, dass die anerkannten Regeln der Technik als Mindeststandard zum Abnahmezeitpunkt eingehalten sind[783]. Selbst hier kann es zwischen dem Vertragsschluss und dem Zeitpunkt der Abnahme zur Fortentwicklung des Standes kommen. Die anerkannten Regeln der Technik sind daher auch im Rahmen der VOB/B nicht ohne weiteres identisch mit den Allgemeinen Technischen Vertragsbedingungen der VOB/C, die nach § 1 Abs. 1 S. 2 VOB/B auch Inhalt des Bauvertrages sind.

Der letzte Maßstab der anerkannten Regeln der Technik ist die sog. Fachwelt[784]. Im Einzelfall sind demnach die maßgeblichen anerkannten Regeln der Technik durch ein konkretes Sachverständigengutachten einzuholen, wobei der Sachverständige unter Berücksichtigung des konkreten Einzelfalles auch die Meinung von Fachkollegen einholen kann, die etwa in allgemeinen Fachvorträgen oder Veröffentlichungen erschienen. Relevanz können auch andere Quellen haben, etwa die vom

---

[780] OLG Hamm, BauR 1990, 104.
[781] BGH, 7. Zivilsenat 19.01.1995, VII ZR 131/93: Im Fall kam ein Schallschutzmangel bei einer Wohnungstreppe in Betracht, obwohl die DIN in der damaligen Fassung bei Wohnungstrennwänden keinen Schallschutz als notwendig vorsah.
[782] OLG Karlsruhe 17. Zivilsenat, Datum: 15. August 2000, Az. 17 U 184/99 IBR 2000, 599; LG Mannheim 1. Zivilkammer, Datum: 29. Juni 1999, Az. 1 O 14/99, IBR 2000, 20.
[783] BGH, 7. Zivilsenat, 14. Mai 1998, VII ZR 184/97 = BGHZ 139, 16–20.
[784] BGH 7. Zivilsenat, Datum: 14. Mai 1998, Az. VII ZR 184/97 = BB 1998, 1604–1605; BVerwG 1. Senat, Datum: 31. Januar 1997, Az. 1 C 20/95 = DÖV 1997, 739–741.

Bundesgesundheitsamt vorgegebenen Richtwerte, WHO-Richtwerte[785]. Was die anerkannten Regeln der Technik sind, ist keine Rechtsfrage, sondern eine Tatsachenfrage[786].

bb) Nach dem Vertrag vorausgesetzte Verwendungseignung

Sobald eine Vereinbarung zur Beschaffenheit fehlt, kommt es gemäß § 13 Abs. 1 S. 3 1. Alt. VOB/B auf die Funktionstüchtigkeit des Werkes an[787]. Hierbei ist zunächst die Funktion zu bestimmen, dann die Frage der Eignung des Werkes für diese zu prüfen. Fehlt sie, liegt auch bei Einhaltung der anerkannten Regeln der Technik ein Mangel vor[788]. Der nach dem Vertrag vorausgesetzte Verwendungszweck des Bauwerks oder Gewerks ist gemäß §§ 133, 157 BGB aus dem objektiven Empfängerhorizont unter Berücksichtigung von Treu und Glauben und der Verkehrssitte durch Auslegung zu ermitteln, wobei der Bauvertrag als Einheit auszulegen ist und immer die Gesamtheit der Vertragsunterlagen heranzuziehen sind[789]. Ergibt der Inhalt der bauvertraglichen Vereinbarung beispielsweise, dass der Unternehmer Türen in einem Ärztehaus einzubauen hat, ist die Leistung mangelhaft, solange das im Vertrag vorgegebene Schalldämm-Maß von 42 dB für die einzubauenden Türen nicht erreicht wird, obwohl das Labor-Schalldämm-Maß erreicht wurde[790].

cc) Gewöhnliche Verwendungseignung

Ist weder eine bestimmte Beschaffenheit noch eine bestimmte Verwendung des Werkes vereinbart, so ist die Beurteilung, ob ein Sachmangel vorliegt, anhand der gewöhnlichen Verwendung, der üblichen Beschaffenheit sowie darauf abzustellen, was der Auftraggeber nach der Art der Leistung erwarten darf (§ 13 Abs. 1 S. 3 2. Alt. VOB/B). Auf der dritten Stufe der Sachmangelprüfung kommt es auf die gewöhnliche Verwendung an. Die Leistung eignet sich für die gewöhnliche Verwendung, wenn sie eine Beschaffenheit aufweist, die nach den anerkannten Regeln der Technik objektiv und unter Zugrundelegung der im konkreten Bauvertrag gegebenen Anforderungen bei Anlegung eines durchschnittlichen Maßstabes verlangt und vorausgesetzt werden kann, worauf es insbesondere ankommt, wenn es hinsichtlich der betreffenden Leistung

---

[785] OLG Dresden, 10. Zivilsenat, 03.07.1997, 7 U 1608/95.
[786] BGH, 7. Zivilsenat, 14.05.1998, VII ZR 184/97, OLG München, 9. Zivilsenat, 01.03.1991, 9 O 5179/87 mit Blick auf die DIN oder OVG Lüneburg, 1. Senat, 06.12.2001, 1 MA 3356/01.
[787] BGH, NJW 1997, 1772.
[788] BGH, NJW 2003, 200.
[789] BGH, BauR 1995, 538.
[790] BGH, BauR 1995, 538.

noch keine anerkannten Regeln der Technik gibt und Ungewissheit über die Risiken des Gebrauchs der Leistung bestehen[791].

b) Beratungspflicht des Auftragnehmers

Dem Auftragnehmer kann im Rahmen eines VOB/B-Bauvertrages über die nach § 3 Abs. 3 S. 2, § 4 Abs. 3, § 13 Abs. 3 VOB/B geregelten Prüfpflichten hinaus die Pflicht zur sachgerecht-fachmännischen Beratung des Auftraggebers obliegen[792]. Kommt er dieser Verpflichtung nicht ordnungsgemäß nach und hat dies nachteilige Auswirkungen auf die Leistung, so handelt es sich um einen Mangel, mit den daraus sich ergebenen Mängelrechten des Auftraggebers. In diesen Fällen liegt keine Nebenpflichtverletzung vor, sofern sich der aus der fehlerhaften Beratung ergebende Schaden mit dem aus Mängelrechten deckt[793]. So hat beispielsweise der Auftragnehmer, der dem Auftraggeber eine neuartige, noch nicht erprobte Anlage anbietet, diesem gegenüber die Pflicht zur Aufklärung und Beratung über deren Wirtschaftlichkeit wie auch über alle Nachteile und Risiken[794]. Führt der Auftragnehmer diese Beratung nur unzureichend aus, kann dies Mängelansprüche des Auftraggebers begründen.

c) Qualitativ bessere Leistung

Erbringt der Auftragnehmer über den konkreten Vertragsinhalt hinaus eine in der Qualität bessere Leistung, so kann dies einen Sachmangel wegen Abweichung von der vereinbarten Beschaffenheit begründen (vgl. § 13 Abs. 1 S. 2 VOB/B). Hier wird die Rechtsprechung noch zu entscheiden haben, ob für diese Konsequenz nicht der Wertungsmaßstab von Treu und Glauben zumindest ergänzend anzusetzen ist[795]. Sachgerecht dürfte die Geltendmachung von Mängelansprüchen ausgeschlossen sein, wenn die Abweichung der Ist- von der vereinbarten Soll-Beschaffenheit unter Berücksichtigung von Treu und Glauben geringfügig ist. Jedenfalls aber steht dem Auftragnehmer kein Anspruch auf erhöhte Vergütung zu, es sei denn, die in § 2 Abs. 8 Nr. 2 VOB/B geregelten Ausnahmen liegen vor.

d) Substantiierung des Sachmangels

Die Frage, ob ein Sachmangel vorliegt, kann stets nur für den Einzelfall und für jeden Baubeteiligten gesondert beurteilt werden. Im Streitfall

---

[791] OLG München, ZIP 1984, 76.
[792] OLG Naumburg, OLGR 1999, 217.
[793] GHZ 35, 130.
[794] BGH, BauR 1987, 681.
[795] Motzke, Der Bauträger 2003, 15.

(nach der Abnahme) hat der Bauherr darzulegen, welcher Baumangel aufgetreten ist und beseitigt werden soll[796]. Er muss den Baumangel so genau beschreiben, dass der in Anspruch genommene Unternehmer oder Architekt weiß, was ihm vorgeworfen und was von ihm als Abhilfe erwartet wird[797]. Nach der Rechtsprechung des BGH[798] hat der Bauherr vorzutragen, dass ein konkreter Baumangel vorliegt, für den der Bauunternehmer oder Architekt einzustehen hat. Der Besteller genügt dabei seiner Darlegungslast, wenn er den Mangel in seinem objektiven Erscheinungsbild behauptet und belegt (Symptomtheorie)[799]. Er muss nicht die Gründe seiner Entstehung, also die Mängelursachen, im Einzelnen angeben[800], zumal der Bauherr dem Unternehmer ohnehin nicht vorschreiben kann, wie dieser eine Nacherfüllung/Nachbesserung auszuführen hat. Die Frage, ob die Ursache der beschriebenen Mangelerscheinung z. B. auf einem Ausführungs- oder Planungsfehler beruht, ist „Gegenstand des Beweises und kein Erfordernis des Sachvortrages"[801].

Zutreffend stelle das OLG Düsseldorf[802] aber klar, dass die Aufforderung an einen Auftragnehmer, binnen bestimmter Frist den z. B. einen vereinbarten Brandschutznachweis (oder eine sonstige Dokumentation) für die erbrachte Bauleistung beizubringen, kein Nacherfüllungsverlangen darstellt, also keine Mängelrüge ist. Es muss vielmehr der eigentliche Mangel der Bauleistung gerügt werden, um dem Unternehmer das Nachbesserungsrecht zu gewähren. Wird ein Nachweis nicht rechtzeitig vorgelegt, käme also erst einmal nur in Betracht, diesen Nachweis im Wege der Ersatzvornahme einzuholen. Zeigen sich dabei die Mängel an der Bauleistung, die z. B. die Nachweiserteilung ausschließen, müssen diese als Bauleistungsmängel erst noch gesondert fristsetzend gerügt werden. Diese Grundsätze wird man für alle anderen Dokumentationen entsprechend berücksichtigen müssen.

2. Rechtsmangel

Die VOB/B 2002 enthält im Gegensatz zum durch die Schuldrechtsmodernisierung neu gefassten § 633 Abs. 1 BGB keine Verpflichtung zur Freiheit von Rechtsmängeln. Als gesetzliche Regelung ist § 633 BGB aber anzuwenden, so dass der Unternehmer auch eines VOB/B-Bauver-

---

[796] BGHZ 62, 293 und zu den Anforderungen an das Bestreiten eines Baumangels: BGH, BauR 2002, 85.
[797] BGH, BauR 1998, 632.
[798] BGHZ 62, 293; BauR 2003, 1247; BauR 1999, 899; BauR 2002, 613.
[799] BGH, BauR 2003, 693; BauR 2000, 261; 2002, 613.
[800] BGHZ 48, 108; BauR 2002, 613; BauR 2002, 784; BauR 2000, 261.
[801] BGH, BauR 2003, 1247; BauR 2002, 613; BauR 1999, 899.
[802] OLG Düsseldorf am 18.11.2008, 23 U 164/07.

trages das Werk frei von Rechtsmängeln zu verschaffen hat. Das Werk ist frei von Rechtsmängeln, wenn Dritte in Bezug auf das Werk keine oder nur die im Vertrag übernommenen Rechte gegen den Besteller geltend machen können (§ 633 Abs. 3 BGB).

III. Leistungen nach Probe, § 13 Abs. 2 VOB/B

§ 13 Abs. 2 VOB/B sieht eine spezielle Art der Beschaffenheitsvereinbarung der Werkleistung vor. Hier sprechen nicht Worte, sondern Fakten, indem der Auftragnehmer dem Auftraggeber eine Leistung zur Probe herstellt und die Parteien vereinbaren, dass diese Probe die Beschaffenheit der gesamten Leistung festlegt.

1. Zeitpunkt der Festlegung der Leistung nach Probe

Die bauvertragliche Pflicht, die Leistung nach einer Probe auszuführen, kann zu jedem Zeitpunkt der auf Abschluss des Bauvertrages gerichteten Verhandlungen festgelegt werden, vgl. § 7 Abs. 10 VOB/A und § 13 Abs. 1 Nr. 7; § 14 Abs. 3 Nr. 3 VOB/A.

Nach § 13 Abs. 2 S. 2 VOB/B können Proben aber auch erst nach Vertragsschluss als Beschaffenheit vereinbart werden. Die Anerkennung kann zeitlich so lange erklärt werden, bis mit der Ausführung der Leistung begonnen wurde. Für die Anerkennung genügt es nicht, dass lediglich die Probe vorgelegt und die Ausführung auf Grundlage der Probe festgelegt wurde. Vielmehr muss noch der zweifelsfrei feststellbare Wille der Vertragspartner hinzukommen, wonach die Probe nach ihrer Art und Beschaffenheit für die Bauausführung maßgebend sein soll, bzw. dass der Auftragnehmer sich unbedingt nach dieser Probe zu richten hat.

Eine Beschaffenheitsvereinbarung ist gegeben, wenn der Auftraggeber seinen Bestellerwillen von der exakten individualisierenden Festlegungen abhängig macht[803]. Nicht ausreichend ist die bloße informatorische Vorlage von Proben und Mustern.

2. Bedeutungslose Abweichungen

Entspricht die Bauausführung nicht der Probe, liegt ein Sachmangel vor. Mängelansprüche des Auftraggebers entstehen jedoch dann nicht,

---
[803] KG Berlin, NJW 1974, 1954.

wenn die Abweichungen nach der Verkehrssitte als bedeutungslos anzusehen sind (§ 13 Abs. 2 S. 2 VOB/B). Liegen solche bedeutungslosen Abweichungen vor, muss der Auftraggeber sie hinnehmen, wobei nicht die subjektive Auffassung eines Vertragspartners entscheidend ist, sondern die objektive Sicht der mit dem Baugeschehen sowohl auf der Auftragnehmer- als auf der Auftraggeberseite vertrauten Kreise.

3. Mangel der Probe selbst

Ist die Probe selbst mangelhaft, kommt es für rechtliche Konsequenzen darauf an, ob sie vom Auftraggeber oder vom Auftragnehmer gestellt wurde.

Stammt sie vom Auftraggeber, ist § 4 Abs. 3 VOB/B oder § 13 Abs. 3 VOB/B entsprechend anzuwenden. Das heißt, der Auftragnehmer ist nur wegen ihm vorwerfbarer Verletzung einer ihm obliegenden Prüfungs- und Hinweispflicht verantwortlich.

Hat der Auftragnehmer die Probe gestellt, hat er für den Leistungsmangel einzustehen[804]. Die Vertragspartner können aber vereinbaren, dass der Auftragnehmer für solche Mängel nicht haftet, sondern dass die Probe schlechthin maßgebend sein soll[805]. Handelt es sich um deutlich erkennbare Fehler der Probe und lässt der Auftraggeber sich trotzdem darauf ein, so entfällt sein Erfüllungs- bzw. Mängelanspruch[806].

4. Darlegungs- und Beweislast

Die Darlegungs- und Beweislast im Rahmen der Mängelhaftung für die Vereinbarung der Leistung nach Probe bzw. die Nichtübereinstimmung der Probe mit der erbrachten Leistung sowie die Identität der vorgelegten Probe mit derjenigen, die dem Vertrag als Beschaffenheitsvereinbarung zugrunde liegt, hat nach der Abnahme der Auftraggeber[807], davor der Auftragnehmer.

IV. Risiken aus der Sphäre des Auftraggebers, § 13 Abs. 3 VOB/B

§ 13 Abs. 3 VOB/B regelt unter eng auszulegenden[808] Voraussetzungen Ausnahmen zum Grundsatz, dass regelmäßig der Unternehmer für

---

[804] RGZ 99, 249; RG, DR 1942, 1160.
[805] RGZ 95, 45.
[806] BGH, Der Betrieb 1957, 66.
[807] RG, JW 1910, 938.
[808] BGH, BauR 1975, 421; BauR 1977, 420; BauR 1996, 702.

Mängel der Werkleistung haftet. Ist ein Mangel auf Umstände aus dem Risikobereich des Auftraggebers zurückzuführen, kann sich der Auftragnehmer von einer Haftung ausnahmsweise befreien, wenn er Bedenken bezüglich dieser Umstände schriftlich mitgeteilt hat.

1. Haftungsbefreiungstatbestände des § 13 Abs. 3 VOB/B

Voraussetzung für eine Haftungsbefreiung ist, dass der Leistungsmangel auf Vorgänge zurückzuführen ist, die aus dem in § 13 Abs. 3 VOB/B umgrenzten Bereich des Auftraggebers stammen.

Hat der Auftragnehmer hingegen selbst das Leistungsverzeichnis aufgestellt, z. B. nach § 7 Abs. 13–15 VOB/A, oder hat er die Ausführungsplanung aufgrund einer vertragsgegenständlichen Entwurfsplanung übernommen – wie es etwa im Brückenbau praktisch oft der Fall ist – oder hat er sonstige Bauunterlagen selbst angefertigt (z. B. Werkzeichnungen, Verlegepläne, Materialaufstellungen) oder von dritter Seite beschafft, und führt er die Leistung dann aus, so ist er für deren Ordnungsgemäßheit nach § 13 Abs. 1 oder 2 VOB/B i. V. m. § 4 Abs. 2 VOB/B ohnehin verantwortlich. § 13 Abs. 3 VOB/B ist in diesem Fall nicht anwendbar[809].

a) Mangel durch Leistungsbeschreibung des Auftraggebers

Der Auftragnehmer kann von der Sachmangelhaftung befreit sein, wenn ein Mangel auf die Leistungsbeschreibung des Auftraggebers zurückzuführen ist. Es muss sich um eine vom Auftraggeber bzw. von seinem Architekten oder planenden Sonderfachmann nach § 7 VOB/A aufgestellte Leistungsbeschreibung handeln, die auch Bestandteil des Bauvertrages wurde.

b) Mangel durch Anordnungen des Auftraggebers

Eine Befreiung des Auftragnehmers von der Mängelhaftung ist ferner möglich, wenn der Leistungsmangel auf Anordnungen des Auftraggebers, z. B. nach § 4 Abs. 1 S. 3 und 4 VOB/B, beruht. Das gilt vor allem hinsichtlich der Planung des vom Auftraggeber als seines Erfüllungsgehilfen beauftragten und zu entsprechenden Anordnungen befugten Architekten oder Sonderfachmanns.

Die Anordnung muss nicht ausdrücklich ergehen, sie kann auch stillschweigend von Auftraggeberseite erteilt werden. Dabei muss im Einzelfall unzweifelhaft auf eine endgültige bestimmte Willenserklärung

---

[809] BGH, BauR 1975, 278.

geschlossen werden können, woran strenge Anforderungen gestellt werden[810]. Keine Anordnung liegt vor, wenn sich die Bauausführung wegen schleppender Fertigstellung anderer Gewerke ohne Verschulden des Auftraggebers verzögert[811]. Das gilt auch für den Fall, dass der Auftraggeber dem Auftragnehmer die freie Wahl für die Verwendung bestimmter Materialien lässt[812]. Hingegen liegt eine Anordnung vor, wenn im zum Vertragsbestandteil gewordenen Leistungsverzeichnis ganz bestimmte Leistungsanforderungen ohne jede Einschränkung enthalten sind, z. B. „ist zu befestigen" oder „sind vorgegeben"[813].

c) Mangel durch vom Auftraggeber gelieferte Stoffe und Bauteile

Ist der Leistungsmangel auf vom Auftraggeber gelieferte Stoffe und Bauteile zurückzuführen, besteht an sich eine Verantwortlichkeit des Auftraggebers[814]. Der Auftragnehmer wird jedoch von der Haftung nicht allein deswegen frei, weil die Lieferung vom Aufraggeber erfolgt ist. Vielmehr obliegt dem Auftragnehmer in für ihn jeweils zumutbarem Rahmen auch hier eine eigene Prüfungspflicht, gerade weil es entscheidend auf das beim Auftragnehmer vorauszusetzende Fachwissen ankommt, und dieser sich kraft der von ihm zu verlangenden Ausbildung und Kenntnisse durchweg mit Stoffen und Bauteilen auskennen muss.

d) Mangel durch vom Auftraggeber vorgeschriebene Stoffe und Bauteile

Der Auftragnehmer ist von der Mängelhaftung befreit, wenn ein Mangel der Leistung auf Stoffe oder Bauteile zurückzuführen ist, die vom Auftraggeber vorgeschrieben wurden.

„Vorschreiben" setzt ebenso wie die Anordnung ein eindeutiges Verlangen des Auftraggebers voraus, das dem Auftragnehmer keine Wahl mehr lässt[815]. Das bloße Einverständnis des Auftraggebers mit einem bestimmten Baustoff oder Bauteil genügt nicht[816]. Für den Ausschluss der Mängelhaftung gemäß § 13 Abs. 3 VOB/B muss der Auftraggeber ganz bestimmte Baustoffe, Bauteile oder Bezugsquellen ohne Ausweichmöglichkeit für den Auftragnehmer vorschreiben[817]. Die Forderung nach

---

[810] LG Mönchengladbach, VersR 1979, 187.
[811] BGH, BauR 1977, 420.
[812] BGH, SFH Z 2.414 Bl. 219.
[813] LG Hamburg, SFH § 13 Nr. 3 VOB/B Nr. 9.
[814] BGH, SFH Z 2.401 Bl. 21.
[815] BGHZ 91, 206; OLG Köln, SFH § 13 Nr. 3 VOB/B Nr. 7; OLG Zweibrücken, BauR 1992, 770.
[816] BGH, NJW 1973, 754; BauR 1975, 421.
[817] OLG Saarbrücken, BauR 1970, 109.

einem Werkstoff als solchen (z. B. Hartfaserplatten, Zement, Schieferdeckung usw.) reicht nicht aus, auch nicht, wenn der Auftraggeber bei einer vom Auftragnehmer ausgewählten Firma Stoffe oder Bauteile nach seinem Geschmack aussucht[818]. Anders ist der Fall zu beurteilen, wenn dem Auftragnehmer die Verwendung braun engobierter Flachdachpfannen aus einer bestimmten Ziegelei vorgeschrieben wird und diese Ziegel in der gewünschten Art und Güte nicht von jeder Ziegelei hergestellt werden[819]. Gleiches gilt für das Vorschreiben eines bestimmten Materials zur Dachabdichtung[820].

e) Mangel durch Vorleistungen anderer Unternehmer

Die Befreiung des Auftragnehmers von der Mängelhaftung kann auch in Betracht kommen, wenn der Leistungsmangel auf Vorleistungen eines oder mehrerer anderer Auftragnehmer zurückzuführen ist. Der Begriff Vorleistung bezieht sich auf Vorarbeiten eines anderen, am gleichen Objekt tätigen Unternehmers. Hierzu zählen auch Eigenleistungen des Auftraggebers[821]. Es muss dabei in technischer Hinsicht ein natürlicher Sachzusammenhang zwischen der Vorleistung und der Vertragsleistung des Auftragnehmers bestehen. Letztere muss auf der Ersten aufbauen, oder Erstere muss sachlich-technische Grundlage für Letztere sein. Die Vorleistung muss mangelhaft sein und die Folgen dieser Mangelhaftigkeit müssen sich auf die spätere Leistung des Auftragnehmers in dem Sinne übertragen, dass diese dadurch selbst mangelhaft wird. Das kann z. B. der Fall sein, wenn das Betonfundament und darauf aufbauendes Mauerwerk von zwei verschiedenen Auftragnehmern errichtet wurde. Ist das Betonfundament des Vorunternehmers nicht ordnungsgemäß, bietet z. B. nicht den notwendigen Halt und treten deshalb Risse im später erbauten Mauerwerk auf – obwohl es als solches an sich ordnungsgemäß errichtet ist –, handelt es sich um einen Mangel, der durch die Vorleistung entstanden ist[822].

2. Schriftliche Bedenkenanzeige nach § 4 Abs. 3 VOB/B

Für alle vorbeschriebenen Haftungsbefreiungstatbestände muss hinzutreten, dass der Auftragnehmer Bedenken gegen die Leistungsbeschreibung oder gegen eine Anordnung des Auftraggebers in Bezug auf von diesem gelieferte oder vorgeschriebene Stoffe oder Bauteile oder gegen

---

[818] OLG Stuttgart, BauR 1989, 475.
[819] BGH, BauR 1973, 188.
[820] OLG Köln, SFH § 13 Nr. 3 VOB/B Nr. 7.
[821] OLG München, NJW-RR 1987, 854.
[822] Ähnlich gelagerter Fall in OLG Hamm, BauR 2003, 101.

die Beschaffenheit der Vorleistung eines anderen Unternehmers schriftlich anzeigt, § 4 Abs. 3 VOB/B. Bei Verletzung dieser Pflicht tritt eine Befreiung von der Mängelhaftung nach § 13 Abs. 3 VOB/B nicht ein.

a) Bedenkenanzeige – Mitteilungspflicht

Eine Mitteilungspflicht bzw. Anzeigepflicht gegenüber dem Auftraggeber besteht, wenn Bedenken bei dem Auftragnehmer auftauchen.

Bedenken sind anzuerkennende Besorgnisse des fachkundigen und zuverlässigen Auftragnehmers. Eine Gewissheit beim Auftragnehmer ist nicht erforderlich. Eine aus fachmännischem Wissen und Können kommende Vermutung reicht aus.

Die Bedenken müssen sich auf einzelne oder mehrere der in § 13 Abs. 3 VOB/B genannten Umstände beziehen.

b) Inhalt und Form der Mitteilung

Die Mitteilung des Auftragnehmers muss inhaltlich klar, vollständig und an den richtigen Adressaten gerichtet sein. Dabei hat der Auftragnehmer seine Verpflichtung erfüllt, wenn er die Bedenken dem Auftragnehmer mit Blick auf die konkrete Gefahr möglicher Mängel mitteilt, ihm dies also deutlich vor Augen geführt hat. Er hat dagegen nicht die zusätzliche Verpflichtung, den Auftraggeber über Abhilfemöglichkeiten zu belehren, sofern dieser selbst fachkundig, z. B. durch einen Architekt oder Ingenieur beraten ist[823].

Nach § 4 Abs. 3 VOB/B ist die Mittelung schriftlich zu machen. Hält der Auftragnehmer die Schriftform nicht ein und macht er die Mitteilung lediglich mündlich, kann bei eintretenden Mängeln nach Treu und Glauben zu seinen Gunsten eine Mitverantwortung des Auftraggebers (§ 254 BGB) oder eine vollständige Haftungsbefreiung wirken[824].

c) Umfang der Prüf- und Hinweispflicht

Vorab wird auf die Kommentierung zu § 4 Abs. 3 VOB/B verwiesen. Es bleibt also, dass sich der Umfang der Prüfungspflicht nicht subjektiv, sondern objektiv nach dem bestimmt, was unter normalen Umständen bei einem auf dem betreffenden Fachbetrieb tätigen Unternehmer vorausgesetzt werden muss; der Unternehmer muss das den allgemein anerkannten Regeln der Technik widerspiegelnde Regelwerk (etwa DIN, VDI, Fachwelt) kennen und berücksichtigen.

---

[823] OLG Celle, NJW 1960, 102.
[824] BGH, NJW 1960, 1813; NJW 1973, 518.

Der konkrete Umfang der schriftlichen Bedenkenanzeige des Auftragnehmers kann gemessen an der Fachkunde des Auftraggebers und dort konkret vorliegender oder ganz ersichtlich zu erwartender Fachkenntnisse begrenzt sein. Je verständiger der Auftraggeber, desto kürzer können die Hinweise bzw. die Begründung der Bedenken sein. So genügt z. B. gegenüber einem durch Sonderfachmann vertretenen Bauherrn sicher die Bedenkenanzeige, das die Vorleistung Estrich noch zu feucht für Parkettlegearbeiten sei, während einem Baulaien noch erklärt werden müsste, dass das Parkett wegen der Feuchtigkeit aus dem Estrich Schaden nehmen könnte, wenn man nicht noch wartet, bis es hinreichend trocken ist.

3. Darlegungs- und Beweislast

Die Darlegungs- und Beweislast für die Erfüllung der haftungsausschließenden Pflichten gemäß § 13 Abs. 3 VOB/B trifft den Auftragnehmer[825]. Insoweit hat der Auftragnehmer substantiiert vorzutragen, um zur Annahme pflichtgerechten Handelns zu kommen[826].

V. Verjährung der Mängelansprüche, § 13 Abs. 4 VOB/B

1. Die vertraglichen Verjährungsfristen für Mängelansprüche

Das gesamte Regelungskonzept ist kompliziert. Wie der Wortlaut des § 13 Abs. 4 Nr. 1 VOB/B aber zeigt, sind die Parteien eines VOB/B-Bauvertrages aufgefordert, für Mängelansprüche Verjährungsfristen selbst zu vereinbaren. Diese Regelungsermächtigung dürfte für alle 3 Alternativen des Abs. 1 gelten. Auch § 13 Abs. 4 Nr. 2 VOB/B – also die Fristen für Teile von maschinellen und elektrotechnischen/elektronischen Anlagen, bei denen die Wartung Einfluss auf Sicherheit und Funktionsfähigkeit hat – ermächtigt die Parteien, genauso wie nach § 13 Abs. 4 Nr. 1 VOB/B, über die Dauer der Verjährung besondere Fristen zu vereinbaren, ohne dass hierdurch in die VOB/B eingegriffen würde, die zum Verlust ihrer Ausgewogenheit als Ganzes führen würde.

Dem kommen die Parteien in der Praxis oft nach, indem sie sich für die Dauer der gesetzlichen Verjährung des § 634 a Abs. 1 Nr. 2 BGB für Bauwerke von 5 Jahre entscheiden. Schon die gesetzlichen Verjährungsfristen des BGB bezogen auf die Mängelhaftung beim Werkvertrag (§ 634 a

---

[825] BGH, BB 1962, 428; BGHZ 61, 42.
[826] OLG Düsseldorf, BauR 1996, 260.

BGB) haben keinen zwingenden Charakter. Es ist daher möglich, im Wege vertraglicher Vereinbarung anderweitige Regelungen über diese Fristen zu treffen. Die Fristen können gekürzt oder verlängert werden. § 202 BGB verbietet lediglich eine Erleichterung der Verjährungsfrist im Voraus bei Haftung für Vorsatz und eine Erschwerung über den Zeitraum von 30 Jahren ab dem gesetzlichen Verjährungsbeginn hinaus.

Bei der Verlängerung der Verjährungsfrist durch formularmäßige Vereinbarung ist die entsprechende Klausel daraufhin zu prüfen, ob sie den Vertragspartner des Verwenders entgegen den Geboten von Treu und Glauben unangemessen benachteiligt, insofern unwirksam ist (§ 307 BGB). Dabei ist der Einzelfall entscheidend. Für bestimmte Gewerke kann zum Beispiel ein Bedürfnis, die Verjährungsfrist von 5 Jahren (vgl. § 634 a Abs. 1 Nr. 2 BGB) zu verlängern, bestehen, wenn sich etwaige Mängel regelmäßig erst nach Ablauf der gesetzlichen Verjährung der Mängelansprüche zeigen[827].

Die Abkürzung der gesetzlichen Verjährungsfristen ist durch Allgemeine Geschäftsbedingungen gemäß § 309 Nr. 8 b) ff) BGB grundsätzlich unzulässig, wobei das Verbot auch im kaufmännischen Verkehr über § 307 BGB gilt. Es besteht allerdings dann nicht, wenn die VOB/B als Allgemeine Geschäftsbedingung als Ganzes ohne Änderung[828] vereinbart wurde.

2. Die Auffang-Fristen des § 13 Abs. 4 VOB/B für Mängelansprüche

Nur wenn eine solche gesonderte Vereinbarung fehlt und die VOB/B einbezogen wurde, gelten die komplizierten Fristen des § 13 Abs. 4 VOB/B. Die dort im Abs. 1 und 2 VOB/B festgelegten vertraglichen Verjährungsfristen sind nicht einheitlich, sondern je nach dem Leistungsgegenstand verschieden. In § 13 Abs. 4 Nr. 1 VOB/B sind als Verjährungsfristen festgelegt:

— für Bauwerke 4 Jahre,
— für Arbeiten an einem Grundstück 2 Jahre,
— für die vom Feuer berührten Teile von Feuerungsanlagen 2 Jahre,
— für feuerberührte und abgasdämmende Teile von industriellen Feuerungsanlagen 1 Jahr.

---

[827] Für die formularmäßige Vereinbarung einer Verjährungsfrist von 10 Jahren und 1 Monat für Flachdacharbeiten: BGH, BauR 1996, 707.
[828] Zur Privilegierung der VOB/B als Allgemeine Geschäftsbedingungen: BGH, Urteil vom 22.01.2004, Az. XII ZR 419/02.

§ 13 Abs. 4 Nr. 2 VOB/B enthält die Sonderregelung für den Fall, dass maschinelle und elektrotechnische/elektronische Anlagen oder Teile davon Gegenstand einer vertraglichen Bauleistung sind und dem Auftragnehmer deren Wartung für die Dauer der Verjährungsfrist nicht übertragen wurde. In diesem Fall beträgt die Verjährungsfrist 2 Jahre.

a) Bauwerke

Der Begriff „Bauwerke" umfasst alle Leistungspflichten, die sich auf die Errichtung, die Veränderung, Erweiterung oder den Erhalt eines Bauwerks beziehen, die also ursächlich zur Erstellung, Veränderung, Erweiterung oder Erhaltung eines Bauwerks beitragen. Entscheidend ist die Bedeutung der Bauleistung für die Funktion, Konstruktion, Bestand, Haltbarkeit und die Nutzbarkeit des Bauwerks, soweit die Bauteile mit dem Gebäude fest verbunden werden. Entscheidend ist, ob sich in dem betreffenden Gewerk das „Gebäuderisiko" konkretisiert[829].

b) Arbeiten an einem Grundstück

Unter den Rechtsbegriff[830] „Arbeiten an einem Grundstück" fallen Arbeiten, die nicht mit einer Bauwerkserrichtung im Zusammenhang stehen, wie z. B. Erdarbeiten, Baggerarbeiten, Planierungsarbeiten oder etwa die Gartengestaltung[831]. Als Arbeiten an einem Grundstück gelten auch solche, die an einem auf dem Grundstück stehenden Gebäude vorgenommen werden, aber wegen ihrer Eigenart nicht Arbeiten an einem Bauwerk sind, weil sie nicht das Bauwerk oder einen Bauwerksteil in der Substanz betreffen, wie beispielsweise bloße Ausbesserung und Instandsetzungsarbeiten (z. B. Ausbesserungsarbeiten am Anstrich) in oder am Gebäude oder Gebäudeteil, ohne dass sie zu dessen oder deren Erhalt dienen[832]. Gleiches gilt für den Umbau einer vorhandenen Beleuchtungsanlage[833].

Werden gleichzeitig Arbeiten an einem Bauwerk und an einem Grundstück ausgeführt, kann eine Aufteilung in der Weise nicht vorgenommen werden, dass die mit der Gebäudeerrichtung nicht zusammenhängenden Arbeiten als Arbeiten an einem Grundstück und die übrigen als Arbeiten an einem Bauwerk einzuordnen sind. Vielmehr handelt es sich hierbei um Arbeiten an einem Bauwerk mit der hierfür maßgeblichen längeren Verjährungsfrist[834].

---

[829] BGH, BauR 1992, 369.
[830] BGH, BauR 1970, 106.
[831] BGH, NJW 1971, 2219.
[832] BGH, BauR 1970, 106.
[833] BGH, BauR 1971, 128.
[834] BGH, BauR 1973, 246.

c) Feuerungsanlagen

Die kurze Verjährungsfrist § 13 Abs. 4 Nr. 1 VOB/B betrifft nicht Feuerungsanlagen insgesamt, sondern nur die Teile, die vom Feuer berührt werden. Es muss sich also um Feuerungsanlagen (z. B. gemauerte Öfen, Heizungsöfen) und bei diesen wiederum um die Teile handeln, die von dem Feuer unmittelbar erreicht werden (die im Ofen befindlichen Röhren, Roste, Schamotte).

d) Industrielle Feuerungsanlagen

Die abweichend von S. 1 des § 13 Abs. 4 Nr. 1 VOB/B geregelte Verjährungsfrist von 1 Jahr betrifft Mängelansprüche bezüglich Leistungen an feuerberührten und abgasdämmenden Teilen von industriellen Feuerungsanlagen, z. B. Hochöfen.

e) Arbeiten an maschinellen und elektrotechnischen/elektronischen Anlagen

Die in § 13 Abs. 4 Nr. 2 VOB/B geregelten Leistungen unterfallen dem Regelungsbereich von § 1 VOB/A, sind also Bauleistungen. Schließen die Vertragsparteien keinen darauf bezogenen Wartungsvertrag für die Dauer der Verjährungsfrist gemäß § 13 Abs. 4 Nr. 1 VOB/B ab, beträgt die Verjährungsfrist für Mängelansprüche 2 Jahre.

3. Verjährungsfristen in Sonderfällen

a) Arglistiges Verschweigen von Mängeln – 10- bzw. 30-jährige Verjährungsfrist auch bei VOB/B-Vertrag

aa) 10- bis 30-Jahres-Frist

Nach ständiger Rechtsprechung[835] sind die gesetzlichen Verjährungsvorschriften bei Arglist des Unternehmers im Zusammenhang von Mängeln der Bauleistung auch im Rahmen eines VOB/B-Vertrages anzuwenden. Einschlägig ist § 634a Abs. 3 BGB. Danach verjähren die Ansprüche abweichend von § 634a Abs. 1 Nr. 1 und 2 sowie Abs. 2 BGB in der regelmäßigen Verjährungsfrist, die dann wegen § 199 BGB bis zu 10 oder gar 30 Jahren dauern kann.

Ergeben sich aus der Arglist nämlich Ansprüche wegen der Verletzung des Lebens, des Körpers, der Gesundheit oder der Freiheit, ist auf die 30-jährige Verjährung, jetzt geregelt in § 199 Abs. 2 BGB, abzustellen, die mit dem Schaden auslösenden Ereignis beginnt.

---

[835] OLG Koblenz, NJW-RR 1997, 1179.

Ergeben sich aus der Arglist sonstige Schadensersatzansprüche, also etwa Verletzung des Eigentums etc., wird auf § 199 Abs. 3 BGB abzustellen sein. Nach Nr. 1 dieser Vorschrift gilt eine zehnjährige Frist von der Entstehung an. Nach Nr. 2 dieser Vorschrift gilt eine 30-Jahresfrist, wenn sich die Entstehung nicht feststellen lässt, und zwar beginnend vom Zeitpunkt des Schaden auslösenden Ereignisses. Weil das arglistige Verschweigen eine Unterlassung ist, gilt als Zeitpunkt der Entstehung der Zeitpunkt der Zuwiderhandlung (§ 199 Abs. 5 BGB).

Schließlich kann wegen § 199 Abs. 4 BGB (4) für andere Ansprüche als Schadensersatzansprüche – wie etwa Nachbesserung oder Minderung – gelten, dass diese ohne Rücksicht auf die Kenntnis oder grob fahrlässige Unkenntnis in zehn Jahren von ihrer Entstehung an verjähren. Regelmäßig wird der durch arglistiges Verschweigen Benachteiligte von den den Anspruch begründenden Umständen gerade wegen des Schweigens keine Kenntnis erlangen, so dass für die anderen Gewährleistungsansprüche § 634 a Abs. 3 BGB letztendlich auf § 199 Abs. 4 BGB verweist, so dass die gemeinte regelmäßige Verjährungsfrist ohne Rücksicht auf die Kenntnis in zehn Jahren beginnend ab dem Zeitpunkt, da die Offenbarungspflicht bestanden hätte, läuft, § 634 a Abs. 1 S. 1 BGB i. V. m. § 195 BGB, § 199 Abs. 4 und 5 BGB. Diese Auslegung ist von der Rechtsprechung nicht bestätigt. Es wäre aber nicht einzusehen, dass für den hier einschlägigen Bereich der Bauverträge bei Arglist höchstens die fünfjährige Frist gelten sollte.

bb) Arglistiges Verschweigen und Organisationsverschulden

Arglistiges Verschweigen eines Mangels liegt vor, wenn der Auftragnehmer oder der in seinem Bereich Verantwortliche den Mangel als solchen wahrgenommen, seine Bedeutung als erheblich für den Bestand oder die Benutzung der Bauleistung erkannt, ihn aber dem Auftraggeber pflichtwidrig nicht offenbart hat[836]. Eine Offenbarungspflicht besteht beispielsweise, wenn der Unternehmer für eine schwammanfällige Holzbalkendecke mit Rinde behaftete Einschubbretter und als Verfüllmaterial wertlosen, mit Holzteilchen durchsetzten Bauschutt verwendet, so dass der dem Bauwerk anhaftende Mangel in dem Vorhandensein des Materials, das die Entstehung von Hausschwamm begünstigt, besteht[837]. Gleiches gilt bei der Verwendung fäulnisbefallener Bauhölzer[838] oder bei eigenmächtiger, vorsätzlich verschwiegener Verwendung

---

[836] BGH, BauR 1986, 215; OLG Karlsruhe, SFH Z 2.414 Bl. 24; OLG Stuttgart, BauR 1972, 315.
[837] RG, JW 1938, 1646.
[838] BGH, BauR 1979, 85.

branchenunüblicher Baustoffe oder baulicher Verfahrenstechniken, wenn dadurch erhebliche Baurisiken geschaffen werden[839].

cc) Verantwortlichkeit des Auftragnehmers für Erfüllungsgehilfen

Erfüllen Hilfspersonen des Auftragnehmers die sachlichen Voraussetzungen des arglistigen Verschweigens, hat sich der Unternehmer nach § 278 BGB so behandeln zu lassen, als hätte er selbst den Mangel arglistig verschwiegen („Haftung aus Organisationsverschulden am Bau")[840]. Dies gilt allerdings nur bei Erfüllungsgehilfen des Auftragnehmers, dessen er sich bei der Abnahme der Leistung bedient, den er also zur Beobachtung des Abnahmevorganges einsetzt[841]. In diesem Sinne wurde entschieden, dass der Werkunternehmer, der Deckenplatten montiert, sich ein arglistiges Verhalten seiner Lieferanten für die Platten nicht zurechnen lassen muss[842]. Abzustellen ist insoweit auf den dem Unternehmer zumutbaren und daher zurechenbaren Bereich grober Verschuldenshaftung[843]. Davon umfasst ist regelmäßig der vom Auftragnehmer eingesetzte Bauleiter[844].

dd) Darlegungs- und Beweislast

Grundsätzlich muss der Auftraggeber die Voraussetzungen darlegen, die zur Arglisthaftung nach § 634 Abs. 3 BGB führen[845]. Diesen Anforderungen genügt der Auftraggeber, wenn er Tatsachen vorträgt, nach denen entweder der Auftragnehmer selbst oder die von ihm mit der Erfüllung seiner Offenbarungspflicht eingesetzten Personen den Mangel erkannt, aber nicht offenbart haben. Werden schwere Mängel entdeckt, die adäquat-kausal auf die Leistung des betreffenden Auftragnehmers zurückgehen und so beschaffen sind, dass jeder im betreffenden Baufachgebiet Bewanderte sich sagen muss, dass von Auftragnehmerseite gegen grundlegend vorauszusetzendes baufachliches Wissen verstoßen wurde, so ist der Beweis des ersten Anscheins erbracht. Insbesondere wird vermutet, dass die Auftragnehmerseite bei der Herstellung des Mangels positiv erkannt und sich daher eines arglistigen Verhaltens bei der Bauherstellung schuldig gemacht hat. In diesem Fall kann sich der Auftragnehmer nur dadurch befreien, dass er seinerseits diesen Anschein erschüttert, beispielsweise indem er im Einzelnen darlegt und auch belegt, dass er während der Leistungszeit

---

[839] BGH, Urteil vom 20.12.1976 – Az. XII ZR 105/74.
[840] BGHZ 62, 63.
[841] OLG Köln, BauR 1984, 525.
[842] OLG Stuttgart, BauR 1997, 313.
[843] OLG Köln, BauR 1984, 525.
[844] KG Berlin, BauR 1970, 242; OLG Karlsruhe, BauR 1979, 335; OLG Celle, NJW-RR 1995, 1486.
[845] BGHZ 46, 238.

die erforderlichen organisatorischen Voraussetzungen geschaffen hat, um nach aller gebotenen Voraussicht einen solchen Mangel oder derartige Mängel mit hinreichender Sicherheit durch die ihn vertretenden Personen erkennen und vermeiden zu können[846].

b) Nebenpflichtverletzungen

Die Mängelrechte des Auftraggebers gegen den Bauunternehmer wegen der Verletzung von Haupt- und Nebenpflichten, die zu einem Mangel geführt haben, verjähren gemäß § 634 a Abs. 1 Nr. 2, Abs. 2 BGB in 5 Jahren beginnend mit der Abnahme. Bezogen auf die Nebenpflichten, die zu einem Mangel geführt haben, wird dies klargestellt durch § 634 a Abs. 1 S. 1 (am Anfang) BGB. Dort wird auf § 634 Nr. 4 BGB Bezug genommen, der wiederum auf § 280 BGB verweist, welcher in der Fassung seit dem 01.01.2002 nicht mehr zwischen der Verletzung von Haupt- und Nebenpflichten unterscheidet, so dass bei Verletzung von Nebenpflichten Schadensersatz nach § 380 BGB zu fordern ist.

Leistungsbezogene Nebenpflichtverletzungen, die keinen Mangel, jedoch einen anderen Schaden verursacht haben, oder sonstige Nebenpflichtverletzungen nach § 241 Abs. 2 BGB werden direkt von § 280 BGB erfasst. Insoweit ist nicht auf §§ 634 ff. BGB zurückzugreifen mit der Folge, dass die Verjährung nach § 195 BGB von 3 Jahren einschlägig ist, beginnend mit dem Schluss des Jahres, in dem der Anspruch entstanden ist und der Gläubiger von den den Anspruch begründenden Umständen und der Person des Schuldners Kenntnis erlangt oder ohne grobe Fahrlässigkeit erlangen musste (§ 199 BGB).

c) Versicherungsschutz des Auftragnehmers

Nach § 13 Abs. 7 Nr. 4 VOB/B sind die gesetzlichen Verjährungsfristen maßgebend – also weder die VOB/B-Auffang-Fristen des § 13 Abs. 4 VOB/B noch sonst vereinbarte Fristen – , soweit sich der Auftragnehmer nach § 13 Abs. 7 Nr. 3 VOB/B durch Versicherung geschützt hat oder hätte schützen können oder soweit ein besonderer Versicherungsschutz vereinbart ist. Es gelten die gesetzlichen Fristen, also regelmäßig nach § 195 BGB 3 Jahre, gegebenenfalls aber 10 bis 30 Jahre nach §§ 199 Abs. 2 bis 5 BGB.

d) Ansprüche aus unerlaubter Handlung

Die Verjährungsfristen gemäß § 13 Abs. 4 VOB/B gelten auch nicht bei der Haftung aus unerlaubter Handlung (§§ 823 ff. BGB). Das gilt vor

---

[846] Zur Darlegungs- und Beweislast bei zahlreichen Mängeln an weniger bedeutsamen Bauteilen: BGH, BauR 1992, 500; OLG Bamberg, IBR 2000, 374.

allem für Schäden am Eigentum des Auftraggebers oder eines Dritten, die im Rahmen von Bauleistungen im sogenannten nicht bearbeiteten Bereich entstehen, z. B. bei der Beschädigung eines Hauses durch Wasser, das durch eine nicht ordnungsgemäß verschlossene Öffnung eines Kanalschachtes ausgetreten ist, oder durch Beschädigung einer Schrankeinrichtung wegen nicht sachgerechter Anbringung eines Regals[847]. Auch hier gelten die gesetzlichen Fristen, also regelmäßig nach § 195 BGB 3 Jahre, gegebenenfalls aber 10 bis 30 Jahre nach §§ 199 Abs. 2 bis 5 BGB.

4. Berechnung von Beginn und Ende der Verjährungsfrist

a) Beginn der Verjährungsfrist, § 13 Abs. 4 Nr. 3 VOB/B

aa) Verjährungsbeginn mit Abnahme

Die Verjährungsfrist beginnt nach § 13 Abs. 4 Nr. 3 VOB/B mit der Abnahme der gesamten Leistung bzw. mit der Abnahme für in sich abgeschlossene Teile der Leistung. Für die Abnahme ist § 12 VOB/B maßgebend, so dass auf die dortige Kommentierung verwiesen wird.

bb) Früherer Verjährungsbeginn

Die VOB/B untersagt es nicht, in Einzelfall den Beginn der Verjährungsfrist für die Mängelansprüche im Wege einer Individualvereinbarung abweichend von der Abnahme auf einen früheren Zeitpunkt festzulegen. Einer solchen Vereinbarung steht auch nicht § 202 Abs. 1 BGB entgegen[848]. Sofern die Vereinbarung im Rahmen von Allgemeinen Geschäftsbedingungen getroffen wird, ist regelmäßig die Wirksamkeit dieser Vereinbarung anhand von § 309 Nr. 8 b) ff) BGB zu prüfen.

b) Lauf der Verjährungsfrist

Hat der Lauf der Verjährungsfrist begonnen, dauert er an, bis der im Einzelnen maßgebliche Zeitraum vorüber ist.

Außer in Fällen der Arglist (vgl. oben) ist es für den Beginn, den Lauf der Verjährungsfrist oder deren Ende nötig, dass etwaige Leistungsmängel bekannt sind oder bekannt sein müssten. Es kann sein, dass ein Mangel erst kurz vor dem Ablauf der Verjährungsfrist erkannt wird. Der Auftraggeber ist dann gehalten, seine Mängelrechte noch rechtzeitig vor Fristablauf geltend zu machen, um nicht durch eine etwaige

---

[847] BGH, BauR 1979, 231.
[848] RGZ 66, 412.

Verjährungseinrede des Auftragnehmers einen Rechtsverlust zu erleiden.

Ebenfalls ohne Bedeutung auf den Lauf der Verjährungsfrist ist es, ob und wann der Leistungsmangel objektiv in Erscheinung tritt. Entscheidend für den Beginn der Verjährungsfrist und für ihren daran anschließenden Lauf ist allein der Zeitpunkt der Abnahme, nicht aber das Datum des auftretenden Mangels.

c) Hemmung der Verjährung nach gesetzlichen Vorschriften

aa) Wirkung der Hemmung

Tritt eine Hemmung der Verjährung ein, wird der Zeitraum bis zum Ende der Hemmung in die Verjährungsfrist nicht eingerechnet (§ 209 BGB). Es tritt ein Stillstand des Fristenlaufs ein.

Ist die Verjährungsfrist für die Geltendmachung von Mängelansprüchen gehemmt oder liegen die Voraussetzungen für deren Neubeginn vor, gilt dies auch für Ansprüche, die aus demselben Sachverhalt wahlweise neben dem konkreten Anspruch oder an seiner Stelle gegeben sind (§ 213 BGB). Hier ist das Mängelrechtssystem der VOB/B zu beachten. Grundsätzlich hat der Auftraggeber danach nach § 13 Abs. 5 VOB/B zunächst nur den Anspruch auf Nacherfüllung, einschließlich der sich aus § 13 Abs. 5 Nr. 2 VOB/B ergebenden Erstattungs- bzw. Vorschussansprüche. Nur wenn die Erfüllung dieser Ansprüche nach den in § 13 Abs. 6 VOB/B geregelten Voraussetzungen nicht zu erreichen ist, kommt der Minderungsanspruch in Betracht. Außerdem steht dem Auftraggeber der Schadensersatzanspruch nach § 13 Abs. 7 VOB/B grundsätzlich nicht anstelle, sondern neben den Rechten aus § 13 Abs. 5 oder Abs. 6 VOB/B zu. Regelmäßig aber auch nur, soweit ihm nach erfolgter Nacherfüllung oder Minderung noch ein Schaden verblieben ist.

Hinsichtlich der Hemmungstatbestände ist hier auf die §§ 203 ff. vollständig zu verweisen. Daher werden hier nur die für die Baupraxis wesentlichen Hemmungstatbestände nachfolgend erläutert.

bb) Hemmung durch Verhandlungen (§ 203 BGB)

In der Baupraxis ist der Hemmungstatbestand des Schwebens von Verhandlungen zwischen dem Auftraggeber und dem Auftragnehmer über Mängelansprüche besonders wichtig. Der Begriff der Verhandlungen ist grundsätzlich weit auszulegen[849], wobei der Bauunternehmer sich nicht vergleichsbereit zeigen muss. Es reicht jede Erörterung über die bestehenden Mängelrechte oder die Mängel aus.

---

[849] BGH, NJW 1983, 2075.

Die Hemmung der Verjährung beginnt mit der Aufnahme der Verhandlungen, also mit auf Gegenseitigkeit gerichteter Kontaktaufnahme. Die Hemmung endet in dem Zeitpunkt, in dem eine der Vertragsparteien die Fortsetzung der Verhandlungen verweigert. Das kann sein, wenn der Auftragnehmer dem Auftraggeber das Ergebnis der Prüfung mitteilt, was oftmals verbunden ist mit der Weigerung, Nacherfüllung vorzunehmen[850]. Es genügt hingegen nicht, dass das Prüfergebnis dem Auftragnehmer von dritter Seite bekannt gegeben wird, vielmehr muss zusätzlich der Auftraggeber informiert worden sein[851].

cc) Hemmung durch Rechtsverfolgung (§ 204 BGB)

Die Verjährungsfrist für Mängelansprüche kann ferner bei Vorliegen der in § 204 BGB geregelten Tatbestände gehemmt sein. Die Hemmung der Verjährung gemäß § 204 BGB tritt durch Rechtsverfolgung ein. Allen Hemmungstatbeständen nach dieser Regelung ist gemeinsam, dass der Anfangs- und Endzeitpunkt der Hemmung exakt bestimmt werden können.

Wichtigster Hemmungstatbestand ist die Klageerhebung, geregelt in § 204 Abs. 1 Nr. 1 BGB, durch den Anspruchsinhaber[852]. Maßgebend für den Beginn der Unterbrechung ist die Zustellung der Klageschrift[853], wobei unerheblich ist, ob die Klage zulässig und begründet ist[854]. Die Klage muss sich auf den Mängelanspruch des Auftraggebers beziehen und zum Gegenstand haben, dass das Gericht wegen der Klage über Bestehen oder Nichtbestehen und die Art und den Umfang des Mängelanspruchs zu befinden hat[855]. Die Hemmung der Verjährung bezieht sich insoweit nur auf die Mängelansprüche, die rechtshängig sind. Wegen übriger mängelbegründender Sachverhalte läuft die bisherige Verjährungsfrist ungehindert weiter.

Von besonderer Bedeutung ist zudem die Verjährungshemmung gemäß § 204 Abs. 1 Nr. 7 BGB, nämlich durch Zustellung des Antrags auf Durchführung eines selbständigen Beweisverfahrens. Die Hemmungswirkung tritt für die Mängelansprüche desjenigen ein, der das selbständige Beweisverfahren beantragt[856]. Damit gilt dies nicht für einen Beweisantrag des Auftragnehmers, also des Anspruchsgegners der Mängel-

---

[850] OLG Schleswig, BauR 1995, 101.
[851] OLG Schleswig, BauR 1995, 101.
[852] OLG Köln, BauR 1995, 702.
[853] Nach § 270 Abs. 3 ZPO tritt Hemmung der Verjährung auch ein, wenn die Klage vor Ablauf der Verjährungsfrist eingereicht wurde, die Zustellung aber nach Ablauf der Frist demnächst erfolgte: BGH, NJW 1986, 1347.
[854] BGHZ 104, 268; BauR 1995, 542.
[855] BGH, NJW 1988, 965.
[856] OLG Düsseldorf, BauR 1994, 769.

ansprüche[857]. Die Hemmung der Verjährung eines Mängelanspruches tritt nur ein, wenn der antragstellende Auftraggeber anspruchsberechtigt ist. Wird der Antragsteller erst während des Beweisverfahrens Berechtigter, etwa aufgrund einer Abtretung, so wird die Verjährung von diesem Zeitpunkt ab an unterbrochen, ohne dass der Erwerb der Berechtigung offengelegt werden müsste[858]. Die Hemmungswirkung tritt nur hinsichtlich des konkret gerügten Mangels ein, sofern und soweit sich das Beweisverfahren darauf bezieht[859]. Entscheidend ist somit, was vom Beweisantrag, dessen Begründung, den beigefügten Mitteln zur Glaubhaftmachung sowie von dem darauf ergangenen Beschluss abgedeckt ist[860].

dd) Stundung oder Leistungsverweigerungsrecht

Die Verjährung ist gehemmt, solange der Unternehmer aufgrund einer Vereinbarung mit dem Auftraggeber vorübergehend zur Verweigerung der Leistung berechtigt ist (§ 205 BGB). Die Stundung setzt ein Einverständnis des Berechtigten voraus. Denkbar ist, dass der Auftraggeber dem Auftragnehmer nach Erkennen und der Rüge des Leistungsmangels gestattet, mit seiner Beseitigung zu warten, oder dass er ihm ansonsten einen Aufschub gewährt. Hierher gehört auch der Fall, bei dem Auftraggeber und Auftragnehmer über die zweckmäßigste Art und Weise der Nachbesserung verhandeln[861]. Auch Fälle des sogenannten *pactum de non petendo* (Stillhalteabkommen) sind in den Bereich der Hemmung einzuordnen. Allerdings reicht die Vereinbarung, das Ruhen eines anhängigen Prozesses herbeizuführen, nicht aus, da dies ausschließlich prozessuale Bedeutung hat[862]. Anders liegt der Fall, wenn sich der Auftraggeber gegenüber dem Auftragnehmer verpflichtet, ihn vorübergehend, etwa während der Dauer eines Prozesses gegen einen Dritten, nicht in Anspruch zu nehmen[863].

Eine Stundungsvereinbarung kann widerrufen werden, wenn sich später die Verhältnisse, unter denen die Stundung gewährt worden ist, wesentlich verschlechtern[864].

ee) Höhere Gewalt

Ist der Auftraggeber durch höhere Gewalt in der Geltendmachung von Mängelansprüchen gehindert, ist die Verjährung von Mängelfristen

[857] OLG Schleswig, BauR 1995, 101.
[858] BGH, BauR 1993, 473.
[859] BGHZ 66, 138.
[860] OLG Frankfurt, BauR 1984, 67.
[861] BGH, BB 1967, 904.
[862] BGH, NJW 1983, 2496.
[863] BGH, NJW 1964, 1022.
[864] BGH, WM 1974, 838.

gehemmt (§ 206 BGB). Es muss sich hierbei um außergewöhnliche Ereignisse handeln, die unter den gegebenen Umständen auch durch äußerste nach Lage der Sache vom Betroffenen zu erwartende Sorgfalt nicht verhütet werden können, was beispielsweise bei schwerer Krankheit der Fall sein kann[865].

ff) Neubeginn der Verjährung nach gesetzlichen Vorschriften (§ 212 BGB)

Gemäß § 212 BGB beginnt die Verjährung erneut, wenn der Auftragnehmer dem Auftraggeber gegenüber den Mängelanspruch anerkennt. Ein solches Anerkenntnis kann in der Ankündigung oder in dem tatsächlichen Beginn von Nacherfüllungsleistungen liegen[866]. Entscheidend kommt es stets auf das tatsächliche Verhalten des Auftragnehmers an. Nicht entscheidend ist für das Vorliegen eines Anerkenntnisses eine empfangsbedürftige und ausdrückliche rechtsgeschäftliche Anerkenntniserklärung[867]. Im Einzelfall sind Umstände maßgebend, die bei objektiver Betrachtung beim Auftraggeber den berechtigten Eindruck vermitteln, dass der Auftragnehmer sich seiner Verpflichtung zur Mängelhaftung uneingeschränkt bewusst ist, diese erfüllen und sich nicht nach Ablauf der Verjährungsfrist auf Verjährung berufen will[868].

d) Rechtsfolge bei Verjährungseintritt

aa) Verjährungseinrede erforderlich

Die Beweislast für den Eintritt der Verjährung trägt der Auftragnehmer. Ist die Verjährung ungehemmt abgelaufen, kann der Auftragnehmer einem Mängelanspruch des Auftraggebers mit der Verjährungseinrede begegnen und insofern die Erfüllung des an ihn gestellten Verlangens verweigern (§ 214 BGB).

Nur durch die Einrede wird er frei, weil der Anspruch weiter besteht. Wird ein Mängelanspruch erfüllt, obwohl Verjährung eingetreten war, ist § 214 Abs. 2 BGB heranzuziehen. Danach können bewirkte Leistungen nicht zurückgefordert werden.

In Ausnahmefällen kann der Verjährungseinrede der Einwand der unzulässigen Rechtsausübung entgegengesetzt werden, was voraussetzt, dass der Auftragnehmer durch die Erhebung der Verjährungseinrede gegen Treu und Glauben handelt[869].

---

[865] BGH, VersR 1963, 93.
[866] BGH, NJW 1999, 2961.
[867] BGH, WM 1970, 548.
[868] BGH, BauR 1994, 103.
[869] KG Berlin, BauR 1974, 345.

Sind Mängelansprüche aufgrund einer Verjährungseinrede nicht durchsetzbar, kann der Auftraggeber wegen eines vorhandenen Mangels grundsätzlich nicht auf Ansprüche aus unerlaubter Handlung nach den §§ 823 ff. BGB ausweichen[870]. Auch kommen für den Auftraggeber keine Ansprüche aus ungerechtfertigter Bereicherung in Betracht[871].

bb) Aufrechnung und Zurückbehaltungsrecht nach Verjährung (§ 215 BGB)

Gemäß § 215 BGB schließt der Eintritt der Verjährung die Aufrechnung und die Geltendmachung eines Zurückbehaltungsrechtes (§§ 273, 320 BGB) nicht aus, wenn der Anspruch in dem Zeitpunkt noch nicht verjährt war, in dem erstmals aufgerechnet oder die Leistung verweigert werden konnte.

VI. Mängelbeseitigung, § 13 Abs. 5 VOB/B

§ 13 Abs. 5 VOB/B regelt den Nacherfüllungsanspruch des Auftraggebers bei Mängeln der Leistung des Auftragnehmers, die während der Verjährungsfrist hervortreten. Kommt der Auftragnehmer der Aufforderung zur Mängelbeseitigung in der vom Auftraggeber gesetzten angemessenen Frist nicht nach, kann der Auftraggeber die Mängel auf Kosten des Auftragnehmers beseitigen lassen.

1. Nacherfüllungsanspruch des Auftragnehmers, § 13 Abs. 5 Nr. 1 VOB/B

Der Auftragnehmer muss während der Verjährungsfrist hervortretende Mängel auf seine Kosten beseitigen. Vorausgesetzt, der Auftraggeber verlangt dies vor Ablauf der Frist schriftlich, besteht nicht nur ein Nacherfüllungs*anspruch*, sondern auch ein Nacherfüllungs*recht* des Auftragnehmers. Dies verpflichtet den Auftraggeber, im Falle der Geltendmachung von Mängeln eine Nacherfüllung entgegenzunehmen. Es besteht insoweit eine vertragliche Mitwirkungspflicht[872]. Ausgenommen sind die in § 13 Abs. 6 VOB/B geregelten Fälle. Bei der Nichtbeachtung des Nacherfüllungsrechtes des Auftragnehmers verliert der Auftraggeber ein etwaiges Leistungsverweigerungsrecht nach § 320 und § 641 Abs. 3 BGB bezüglich der dem Auftragnehmer noch zustehenden Vergütung. Gleiches gilt, wenn der Auftraggeber die Besichtigung der Leistung zum

---
[870] BGH, SFH Z 2.11 Bl. 1.
[871] BGHZ 92, 123; OLG Hamm, BauR 1995, 109.
[872] LG Köln, BauR 1972, 314.

Zwecke der Mängelfeststellung bzw. der Klärung erforderlicher Maßnahmen grundlos verweigert[873].

a) Konkretisierte Nacherfüllungsaufforderung

Der Nacherfüllungsanspruch gemäß § 13 Abs. 5 Nr. 1 VOB/B setzt neben dem Vorliegen eines Mangels die Leistung des Auftragnehmers während der Verjährungsfrist voraus, dass der Auftraggeber die Mängelbeseitigung durch eine eindeutige und inhaltlich zweifelsfreie empfangsbedürftige Willenserklärung verlangt. Nach ständiger Rechtsprechung des BGH ist der Mangel vom Auftraggeber nach seinem äußeren objektiven Erscheinungsbild exakt zu beschreiben (Symptomtheorie)[874]. Hierfür ist es nicht erforderlich, dass der Auftraggeber auch die Mängelursachen bezeichnet. Die Nacherfüllungspflicht des Auftragnehmers bezieht sich auf alle Mängelursachen, die den beschriebenen Mangel verursacht haben. Es genügt dabei nicht, die Bauleistung schlechthin als mangelhaft zu bezeichnen oder das Erscheinungsbild so ungenau zu beschreiben, dass eine eindeutige Zuordnung unmöglich ist[875]. Eine solche Mängelrüge wäre wirkungslos.

Die Konkretisierung ist notwendig, damit der Auftragnehmer Art und Umfang der von ihm geforderten Nacherfüllung erkennen kann. Außerdem damit der Auftraggeber später, insbesondere mit Ablauf der Verjährungsfrist, nicht ohne weiteres ursprünglich nicht gemeinte und nicht berechtigte weitere Mängel nachschieben kann[876]. Dennoch hat der Auftragnehmer grundsätzlich die Wahlfreiheit bei der Art und Weise, wie er die Mängel beseitigt. Eine Ausnahme kommt nur in Betracht, wenn das von ihm vorgesehene Verfahren zur Mängelbehebung untauglich ist[877].

b) Schriftliches Nachbesserungsverlangen

Gemäß § 13 Abs. 5 Nr. 1 S. 1 VOB/B ist das Nacherfüllungsverlangen schriftlich zu erklären. Allerdings ist die Schriftform nicht Entstehungsvoraussetzung für den Nacherfüllungsanspruch. Das Nacherfüllungsverlangen gemäß § 13 Abs. 5 Nr. 1 S. 1 VOB/B ist nichts anderes, als die Aufforderung des Auftraggebers an den Auftragnehmer zur ordnungsgemäßen Erfüllung seiner bauvertraglichen Pflichten. Die nachträgliche Erfüllungspflicht im Rahmen der Mängelhaftung ist faktisch die gleiche, die nach dem Bauvertrag für den Auftragnehmer von Anfang besteht.

---

[873] OLG Frankfurt, BauR 1979, 326.
[874] BGH, BauR 2002, 613.
[875] Für die Rüge „an einigen Fenstern blättert die Farbe ab": KG Berlin, BauR 1974, 345.
[876] KG Berlin, BauR 1974, 345; OLG Zweibrücken, BauR 1992, 770.
[877] OLG München, IBR 2002, 361, nachgehend BGH, NZBau 2002, 383.

Deshalb ist sowohl das Entstehen der Pflicht des Auftragnehmers zur Nacherfüllung, als auch die darauf beruhende Verpflichtung zum Handeln nicht von der Einhaltung der Schriftform abhängig[878]. Die Nacherfüllungsaufforderung des Auftraggebers kann somit auch mündlich ausgesprochen werden.

Festzuhalten ist allerdings, dass die Schriftform des Nachbesserungsverlangens Entstehungsvoraussetzung für den Neubeginn der Verjährung gemäß § 13 Abs. 5 Nr. 1 S. 2 VOB/B ist. Die Schriftform wahrt den Nacherfüllungsanspruch des Auftraggebers über die Vollendung der Verjährung hinaus, so dass der Auftragnehmer nach Ablauf der bisherigen Verjährungsfrist gehindert ist, die Einrede der Verjährung zu erheben[879].

c) Art und Umfang des Nacherfüllungsanspruches

Der Auftraggeber hat keinen Anspruch darauf, dass der Auftragnehmer einen Mangel in bestimmter Weise nachbessert. Vielmehr hat der Auftragnehmer bei Fehlen anderweitiger vertraglicher Regelungen das Recht, selbst zu bestimmen, auf welche Weise er den Mangel mit dem Endziel der Vertragsgerechtheit nachhaltig und dauerhaft beseitigen will[880]. Der Auftragnehmer hat also grundsätzlich die Wahlfreiheit bei der Art und Weise, wie er die Mängel beseitigt. Eine Ausnahme kommt nur in Betracht, wenn das von ihm vorgesehene Verfahren zur Mängelbehebung untauglich ist[881].

Die Beseitigung hat, wie dies § 13 Abs. 5 Nr. 1 S. 1 VOB/B vorsieht, auf Kosten des Auftragnehmers zu erfolgen. Dabei kann der Auftraggeber verpflichtet sein, die betreffende Bauleistung dem Auftragnehmer in dem zur Nacherfüllung erforderlichen Umfang zur Verfügung zu stellen. Insbesondere muss er ihm den Zugang bzw. die ungehinderte Nacherfüllungsarbeit ermöglichen. Insofern hat der Auftraggeber eine Mitwirkungspflicht, aus deren Verletzung dem Auftragnehmer Ansprüche aus Nebenpflichtverletzung erwachsen können, was dazu führen kann, dass dem Auftragnehmer der volle Vergütungsanspruch abzüglich ersparter Nacherfüllungsaufwendungen zusteht[882].

d) Begrenzung durch Sowieso-Kosten, Ohnehin-Kosten, Vorteilsausgleich

Der Begriff „Sowieso-Kosten" oder auch synonym zu verstehen „Ohnehin-Kosten" bezeichnet die Kosten, die dem Auftraggeber auch bei

---

[878] BGHZ 58, 332.
[879] BGHZ 59, 202.
[880] BGH, BauR 1973, 313.
[881] OLG München, IBR 2002, 361, nachgehend BGH, NZBau 2002, 383.
[882] Seidel, JZ 1991, 391.

mängelfreier Vertragsdurchführung entstanden wären und/oder die Kosten, die auch ohne das schädigende Ereignis entstanden wären. Gemeint ist die adäquate Kausalität zwischen Pflichtverletzung und Schaden. Bei den Sowieso-Kosten ist die Pflichtverletzung nicht kausal (ursächlich) für den Schaden. Bei der Bezifferung der Sowieso-Kosten sind diejenigen Mehraufwendungen zu ermitteln, die bei Befolgung des nunmehr vorgesehenen Konzepts von Anfang an auch entstanden wären. Die Sowieso-Kosten führen daher zu einer Anspruchsminderung. Erfordert die Mängelbeseitigung eine Kostenbeteiligung des Auftraggebers wegen „Sowieso-Kosten" oder Mitverschuldens, so dient es in besonderen Fällen dem Interessenausgleich, wenn der Auftraggeber dem Unternehmer vorab Sicherheit in einer Höhe leistet, die den auf ihn fallenden Kostenanteil in jedem Fall deckt[883].

Der zur Mängelbeseitigung verpflichtete Unternehmer hat allerdings dann keinen Anspruch auf die genannten Mehrkosten, wenn er nach dem Vertrag einen bestimmten Erfolg zu einem bestimmten Preis versprochen hat und sich die von ihm kalkulierte Ausführungsart später als unzureichend darstellt, was insbesondere bei Pauschalverträgen als Kalkulationsirrtum häufig zu beobachten ist. Bei der Bewertung des zur Nachbesserung erforderlichen Aufwands ist auf den Zeitpunkt abzustellen, in dem die vertragsgemäße Erfüllung geschuldet war.

Eine Erhöhung des Aufwands, die sich aus späteren Baukostensteigerungen ergibt, ist daher nicht zu berücksichtigen[884]. Solche Preissteigerungen sind dann auch Sowieso-Kosten[885]. Bei der Ermittlung der Sowieso- oder Ohnehin-Kosten ist von der zur Bauzeit üblichen, aus damaliger Sicht sicher zum Erfolg führenden Arbeitsweise auszugehen[886]. Es entspricht ständiger Rechtsprechung, dass der Werkunternehmer, der einen Mangel beseitigt, Anspruch auf Übernahme derjenigen Kosten durch den Besteller hat, um die das Werk bei ordnungsgemäßer Ausführung von vorneherein teurer gewesen wäre[887]. Dies wird mit Gesichtspunkten der Vorteilsausgleichung, aber auch mit solchen der ergänzenden Vertragsauslegung begründet. Vor allem der letztgenannte Ansatz überzeugt, der darauf abstellt, dass die Parteien so gestellt werden sollen, wie sie stünden, wenn ihnen von vorneherein deutlich gewesen wäre, dass die vorgesehene Ausführung unzulänglich geraten werde. In diesem Fall hätten sie sich von vorneherein auf die sachlich angemessene Lösung geeinigt und der Besteller hätte sich dann nach

---

[883] Rechtsgedanke des § 711 ZPO = OLG Nürnberg, Urteil vom 09.10.1998, Az. 6 U 1414/97.
[884] BGH, NJW 1995, 1836–1837.
[885] OLG Frankfurt/M., BauR 2007, 158.
[886] OLGR Nürnberg 2001, 93 = BauR 2001, 961–964.
[887] BGHZ 91, 206/211; Staudinger/Peters (2000), BGB, § 633, Rn. 184, je m.w.N.

Treu und Glauben nicht weigern können, die damit verbundenen Mehrkosten zu tragen. Dieser Ansatz erklärt zugleich, dass die Sowieso-Kosten nach dem damaligen Preisstand zu berechnen sind[888]. Unabhängig davon, ob man die Pflicht der Beklagten, diese Kosten zu tragen, eher mit einer ergänzenden Auslegung des Bauvertrages begründet, oder ob man die Regeln der Vorteilsausgleichung heranzieht, muss die übliche, sicher zur mängelfreien Werkleistung führende Methode herangezogen werden. Man kann den Parteien nämlich nicht unterstellen, sie hätten sich bei Erkennen des Problems auf Experimente eingelassen. Dies führt, wenn man den Anspruch auf Ersatz der Sowieso-Kosten mit Hilfe der ergänzenden Vertragsauslegung rechtfertigt, unmittelbar zur Annahme, die Parteien hätten sich für die damals übliche Arbeitsweise entschieden, weil das mit der Alternative verbundene Restrisiko bei seiner Verwirklichung zu ganz erheblichen Aufwendungen zwingt. Gleiches gilt aber auch dann, wenn man eher bei den Regeln über die Vorteilsausgleichung ansetzt. Denn auch in diesem Fall muss der auszugleichende Vorteil bemessen werden. Dabei spielt aber erneut die Frage die entscheidende Rolle, wie sich die Parteien bei von Anfang an regelgerechtem Arbeiten verhalten hätten. Vorteilsausgleich soll ja deswegen gewährt werden, weil es nicht einzusehen ist, dass der Besteller im Wege der Gewährleistung ein mängelfreies Werk erhält, das er bei von Anfang an mängelfreier Herstellung nach Treu und Glauben durch einen Aufschlag auf den ursprünglich vereinbarten Vertragspreis hätte bezahlen müssen, weil nur mit zusätzlichen Maßnahmen ein vertragsgerechtes Werk zu erstellen ist. Auch hier muss entschieden werden, welches die zusätzlichen Maßnahmen sind, deren Wert dem Besteller nicht ohne Gegenleistung zufließen soll. Auch hier müsste auf die zur Bauzeit üblichen Maßnahmen abgestellt werden[889].

Nach der Entscheidung des OLG Schleswig[890] gilt der Vorteilsausgleich „neu für alt" bei Mängelbeseitigungskosten nur eingeschränkt, weil sonst der Verpflichtete durch die Verzögerung der Nachbesserung besser gestellt wird.

2. Ersatzvornahme/Selbstvornahme des Auftraggebers, § 13 Abs. 5 Nr. 2 VOB/B

§ 13 Abs. 5 Nr. 2 VOB/B regelt den Fall, in dem der Auftragnehmer trotz nach § 13 Abs. 5 Nr. 1 VOB/B gegebener Verpflichtung seiner vertraglichen Nacherfüllungspflicht nicht oder nicht rechtzeitig nachkommt. Aus diesem Grunde hat der Auftraggeber ein Selbsthilferecht im Wege

---

[888] BGH, BB 1993, 2182.
[889] OLGR Nürnberg 2001, 93 = BauR 2001, 961–964.
[890] OLG Schleswig vom 29.5.2009, 14 U 137/08.

der Ersatz- oder (synonym) Selbstvornahme im Hinblick auf die erforderliche Nacherfüllung. Sind die Voraussetzungen von § 13 Abs. 5 Nr. 2 VOB/B gegeben, so hat der Auftragnehmer kein Nacherfüllungsrecht mehr.

a) Voraussetzungen der Selbstvornahme

Das durch § 13 Abs. 5 Nr. 2 VOB/B dem Auftraggeber zugestandene Selbsthilferecht setzt den fälligen und durchsetzbaren Nacherfüllungsanspruch voraus. Ferner muss der Auftraggeber den Auftragnehmer unter Setzung einer angemessenen Frist erfolglos zur Mangelbeseitigung aufgefordert haben. Maßgebend für die Angemessenheit der Fristsetzung ist nicht allein die subjektive Sicht des Auftraggebers, sondern die bei objektiver Betrachtung im Einzelfall anzunehmende Zeit, die ein ordnungsgemäßer Auftragnehmer braucht, um diesen Mangel zu beheben[891]. Unter besonderen Umständen kann die Fristsetzung entbehrlich sein, z. B. wenn der Auftragnehmer die Nacherfüllung verweigert[892] oder eine unverzügliche Selbstvornahme unter den Voraussetzungen des § 679 BGB im öffentlichen Interesse ist bzw., wenn Gefahr im Verzug vorliegt und außergewöhnliche Umstände besondere Eile gebieten[893].

b) Vorschuss- oder Erstattungsanspruch des Auftraggebers

aa) Kostenerstattungsanspruch

Das Recht des Auftraggebers, den Mangel auf Kosten des Auftragnehmers beseitigen zu lassen, gibt ihm zunächst einen Kostenerstattungsanspruch gegenüber dem Auftragnehmer[894]. Für Grund und Höhe dieser Kosten, die einklagbar sind, ist der Auftragnehmer darlegungs- und beweispflichtig. Er muss hierüber nachprüfbar entsprechend § 14 Abs. 1 VOB/B abrechnen. Dabei ist der Auftraggeber gehalten, sich bei der Ausübung seines Selbsthilferechts hinsichtlich des damit verbundenen kostenmäßigen Aufwandes in gebotenen Grenzen zu halten. Er darf nur das veranlassen, was nach objektiven Maßstäben notwendig ist. Entscheidend ist die nachhaltige Beseitigung des Mangels, auch wenn für diese notgedrungen eine aufwändigere Leistung erforderlich ist[895].

---

[891] OLG Naumburg, IBR 2001, 600.
[892] BGH, BauR 1976, 283.
[893] OLG Düsseldorf, NJW-RR 1993, 477 für den Fall des Auffindens einer schadhaften Schweißstelle im Winter gegen 18.00 Uhr an der Fernwärmehausanschlussstelle.
[894] BGH, BauR 1970, 48.
[895] OLG Frankfurt, NJW-RR 1998, 918.

bb) Kostenvorschussanspruch

Neben dem Kostenerstattungsanspruch ist der Auftraggeber auch berechtigt, von dem Auftragnehmer vor Inangriffnahme der Selbsthilfe einen Vorschuss in Höhe der zur Nacherfüllung voraussichtlich erforderlichen Kosten zu verlangen. Die Zuerkennung eines Kostenvorschussanspruches ist ein sich aus den Besonderheiten des Bauvertrages ergebendes Gebot der Billigkeit (§ 242 BGB). Es wird dem Auftraggeber seit je her von der Rechtsprechung zuerkannt[896], ist im Übrigen seit dem 01.01.2002 ausdrücklich in § 637 Abs. 3 BGB, der auch bei VOB/B-Verträgen zur Anwendung kommt, geregelt.

Der Kostenvorschuss muss im Rahmen der Erforderlichkeit liegen. Insoweit hat der Auftraggeber eine Nachweispflicht, etwa durch Vorlage des Kostenvoranschlags eines anderen Unternehmers. Als Nachweis kann es ausreichen, wenn der Auftraggeber wegen der Nacherfüllungskosten ein hinreichend aufgeschlüsseltes Gutachten eines Sachverständigen vorlegt, auch wenn die späteren tatsächlichen Kosten erheblich geringer sind[897]. Der BGH billigt dem Auftraggeber dabei zu, dass er die zu erwartenden Kosten schätzen kann[898]. Der durchgesetzte Vorschussanspruch ist nicht endgültig. Es handelt sich um die Vorwegnahme des Kostenerstattungsanspruchs des Auftraggebers im Sinne des Aufwendungsersatzes[899]. Daher muss der Auftraggeber den erhaltenen Vorschuss später abrechnen, also dem Auftragnehmer nachweisen, dass er den von ihm gezahlten Betrag nach Erfüllung benötigte und verwendet hat. Den nicht benötigten Teil des Vorschusses muss er dem Auftragnehmer zurückzahlen[900]. Gegebenenfalls kann er Nachzahlung verlangen.

c) Verweigerung der Vergütung wegen Mängel

Steht dem Auftraggeber ein Anspruch auf Nacherfüllung zu, kann er die Vergütung des Auftragnehmers auch noch nach der Abnahme des Werkes. Gemäß § 641 Abs. 3 BGB ist das allgemeine Leistungsverweigerungsrecht des § 320 BGB für das Werkvertragsrecht dahin ausgestaltet, dass der Auftraggeber regelmäßig den zweifachen Betrag der voraussichtlichen Mängelbeseitigungskosten einbehalten darf (sog. Druckzuschlag). Es kann ein höheres oder geringeres Zurückbehaltungsrecht gerechtfertigt sein. Hierfür sind die Verhältnisse des Einzelfalls unter Berücksichtigung von Treu und Glauben maßgebend.

---

[896] BGH, BauR 1999, 631; BGHZ 47, 272.
[897] OLG Koblenz, NJW-RR 1990, 981.
[898] BGH, BauR 2001, 789.
[899] BGH, BauR 1983, 365.
[900] BGHZ 94, 330.

Eine besondere Vorschrift gibt es hierzu in der VOB nicht, so dass auf § 641 Abs. 3 BGB für das Verweigerungsrecht abzustellen ist. Der das Verweigerungsrecht begründende Nacherfüllungsanspruch des Auftraggebers, der für die Zeit vor und nach der Abnahme in § 634 Nr. 1 i. V. m. § 635 BGB gesetzlich normiert ist, wird in der VOB/B an zwei verschiedenen Stellen und mit unterschiedlichen formalen Voraussetzungen geregelt: Vor der Abnahme ist gemäß § 4 Abs. 7 VOB/B und nach der Abnahme ist gemäß § 13 Abs. 5 VOB/B vorzugehen.

Das Leistungsverweigerungsrecht hindert den Eintritt des Schuldnerverzuges hinsichtlich der dem Auftragnehmer geschuldeten Vergütung[901]. Das Zurückbehaltungsrecht aus §§ 320, 641 Abs. 3 BGB schließt einen Schuldnerverzug ebenso aus wie die Möglichkeit, mit Erfolg Prozess- oder Fälligkeitszinsen geltend zu machen[902].

Gerät der Auftraggeber mit der Annahme der Mängelbeseitigung in Verzug, darf er gleichwohl – gemäß der bisherigen Rechtsprechung zu §§ 320 ff. BGB bzw. nach § 641 Abs. 3 BGB – die Zahlung des (vollen) Werklohns von der Beseitigung der Mängel abhängig machen. Er ist nach Treu und Glauben indes gehindert, mehr als einen Betrag in Höhe der einfachen Nachbesserungskosten vom Werklohn zurückzubehalten[903]. Noch weitergehend: Der Auftraggeber, der sich mit der Entgegennahme der Nachbesserung in Annahmeverzug befindet, kann nur den einfachen Betrag der Mängelbehebungskosten in Abzug bringen. Dies gilt auch gemäß § 641 Abs. 3 BGB in der Neufassung vom 26. November 2001. Ein Druckzuschlag ist bei Annahmeverzug mit der Nachbesserung nicht vorzunehmen[904].

Das Leistungsverweigerungsrecht des § 641 Abs. 3 BGB spielt im Rahmen des § 648 Abs. 1 S. 2 BGB – Grundbucheintragung einer Bauhandwerkersicherungshypothek – keine Rolle[905].

Macht der Bauherr nach der Abnahme Mängelbeseitigungsansprüche geltend, kommt aber dem Sicherungsverlangen des Bauunternehmers gemäß § 648a BGB nicht nach, kann er gegen den Vergütungsanspruch des Unternehmers ebenso wenig die fehlende Mängelbeseitigung einwenden, da dem Unternehmer seinerseits aus dem nicht erfüllten Sicherungsverlangen ein Leistungsverweigerungsrecht hinsichtlich der Mängelbeseitigung zusteht. Denn § 648a BGB ist auch anwendbar auf Mängelbeseitigung nach Abnahme[906]. Auch nach Abnahme der

---

[901] BGH, BauR 1999, 1025.
[902] OLG Düsseldorf, BauR 2004, 514–516.
[903] OLGR Celle 2004, 437–438 = NZBau 2004, 328–329; auch BGHZ 157, 102–117 = WM 2004, 290–295.
[904] OLG München, IBR 2002, 361, nachgehend BGH, NZBau 2002, 383.
[905] OLGR Stuttgart 2005, 223–225 = BauR 2005, 1047–1050.
[906] LG Mainz 9. Zivilkammer, Urteil vom 16. Juli 2003, Az. 9 O 435/02.

Werkleistung kann der Unternehmer wegen seiner noch offenen Vergütungsansprüche eine Sicherheit gemäß § 648a Abs. 1 BGB verlangen, da er hinsichtlich eventueller Mängelbeseitigungsansprüche des Bestellers faktisch vorleistungspflichtig ist. Kommt der Bauherr dem nach der Abnahme gestellten Sicherungsverlangen des Bauunternehmers nicht nach, kann er gegen den Vergütungsanspruch des Unternehmers zumindest in den Fällen, in denen das Vorliegen von Mängeln umstritten ist, die fehlende Mängelbeseitigung nicht einwenden, da dem Unternehmer aus dem nicht erfüllten Sicherungsverlangen insoweit ein Leistungsverweigerungsrecht zusteht[907]. Begehrt ein Bauunternehmer eine Bauhandwerkersicherungshypothek, ist der zu sichernde Werklohnanspruch um die glaubhaft gemachten Mängelbeseitigungskosten zu mindern. Daran ändert sich nichts dadurch, dass dem Unternehmer ein Leistungsverweigerungsrecht nach § 648a BGB zusteht. Zwar geht das Leistungsverweigerungsrecht des Unternehmers nach § 648a Abs. 1 BGB dem Zurückbehaltungsrecht des Bestellers wegen Mängel (§§ 320 Abs. 1, 641 Abs. 3 BGB) insoweit vor, als dass der Unternehmer die Mängelbeseitigung verweigern darf, bis die Sicherheit geleistet worden ist. Dies hat aber keine Auswirkung auf die Höhe der sicherbaren Forderung des Unternehmers nach § 648 BGB[908].

Eine Sicherheit, etwa als Bürgschaft, die für Werklohnforderungen aus einem Bauvertrag übernommen worden ist, erstreckt sich gemäß § 767 Abs. 1 Satz 3 BGB auch dann nicht auf Entgeltforderungen aus später vom Auftraggeber verlangten Auftragserweiterungen nach § 1 Abs. 3, § 1 Abs. 4 Satz 1 oder § 1 Abs. 4 Satz 2 VOB/B, wenn für den Bürgen bei Abschluss des Bürgschaftsvertrags erkennbar war, dass der Bauvertrag der VOB/B unterliegt[909]. So wird sichergestellt, dass der Bürge nicht automatisch über den von ihm zum Zeitpunkt der Gestellung der Sicherheit erkennbaren Rahmen hinaus verpflichtet wird. Soll durch eine entsprechende Vertragserfüllungssicherheit zugunsten des Auftragnehmers wirklich das spätere Nachtragsmanagement abgesichert werden, muss dies also ausdrücklich von der schriftlichen Bürgschaftserklärung erfasst werden. Ansonsten muss anlässlich eines Nachtrages hierfür neue Sicherheit mit all den Konsequenzen bis hin zur Leistungsverweigerung und Kündigungsmöglichkeit verlangt werden.

Ob sich dies dann etwa gegenüber den Banken oder Versicherern und zu welchen Konditionen vermitteln lässt, ist fraglich.

Kann der Auftraggeber wegen Mängel die Vergütung verweigern und zahlt er deshalb geforderte Abschlagszahlungen nicht, ist der Auftragnehmer nicht berechtigt, nach § 16 Abs. 5 Nr. 5 VOB/B die Leistungen

---

[907] OLG Brandenburg, NJW-RR 2003, 1527–1528 = NZBau 2003, 678–680.
[908] OLG Celle, BauR 2003, 133–134.
[909] BGH vom 15.12.2009 XI ZR 107/08.

einzustellen oder nach § 9 Abs. 1 Nr. 2 VOB/B zu kündigen. Ist die Bauleistung abgenommen, so kann der Auftraggeber auf Zahlung nur Zug um Zug gegen Beseitigung des Mangels verurteilt werden. Der Auftraggeber kann auch dann ein Leistungsverweigerungsrecht in zweifacher Höhe der Mängelbeseitigungskosten nach § 641 Abs. 3 BGB geltend machen, wenn dem Auftragnehmer mangels Sicherheitsleistung des Auftraggebers ein eigenes Leistungsverweigerungsrecht nach § 648 a Abs. 1 Satz 1 BGB zusteht. Um dem Anspruch des Auftragnehmers auf Absicherung seines Werklohnanspruchs Rechnung zu tragen, hat in diesem Fall eine doppelte Zug-um-Zug-Verurteilung zu erfolgen. Macht der Auftraggeber wegen konkreter, bereits beseitigungspflichtiger Mängel ein Leistungsverweigerungsrecht geltend, so ist insbesondere dann, wenn der Ablauf der Gewährleistungsfrist kurz bevorsteht, bei der Höhe der berechtigten Leistungsverweigerung eine Gewährleistungssicherheit mit einzubeziehen[910]. Das Verweigerungsrecht entfällt, sobald bestehende Mängel beseitigt sind[911].

Eine Klausel in AGB, wonach Mängelrügen den „vereinbarten Zahlungsplan" nicht ändern, verstößt gegen § 309 Nr. 2a BGB. Nach § 309 Nr. 2 a BGB unzulässig ist auch eine Klausel in einem Bauträger-Erwerber-Vertrag, wonach das dem Erwerber gegenüber dem Ratenzahlungsverlangen des Bauträgers zustehende Leistungsverweigerungsrecht nach § 320 BGB dahingehend beschränkt wird, dass es nur wegen anerkannter und rechtskräftig festgestellter Forderungen geltend gemacht werden kann[912].

3. Verjährung von Mängelbeseitigungsleistungen

a) Rechtsklarheit im VOB/B-Vertrag

Bei der Verjährung von Mängelansprüchen im Zusammenhang mit Mängelbeseitigungsleistungen ist neben § 13 Abs. 4 VOB/B nach der BGH-Rechtsprechung[913] Folgendes besonders zu beachten:

1. Bessert der Auftragnehmer nach Abnahme nach, wird bei Vereinbarung der VOB/B die Gewährleistungsfrist grundsätzlich gehemmt, bis die Mängelbeseitigungsarbeiten abgenommen sind.

2. Die Hemmung endet auch, wenn der Auftraggeber die Abnahme endgültig verweigert, weil er eine weitere Erfüllung des Vertrages ablehnt.

---
[910] OLG Brandenburg, NJW-RR 2002, 1316 = NZBau 2002, 678.
[911] BGHZ 157, 102–117 = WM 2004, 290–295.
[912] BGH, BauR 1992, 622.
[913] BGH 7. Zivilsenat, Entscheidungsdatum: 25.09.2008, Az. VII ZR 32/07.

3. Sie endet ferner, wenn der Auftraggeber die Abnahme der Mängelbeseitigungsleistung verweigert.
4. Sie endet auch, wenn der Auftragnehmer seinerseits die weitere Mängelbeseitigung ablehnt.
5. Erbringt der Auftragnehmer Mängelbeseitigungsleistungen und werden diese abgenommen, beginnt mit der Abnahme die neue Gewährleistungsfrist des § 13 Abs. 5 Satz 3 VOB/B.

Damit bestätigt der BGH seine bisherige Rechtsprechung[914]. Der BGH hatte schon früher[915] erkannt, dass die Mängelbeseitigung als Erfüllungshandlung im Rahmen der den Auftragnehmer bei der Herstellung des Werks treffenden Pflichten verselbständigt und nach ihrer Abnahme gemäß § 13 Abs. 5 Nr. 1 Satz 3 VOB/B einer eigenen Gewährleistung mit neuer Verjährungsfrist unterzogen wird. Dadurch werde das Interesse des Auftraggebers an einer mängelfreien Nachbesserung besonders sachgerecht gewahrt, weil er so vor unzureichenden Nachbesserungsversuchen und neuen, erst durch die Nachbesserung herbeigeführten Mängeln geschützt werde.

§ 13 Abs. 5 Nr. 1 Satz 3 VOB/B geht also davon aus, dass eine Abnahme der Mängelbeseitigung erfolgt, mit der die Erklärung des Auftragnehmers, die Mängelbeseitigung sei vorgenommen worden, überprüft und evtl. auch beanstandet werden kann. Damit werde zugleich stillschweigend vorausgesetzt, dass die Hemmung der alten Frist bis zur Abnahme oder einer ihr gleichstehenden Erklärung nicht beendet werde. Würde der Auftragnehmer die eingetretene Hemmung der Gewährleistungsfrist allein durch die einfache Erklärung (Mängelfreimeldung/Mängelbeseitigungsanzeige) beenden können, er habe den Mangel beseitigt, obwohl die Leistung nicht mängelfrei erbracht worden sei, wäre der Schutz für den Auftraggeber unvollkommen.

Ergänzend stellt der BGH fest, dass die Hemmung der Verjährung fortdauere, wenn der Auftragnehmer nach versagter Abnahme weitere Mängelbeseitigungsversuche vornimmt.

Sollte im Vertrag eine förmliche Abnahme vereinbart sein, bezieht sich diese nur auf den erwähnten § 12 VOB/B und nicht auf die Abnahme von Mängelbeseitigungsarbeiten.

Da derjenige, der aus der Beendigung der Hemmung Rechte herleiten will, also der Auftragnehmer, insoweit die Beweislast trägt, empfiehlt es sich für ihn, insoweit klare Erklärungen abzugeben und den Beendigungstatbestand beweiskräftig zu dokumentieren.

---

[914] BGH, Urteil vom 15. Juni 1989, VII ZR 14/88, BGHZ 108, 65.
[915] BGH, Urt. v. 15.06.1989 – VII ZR 14/88 – BauR 1989, 606.

b) Hinweis zur Rechtslage außerhalb der VOB/B

Im gesetzlichen Kaufrecht, Werklieferungsvertragsrecht oder Werkvertragsrecht wäre jeweils eine 2-Jahres-Frist bzw., im gesetzlichen Baurecht, die 5-Jahres-Frist zu beachten, § 638 BGB. Diese würde jeweils nach Übergabe bzw. Abnahme beginnen. Soweit dann nachgebessert wurde, könnte während der Zeit der Mängelklärung und der Reparatur die Verjährung wegen § 203 BGB gehemmt sein, und könnte danach neu zu laufen beginnen. So geht die herrschende Meinung davon aus, dass die Nacherfüllung ein Anerkenntnis gem. § 212 BGB sein könne und sodann die Gewährleistungsfrist neu beginnt. Dies gelte nur dann nicht, wenn der Verkäufer bzw. Unternehmer (Auftragnehmer) erkennbar nur aus Kulanz oder zur gütlichen Beilegung des Streits handelt. Dann würde lediglich für den Zeitraum der Reparatur wohl wegen § 203 BGB eine Hemmung gelten (so BGH, Urteil vom 05.10.2005, Az. VIII ZR 16/05, OLG Celle, Urteil vom 20.06.2006 – 16 U 287/05 oder OLG Nürnberg, Urteil vom 23.08.2005 – 3 O 991/05).

VII. Minderung, § 13 Abs. 6 VOB/B

§ 13 Abs. 6 VOB/B regelt das nur in Ausnahmefällen vorgesehene Recht auf Minderung der Vergütung des Auftragnehmers, da die VOB/B vorrangig eine vollständige Durchführung des Bauvertrages anstrebt. Grundsätzlich kann ein Nacherfüllungsanspruch daher nicht dadurch abgewährt werden, dass kein wesentlichen Mangel vorliegt, der die Gebrauchsfähigkeit erheblich beeinträchtigt[916]. Wenn jedoch gemäß § 13 Abs. 6 VOB/B die Beseitigung des Mangels für den Auftraggeber unzumutbar bzw. unmöglich ist oder sie einen unverhältnismäßigen Aufwand erfordern würde und der Auftragnehmer daher die Mängelbeseitigung verweigert, hat der Auftraggeber nur einen Anspruch auf Minderung der Vergütung.

1. Voraussetzungen der Minderung

a) Unzumutbarkeit

Unzumutbar ist die Beseitigung des Mangels dann, wenn der Vorgang der Nacherfüllung dem Auftraggeber besondere persönliche und/oder wirtschaftliche Opfer abfordert, die man ihm nicht zumuten kann. Zu beachten ist die berechtigte Interessenlage des Auftraggebers. Ist die Mängelbeseitigung für den Auftragnehmer unzumutbar, weil sie nicht

---

[916] OLG Düsseldorf, BauR 1980, 75.

zu einer funktionstauglichen Anlage führt, ist der Werklohn in entsprechender Anwendung von § 13 Abs. 6 S. 2 VOB/B zu mindern[917].

b) Unmöglichkeit

Eine objektiv gegebene Unmöglichkeit der Mängelbeseitigung i. S. des § 13 Abs. 6 Satz 1, 1. Alternative liegt vor, wenn weder der Auftragnehmer noch irgendein anderer Unternehmer in der Lage ist, den aufgetretenen Mangel zu beseitigen. Dabei darf der Gesichtspunkt des für den Auftraggeber Zumutbaren nicht außer Betracht bleiben, d. h., eine bloße „Experimentiererei" braucht der Auftraggeber nicht hinzunehmen[918].

Die Grenzen sind fließend. Es können beide Tatbestände vorliegen. Gehen z. B. von Möbeln Ausdünstungen aus, die je nach persönlicher Empfindlichkeit brennende Augen und/oder Kopfschmerzen verursachen und – ebenfalls abhängig vom subjektiven Empfinden – als beißend oder stechend, jedenfalls objektiv als unangenehm empfunden werden, so dass ein längerer Aufenthalt in den Räumen, in denen diese Möbel aufgestellt sind, nicht erträglich ist, weil das körperliche Wohlbefinden beeinträchtigt wird, sind derartige Möbel mit einem Fehler behaftet, der wesentlich ist und die Gebrauchsfähigkeit nicht nur beeinträchtigt, sondern aufhebt (§ 13 Abs. 1, 7 VOB/B). Die Mangelhaftigkeit der vom Auftragnehmer stammenden Werkleistungen berechtigt den Auftraggeber zur Minderung gem. § 13 Abs. 6 VOB/B. Ein Minderungsanspruch kann sowohl auf § 13 Abs. 6 Satz 1, 1. Alternative als auch auf § 13 Abs. 6 Satz 2 VOB/B gestützt werden, weil die Mängelbeseitigung unmöglich, aber auch für den Auftraggeber unzumutbar ist.

c) Unverhältnismäßigkeit

Eine Unverhältnismäßigkeit der Nachbesserungskosten, die den Unternehmer zur Verweigerung der Nachbesserung berechtigt, wird in aller Regel nur anzunehmen sein, wenn einem objektiv geringen Interesse des Bestellers an einer völlig ordnungsgemäßen Vertragsleistung ein ganz erheblicher und deshalb unangemessener Aufwand gegenübersteht. Ist die Funktionsfähigkeit des Werkes spürbar beeinträchtigt, so kann Nachbesserung regelmäßig nicht wegen hoher Kosten verweigert werden[919].

---

[917] OLG Dresden, BauR 2003, 262.
[918] LG Nürnberg-Fürth, NJW-RR 1986, 1466.
[919] BGH, BauR 1996, 858.

2. Berechnung der Minderung

Bei der Minderung ist die Vergütung in dem Verhältnis herabzusetzen, in welchem

— zur Zeit des Vertragsschlusses
— der Wert des Werkes in mangelfreiem Zustand
— zu dem wirklichen Wert gestanden haben würde.

Die Minderung ist, soweit erforderlich, durch Schätzung zu ermitteln. So bestimmt es § 638 Abs. 3 BGB.

Praktisch wird die Minderung oft in Höhe der Mängelbeseitigungskosten angesetzt. Dies kommt aber nicht in Betracht, wenn die Nachbesserung unmöglich oder unverhältnismäßig ist. Dann erfolgt eine Bewertung anhand des Einzelfalls und des Grundsatzes der Angemessenheit.

Verwendet der Auftragnehmer z. B. im Vergleich zur geschuldeten Ausführung minderwertiges Material, dann ist die Vergütung des Auftragnehmers um den Vergütungsanteil zu mindern, der der Differenz zwischen der erbrachten und der geschuldeten Ausführung entspricht[920].

Auch kann der Auftraggeber Minderung für einen technischen Minderwert verlangen, der durch die vertragswidrige Ausführung im Vergleich zu geschuldeten verursacht worden ist[921].

Neben einer Minderung für einen technischen Minderwert kann der Auftraggeber für einen merkantilen Minderwert Minderung verlangen, wenn die vertragswidrige Ausführung eine verringerte Verwertbarkeit zur Folge hat, weil die maßgeblichen Verkehrskreise ein im Vergleich zu vertragsgemäßen Ausführung geringeres Vertrauen in die Qualität haben[922].

Bei optischen Mängeln ist die Werklohnminderung aufgrund der Wertminderung des optischen Wertanteils der Leistung sachverständig zu ermitteln. Ist etwa zu erwarten, dass auch noch nach Nachbesserung einer z. B. mangelhaft ausgeführten Fassadenputzarbeit Unebenheiten innerhalb der zulässigen Toleranzgrenzen verbleiben, darf der Unternehmer die Nachbesserung wegen Unverhältnismäßigkeit ablehnen. Bei den dann bloß optischen Mängeln der Fassadenputzarbeiten ist die Werklohnminderung aufgrund der Wertminderung des optischen Wertanteils der Leistung (hier: 50 %) sachverständig zu ermitteln[923].

---

[920] BGHZ 153, 279.
[921] BGHZ 153, 279.
[922] BGHZ 153, 279.
[923] OLGR Düsseldorf, BauR 1999, 404.

VIII. Schadensersatz, § 13 Abs. 7 VOB/B

Inhalt und Grenzen des Schadensersatzanspruches des Auftraggebers, die durch einen schuldhaft verursachten Mangel entstehen (Mangelfolgeschäden), regelt § 13 Abs. 7 VOB/B.

Dies grenzt den Anspruch zu § 6 Abs. 6 VOB/B wegen Behinderungen und Unterbrechungen ab. Gleichwohl bleibt hier hinsichtlich der Berechnung der Schadenshöhe nach der Differenzmethode auf die entsprechende Kommentierung zu § 6 Abs. 6 VOB/B zu verweisen.

1. Leben, Körper, Gesundheit, § 13 Abs. 7 Nr. 1 VOB/B

Nach § 13 Abs. 7 Nr. 1 VOB/B haftet der Auftragnehmer für alle Schäden, die durch einen schuldhaft verursachten Mangel aus der Verletzung des Lebens, des Körpers oder der Gesundheit entstanden sind oder entstehen. Hierfür reicht leicht Fahrlässigkeit. Ein gemäß § 13 Abs. 7 Nr. 1 VOB/B begründeter Schadensersatzanspruch, der auf den zur Mängelbeseitigung erforderlichen Geldbetrag gerichtet ist, steht dem Besteller/Auftraggeber unabhängig davon zu, ob er die Mängel beseitigen lassen will. Er erlischt z. B. auch nicht dadurch, dass ein Auftraggeber das Grundstück, auf dem sich das mangelhafte Bauwerk befindet, veräußert, bevor er den zur Mängelbeseitigung erforderlichen Geldbetrag erhalten hat[924].

2. Vorsätzlich oder grob fahrlässig verursachte Mängel, § 13 Abs. 7 Nr. 2 VOB/B

§ 13 Abs. 7 Nr. 2 VOB/B erweitert die Haftung bei vorsätzlich oder grob fahrlässig verursachten Mängeln auf alle weitere Schäden.

3. Schaden an der baulichen Anlage, § 13 Abs. 7 Nr. 3 VOB/B

§ 13 Abs. 7 Nr. 3 S. 1 VOB/B ist eine haftungsbegrenzende Regelung. Eine Erweiterung auf die Fälle des großen Schadensersatzes, der alle durch den Mangel entstandenen Schäden umfasst, enthält § 13 Abs. 7 Nr. 3 S. 2 VOB/B. Dabei wird auf die Beschaffenheitsvereinbarung abgestellt.

Eine weitere Voraussetzung für den Schadensersatz ist, dass die Schäden auch durch eine Nacherfüllung nicht hätten behoben werden kön-

---

[924] BGH, Datum: 06.11.1986, Az. VII ZR 97/85 = BauR 1987, 89 ff.

nen, bzw. noch zu vermeiden sind (z. B. Verdienstausfall, Mietausfall, oder Gutachterkosten nach vergeblichen Nacherfüllungsversuchen) oder die Nacherfüllung verweigert wird. Die Folgeschäden aus Mängeln, die selbst nach der Mängelbeseitigung noch verbleiben, können nur durch Schadensersatz liquidiert werden[925].

Wenn der Schaden aus dem Mangel besteht (Identität), ist der Schadensersatzanspruch begründet, wenn eine vom Auftraggeber gesetzte Frist zur Nacherfüllung fruchtlos verstrichen ist, eine Fristsetzung nicht erforderlich war oder die Voraussetzungen der Minderung vorliegen und der Schaden durch die Minderung noch nicht vollständig abgegolten ist. Eine Ausnahme besteht für den Einwand der unverhältnismäßigen Nacherfüllungskosten. Der Schadensersatz ist dann auf Minderung beschränkt.

Liegen auch die Voraussetzungen der Minderung vor, hat der Auftraggeber nach Ablauf einer fruchtlosen Nacherfüllungsfrist ein Wahlrecht auf Schadensersatz oder Minderung. Wird Schadensersatz gewählt, geht das Minderungsrecht betragsmäßig in dem Schadensersatzbetrag auf.

Ist die Gesamtleistung untauglich, werden vom Schadensersatz die Kosten des Abrisses, Abtransportes und der Lagerung oder Vernichtung der entsprechenden Bauteile umfasst[926]. Gutachterkosten, die aufgewendet werden, um an der baulichen Anlage entstandene Schäden festzustellen und zu klären, sind Schäden an der baulichen Anlage, so dass diese Kosten jedenfalls bei Feststellung eines Schadens als Schadensersatzanspruch vom Schädiger erstattet verlangt werden können[927]. Der Anspruch steht von vornherein neben dem Nachbesserungsanspruch.

Den über den Rahmen von § 13 Abs. 7 Nr. 3 S. 1 VOB/B hinausgehenden Schaden kann der Auftraggeber nur nach den in § 13 Abs. 7 Nr. 3 S. 2 VOB/B geregelten Voraussetzungen verlangen. Folgendes Beispiel soll dies verdeutlichen: Infolge der von dem Auftragnehmer nicht fachgerecht hergestellten Außenisolierung und Drainage stellen sich Mängel an den Innenwänden und Fußböden des Kellers erst infolge des fehlerhaften Werkes ein, nachdem Anstrich, Tapeten und Teppichböden für sich genommen zunächst keinen Anlass für Beanstandungen gaben. Selbst wenn der Keller trockengelegt wird, bleiben die schadhaften Innenbeläge. Diese in Ordnung zu bringen, ist nicht Gegenstand der nötigen Nachbesserung an der Unterkellerung des Hauses, sondern des Schadensersatzanspruches[928].

---
[925] OLG Frankfurt, Datum: 18.03.2002, Az. 1 U 35/01 = IBR 2003, 10.
[926] OLG Düsseldorf, NJW-RR 1996, 305.
[927] LG Nürnberg-Fürth, NJW-RR 1986, 1466.
[928] BGH, NJW-RR 1990, 786.

4. Anwendung der gesetzlichen Verjährungsfristen, § 13 Abs. 7 Nr. 4 VOB/B

Die in den ersten drei Absätzen des § 13 Abs. 7 VOB/B geregelten Schadensersatzansprüche verjähren an sich nach Maßgabe des § 13 Abs. 4 VOB/B unter Einschluss der Sonderregelungen in § 13 Abs. 5 Nr. 1 S. 2 und 3 VOB/B. Diese Verjährungsbestimmungen gelten grundsätzlich auch für den Schadensersatzanspruch, weil er an sich neben den Mängelrechten auf Nacherfüllung oder Minderung nach § 13 Abs. 5 oder Abs. 6 VOB/B steht[929]. Gemäß § 13 Abs. 7 Nr. 4 VOB/B kann hier jedoch auch bei einem VOB/B-Bauvertrag die gesetzliche Verjährungsfrist nach § 634a BGB eintreten, sofern sich der Auftragnehmer im Sinne des § 13 Abs. 7 Nr. 3 S. 2 c VOB/B durch Versicherung geschützt hat, hätte schützen können oder soweit ein besonderer Versicherungsschutz vereinbart ist.

5. Sondervereinbarungen, § 13 Abs. 7 Nr. 5 VOB/B

§ 13 Abs. 7 Nr. 5 VOB/B eröffnet den Parteien des VOB/B-Bauvertrages die Möglichkeit, die Haftung in Bezug auf den in § 13 Abs. 7 VOB/B geregelten Schadensersatzanspruch einzuschränken oder zu erweitern. Dies bedarf einer ausdrücklichen vertraglichen Vereinbarung. Die Vereinbarung muss inhaltlich bestimmt und für den Betroffenen nicht überraschend sein. Sie darf also auch als Individualvereinbarung weder einen Verstoß gegen ein gesetzliches Verbot (§ 234 BGB), noch gegen die guten Sitten (§ 138 BGB), noch einen Verstoß gegen die Grundsätze von Treu und Glauben (§ 242 BGB) enthalten. Zu beachten ist außerdem, dass auch in Individualregelungen nach § 276 Abs. 3 BGB die Haftung des Auftragnehmers für vorsätzliches Handeln nicht erlassen werden kann. Dies gilt allerdings nicht für die Haftung des Auftragnehmers für das Verhalten seiner Erfüllungsgehilfen (§ 278 S. 2 BGB). Sofern die Haftung durch Allgemeine Geschäftsbedingungen eingeschränkt oder erweitert werden soll, ist diese Vereinbarung anhand der §§ 305 ff. BGB auf Wirksamkeit hin zu prüfen.

---

[929] BGHZ 58, 332.

Abrechnung § 14 VOB/B

(1) Der Auftragnehmer hat seine Leistungen prüfbar abzurechnen. Er hat die Rechnungen übersichtlich aufzustellen und dabei die Reihenfolge der Posten einzuhalten und die in den Vertragsbestandteilen enthaltenen Bezeichnungen zu verwenden. Die zum Nachweis von Art und Umfang der Leistung erforderlichen Mengenberechnungen, Zeichnungen und andere Belege sind beizufügen. Änderungen und Ergänzungen des Vertrags sind in der Rechnung besonders kenntlich zu machen; sie sind auf Verlangen getrennt abzurechnen.

(2) Die für die Abrechnung notwendigen Feststellungen sind dem Fortgang der Leistung entsprechend möglichst gemeinsam vorzunehmen. Die Abrechnungsbestimmungen in den Technischen Vertragsbedingungen und den anderen Vertragsunterlagen sind zu beachten. Für Leistungen, die bei Weiterführung der Arbeiten nur schwer feststellbar sind, hat der Auftragnehmer rechtzeitig gemeinsame Feststellungen zu beantragen.

(3) Die Schlussrechnung muss bei Leistungen mit einer vertraglichen Ausführungsfrist von höchstens 3 Monaten spätestens 12 Werktage nach Fertigstellung eingereicht werden, wenn nichts anderes vereinbart ist; diese Frist wird um je 6 Werktage für je weitere 3 Monate Ausführungsfrist verlängert.

(4) Reicht der Auftragnehmer eine prüfbare Rechnung nicht ein, obwohl ihm der Auftraggeber dafür eine angemessene Frist gesetzt hat, so kann sie der Auftraggeber selbst auf Kosten des Auftragnehmers aufstellen.

I. Allgemeines

§ 14 VOB/B bestimmt, in welcher Form der Auftragnehmer seine Leistungen abrechnen muss. Er regelt zudem die Frist, binnen derer die Abrechnung erfolgen muss, und gewährt dem Auftraggeber das Recht der Ersatzvornahme, rechnet der Auftragnehmer nicht fristgemäß ab.

II. Prüfbare Abrechnung, § 14 Abs. 1 VOB/B

1. Prüfbar abrechnen

Nach § 14 Abs. 1 S. 1 VOB/B muss der Auftragnehmer seine Leistungen prüfbar abrechnen.

a) Inhalt

Er muss

— die Rechnungen übersichtlich aufstellen,

— die Reihenfolge der Posten einhalten

und

— die in den Vertragsbestandteilen enthaltenen Bezeichnungen verwenden.

Rechnungen in diesem Sinne sind alle schriftlichen Aufstellungen über Vergütungsansprüche des Auftragnehmers. In Betracht kommen Rechnungen über Abschlagszahlungen, Schlusszahlungen sowie Teilschlusszahlungen und auch Stundenlohnrechnungen, § 16 Abs. 1, Abs. 3, Abs. 4 sowie § 15 Abs. 4 VOB/B.

Übersichtlich ist die Rechnungsaufstellung, wenn sie die Leistungselemente genau bezeichnet und Überschneidungen, Unklarheiten sowie Unvollständigkeiten etc. vermeidet. Die Übersichtlichkeit verlangt die Einhaltung der äußeren Übereinstimmung mit Vertragsunterlagen, insbesondere dem Leistungsverzeichnis. Der Auftraggeber muss die Abrechnung mit der vertraglichen Vereinbarung zum Rechnungsinhalt vergleichen können.

b) Beizufügende Unterlagen

Außerdem muss er die zum Nachweis von Art und Umfang der Leistung erforderlichen Mengenberechnungen, Zeichnungen und andere Belege beifügen. Bloßes Bereithalten zur Einsichtnahme des Auftraggebers genügt regelmäßig nicht[930]. „Andere Belege" in vorgenanntem Sinne sind solche Unterlagen, die zur Erläuterung oder dem Nachweis der einzelnen Rechnungsansätze von Bedeutung sein können. Nur dann, wenn die Unterlagen zum Nachweis von Art und Umfang der Leistung nicht benötigt werden, brauchen sie der Abrechnung nicht beigefügt zu

---

[930] LG Hanau, SFH § 14 VOB/B Nr. 4.

werden[931], ggf. Revisionsunterlagen[932]. Auch müssen Unterlagen regelmäßig nicht beigefügt werden, wenn der Auftraggeber die Bauleitung selbst in die Hand genommen oder einen Architekten damit beauftragt hat[933]. Denn dann kann er sich an Ort und Stelle von Art und Umfang der Leistungen selbst überzeugen[934]. Ist die Leistung nach Art und Umfang unstreitig oder kann der Auftraggeber dieses aus den ihm ohnehin schon zur Verfügung gestellten Unterlagen ersehen, muss der Auftragnehmer gleichfalls nicht alle der vorgenannten Unterlagen beifügen[935].

c) Änderungen und Ergänzungen

Besonders kenntlich zu machen sind in Rechnungen evtl. Änderungen und Ergänzungen des Vertrages. Dieses ist ein Gebot der Transparenz, damit der Prüfbarkeit. Denn zusätzliche oder geänderte Leistungen sind in der Leistungsbeschreibung nicht enthalten, entsprechend im Rahmen der prüfbaren Rechnung mit klarer Kennzeichnung besonders aufzuführen. Dies gilt auch für Änderungen oder Ergänzungen von Pauschalpreisverträgen[936]. Verändert sich hingegen lediglich der Umfang der erbrachten Leistung (Fordersätze), so sind solche Abweichungen ersichtlich aus dem Aufmaß[937], werden unter Berücksichtigung des ursprünglichen Leistungsverzeichnisses lediglich erhöhte Mengen abgerechnet, vgl. § 2 Abs. 3 VOB/B.

2. Informations- und Kontrollinteresse des Auftraggebers

Prüfbar ist die Abrechnung, wenn sie dem Informations- und Kontrollinteresse des Aufraggebers gerecht wird. Dieser muss sich sachgerecht verteidigen können. Die Frage der Prüfbarkeit ist danach nicht eine solche, die nach objektiven Kriterien zu beantworten ist. Denn damit würde über das mit der Prüfbarkeit verfolgte Schutz- und Kontrollinteresse des Auftraggebers hinausgeschossen[938].

Nicht entscheidend für die Prüfbarkeit hingegen ist, ob die Berechnung sachlich richtig oder falsch ist. Im Sinne der Prüfbarkeit muss der Auftragnehmer also die vereinbarte Vergütung und darüber hinaus auch darlegen, welche Kosten er erspart hat und ggf., welchen anderweitigen

---

[931] OLG Düsseldorf, SFH § 14 VOB/B Nr. 3; BGH, BauR 1990, 605; OLG München, BauR 1993, 346.
[932] OLG Celle, BauR 1995, 261.
[933] OLG München, BauR 1993, 346.
[934] LG Hanau, SFH § 14 VOB/B Nr. 4.
[935] OLG Köln, MDR 1964, 1003.
[936] BGH, BauR 1989, 87.
[937] BGH, NJW 1967, 342.
[938] BGH, BauR 1999, 635; BauR 1999, 1185; BauR 2000, 1191.

Erwerb er sich anrechnen lassen muss[939]. Maßgebend insoweit sind die Kosten, die durch die Nichtausführung des Vertrages entfallen sind[940]. Denn Fehler der Abrechnung berühren die Prüfbarkeit nicht[941]. Die Prüfbarkeit ist also kein Selbstzweck. Verfügt der Auftraggeber z. B. über einen Architekten, dem er die Objektüberwachung nach Leistungsphase 8 der Anlage 11 zu §§ 33 und 38 Abs. 2 HOAI, in der auch die Rechnungsprüfung enthalten ist, übertragen hat, genügt es im Allgemeinen, wenn der Auftragnehmer die Rechnung so aufstellt, dass der sachkundige Architekt sie prüfen kann. Hat der Auftraggeber hingegen Zweifel, muss er vor dem Architekten aufgrund des Vertrages mit diesem Aufklärung verlangen[942].

Dem subjektiven Kontrollinteresse des Auftraggebers Rechnung tragend sind die Anforderungen an die Prüfbarkeit ebenso gering einzustufen, wenn der Auftraggeber selbst Bauunternehmer ist, aufgrund seiner eigenen Erkenntnismöglichkeit im Sinne einer objektiv zu bewertenden Nachvollziehbarkeit hier die Rechnung nachvollziehen kann[943].

3. Vorzeitig beendeter Pauschalpreisvertrag

Besondere Schwierigkeit betreffend der prüfbaren Abrechnung bietet regelmäßig die Abrechnung von Leistungen auf Grundlage des gekündigten Pauschalpreisvertrages. Denn ebenso wie nach einem vollständig abgewickelten Vertrag muss der Auftragnehmer nach einer Kündigung eine prüfbare Schlussrechnung gem. § 14 VOB/B erstellen, so § 8 Abs. 6 VOB/B[944].

Zur Abrechnung dieses vorzeitig beendeten Pauschalpreisvertrages hat der Auftragnehmer die erbrachten Leistungen vorzutragen, diese von dem nicht ausgeführten Teil abzugrenzen und das Verhältnis der bewirkten Leistungen zur vereinbarten Gesamtleistung sowie des Preisansatzes für die Teilleistungen zum Pauschalpreis darzulegen. Die Abrechnung muss auf der Grundlage des Vertrages erfolgen und den Besteller in die Lage versetzen, sich sachgerecht zu verteidigen[945].

---

[939] BGH, BauR 1999, 516; BGH, BauR 1997, 304; BGH, BauR 1997, 643.
[940] BGH, BauR 1999, 516; BGH, BauR 1996, 846 und BGH, BauR 1998, 185.
[941] BGH, BauR 1999, 635; BGH, BauR 1997, 1065.
[942] BGH, NJW 1967, 342.
[943] OLG Karlsruhe, BauR 1989, 208.
[944] BGH, BauR 1999, 635.
[945] St. Rspr. zuletzt BGH, Entscheidung vom 13.05.2004, Az. VII ZR 424/02; BGH, BauR 2003, 1588; BauR 2002, 1695.

Die nachträgliche Aufgliederung des Pauschalpreises in Einzelleistungen und Preise muss zum Beleg der Prüfbarkeit in der Regel die Gesamtleistung erfassen[946].

Auch bei der Beurteilung der prüfbaren Abrechnung eines gekündigten Bauvertrages sind die der Schlussrechnung beigefügten Unterlagen zu berücksichtigen: Diese müssen dem Auftraggeber die Prüfung ermöglichen, ob die Ansätze des Auftragnehmers den vertraglichen Grundlagen entsprechen[947]. Denn gerade auch für die Prüfbarkeit einer Schlussrechnung nach gekündigtem Pauschalpreisvertrag bestimmt sich deren Maßstab nicht allein nach abstrakt-objektiven Kriterien, sind stattdessen maßgeblich die Informations- und Kontrollinteressen des Auftraggebers. Diese bestimmen und begrenzen Umfang und Differenzierung der für die Prüfung erforderlichen Angaben[948]. In diesem Sinne ist die Frage, in welchem Umfang die Schlussrechnung aufgeschlüsselt werden muss, damit sie den Auftraggeber in die Lage versetzt, sie in der gebotenen Weise zu überprüfen, eine solche des Einzelfalls. Sie hängt abgesehen von den Besonderheiten der Vertragsgestaltung und der Vertragsdurchführung auch, wie ausgeführt, von den Kenntnissen und Fähigkeiten des Auftraggebers und seiner Hilfsperson ab[949].

4. Fälligkeit

Die Prüfbarkeit der Schlussrechnung ist Fälligkeitsvoraussetzung für die Schlusszahlung im Sinne von § 16 Abs. 3 Nr. 1 VOB/B[950]. Fälligkeitsvoraussetzung ist die Prüfbarkeit gleichermaßen für den Einheitspreis- sowie den Pauschalpreisvertrag. Diese Fälligkeitsvoraussetzung tritt damit neben diejenige der Abnahme oder Teilabnahme von Leistungen, § 12 VOB/B.

Ausnahmsweise kann der Auftraggeber sich nur dann nicht auf mangelnde Fälligkeit wegen fehlender Prüfbarkeit berufen, wenn dieses treuwidrig ist. Dieses ist z. B. der Fall, wenn bereits Jahre nach Beendigung der Arbeiten verstrichen sind, der Bau bereits in andere Hände übergegangen ist und der Auftragnehmer wegen des Zeitablaufs nicht mehr in der Lage ist, die prüfbare Rechnung aufzustellen (so BGH, MDR 1968, 40).

In der Konsequenz wäre die auf eine nicht prüfbare Abrechnung gestützte Werklohnklage mangels Fälligkeit als zur Zeit unbegründet abzuwei-

---
[946] BGH, Entscheidung vom 13.05.2004, Az. VII ZR 424/02; BGH, BauR 2000, 1182.
[947] BGH, NJW 2003, 581.
[948] BGH, NJW 2001, 521.
[949] BGH, BauR 1999, 1185.
[950] BGHZ 83, 382 ff.; BGH BauR 1990, 605; BGHZ 140, 365.

sen, nicht wegen fehlender Substantiierung als endgültig unbegründet abzuweisen[951].

III. Gemeinsame Abrechnung, § 14 Abs. 2 VOB/B

1. Gemeinsame Feststellungen

Nach § 14 Abs. 2 S. 1 VOB/B sind die für die Abrechnung notwendigen Feststellungen dem Fortgang der Leistungen entsprechend möglichst gemeinsam vorzunehmen. Außerdem sollen die Parteien die Abrechnungsbestimmungen in den Technischen Vertragsbedingungen und den anderen Vertragsunterlagen beachten, § 14 Abs. 2 S. VOB/B. Im Hinblick auf das zu erstellende Aufmaß handelt es sich um die für die Rechnungsaufstellung notwendige Feststellung der wirklich geleisteten Fordersätze (Mengen) durch den Auftragnehmer. Die gemeinsame Feststellung soll gewährleisten, dass etwaige Zweifelsfragen aufgedeckt und nach Möglichkeit sofort geklärt werden können, damit klare Verhältnisse geschaffen und spätere Streitigkeiten vermieden werden[952].

Zweck der gemeinschaftlichen Feststellung ist, dass Auftraggeber und Auftragnehmer zusammen an Ort und Stelle die auf die erbrachte Leistung bezogenen, für die Abrechnung bedeutsamen Tatsachen ermitteln[953]. Die Feststellungen liegen also zeitlich vor Rechnungserteilung. Demnach dürfte kein Fall des gemeinsamen Aufmaßes vorliegen, wenn der Architek oder der Auftraggeber eigene Feststellungen erst später bei dem Vorliegen der Rechnungen trifft, auch nicht wenn sich der Auftragnehmer damit einverstanden erklärt[954].

Festzustellen sind alle Umstände der Leistungen, die für eine ordnungsgemäße Abrechnung eine Rolle spielen. Hierzu gehören grundsätzlich alle Ermittlungen am Leistungsobjekt und dieses nicht nur anhand von Plänen[955]. Dieses im Hinblick auf den für die vereinbarte Vergütung maßgebenden Wert nach Zahl, Maß und Gewicht im Bereich der sog. Fordersätze.

Vereinbarten die Parteien eine Vergütung gemäß Einheitspreisvertrag, ist die Vornahme des Aufmaßes insoweit von besonderer Bedeutung. Dann müssen die Fordersätze (Mengen) zu Berechnung der verdienten Vergütung aufgemessen werden. Im Hinblick auf den Pauschalpreisver-

---

[951] BGH, BauR 1999, 635; BauR 1995, 126; BGH, BauR 2000, 1191.
[952] KG Berlin, SFH, Z 2.412, Bl. 16 ff.
[953] OLG Stuttgart, BauR 1972, 318.
[954] BGH, Urteil vom 26.09.1968, VII ZR 126/66.
[955] OLG Köln, BauR 1994, 114.

trag ist das gemeinsame Aufmaß insbesondere bei erforderlich gewordener Anpassung der Vergütung wegen Veränderung des Leistungsinhaltes geboten[956].

2. Rechtsfolgen der gemeinsamen Feststellungen

Seiner Rechtsnatur nach ist das gemeinsame Aufmaß regelmäßig kein konstitutives Schuldanerkenntnis, insbesondere nicht des Auftraggebers im Hinblick auf die aufgemessene Leistung. Denn dafür wäre erforderlich, dass die Parteien eine selbständige neue Verpflichtung, unabhängig vom bisherigen geschuldeten Verhältnis schaffen wollten, was im Hinblick auf ein gemeinsames Aufmaß regelmäßig nicht anzunehmen ist[957].

Gleichwohl wollen die Parteien im Allgemeinen im Hinblick auf ein gemeinsames Aufmaß spätere Streitigkeiten vermeiden, insoweit Feststellungen in tatsächlicher Hinsicht treffen. Deshalb ist wohl ein deklaratorisches Schuldanerkenntnis anzunehmen. In der Konsequenz sind die Parteien, insbesondere der Auftraggeber, an die tatsächlichen Feststellungen des Aufmaßes gebunden[958]. Auch der öffentliche Auftraggeber kann sich insoweit nicht durch eine spätere Überprüfung seitens der Rechnungsberufungsbehörde von den tatsächlichen Feststellungen lösen[959].

Entsprechend schwer ist es insbesondere für den Auftraggeber nach gemeinsamem Aufmaß einzuwenden, die Feststellungen des gemeinsamen Aufmaßes entsprechen nicht der Wirklichkeit. Kann er dieses jedoch substantiiert darlegen und beweisen, insbesondere, dass ihm die Unrichtigkeit begründende Tatsachen erst nach dem gemeinsamen Aufmaß bekannt geworden sind, so sollte er den Beweis der Unrichtigkeit des Aufmaßes – nach Umkehr der Beweislast – führen dürfen[960].

Einwände in rechtlicher Hinsicht sind den Parteien ohnehin nicht abgeschnitten, weil das Aufmaßergebnis nur Tatsachen dokumentiert. Nach wie vor können die Partein, insbesondere der Auftraggeber, einwenden, die Aufmaßbestimmungen (DIN-Vorschriften) seien nicht richtig angewandt[961], die betreffende Leistung sei durch eine andere Position mitumfasst oder nach der Vereinbarung nicht bzw. bei richtiger Ver-

---

[956] OLG Celle, BauR 1999, 496.
[957] BGH, WM 1967, 1824; KG Berlin, NJW 1975, 1326.
[958] BGH, NJW 1974, 646; BauR 1975, 211; KG Berlin, MDR 1956, 356.
[959] OLG Hamm, BauR 1992, 242.
[960] OLG Hamm, BauR 1992, 242; BGH, BauR 1975, 211; OLG München, NJW-RR 1987, 1500.
[961] OLG Düsseldorf, BauR 1991, 722.

tragsauslegung anders zu berechnen oder vertraglich überhaupt nicht vereinbart. Denn Einwendungen dieser Art werden vom Zweck des Aufmaßes nicht erfasst[962].

3. Antrag auf gemeinsame Feststellungen durch Auftragnehmer

Mit Blick auf die erhebliche Bedeutung des zu dokumentierenden Leistungsstandes für die Abrechnung hat der Auftragnehmer rechtzeitig die gemeinsame Feststellung zu beantragen. Dieses insbesondere mit Blick auf Leistungen, die bei Weiterführung der Arbeiten nur schwer feststellbar sind, § 14 Abs. 2 S. 3 VOB/B.

Bleibt der Auftraggeber hingegen dem Termin zum gemeinsamen Aufmaß fern und ist ein neues Aufmaß oder eine Überprüfung des einseitig genommenen Aufmaßes nicht mehr möglich, so hat dies nachteilige Auswirkungen zu seinen Lasten. Dann muss er im Prozess des Auftragnehmers auf Zahlung des Werklohns vortragen und beweisen, welche Massen zutreffend oder dass die vom Auftragnehmer angesetzten Massen unzutreffend sind[963]. Denn die Verpflichtung zur Teilnahme am gemeinsamen Aufmaß ergibt sich aus der im Bauvertrag geltenden beiderseitigen Pflicht zur Kooperation[964] und hat entsprechend das unberechtigte Fernbleiben des Auftraggebers die vorgenannte prozessuale Bedeutung.

Vereitelte der Auftraggeber das Aufmaß im Übrigen dadurch, dass er das Bauvorhaben durch ein Drittunternehmen hat fertig stellen lassen, und ist es dem Auftragnehmer deshalb nicht mehr möglich, den Stand der von ihm bis zur Kündigung erbrachten Leistungen durch Aufmaß zu vermitteln, so kann er gleichwohl seiner Verpflichtung zur prüfbaren Abrechnung genügen: Er muss dann alle ihm zur Verfügung stehenden Umstände mitteilen, die Rückschlüsse auf den Stand der erbrachten Leistungen ermöglichen[965].

---

[962] BGH, BB 1992, 735; NJW 1974, 646.
[963] BGH, BauR 2003, 207.
[964] BGHZ, 143, 89; BGH, BauR 2003, 207.
[965] BGH, Entscheidung vom 17.06.2004, Az. VII ZR 337/02.

IV. Fristgerechte Einreichung der Schlussrechnung und Folgen der Fristversäumnis

1. 12-Werktage-Frist, Fristbeginn, § 14 Abs. 3 VOB/B

Ist zwischen den Parteien nichts anderes vereinbart, muss die Schlussrechnung bei Leistungen mit einer vertraglichen Ausführungsfrist von höchstens 3 Monaten spätestens 12 Werktage nach Fertigstellung eingereicht werden. Für je weitere 3 Monate Ausführungsfrist wird diese Frist um je 3 Werktage verlängert.

Voraussetzung für den Beginn der Frist ist die Fertigstellung der Bauleistung. Der Lauf der Frist bestimmt sich dann nach den §§ 186 ff. BGB. Entsprechend werden in diese Frist fallende Samstage, weil Werktage, mitgerechnet – anders als Sonn- und Feiertage –. Es sei denn, dass der letzte Tag der Frist ein Samstag, Sonntag oder Feiertag ist.

Fertigstellung in diesem Sinne ist inhaltlich, tatsächlich und rechtlich zu unterscheiden von der Abnahme der Leistung. Wenngleich Fertigstellung erst angenommen werden kann, wenn der Auftragnehmer der Auffassung ist, die Leistung sei vollinhaltlich abnahmereif. Anhaltspunkte dafür sind etwa die Tatsache, dass die endgültige und vollständige, nicht nur teilweise Räumung der Baustelle begonnen wird, ohne dass nachfolgend noch im Einzelfall ins Gewicht fallende Restarbeiten, einschließlich Mängelbeseitigungen, vorgenommen werden, oder vorgenommen werden müssen.

2. Abrechnung durch Auftraggeber

Nach § 14 Abs. 4 VOB/B kann der Auftraggeber selbst auf Kosten des Auftragnehmers eine Rechnung ausstellen, wenn der Auftragnehmer diese Pflicht auch innerhalb einer ihm vom Auftraggeber dafür gesetzten, angemessenen Frist nicht nachkommt.

Zwar schadet der Auftragnehmer mangels prüfbarer Abrechnung in erster Linie sich selbst: Der Werklohnanspruch wird mangels prüfbarer Schlussrechnung nicht fällig. Allerdings hat unter Umständen auch der Auftraggeber ein Interesse einer zeitnahen Abrechnung nach Fertigstellung. In Betracht kommt, wenn er zur Bauerrichtung Fremdmittel erhalten hat, die nach den zugrunde liegenden Bedingungen innerhalb einer bestimmten Frist zu Bauzwecken verwendet sein müssen oder erst zur Auszahlung gelangen, wenn die Abrechnung des Auftragnehmers vorliegt. Denkbar ist auch die öffentliche Gewährung von Mitteln, die innerhalb eines bestimmten Rechnungsjahres zu verwenden sind. Deshalb gewährt § 14 Abs. 4 VOB/B dem Auftraggeber das Recht der Ersatzvornahme im Hinblick auf die Erstellung einer prüfbaren Abrechnung. Wenngleich der Auftraggeber die prüfbare Abrechnung nach fruchtloser Frist nicht erstellen muss, stattdessen auch Klage auf Erteilung der Schlussrechnung erheben kann[966].

Reicht der Auftragnehmer also gar keine oder keine prüfbare Rechnung ein, kann ihm der Auftraggeber diesbezüglich angemessene Nachfrist setzen. Die Angemessenheit der Frist richtet sich dabei nach den Gegebenheiten des Einzelfalls. Zu berücksichtigen sind Art und Umfang der Bauleistungen. Relevant sind auch die berechtigten Interessen des Auftraggebers und der alsbaldigen Erlangung der prüfbaren Rechnung.

Verstreicht die Frist fruchtlos, steht dem Auftraggeber das Ersatzvornahmerecht zu. Erfüllt sodann die von der Auftraggeberseite aufgestellte Rechnung die Voraussetzungen der Prüfbarkeit, so kann der Auftraggeber Kostenerstattung vom Auftragnehmer verlangen. In diesem Sinne muss dann der Auftragnehmer den zusätzlichen Aufwand tragen, der dem Auftraggeber wegen der Ersatzvornahme entstanden ist. Dieses sind insbesondere erforderlich gewordene Personal- oder Sachkosten einschließlich Nebenkosten. Kosten hingegen, die der Auftraggeber ohnehin im Wege der Prüfungstätigkeit gehabt hätte, wenn die Errechnung des Auftragnehmers prüfbar gewesen wäre, sind jeweils dann abzuziehen, wenn die vorgelegte Rechnung in Teilen prüfbar ist[967]. Dieser Erstattungsanspruch besteht unabhängig von einem Verschulden des Auftragnehmers, weil sich die diesbezügliche Tatbestandsvoraussetzung in § 14 Abs. 3 VOB/B nicht findet. Anhaltspunkte für die Höhe der zu erstattenden Kosten schließlich sind die Grundsätze der Üblichkeit, vgl. § 632 Abs. 2 BGB. Anhaltspunkte finden sich auch in den maßgeblichen Gebührenordnungen, insbesondere der HOAI[968].

3. Rechtsfolgen bei vom Auftraggeber erstellter Abrechnung, § 14 Abs. 4 VOB/B

Die Konsequenzen der vom Auftraggeber ersatzvornehmend aufgestellten Schlussrechnung sind dieselben, als wenn der Auftragnehmer die Rechnung aufgestellt hätte[969]. Dies betrifft insbesondere die Fälligkeit nach Abnahme sowie auch den damit verbundenen Beginn der Verjäh-

---

[966] OLG München, NJW-RR 1987, 146; OLG Jena, MDR 1999, 993; OLG Dresden, BauR 2000, 103; OLG Köln, BauR 2001, 1788; LG Aachen, BauR 2001, 107.
[967] OLG Düsseldorf, BauR 1987, 336.
[968] OLG Düsseldorf, BauR 1987, 336.
[969] OLG Düsseldorf, BauR 1995, 258.

rungsfrist[970]. Auf die 2-monatige Prüffrist nach § 16 Abs. 3 Nr. 1 S. 1 VOB/B wird sich der Auftraggeber sodann jedoch nicht mehr berufen können. Denn diese Vorschrift schützt ihn nur davor, dass ihm Gelegenheit zur Rechnungsprüfung gegeben wird. Dieser Schutzweck wird jedoch bei der Selbstaufstellung der Rechnung obsolet[971]. Sodann ist die vom Auftraggeber aufgestellte prüfbare Rechnung alleinige Abrechnungsgrundlage. Der Auftragnehmer muss darüber hinausgehende Vergütungsansprüche im Einzelnen darlegen und beweisen[972].

V. Allgemeine Geschäftsbedingungen

Unwirksam ist eine Klausel in den Allgemeinen Geschäftsbedingungen des Auftraggebers, dass der Auftragnehmer im Falle der Selbstaufstellung der Rechnung durch den Auftraggeber auf Einsprüche verzichtet[973].

Unwirksam ist die Klausel, nach der mit Erstellung der Schlussrechnung der Anspruch auf den Werklohn fällig wird[974].

Unwirksam ist eine Klausel, wonach der Auftraggeber das Aufmaß allein erstellt und die Kosten dem Auftragnehmer anlasten kann, wenn das Aufmaß vom Auftragnehmer nicht erstellt oder unbrauchbar ist[975].

---

[970] BGH, BauR 1984, 182; BauR 2002, 313.
[971] BGH, BauR 2002, 313.
[972] OLG Düsseldorf, BauR 1995, 258.
[973] OLG Karlsruhe, BB 1983, 725.
[974] OLG Stuttgart, NJW-RR 1994, 17/18.
[975] BGH, ZfBR 1998, 41/42.

§ 15 VOB/B Stundenlohnarbeiten

(1) 1. Stundenlohnarbeiten werden nach den vertraglichen Vereinbarungen abgerechnet.

2. Soweit für die Vergütung keine Vereinbarungen getroffen worden sind, gilt die ortsübliche Vergütung. Ist diese nicht zu ermitteln, so werden die Aufwendungen des Auftragnehmers für Lohn- und Gehaltskosten der Baustelle, Lohn- und Gehaltsnebenkosten der Baustelle, Stoffkosten der Baustelle, Kosten der Einrichtungen, Geräte, Maschinen und maschinellen Anlagen der Baustelle, Fracht-, Fuhr- und Ladekosten, Sozialkassenbeiträge und Sonderkosten, die bei wirtschaftlicher Betriebsführung entstehen, mit angemessenen Zuschlägen für Gemeinkosten und Gewinn (einschließlich allgemeinem Unternehmerwagnis) zuzüglich Umsatzsteuer vergütet.

(2) Verlangt der Auftraggeber, dass die Stundenlohnarbeiten durch einen Polier oder eine andere Aufsichtsperson beaufsichtigt werden, oder ist die Aufsicht nach den einschlägigen Unfallverhütungsvorschriften notwendig, so gilt Absatz 1 entsprechend.

(3) Dem Auftraggeber ist die Ausführung von Stundenlohnarbeiten vor Beginn anzuzeigen. Über die geleisteten Arbeitsstunden und den dabei erforderlichen, besonders zu vergütenden Aufwand für den Verbrauch von Stoffen, für Vorhaltung von Einrichtungen, Geräten, Maschinen und maschinellen Anlagen, für Frachten, Fuhr- und Ladeleistungen sowie etwaige Sonderkosten sind, wenn nichts anderes vereinbart ist, je nach der Verkehrssitte werktäglich oder wöchentlich Listen (Stundenlohnzettel) einzureichen. Der Auftraggeber hat die von ihm bescheinigten Stundenlohnzettel unverzüglich, spätestens jedoch innerhalb von 6 Werktagen nach Zugang, zurückzugeben. Dabei kann er Einwendungen auf den Stundenlohnzetteln oder gesondert schriftlich erheben. Nicht fristgemäß zurückgegebene Stundenlohnzettel gelten als anerkannt.

(4) Stundenlohnrechnungen sind alsbald nach Abschluss der Stundenlohnarbeiten, längstens jedoch in Abständen von 4 Wochen, einzureichen. Für die Zahlung gilt § 16.

(5) Wenn Stundenlohnarbeiten zwar vereinbart waren, über den Umfang der Stundenlohnleistungen aber mangels rechtzeitiger Vorlage der Stundenlohnzettel Zweifel bestehen, so kann der Auftraggeber verlangen, dass für die nachweisbar ausgeführten Leistungen eine Vergütung vereinbart wird, die nach Maßgabe von Absatz 1 Nummer 2 für einen wirtschaftlich vertretbaren Aufwand an Arbeitszeit und Verbrauch von Stoffen, für Vorhaltung von Ein-

richtungen, Geräten, Maschinen und maschinellen Anlagen, für Frachten, Fuhr- und Ladeleistungen sowie etwaige Sonderkosten ermittelt wird.

I. Allgemeines

§ 15 VOB/B ist eine Sonderbestimmung über die Abrechnung von Stundenlohnarbeiten, in der Praxis weitgehend als „Regiearbeiten" oder „Arbeiten in Regie" bezeichnet[976].

An sich sollten Stundenlohnverträge eine Ausnahme sein, da es bei ihnen oftmals schwierig ist, das erforderliche Gleichgewicht zwischen Leistungswert und Vergütungswert herbeizuführen. In Bauverträgen wie im gesamten Werkvertragsrecht des BGB ist der Leistungserfolg geschuldet. Stundenlohnverträge vergüten hingegen die tatsächlich angefallene Arbeitsleistung und den bloßen Materialaufwand[977].

Stundenlohnverträge können Teil eines Gesamtauftrages sein, sog. „angehängte Stundenlohnarbeiten" oder Eventualpositionen, oder selbständig, und zwar dann, wenn nur Stundenlohnarbeiten vergeben werden und das Leistungsverzeichnis weitere und auf einer anderen Basis abzurechnende Arbeiten nicht vorsieht[978].

Die Vereinbarung des Stundenlohnes als Eventualposition ist dabei der Regelfall, selbständige Stundenlohnverträge, die ihrer Natur mit dem Dienstvertrag des § 611 BGB vergleichbar sind, eine nur sehr selten verwendete Ausnahme.

Um eine Einschränkung der Stundenlohnverträge zu erreichen, wurden in § 4 Abs. 2 VOB/A Stundenlohnverträge auf Bauleistungen geringeren Umfangs, die überwiegend Lohnkosten verursachen, beschränkt. Dies ist häufig bei Neben- oder Hilfsarbeiten von geringer Bedeutung und verhältnismäßig nicht allzu großen, für sich selbständigen Wert, sowie etwa kleinere Reparaturen der Fall[979].

---

[976] OLG Nürnberg, IBR 1999, 516.
[977] LG Bonn, BauR 2001, 1267.
[978] OLG Düsseldorf, BauR 2001, 839.
[979] OLG Düsseldorf, BauR 2001, 839.

II. Abrechnung nach vertraglichen Vereinbarungen, § 15 Abs. 1 VOB/B

1. Vereinbarung von Stundenlohn

Wichtig ist für den Unternehmer § 2 Abs. 10 VOB/B, wonach Stundenlohnarbeiten nur vergütet werden, wenn sie vor ihrem Beginn als solche ausdrücklich vereinbart worden sind[980]. § 2 Abs. 10 VOB/B begründet also zunächst den Anspruch des Auftragnehmers auf Stundenlohnvergütung.

Die ausdrückliche und inhaltlich zweifelsfreie Vereinbarung von Stundenlohnarbeiten ist erforderlich, um später Missverständnisse und Zweifel bei der Abrechnung zu vermeiden[981]. Die Darlegungs- und Beweislast zur Vereinbarung einer bestimmten Stundenlohnvergütung trägt der Auftragnehmer[982].

Sieht der Vertrag Stundenlohnarbeiten nicht vor, so kann eine nachträgliche konkludente Vereinbarung derartiger Arbeiten für den VOB/B-Vertrag in der Regel nicht allein aus der Unterzeichnung von Stundenlohnnachweisen hergeleitet werden[983]. Die Abzeichnung von Stundenlohnzetteln bezieht sich regelmäßig nicht auf die Vereinbarung von Stundenlohnarbeiten, sondern sie bescheinigt nur Art und Umfang der erbrachten Leistung[984]. Die Ermächtigung eines Bauleiters oder Architekten, Stundenlohnnachweise abzuzeichnen, ist keine Vollmacht zum Abschluss einer Stundenlohnvereinbarung[985].

Die Abzeichnung von Stundenlohnzetteln ist nur dann ein Angebot zum Abschluss einer Stundenlohnvereinbarung, wenn sich aus den besonderen Umständen ergibt, dass die Unterzeichnung ein konkludentes rechtsgeschäftliches Angebot zur Änderung der ursprünglichen Vergütungsvereinbarung und zum Abschluss einer Stundenlohnvereinbarung für die in den Stundenlohnzetteln genannten Leistungen ist[986].

2. Höhe des Stundenlohnanspruches

Die Höhe des Stundenlohnanspruches wird im § 15 VOB/B geregelt.

---

[980] BGH, ZfBR 2001, 541; BauR 1994, 760.
[981] LG München, BauR 1991, 797.
[982] OLG Hamm, BauR 2002, 319; OLG Celle, BauR 2003, 1224.
[983] BGH, BauR 2003, 1892.
[984] BGH, BauR 1994, 760.
[985] BGH, BauR 1994, 760; BauR 2003, 1892.
[986] BGH, BauR 2003, 1892.

Wie im Werkvertragsrecht, so auch bei der Vereinbarung von Stundenlohnverträgen, unterliegen die Verhandlungen der Parteien der Vertragsgestaltungsfreiheit[987]. Grenzen bieten sich nur durch zwingende gesetzliche Vorschriften wie die §§ 134, 138 oder 242 BGB (Sittenwidrigkeit, Wucher, Treu und Glauben). Im Übrigen gibt es zwei Verfahren einer vereinbarten Abrechnung:

1. Abrechnung nach Stundenlohnsätzen,
2. Abrechnung nach Hauptkosten und prozentualen Zuschlägen (Stundenlohnzuschlägen).

Im ersten Fall wird für jede Einheit ein Stundensatz[988] festgelegt, aufgeteilt nach der Funktion des jeweils zum Einsatz gelangenden Arbeitnehmers (Meister, Facharbeiter, Helfer, Auszubildender). Darin sind Lohnkosten, Lohnnebenkosten, Zuschläge für Gemeinkosten, Gewinn und Mehrwertsteuer enthalten. Dieser Stundensatz wird im Allgemeinen vorweg festgelegt[989]. Material wird regelmäßig gesondert angesetzt.

Bei dem anderen Verfahren werden neben den ermittelten Hauptkosten (Lohn, Lohnnebenkosten, Stoffkosten) bestimmte Prozentsätze für Gemeinkosten, Gewinn und Mehrwertsteuer nachträglich hinzugeschlagen. Auch hier kommen die Materialkosten dazu.

III. Fehlende Abrechnungsvereinbarung

Fehlt eine vertragliche Vereinbarung der Abrechnungsmodalitäten für Stundenlohnarbeiten, so enthält § 15 Abs. 1 Nr. 2 VOB/B Regelungen, die die Merkmale für die Berechnung festlegen.

Zunächst wird dabei auf die ortsübliche Vergütung zurückgegriffen. Dieser Rückgriff beruht auf § 632 Abs. 2 BGB. Der Ortsüblichkeit kann am ehesten die Möglichkeit der Vergleichbarkeit der einzelnen Angebote entnommen werden[990]. Ausschlaggebend für die Hauptkosten sind die Sätze, wie sie für das betreffende Gewerk zur Zeit der Bauleistung an dem Ort ihrer Ausführung oder dessen engeren Bereich allgemein üblicherweise bezahlt werden[991]. Im Zweifel kann es geboten sein, Auskünfte oder Gutachten ortsansässiger oder jedenfalls den örtlichen Bereich erfassende Berufsvertretungen, wie Handwerkskammern oder Industrie- und Handelskammern, einzuholen[992]. Notfalls muss ein Sachver-

---

[987] BVerfGE 8, 328; BVerfGE 12, 347.
[988] OLG Karlsruhe, BauR 2003, 737.
[989] OLG Karlsruhe, BauR 2003, 737.
[990] BGH, NJW 2001, 151.
[991] BGH, NJW 2001, 151.
[992] BGH, NJW 2001, 151.

ständiger herangezogen werden[993]. Die Darlegungs- und Beweislast für die ortsübliche Vergütung trägt der Auftragnehmer[994].

Ist eine ortsübliche Vergütung nicht festzustellen, so ist nach den Kriterien abzurechnen, die im Einzelnen in § 15 Abs. 1 Nr. 2 Satz 2 VOB/B aufgeführt werden.

Dabei handelt es sich um allgemein anerkannte baubetriebliche Berechnungsmerkmale, weswegen sie auch bei einem nach den Regelungen der §§ 631 ff. BGB ausgerichteten Bauvertrag vor allem im Hinblick auf die Üblichkeit bzw. Angemessenheit Geltung haben[995].

Hiernach wird zunächst von den Aufwendungen des Auftragnehmers für Lohn- und Gehaltskosten der Baustelle, Lohn- und Gehaltsnebenkosten der Baustelle, Stoffkosten der Baustelle u. Ä. ausgegangen. Der Begriff „Aufwendungen" ergibt, dass nur die tatsächlichen vom Auftragnehmer verauslagten Beträge zu berechnen sind[996]. Es wird also der wirkliche Eigenaufwand des Auftragnehmers in Ansatz gebracht, der von ihm im Einzelnen nachzuweisen ist. Diese Einzelaufzählung in § 15 Abs. 1 Nr. 2 Satz 2 VOB/B unterteilt sich in zwei Gruppen: die Personalkosten und die Sachkosten.

Diese Aufwendungen müssen auf die jeweilige nach Stundenlohn abzurechnende Leistung oder Teilleistung bezogen sein[997]. Handelt es sich bei dem Stundenlohnvertrag um eine Teilleistung, so sind auch die personellen und sachlichen Kosten bei der Berechnung der Stundenlohnvergütung auf diese Teilleistung zu beschränken.

Bei den in § 15 Abs. 1 Nr. 2 VOB/B genannten Sonderkosten[998] handelt es sich um Lohnzuschläge und Lohnzulagen wie beispielsweise Mehrarbeit, Nacht-, Sonntags- und Feiertagsarbeit, Erschwerniszuschläge, Leistungszulagen und lohnsteuerpflichtige Wegezeitenentschädigungen.

Unter den Stoffkosten[999] der Baustelle sind auch die Kosten für Bauteile, Bauhilfs- und Baubetriebsstoffe zu fassen[1000]. Bauhilfsstoffe sind bewegliche Sachen, die bei der Bauausführung als Hilfe benötigt werden, so z. B. Gerüstbretter. Baubetriebsstoffe sind verbrauchbare Sachen, die zur Ausführung der Bauarbeiten verwendet werden, wie Wasser, Dieselkraftstoff, Schmieröl usw. Diese Kosten werden wie auch

---

[993] OLG Frankfurt, BauR 2001, 297.
[994] OLG Celle, BauR 2003, 1224.
[995] OLG Celle, BauR 2003, 1224.
[996] BGH, NJW 2000, 3712 ff.
[997] OLG Celle, BauR 2004, 88.
[998] OLG Düsseldorf, BauR 2000, 1334.
[999] OLG Frankfurt, BauR 1999, 1460.
[1000] BGH, BauR 1982, 172.

die Berechnung des Verschleißes nur im Rahmen der tatsächlich entstandenen Aufwendungen in Ansatz gebracht[1001].

Wichtig ist hierbei, die Erfassung der Aufwendungen so zu gestalten, dass sie nicht unter mehreren Kostenansätzen und damit doppelt berechnet werden. Bei einer Stundenlohnabrechnung ist grundsätzlich keine Unterscheidung erforderlich, ob die aufgewendete Stundenzahl auf die ursprünglich vereinbarte Vertragsleistung oder auf Zusatzarbeiten entfällt[1002].

IV. Eigene Auslagen des Auftragnehmers

Die eigenen Auslagen des Auftragnehmers sind nicht ausnahmslos und in jedem Fall für die Stundenlohnberechnung anzusetzen. Dies ergibt sich aus der Einschränkung in § 15 Abs.1 Nr. 2 Satz 2 VOB/B, wonach diese Kosten als ansatzfähig für die Berechnung gegenüber dem Auftraggeber nur anerkannt werden, wenn sie bei wirtschaftlicher Betriebsausführung des Auftragnehmers entstehen[1003]. Der Auftragnehmer kann also nicht jeden entstandenen Aufwand berechnen, sondern nur, wenn dies aus dem Gesichtspunkt der Wirtschaftlichkeit anzuerkennen ist. Im Zweifel ist der Auftragnehmer für die Wirtschaftlichkeit der Aufwendung beweispflichtig[1004]. Der Auftragnehmer hat dabei die Anforderungen rationellen Baubetriebes und sparsamer Wirtschaftsführung einzuhalten[1005]. Hierbei ist auf die Erforderlichkeit im Einzelfall zu achten. Hinsichtlich der personellen Kosten ist zu verlangen, dass der Auftragnehmer nicht mehr Arbeitskräfte einsetzt, als bei objektiver fachmännischer Betrachtung zur sachgerechten und zügigen Ausführung erforderlich ist[1006]; zudem nicht zu Zeiten, an denen beispielsweise Lohnzuschläge fällig werden, wenn die Ausführung zu diesen Zeiten nicht erforderlich ist.

Ist eine Leistungsverzögerung vom Auftragnehmer zu vertreten, und kann er den Rückstand nur durch zusätzlichen Einsatz außerhalb der normalen Arbeitszeit einholen, kann er die ihm entstehenden Mehraufwendungen nicht dem Auftraggeber berechnen.

Ebenso hat sich der Materialaufwand in angemessenem Verhältnis zu bewegen. Grundsätzlich ist daher auf die Verwendung von Materialien mittlerer Art und Güte zu achten, wenn dem Auftragnehmer nichts ande-

---

[1001] OLG Düsseldorf, BauR 1992, 521.
[1002] OLG Frankfurt, NZBau 2001, 27.
[1003] OLG Celle, BauR 2003, 1224.
[1004] OLG Celle, NZBau 2004, 41.
[1005] OLG Düsseldorf, NJW 2001, 762.
[1006] OLG Celle, BauR 2003, 1224; OLG Frankfurt, BauR 2000, 1913.

res vorgeschrieben worden ist. Das gilt auch hinsichtlich der Wahl der Bezugsquellen sowie deren Entfernung zur Baustelle.

Der Werkunternehmer kann für die Arbeiten nur die Stundenanzahl abrechnen, die bei einer Ausführung mit durchschnittlichem Arbeitstempo angefallen wäre[1007]. Werden die als ansatzfähig anzuerkennenden Kostenbestandteile zusammengerechnet, so ergibt sich die nach den Allgemeinen Vertragsbedingungen der VOB angemessene Stundenlohnvergütung, die dem Auftragnehmer im Einzelfall zusteht, wenn sich nicht schon nach den Grundsätzen der Ortsüblichkeit ein Stundenlohnsatz feststellen lässt.

V. Zusätzliche Aufsichtsvergütung, § 15 Abs. 2 VOB/B

§ 15 Abs. 2 VOB/B befasst sich mit einer im Einzelfall zu berücksichtigenden Zulage, der sog. Aufsichtsvergütung. Verlangt der Auftraggeber, dass die Stundenlohnarbeiten durch eine Aufsichtsperson beaufsichtigt werden oder ist die Aufsicht nach den einschlägigen Unfallverhütungsvorschriften notwendig, so gilt § 15 Abs. 1 VOB/B für die Berechnung dessen Stundenlohnsatzes entsprechend.

Beaufsichtigen bedeutet das Überwachen und die Überprüfung der Arbeitsleistung der bei den betreffenden Stundenlohnarbeiten beschäftigten Arbeitnehmer des Auftragnehmers. Erreicht werden soll eine einwandfreie, gefahrenfreie, störungslose und zügige Arbeit.

Die Sondervergütung der Aufsichtsperson muss vom Auftraggeber ausdrücklich verlangt werden. Hierzu ist erforderlich, dass es sich um eine besondere Aufsicht handelt, in dem Sinne, dass eine zusätzliche Person mit besonderer, für die Beaufsichtigung geeigneter fachlicher Qualifikation einzusetzen ist, die nicht selbst Mitarbeiter ist, sondern die Aufsicht führt. Nicht eingeschlossen ist der Fall, dass diese Aufsichtsperson selbst an der Ausführung der Arbeiten beteiligt ist, sowie der Auftragnehmer selbst. Dieser hat nach § 4 Abs. 2 Nr. 1 VOB/B ohnehin die generelle Verantwortlichkeit auch bei Stundenlohnarbeiten und damit eine notwendige Überwachungspflicht. Seine Tätigkeit wird durch den im Stundenlohn enthaltenen Gewinn mit abgegolten.

Verlangt der Auftraggeber erst während der Ausführungen der Stundenlohnarbeiten die Bereitstellung einer Aufsichtsperson, so muss der Auftragnehmer, wenn die Voraussetzungen nach § 1 Abs. 4 VOB/B vorliegen, dem nachkommen. Diese nicht vorab vereinbarte Leistung, die zur Ausführung der vertraglichen Leistung erforderlich ist, ist damit

---
[1007] OLG Düsseldorf, BauR 2000, 1383.

vom Auftragnehmer auf Verlangen des Auftraggebers mit auszuführen. Entsprechend steht ihm dann eine Vergütung nach § 2 Abs. 6 VOB/B für eine vertraglich vorgesehene Leistung zu. Eine vorherige Ankündigung wie in § 2 Abs. 6 Nr. 1 S. 2 VOB/B ist nicht erforderlich, da hier die Regelung des § 5 Abs. 2 VOB/B Vorrang hat.

Erfordern Unfallverhütungsvorschriften eine Aufsichtsperson, ist ein Verlangen des Auftraggebers zur Bestellung der Aufsichtsperson nicht notwendig, da der Auftragnehmer von sich aus für die Einhaltung berufsgenossenschaftlicher Verpflichtungen einzustehen hat, § 4 Abs. 2 Nr. 2 VOB/B.

Ist weder eine Vereinbarung hinsichtlich der Stundlohnsätze getroffen, noch eine ortsüblich, möglich und greifbar, so kann die Berechnung der Stundenlohnsätze für die Aufsichtsperson nur nach den Personalkosten erstellt werden, § 2 Abs. 5 VOB/B[1008].

VI. Kontrolle der Stundenlohnleistung durch den Auftraggeber, § 15 Abs. 3 VOB/B

Bei dem Stundenlohnvertrag handelt es sich nicht um ein Leistungs-, sondern um einen Aufwandsvertrag. Die Vergütung nach Zeit- und Materialaufwand wird ohne besondere Rücksicht auf das sichtbare Ergebnis der Leistung bemessen. Dementsprechend sind die Kontrollmöglichkeiten des Auftraggebers hinsichtlich eines angemessenen Vergütungsaufwandes sehr eingeschränkt. § 15 Abs. 3 VOB/B sieht deshalb einige Regelungen vor, um dem Auftraggeber die Überprüfung der Angemessenheit zu erleichtern[1009]:

— Die Verpflichtung des Auftragnehmers, vor Beginn der Stundenlohnarbeiten diese anzuzeigen;
— die Verpflichtung des Auftragnehmers zur **werktäglichen** oder **wöchentlichen** Einreichung von Stundenlohnzetteln;
— die Prüfung dieser Stundenlohnzettel mit der Verpflichtung für den Auftraggeber, sie **unverzüglich**, spätestens aber innerhalb von **6 Werktagen** bescheinigt zurückzugeben und zur gleichzeitigen Erhebung von Einwendungen, da sonst eine **Anerkenntniswirkung** zu Lasten des Auftraggebers eintreten kann.

[1008] BGH, BauR 1981, 388.
[1009] OLG Frankfurt, BauR 1999, 1460.

1. Anzeige vor Beginn der Stundenlohnarbeiten

Nach § 15 Abs. 3 S. 1 VOB/B muss der Auftragnehmer dem Auftraggeber die Ausführung von Stundenlohnarbeiten vor deren Beginn anzeigen.

Der Auftraggeber muss rechtzeitig über deren Beginn orientiert werden, um die für ihn gebotene Kontrolle ausüben zu können[1010]. Dies jedoch nur, wenn die Anzeige sich nicht als bloße Förmlichkeit darstellt[1011]. Dies wäre der Fall, wenn der Auftraggeber ohnehin über den Beginn der Stundenlohnarbeiten Bescheid weiß, also auch die damit angestrebte Kontrollmöglichkeit hat. Dieses ist z. B. der Fall, wenn sich an die Vereinbarung von Stundenlohnarbeiten sofort deren Beginn anschließt. Hinsichtlich der Ausnahmen, die eine Anzeige entbehrlich machen, ist der Auftragnehmer im Streitfall darlegungs- und beweispflichtig.

Unterlässt der Auftragnehmer die Anzeige vor Beginn der Stundenlohnarbeiten, so hat er dem Auftraggeber die erforderliche Kontrollmöglichkeit nicht oder nicht hinreichend verschafft, er muss dann unter Heranziehung des Gedankens des § 15 Abs. 5 VOB/B die tatsächlich erbrachten Leistungen nachweisen und hierfür nur objektiv berechtigte Stundenlöhne anbringen[1012]. Er kann auch auf eine Einheits- oder Pauschalpreisvergütung angewiesen sein. Damit wird den berechtigten Belangen des Auftraggebers hinreichend Genüge getan, wenn der Auftragnehmer durch Missachtung seiner Anzeigepflicht die rechtzeitige Kontrollmöglichkeit genommen hat[1013].

Der Auftragnehmer verliert durch die Nichtanzeige der Aufnahme der Stundenlohnarbeiten aber nicht seinen Vergütungsanspruch als solchen. Vielmehr wird bei Nichtanzeige dem Auftragnehmer unabhängig vom tatsächlich entstandenen Leistungsaufwand nur derjenige bezahlt, der bei objektiver Betrachtung als angemessen anzusehen ist[1014].

2. Verpflichtung zur Vorlage von Stundenlohnzetteln

Nach § 15 Abs. 3 S. 2 VOB/B hat der Auftragnehmer dem Auftraggeber über geleistete Arbeitsstunden und den dabei erforderlichen, besonders zu vergütenden Aufwand für den Verbrauch von Stoffen, Vorhaltung von Einrichtung, Geräten etc. Stundenlohnzettel einzureichen. Dies hat, wenn nichts anderes vereinbart ist, je nach Verkehrssitte werktäglich

---

[1010] BGH, BauR 1991, 331.
[1011] BGH, BauR 1991, 331.
[1012] OLG Frankfurt, BauR 1999, 1460.
[1013] BGH, BauR 2002, 1406.
[1014] OLG Frankfurt, BauR 1999, 1460.

oder wöchentlich zu geschehen[1015]. Die Vorlage der Stundenlohnzettel dient als weitere Kontrollmöglichkeit für den Auftraggeber[1016]. Eine Verletzung der Verpflichtung zur Vorlage der Stundenlohnzettel hat der Nichtanzeige der Aufnahme von Stundenlohnarbeiten entsprechende Folgen. Insoweit ist auf das Vorgenannte zu verweisen.

Auf den Stundenlohnzetteln ist anzugeben[1017]:

1. Die jeweils geleisteten Arbeitsstunden,
2. die jeweils eingesetzte Person,
3. deren Funktion,
4. Ort und Art des Einsatzes,
5. verbrauchtes Material.

In Zusätzlichen und Besonderen Vertragsbedingungen kann zudem festgelegt werden, dass der tatsächliche Lohnaufwand anhand von Lohnlisten auf Verlangen nachgewiesen wird. Es ist jeweils nur der tatsächlich entstandene erforderliche Aufwand in den Stundenlohnzettel einzutragen[1018]. Sind z. B. nur Lohnstunden, ohne Materialeinsatz, geleistet worden, können auch nur die Lohnstunden auf dem Stundenlohnzettel angebracht werden.

Beim Stundenlohnvertrag über Ausbauarbeiten ohne vorherige Feststellung des genauen Leistungsumfanges kann der Auftragnehmer auch den erforderlichen Zeitaufwand für die Materialbeschaffung in die Stundenlohnzettel aufnehmen und bezahlt verlangen, nicht aber den Zeitaufwand seiner Mitarbeiter für die tägliche An- und Abfahrt zur und von der Baustelle[1019].

Nicht notwendig und auch nicht üblich ist, in dem Stundenlohnzettel die jeweilige Stundenlohnvergütung anzugeben.

3. Prüfung der Stundenlohnzettel

Durch die Stundenlohnzettel soll Klarheit über den der späteren Stundenlohnrechnung zugrunde zu legenden Leistungsumfang geschaffen werden. Stundenlohnarbeiten sind bzgl. ihres wirklichen Aufwandes nachträglich – insbesondere wenn längere Zeit verstrichen ist – nicht mehr oder nur sehr schwer festzustellen. Deshalb werden dem Auftraggeber verhältnismäßig kurze Fristen gesetzt, um etwaige Einwendungen gegen die Einzelangaben in den vorgelegten Stundenzettel zu erheben,

---

[1015] KG Berlin, BauR 2001, 460; OLG Celle, BauR 2003, 1224.
[1016] OLG Frankfurt, BauR 1999, 1460.
[1017] OLG Frankfurt, NJW-RR 2002, 1470.
[1018] OLG Celle, BauR 2003, 1224.
[1019] OLG Düsseldorf, BauR 2000, 1334.

für deren Versäumnis er grundsätzlich die damit verbundenen Rechtsnachteile zu tragen hat[1020].

a) Unverzügliche Rückgabe

So muss der Auftraggeber die ihm vorgelegten Stundenlohnzettel **unverzüglich, spätestens** jedoch innerhalb von **6 Werktagen** nach Zugang, zurückgeben, also gem. § 121 BGB ohne schuldhaftes Zögern.

In der Bescheinigung liegt die Billigung des Auftraggebers der Richtigkeit der in den Stundenlohnzettel enthaltenen Angaben und damit auch sein Einverständnis, dass diese, allerdings nur, soweit sie inhaltlich reichen, der späteren Stundenlohnabrechnung zugrunde gelegt werden können[1021].

Es genügt dabei eine bloße Unterschrift des Auftraggebers oder seines hierzu bevollmächtigten Vertreters.

b) Vollmacht des Bauleiters

Arcitekten oder dessen Bauleiter sind dabei nicht ohne weiteres zu einer zu Lasten des Auftraggebers gehenden Billigung der vorgelegten Stundenlohnzettel befugt[1022]. Sie bedürfen einer sich darauf erstreckenden Vollmacht des Auftraggebers[1023]. Die Ermächtigung etwa eines Bauleiters, Stundenlohnnachweise abzuzeichnen, ist dafür nicht ausreichend[1024]. Es ist regelmäßig erforderlich, dass der Vertretene dem Architekten Vollmacht durch rechtsgeschäftliche Erklärung dem Vertreter oder dem Vertragspartner gegenüber erteilt[1025].

Es gibt keine Vermutung, dass der Architekt die Vollmacht besitzt, den Bauvertrag zu ändern und im Vertrag nicht vorgesehene Stundenlohnarbeiten zu vereinbaren. Fehlt es an einer rechtsgeschäftlich erteilten Vollmacht, dann ist hier je nach Auftreten des Architekten oder Bauleiters aber auch an eine Anscheins- oder Duldungsvollmacht zu denken[1026]. Dies gilt vornehmlich dann, wenn der Auftraggeber es dem Architekten überlassen hat, für die Vertragsgestaltung wesentliche Handlungen für ihn vorzunehmen[1027].

[1020] OLG Celle, BauR 2002, 1863.
[1021] OLG Celle, BauR 2003, 1224.
[1022] BGH, BauR 2003, 1892.
[1023] BGH, NJW 1960, 859; OLG Köln, MDR 1962, 214.
[1024] BGH, BauR 2003, 1892.
[1025] BGH, BauR 1994, 760.
[1026] BGH, BauR 2003, 1892.
[1027] BGH, NJW 1959, 142.

Rechtlich gesehen hat die Bescheinigung des Auftraggebers die Wirkung eines deklaratorischen Anerkenntnisses[1028]. Der Bescheinigung kommt im Wesentlichen Beweisfunktion zu.

Andererseits betrifft die Abzeichnung der Stundenlohnzettel hinsichtlich ihrer Anerkenntniswirkung nur Art und Umfang der erbrachten Leistungen[1029]. Es liegt darin nicht die nachträgliche stillschweigende Vereinbarung von Stundenlöhnen[1030].

c) Einwendungen

Gegen Stundenlohnzettel kann der Auftraggeber auf den Stundenlohnzetteln oder gesondert schriftlich Einwendungen erheben[1031]. Diese Einwendungen müssen innerhalb der in Satz 3 genannten Frist, also spätestens innerhalb von 6 Werktagen nach Zugang der Stundenlohnzettel, erhoben werden, § 15 Abs. 3 Satz 3 VOB/B[1032].

Dem Bauherrn steht der Beweis offen, dass

1. die Arbeiten überhaupt nicht ausgeführt wurden,
2. nicht mit dem abgerechneten Zeitaufwand, bzw.,
3. dass sie mit diesem Aufwand nicht notwendig waren[1033].

d) Anerkenntnis der Stundenlohnarbeiten

Gibt der Auftraggeber die ihm ordnungsgemäß vorgelegten Stundenlohnzettel nicht oder nicht rechtzeitig zurück, gelten die betreffenden Stundenlohnzettel nach Satz 5 als **anerkannt**[1034]. Diese Anerkenntniswirkung tritt erst recht ein, wenn der Auftraggeber die Stundenlohnzettel bescheinigt hat. Das Anerkenntnis beschränkt sich auf die tatsächlichen Angaben in den Stundenlohnzetteln, sie geht darüber also nicht hinaus[1035] und hat noch nicht die rechtliche Folge, dass dem Auftraggeber für die Zukunft unbedingt und auf jeden Fall alle Einwendungen gegen die Richtigkeit der Stundenlohnzettel abgeschnitten werden[1036].

Der Auftraggeber erkennt vielmehr nur an, dass der Stundenaufwand erbracht worden ist, nicht dass er auch erforderlich war[1037]. Die Rege-

---

[1028] OLG Bamberg, BauR 2004, 883.
[1029] BGH, BauR 1994, 760.
[1030] BGH, BauR 2003, S. 1892; OLG Nürnberg, IBR 1999, 516.
[1031] OLG Celle, BauR 2003, 1863.
[1032] OLG Celle, BauR 2003, 1813.
[1033] OLG Bamberg, BauR 2004, 883.
[1034] OLG Düsseldorf, BauR 1997, 647.
[1035] OLG Düsseldorf, BauR 1997, 647.
[1036] BGH, NJW-RR 2002, 1675; OLG Celle, BauR 2003, 1224.
[1037] OLG Hamm, BauR 2002, 319.

lung hat den Sinn, klare Rechtsverhältnisse zu schaffen[1038]. Das bestätigende Anerkenntnis des Auftraggebers, das das Schuldverhältnis näher festlegt und die Wirkung hat, dass der Auftraggeber grundsätzlich keine Einwendungen gegen seine Verpflichtung mehr erheben kann, es sei denn, dass sie ihm oder seinem befugten Vertreter erst nach der Abgabe bekannt geworden sind, setzt voraus, dass die Parteien mit der Vereinbarung das Schuldverhältnis insgesamt dem Streit oder der Ungewissheit entziehen wollen[1039].

In einem solchen Fall genügt der Auftragnehmer als Gläubiger seiner Beweislast, wenn er die nicht beanstandeten Stundenlohnzettel vorlegt. Der Auftraggeber muss sie dann als richtig hinnehmen, sofern er nicht im Sinne einer Umkehr der Beweislast den Nachweis zu führen vermag, dass sie unrichtig sind[1040].

Der Auftraggeber muss also substantiiert darlegen und gegebenenfalls beweisen, dass die von ihm bestätigten Stunden tatsächlich nicht erforderlich waren[1041]. Hierzu genügt es nicht, dass er der bescheinigten Gesamtstundenzahl eine andere Gesamtstundenzahl gegenüberstellt, da ansonsten die Bescheinigung auf den Stundenlohnzetteln ihre Wirkung verlöre. Vielmehr muss der Auftraggeber darlegen, aus welchen Gründen die einzelnen abgerechneten Stunden nicht erforderlich waren[1042].

Dies kann etwa durch ein Aufmaß über den Umfang der geleisteten Arbeiten oder durch ein Sachverständigengutachten erfolgen[1043].

Der Auftraggeber kann also ausnahmsweise also auch noch nach den 6 Werktagen die Stundenlohnzettel als unrichtig beanstanden, hat aber dann zu beweisen, dass sie unrichtig sind und dass er oder sein befugter Vertreter dies bei Ablauf der Frist nicht gewusst hat[1044] oder im betreffenden Fall trotz entsprechender Aufmerksamkeit nicht gewusst haben kann[1045].

[1038] BGH, BauR 1995, 232.
[1039] BGH, BauR 1995, 232.
[1040] BGH, BauR 1970, 239; OLG Bamberg, BauR 2004, 883.
[1041] BGH, NJW 1970, 2295; OLG Celle, BauR 2003, 1224.
[1042] OLG Celle, BauR 2003, 1224.
[1043] BGH, NJW-RR 2002, 1470; OLG Hamm, BauR 2002, 319.
[1044] BGH, ZfBR 2002, 51.
[1045] BGH, BauR 1970, 239, OLG Celle, BauR 2003, 165.

VII. Frist zur Vorlage von Stundenlohnrechnungen und Zahlung, § 15 Abs. 4 VOB/B

Stundenlohnrechnungen sind zu unterscheiden von Stundenlohnzetteln, die lediglich der Erfassung des Aufwandes dienen, während Stundenlohnrechnungen die Vergütung dieses Aufwands beinhalten.

Stundenlohnrechnungen sind alsbald nach Abschluss der Stundenlohnarbeiten bei dem Auftraggeber einzureichen. Sie sind also möglichst bald, gerechnet vom Abschluss der Stundenlohnarbeiten, aufzustellen und dem Auftraggeber vorzulegen. Dies muss längstens 4 Wochen nach Beendigung der Stundenlohnarbeiten erfolgen, § 15 Abs. 4 VOB/B. Dauern Stundenlohnarbeiten im Einzelfall länger als vier Wochen, so sind die jeweiligen Stundenlohnrechnungen äußerstenfalls in vierwöchentlichem Abstand einzureichen, § 15 Abs. 4 VOB/B. Dabei ist die erste Frist zwangsläufig ab dem Tag des Beginns der Stundenlohnarbeiten zu berechnen. Es dürfte hier im Einzelfall angezeigt sein, im Wege Besonderer oder Zusätzlicher Vertragsbedingungen entsprechende ausdrückliche Regelungen zu treffen. Werden solche besonderen Absprachen nicht getroffen, bleibt nur der aufgezeigte Weg für die Berechnung der ersten Frist übrig, wobei sich weitere vierwöchentliche Fristen daran anschließen. Befolgt der Auftragnehmer die Verpflichtung zur fristgemäßen Einreichung seiner Stundenlohnrechnungen nicht, schadet er in erster Linie sich selbst, weil seine Vergütungsansprüche nicht vorher fällig werden können.

Hinsichtlich der Fälligkeit und des Verzuges verweist § 15 Abs. 4 S. 2 VOB/B auf § 16 VOB/B. Für Fälligkeit und Verzug gelten dementsprechend die gleichen Regeln wie für alle Bauverträge.

Handelt es sich um eine selbständige Stundenlohnabrechnung, ist sie einer Schlussrechnung gleichzusetzen. Es gilt dann die Fälligkeit des § 16 Abs. 3 Nr. 1 VOB/B, also spätestens 2 Monate nach Zugang der betreffenden Stundenlohnrechnung, frühestens jedoch mit Abnahme.

Handelt es sich dagegen um eine Stundenlohnrechnung, die in dem vorgeschriebenen vierwöchentlichen Abstand bei insgesamt länger andauernder Stundenlohnarbeiten vorgelegt wird, ohne die abschließende Schlussrechnung zu sein, handelt es sich insoweit um eine Abschlagsrechnung[1046]. Diese wird entsprechend § 16 Abs. 1 Nr. 3 VOB/B spätestens nach Ablauf von 18 Werktagen nach Zugang beim Auftraggeber fällig.

[1046] BGH, BauR 2002, 1257.

Handelt es sich um Teilschlussrechnungen[1047], also um Abrechnung in sich abgeschlossener Teile, gilt entsprechend § 16 Abs. 3 Nr. 1 VOB/B, wiederum also Fälligkeit spätestens 2 Monate nach Zugang der Stundenlohnrechnung, frühestens jedoch die Abnahme.

Die Stundenlohnrechnungen müssen entsprechend § 14 Abs. 1 VOB/B prüfbar sein[1048]. Die Rechnung muss auf ordnungsgemäß eingereichte und vom Auftraggeber bescheinigte Stundenzettel Bezug nehmen und die Abrechnung muss in hinreichend überschaubarer Aufstellung für den Auftraggeber klar nachvollziehbar, also eindeutig nachprüfbar sein[1049]. Verwendetes Material muss dabei den entsprechenden Arbeitsleistungen zugeordnet werden. Lieferscheine sind beizufügen. Die jeweiligen Arbeiten müssen in sauberer Reihenfolge unter näherer Darstellung von Ort, Datum und Beschaffenheit im Einzelnen aufgeführt werden. Bloße Allgemeinangaben, wie z. B. „Schachtungsarbeiten" usw., genügen nicht[1050].

VIII. Abrechnung bei Zweifeln über Umfang der Stundenlohnarbeiten, § 15 Abs. 5 VOB/B

Nach § 15 Abs. 5 VOB/B kann der Auftraggeber, wenn Stundenlohnarbeiten zwar vereinbart wurden, aber mangels rechtzeitiger Vorlage der Stundenlohnzettel Zweifel über den Umfang der Stundenlohnleistungen bestehen, verlangen, dass für die nachweisbar ausgeführten Leistungen eine dem wirtschaftlich vertretbaren Aufwand entsprechende Vergütung vereinbart wird[1051].

Dabei wird auf zwei Kriterien abgestellt:

1. Wirtschaftlich vertretbarer Aufwand an Arbeitsstunden,
2. Mengenansatz.

Insofern verbleibt es also grundsätzlich bei der vereinbarten Berechnung der Vergütung nach Stundenlöhnen. Eine Abrechnung nach Einheits- oder Pauschalpreisen ist jedoch nicht ausgeschlossen. § 15 Abs. 5 VOB/B legt eine Vergütung fest, belässt dem Auftraggeber insoweit ein Wahlrecht.

[1047] BGH, BauR 1982, 282; OLG Köln, MDR 1985, 496.
[1048] OLG Frankfurt, BauR 2000, 1913.
[1049] OLG Frankfurt, NJW-RR 2000, 1470.
[1050] OLG Frankfurt, BauR 2000, 1913; NJW-RR 2000, 1470.
[1051] OLG Düsseldorf, NJW 2001, 762.

Voraussetzung für die Neuberechnung ist, dass der Auftragnehmer die Stundenlohnzettel nicht rechtzeitig vorgelegt hat und dass diese Nichtvorlage ursächlich dafür war, dass beim Auftraggeber berechtigte Zweifel über den Umfang der vom Auftragnehmer behaupteten Stundenlohnarbeiten aufgetreten sind[1052]. Insoweit ist entsprechende Ursächlichkeit zu fordern. Für das Vorliegen dieser Voraussetzungen ist der Auftraggeber grundsätzlich beweispflichtig. Diesbezüglich sind die Anforderungen jedoch nicht sehr streng, da die Meinungsverschiedenheiten in der Grundlage darauf beruhen, dass der Auftragnehmer seiner vertraglichen Verpflichtung, die Stundenlohnzettel rechtzeitig vorzulegen, um so den Auftraggeber eine Kontrollmöglichkeit zu geben, nicht nachgekommen ist[1053]. Das Erfordernis der Neuberechnung geht also in erster Linie zu Lasten des Auftragnehmers.

Der Auftraggeber muss allerdings seine Zweifel im Einzelnen bezeichnen, bloße Allgemeinzweifel allein wegen der verspäteten oder nicht erfolgten Vorlage der Stundenlohnzettel genügen nicht[1054].

Es kommt aber nicht darauf an, ob die Zweifel des Auftraggebers auch tatsächlich begründet sind. Sie müssen vielmehr als solche nur sachlich eine als gerechtfertigt anzusehende Grundlage haben[1055]. Hat der Auftraggeber berechtigte Zweifel bewiesen, ist es wiederum Sache des Auftragnehmers, die Richtigkeit seiner Angaben auf den Stundenlohnzetteln zu beweisen.

Die entsprechenden Grundsätze zur Neuberechnung sind auch auf jeden Fall anzuwenden, in dem die Stundenlohnzettel inhaltlich nicht den an sie zu stellenden Anforderungen genügen oder in denen der Auftragnehmer seiner Anzeigepflicht vom Beginn der vereinbarten Stundenlohnarbeiten nicht nachgekommen ist.

Die Neuberechnung wird allerdings nur dann vorgenommen, wenn der Auftraggeber dieses tatsächlich verlangt[1056]. Diese Erklärung hat der Auftraggeber binnen angemessener Zeit, spätestens bis zum Eintritt der Fälligkeit der jeweiligen Stundenlohnschlussrechnung zu stellen.

Wird das Verlangen zur Neuberechnung vom Auftraggeber berechtigt und auch rechtzeitig gestellt, ist der Auftragnehmer verpflichtet, auf dieses Verlangen einzugehen. Ansonsten ist es dem Auftraggeber gestattet, entsprechend § 14 Abs. 4 VOB/B vorzugehen und eine Selbstaufstellung der Stundenlohnberechnung des Auftragnehmers vorzunehmen. Diese vom Auftraggeber veranlasste Aufstellung der Stundenlohn-

---
[1052] OLG Karlsruhe, BauR 2003, 737.
[1053] BGH, BauR 2002, 1406.
[1054] KG Berlin, BauR 2001, 460.
[1055] KG Berlin, BauR 2001, 460.
[1056] OLG Frankfurt, BauR 1999, 1460.

berechnung ist nach den Grundsätzen des § 319 BGB überprüfbar, weil diese selbst aufgestellte Berechnung nicht die eines Dritten ist. § 14 Abs. 4 VOB/B i. V. m. § 15 Abs. 5 und 1 VOB/B gibt dem Auftraggeber dabei den Ansatz eines objektiven Maßstabs des wirtschaftlich vertretbaren Aufwandes vor. Der Auftragnehmer muss, wenn er hier Einwände erhebt, entsprechende Nachweise führen.

Die Vergütung wird nach § 15 Abs. 1 Nr. 2 VOB/B festgelegten Regelungen vorgenommen.

IX. Allgemeine Geschäftsbedingungen

Wird die Stundenlohnvergütung für eine entsprechende Aufsichtsperson durch Allgemeine Geschäftsbedingungen ausgeschlossen, verstößt dieses gegen § 307 BGB, weil dadurch die auf § 242 BGB (Treu und Glauben) basierende gesetzliche Regelung des § 632 BGB, nämlich, dass die Herstellung des Werkes nur gegen Vergütung zu erwarten ist, missachtet wird.

Zudem enthält § 308 Nr. 5 BGB eine Privilegierung der VOB/B hinsichtlich der Anerkenntniserklärung des Auftraggebers durch Bescheinigung der Stundenlohnzettel. Außerdem ist § 15 Abs. 3 S. 5 VOB/B notwendig, um berechtigte Belange des Arbeitnehmers zu wahren: Der Nachweis von Stundenlohnarbeiten wird schwieriger, je mehr Zeit vergeht. Damit ist der Ausschluss der Anerkenntniswirkung der Bescheinigung, bzw. durch Ablauf der 6 Werktage in den Allgemeinen Geschäftsbedingungen unwirksam, § 307 BGB.

Zahlung § 16 VOB/B

(1) 1. Abschlagszahlungen sind auf Antrag in möglichst kurzen Zeitabständen oder zu den vereinbarten Zeitpunkten zu gewähren, und zwar in Höhe des Wertes der jeweils nachgewiesenen vertragsgemäßen Leistungen einschließlich des ausgewiesenen, darauf entfallenden Umsatzsteuerbetrages. Die Leistungen sind durch eine prüfbare Aufstellung nachzuweisen, die eine rasche und sichere Beurteilung der Leistungen ermöglichen muss. Als Leistungen gelten hierbei auch die für die geforderte Leistung eigens angefertigten und bereitgestellten Bauteile sowie die auf der Baustelle angelieferten Stoffe und Bauteile, wenn dem Auftraggeber nach seiner Wahl das Eigentum an ihnen übertragen ist oder entsprechende Sicherheit gegeben wird.

2. Gegenforderungen können einbehalten werden. Andere Einbehalte sind nur in den im Vertrag und in den gesetzlichen Bestimmungen vorgesehenen Fällen zulässig.

3. Ansprüche auf Abschlagszahlungen werden binnen 18 Werktagen nach Zugang der Aufstellung fällig.

4. Die Abschlagszahlungen sind ohne Einfluss auf die Haftung des Auftragnehmers; sie gelten nicht als Abnahme von Teilen der Leistung.

(2) 1. Vorauszahlungen können auch nach Vertragsabschluss vereinbart werden; hierfür ist auf Verlangen des Auftraggebers ausreichende Sicherheit zu leisten. Diese Vorauszahlungen sind, sofern nichts anderes vereinbart wird, mit 3 v. H. über dem Basiszinssatz des § 247 BGB zu verzinsen.

2. Vorauszahlungen sind auf die nächstfälligen Zahlungen anzurechnen, soweit damit Leistungen abzugelten sind, für welche die Vorauszahlungen gewährt worden sind.

(3) 1. Der Anspruch auf die Schlusszahlung wird alsbald nach Prüfung und Feststellung der vom Auftragnehmer vorgelegten Schlussrechnung fällig, spätestens innerhalb von 2 Monaten nach Zugang. Werden Einwendungen gegen die Prüfbarkeit unter Angabe der Gründe hierfür nicht spätestens innerhalb von 2 Monaten nach Zugang der Schlussrechnung erhoben, so kann der Auftraggeber sich nicht mehr auf die fehlende Prüfbarkeit berufen. Die Prüfung der Schlussrechnung ist nach Möglichkeit zu beschleunigen. Verzögert sie sich, so ist das unbestrittene Guthaben als Abschlagszahlung sofort zu zahlen.

2. Die vorbehaltlose Annahme der Schlusszahlung schließt Nachforderungen aus, wenn der Auftragnehmer über die Schlusszahlung schriftlich unterrichtet und auf die Ausschlusswirkung hingewiesen wurde.

3. Einer Schlusszahlung steht es gleich, wenn der Auftraggeber unter Hinweis auf geleistete Zahlungen weitere Zahlungen endgültig und schriftlich ablehnt.

4. Auch früher gestellte, aber unerledigte Forderungen werden ausgeschlossen, wenn sie nicht nochmals vorbehalten werden.

5. Ein Vorbehalt ist innerhalb von 24 Werktagen nach Zugang der Mitteilung nach den Nummern 2 und 3 über die Schlusszahlung zu erklären. Er wird hinfällig, wenn nicht innerhalb von weiteren 24 Werktagen — beginnend am Tag nach Ablauf der in Satz 1 genannten 24 Werktage — eine prüfbare Rechnung über die vorbehaltenen Forderungen eingereicht oder, wenn das nicht möglich ist, der Vorbehalt eingehend begründet wird.

6. Die Ausschlussfristen gelten nicht für ein Verlangen nach Richtigstellung der Schlussrechnung und -zahlung wegen Aufmaß-, Rechen- und Übertragungsfehlern.

(4) In sich abgeschlossene Teile der Leistung können nach Teilabnahme ohne Rücksicht auf die Vollendung der übrigen Leistungen endgültig festgestellt und bezahlt werden.

(5) 1. Alle Zahlungen sind aufs äußerste zu beschleunigen.

2. Nicht vereinbarte Skontoabzüge sind unzulässig.

3. Zahlt der Auftraggeber bei Fälligkeit nicht, so kann ihm der Auftragnehmer eine angemessene Nachfrist setzen. Zahlt er auch innerhalb der Nachfrist nicht, so hat der Auftragnehmer vom Ende der Nachfrist an Anspruch auf Zinsen in Höhe der in § 288 Absatz 2 BGB angegebenen Zinssätze, wenn er nicht einen höheren Verzugsschaden nachweist.

4. Zahlt der Auftraggeber das fällige unbestrittene Guthaben nicht innerhalb von 2 Monaten nach Zugang der Schlussrechnung, so hat der Auftragnehmer für dieses Guthaben abweichend von Nummer 3 (ohne Nachfristsetzung) ab diesem Zeitpunkt Anspruch auf Zinsen in Höhe der in § 288 Absatz 2 BGB angegebenen Zinssätze, wenn er nicht einen höheren Verzugsschaden nachweist.

5. Der Auftragnehmer darf in den Fällen der Nummern 3 und 4 die Arbeiten bis zur Zahlung einstellen, sofern die dem Auftraggeber zuvor gesetzte angemessene Nachfrist erfolglos verstrichen ist.

(6) Der Auftraggeber ist berechtigt, zur Erfüllung seiner Verpflichtungen aus den Absätzen 1 bis 5 Zahlungen an Gläubiger des Auftragnehmers zu leisten, soweit sie an der Ausführung der vertraglichen Leistung des Auftragnehmers aufgrund eines mit diesem abgeschlossenen Dienst- oder Werkvertrags beteiligt sind, wegen Zahlungsverzugs des Auftragnehmers die Fortsetzung ihrer Leistung zu Recht verweigern und die Direktzahlung die Fortsetzung der Leistung sicherstellen soll. Der Auftragnehmer ist verpflichtet, sich auf Verlangen des Auftraggebers innerhalb einer von diesem gesetzten Frist darüber zu erklären, ob und inwieweit er die Forderungen seiner Gläubiger anerkennt; wird diese Erklärung nicht rechtzeitig abgegeben, so gelten die Voraussetzungen für die Direktzahlung als anerkannt.

I. Allgemeines

§ 16 VOB/B enthält Regelungen über die Fälligkeit des Werklohnanspruches, macht der Unternehmer Abschlags- oder Schlusszahlung geltend. Außerdem gibt § 16 VOB/B den Parteien das Recht, Vorauszahlungen zu vereinbaren und benennt Voraussetzungen einer begehrten Teilschlusszahlung. Schließlich gewährt die Norm dem Auftraggeber, den Werklohnanspruch des Unternehmers durch Zahlung an Dritte zu erfüllen.

Die VOB/B hinsichtlich der Zahlungsziele die bauvertraglichen Praxis, die oft Zahlungspläne zwischen Auftraggeber und Auftragnehmer vorsehen und somit Abschlagszahlungen regeln. Vor dem Hintergrund der jüngsten BGH-Rechtsprechung zur Vereinbarung von vertraglichen Regelungen, die von den Bestimmungen der VOB/B abweichen, soll die Regelung die Parteien ermächtigen, über die 18-Werktage-Frist zu disponieren, ohne in die VOB/B einzugreifen, die zum Verlust der Privilegierung führen würde. Durch die neue Formulierung soll die einvernehmliche Vereinbarung von festen Zahlungszeiten ermöglicht werden; eine Abschlagszahlung ist jedoch auch bei Vereinbarung von Zahlungszeitpunkten nur zu leisten, wenn zu diesem Zeitpunkt eine entsprechende vertragsgemäße Leistung nachgewiesen wird, was sie von der Ratenzahlung abgrenzt. Ohne dass dies ein Eingriff in die VOB/B darstellt, sollen also Regelungen möglich sein, die einen bestimmten Prozentsatz der Vergütung nach Erreichen eines bestimmten Bautenstandes (z. B. Rohbau) fällig stellen oder aber eine Abschlagszahlung in bestimmten Zeitabständen (z. B. monatlich) jeweils in Höhe des erreichten Bautenstandes vorsehen.

II. Abschlagszahlungen, § 16 Abs. 1 VOB/B

1. Höhe der Abschlagszahlung

Nach § 16 Abs. 1 Nr. 1 S. 1 VOB/B sind Abschlagszahlungen in Höhe des Wertes der jeweils nachgewiesenen vertragsgemäßen Leistungen zu gewähren.

Damit räumt die Norm dem Auftragnehmer hinsichtlich der Fälligkeit einen zusätzlichen Zahlungsanspruch ein. Denn nach § 641 Abs. 1 S. 1 BGB ist die Vergütung erst bei der Abnahme des Werkes zu entrichten, also Fertigstellung insgesamt. Lediglich für den Fall, dass ein Werk in Teilen abzunehmen ist und diesbezüglich entsprechende Teilvergütung vereinbart wurde, ist auch nach der gesetzlichen Wertung die Vergütung für jeden Teil bei dessen Abnahme gesondert zu entrichten (§ 641 Abs. 1 S. 2 BGB[1057]).

2. Nachweis vertragsgemäßer Leistung

Voraussetzung für den Anspruch auf Abschlagszahlung ist neben dem Antrag des Auftragnehmers der Nachweis der vertragsgemäßen Leistung sowie des ausgewiesenen Umsatzsteuerbetrages, § 16 Abs. 1 Nr. 1 S. 1 VOB/B.

Nachzuweisen sind die Leistungen also durch eine prüfbare Aufstellung, § 16 Abs. 1 Nr. 1 S. 2 VOB/B. Somit ist auf § 14 Abs. 1 S. 1 VOB/B abzustellen, wonach der Auftragnehmer seine Leistungen prüfbar abzurechnen hat:

— Der Auftragnehmer muss die Rechnungen übersichtlich aufstellen, die Reihenfolge der Posten einhalten und die in den Vertragsbestandteilen enthaltenen Bezeichnungen verwenden, § 14 Abs. 1 S. 2 VOB/B.

— Er muss die zum Nachweis von Art und Umfang der Leistungen erforderlichen Mengen berechnen, Zeichnungen und andere Belege beifügen, § 14 Abs. 1 S. 3 VOB/B, sowie Änderungen und Ergänzungen des Vertrages in der Rechnung besonders kenntlich machen, § 14 Abs. 1 S. 4 VOB/B.

Wenngleich die Anforderungen an die Prüfbarkeit der Abschlagsrechnung wegen deren vorläufigen Charakters geringer sind als bei der Schlussrechnung[1058]. Es ist deshalb eine Überschlägigkeit ausreichend, bei der die Aufstellung nicht alle Einzelheiten einer Schlussrechnung

---

[1057] BGH Z 125, 111.
[1058] BGH, BauR 1997, 468; OLG Düsseldorf, BauR 1997, 1041.

umfassen muss. Aber auch bei lediglich vorläufigem Charakter der Abschlagsrechnung muss sich aus der prüfbaren Aufstellung zweifelsfrei ergeben, welche Einzelleistungen gemäß dem Leistungsverzeichnis erbracht sind und welchen Rechnungswert sie bei einwandfreier Ausführung im Einzelnen haben[1059]. Dieses gilt auch für Pauschalverträge und die dort durchaus problematische Abgrenzung des auf die Abschlagsrechnung entfallenden Leistungsteils; auch dann, wenn keine detaillierte Leistungsbeschreibung vorliegt (Detailpauschalpreisvertrag[1060]).

3. Abschlag fällig binnen 18 Werktagen nach Zugang der Abschlagsrechnung

Hat der Auftragnehmer die vertragsgemäße Leistung nachgewiesen und dieses durch prüfbare Aufstellung belegt, so ist der Anspruch auf Abschlagszahlung binnen 18 Werktagen nach Zugang der Aufstellung fällig, § 16 Abs. 1 Nr. 3 VOB/B.

a) Fristbeginn

Die Frist beginnt mit Zugang der Rechnung bei dem Auftraggeber oder seinem für die Rechnungsprüfung gegenüber dem Auftragnehmer hinreichend erkennbar bevollmächtigten Vertreter (z. B. dem bauleitenden Architekten[1061]). Handelt es sich um einen öffentlichen Auftraggeber, muss die Abschlagsrechnung der Auftrag vergebenden Stelle zugehen.

b) Fristberechnung

Bei Berechnung der Frist von 18 Werktagen sind Samstage mit einzuberechnen, denn Samstage sind Werktage in diesem Sinne. Allein dann, wenn der letzte Tag der 18-tägigen Frist auf einen Samstag oder Sonn- oder Feiertag fällt, endet die Frist nicht an diesem Tage, sondern am nächsten Werktag, § 193 BGB.

c) Fristwahrung

Gewahrt ist die Frist von 18 Werktagen, wenn der Auftraggeber in dieser Frist seine Leistungshandlung vornimmt:

Zahlt der Auftraggeber per Scheck, ist die Frist gewahrt, wenn der Scheck der Post zur Beförderung, z. B. durch Einwerfen in den Briefkasten, übergeben wurde[1062].

[1059] BGHZ 73, 140.
[1060] BGH, BauR 1991, 81.
[1061] OLG Frankfurt, BauR 1988, 599.
[1062] BGH, BauR 1998, 398; OLG Saarbrücken, OLGR 1998, 73; a. A. OLG Frankfurt, BauR 1988, 599.

Zahlt der Auftraggeber per Überweisung, dürfte die Frist gewahrt sein bei rechtzeitigem Eingang des Überweisungsauftrages bei dem ausführenden Kreditinstitut[1063]. Entscheidend ist also nicht Zahlungseingang bei dem Auftragnehmer, sondern Leistungshandlung des Auftraggebers.

4. Rechtscharakter der Abschlagszahlung

Hinsichtlich des Rechtscharakters von Abschlagszahlungen stellt § 16 Abs. 1 Nr. 4 VOB/B klar, dass diese Zahlungen die Haftung des Auftragnehmers unberührt lassen. Sie gelten nicht als Abnahme von Teilen der Leistung. Dem Auftraggeber verbleiben trotz geleisteter Abschlagszahlungen alle Rechte, so als ob noch keine Zahlung erfolgt wäre. Dieses gilt insbesondere auch hinsichtlich der Abnahme.

Die Zahlungen gelten auch nicht als Anerkenntnis des darauf bezogenen Vergütungsanspruchs des Auftragnehmers, solange die Schlussrechnung nicht vorliegt[1064]. Dieses folgt daraus, dass die spätere Schlussrechnung ein anderes Ergebnis bringen kann, nicht zuletzt wegen später entstandener oder fälliger Gegenansprüche des Auftraggebers[1065]. Wenngleich Gegenforderungen des Auftraggebers unter den Voraussetzungen der Aufrechnung (Gegenseitigkeit, Gleichartigkeit, Fälligkeit) schon von Abschlagsrechnungen des Auftragnehmers einbehalten werden können, § 16 Abs. 1 Nr. 2 S. 1 VOB/B.

III. Vorauszahlungen, § 16 Abs. 2 VOB/B

1. Wesen der Vorauszahlung

Für Vorauszahlungen ist nicht notwendig, dass der Auftragnehmer die von ihm vertraglich geschuldete Leistung oder Teile derselben bereits erbracht hat[1066]. Darin unterscheiden die Vorauszahlungen sich von Abschlagszahlungen, Schlusszahlung sowie Teilschlusszahlung. Die Vorauszahlungen weichen also von der gesetzlichen Wertung ab, dass der Auftragnehmer vorleistungspflichtig ist, der Vergütungsanspruch – auch hinsichtlich einzelner Teile des Werkes – regelmäßig erst mit Abnahme fällig wird, § 641 Abs. 1 BGB. Stattdessen können die Parteien des Bauvertrages vereinbaren, dass dem Auftraggeber eine Vorleistungspflicht auferlegt wird, Vorauszahlungen zu leisten.

[1063] OLG Köln, BauR 1990, 367; OLG Düsseldorf, BauR 2000, 729.
[1064] KG Berlin, SFH Z 2.410 Bl. 64; OLG Braunschweig, NJW-RR 1985, 81; OLG Düsseldorf, BauR 2001, 806; OLG Hamm, BauR 2002, 1105.
[1065] BGH, BB 1995, 1978.
[1066] BGH, BauR 1986, 361.

2. Vorauszahlungsvereinbarung bei Vertragsschluss

Vorauszahlungen können bei oder nach Vertragsabschluss vereinbart werden, vgl. § 16 Abs. 2 Abs. 1 1. Hs. VOB/B. Werden sie bei Vertragsabschluss vereinbart, so regelmäßig im Bauvertrag selber oder in den Besonderen oder Zusätzlichen Vertragsbedingungen. Aus Beweisgründen bietet sich im Interesse des Auftragnehmers jedenfalls Schriftform an. Dieses gilt erst recht für die Vereinbarung von Vorauszahlungen nach Vertragsabschluss. Wenngleich die Schriftform nicht vorgeschrieben ist, § 126 Abs. 1 BGB.

3. Vorauszahlungsvereinbarung nach Vertragsschluss

Vereinbaren die Parteien Vorauszahlung nach Vertragsschluss, so ist hierfür auf Verlangen des Auftraggebers durch den Auftragnehmer eine ausreichende Sicherheit zu leisten, § 16 Abs. 2 Nr. 1 2. Hs. VOB/B. Die Sicherheit muss in ihrer Art und in ihrer Höhe das Risiko wertmäßig abdecken, das der Auftraggeber im konkreten Einzelfall durch die Verpflichtung zur Leistung von Vorauszahlungen und deren Hingabe eingeht.

Ob die Sicherheit ausreichend im Sinne der Norm ist, ist Frage des Einzelfalls. Im Sinne des Sicherungsinteresses des Auftraggebers ausreichend ist im Falle einer Sicherheitsleistung durch Bürgschaft jedenfalls, dass der Auftraggeber den Bürgen als tauglich anerkannt hat, § 17 Abs. 1 S. 1 VOB/B sowie § 232 Abs. 2 BGB.

Darüber hinaus sollten die gesetzlichen Sicherheitsleistungen in Betracht kommen, wie in § 232 Abs. 1 BGB definiert. Dieses sind

— durch Hinterlegung von Geld oder Wertpapieren,
— durch Verpfändung von Forderungen, die in das Bundesschuldbuch oder in das Landesschuldbuch eines Landes eingetragen sind,
— durch Verpfändung beweglicher Sachen,
— durch Bestellung von Schiffshypotheken an Schiffen oder Schiffsbauwerken, die in einem deutschen Schiffsregister oder Schiffsbauliste eingetragen sind,
— durch Bestellung von Hypotheken an inländischen Grundstücken sowie
— durch Verpfändung von Forderungen, für die eine Hypothek an einem inländischen Grundstück besteht oder durch Verpfändung von Grundschulden oder Rentenschulden an inländischen Grundstücken.

4. Vorauszahlung nach Sicherheitsleistung

Aus dem Recht des Auftraggebers, bei Vereinbarung einer Vorauszahlung nach Vertragsschluss Sicherheit zu fordern, folgt, dass er zur Zahlung der Vorauszahlung erst verpflichtet ist, wenn die Sicherheit geleistet wird. Bis dahin kann er an den Vorauszahlungen ein Zurückbehaltungsrecht geltend machen, § 273 Abs. 1 BGB.

Haben die Parteien die Vorauszahlung für bestimmte Teile des Werke vereinbart, so entfällt der Sicherungszweck in dem Augenblick, in dem diese Teilleistung erbracht wurde: Damit entfällt der Rechtsgrund für das Behaltendürfen der Sicherheit und ist diese grundsätzlich dann zurückzugewähren[1067].

IV. Schlusszahlung, § 16 Abs. 3 VOB/B

1. Schlussrechnungsreife

Der Anspruch auf Abschlagszahlung kann nicht mehr geltend gemacht werden, wenn die Bauleistung abgenommen ist und der Auftragnehmer die Schlussrechnung gestellt hat[1068]. Dies mag nicht neu gewesen sein, sondern bestätigte das BGH Urteil vom 15. April 2004 – VII ZR 471/01, BauR 2004, 1146 = NZBau 2004, 386 = ZfBR 2004, 552. Gleiches soll gelten,

— wenn die Abnahme erfolgt ist,

— die Leistung des Auftragnehmers fertig gestellt ist

— und die Frist abgelaufen ist, binnen derer der Auftragnehmer gemäß § 14 Abs. 3 VOB/B die Schlussrechnung einzureichen hat[1069].

Liegen diese Voraussetzungen vor, kann man auch von Schlussrechnungsreife sprechen. In der Konsequenz musste dann etwa eine Klage, auf Abschlagszahlung auf eine Schlussrechnung gestützt, fortgeführt werden[1070].

Eine die Schlussrechnungsreife begründende Fertigstellung im Sinne von § 14 Abs. 3 VOB/B liegt vor, wenn der Auftragnehmer die vertraglichen Leistungen erbracht hat. Die Abnahme indiziert die Fertigstellung regelmäßig auch dann, wenn Restleistungen fehlen. Andererseits kann Schlussrechnungsreife auch vorliegen, wenn die Abnahme – trotz der

---

[1067] OLG Karlsruhe, BauR 1986, 227.
[1068] BGH Urteil Az. VII ZR 205/07 verkündet am 20. August 2009 bestätigte das BGH Urteil vom 15. April 2004 – VII ZR 471/01, BauR 2004, 1146 = NZBau 2004, 386 = ZfBR 2004, 552.
[1069] BGH Urteil Az. VII ZR 205/07 verkündet am 20. August 2009.
[1070] BGH Urteil Az. VII ZR 205/07 verkündet am 20. August 2009.

Fertigstellung – noch nicht erfolgte. Abnahmereife und Schlussrechnungsreife fallen damit zusammen. Fehlen wesentliche Restleistungen, kann sich aus deren Gewicht und den Bauumständen ergeben, dass die Leistung noch nicht fertig gestellt ist[1071].

Mit der Schlusszahlung wird der gesamte Betrag gezahlt, der dem Auftragnehmer nach den bauvertraglichen Bestimmungen noch zusteht, abzüglich vorausgegangener Abschlags-, Voraus- und Teilschlusszahlungen. Dieses allerdings ungeachtet einer z. B. nach § 17 Abs. 8 VOB/B noch nicht zurückzugewährenden Sicherheitsleistung.

2. Voraussetzung der Schlusszahlung: prüfbare Schlussrechnung

Voraussetzung für die Schlusszahlung ist die prüfbare Schlussrechnung des Auftragnehmers.

Wegen der Prüfbarkeit wird auf vorgenannte Ausführungen verwiesen. Schlussrechnung in diesem Sinne ist die nach außen rechnungsmäßig zum Ausdruck kommende Äußerung des Auftragnehmers darüber, welche Vergütung er endgültig aus dem betreffenden Bauvertrag gegenüber dem Auftraggeber zu beanspruchen glaubt. Regelmäßig wird die Rechnung deshalb als „Schlussrechnung" bezeichnet[1072]. Die Kennzeichnung als Schlussrechnung kann aber auch in anderer Weise deutlich gemacht werden, solange zweifelsfrei ist, dass der Auftragnehmer eben „Schlussrechnung" in vorgenanntem Sinne legt. Es dürfen keine Anhaltspunkte dafür bestehen, dass es sich nur um eine vorläufige Rechnung handeln soll[1073]. Entscheidend ist, dass der Auftragnehmer zu erkennen gibt, welche Vergütung er insgesamt für seine Leistung fordert. Indiz hierfür ist etwa, wenn die nach der Fertigstellung der in Auftrag gegebenen Leistungen überreichte Rechnung alle vom Auftragnehmer übernommenen ausgeführten Arbeiten aufweist, so dass sich eine weitere Rechnung erkennbar erübrigt[1074].

3. Fälligkeit der Schlusszahlung, § 16 Abs. 3 Nr. 1 VOB/B

Fällig wird der Anspruch auf Schlusszahlung alsbald nach Prüfung und Feststellung der vom Auftragnehmer vorgelegten Schlussrechnung, spätestens innerhalb von 2 Monaten nach Zugang der Schlussrechnung, § 16 Abs. 3 Nr. 1 S. 1 VOB/B.

[1071] BGH Urteil Az. VII ZR 205/07 verkündet am 20. August 2009.
[1072] OLG Frankfurt, NJW-RR 1988, 600; LG Hamburg, BauR 1995, 399.
[1073] BGH, BauR 1975, 344.
[1074] BGH, BauR 1975, 344.

a) Zugang der Schlussrechnung

Verweigert der Auftraggeber zu Unrecht die Annahme der Schlussrechnung, so geht ihm diese im Zeitpunkt des Angebotes zur Aushändigung zu[1075]. Hierbei muss der Empfänger sich das Verhalten seiner Vertreter anrechnen lassen, nicht jedoch das des bloßen Empfangsboten[1076].

Die Fälligkeitsregel gilt unabhängig davon, ob der Auftraggeber die Rechnung tatsächlich geprüft hat und eine Rechnungssumme festgestellt worden ist[1077]: Ist das Werk abgenommen und dem Auftraggeber die prüfbare Schlussrechnung zugegangen, kann der Auftragnehmer spätestens mit Ablauf von 2 Monaten Zahlung verlangen. Regelmäßig muss der Auftragnehmer die 2-Monatsfrist jedoch auch dann abwarten, wenn der Auftraggeber schon vor Einreichung der Schlussrechnung erklärt hat, er werde sie nicht bezahlen[1078].

b) Spätere Fälligkeit der Schlusszahlung

Ausnahmsweise wird die Schlusszahlung hingegen nicht spätestens 2 Monate nach Einreichung der Schlussrechnung fällig. Dieses, wenn die Prüfung und Feststellung der Schlussrechnung aus sachlichen, nicht vom Auftraggeber zu vertretenden Gründen innerhalb dieser Frist nicht erfolgen kann[1079]. Dann tritt auch Fälligkeit später ein, nämlich dann, wenn die bestehenden Hindernisse bei der Prüfung und Feststellung beseitigt sind oder beseitigt werden können.

Auch in den Fällen, in denen die Prüfung und Feststellung der Schlussrechnung nicht alsbald durchgeführt werden kann, darf der Auftraggeber hingegen nicht insgesamt Schlusszahlung hinausschieben, bis die vollständige Prüfung und Feststellung der Schlussrechnung erfolgt ist. Stattdessen muss er nach § 16 Abs. 3 Nr. 1 S. 3 VOB/B das unbestrittene Guthaben als Abschlagszahlung sofort zahlen. Unbestritten in diesem Sinne ist das Guthaben nicht, wenn der Auftraggeber dem rechnerisch feststehenden Teil vom Auftragnehmer nicht anerkannte Gegenforderungen entgegenhält, z. B. Vertragsstrafe oder Schadensersatzanspruch[1080].

c) Frühere Fälligkeit der Schlusszahlung

Umgekehrt muss der Auftraggeber vor Ablauf der 2-Monatsfrist zahlen, wenn Prüfung und Feststellung der Schlussrechnung bereits vor dem

---

[1075] BGH, NJW 1983, 929; NJW 1998, 976.
[1076] BAG, NJW 1993, 1093.
[1077] OLG Düsseldorf, SFH Z 2.50, Bl. 19 ff.; OLG Celle, BauR 1979, 433.
[1078] BGH, BauR 1976, 116.
[1079] BGH, NJW 1969, 428.
[1080] LG Hamburg, BauR 1995, 399.

Ablauf dieser Frist abschließend beendet ist und der Auftraggeber den aus seiner Sicht berechtigten Rechnungsbetrag festgestellt und dem Auftragnehmer mitgeteilt hat[1081]. Dann kann der Auftraggeber sich nicht auf die 2-Monatsfrist berufen.

d) Ausschluss der Einwendung fehlender Prüfbarkeit nach 2 Monaten

Hat der Auftraggeber eines Vertrages, in dem die VOB/B vereinbart worden ist, nicht binnen zwei Monaten nach Zugang der Schlussrechnung Einwendungen gegen deren Prüfbarkeit erhoben, wird der Werklohn auch dann fällig, wenn die Rechnung objektiv nicht prüfbar ist. Somit ist ihm der Einwand der fehlenden Prüfbarkeit abgeschnitten. Es findet die Sachprüfung statt, ob die Forderung berechtigt ist[1082]. Mit der entsprechenden Regelung in § 16 Abs. 3 Nr. 1 Satz 2 VOB/B wird die Rechtsprechung des BGH zur Rechtsfolge des Versäumnisses der Prüffrist umgesetzt. Zuvor hatte der BGH übrigens mit Urteil vom 27.11.2003 (VII ZR 288/02) bezogen auf einen Architektenvertrag entschieden, dass eine Auftraggeber nach Treu und Glauben mit solchen Einwendungen gegen die Prüffähigkeit (in der HOAI wird statt „prüfbar" der Begriff „prüffähig" im gleichen Sinn verwendet) einer Architektenschlussrechnung ausgeschlossen ist, die er nicht spätestens innerhalb einer Frist von 2 Monaten nach Zugang der Rechnung vorgebracht hat. Diese Rechtsprechung hat er mit Urteil vom 23.09.2004 (VII ZR 173/03) auf VOB/B-Verträge ausgedehnt.

Trotz Ablaufes der 2-Monatsfrist ist der Auftraggeber nicht mit Einwendungen gegen die Schlussrechnung ausgeschlossen – wie etwa die Rüge überhöht abgerechneter Mengen oder Massen[1083]. Denn über den bloßen Ablauf der 2-monatigen Prüffrist hinaus traten keine aus dem Verhalten des Auftraggebers beruhende Umstände hinzu, die das Vertrauen des Auftragnehmers rechtfertigten, der Auftraggeber werde seine Einwendungen nicht mehr geltend machen[1084].

Wenngleich die Grundsätze von Treu und Glauben zu beachten sind: Der Auftraggeber kann sich gegenüber einer im Übrigen prüfbaren Abrechnung mehr als 1 Jahr nach Erhalt nicht auf das fehlende Aufmaß berufen[1085].

[1081] BGHZ 83, 382.
[1082] BGH 7. Zivilsenat, 23. September 2004, Az. VII ZR 173/03= ZfBR 2005, 56–58 im Anschluss an BGH, Urteil vom 27. November 2003 – VII ZR 288/02.
[1083] BGH, BauR 2001, 784; BbgOLG, NZBau 2000, 513; OLG Celle, BauR 2002, 1836; a. A. OLG Bremen, OLGR 2001, 79; OLG Düsseldorf, BauR 1990, 609.
[1084] BGH, BauR 2001, 784; NJW-RR 1992, 1240.
[1085] OLG Celle, BauR 1996, 264.

e) Verjährungsbeginn nach Fälligkeit

Auswirkungen hat die Fälligkeitsregelung auch mit Blick auf den Beginn der Verjährungsfrist hinsichtlich des Zahlungsanspruches: Die Verjährungsfrist beginnt am Schluss des Jahres, in dem die Fälligkeit der Schlusszahlung eintritt. Dieses mit Ablauf der 2-Monatsfrist – nicht am Schluss des Jahres, in dem die Schlussrechnung zugegangen ist[1086].

4. Vorbehaltlose Annahme der Schlusszahlung, § 16 Abs. 3 Nr. 2 VOB/B

Grundsätzlich kann ein Auftragnehmer auch nach seiner Schlussrechnung noch Nachforderungen stellen und diese nachberechnen, solange Zahlungsforderungen noch nicht verjährt sind, wobei hier die 3-Jahres-Frist des § 195 BGB ab Fälligkeit der Schlussrechnung gemäß § 199 BGB zu beachten ist. Zahlt der Auftraggeber nach Prüfung und Feststellung den von ihm errechneten Schlusszahlungsbetrag, so schließt die vorbehaltslose Annahme dieser Schlusszahlung Nachforderungen des Auftragnehmers aus, wenn der Auftragnehmer über die Schlusszahlung schriftlich unterrichtet und auf die Ausschlusswirkung hingewiesen wurde, § 16 Abs. 3 Nr. 2 VOB/B. Einer Schlusszahlung in diesem Sinne steht es gleich, wenn der Auftraggeber unter Hinweis auf geleistete Zahlungen weitere Zahlungen endgültig und schriftlich ablehnt, § 16 Abs. 3 Nr. 3 VOB/B. Auch früher gestellte, aber unerledigte Forderungen werden ausgeschlossen, wenn sie nicht nochmals vorbehalten werden, § 16 Abs. 3 Nr. 4 VOB/B.

a) Ausschlusswirkung und deren Unangemessenheit

Der Ausschlusswirkung liegt die Vermutung zugrunde, dass der Auftragnehmer mit der vorbehaltslosen Annahme der Schlusszahlung zur erkennen gibt, er wolle keine weiteren Forderungen aus dem Bauvertrag mehr stellen[1087]. Unerheblich für die vorbehaltslose Annahme der Schlusszahlung und die damit verbundene Ausschlusswirkung ist, ob die Schlussrechnung den Anforderungen von § 14 Abs. 1 VOB/B entspricht und prüfbar ist[1088]. Eine prüfbare Schlussrechnung ist vielmehr erst zur Begründung des Vorbehalts erforderlich (zur Erklärung des Vorbehalts unten[1089]).

Haben die Parteien die VOB/B nicht als Ganzes vereinbart, ist § 16 Abs. 3 Nr. 2 VOB/B nicht anwendbar, wenn der Auftraggeber auch der

---

[1086] BGH, BauR 1970, 116.
[1087] BGH, NJW 1965, 536; OLG Hamm, SFH Z 2.330 Bl. 3; OLG Celle, SFH Z 2.330.2 Bl. 12; OLG München, BauR 1979, 436.
[1088] BGH BauR 1987, 329; BauR 1999, 396; OLG Frankfurt, BauR 1988, 615.
[1089] BGH, BauR 1999, 396.

Verwender der Allgemeinen Geschäftsbedingungen ist, weil diese Regelung dann der gebotenen Inhaltskontrolle nicht standhält[1090].

b) Voraussetzungen der Ausschlusswirkung

Zuerst ist zu klären, dass die Parteien die VOB/B als Ganzes vereinbart haben oder die Auftraggeberseite jedenfalls nicht Verwenderin der Ausschlussregelung ist. Wäre nämlich die VOB/B nicht als Ganzes vereinbart und wäre die Auftraggeberin Verwenderin der Ausschlussklausel, wäre § 16 Abs. 3 Nr. 2 VOB/B unwirksam, weil diese Regelung der dann gebotenen Inhaltskontrolle nicht standhielte[1091].

aa) Schlusszahlung, schriftliche Mitteilung mit Belehrung, § 16 Abs. 3 Nr. 2 und 3 VOB/B

Es bedarf der Schlusszahlung und der schriftlichen Mitteilung hierzu mit der Belehrung über die Ausschlusswirkung. Die vorbehaltlose Annahme der Schlusszahlung schließt Nachforderungen also nur aus, wenn der Auftragnehmer über die Schlusszahlung schriftlich unterrichtet und auf die Ausschlusswirkung hingewiesen wurde, wobei der gesamte Text des § 16 Abs. 3 Nr. 5 VOB/B schriftlich vor der Unterschrift wiederzugeben ist.

Einer Schlusszahlung steht es gleich, wenn der Auftraggeber unter Hinweis auf geleistete Zahlungen weitere Zahlungen endgültig und schriftlich ablehnt, § 16 Abs. 3 Nr. 3 VOB/B. Auch die Aufrechnungserklärung nach § 16 Abs. 3 Nr. 3 VOB/B steht der Schlusszahlung gleich[1092]. Dabei ist es grundsätzlich unerheblich, ob die zur Aufrechnung gestellte Gegenforderung bestritten oder anerkannt ist[1093]. Jedoch steht die erfolgte Aufrechnung einer Schlusszahlung dann nicht gleich, wenn sie zwingenden Vorschriften der Insolvenzordnung widerspricht. § 16 Abs. 3 Nr. 2 VOB/B kann bei verständiger Würdigung nicht dahin ausgelegt werden, dass die Wirkungen der vorbehaltlosen Annahme der Schlusszahlung auch dann eintreten sollen, wenn eine der Schlusszahlung gleichstehende Aufrechnung aufgrund zwingender insolvenzrechtlicher Vorschriften unzulässig ist[1094].

[1090] BGH, Urteil vom 19. März 1998 – VII ZR 116/97, BGHZ 138, 176; Urteil vom 17. Dezember 1998 – VII ZR 37/98, BGHZ 140, 248.
[1091] BGH, Urteil vom 19. März 1998 – VII ZR 116/97, BGHZ 138, 176; Urteil vom 17. Dezember 1998 – VII ZR 37/98, BGHZ 140, 248.
[1092] BGH, Urteil vom 22. Januar 1987 – VII ZR 96/85, BauR 1987, 329; Urteil vom 17. Dezember 1998 – VII ZR 37/98, BGHZ 140, 248.
[1093] BGH, Urteil vom 31. März 1977 – VII ZR 51/76, BauR 1977, 284.
[1094] BGHReport 2007, 1121–1122 = ZfBR 2007, 681–682 = NZBau 2007, 644 = BauR 2007, 1726–1727 = NJW-RR 2007, 1467.

bb) Vorbehaltlose Annahme der Schlusszahlung

Voraussetzung für die Ausschlusswirkung ist sodann die vorbehaltslose Annahme der Zahlung, also die Entgegennahme dessen, was als Zahlung oder deren Stelle bestimmt ist. In diesem Sinne genügt schon die Entgegennahme eines Schecks oder eines Tagesauszuges der Bank[1095].

Vorbehaltlos in diesem Sinne bedeutet die Hinnahme ohne Ausdruck des Willens, den Betrag, der durch die Zahlung ausgewiesen wird, als endgültig hinzunehmen. Hat der Auftragnehmer sich betreffend vorbehaltsloser Annahme hingegen geirrt, so kann er den Vorbehalt nach Ablauf der hierfür notwendigen Frist nicht nachholen. Denn das Unterlassen der Vorbehaltserklärung als Willenserklärung ist nicht anfechtbar[1096].

5. Erklärung des Vorbehalts, § 16 Abs. 3 Nr. 5 VOB/B

Erklärt der Auftragnehmer hingegen auf die Schlusszahlung den Vorbehalt, so muss dieses binnen 24 Werktagen nach Zugang der Mitteilung über die Schlusszahlung erfolgen.

a) Form und Inhalt

Eine besondere Form ist für die Vorbehaltserklärung nicht vorgeschrieben. Aus Beweisgründen bietet sich jedoch Schriftform an.

Die Vorbehaltserklärung bedarf nicht des Wortes „Vorbehalt"[1097]. Es genügt die Erklärung des Auftragnehmers, die zweifelsfrei erkennen lässt, dass er noch Forderungen geltend machen will, die über die bisherige Zahlung des Auftraggebers einschließlich Schlusszahlung hinausgehen. In diesem Sinne hingegen muss die Äußerung unbedingt und bestimmt sein[1098]. So genügt eine weitere Zahlungsaufforderung[1099], oder, dass der Auftragnehmer die zur Begründung der Abrechnung des Auftraggebers beigefügten Rechnungen an diesen zurückschickt und an die Begleichung der Rechnung erinnert sowie Verzugszinsen anmeldet[1100]. Nicht hinreichend bestimmt hingegen ist die bloße Bitte um Prüfung, wer den entsprechenden Forderungsteil bezahlen soll[1101], oder die Bitte um Überprüfung der Belastungen[1102].

[1095] BGH, BauR 1970, 117; BGH, BauR 1972, 328.
[1096] OLG Hamm, SFH Z 2.330 Bl. 32 ff.; OLG Köln, SFH, § 16 Nr. 3 VOB/B Nr. 11.
[1097] BGH, BauR 1980, 178, 180; BauR 1983, 476.
[1098] OLG Köln, BauR 1975, 351; OLG Hamburg, BauR 1983, 371.
[1099] BGH, BauR 1983, 476.
[1100] OLG Frankfurt, NJW-RR 1988, 601.
[1101] OLG Düsseldorf, BauR 1975, 429.
[1102] OLG Hamburg, BauR 1983, 371.

Im Ergebnis gilt, dass an die Vorbehaltserklärung keine zu strengen Anforderungen zu stellen sind. Dieses mit Blick auf die einschneidende Wirkung zulasten des Auftragnehmers im Falle der unterbliebenen Vorbehaltserklärung[1103].

b) Erklärung gegenüber dem Auftraggeber

Die Erklärung des Vorbehaltes muss grundsätzlich gegenüber dem Auftraggeber erfolgen. Ist darüber hinaus der Architekt oder Ingenieur mit Wirkung gegen den Auftraggeber zur Entgegennahme des Vorbehaltes befugt, etwa weil er mit der Bauabrechnung befasst ist, kann auch ihm gegenüber der Vorbehalt erklärt werden[1104]. Ist der Architekt „typische Anlaufstelle" auch hinsichtlich der Bauabrechnung, so ist auch er befugter Empfänger der Vorbehaltserklärung[1105].

6. Begründung des Vorbehalts

Der erklärte Vorbehalt wird hinfällig, wenn nicht innerhalb von weiteren 24 Werktagen – beginnend am Tag nach Ablauf der in Satz 1 genannten 24 Werktage – eine prüfbare Rechnung über die vorbehaltenen Forderungen eingereicht oder, wenn das nicht möglich ist, der Vorbehalt eingehend begründet wird. Begründung: In § 16 Abs. 3 Nr. 5 Satz 2 VOB/B wird damit aus Gründen der Transparenz klargestellt, dass die hier geregelte 24-Werktagsfrist erst nach Ablauf der in Satz 1 geregelten 24-Werktagsfrist beginnt.

a) Prüfbare Rechnung über die vorbehaltenen Forderungen

Die Begründung setzt die prüfbare Rechnung über die vorbehaltene Forderung voraus. Ergibt sich die streitige Forderung bereits deutlich aus der prüfbaren Rechnung, muss der Auftragnehmer nicht nochmals eine prüfbare Rechnung vorlegen[1106].

b) Eingehende Begründung des Vorbehalts

Ist es dem Auftragnehmer hingegen aus von ihm nicht zu vertretenden Gründen nicht möglich, eine prüfbare Rechnung über die vorbehaltenen Forderungen einzureichen, kann er subsidiär den Vorbehalt eingehend begründen. Wobei betreffend dieser inhaltlich ins Einzelne gehenden Darlegung keine übertriebenen und sachlich nicht gerechtfertigten

---

[1103] BGH, BauR 1970, 117; NJW 1977, 1634; BauR 2002, 1253.
[1104] BGH, NJW 1977, 1634.
[1105] BGH, BauR 1978, 314.
[1106] BGH, BauR 1983, 476; BauR 1985, 576, BGH, BauR 1998, 613; OLG München, BauR 1996, 871.

Anforderungen gestellt werden dürfen. Formalismus ist zu vermeiden. Es kann nur das verlangt werden, was dazu dient, dem Auftraggeber die erforderliche und hinreichende, vor allem bisher noch fehlende Aufklärung über Art und Umfang über das zu geben, was der Auftragnehmer noch zu fordern berechtigt zu sein glaubt. Ist der Auftraggeber bereits hinreichend orientiert, braucht der Auftragnehmer keine weitere Aufklärung mehr zu geben[1107].

c) Berichtigung von Fehlern oder vergessene Abrechnungspositionen

Vergessene Abrechnungspositionen können nur ausnahmsweise nachträglich geltend gemacht werden. Zieht der Auftragnehmer etwa in der Schlussrechnung vom Auftraggeber geleistete Abschlagszahlungen, die er schon auf gesondert berechnete Leistungen gutgebracht hatte, irrtümlich noch einmal ab, so kann er den Fehlbetrag nachverlangen, auch wenn er gegen die Schlusszahlung des Auftraggebers keinen Vorbehalt erklärt hat. Nach § 16 Abs. 3 Nr. 2 Satz 1 VOB/B sind nur Nachforderungen ausgeschlossen, die nicht schon in der Schlussrechnung aufgeführt waren, etwa weil in der Schlussrechnung Leistungsteile anzuführen vergessen wurden oder wenn die Erhöhung von Teilen der in die Schlussrechnung eingegangenen Rechnungsbeträge gefordert wird[1108].

Berichtigungen von in die Schlussrechnung eingegangenen Multiplikations- oder Additionsfehlern sind ebenso keine Nachforderungen[1109]. „Doppelbuchung" oder „Fehlbuchung", genauso wie das versehentliche doppelte Abziehen einer Abschlagszahlung sind erst recht schon nach dem Wortlaut des § 16 Abs. 3 Nr. 2 Satz 1 VOB/B nicht als „ausgeschlossene" Nachforderung zu werten[1110]. Auch Buchungsfehler des Auftraggebers, die erst später bemerkt werden, können noch zugunsten des Auftragnehmers korrigiert werden, weil der Schlusszahlungserklärung des Auftraggebers jedenfalls nicht auch seine unmissverständliche Erklärung zu entnehmen gewesen ist, auch von ihm selbst vorgenommene Fehlbuchungen nicht berücksichtigen und ihre Folgen nicht beseitigen zu wollen[1111]. Auch wenn das Versehen (die Doppel- oder Fehlbuchung) beim Auftragnehmer vorgekommen ist, ändert dies nichts daran, dass die Schlusszahlungserklärung nicht dahin zu verstehen ist, dass sie auch die Berichtigung unstreitiger Doppelbuchungen „aus-

---

[1107] BGH NJW 1965, 536; BauR 1980, 178; BauR 1985, 576.
[1108] BGH, ZfBR 1985, 179–180.
[1109] Offen gelassen in BGH, ZfBR 1985, 179–180.
[1110] BGH, ZfBR 1985, 179–180, BGH, BauR 1978, 227 f. und OLG Frankfurt a. M. MDR 1982, 229.
[1111] BGH, BauR 1978, 227 f.

schließen" sollte. Davon kann ein Auftraggeber redlicherweise nicht ausgehen[1112].

Allein diese Beurteilung entspricht dem Sinn der im Übrigen wegen ihrer einschneidenden Folgen zurückhaltend auszulegenden Regelung des § 16 Abs. 3 Nr. 2 Satz 1 VOB/B. Ihr Zweck ist es, Rechtsfrieden und Rechtsklarheit zwischen den Parteien zu schaffen[1113]. Mit der Berufung auf den Forderungsausschluss kann der Auftraggeber diesen Zweck verhältnismäßig leicht erreichen und sich gegen solche Forderungen des Auftragnehmers schützen, mit denen er nicht mehr zu rechnen brauchte, nachdem er auf die Schlussrechnung eine ohne Vorbehalt gebliebene Schlusszahlung erbracht hatte. Sinn dieser Vorschrift ist es danach nicht, dem Auftraggeber zu gestatten, wegen einer nur einmal geleisteten Zahlung die Durchsetzbarkeit zweier Rechnungsposten jeweils in Höhe der einmaligen Zahlung auszuräumen. Insoweit benötigt der Auftraggeber keinen Schutz. Den Umfang seiner geleisteten Abschlagszahlungen kennt er zumindest gleich gut wie der Auftragnehmer. Deshalb muss er trotz einer ohne Vorbehalt bleibenden Schlusszahlungserklärung damit rechnen, dass der Auftragnehmer auf Ausgleich der Differenz zwischen unstreitiger Werklohnforderung und tatsächlich erbrachten Abschlagszahlungen weiter bestehen wird.

V. Teilschlusszahlung, § 16 Abs. 4 VOB/B

1. Wesen

Nach § 16 Abs. 4 VOB/B können abgeschlossene Teile der Leistung nach Teilabnahme ohne Rücksicht auf die Vollendung der übrigen Leistungen endgültig festgestellt und bezahlt werden. Neben der Abschlags- sowie Vorauszahlung ist dieses ein weiteres Instrument für den Auftragnehmer, vor Fertigstellung der Leistung insgesamt Vergütung zu erhalten.

2. In sich abgeschlossene Leistungsteile

Voraussetzung ist, dass es sich bei dem Zahlungsbegehren um in sich abgeschlossene Leistungsteile im Rahmen der bauvertraglichen Gesamtleistungsverpflichtung handelt. Abgeschlossene Teilleistungen in diesen Sinne sind auch solche, die auf Verlangen des Auftragnehmers gesondert abzunehmen sind nach § 12 Abs. 2 VOB/B: In sich abgeschlossen ist die Leistung, wenn sie nach allgemeiner Verkehrsauffassung als selbständig und von den übrigen Teilleistungen aus demselben Bauvertrag unabhängig anzusehen ist. Sie lässt sich also in ihrer

---

[1112] BGH, ZfBR 1985, 179–180 im Anschluss an BGH, BauR 1978, 227/228.
[1113] BGHZ 86, 135, 140 m.w.N.

Gebrauchsfähigkeit abschließend für sich beurteilen. Dieses sowohl in ihrer technischen Funktionsfähigkeit, als auch im Hinblick auf die vorgesehene Nutzung, z. B. Einbau einer Heizungsanlagen sowie Installationsarbeiten nach demselben Bauvertrag[1114].

3. Teilabnahme

Voraussetzung der Fälligkeit ist weiterhin die vorausgegangene Teilabnahme, § 12 Abs. 2 VOB/B. Diese ist auf Verlangen des Auftragnehmers betreffend in sich abgeschlossener Teile zu erklären.

4. Prüfbare Teilschlussrechnung

Voraussetzung für die Fälligkeit ist schließlich die prüfbar aufgestellte und eingereichte Teilschlussrechnung[1115]. Prüfbar in diesem Sinne ist die Teilschlussrechnung, wenn sie den Anforderungen des § 14 Abs. 1 und Abs. 2 VOB/B genügt. Der Auftragnehmer hat die Rechnungen übersichtlich aufzustellen und dabei die Reihenfolge der Posten einzuhalten und die in den Vertragsbestandteilen enthaltenen Bezeichnungen zu verwenden. Er muss die zum Nachweis von Art und Umfang der Leistung erforderlichen Mengenberechnungen, Zeichnungen und andere Belege beifügen. Die für die Abrechnung notwendigen Feststellungen sind dem Fortgang der Leistung entsprechend möglichst gemeinsam vorzunehmen.

5. Prüfung und Feststellung der Rechnung: Voraussetzung der Vergütungsfälligkeit?

Höchstrichterlich ist – soweit ersichtlich – nicht entschieden, ob weitere Fälligkeitsvoraussetzung für den Anspruch des Auftragnehmers auf Teilschlusszahlung Prüfung und Feststellung der Rechnung durch den Auftraggeber spätestens binnen 2 Monaten nach Zugang der Teilschlussrechnung ist, vgl. § 16 Abs. 3 Nr. 1 S. 1 VOB/B zur Schlusszahlung.

Für die entsprechende Anwendung dieser für die Schlussrechnung geltenden Vorschrift auch für die Teilschlussrechnung spricht, dass auch die Teilschlussrechnung Vergütungsanspruch betreffend in sich abgeschlossener Teile der Leistung nach Teilabnahme ohne Rücksicht auf die Vollendung der übrigen Leistungen endgültig feststellt. Denn in diesem endgültigen Charakter ist sie der Schlussrechnung vergleichbar. Gegen die entsprechende Anwendung spricht hingegen, dass die 2-Monatsfrist als Fälligkeitsvoraussetzung zu § 16 Abs. 4 VOB/B, also der Teil-

---

[1114] BGH, BauR 1975, 423; BGHZ 73, 140.
[1115] OLG Hamm, BauR 2002, 1105.

schlussrechnung, gerade nicht definiert ist, insoweit also gerade nicht gelten soll.

Der BGH hat die entsprechende Anwendung der Ausschlusswirkung im Falle der vorbehaltslosen Annahme einer Schlusszahlung nach § 16 Abs. 3 Nr. 1 S. 1 VOB/B auf den Fall der vorbehaltslosen Annahme einer Teilschlusszahlung ausdrücklich offen gelassen[1116]. Mangels gegenteiliger Regelung in § 16 Abs. 4 VOB/B sollte also der Anspruch auf Teilschlusszahlung sogleich nach Zugang der Teilschlussrechnung fällig sein, § 271 Abs. 1 BGB. Wenngleich der Auftragnehmer mangels höchstrichterlicher Klärung nach Teilschlusszahlung in nicht vollständiger Höhe vorsorglich binnen 24 Werktagen nach Zugang der Teilschlusszahlung Vorbehalt erklären und diesen binnen weiterer 24 Werktage begründen sollte, vgl. die Ausführung oben zu § 16 Abs. 3 Nr. 5 VOB/B.

VI. Beschleunigung von Zahlungen, Skontoabzüge sowie Folgen verzögerter Zahlung

1. Gebot beschleunigter Zahlung, § 16 Abs. 5 Nr. 1 VOB/B

Nach § 16 Abs. 5 Nr. 1 VOB/B sind Zahlungen aufs äußerste zu beschleunigen. Diese Bestimmung entspricht der gesetzlichen Wertung, wonach der Schuldner einer Geldzahlung diese Leistung sofort bewirken muss, § 271 Abs. 1 BGB.

2. Skontoabzüge, § 16 Abs. 5 Nr. 2 VOB/B

Gleichermaßen der gesetzlichen Wertung entspricht auch § 16 Abs. 5 Nr. 2 VOB/B: Nicht vereinbarte Skontoabzüge sind unzulässig. Denn ist nichts Abweichendes vereinbart, wird durch den Werkvertrag der Besteller zur Entrichtung der vereinbarten Vergütung verpflichtet, § 631 Abs. 1 BGB. Haben also die Parteien hinsichtlich Vorauszahlung, Abschlagszahlung, Teilschlusszahlung oder Schlusszahlung keinen bestimmten Abzug vereinbart, kann der Auftraggeber auch bei sofortiger oder kurzfristiger Zahlung einen Abzug vom Rechnungsbetrag nicht vornehmen[1117].

[1116] BGH, BauR 1982, 282.
[1117] OLG Köln, SFH, § 641 BGB Nr. 2; OLG Düsseldorf, BauR 1992, 782.

Der Skontoabzug im Übrigen ist begrifflich zu unterscheiden von dem unabhängig vom Zahlungseingang eingeräumten Nachlass bzw. Rabatt oder Angebot[1118].

3. Zinsen, § 16 Abs. 5 Nr. 3 VOB/B

a) Verzugszinsen nach Nachfristsetzung

Den Verzugszinsanspruch bestimmt § 16 Abs. 5 Nr. 3 VOB/B: Zahlt der Auftraggeber trotz Fälligkeit und Nachfrist nicht, so hat der Auftragnehmer vom Ende der Nachfrist an Anspruch auf Zinsen in gesetzlicher Höhe. Unter Berücksichtigung des variierenden Basiszinssatzes sind dieses bei einem Vertrag zwischen Verbrauchern ein Verzugszinssatz in Höhe von 5 %-Punkte über dem Basiszinssatz sowie bei einem Vertrag ohne Verbraucher in Höhe von 8 %-Punkte über dem Basiszinssatz, §§ 247 Abs. 1 S. 1, 288 Abs. 1 S. 2, Abs. 2 BGB. Unbenommen bleibt es dem Auftragnehmer, einen höheren Verzugsschaden nachzuweisen (z. B. Bankkredit oder die bei Vorenthaltung der Zahlung dem Auftragnehmer entgehende Möglichkeit, das Geld anderweitig gewinnbringend anzulegen), (vgl. hierzu OLG Düsseldorf, Betrieb 1985, 1103).

Ist die VOB/B nicht als Ganzes vereinbart, ist § 16 Abs. 5 Nr. 3 VOB/B aber unwirksam mit der Folge, dass Verzugszinsen wegen § 286 Abs. 3 BGB schon 30 Tage nach der Übersendung einer Rechnung oder vergleichbaren Zahlungsaufstellung begründet sind[1119].

b) Verzugszinsen auf unbestrittenes Guthaben

Einen weiteren Verzugszinsanspruch bestimmt § 16 Abs. 5 Nr. 4 VOB/B: Zahlt der Auftragnehmer das unbestrittene Guthaben nicht innerhalb von 2 Monaten nach Zugang der Schlussrechnung, hat der Auftragnehmer ab diesem Zeitpunkt und ohne Nachfristsetzung Anspruch auf Zinsen in vorgenannter Höhe. Auch hier bleibt ihm der Nachweis eines höheren Verzugsschadens unbenommen.

Ist die VOB/B nicht als Ganzes vereinbart, ist § 16 Abs. 5 Nr. 3 VOB/B unwirksam mit der Folge, dass Verzugszinsen wegen § 286 Abs. 3 BGB schon 30 Tage nach der Übersendung einer Rechnung oder vergleichbaren Zahlungsaufstellung begründet sind[1120].

[1118] OLG Frankfurt, SFH, § 11 VOB/B Nr. 9; OLG Köln, NJW-RR, 1989, 525.
[1119] Dies ergibt sich als Konsequenz aus BGH Az. VII ZR 212/07 Urteil am 20. August 2009 verkündet.
[1120] Dies ergibt sich als Konsequenz aus BGH Az. VII ZR 212/07 Urteil am 20. August 2009 verkündet.

c) Kaufmännische Fälligkeitszinsen/Prozesszinsen

Fälligkeitszinsen regelt § 16 Abs. 5 VOB/B nicht. Gleichwohl ist ein Auftragnehmer bei einem VOB/B-Vertrag unter Kaufleuten berechtigt, bereits vom Tage der Fälligkeit des Zahlungsanspruches Fälligkeitszinsen in Höhe von 5 % zu fordern, §§ 352 Abs. 1 S. 1, 353 S. 1 HGB[1121]. Die Bestimmung des Zinsanspruches nach § 16 Abs. 5 Nr. 3 S. 2 sowie Nr. 4 VOB/B verdrängt nämlich diesen gesetzlichen Fälligkeitszinsanspruch nicht. Stattdessen bestimmt § 16 Abs. 3 Nr. 1 S. 1 VOB/B den Fälligkeitszeitpunkt für den Anspruch auf Schlusszahlung spätestens mit Ablauf von 2 Monaten nach Zugang der Schlussrechnung sowie § 16 Abs. 1 Nr. 3 VOB/B für Abschlagszahlungen spätestens nach Ablauf von 18 Werktagen nach Zugang der Abschlagsrechnung. Ist aber der Fälligkeitszeitpunkt entsprechend bestimmt, kann das Schweigen von § 16 Abs. 5 VOB/B zum Fälligkeitszins nicht entgegen vorgenannten Gesetzesnormen §§ 352, 353 HGB ausgelegt werden. Die VOB/B sollte ursprünglich das Verhältnis des öffentlichen Auftraggebers zum Auftragnehmer regeln[1122]. Die öffentliche Hand unterfällt nicht dem Handelsrecht, was das Schweigen der VOB/B zu den Fälligkeitszinsen erklärt[1123]. Die Gegenauffassung ist inkonsequent, will sie zwar Fälligkeitszins nicht zusprechen, wohl aber Prozesszinsen[1124]. Denn konsequent fortgedacht, müsste das Wort „Zinsen" in § 16 Abs. 5 Nr. 3 S. 2 VOB/B dann nicht nur Fälligkeits-, sondern auch Prozesszinsen ausschließen. Für eine insoweit willkürliche Differenzierung ist kein Grund ersichtlich. Stattdessen wäre es nur konsequent, würde bei der nächsten VOB/B-Novellierung das Wort „Zinsen" in § 16 Abs. 5 Nr. 3 S. 2 VOB/B durch das Wort „Verzugszinsen" ersetzt. Dann wäre klar, dass die Norm sich nur auf die Verzugszinsen bezieht, somit weder die Fälligkeitszinsen noch die Verzugszinsen ausschließen will.

Ist die VOB/B nicht als Ganzes vereinbart, so dass die Möglichkeit der Inhaltskontrolle nach den Vorschriften über Allgemeine Geschäftsbedingungen eröffnet ist, ist § 16 Abs. 5 Nr. 3 VOB/B (Verzugszinsen erst nach Nachfristsetzung unter Ausschluss der Regelung des § 286 Abs. 3 BGB, der den Verzug schon 30 Tage nach der Übersendung einer Rechnung oder vergleichbaren Zahlungsaufstellung begründet) nach § 307 BGB unwirksam, wenn der Auftraggeber Verwender der VOB/B ist[1125]. Daher dürfte zumindest dann der gemeinhin angenommene Ausschluss

---
[1121] Diehr, BauR 2004, 1040 ff.
[1122] Zur Entstehungsgeschichte siehe Schubert, Festschrift für Korbion, 1986, 389; Jagenburg, 100 Jahre „Kölner VOB", BauR 1989, 17 ff.
[1123] A. A. ohne Begründung in Garbe-Emden, BauR 2003, 1468, 1472.
[1124] OLG Düsseldorf, BauR 2002, 963, 965.
[1125] Dies stellt der BGH Az. VII ZR 212/07 mit dem am 20. August 2009 verkündeten Urteil klar.

der gesetzlichen Fälligkeitszinsen zwischen Kaufleuten nach § 352 HGB ebenso unwirksam sein.

4. Arbeitseinstellung, § 16 Abs. 5 Nr. 5 VOB/B

Sodann gibt § 16 Abs. 5 Nr. 5 VOB/B dem Auftragnehmer das Recht, bei Vorliegen der dort benannten Voraussetzungen die Arbeiten einzustellen: Zahlt der Auftraggeber bei Fälligkeit und fruchtloser Nachfrist nicht, kann der Auftragnehmer nach Ablauf dieser Nachfrist die Arbeiten einstellen, vgl. § 16 Abs. 5 Nr. 3 S. 2 VOB/B. Auch kann er die Arbeiten einstellen, wenn der Auftraggeber das fällige unbestrittene Guthaben nicht innerhalb von zwei Monaten nach Zugang der Schlussrechnung zahlt und eine gesetzte angemessene Nachfrist erfolglos verstrichen ist, § 16 Abs. 5 Nr. 4 i. V. m. § 16 Abs. 5 Nr. 5 2. Hs. VOB/B.

Weil durch die Arbeitseinstellung entstehende Kosten regelmäßig Verzugsschäden sein dürften, kommt zudem ein Anspruch auf Schadensersatz des Auftragnehmers nach § 6 Abs. 6 VOB/B in Betracht. Mögliche, adäquat-kausale Schäden des Auftragnehmers in diesem Sinne sind etwa Mehraufwand wegen späterer Lieferschwierigkeiten oder andere, finanziell bewertbare, sonst nicht eingetretene Verluste im Rahmen des Gewerbebetriebes des Auftragnehmers, anderenfalls vermeidbare Vorhaltekosten für gemietete, nicht anderweitig einsetzbare Geräte, Kosten für eingetretene Lohn- und Materialpreiserhöhungen etc.[1126] Auch kommt in Betracht, dass der Auftragnehmer entstandene erhöhte Allgemeine Geschäftskosten als Schaden in Ansatz bringt, sofern er die Erhöhung im Einzelfall hinreichend spezifiziert darlegt und beweist[1127].

Nach teilweise vertretener Auffassung muss hingegen der Auftragnehmer nicht nur Nachfrist zu Zahlung setzen, um sodann die Arbeiten einstellen zu können, sondern muss auch ausdrücklich die Absicht, die Arbeiten einzustellen, ankündigen[1128]. Dieses wegen der schwerwiegenden Folgen der Arbeitseinstellung für den Auftraggeber. Hat hingegen der Auftragnehmer anhand dieser Vorgaben die Arbeiten berechtigt eingestellt, ist der Auftraggeber nicht befugt, den Bauvertrag nach § 5 Abs. 5 Abs. 4 VOB/B oder 8 Abs. 3 VOB/B zu kündigen[1129].

[1126] OLGR Düsseldorf 1996, 88; KG Berlin, ZfBR 1984, 129; BauR 1988, 487.
[1127] KG Berlin, ZfBR 1984, 129; OLG Düsseldorf, BauR 1988, 487 und auch OLG Nürnberg, BauR 2001, 409.
[1128] OLG Düsseldorf, BauR 1975, 428; OLG Frankfurt, BauR 1988, 599.
[1129] OLG Frankfurt, BauR 1988, 599.

VII. Vergütungszahlung durch Auftraggeber an Dritte, § 16 Abs. 6 VOB/B

1. Zahlung an Gläubiger des Auftragnehmers

Der Auftraggeber kann nach § 16 Abs. 6 VOB/B Zahlungen an Gläubiger des Auftragnehmers leisten, soweit

— sie an der Ausführung der vertraglichen Leistung des Auftragnehmers aufgrund eines mit diesem abgeschlossenen Dienst- oder Werkvertrags beteiligt sind,

— wegen Zahlungsverzugs des Auftragnehmers die Fortsetzung ihrer Leistungen zu Recht verweigern und

— die Direktzahlung die Fortsetzung der Leistung sicherstellen soll.

Der fällige Anspruch des Auftragnehmers gegen den Auftraggeber muss einhergehen mit dem fälligen Anspruch eines Gläubigers gegen den Auftragnehmer. Anspruchsgrundlage für den Auftragnehmer muss sein der zugrunde liegende Werkvertrag, Anspruchsgrundlage der Gläubiger ein Dienst- oder Werkvertrag, also insbesondere kein Kaufvertrag. Der Anwendungsbereich der Vorschrift ist im Wesentlichen eröffnet für die Arbeitnehmer des Auftragnehmers und dessen eventuelle Nachunternehmer. In Betracht kommen aber auch Statiker, Architekten oder Ingenieure, insbesondere dann, ist der Auftragnehmer ein Generalunternehmer. Weil aber Anspruchsgrundlage der Gläubiger nicht ein Kaufvertrag sein darf, ist der Anwendungsbereich insbesondere für Lieferanten des Auftragnehmers – für Stoffe und Materialien – nicht eröffnet. Anders ist dieses nur dann für den Fall des sog. Werklieferungsvertrages, in dem unvertretbare Sachen hergestellt und geliefert werden, also was eigenst für dieses Bauvorhaben angefertigt wurde, etwa individuell vor dem Einbau bearbeitete Bauteile, ganz spezielle Betonmischung oder ähnliches.

2. Schuldbefreiende Zahlung

Schuldbefreiend im Sinne des § 362 Abs. 2 BGB hingegen ist die Zahlung des Auftraggebers an den Dritten im Verhältnis zu der Zahlung des Auftragnehmers nur, wenn der Dritte gegenüber dem Auftragnehmer tatsächlich forderungsberechtigt ist. Ist hingegen der Dritte gegenüber dem Auftragnehmer nicht forderungsberechtigt, zahlte der Auftraggeber nicht schuldbefreiend. Der Auftragnehmer wäre berechtigt, Zahlung nochmals an ihn zu verlangen. Damit der Auftraggeber diese Doppelzahlung vermeidet, ist der Auftragnehmer nach § 16 Abs. 6 S. 2 VOB/B verpflichtet, sich auf Verlangen des Auftraggebers innerhalb einer von diesem gesetzten Frist darüber zu erklären, ob und inwieweit er die

Forderung seiner Gläubiger anerkennt. Gibt er die Erklärung hingegen nicht rechtzeitig ab, gelten die Voraussetzungen für die Direktzahlung als anerkannt und kann der Auftraggeber damit schuldbefreiend an den Dritten zahlen, § 16 Abs. 6 Nr. 2 2. Hs. VOB/B. Im Falle der Eröffnung des Insolvenzverfahrens über das Vermögen des Auftragnehmers freilich ist ein mögliches Anfechtungsrecht des Insolvenzverwalters nach § 131 Abs. 1 InsO zu beachten: Zahlt der Auftraggeber an den Dritten, könnte der Insolvenzverwalter diese Zahlung anfechten. Denn der Dritte hatte keinen Anspruch gegen den Auftraggeber auf Zahlung nach § 16 Abs. 6 VOB/B. § 16 Abs. 6 VOB/B räumt nur dem Auftraggeber ein Wahlrecht ein, gewährt aber umgekehrt dem Dritten keinen Zahlungsanspruch gegen den Auftraggeber.

3. Direktgeschäft zwischen Auftraggeber und Nachunternehmer

In der Praxis kommt es oft dazu, dass ein Nachunternehmer das Direktgeschäft mit dem Auftraggeber eingeht, wenn es mit dem eigentliche Auftragnehmer (Hauptauftragnehmer) Schwierigkeiten gab.

Erbringt ein Nachunternehmer noch ausstehende Teile seiner dem Hauptunternehmer geschuldeten Leistung aufgrund eines gesonderten Vertrages direkt für dessen Auftraggeber, wird ihm diese Leistungserbringung gegenüber dem Hauptunternehmer regelmäßig unmöglich. Der Vergütungsanspruch des Nachunternehmers gegen den Hauptunternehmer ist in diesem Fall entsprechend § 441 Abs. 3 BGB in gleicher Weise zu berechnen wie der Anspruch auf Vergütung aus einem gekündigten Werkvertrag (BGB §§ 275 Abs. 1, 326 Abs. 1 Satz 1, 441 Abs. 3, 631 Abs. 1). Demnach ist der Preis in dem Verhältnis herabzusetzen, in welchem zur Zeit des Vertragsschlusses der Wert der Sache in mangelfreiem Zustand zu dem wirklichen Wert gestanden haben würde. Die Minderung ist, soweit erforderlich, durch Schätzung zu ermitteln[1130].

VIII. Allgemeine Geschäftsbedingungen

Unwirksam ist die Klausel des Auftraggebers, dass der Auftragnehmer mit Einreichung der Schlussrechnung auf weitere Forderungen aus dem betreffenden Bauvorhaben verzichtet. Dies gilt auch für den kaufmännischen Bereich, so dass eine entsprechende Klausel gegen § 307 BGB verstößt[1131].

[1130] BGH mit Urteil vom 14.1.2010, VII ZR 106/08 im Anschluss an BGH, Urteil vom 17. Juli 2007 – X ZR 31/06, BauR 2007, 2061 = NZBau 2007, 703 = ZfBR 2008, 35.
[1131] BGHZ 107, 205.

Wäre nämlich die VOB/B nicht als Ganzes vereinbart und wäre die Auftraggeberin Verwenderin der Ausschlussklausel, wäre § 16 Abs. 3 Nr. 2 VOB/B unwirksam, weil diese Regelung der dann gebotenen Inhaltskontrolle nicht standhielte[1132].

Unwirksam ist eine formularmäßige Bankgarantie für Abschlagszahlungen privater Bauherren nach Baufortschritt, deren Inanspruchnahme lediglich einen Bautenstandsbericht des Auftragnehmers voraussetzt. Denn diese Klausel dient der Umgehung des Verbotes des formularmäßigen Ausschlusses des Leistungsverweigerungsrechtes gemäß § 320 BGB und des Zurückbehaltungsrechtes gemäß § 273 BGB[1133].

Unwirksam ist eine Klausel, durch die die Fälligkeit der Vergütung des Auftragnehmers davon abhängig gemacht wird, dass dieser dem Auftraggeber sog. Mängelfreibescheinigungen Dritter (z. B. der Erwerber) vorlegt. Denn diese Voraussetzung kann vom Auftragnehmer gegenüber dem Dritten nicht durchgesetzt werden, da er mit diesem nicht in einem Vertragsverhältnis steht[1134].

In diesem Sinne unangemessen benachteiligt wird der Auftragnehmer auch durch eine solche Klausel des Auftraggebers, nach der die Prüfungspflicht hinsichtlich der Schlussrechnung auf 3 Monate verlängert und außerdem der Fristbeginn vom Vorhandensein von Prüfungsunterlagen, die sich nicht in den Händen des Auftragnehmers befinden, abhängig gemacht wird[1135].

Unwirksam ist die in § 16 Abs. 3 Nr. 1 S. 1 vereinbarte Prüffrist von 2 Monaten bei isolierter Inhaltskontrolle dieser Allgemeinen Geschäftsbedingungen. Denn die Verknüpfung der Fälligkeit mit der Erteilung einer Schlussrechnung und dieser Prüffrist benachteiligt den Auftragnehmer unangemessen[1136].

Haben die Parteien die VOB/B nicht als Ganzes vereinbart, ist § 16 Abs. 3 Nr. 2 VOB/B nicht anwendbar, wenn der Auftraggeber auch der Verwender der Geschäftsbedingungen ist, weil diese Regelung dann der gebotenen Inhaltskontrolle nicht standhielte[1137].

[1132] BGH, Urteil vom 19. März 1998 – VII ZR 116/97, BGHZ 138, 176; Urteil vom 17. Dezember 1998 – VII ZR 37/98, BGHZ 140, 248.
[1133] BGH ZfBR 1986, 165.
[1134] OLG Köln, SFH, § 641 BGB Nr. 2.
[1135] OLG München, BauR 1990, 471.
[1136] OLG Karlsruhe, NJW-RR 1993, 1435; OLG München, IBR 1995, 8.
[1137] BGH, Urteil vom 19. März 1998 – VII ZR 116/97, BGHZ 138, 176; Urteil vom 17. Dezember 1998 – VII ZR 37/98, BGHZ 140, 248.

§ 17 VOB/B Sicherheitsleistung

(1) 1. Wenn Sicherheitsleistung vereinbart ist, gelten die §§ 232 bis 240 BGB, soweit sich aus den nachstehenden Bestimmungen nichts anderes ergibt.

2. Die Sicherheit dient dazu, die vertragsgemäße Ausführung der Leistung und die Mängelansprüche sicherzustellen.

(2) Wenn im Vertrag nichts anderes vereinbart ist, kann Sicherheit durch Einbehalt oder Hinterlegung von Geld oder durch Bürgschaft eines Kreditinstituts oder Kreditversicherers geleistet werden, sofern das Kreditinstitut oder der Kreditversicherer

1. in der Europäischen Gemeinschaft oder

2. in einem Staat der Vertragsparteien des Abkommens über den Europäischen Wirtschaftsraum oder

3. in einem Staat der Vertragsparteien des WTO-Übereinkommens über das öffentliche Beschaffungswesen

zugelassen ist.

(3) Der Auftragnehmer hat die Wahl unter den verschiedenen Arten der Sicherheit; er kann eine Sicherheit durch eine andere ersetzen.

(4) Bei Sicherheitsleistung durch Bürgschaft ist Voraussetzung, dass der Auftraggeber den Bürgen als tauglich anerkannt hat. Die Bürgschaftserklärung ist schriftlich unter Verzicht auf die Einrede der Vorausklage abzugeben (§ 771 BGB); sie darf nicht auf bestimmte Zeit begrenzt und muss nach Vorschrift des Auftraggebers ausgestellt sein. Der Auftraggeber kann als Sicherheit keine Bürgschaft fordern, die den Bürgen zur Zahlung auf erstes Anfordern verpflichtet.

(5) Wird Sicherheit durch Hinterlegung von Geld geleistet, so hat der Auftragnehmer den Betrag bei einem zu vereinbarenden Geldinstitut auf ein Sperrkonto einzuzahlen, über das beide nur gemeinsam verfügen können („Und-Konto"). Etwaige Zinsen stehen dem Auftragnehmer zu.

(6) 1. Soll der Auftraggeber vereinbarungsgemäß die Sicherheit in Teilbeträgen von seinen Zahlungen einbehalten, so darf er jeweils die Zahlung um höchstens 10 v. H. kürzen, bis die vereinbarte Sicherheitssumme erreicht ist. Sofern Rechnungen ohne Umsatzsteuer gemäß § 13 b UStG gestellt werden, bleibt die Umsatzsteuer bei der Berechnung des Sicherheitseinbehalts unberücksichtigt. Den jeweils einbehaltenen Betrag hat er dem Auftragnehmer

mitzuteilen und binnen 18 Werktagen nach dieser Mitteilung auf ein Sperrkonto bei dem vereinbarten Geldinstitut einzuzahlen. Gleichzeitig muss er veranlassen, dass dieses Geldinstitut den Auftragnehmer von der Einzahlung des Sicherheitsbetrags benachrichtigt. Absatz 5 gilt entsprechend.

2. Bei kleineren oder kurzfristigen Aufträgen ist es zulässig, dass der Auftraggeber den einbehaltenen Sicherheitsbetrag erst bei der Schlusszahlung auf ein Sperrkonto einzahlt.

3. Zahlt der Auftraggeber den einbehaltenen Betrag nicht rechtzeitig ein, so kann ihm der Auftragnehmer hierfür eine angemessene Nachfrist setzen. Lässt der Auftraggeber auch diese verstreichen, so kann der Auftragnehmer die sofortige Auszahlung des einbehaltenen Betrags verlangen und braucht dann keine Sicherheit mehr zu leisten.

4. Öffentliche Auftraggeber sind berechtigt, den als Sicherheit einbehaltenen Betrag auf eigenes Verwahrgeldkonto zu nehmen; der Betrag wird nicht verzinst.

(7) Der Auftragnehmer hat die Sicherheit binnen 18 Werktagen nach Vertragsabschluss zu leisten, wenn nichts anderes vereinbart ist. Soweit er diese Verpflichtung nicht erfüllt hat, ist der Auftraggeber berechtigt, vom Guthaben des Auftragnehmers einen Betrag in Höhe der vereinbarten Sicherheit einzubehalten. Im Übrigen gelten die Absätze 5 und 6 außer Nummer 1 Satz 1 entsprechend.

(8) 1. Der Auftraggeber hat eine nicht verwertete Sicherheit für die Vertragserfüllung zum vereinbarten Zeitpunkt, spätestens nach Abnahme und Stellung der Sicherheit für Mängelansprüche zurückzugeben, es sei denn, dass Ansprüche des Auftraggebers, die nicht von der gestellten Sicherheit für Mängelansprüche umfasst sind, noch nicht erfüllt sind. Dann darf er für diese Vertragserfüllungsansprüche einen entsprechenden Teil der Sicherheit zurückhalten.

2. Der Auftraggeber hat eine nicht verwertete Sicherheit für Mängelansprüche nach Ablauf von 2 Jahren zurückzugeben, sofern kein anderer Rückgabezeitpunkt vereinbart worden ist. Soweit jedoch zu diesem Zeitpunkt seine geltend gemachten Ansprüche noch nicht erfüllt sind, darf er einen entsprechenden Teil der Sicherheit zurückhalten.

I. Allgemeines

§ 17 VOB/B enthält Regeln zur Sicherheitsleistung des Auftragnehmers zugunsten des Auftraggebers, also nicht die umgekehrte Sicherung des Auftragnehmers gegen den Auftraggeber, wie sie gesetzlich durch § 648 BGB (Bauhandwerkersicherungshypothek) und durch § 648a BGB (Sicherheitsleistung durch den Auftraggeber) bezweckt wird. Die hier gemeinte Sicherheitsleistung behandelt nur die Ansprüche des Auftraggebers gegenüber dem Auftragnehmer, nicht Ansprüche im umgekehrten Verhältnis.

II. Ausdrückliche Vereinbarung, Zweck und Höhe der Sicherheitsleistung, § 17 Abs. 1 VOB/B

1. Sicherheitsleistung nur bei vertraglicher Vereinbarung

§ 17 VOB/B ist nur anwendbar, wenn die Verpflichtung des Auftragnehmers zur Sicherheitsleistung vereinbart wurde (§ 17 Abs. 1 Nr. 1 VOB/B). Die Vereinbarung – auch Sicherungsabrede genannt – kann gesondert und ausdrücklich getroffen werden. Vielfach findet sie sich in Allgemeinen Geschäftsbedingungen, so vor allem in den Besonderen oder Zusätzlichen Vertragsbedingungen des Auftraggebers[1138]. Entgegen noch immer verbreiteter Auffassung, insbesondere auf Auftraggeberseite, besteht eine Üblichkeit oder ein Handelsbrauch zur Sicherheitsleistung nicht.

Besonderen Formvorgaben unterliegt die Sicherungsabrede nicht. Es sind jedoch die allgemeinen Regelungen zu beachten. Ist der Bauvertrag beispielsweise wegen der Verbindung zu einem Grundstückskaufvertrag zu beurkunden (§ 311 b Abs. 1 BGB), so erstreckt sich die Beurkundungsbedürftigkeit auch auf die Sicherungsabrede[1139].

2. Zweck und Höhe der Sicherheitsleistung

a) Zweck

Die Parteien eines VOB-Bauvertrages müssen den Zweck der Sicherheitsleistung nicht ausdrücklich bestimmen, um sie wirksam zu vereinbaren. Fehlt eine ausdrückliche Zweckbestimmung für die Sicherheits-

---

[1138] § 8 Abs. 6 Nr. 1 k VOB/A.
[1139] BGH, NJW 1994, 2885 f.

leistung, ergibt sich diese aus der Auslegung gemäß § 17 Abs. 1 Nr. 2 VOB/B. Danach dient die Sicherheit der vertragsgemäßen Ausführung der Leistung einschließlich der Mängelansprüche.

Soweit § 17 Abs. 1 Nr. 2 VOB/B den Zweck der Sicherheitsleistung regelt, ist damit nur die Zweckbestimmung im Verhältnis Auftraggeber/Auftragnehmer in deren Sicherungsabrede gemeint. Nicht erfasst ist davon eine etwaige Zweckbestimmung im Verhältnis des Auftraggebers zu Dritten (z. B. Bürgen). In deren Rechtsbeziehung, z. b. bei einem Bürgschaftsvertrag, ist jeweils gesondert zu ermitteln, welche Ansprüche die Bürgschaft sichert. Beide Rechtsverhältnisse stimmen in Bezug auf den Umfang des zu sichernden Anspruchs idealerweise überein, was jedoch in der Praxis nicht die Regel ist. Bleibt eine Bürgschaft hinter der Sicherungsabrede zurück, kann der Auftraggeber sie als nicht tauglich zurückweisen. Geht eine Bürgschaft hingegen über den in der Sicherungsabrede vereinbarten Sicherungsumfang hinaus, wird dem Auftraggeber mit der Bürgschaft eine größere Rechtsmacht verliehen, als er nach der Sicherungsabrede nutzen darf. In all diesen Fällen bestimmt ausschließlich die Sicherungsabrede, wann der Sicherungsnehmer (Auftraggeber) im Verhältnis zum Sicherungsgeber (Auftragnehmer) von dem ihm gewährten Sicherungsmittel Gebrauch machen darf. Demgegenüber ist jeweils gesondert zu prüfen, inwieweit etwa ein Bürge – unabhängig von der Sicherungsabrede – zur Zahlung auf der Grundlage der Bürgschaftsregelungen verpflichtet ist.

Das OLG München[1140] schlussfolgert deswegen auch, dass eine Gewährleistungsbürgschaft, mit der ein Gewährleistungsbareinbehalt abgelöst wird, regelmäßig lediglich für Gewährleistungsansprüche haftet, welche nach Abnahme aufgetreten sind. Mängel, die bereits vor oder bei Abnahme gerügt wurden, werden von der Gewährleistungsbürgschaft nicht gedeckt, BGB §§ 765 ff., VOB/B § 17 Abs. 2. Hierfür wäre die Vertragserfüllungssicherheit einschlägig.

b) Höhe

Die Höhe der Sicherheitsleistung sollte zur Vermeidung von Auslegungsproblemen eindeutig festgelegt werden. Zwingend ist dies jedoch für die Verbindlichkeit der Sicherungsabrede nicht, denn der Auftraggeber ist gemäß § 316 BGB regelmäßig befugt, die Höhe vorzugeben.

Bei der individuellen Vereinbarung der Höhe einer Sicherheitsleistung bestehen, soweit sie nicht sittenwidrig ist (§ 138 BGB), keine Grenzen.

Anderes gilt bei vom Auftraggeber gestellten Allgemeinen Geschäftsbedingungen. Hier ist darauf zu achten, dass der Auftragnehmer nicht

---

[1140] OLG München, 18.11.2008, 28 U 3572/08.

im Übermaß belastet wird. Die Grenzen des § 9 Abs. 8 VOB/A (Höhe der Sicherheit) gelten insoweit zwar nicht kraft vertraglicher Vereinbarung, bilden aber für die Beurteilung der Angemessenheit der Höhe der vereinbarten Sicherheit einen tragfähigen Anhaltspunkt, so dass Vertragserfüllungssicherheiten in Höhe von 5 % der Auftragssumme bzw. Sicherheiten für Mängelansprüche in Höhe von 3 % der Abrechnungssumme unproblematisch sind. Jede Vereinbarung, die über diese Sätze hinausgeht, muss daraufhin überprüft werden, ob hierin eine übermäßige Belastung des Auftragnehmers liegt[1141]. Die Angemessenheit richtet sich dabei nach den Umständen des Einzelfalles, beispielsweise nach dem Umfang oder der Art der Bauleistung. So kann der Auftraggeber z. B. bei besonders mängelanfälligen Gewerken oder neuen bisher nicht erprobten Bautechniken durchaus berechtigt sein, eine höhere Sicherheit zu verlangen als bei anderen Bauleistungen. Die zulässige Obergrenze für eine Sicherheitsleistung dürfte jedoch in der Regel überschritten sein, wenn die Sicherheitsleistung 10 % der Auftragssumme (bei Vertragserfüllungssicherheiten) bzw. der Abrechnungssumme (bei Mängelsicherheiten) überschreitet[1142].

3. Vereinbarungen zur Sicherheitsleistung, AGB-Inhaltskontrolle

Die Parteien eines Bauvertrages sind im Rahmen ihrer Vertragsfreiheit weitgehend frei, die von ihnen gewollte Sicherheitsleistung in der Sicherungsabrede vertraglich zu gestalten. Inhaltlich bestehen keine Bedenken, in Individualvereinbarung beliebige Regelungen zu der Art und Weise der Sicherheit, zu deren Höhe und deren Zweck oder in sonstiger Weise zuzulassen, die von den §§ 232 bis 240 BGB oder von § 17 Abs. 2 bis 8 VOB/B abweichen. Der Parteienvereinbarung sind bei Individualverträgen nur insoweit Schranken gesetzt, als eine Sicherungsabrede weder gegen gesetzliche Gebote (§ 134 BGB) noch gegen die guten Sitten (§ 138 BGB) verstoßen darf. Die Parteien können beispielsweise ohne weiteres das dem Auftragnehmer nach § 232 BGB sowie speziell nach § 17 Abs. 2 VOB/B zustehende Wahlrecht hinsichtlich der Art der Sicherheitsleistung ausschließen, indem sie diese bauvertraglich fest oder anders bestimmen. In allen diesen Fällen, in denen über die Einzelheiten der Sicherheitsleistung in der Sicherungsabrede gesonderte Vereinbarungen getroffen worden sind, gehen diese § 17 VOB/B vor[1143].

Soweit mit den Zusätzlichen Vertragsbedingungen Allgemeine Geschäftsbedingungen vorliegen, muss eine hierin enthaltene von der

---

[1141] Schmitts/Vogel, ZfIR 2002, 509 ff.
[1142] OLG Frankfurt, BauR 1993, 375 ff.
[1143] BGH BauR 1979, 525 ff.

VOB abweichende oder diese ergänzende vertragliche Sicherungsabrede einer AGB-Inhaltskontrolle standhalten. Dies gilt jedoch nur, soweit sich die gegebenenfalls kritische Klausel in einem Bedingungswerk des Auftraggebers, d. h. desjenigen findet, der die Sicherheit fordert. Maßstab einer AGB-rechtlichen Inhaltskontrolle für Sicherungsabreden ist regelmäßig § 307 BGB. Danach sind vor allem diejenigen Klauseln unwirksam, in denen ein Übermaß an Sicherheitsleistung vereinbart wurde. Hiervon sind Regelung betroffen, in denen sich der Auftraggeber durch die Art der Sicherheitsleistung faktisch ein (verdecktes) zusätzliches Finanzierungsmittel verschafft oder durch die Sicherheitsvereinbarung das Insolvenzrisiko des Auftragnehmers unzumutbar erhöht wird. Allgemein geht es dabei um Vereinbarungen, die die in § 17 VOB/B zu Gunsten des Auftragnehmers bestehenden Schutzrechte einschränken oder ausschließen, hier vor allem das Recht des Auftragnehmers zur Ablösung des Sicherheitseinbehaltes durch Bankbürgschaft (§ 17 Abs. 3 VOB/B), die Verpflichtung des Auftraggebers zur Einzahlung des Einbehaltes auf ein Sperrkonto (§ 17 Abs. 5 S. 1, Abs. 6 Nr. 1 S. 2 VOB/B) sowie zur Verzinsung des Sicherheitseinbehaltes (§ 17 Abs. 5 Satz 2 VOB/B). Ein besonders weites Feld für unwirksame AGB-Klauseln findet sich bei der Forderung von Bürgschaften auf erstes Anfordern. Hier wird auf die Erläuterungen weiter unten zu § 17 Abs. 4 VOB/B verwiesen.

Eine Sicherungsabrede, die einer AGB-Inhaltskontrolle nicht standhält, ist unwirksam. Der Anspruch des Auftraggebers auf Sicherheitsleistung entfällt. Sofern der Auftraggeber bereits eine Sicherheitsleistung erhalten hat, ist diese zurückzugewähren.

4. Inanspruchnahme der Sicherheit

Die Sicherheit darf nur in Anspruch genommen werden, wenn der Sicherungsfall vorliegt. Bei dem Sicherungsfall geht es darum, unter welchen Voraussetzungen bzw. ab welchem Zeitpunkt der Auftraggeber eine ihm zur Verfügung gestellte Sicherheit verwerten[1144] bzw. wie lange der Auftraggeber die Sicherheit behalten darf[1145]. In vielen Bauverträgen fehlt es an einer ausdrücklichen Vereinbarung des Sicherungsfalls. Dies macht eine Sicherungsabrede jedoch nicht unwirksam. Vielmehr ist von einer stillschweigenden Vereinbarung des Sicherungsfalls auszugehen, so dass er durch Auslegung zu ermitteln ist[1146].

[1144] BGHZ 148, 151 ff.
[1145] Schmitts/Vogel, ZfIR 2002, 509 ff.
[1146] BGH, BauR 2001, 109 ff.

5. Anwendbarkeit gesetzlicher Vorschriften auch bei VOB-Vertrag, vor allem Nachschusspflicht

Die aufgrund vertraglicher Vereinbarung geltenden Regelungen in § 17 VOB/B sind nicht abschließend, vielmehr bestehen Regelungslücken. Insoweit ist nach der ausdrücklichen Verweisung in § 17 Abs. 1 Nr. 1 VOB/B auf die gesetzlichen Regelungen der §§ 232 bis 240 BGB zurückzugreifen. Bedeutung kann hiernach bei der Stellung von Bürgschaften die sogenannte Ergänzungs- oder Nachschusspflicht gemäß § 240 BGB haben. Aufgrund dieser Vorschrift hat ein Auftragnehmer eine neue Sicherheit zu stellen oder eine bestehende zu ergänzen, wenn seine bisher übergebene Sicherheit ohne Verschulden des Auftraggebers unzureichend wird. Das Vorliegen der Unzulänglichkeit der Sicherheit muss der Auftraggeber darlegen und beweisen, ein damit etwa verbundenes Verschulden oder Mitverschulden des Auftraggebers der Auftragnehmer. War die Sicherheitsleistung von Anfang an unzulänglich, bedarf es keines Rückgriffs auf § 340 BGB. Vielmehr kann der Auftraggeber in diesem Fall eine Ergänzung nach § 232 BGB fordern[1147].

III. Arten der Sicherheitsleistung, § 17 Abs. 2 VOB/B

Sofern nichts anderes vereinbart ist, kann Sicherheit durch Einbehalt oder Hinterlegung von Geld oder durch Bürgschaft eines Kreditinstitutes oder Kreditversicherers geleistet werden, sofern das Kreditinstitut oder der Kreditversicherer bestimmte Voraussetzungen erfüllt (§ 17 Abs. 2 VOB/B).

IV. Wahlrecht und Austauschrecht des Auftragnehmers, § 17 Abs. 3 VOB/B

1. Allgemeines

§ 17 Abs. 3 VOB/B gewährt dem Auftragnehmer ein Wahl- und Austauschrecht für den Fall, dass eine Sicherheitsleistung im Bauvertrag vereinbart ist. Dem Auftraggeber eines VOB-Vertrages steht dieses Wahl- und Austauschrecht ohne gesonderte Vereinbarung nicht zu. Er ist stattdessen auf die allgemeine Regelung des § 232 BGB verweisen.

[1147] BGH, LM Nr. 1 zu § 240.

2. Wahlrecht des Auftragnehmers

Grundsätzlich hat der Auftragnehmer gemäß § 17 Abs. 3 VOB/B das einseitige Bestimmungsrecht über die Wahl der möglichen Sicherheitsleistungen (§ 17 Abs. 2 VOB/B). Dieses Recht schließt es ein, die verschiedenen Arten der Sicherheitsleistung kombinieren zu können, also z. B. teils eine selbstschuldnerische Bürgschaft zu stellen und im Übrigen Geld zu hinterlegen.

Das in § 17 Abs. 3 VOB/B vereinbarte Wahlrecht kann vom Auftraggeber nicht einseitig beeinflusst werden, es sei denn, die Bauvertragsparteien haben eine konkrete Regelung dazu getroffen. Individualvertraglich kann vereinbart werden, dass die erstmalige Stellung einer Sicherheit auf ein bestimmtes Sicherungsmittel beschränkt ist. Soweit das Wahlrecht jedoch in den AGB des Auftraggebers beschränkt oder ausgeschlossen wird, müssen diese Klauseln einer Inhaltskontrolle nach den §§ 307 ff. BGB standhalten.

Nicht vereinbart werden kann in AGB des Auftraggebers für die erstmalige Stellung einer Sicherheitsleistung ein Bareinbehalt unter Ausschluss der Verzinsung und des sonst nach § 17 Abs. 3 VOB/B bestehenden Wahlrechts. Dies beruht auf dem Grundgedanken des § 641 BGB. Danach schuldet der Auftraggeber bei Abnahme der Werkleistung die volle Vergütung, nicht eine um einen Sicherheitseinbehalt gekürzte[1148]. Aus diesem Grund kommt es für die Unwirksamkeit einer solchen Klausel auch nicht auf die Dauer eines etwa vereinbarten zinslosen Sicherheitseinbehaltes an. Dieser ist in jedem Fall unzulässig[1149].

Neben der Beschränkung des in § 17 Abs. 3 VOB/B vorgesehenen Wahlrechts auf einen Bareinbehalt in AGB ist auch die Beschränkung auf die Stellung einer Bürgschaft gemessen an den Maßstäben der §§ 307 ff. BGB bedenklich. Dies gilt insbesondere bei Bürgschaften auf erstes Anfordern. Wird dem Auftragnehmer eine solche bei gleichzeitigem Ausschluss des Rechts, wahlweise auf die anderen Sicherungsmittel gemäß § 17 Abs. 2 VOB/B auszuweichen, verstößt eine solche bauvertragliche Regelung in AGB des Auftraggebers gegen § 307 BGB. Dies ergibt sich für die Gewährleistungsbürgschaften auf erstes Anfordern aus dem Grundlagenurteil des BGH vom 05.06.1997[1150]. Dort hatte der BGH entschieden, dass eine Sicherungsabrede mit einer Beschränkung des Austauschsrechts für einen Bareinbehalt unter Abdingung der Pflicht des Auftraggebers, diesen auf ein Sperrkonto einzuzahlen,

---
[1148] BGHZ 136, 27 ff.
[1149] OLG München, BauR 2002, 1109 f.; ähnlich bereits OLG Karlsruhe, BauR 1989, 203 ff., OLG München, BauR 1992, 234 ff., OLG Zweibrücken, BauR 1994, 509 ff., OLG Brandenburg, BauR 2001, 1450 ff.
[1150] BGHZ 136, 27 ff.

auf die Stellung einer Gewährleistungsbürgschaft auf erstes Anfordern gegen § 307 BGB (§ 9 ABGB a. F.) verstoße und unwirksam sei. Denn mit dieser Klausel werde der Auftragnehmer in unangemessener Form mit dem Insolvenzrisiko des Auftraggebers belastet. Des Weiteren weiche die Unverzinslichkeit des einbehaltenen Vergütungsanteils unangemessen von der ansonsten bestehenden gesetzlichen Verzinsung nach § 641 BGB ab. Die allein als Austauschsicherheit vorgesehene Bürgschaft auf erstes Anfordern stelle keinen angemessenen Ausgleich dar, denn diese belaste den Auftragnehmer im Fall ihrer erleichtert möglichen Inanspruchnahme in gleicher Weise mit dem Insolvenzrisiko des Auftraggebers wie der Bareinbehalt[1151].

Verstößt die Beschränkung des Wahlrechts aus § 17 Abs. 3 VOB/B auf ein bestimmtes Sicherungsmittel gegen § 307 BGB (§ 9 AGBG a. F.), ist die zugrunde liegende Vereinbarung unwirksam. Eine Sicherheit kann dann grundsätzlich nicht mehr verlangt werden. Ein gleichwohl erfolgter Einbehalt ist auszuzahlen, eine übergebene Bürgschaft kann nach § 812 BGB herausverlangt werden[1152]. Hiervon abweichend hat der BGH nunmehr in seiner schon zitierten Entscheidung vom 04.07.2002[1153] im Wege der ergänzenden Vertragsauslegung eine Umdeutung einer (unwirksamen) Verpflichtung zur Stellung einer Vertragserfüllungsbürgschaft auf erstes Anfordern in eine Verpflichtung zur Stellung einer gewöhnlichen selbstschuldnerischen Bürgschaft angenommen. Eine solche Umdeutung soll jedoch nur in Betracht kommen für Verträge, die vor Bekanntwerden der ebenfalls zitierten Grundlagenentscheidung vom 18.04.2002[1154] geschlossen wurden. Auf der Rechtsfolgenseite führt diese Rechtsprechung allerdings nicht dazu, dass der Auftragnehmer nunmehr berechtigt wäre, die dem Auftraggeber (zu Unrecht) vorliegende Vertragserfüllungsbürgschaft auf erstes Anfordern etwa Zug um Zug gegen eine gewöhnliche selbstschuldnerische Bürgschaft herauszuverlangen. Vielmehr hat er lediglich einen Anspruch darauf, dass sich der Auftraggeber sowohl ihm als auch dem Bürgen gegenüber verpflichtet, die ihm vorliegende Vertragserfüllungsbürgschaft nicht auf erstes Anfordern, sondern nur als selbstschuldnerische Bürgschaft geltend zu machen[1155].

3. Austauschrecht des Auftragnehmers

Der Auftragnehmer hat nicht nur das einseitige Recht zur Auswahl einer erstmals zu stellenden Sicherheit, sondern ist auch – als Besonder-

---

[1151] BGHZ 136, 27, 33.
[1152] BGHZ 147, 99 ff.
[1153] BauR 2002, 1533 ff.
[1154] BGHZ 150, 299 ff.
[1155] BGH, Urteil vom 10. April 2003 – Az. VII ZR 314/01.

heit der VOB – ohne weiteres befugt, eine bereits geleistete Sicherheit durch eine andere zu ersetzen[1156]. Denn nach den gesetzlichen Bestimmungen besteht ein Austauschrecht nur nach § 235 BGB (Austausch von hinterlegtem Geld gegen Wertpapier und umgekehrt) sowie nach § 242 BGB. Hiernach ist auch der Schuldner eines BGB-Werkvertrages insbesondere zum Austausch einer bisher gestellten Bürgschaft durch eine andere gleichartige Bürgschaft eines ebenso leistungsfähigen Kreditinstituts berechtigt, wenn ihm dies schutzwürdige Vorteile und dem Gläubiger im Einzelfall keine messbaren Nachteile bringt[1157]. Diese Einschränkung enthält die VOB nicht.

a) Beschränkung des Austauschrechts

Die Befugnis zum Austausch der Sicherheitsleistung kann durch anderweitige Regelungen in den Besonderen oder Zusätzlichen Vertragsbedingungen beschränkt werden[1158]. Begrenzt ist dies, wenn sich die Beschränkung in den AGB des Auftraggebers findet. In diesen Fällen muss sie einer Inhaltskontrolle nach den §§ 307 ff. BGB standhalten. Entscheidend ist allerdings weniger die Beschränkung des Austauschrechts an sich, denn dieses stellt gemessen an gesetzlichen Regelungen eine Befugniserweiterung dar. Mit einer einschränkenden Vereinbarung würde man sich daher nur der gesetzlichen Lage annähern. Unangemessen benachteiligt werden kann der Auftragnehmer nach § 307 BGB aber dann, wenn ihm durch die einschränkende Sicherungsabrede Vergütungsanteile ohne einen angemessenen Ausgleich vorenthalten werden. Ausgangspunkt ist dabei § 641 BGB. Danach ist bei Abnahme die volle und nicht eine um einen Sicherheitseinbehalt gekürzte Vergütung zu zahlen[1159]. Aus dieser gesetzlichen Grundentscheidung folgt, dass der völlige Ausschluss des Austauschrechts bei einem ansonsten vereinbarten zinslosen Vergütungseinbehalts während der Gewährleistungszeit nicht mit § 307 BGB zu vereinbaren ist, und zwar unabhängig von der Dauer des Vergütungseinbehalts[1160].

Unwirksam ist des Weiteren beispielsweise eine in den AGB des Auftraggebers enthaltene Beschränkung des Austauschrechts, nach der ein Auftragnehmer einen Sicherheitseinbehalt nur durch eine Bürgschaft auf erstes Anfordern ablösen darf, ohne dass die Pflicht des Auftraggebers besteht, den Sicherheitseinbehalt auf ein unter gemeinsamer Verfügungsbefugnis stehendes Sperrkonto zu zahlen[1161].

[1156] BGH, BauR 1985, 461 ff.
[1157] BGH, NJW 1994, 1351, 1352.
[1158] OLG Stuttgart, BauR 1977, 64 ff.
[1159] BGHZ 136, 27 ff.
[1160] OLG München, BauR 2002, 1109 f.
[1161] BGHZ 136, 27 ff.

Aus AGB-rechtlicher Sicht bestehen jedoch keine Bedenken gegen Klauseln, die etwa ein Ablöserecht allein gegen eine gewöhnliche (selbstschuldnerische) Bürgschaft vorsehen. Dies gilt selbst dann, wenn gleichzeitig in den AGB die Pflicht des Auftraggebers, einen Sicherheitseinbehalt auf ein Sperrkonto zu zahlen, abgedungen ist[1162].

Verstößt die Beschränkung des Austauschrechts aus § 17 Abs. 3 VOB/B gegen § 307 BGB, ist die zugrunde liegende Vereinbarung unwirksam. Insoweit gilt zu den Rechtsfolgen nichts anderes, als bei einer unzulässigen Beschränkung des ebenfalls in § 17 Abs. 3 VOB/B geregelten Wahlrechts für die erstmalige Stellung einer Sicherheit (siehe dazu oben Ziff. 2).

b) Vollzug des Austauschs

Solange der Auftraggeber Anspruch auf eine Sicherheitsleistung hat, kann der Auftragnehmer nicht Herausgabe der Sicherheitsleistung verlangen, ohne eine andere Sicherheitsleistung zu gewähren. Der Auftragnehmer hat zum Beispiel für die Auslösung eines Sicherheitseinbehaltes zunächst die Austauschsicherheit zu übergeben, bevor er im Anschluss daran die Auszahlung des Einbehaltes verlangen kann. Dabei ist der Auftragnehmer nicht schutzlos. Zwar darf insbesondere eine zum Austausch eines Sicherheitseinbehaltes übergebene VOB-konforme Bürgschaft grundsätzlich nicht mit Bedingungen verknüpft sein. Es bestehen jedoch keine Bedenken, wenn die Bürgschaft nach der ausdrücklichen Bestimmung in der Bürgschaftserklärung erst nach Einzahlung des vom Auftraggeber einbehaltenen Betrages auf ein bei dem Bürgen bestehendes Konto wirksam wird[1163].

Das in § 17 Abs. 3 VOB/B vorgesehene Austauschrecht ist ein einseitiges Gestaltungsrecht des Auftragnehmers. Er allein ist berechtigt, die Art der Sicherheitsleistung zu wählen und durch Austausch zu verändern[1164]. Diesem Gestaltungsrecht kann der Auftraggeber nur mit entstandenen und durchsetzbaren Gegenrechten begegnen. Das heißt, nur dann, wenn der Auftraggeber bereits zum Zeitpunkt der Ausübung des Austauschrechts des Auftragnehmers die noch in seinem Besitz befindliche Sicherheit (z. B. einen Sicherheitseinbehalt) verwerten darf, darf er deren Herausgabe verweigern. Ob diese Gegenrechte bestehen, hängt davon ab, ob zum Zeitpunkt der Übergabe der Austauschsicherheit der Sicherungsfall eingetreten ist (vgl. dazu oben Ziff. 4). Die Rechtsprechung des BGH[1165] unterscheidet dabei drei Fallgruppen:

[1162] OLG Hamburg, BauR 1996, 904.
[1163] OLG Celle, BauR 1999, 1057 ff.
[1164] BGHZ 136, 195 ff.
[1165] BGHZ 148, 151 ff.

- Bietet der Auftragnehmer dem Auftraggeber erst zu einem Zeitpunkt eine Austauschsicherheit (z. B. eine Bürgschaft) an, in dem der Auftraggeber bereits die Ursprungssicherheit rechtmäßig verwertet hat, ist für einen Austausch kein Raum mehr.
- Will der Auftraggeber hingegen nach Eintritt des Sicherungsfalls von der Verwertung einer ihm vorliegenden Sicherheit absehen, bleibt ihm dies unbenommen. Denn ein Auftraggeber ist zu einer Verwertung nicht verpflichtet. Vielmehr kann er die Sicherheit behalten und stattdessen wegen zwischenzeitlich auftretender Mängel seine allgemeinen Mängelansprüche gegen den Auftragnehmer durchsetzen[1166].
- Macht der Auftragnehmer von seinem Austauschrecht Gebrauch, bevor der Sicherungsfall eingetreten ist (z. B. weil nur Zurückbehaltungsrechte an der Vergütung nach §§ 320, 641 Abs. 3 BGB und noch keine auf Geldzahlung gerichteten Ansprüche bestehen), ist der Auftraggeber verpflichtet, die Austauschsicherheit (Bürgschaft) entgegenzunehmen und einen Sicherheitseinbehalt auszuzahlen. Kommt er dieser Verpflichtung nicht nach, verletzt er die Sicherungsabrede[1167].

Hat der Auftraggeber die übergebene Austauschsicherheit (Bürgschaft) zu Unrecht verwertet, kann er nunmehr wegen weiterer Mängel nicht nochmals auf einen bei ihm vertragswidrig verbliebenen Sicherheitseinbehalt zurückgreifen. Vielmehr steht dem Auftragnehmer in diesen Fällen wegen Verletzung der Sicherungsabrede ein Schadensersatzanspruch gemäß § 280 Abs. 1 BGB in Höhe der an den Auftraggeber ausgezahlten Bürgschaftssumme zu. Dieser Anspruch ist sofort fällig. Dagegen darf der Auftraggeber seinerseits nicht mit Gegenansprüchen aufrechnen oder ein Zurückbehaltungsrecht geltend machen. Dies gilt selbst dann, wenn die Gegenansprüche (z. B. Mängelansprüche) dem Grunde nach vom Sicherungszweck der Sicherungsabrede umfasst wären. Andernfalls stünde dem Auftraggeber über diesen Weg mit der unberechtigten Inanspruchnahme der Austauschsicherheit sowie der ursprünglich herauszugebenden Sicherheit eine Doppelsicherung zur Verfügung, die ihm nach der Sicherungsabrede nicht zustehen sollte[1168].

Gibt der Auftraggeber die Ursprungssicherheit trotz Erhalt der Austauschsicherheit nicht heraus, obwohl er dazu verpflichtet ist, handelt er vertragswidrig. Allein dadurch verliert er jedoch nicht den Anspruch auf Sicherheitsleistung insgesamt. Vielmehr muss er sich mit der Austauschsicherheit begnügen[1169].

[1166] BGH, BauR 1981, 577 ff.
[1167] BGH, BauR 2000, 1501 ff.
[1168] BGH, BauR 2000, 1501 ff.
[1169] BGHZ 148, 151 ff.

V. Sicherheitsleistung durch Bürgschaft, § 17 Abs. 4 VOB/B

1. Anerkenntnis als tauglicher Bürge

Eine Bürgschaft entspricht nur dann den Vorgaben des § 17 VOB/B, wenn der Auftraggeber den Bürgen als tauglich anerkennt. Zu unterscheiden ist, welcher Bürge „tauglich" sein kann und welche Bedeutung das weitere Tatbestandsmerkmal des diesbezüglichen Anerkenntnisses durch den Auftraggeber hat. Die Forderung der VOB/B nach der Tauglichkeit des Bürgen entspricht der gesetzlichen Vorgabe aus § 232 Abs. 2 BGB. Demgemäß ist ein Bürge nach § 239 Abs. 1 BGB tauglich, wenn er ein der Höhe der zu leistenden Sicherheit angemessenes Vermögen besitzt und seinen allgemeinen Gerichtsstand im Inland hat (§§ 13 ff. ZPO). Abweichend von der zuletzt genannten Voraussetzung genügt aber auch ein Gerichtsstand innerhalb der Europäischen Union, wenn der Bürge über eine ausreichende Bonität verfügt, er sich in der Bürgschaftsurkunde der Geltung deutschen Rechts unterwirft sowie einen in Deutschland ansässigen Zustellungsbevollmächtigten benennt[1170]. Wie sich aus § 17 Abs. 2 VOB/B ergibt, gilt dies erst recht bei Bürgschaften im Rahmen von VOB-Verträgen. Wer als Kreditinstitut oder als Kreditversicherer in der Europäischen Union zugelassen ist, ergibt sich aus Veröffentlichungen im Amtsblatt der EG, des Weiteren aus Listen, die in den Wirtschaftsministerien oder in der Bundesanstalt für Finanzdienstleistungsaufsicht (Graurheindorfer Straße 108, 53117 Bonn) vorliegen. Will der Auftragnehmer einen anderen als in § 17 Abs. 2 VOB/B genannten Bürgen stellen, muss er hierzu mit dem Auftraggeber eine konkrete Vereinbarung treffen.

Im Streitfall muss der Auftragnehmer die „Tauglichkeit" des Bürgen nachweisen, also die Frage klären, dass es sich um einen Bürgen im Sinne von § 17 Abs. 2 VOB/B mit einer Zulassung in der EU, einem EWR-Staat oder einem Staat der Vertragsparteien des BTO-Abkommens über das öffentliche Beschaffungswesen handelt und dieser im Sinne des § 239 Abs. 1 BGB über ein für die übernommene Sicherheit angemessenes Vermögen verfügt.

Gegebenfalls auf der Grundlage eines dazu geführten Nachweises muss der Auftraggeber den Bürgen als tauglich anerkennen. Hierbei muss er sich von objektiven Gesichtspunkten der Tauglichkeit leiten lassen. Sind diese gegeben und verfügt das bürgenden Kreditinstitut über ein angemessenes Vermögen (§ 239 Abs. 1 BGB), so ist der Auftraggeber grundsätzlich zur Anerkennung der Tauglichkeit verpflichtet. Anderen-

---

[1170] OLG Hamburg, NJW 1995, 2859, 2860; OLG Düsseldorf, WM 1995, 1996; OLG Koblenz, RIB 1995, 775; OLG Düsseldorf, VersR 1997, 470.

falls kann er keine Sicherheitsleistung – auch nicht anderer Art – verlangen. Daher hat der Auftragnehmer bei objektiver Tauglichkeit des Bürgen nicht das Recht, nach § 17 Abs. 7 S. 2 VOB/B den Sicherheitsbetrag vom Guthaben des Auftraggebers einzubehalten.

2. Schriftliche selbstschuldnerische Bürgschaft

Nach § 17 Abs. 4 S. 2 VOB/B ist die Bürgschaftserklärung schriftlich unter Verzicht auf die Einrede der Vorausklage (§ 771 BGB) abzugeben.

Wegen § 126 BGB muss eine Bürgschaft, das heißt die gesamte Urkunde, besonders der Wille des Bürgen, sich für die Hauptschuld des Auftragnehmers zu verbürgen, schriftlich abgefasst und vom Bürgen unterschrieben sein. Diese Unterschrift muss den Urkundentext räumlich abschließen. Eine sog. „Oberschrift" reicht nicht aus[1171]. Die Notwendigkeit der Einhaltung der Schriftform dient dem Bestimmtheitsgrundsatz im Sinne einer Warnfunktion zugunsten des Bürgen. Sie gilt daher für alle wesentlichen Teile der Bürgschaftserklärung. Umfasst sein müssen somit von der schriftlichen Erklärung vor allem der Wille, für eine fremde Schuld einzustehen, sowie die Bezeichnung des Gläubigers, des Hauptschuldners und der verbürgten Forderung[1172]. Die Bürgschaft wird im Sinne des § 766 BGB abgegeben, wenn dem Auftraggeber die tatsächliche Verfügungsgewalt über die Bürgschaftsurkunde eingeräumt wird, was durch Übergabe oder Zusendung der Bürgschaftsurkunde erfolgt[1173].

Die Bürgschaft muss unter Verzicht auf die Einrede der Vorausklage (§ 771 BGB) erklärt werden. Das bedeutet, dass der Auftraggeber nicht erst zunächst erfolglos ein Zwangsvollstreckungsverfahren gegen den Auftragnehmer durchgeführt haben muss.

3. Bürgschaft auf erstes Anfordern

Das Wesen der Bürgschaft auf ersten Anfordern liegt in der Verpflichtung des Bürgen, sofort nach schriftlicher Aufforderung durch den Gläubiger auf die Bürgschaft zu zahlen. Sieht die Bürgschaft auf erstes Anfordern als Voraussetzung für ihre Inanspruchnahme gesondert abzugebende Erklärungen des Hauptschuldners (Auftragnehmers) vor, muss der Gläubiger (Auftraggeber) bei der Inanspruchnahme der Bürgschaft diese beibringen. Ansonsten sind die Verteidigungsmöglichkeiten gegen eine Bürgschaft auf erstes Anfordern im Wesentlichen darauf beschränkt, den Sicherungsfall zu bestreiten bzw. Einwendungen z. B. nach § 768 BGB

[1171] BGHZ 113, 48, 51.
[1172] Ständige Rechtsprechung BGHZ 132, 119 ff.
[1173] OLG Köln, NJW-RR 1992, 555 ff.

(Einreden des Bürgen), § 770 Abs. 2 BGB (Einrede der Aufrechenbarkeit) oder auch etwa nach § 776 BGB (Aufgabe einer Sicherheit) zu erheben. Aufgrund dessen und aufgrund des Umstandes, dass der Bürge einer Bürgschaft auf erstes Anfordern von der Pflicht zur Prüfung der Fälligkeit der Hauptschuld befreit ist, stellt die Rechtsprechung erhöhte Anforderungen an die „Tauglichkeit" des Bürgen. Als tauglicher Bürge kommen insoweit allenfalls Kreditinstitute, Kreditversicherer oder sonstige, im vergleichbaren Umfang wie Kreditinstitute an Wirtschaftsverkehr tätige Wirtschaftsunternehmen in Betracht[1174]. Denn nur diesen traut man zu, die mit einer Bürgschaft auf erstes Anfordern verbundenen Risiken hinreichend deutlich abschätzen zu können.

Die kritische Haltung der Rechtsprechung zu einer Bürgschaft auf erstes Anfordern als Sicherungsmittel hat mit der VOB 2002 ihren Niederschlag gefunden. Danach kann bei Vereinbarung der VOB/B sowie einer danach zu erbringenden Sicherheitsleistung keine Bürgschaft auf erstes Anfordern mehr gefordert werden (§ 17 Abs. 4 Satz 3 VOB/B). Trotz der Neuregelung wird jedoch eine Bürgschaft auf erstes Anfordern als Sicherungsmittel wirksam vereinbart werden können, denn ein „Verstoß" gegen § 17 Abs. 4 Satz 3 VOB/B führt nicht allein aus diesem Grund zu der Unwirksamkeit einer solchen Vereinbarung, da die VOB/B lediglich ein vertragliches – und kein gesetzliches – Regelwerk ist, das die Parteien im Rahmen der Privatautonomie vereinbaren können. Es stellt sich allerdings die Frage, ob die von den Parteien verfolgte bzw. meist vom Auftraggeber in gestellten AGB geforderte Stellung einer Bürgschaft auf erstes Anfordern wirksam ist, also einer Inhaltskontrolle nach § 307 BGB standhält. Nur dann kann eine Sicherheit verlangt werden. Soweit die Gerichte im Übrigen eine gegen § 307 BGB verstoßende Vereinbarung zur Stellung einer Bürgschaft auf erstes Anfordern in die Verpflichtung zur Stellung einer gewöhnlichen selbstschuldnerischen Bürgschaft umdeuten[1175], verstößt eine solche Vorgehensweise als unzulässige geltungserhaltende Reduktion gegen § 306 BGB[1176]. Eine gleichwohl übergebende Bürgschaft darf nicht mehr verwertet und kann wegen ungerechtfertigter Bereicherung herausverlangt werden[1177].

[1174] BGHZ 147, 99, 104.
[1175] OLG München, BauR 1997, 318, 319; OLG Köln, BauR 2000, 1228.
[1176] BGH, BauR 2002, 463, 464 f.
[1177] BGHZ 136, 27, 30.

4. Keine zeitliche Begrenzung der Bürgschaft, Ausstellung nach Vorschrift des Auftraggebers

Die selbstschuldnerische Bürgschaft des als tauglich anerkannten Bürgen darf nach § 17 Abs. 4 Satz 2 letzter Halbsatz VOB/B nicht auf bestimmte Zeit begrenzt (vgl. § 777 BGB) und muss nach Vorschrift des Auftraggebers ausgestellt sein. Das heißt, dass die entsprechende Bürgschaft keinen über den Zeitpunkt ihrer Ausstellung hinausgehenden Anfangs- und Endzeitpunkt enthalten darf[1178].

Die Verpflichtung zur Ausstellung der Bürgschaft nach Vorschrift des Auftraggebers besagt, dass weder dem Bürgen noch dem Auftragnehmer bei der Gestaltung der Bürgschaft freie Hand gelassen ist. Vielmehr legt der Auftraggeber im zulässigen Rahmen (vgl. § 17 Abs. 1 Nr. 2 VOB/B) der von ihm zu beanspruchenden Sicherung den Zweck der Bürgschaft, deren Höhe, Wortlaut und Form fest[1179]. Dazu gehört, dass der Auftraggeber ohne gesonderte Vereinbarung keine Bürgschaft auf erstes Anfordern verlangen darf (vgl. § 17 Abs. 4 Satz 3 VOB/B).

5. Verwertung – Einwendungen des Bürgen

Die Verwertung der Sicherheit durch den Auftraggeber ist zulässig, wenn der Sicherungsfall eingetreten, die Bürgschaft also fällig ist[1180]. Die Verwertung der Bürgschaft erfolgt durch unmittelbare Inanspruchnahme des selbstschuldnerisch haftenden Bürgen durch den Gläubiger (Auftraggeber). Bei einer Mehrheit von Gläubigern (beispielsweise einer Bauherrengemeinschaft als Auftraggeberin) kann jeder Bauherr Zahlung der Bürgschaftssumme jedenfalls an alle gemeinschaftlich fordern[1181]. Vom Verfahren her erfolgt die Verwertung in der Regel durch Anforderung der Zahlung aus der Bürgschaft. Der Bürge ist sodann zur Zahlung verpflichtet, wenn die zugrunde liegende gesicherte Hauptforderung fällig ist und der Gläubiger die Bürgschaft nach der mit dem Hauptschuldner getroffenen Sicherungsabrede verwerten darf. Dem Anspruch des Gläubigers (Auftraggebers) kann der Bürge diverse Einreden und Einwendungen entgegensetzen. Rechtsgrundlage hierfür sind § 768 BGB (Einreden des Hauptschuldners auch für den Bürgen), § 770 Abs. 2 BGB (Einrede der Aufrechenbarkeit), § 771 BGB (Einrede der Vorausklage) und § 776 BGB (Einrede des Bürgen bei Aufgabe von Sicherheiten). Beispielsweise kann der Bürge seine Inanspruchnahme entgegenset-

---

[1178] BGH, Betrieb 1974, 1153.
[1179] OLG Köln, BauR 1994, 114.
[1180] BGH, BauR 1984, 406.
[1181] BGH, BauR 1992, 373.

zen, dass die Forderung gegen den Hauptschuldner nicht bestehe oder etwa verjährt sei. Im Übrigen kann auch die Bürgschaftsschuld selbst unabhängig von der gesicherten Hauptschuld verjähren. Hier gilt regelmäßig die dreijährige Verjährungsfrist (§ 195 BGB) mit der Höchstfristbegrenzung von 10 Jahren (§ 199 Abs. 4 BGB). Die Verjährungsfrist beginnt dabei mit Anspruchsentstehung und Kenntnis des Gläubigers von den anspruchsbegründenden Tatsachen (§ 199 Abs. 1 BGB). Der Bürgschaftsanspruch entsteht, wenn die Hauptschuld fällig ist und der Bürge vom Hauptschuldner in Anspruch genommen wird[1182].

VI. Sicherheitsleistung durch Hinterlegung von Geld, § 17 Abs. 5 VOB/B

§ 17 Abs. 5 VOB/B ergänzt die Bestimmungen über die nach § 232 Abs. 1 BGB als Sicherheitsleistung zugelassene Hinterlegung von Geld. Soll bei einem VOB-Vertrag Geld als Sicherheit hinterlegt werden, so muss der Auftragnehmer dieses Geld bei einem zu vereinbarenden Geldinstitut auf ein Sperrkonto (z. B. „Und-Konto") mit der Maßgabe einzahlen, dass nur beide Parteien hierüber gemeinsam verfügen können. § 17 Nr. 5 Satz 1 VOB/B schließt die Praxis aus, dass das „Sperrkonto" ausschließlich vom Auftraggeber eröffnet und lediglich im Innenverhältnis geregelt, dass ein Zugriff nur gemeinsam mit dem Auftragnehmer möglich ist. Im Insolvenzfall kann eine solche Konstellation dazu führen, dass ein solches Konto in die Insolvenzmasse fällt. Insolvenzfest ist insoweit ausschließlich ein von Auftraggeber und Auftragnehmer gemeinsam eröffnetes Konto. Das LG Leipzig hat mit Urteil vom 20.04.2001 – 10 O 9711/00, BauR 2001, 1990, ZfBR 2001, 548 entschieden, dass auch vorher durch § 17 Abs. 5 und 6 VOB/B nur ein „Und-Konto" im bankrechtlichen Sinne verlangt war, was seit der VOB/B 2006 eindeutig klargestellt ist.

Die Bedeutung der Regelung in der Bauvertragspraxis ist gering, denn der Auftragnehmer wird zumeist nicht in die Situation geraten, dass der Auftraggeber zunächst dessen Vergütungsansprüche vollständig befriedigt mit der Folge, dass dann der Auftragnehmer die Sicherheitsleistung nachträglich auf ein Sperrkonto einzuzahlen hat. Stattdessen wird ein Auftraggeber schon der Einfachheit halber vorrangig ausreichende Einbehalte vornehmen (§ 17 Abs. 6 VOB/B).

[1182] BGH, NJW 1985, 45 f.

VII. Sicherheitsleistung durch Einbehalt von Zahlungen, § 17 Abs. 6 VOB/B
1. Einbehalt von Zahlungen in Teilbeträgen

Voraussetzung für eine Sicherheitsleitung ist nach § 17 Abs. 6 Nr. Satz 1 VOB/B eine vertragliche Vereinbarung (Sicherungsabrede). Hiernach muss der Auftraggeber berechtigt sein, die Sicherheitsleistung stellvertretend für den eigentlich zur Sicherheit verpflichteten Auftragnehmer von seinen an den Auftragnehmer zu leistenden fälligen Zahlungen (z. B. von Abschlagszahlungen, Vorauszahlungen, Teilschlusszahlungen oder der Schlusszahlung) einzubehalten. Ist eine Vereinbarung zu dem Einbehalt von Vergütung oder als Sicherheit getroffen, kann der Auftraggeber grundsätzlich von jeder Zahlung Teile als Sicherheit einbehalten. Allerdings ist der Auftraggeber nur befugt, die jeweilige Zahlung um höchstens 10 % zu kürzen, wobei Grundlage der jeweils gezahlte Bruttobetrag ist. Im Übrigen darf der Auftraggeber Vergütungsanteile nur so lange als Sicherheit einbehalten, bis der vereinbarte Gesamtbetrag der Sicherheitssumme erreicht ist. Der Auftraggeber hat dem Auftragnehmer die Tatsache des Einbehalts als solche und dessen Höhe gemäß § 17 Abs. 6 Nr. 1 Satz 2 VOB/B mitzuteilen. Nach dieser Regelung hat der Auftraggeber ebenfalls den jeweiligen Betrag ohne gesonderte Aufforderung[1183] binnen 18 Werktagen nach Mitteilung von der Einbehaltung auf ein Sperrkonto bei dem vereinbarten Geldinstitut einzuzahlen. Der Auftraggeber muss das Geldinstitut veranlassen, dass dieses den Auftragnehmer von der Einzahlung des Sicherheitseinbehaltes auf das Sperrkonto unterrichtet (§ 17 Abs. 6 Nr. 1 Satz 3 VOB/B).

Rechtlich gesehen stellt die Zahlung des einbehaltenden Betrages auf ein Sperrkonto keine Zahlung des Auftraggebers im Sinne des § 16 VOB/B zum Zwecke der endgültigen Erfüllung seiner Vergütungspflicht aus dem Bauvertrag dar. Als Erfüllung gilt dieser Betrag erst, wenn er gemäß § 17 Abs. 8 VOB/B nach Ablauf der vereinbarten Fristen bzw. der nach der gleichen Regelung geltenden Zeitpunkte zur freien Verfügung des Auftragnehmers steht[1184].

Mit der VOB/B 2006 ist dem § 17 Abs. 6 Nr. 1 ein neuer Satz 2 eingefügt worden, der die Bemessungsgrundlage bei der Berechnung des Sicherheitseinbehalts im Hinblick auf § 13b UStG regelt: „Sofern Rechnungen ohne Umsatzsteuer gemäß § 13b UStG gestellt werden, bleibt die Umsatzsteuer bei der Berechnung des Sicherheitseinbehalts unberücksichtigt." Seit der Änderung des § 13b UStG, die zur Folge hatte, dass für Bauleistungen in vielen Fällen Netto-Rechnungen auszustellen sind,

---

[1183] OLG Dresden, IBR 1990, 580.
[1184] LG Würzburg, SFH Z 2.33 Blatt 1 ff.

entstehen zwischen Auftraggeber- und Auftragnehmerseite Auseinandersetzungen darüber, von welcher Bemessungsgrundlage ausgehend der Sicherheitseinbehalt zu berechnen ist. So sind Fälle bekannt geworden, dass der Hauptauftragnehmer im Verhältnis zum Nachunternehmer bei der Berechnung des Sicherheitseinbehaltes fiktiv die Umsatzsteuer auf die Rechnungssumme des Nachunternehmers aufschlägt, hiervon den 10 %igen Sicherheitseinbehalt berechnet und den hieraus resultierenden Betrag sodann von der netto an den Unternehmer gezahlten Rechnungssumme in Abzug bringt. Solchen Schikanen wird so die Spitze genommen.

2. Ausnahme: Einzahlung des einbehaltenen Betrages erst bei Schlusszahlung

Handelt es sich bei dem Sicherheitsbetrag um einen Einbehalt von lediglich wenigen hundert Euro, liegt mithin ein „kleinerer Auftrag" im Sinne von § 17 Abs. 6 Nr. 2 VOB/B vor, ist der Kostenaufwand für die Einzahlung von Einbehalten von der Schlusszahlung vorausgehenden Zahlungen auf ein Sperrkonto regelmäßig unverhältnismäßig. Der Auftraggeber ist in diesem Fall von seiner ansonsten bestehenden Pflicht befreit. Das gilt auch in Bezug auf „kurzfristige Aufträge". Wann ein kurzfristiger Auftrag vorliegt, ist von Fall zu Fall zu entscheiden. Orientierung kann hier die Zweimonatsfrist gemäß § 16 Abs. 3 Nr. 1 VOB/B geben. Ein kurzfristiger Auftrag liegt danach vor, wenn die Ausführungsfrist maximal zwei Monate beträgt.

3. Nichteinzahlung des Sicherheitsbetrages durch Auftraggeber

Zahlt der Auftraggeber den einbehaltenen Sicherheitsbetrag nicht rechtzeitig (binnen 18 Werktagen nach Mitteilung des Einbehalts) auf das Sperrkonto ein, kann ihm der Auftragnehmer hierzu eine angemessene Nachfrist setzten, wobei eine kurze Frist von etwa 8 bis 10 Werktagen angebracht ist[1185]. Lässt der Auftraggeber die Nachfrist ungenutzt verstreichen, kann der Auftragnehmer die sofortige Auszahlung des einbehaltenen Betrages verlangen. Nach § 17 Abs. 6 Nr. 3 Satz 2 VOB/B braucht er dann keine Sicherheit mehr zu leisten, denn mit fruchtlosem Auflauf der Nachfrist entfällt die Verpflichtung zur Sicherheitsleistung[1186], also auch im Hinblick auf andere Sicherheiten, wie z. B. die Verpflichtung zur Stellung einer Bürgschaft.

[1185] OLG Dresden, IBR 1990, 580.
[1186] OLG München, BauR 1984, 188.

Kommt der Auftraggeber innerhalb der Nachfrist seiner Einzahlungsverpflichtung auf ein Sperrkonto nach, können dem Auftragnehmer gleichwohl Schadensersatzansprüche aus Verzug, z. B. wegen entgangener Zinsen, zustehen.

4. Sonderbefugnis des öffentlichen Auftraggebers: Verwaltungsgeldkonto

Der öffentliche Auftraggeber ist berechtigt, den als Sicherheit einbehaltenen Betrag auf ein eigenes Verwahrgeldkonto ohne Verzinsung zu nehmen (§ 17 Abs. 6 Nr. 4 VOB/B). Bei dem Verwahrgeldkonto handelt es sich um ein intern gebildetes Eigenkonto, so dass die Eröffnung eines gesonderten Kontos bei einem Kreditinstitut nicht erforderlich ist[1187]. Will der Auftragnehmer im Übrigen den Zinsverlust vermeiden, kann er aufgrund des ihm nach § 17 Abs. 3 VOB/B zustehenden Wahlrechts anderweitig Sicherheit leisten.

VIII. Fristgerechte Leistung der Sicherheit durch Auftragnehmer, § 17 Abs. 7 VOB/B

§ 17 Abs. 7 VOB/B regelt die Frist, innerhalb der ein Auftragnehmer aufgrund einer Sicherheitsabrede zu stellende Sicherheit leisten muss. Angesprochen sind hier nur die Fälle, in denen der Auftragnehmer aktiv eine Sicherheit zu übergeben hat, das heißt vor allem die Sicherheitsleistung durch Bürgschaft (§ 17 Abs. 2 und 4 VOB/B) und Hinterlegung (§ 17 Abs. 5 VOB/B). Nicht erfasst ist von § 17 Abs. 7 VOB/B die Sicherheitsleistung durch Einbehalt. Einzelheiten zu dieser Art der Sicherheitsleistung ergeben sich abschließend aus § 17 Abs. 6 Nr. 1 bis 3 VOB/B.

1. Anwendungsbereich und Fristberechnung

Nach § 17 Abs. 7 VOB/B ist der Auftragnehmer verpflichtet, die Sicherheit binnen 18 Werktagen nach Vertragsschluss zu leisten (Satz 1), wenn vertraglich nichts anderes vereinbart ist. Diese Frist beginnt mit dem Abschluss des Bauvertrages und ist unabhängig von dem Beginn der Leistungsdurchführung.

[1187] OLG Naumburg, BauR 2003, 909.

2. Folgen nicht fristgerechter Sicherheitsleistung

Wenn der Auftragnehmer seiner Verpflichtung zur Stellung der Sicherheit ganz oder teilweise nicht nachkommt, ist der Auftraggeber berechtigt, vom Guthaben des Auftragnehmers einen Betrag in Höhe der vereinbarten Sicherheit einzubehalten (§ 17 Abs. 7 Satz 2 VOB/B). In diesem Fall gelten die Regelungen in § 17 Abs. 5 und 6, Letzterer mit Ausnahme des Nr. 1 Satz 1 (vgl. § 17 Abs. 7 Satz 3 VOB/B). Behält der Auftraggeber demzufolge einen Betrag als Sicherheit ein, ist er wiederum verpflichtet, diesen zu Gunsten des Auftragnehmers verzinslich auf ein Sperrkonto einzuzahlen[1188]. Kommt er dieser Verpflichtung trotz Nachfristsetzung nicht nach, verliert er wie sonst bei Einbehalten seinen Anspruch auf Sicherheitsleistung (vgl. § 17 Abs. 6 Nr. 3 VOB/B).

IX. Rückgabe der Sicherheit, § 17 Abs. 8 VOB/B

1. Rückgabe der Vertragserfüllungssicherheit

Sofern die Parteien eines VOB-Vertrages eine Vertragserfüllungssicherheit vereinbart haben, ist § 17 Abs. 8 Nr. 1 VOB/B einschlägig. Danach ist die Vertragserfüllungssicherheit, also die Sicherheit, die lediglich das Ausführungsstadium bis zur Abnahme abdeckt, sofern anderes nicht vereinbart ist, spätestens bei der Abnahme zurückzugeben, sofern Gewährleistungssicherheit zu diesem Zeitpunkt gestellt ist.

Sofern kein Zeitpunkt zur Rückgabe der Vertragserfüllungssicherheit vereinbart ist, kann sich dieser auch aus dem Sicherungszweck ergeben. Kann beispielsweise der vereinbarte Sicherungsfall nicht mehr eintreten, ist die Sicherheit an den Auftragnehmer unverzüglich (vgl. § 121 BGB) zurückzugeben[1189].

2. Rückgabe der Mängelsicherheit

Ist nichts anderes vereinbart, ist vorbehaltlich etwaiger Gegenrechte des Auftraggebers eine Sicherheit für Mängelansprüche nach Ablauf von zwei Jahren – gerechnet vom Zeitpunkt der Abnahme an – zurückzugeben (§ 17 Abs. 8 Nr. 2 Satz 1 VOB/B). Dies gilt selbst dann, wenn bei Bauverträgen die Gewährleistungsfrist abweichend von § 13 Abs. 4 Nr. 1 VOB/B auf fünf Jahre verlängert ist, also zum Zeitpunkt der Rück-

---

[1188] OLG Celle, BauR 2003, 906 ff.
[1189] BGHZ 139, 325 ff.

gabeverpflichtung nach § 17 Abs. 8 Nr. 2 VOB/B die Gewährleistungsverpflichtung des Auftragnehmers noch fortbesteht.

Zulässig ist es, für die Verpflichtung zur Rückgabe einer Mängelsicherheit eine längere Frist als zwei Jahre zu vereinbaren. § 17 Abs. 8 Nr. 2 zweiter Halbsatz VOB/B sieht hier eine Öffnung vor. Insofern können die Parteien eines Bauvertrages vereinbaren, dass die Mängelsicherheit für die gesamte Dauer der Gewährleistungsfrist einbehalten werden darf. Das kann bedeuten, dass die Mängelsicherheit wegen Verlängerung der Gewährleistungsfrist aufgrund von Arglist des Auftragnehmers erst nach 10 Jahren (vgl. §§ 634 a Abs. 3, 199 Abs. 3 Satz 1 Nr. 1 BGB) zurückzugeben ist[1190].

Wenn zum Zeitpunkt der vereinbarten Rückgabe oder ohne Vereinbarung dazu nach Ablauf von zwei Jahren Ansprüche des Auftraggebers, auf die sich die Sicherung bezieht, noch nicht erfüllt sind, darf der Auftraggeber einen entsprechenden Teil der Sicherheit zurückbehalten (§ 17 Abs. 8 Nr. 2 Satz 2 VOB/B). Während der Auftraggeber beim Zurückbehalt eines Sicherheitseinbehaltes ein Druckzuschlag gemäß §§ 320, 641 Abs. 3 BGB berechnen darf, muss er die zur Sicherheit geleistete Bürgschaft Zug um Zug gegen eine ermäßigte Bürgschaft austauschen[1191]. Im letzteren Fall kann der Auftraggeber aber wahlweise auch auf den überschießenden Teil der Bürgschaft verzichten[1192].

3. Rückgabe der Sicherheit in der Insolvenz

Ist eine Sicherheit vor Insolvenzeröffnung wirksam bestellt und nicht anfechtbar (vgl. §§ 129 ff. InsO), führt die Insolvenz des Auftragnehmers zu keiner vorzeitigen Fälligkeit des Anspruchs auf Rückgabe der Sicherheitsleistung. Der Auftraggeber kann die Sicherheit bis zum Ablauf des vereinbarten bzw. des in § 17 Abs. 8 VOB/B geregelten Zeitpunkts behalten[1193].

Bei der Insolvenz des Auftraggebers kommt es entscheidend darauf an, inwieweit die Sicherheitsleistung insolvenzfest gewährt wurde. Nur dann nämlich besteht für den Auftragnehmer ein Aus- bzw. Absonderungsrecht nach §§ 47, 50 InsO. Diese Rechte kommen in der Regel nur bei gewährter Bürgschaft, bei der nach Ablauf der Gewährleistung ein Rückgabeanspruch besteht[1194], oder nach Einzahlung einer Sicherheitsleistung auf ein Sperrkonto mit dinglicher Wirkung, wie es z. B. bei

---

[1190] Ständige Rechtsprechung: BGH, BauR 1992, 500.
[1191] OLG Oldenburg, BauR 2002, 328.
[1192] BGH, BauR 2003, 870, 872 f.
[1193] BGH, BauR 1999, 392 f.
[1194] OLG Brandenburg, BauR 2000, 280, 281 f.

einem „Und-Konto" der Fall ist, zum Tragen[1195]. Im Übrigen, insbesondere bei Bareinbehalten, ist der Auftragnehmer darauf beschränkt, seinen Auszahlungsanspruch als Insolvenzforderung geltend zu machen.

4. Verjährung des Rückgabeanspruches

Der Anspruch auf Auszahlung des Sicherheitseinbehaltes bzw. auf Rückgabe einer anderen Sicherheitsleistung (Bürgschaft, hinterlegtes Geld) verjährt regelmäßig in 3 Jahren (§ 195 BGB). Die Verjährungsfrist beginnt am Schluss des Jahres, in dem die Sicherheit zurückgezahlt bzw. herausgegeben werden musste und der Auftragnehmer insbesondere von den Anspruch begründeten Umständen Kenntnis erlangt hat oder ohne grobe Fahrlässigkeit hätte erlangen können (§ 199 Abs. 1 BGB).

[1195] Zu § 43 KO: BGH, NJW 1986, 848.

Streitigkeiten § 18 VOB/B

(1) Liegen die Voraussetzungen für eine Gerichtsstandvereinbarung nach § 38 der Zivilprozessordnung vor, richtet sich der Gerichtsstand für Streitigkeiten aus dem Vertrag nach dem Sitz der für die Prozessvertretung des Auftraggebers zuständigen Stelle, wenn nichts anderes vereinbart ist. Sie ist dem Auftragnehmer auf Verlangen mitzuteilen.

(2) 1. Entstehen bei Verträgen mit Behörden Meinungsverschiedenheiten, so soll der Auftragnehmer zunächst die der auftraggebenden Stelle unmittelbar vorgesetzte Stelle anrufen. Diese soll dem Auftragnehmer Gelegenheit zur mündlichen Aussprache geben und ihn möglichst innerhalb von 2 Monaten nach der Anrufung schriftlich bescheiden und dabei auf die Rechtsfolgen des Satzes 3 hinweisen. Die Entscheidung gilt als anerkannt, wenn der Auftragnehmer nicht innerhalb von 3 Monaten nach Eingang des Bescheides schriftlich Einspruch beim Auftraggeber erhebt und dieser ihn auf die Ausschlussfrist hingewiesen hat.

2. Mit dem Eingang des schriftlichen Antrages auf Durchführung eines Verfahrens nach Nummer 1 wird die Verjährung des in diesem Antrag geltend gemachten Anspruchs gehemmt. Wollen Auftraggeber oder Auftragnehmer das Verfahren nicht weiter betreiben, teilen sie dies dem jeweils anderen Teil schriftlich mit. Die Hemmung endet 3 Monate nach Zugang des schriftlichen Bescheides oder der Mitteilung nach Satz 2.

(3) Daneben kann ein Verfahren zur Streitbeilegung vereinbart werden. Die Vereinbarung sollte mit Vertragsabschluss erfolgen.

(4) Bei Meinungsverschiedenheiten über die Eigenschaft von Stoffen und Bauteilen, für die allgemein gültige Prüfungsverfahren bestehen, und über die Zulässigkeit oder Zuverlässigkeit der bei der Prüfung verwendeten Maschinen oder angewendeten Prüfungsverfahren kann jede Vertragspartei nach vorheriger Benachrichtigung der anderen Vertragspartei die materialtechnische Untersuchung durch eine staatliche oder staatlich anerkannte Materialprüfungsstelle vornehmen lassen; deren Feststellungen sind verbindlich. Die Kosten trägt der unterliegende Teil.

(5) Streitfälle berechtigen den Auftragnehmer nicht, die Arbeiten einzustellen.

I. Allgemeines

§ 18 VOB/B enthält Regelungen zu gerichtlichen, vornehmlich jedoch außergerichtlichen Streitigkeiten aus VOB/B-Bauverträgen.

II. Gerichtsstand für gerichtliche Streitigkeiten aus dem Bauvertrag

1. Anwendungsbereich des § 18 Abs. 1 VOB/B

§ 18 Abs. 1 VOB/B legt als Vereinbarung zwischen den Parteien eines VOB-Vertrages unter den Voraussetzungen des § 38 ZPO die örtliche Zuständigkeit eines mit einem Baurechtsstreit befassten Gerichts fest. Die Zuständigkeit richtet sich nach dem Sitz der Prozessvertretung des Auftraggebers. Damit engt § 18 Abs. 1 VOB/B die ansonsten anzuwendenden gesetzlichen Zuständigkeitsregelungen der ZPO (§§ 12 ff. ZPO) ein.

Die Regelung gilt sowohl im Hinblick auf öffentliche als auch auf private Auftraggeber[1196]. § 18 Abs. 1 VOB/B ist nur anwendbar, wenn die Parteien eines VOB-Bauvertrages nach der Zivilprozessordnung zum Abschluss einer Gerichtsstandvereinbarung (vgl. § 38 ZPO) befugt sind (Prorogationsbefugnis). Dabei kommt es auf den Zeitpunkt des Abschlusses des Bauvertrages, der mit § 18 Abs. 1 VOB/B eine Gerichtsstandvereinbarung enthält, an. Deswegen bleibt eine Gerichtsstandvereinbarung wirksam, wenn später die zunächst gegebene Prorogationsbefugnis wegfällt[1197].

Eine Gerichtsstandvereinbarung können gemäß § 38 Abs. 1 ZPO nur Kaufleute, juristische Personen des öffentlichen Rechts oder öffentlich-rechtliche Sondervermögen (Anstalten, Körperschaften oder etwa Stiftungen des öffentlichen Rechts) treffen. Diese Aufzählung ist abschließend und kann nicht abbedungen werden[1198].

Eine Ausnahme von der durch § 38 Abs. 1 ZPO eingeschränkten Prorogationsbefugnis regelt § 38 Abs. 2 ZPO. Wenn danach mindestens eine Partei ihren allgemeinen Gerichtsstand nicht in Deutschland hat, kann die Zuständigkeit des erstinstanzlichen Gerichtes auch unabhängig von der Kaufmannseigenschaft schriftlich vereinbart bzw. durch schriftliche Bestätigung einer mündlichen Vereinbarung wirksam geschlossen werden.

[1196] LG Rostock, BauR 1997, 696; OLG Stuttgart, BauR 1999, 683, 687; OLG Frankfurt, BauR 1999, 789.
[1197] OLG Köln, NJW-RR 1992, 571.
[1198] OLG Nürnberg, BauR 1977, 20.

Außerhalb des § 38 Abs. 1 und 2 ZPO lässt § 38 Abs. 3 Nr. 1 ZPO eine Gerichtsstandvereinbarung dann zu, wenn sie ausdrücklich und schriftlich nach Entstehen der Streitigkeit geschlossen wird. Danach kann somit tatsächlich jedermann, das heißt auch Privatpersonen, eine Gerichtsstandvereinbarung treffen. Für die Entstehung der Streitigkeit kommt es nicht darauf an, dass bereits ein gerichtliches Verfahren eingeleitet ist. Vielmehr genügt es, wenn die Parteien unterschiedliche Rechtsansichten zu einem bestimmten Rechtsverhältnis vertreten und eine gerichtliche Auseinandersetzung droht. Sofern bereits im Bauvertrag oder in den AGB eine Gerichtsstandvereinbarung zu finden ist, greift die Ausnahmeregelung in § 38 Abs. 3 Nr. 1 ZPO nicht, weil diese Vereinbarung naturgemäß vor der Entstehung einer Streitigkeit aus dem Vertrag getroffen wurde.

Schließlich ist in Abweichung von § 38 Abs. 1 und 2 ZPO eine Gerichtsstandvereinbarung ausnahmsweise dann zulässig, wenn entweder die im Klagewege in Anspruch zu nehmende Partei nach Vertragsschluss ihren Wohnsitz oder gewöhnlichen Aufenthaltsort außerhalb der Bundesrepublik verlegt oder dieser im Zeitpunkt der Klageerhebung nicht bekannt ist (§ 38 Abs. 3 Nr. 2 ZPO).

2. Erfasste Streitigkeiten, Ausnahmen

§ 18 Abs. 1 VOB/B erfasst nur Streitigkeiten aus dem Bauvertrag. Damit sind sämtliche Streitigkeiten angesprochen, die einer Entscheidung vor einem staatlichen Gericht zugänglich sind.

Schiedsgerichtsverfahren sind von der Gerichtsstandvereinbarung nach § 18 Abs. 1 VOB/B nicht erfasst, denn hier entscheidet nicht die staatliche, sondern eine privatrechtliche Gerichtsbarkeit. Ein weiterer Sonderfall stellt das selbständige Beweisverfahren dar. Insoweit liegt zwar ein gerichtliche Auseinandersetzung vor. Hierbei handelt es sich aber nicht um einen Rechtsstreit, denn abgesehen von der Ausnahmeregelung in § 486 Abs. 3 ZPO ist für das Beweisverfahren das Gericht der Hauptsache, wie es sich aus dem Vortrag der Antragsteller des Beweisverfahrens ergibt, zuständig. Dies ist eine ausschließliche Zuständigkeitsregelung, die nicht zur Disposition der Parteien steht (§ 40 Abs. 2 Satz 1 Nr. 2 ZPO). Ebenfalls gilt § 18 Abs. 1 VOB/B nicht für Mahnverfahren, denn § 689 Abs. 2 Satz 1 ZPO legt eine ausschließliche Zuständigkeit des Amtsgerichts fest, bei dem der Antragsteller ein allgemeinen Gerichtsstand hat.

3. Streitigkeiten aus bestimmtem Bauvertrag

Die Gerichtsstandvereinbarung in § 18 Abs. 1 VOB/B gilt ausschließlich für Streitigkeiten aus dem Bauvertrag, also aus dem konkreten Vertrag, dem die VOB zugrunde gelegt wurde. Die Streitigkeiten müssen also ihre Grundlage unmittelbar im Bauvertrag haben. Hierzu gehören auch Streitigkeiten in Bezug auf die Wirksamkeit des Bauvertrages[1199] oder auch im wirtschaftlichen Zusammenhang mit einem Bauvertrag stehende Auseinandersetzungen, wie z. B. Streitigkeiten wegen ungerechtfertigter Bereicherung[1200] oder wegen Ansprüchen aufgrund Pflichtverletzungen bei Vertragsverhandlung. Letzteres gilt nur, wenn ein Vertrag zustande gekommen ist, denn anderenfalls würde es an der Gerichtsstandvereinbarung nach § 18 Abs. 1 VOB/B fehlen.

4. Zuständige Stelle im Auftraggeberbereich

Die örtliche Zuständigkeit bei Rechtsstreitigkeiten der Bauvertragspartner richtet sich nach dem Sitz der für die Prozessvertretung des Auftraggebers zuständigen Stelle. Gemäß § 18 Abs. 1 Satz 2 VOB/B hat der Auftraggeber dem Auftragnehmer diese Stelle mitzuteilen.

III. Klärung von Meinungsverschiedenheiten ohne staatliche Gerichte

1. Anrufung einer vorgesetzten Behörde, § 18 Abs. 2 VOB/B

§ 18 Abs. 2 VOB/B regelt ein Verfahren zur außergerichtlichen Streitbeilegung bei Meinungsverschiedenheiten aus Bauverträgen, an denen die öffentliche Hand in Form einer Behörde beteiligt ist. Nach dem in der Regelung vorgesehenen Verfahren soll der Auftragnehmer zunächst die der auftraggebenden Stelle unmittelbar vorgesetzte Behörde anrufen. Aufgrund der sogenannten „Soll-Regelung" besteht hierzu jedoch kein Zwang. Dem Auftragnehmer ist es also freigestellt, das Schlichtungsverfahren zu wählen, parallel gerichtliche Hilfe in Anspruch zu nehmen oder gleich Klage zu erheben.

Der Auftragnehmer soll unmittelbar der auftraggebenden vorgesetzten Stelle den Sachverhalt, das heißt die Meinungsverschiedenheit und seine eigene Auffassung vortragen. Nach dem Wortlaut der VOB/B muss ein diesbezüglicher Vortrag nicht unbedingt schriftlich eingereicht wer-

---

[1199] BGH, LM § 38 Nr. 4 ZPO.
[1200] OLG Stuttgart, BauR 1996, 149.

den. Es liegt aber auf der Hand, dass diese Form zur Information der übergeordneten Stelle der auftraggebenden Behörde am besten geeignet ist.

Die Anrufung der vorgesetzten Stelle unterliegt keiner Frist. Sie kann jederzeit nach Vertragsschluss bis zum Ende des Gewährleistungszeitraums erfolgen. Es ist aber darauf zu achten, dass laufende Fristen von einer Anrufung unberührt bleiben (eine Ausnahme regelt § 18 Abs. 2 Nr. 2 VOB/B: dazu unten). So ist beispielsweise der Vorbehalt gemäß § 16 Abs. 3 Nr. 5 VOB/B innerhalb von 24 Werktagen nach Eingang der Schlusszahlung zu erklären, da diese Frist durch die Anrufung der vorgesetzten Stelle im Verfahren nach § 18 Abs. 2 VOB/B unberührt bleibt.

Welche Behörde der auftraggebenden Stelle unmittelbar vorgesetzt ist, richtet sich nach dem behördlichen Aufbau. Ist die nächsthöhere Behörde nicht aus den Verdingungsunterlagen zu ermitteln, muss der Auftraggeber hierüber Auskunft erteilen. Insofern trifft den Auftraggeber eine bauvertragliche Nebenpflicht, deren Verletzung einen Schadensersatzanspruch aus positiver Vertragsverletzung (§ 280 Abs. 1 BGB) auslösen kann.

2. Aussprache/schriftlicher Bescheid

Ruft der Auftragnehmer die vorgesetzte Stelle zur Klärung von Meinungsverschiedenheiten an, ist ihm von dort Gelegenheit zur mündlichen Aussprache zu geben. Der Auftragnehmer ist zwar nicht verpflichtet, diese Möglichkeit wahrzunehmen, sollte dies aber tun, da ihm ansonsten eine Chance zu einer außergerichtlichen Lösung entgehen würde. Ist dem Auftragnehmer Gelegenheit zur mündlichen Aussprache gewährt worden, soll die angerufene Stelle den Auftragnehmer innerhalb von zwei Monaten nach Anrufung schriftlich bescheiden (§ 18 Abs. 2 Nr. 1 Satz 2 VOB/B).

Der Bescheid muss dem Auftragnehmer nach §§ 130 ff. BGB zugehen.

Neben einer Antwort auf die zwischen Auftragnehmer und Auftraggeber aufgetretenen Meinungsverschiedenheiten soll der schriftliche Bescheid auch darauf hinweisen, dass die Entscheidung als anerkannt gilt, wenn der Auftragnehmer nicht innerhalb von drei Monaten nach Eingang des Bescheides schriftlich Einspruch beim Auftraggeber erhebt (§ 18 Abs. 2 Nr. 1 Satz 3 VOB/B).

Enthält der Bescheid diese Rechtsfolgenbelehrung nicht, kann sich der Auftraggeber später nicht auf die Anerkenntniswirkung der Entscheidung berufen.

3. Einspruch des Auftragnehmers gegen den Bescheid – Anerkenntniswirkung bei Unterlassen des rechtzeitigen schriftlichen Einspruchs des Auftragnehmers

Will der Auftragnehmer die Entscheidung der dem Auftraggeber unmittelbar vorgesetzten Stelle nicht akzeptieren und gegen sich gelten lassen, muss er innerhalb von drei Monaten nach Eingang des Bescheides schriftlich Einspruch beim Auftraggeber erheben. Der Auftragnehmer muss in seinem Schreiben nicht das Wort „Einspruch" verwenden, hat aber unmissverständlich mitzuteilen, dass er die getroffene Entscheidung nicht hinnehmen will.

Hat der Auftragnehmer entsprechend § 18 Abs. 2 Nr. 1 VOB/B wirksam Einspruch eingelegt, ist der Versuch zur Beilegung der Meinungsverschiedenheiten als gescheitert anzusehen. Es bleibt den Parteien des Bauvertrages unbenommen, erneut eine Beilegung zu versuchen oder den Streit in einem gerichtlichen Verfahren entscheiden zu lassen. Legt der Auftragnehmer keinen bzw. keinen rechtzeitigen oder keinen schriftlichen Einspruch ein, gilt die Entscheidung der vorgesetzten Stelle als vom Auftragnehmer anerkannt (§ 18 Abs. 2 Nr. 1 Satz 3 VOB/B).

Die Entscheidung der vorgesetzten Stelle ist dann endgültig und inhaltlich von den Vertragsparteien zu befolgen.

4. Hemmung der Verjährung

Ruft der Auftragnehmer die dem Auftraggeber vorgesetzte Stelle an, ist die Verjährung des im Antrag auf Durchführung eines Verfahrens nach § 18 Abs. 1 VOB/B geltend gemachten Anspruchs (und auch nur dieses Anspruchs) mit Eingang des schriftlichen Antrags gehemmt, also in ihrem Lauf angehalten (§ 18 Abs. 2 Nr. 2 Satz 1 VOB/B).

Die Hemmung endet drei Monate nach Zugang des schriftlichen Bescheides der vorgesetzten Behörde bzw. nach schriftlicher Mitteilung einer der Parteien, das Verfahren nicht weiter betreiben zu wollen (§ 18 Abs. 2 Nr. 2 Satz 2 VOB/B).

5. Schiedsgericht, § 18 Abs. 3 VOB/B

Mit § 18 Abs. 3 VOB/B wird den Parteien anheim gestellt, Verfahrens zur Streitbeilegung zu vereinbaren. Während für die Vielzahl der öffentlichen Bauaufträge die Regelung nach § 18 Abs. 2 VOB/B ein bewährtes außergerichtliches Verfahren zur Streitbeilegung darstellt, könnte auch für rein private Bauaufträge, an denen also öffentliche Auftraggeber nicht beteiligt sind und bei denen dennoch von den Vertragsparteien die VOB vereinbart wurde, die Vereinbarung eines Streitbeilegungsverfahrens anbieten (Schieds- oder Schiedsgerichtsklausel). Die Vereinbarung soll möglichst vor bzw. mit Vertragsschluss für ein baubegleitendes Verfahren getroffen werden. Eine spätere Vereinbarung ist möglich. Bei größeren Bauvorhaben wird häufig bereits im Bauvertrag die Durchführung eines Schiedsgerichtsverfahrens im Falle von Meinungsverschiedenheiten vereinbart. Es haben sich in Deutschland auf dem Gebiet des Baurechts bereits diverse Vereine Gedanken zur Organisation und zum Ablauf eines Schlichtungs- und Schiedsgerichtsverfahrens gemacht, etwa:

— Schiedsgerichtsordnung der Deutschen Institution für Schiedsgerichtsbarkeit,
— Schiedsgerichtsordnung für das Bauwesen des Deutschen Betonvereins und der Deutschen Gesellschaft für Baurecht e. V.,
— Schlichtungs- und Schiedsordnung für Baustreitigkeiten der Arge Baurecht im Deutschen Anwaltsverein,
— für den internationalen Bereich Schiedsordnung der ICC (Rules of Arbitration of the international Chamber of Commerce).

Eine vorzugswürdige Schiedsgerichtsordnung hält aber vor allem die Zivilprozessordnung in den §§ 1025 bis 1065 ZPO, und zwar von „A" wie „Anwendungsbereich" bis „Z" wie „Zwangsvollstreckung" bereit. Für alle Schiedsgerichtsordnungen gibt es umfangreiche Kommentarliteratur. Vor der Einleitung eines Schiedsgerichtsverfahrens sollte man nachteilige Folgen berücksichtigen: Bei wirksamer vertraglicher Vereinbarung eines Schiedsgerichtsverfahrens haben die Parteien grundsätzlich nicht mehr die Möglichkeit, die staatlichen Gerichte anzurufen. Eine Kostenersparnis darf man sich nicht erwarten. Eine Einbindung Dritter in das Verfahren, wie bei den ordentlichen Gerichten mittels Streitverkündung jederzeit zu bewerkstelligen, ist bei einem Schiedsgerichtsverfahren ohne ausdrückliches Einverständnis des Dritten nicht möglich. Auch ein Rechtsmittel gegen den Spruch des Schiedsgerichtes gibt es, von Ausnahmefällen abgesehen, nicht.

IV. Anrufung einer staatlich anerkannten Materialprüfungsstelle, § 18 Abs. 4 VOB/B

Nach § 18 Abs. 4 VOB/B haben die Partner eines VOB-Vertrages die Möglichkeit, eine Meinungsverschiedenheit durch Überprüfung und Entscheidung von dritter Seite klären zu lassen. Diese Regelung ist im Unterschied zu § 18 Abs. 2 VOB/B nicht auf öffentliche Auftraggeber beschränkt, sondern – wie die Schiedsgerichtsmöglichkeit des § 18 Abs. 3 VOB/B – auch auf private Auftraggeber anwendbar. Die Regelungen stimmen alle darin überein, dass sie fakultativ sind. Eine Zivilklage kann aber unter Umständen ohne die Durchführung des in § 18 Abs. 4 VOB/B vorgesehenen Prüfverfahrens unbegründet sein kann[1201].

1. Anwendungsbereich

Das Prüfungsverfahren nach § 18 Abs. 4 VOB/B ist bei Meinungsverschiedenheiten zum einen über die Eigenschaft von Stoffen und Bauteilen, für die allgemein gültige Prüfungsverfahren bestehen, und zum anderen über die Zulässigkeit oder Zuverlässigkeit der bei der Prüfung verwendeten Maschinen oder angewendeten Prüfungsverfahren anwendbar.

a) Meinungsverschiedenheiten über die Eigenschaft von Stoffen oder Bauteilen

Die erste von § 18 Abs. 4 VOB/B erfasste Fallgruppe betrifft den Streit über die Eigenschaft von Stoffen und/oder Bauteilen, deren Vorhandensein für eine ordnungsgemäße und mängelfreie Leistungserstellung im Sinne von §§ 4 Abs. 2 und 13 Abs. 1 VOB/B erforderlich ist. Dies umfasst nur Sacheigenschaften in Bezug auf Qualitätsmerkmale, also in Bezug auf die Stoffbeschaffenheit, den Stoffbestand und die Größe[1202], die Herkunft[1203] sowie sonstige wertbildende Faktoren, soweit sie die Sache selbst betreffen[1204]. Keine Eigenschaft im vorgenannten Sinne ist dagegen der Wert der Sache, der Anschaffungspreis oder der Marktpreis[1205].

Für die Durchführung eines Verfahrens nach § 18 Abs. 4 VOB/B ist Voraussetzung, dass es ein allgemein gültiges Prüfungsverfahren, das für die Feststellung der Eigenschaft der Stoffe und/oder Bauteile geeignet ist, gibt. Maßgebend ist hier die Erfahrung und die Anerkennung in den jeweils in Betracht kommenden bautechnischen Bereich, wobei auf Prüfungsverfahren in DIN- oder -EN-Normen zurückgegriffen werden kann.

[1201] Unten Ziff. 2; OLG Frankfurt, VersR 1982, 759.
[1202] RGZ 101, 68.
[1203] RGZ 124, 116.
[1204] RGZ 61, 86.
[1205] BGH LM § 779 BGB Nr. 2.

b) Zulässigkeit oder Zuverlässigkeit der Prüfungshilfsmittel und Prüfungsverfahren

Bei der zweiten Fallgruppe des § 18 Abs. 4 VOB/B, nämlich bei Meinungsverschiedenheiten, die sich auf die Zulässigkeit oder Zuverlässigkeit der bei der Prüfung verwendeten Maschinen oder angewendeten Prüfungsverfahren beziehen, ist Voraussetzung für ein Prüfungsverfahren, dass bereits eine Prüfung stattgefunden hat. Dabei muss es zu Differenzen entweder über die Zulässigkeit oder die Zuverlässigkeit der bei der vorgenannten Prüfung verwendeten Maschinen oder über das Prüfungsverfahren selbst gekommen sein, also über den Prüfungshergang und das daraus gewonnene Ergebnis. Ausschlaggebend sind auch hier die etwa vorhandenen, den jeweiligen Streit betreffenden technischen Normen oder sonstige allgemein anerkannte Prüfverfahren.

c) Erweiterung über die Fälle des § 18 Abs. 4 VOB/B hinaus

Die zwei genannten Fallgruppen sind abschließend. Haben die Parteien eines VOB-Vertrages nichts anderes vereinbart, ist die Ausdehnung des in § 18 Abs. 4 VOB/B geregelten Verfahrens auf andere Streitigkeiten ausgeschlossen.

d) Verfahrensbeschränkung auf gütliche Beilegung von Meinungsverschiedenheiten

Das in § 18 Abs. 4 VOB/B geregelte Verfahren ist ausschließlich zur außergerichtlichen Beilegung von Meinungsverschiedenheiten heranzuziehen. Insofern ist § 18 Abs. 4 VOB/B nicht anwendbar, wenn es bereits zu einer gerichtlichen Auseinandersetzung zwischen den Vertragsparteien zur streitigen Frage gekommen ist[1206].

2. Anrufung der Materialprüfungsstelle und vorherige Benachrichtigungspflicht

Ist § 18 Abs. 4 VOB/B aufgrund der Art der Meinungsverschiedenheiten anwendbar, kann ihr der Vertragsteil nach vorheriger Benachrichtigung des anderen Vertragsteils die materialtechnischen Untersuchung durch eine staatliche oder staatlich anerkannte Materialprüfungsstelle durchführen lassen. Zu beachten ist, dass bei Verletzung der Benachrichtigungspflicht die Verbindlichkeit der Prüfung durch das Materialprüfungsamt (vgl. § 18 Abs. 4 Satz 1 zweiter Teilsatz VOB/B) ausschließt[1207]. Welche Materialprüfungsstelle anzurufen ist, richtet sich

---

[1206] BGH, ZfBR 1999, 85.
[1207] BGH, ZfBR 1999, 85.

nach den streitigen technischen Fragen. Über das Vorhandensein von staatlichen oder staatlich anerkannten Materialprüfungsstellen werden vielfach die zuständigen Industrie- und Handelskammern sowie Handwerkskammern Auskunft erteilen.

Ist zur Meinungsverschiedenheit zwischen den Vertragspartnern später Zivilklage erhoben worden, ist die Anrufung der Prüfungsstelle trotz des Wortlautes des § 18 Abs. 4 VOB/B („kann") zwingend. Ein Versäumnis ist im Rahmen der gerichtlichen Auseinandersetzung zwar nicht von Amts wegen zu prüfen, wohl aber auf die Einrede des Gegners hin zu beachten[1208]. Weil es sich bei der Entscheidung der Materialprüfungsstelle rechtlich um ein Schiedsgutachten handelt, darf das Gericht, solange das Schiedsgutachten der Materialprüfungsstelle nicht vorliegt, nicht einmal ein Grundurteil erlassen[1209]. Die Klage, die ohne vorherige Durchführung eines nach § 18 Abs. 4 VOB/B erforderlichen Verfahrens anhängig gemacht wurde, wäre bei entsprechender Einrede der Gegenseite als zurzeit unbegründet abzuweisen[1210]. Während der Prüfung der Materialprüfungsstelle gemäß § 18 Abs. 4 VOB/B ist die Verjährung von Ansprüchen, die mit der Einleitung der Prüfung verbunden sind, gehemmt. Bei dem Verfahren nach § 18 Abs. 4 VOB/B handelt es um die Einholung eines Schiedsgutachtens, so dass die Hemmung mit der Abrede, ein Verfahren nach § 18 Abs. 4 VOB/B durchzuführen, spätestens jedoch mit der Beauftragung des Gutachters beginnt (vgl. § 204 Abs. 1 Nr. 8 BGB).

3. Feststellungen der Materialprüfungsstelle

Die Entscheidung der nach § 18 Abs. 4 VOB/B angerufenen Prüfungsstelle ist aufgrund ausdrücklicher vertraglicher Regelung für beide Partner des VOB-Vertrages verbindlich, sofern die Benachrichtigung des Gegners nicht unterblieben ist[1211] und ihm rechtliches Gehör gewährt wurde[1212].

a) Feststellungen der Materialprüfungsstelle als Schiedsgutachten

Die Vereinbarung in § 18 Abs. 4 VOB/B enthält rechtlich gesehen eine Schiedsgutachtenabrede, denn im Gegensatz zum Schiedsgericht[1213]

[1208] OLG Frankfurt, VersR 1982, 759.
[1209] BGH, JZ 1988, 1080.
[1210] OLG Zweibrücken, BauR 1980, 482; OLG Düsseldorf, NJW-RR 1986, 1061.
[1211] BGH, ZfBR 1999, 85.
[1212] OLG Celle, BauR 1995, 556.
[1213] Zur Abgrenzung von Schiedsgericht und Schiedsgutachten: BGH, WM 1975, 1043.

ist die Materialprüfungsstelle nicht mit der Entscheidung eines Rechtsstreits befasst, sondern stellt Tatsachen fest, die für die Entscheidung eines Rechtsstreits erheblich sind[1214].

b) Verbindlichkeit der Feststellungen der Materialprüfungsstelle und Ausnahmen

Die Feststellungen der Materialprüfungsstelle als Ergebnis des Verfahrens nach § 18 Abs. 4 VOB/B sind für die Parteien grundsätzlich verbindlich. Damit ist auch ein nachfolgend mit derselben Meinungsverschiedenheit befasstes Gericht an die Tatsachenfeststellungen der Prüfungsstelle gebunden. Eine Ausnahme hierzu ist nur bei folgenden Sachverhalten anzunehmen.

Zum einen scheidet die Verbindlichkeit der Feststellungen der Materialprüfungsstelle aus, wenn die angerufene Stelle wegen Besorgnis der Befangenheit, mithin wegen Abhängigkeit von einer Vertragspartei abzulehnen ist. Die für eine objektive Entscheidung erforderliche Unabhängigkeit fehlt, wenn der angerufene Gutachter einer der Vertragsparteien zugehört, also nicht Dritter im Sinne der §§ 317 ff. BGB ist. Der Gutachter kann allerdings nur in einem ordentlichen Prozess abgelehnt werden, da die für das Schiedsgerichtsverfahren geltenden §§ 1036 f. ZPO bei einem Gutachterverfahren nach § 18 Abs. 4 VOB/B nicht anwendbar sind[1215]. Die fehlende Unabhängigkeit begründet aber das Recht zur fristlosen Kündigung des geschlossenen Schiedsgutachtervertrages mit der Materialprüfungsstelle aus wichtigem Grund[1216].

Ferner sind die Feststellungen der angerufenen Materialprüfungsstelle ausnahmsweise dann nicht verbindlich, wenn das Ergebnis des Prüfungsverfahrens offenbar unrichtig ist[1217]. Offenbar unrichtig ist ein Schiedsgutachten, wenn sich ein Fehler dem Sachkundigen und unbefangenen Beobachter aufdrängt[1218]. An die Feststellung offenbarer Unrichtigkeiten stellt die Rechtsprechung aber strenge Anforderungen, da ansonsten der in § 18 Abs. 4 VOB/B vorgesehene Zweck der Durchführung eines Schiedsgutachterverfahrens zur Vermeidung langwieriger und kostspieliger Prozesse negiert werden würde[1219].

[1214] BGH, SFH 8.3 Blatt 1.
[1215] OLG München, BB 1976, 1047.
[1216] Für den Fall, dass bei fristloser Kündigung aus wichtigem Grund kein Ersatzgutachter bestimmt ist: BGH, MDR 1994, 885.
[1217] BGH, LM § 317 BGB Nr. 7; BGHZ 43, 374.
[1218] BGH, VersR 1963, 390; BGH, BB 1968, 316.
[1219] BGH, BauR 1973, 60.

4. Kostenregelung

Die Kosten des Verfahrens nach § 18 Abs. 4 VOB/B trägt der unterliegende Teil. Der unterliegende Teil ist der Vertragspartner, dessen Behauptungen im Rahmen der Meinungsverschiedenheiten durch die Feststellungen der Prüfungsstelle sich nicht bestätigt haben. Mit dieser Regelung folgt § 18 Abs. 4 Satz 2 VOB/B der zivilprozessualen Kostenverteilung gemäß § 91 ZPO. Insofern dürfte auch entsprechend § 92 ZPO eine Kostenaufteilung stattfinden, wenn die Feststellung der Prüfungsstelle die Auffassungen der Vertragsparteien nur zum Teil bestätigen.

Zur Frage, wer Mängelbeseitigungs- bzw. Mängelprüfungskosten zu tragen hat, wenn sich herausstellt, dass Mängel nicht vorliegen, gibt es nur relativ wenige Entscheidungen verschiedener Oberlandes- bzw. Landgerichte. Das Oberlandesgericht Karlsruhe[1220] meinte, dass der Unternehmer, wenn er aufgrund einer unberechtigten Mängelrüge den Untersuchungsaufwand hat, Kostenerstattung verlangen kann, wenn er seinen Auftraggeber zuvor darauf hingewiesen und seine Tätigkeit davon abhängig gemacht hat, dass im Falle der Feststellung der Mängelfreiheit seines Gewerkes seine Kosten zu erstatten sind. Im Grundsatz gilt allerdings nach Auffassung des Oberlandesgericht Düsseldorf[1221], dass der Unternehmer Aufwendungen, die er aufgrund einer unberechtigten Mängelrüge für erforderlich halten durfte, nur dann gegenüber dem Bauherren geltend machen kann, wenn die Mängelrüge ohne jeglichen erkennbaren Anlass erhoben wurde. Etwas anders sieht dies das Landgericht Hamburg[1222]. Danach haftet der Auftraggeber, wenn er unberechtigte Mängel rügt, dem Auftragnehmer für die vergeblichen Kosten der Mängeluntersuchung. Dies gelte jedenfalls dann, wenn der Mangel nach der Abnahme auftritt, da nach der Abnahme der Auftraggeber darlegen und beweisen muss, dass ein Mangel des Auftragnehmers vorliegt.

V. Grundsätzlich keine Befugnis des Auftragnehmers zur Arbeitseinstellung, § 18 Abs. 5 VOB/B

1. Verbot zur Arbeitseinstellung

Nach § 18 Abs. 5 VOB/B ist der Auftragnehmer nicht berechtigt, bei Streitfällen die Arbeiten einzustellen. Die Regelung betrifft nicht nur die in § 18 Abs. 2 und 3 VOB/B geregelten Meinungsverschiedenheiten,

---

[1220] OLG Karlsruhe, Urteil vom 13.05.2003 – 17 U 193/02, BauR 2003, 1241.
[1221] OLG Düsseldorf, Urteil vom 18.12.1998 – 22 U 148/98, BauR 1999, 919.
[1222] LG Hamburg, Urteil vom 05.03.1992 – 308 S 209/91, NJW-RR 1992, 1301.

sondern sämtliche Streitigkeiten zwischen den Parteien des Bauvertrages. § 18 Abs. 5 VOB/B soll dem Auftragnehmer allerdings nicht das Leistungsverweigerungsrecht nach der VOB/B oder nach gesetzlichen Vorschriften unmöglich machen[1223]. Sie hält insofern einer isolierten AGB-Inhaltskontrolle stand, was vor allem gilt, wenn die VOB nicht als Ganzes vereinbart ist[1224]. Offenbare Unrichtigkeiten eines Schiedsgutachtens liegen daher z. B. erst dann vor, wenn die Feststellungen der Materialprüfungsstelle schlicht nicht nachprüfbar sind[1225]. Das Gleiche gilt dann, wenn die Begründung des Ergebnisses der Feststellungen der Materialprüfungsstelle derart lückenhaft sind, dass selbst ein Fachmann zu keiner Überprüfung des Gutachtens in der Lage ist[1226]. Kommt es zu einem Prozess wegen derartiger Unrichtigkeiten, trägt diejenige Partei die Darlegungs- und Beweislast, die sich auf die Unrichtigkeiten beruft[1227]. Das Gericht hat über die behaupteten Unrichtigkeiten nur dann Beweis zu erheben, wenn die darlegungs- und beweisbelastete Partei Tatsachen vorträgt, die für das Gericht schlüssig Mängel an der Bestimmung des Schiedsgutachters ergeben[1228]. Stellt das Gericht offensichtliche Unrichtigkeiten der Feststellungen der Materialprüfungsstelle fest, ist deren Ergebnis für die Parteien des Bauvertrages nicht verbindlich.

2. Ausnahmen

Ausnahmen zu § 18 Abs. 5 VOB/B bleiben selbstverständlich unberührt. So ist von Gesetzes wegen ein Auftragnehmer zur Arbeitseinstellung befugt, wenn der Auftraggeber beispielsweise eine angeforderte Sicherheitsleistung nach § 648a BGB nicht binnen der gesetzten Frist stellt. Leistet der Besteller auf ein berechtigtes Sicherungsverlangen nach der Abnahme die Sicherheit nicht, ist der Unternehmer berechtigt, die Mängelbeseitigung zu verweigern[1229]. Das gilt auch, wenn die Parteien die Einbeziehung der VOB/B vereinbart haben. Die Abtretung der Gewährleistungsansprüche hat auf das Recht des Unternehmers, von seinem Besteller Sicherheit zu fordern und bei Nichterbringung der Sicherheit die Leistung zu verweigern, keinen Einfluss[1230].

[1223] BGHZ 131, 392 ff.
[1224] BGHZ 131, 392 ff.
[1225] BGH, NJW 1977, 801.
[1226] BGH, ZIP 1988, 162.
[1227] BGH, NJW-RR 1993, 1034.
[1228] BGH, NJW 1984, 43.
[1229] BGH, Urteil vom 16. April 2009 – VII ZR 9/08 im Anschluss an BGH, Urteil vom 22. Januar 2004 – VII ZR 183/02, BGHZ 157, 335.
[1230] BGH, Urteil vom 16. April 2009 – VII ZR 9/08 im Anschluss an BGH, Urteil vom 27. September 2007 – VII ZR 80/05, BauR 2007, 2052 = NZBau 2008, 55 = ZfBR 2008, 537.

Auch die Zurückbehaltungsrechte (etwa § 273, § 320 oder § 322 BGB) können den Auftragnehmer bei Vorliegen der entsprechenden Voraussetzungen zur Arbeitseinstellung berechtigen. Auch vertraglich eingeräumte Rechte zur Arbeitseinstellung, z. B. nach § 16 Abs. 5 Nr. 5 VOB/B bei Nichtleistung fälliger Zahlungen trotz In-Verzug-Setzung, bleiben unberührt. Dasselbe gilt für die berechtigte Arbeitseinstellung bei einer offensichtlich zu Unrecht durch den Auftraggeber verweigerten Vereinbarung eines neuen Preises gemäß § 2 Abs. 5 oder Abs. 6 oder Abs. 8 Nr. 2 Satz 2 und 3 VOB/B, also der Kooperationspflichtverletzung[1231].

Eine Arbeitseinstellung entgegen § 18 Abs. 5 VOB/B kann sich im Übrigen auch aus den Grundsätzen von Treu und Glauben ergeben. So z. B., wenn bei objektiver Betrachtung die Leistungsfortführung unzumutbar ist[1232]. Dies kommt vor allem bei grob schuldhafter Pflichtverletzung des Auftraggebers in Betracht, durch die es dem Auftragnehmer wegen der damit verbundenen Risiken in zeitlicher und technischer Hinsicht nicht zumutbar ist, die Leistung fortzuführen. Dasselbe kann gelten, wenn der Auftraggeber hartnäckig und nachhaltig die Anpassung der Vergütung des Auftragnehmers aufgrund von einer aus der Risikosphäre des Auftraggebers stammenden Bauzeitenverlängerung verweigert, obwohl dem Auftragnehmer hierauf eindeutig ein Recht nach § 2 Abs. 5 VOB/B zusteht[1233].

3. Rechtsfolgen bei unberechtigter Arbeitseinstellung

Handelt der Auftragnehmer entgegen dem Verbot, im Streitfall die Arbeit nicht einstellen zu dürfen, leiten sich die Rechte des Auftraggebers aus den sonstigen vertraglichen Vereinbarungen insbesondere aus § 5 Abs. 5 VOB/B und § 8 Abs. 3 VOB/B her.

[1231] OLG Zweibrücken, BauR 1995, 291; OLG Düsseldorf, BauR 1995, 706 ff.; OLG Celle, BauR 1999, 262; OLG Düsseldorf, BauR 2002, 484 f.
[1232] BGH, BauR 1996, 378 ff.
[1233] OLG Düsseldorf, BauR 1995, 706.

Stichwortverzeichnis

A

Abnahme
  allgemeine Definition   312
  ausdrückliche Abnahme   312
  Fälligkeit der Vergütung   320
  fiktive Abnahme   317
  förmliche Abnahme   316
  Gefahrübergang   319
  Gewährleistungsbeginn   319
  konkludente Abnahme   313
  Sicherheiten   322
  Teilabnahme   314
  Vorbehalte wegen Mängel und Restleistungen   320
Abnahme, vergessene förmliche
  Abnahmezeitpunkt   318
Abnahme der Mängelbeseitigung   362
Abnahme nach Kündigung   253, 321
Abnahmereife und Schlussrechnungsreife nach Fertigstellung
  siehe auch Fertigstellungsanzeige und Abnahmezeitpunkt   377
Abnahmeverweigerung
  wegen wesentlicher Mängel   315
Abnahmeverweigerung wegen Restleistungen   315
Abnahmeverzug, Abnahmezeitpunkt   313
Abnahmezeitpunkt nach Fertigstellung/Abnahmereife/Schlussrechnungsreife   312
Abrechnung
  Änderungen und Ergänzungen   371
  Aufmaß   374
  beizufügende Unterlagen   370
  durch Auftraggeber   377
  Frist   377
  Fristsetzung durch Auftraggeber   378
  gemeinsame Feststellungen   374
  Informations- und Kontrollinteresse des Auftraggebers   371
  Prüfbarkeit   370
  vorzeitig beendeter Pauschalpreisvertrag   372
Abrechnung durch Auftraggeber
  Kostenerstattung   378
Abrechnung nach Kündigung   255
Abrechnungsfrist
  Fristbeginn   377

Abrechnungspositionen, vergessene   412
Abschlagszahlung   400
   Fälligkeit   400, 401
   Höhe   400
   Nachweis vertragsgemäßer Leistung   400
   Rechtscharakter   402
AGB-Gesetz
   jetzt: §§ 305 ff. BGB   3
AGK (Allgemeine Geschäftskosten)
   Zuschlag bei der Kalkulation   63
Allgemeine Technischen Vertragsbedingungen ATV
   Verhältnis zu den Zusätzlichen Technischen Vertragsbedingungen
   (ZTV)   9
Alternativleistungen   43
Änderung des Bauentwurfs
   Ausführungsfrist   143
Änderungen
   der VOB/B 2009   1
Anerkannte Regeln der Technik, Definition   328
Anerkannte Regelung der Technik
   Änderung nach Vertragsschluss vor Abnahme – Nachtragsfähigkeit
   und Ohnehin-Kosten, Hinweispflicht und Schaden   9
Anerkenntnis   103
Angebot
   Unklarheiten   39
Anordnungen des Auftraggebers, keine
   Kündigung durch Auftragnehmer   262
Anschlussauftrag bzw. Vertragserweiterung
   Neuvergabe   28
Anzeige des Vergütungsanspruchs   82
Anzeigepflicht
   Mehrvergütung bei Mengenänderung   60
   von Mehrvergütung   101
Äquivalenz zwischen Preis und Leistung
   bei der Pauschalpreisanpassung   98
Arbeitseinstellung
   wegen gescheiterter Nachtragsverhandlung   79, 85
Arbeitseinstellung bei Zahlungsverzug des AG   418
arbeitsrechtliche Weisungsbefugnis   197
Archäologie   194
archäologische Funde   194
Architekt
   Vollmacht aus Bauleitung und Bauüberwachung   15

Arglist
   10- oder 30-Jahre-Verjährungsfrist   343
ATV
   Allgemeine Technische Vertragsbedingungen, Einbeziehung der
      VOB/C also der DIN   44
   Einbeziehung   8
Aufmaß   374
   Antrag auf   376
   Fernbleiben des Auftraggebers   376
   Rechtsfolgen   375
Aufmaßerstellung   48
Aufsichtsvergütung   386
Auftraggeber
   Überwachungs- und Anordnungskompetenz   160
auftragslos erbrachte Leistungen   101
Aufwendungserstattung
   Berechnung   108
Ausführungsfristen
   Anpassung   202
   Bestimmungsrecht Auftraggeber   203
   Risikobereich Auftraggeber   213
   Schadensersatzanspruch   203
   sonstige Fristen   201
   Verlängerung   213
   Vertragsfristen   201
Ausführungsfristen, keine Mitteilung von
   Kündigung durch Auftragnehmer   263
Ausführungsunterlagen
   Haftungsfreistellung   156
   Kooperationspflicht   145
   rechtzeitige Übergabe   142
   Schadensersatz   142
   Unstimmigkeiten   144
Auslegung der vertraglichen Leistungen als sinnvolles Ganzes   44
Ausschlusswirkung der Schlusszahlungsbelehrung
   Unwirksamkeit von § 16 Nr. 3 Abs. 2 VOB/B   409

B

Bauablauf, hypothetischer
   Verhältnis zum Soll-Ablauf, störungsmodifizierten Ablauf und Ist-
      Ablauf   124
Bauablaufstörungen
   Zahlungsansprüche – eine ausführliche Darstellung –   112

Bauentwurf
    was, wie, wo, wann, wer   16, 72
Baugrund
    Risikoverteilung zwischen Auftraggeber und Auftragnehmer   45
Bauhandwerkersicherungshypothek
    trotz Mängel   360
Bauleiter
    Begriff und Aufgaben   173
Baustellenordnungsplan   161
Baustellenverordnung   161
Baustopp
    bei archäologischen Funden   194
    durch Auftraggeber   114
    durch Behörden   20, 70
    Recht des Auftraggebers   259
Bauzeitenplan   201
Bedenken – schriftliche Anzeige des Auftragnehmers nach § 4 Nr. 3 VOB/B   179
Bedenkenanzeige nach § 4 Nr. 3 VOB/B
    Schriftlichkeit: Befreiung von der Mängelhaftung § 13 Nr. 3 VOB/B   338
Behinderungen
    Anzeige   208, 211
    Ausführungsfrist   209
    Offenkundigkeit   208
    Schadensersatz   209
    Vorunternehmerrisiko   215
Berechnung
    der Preisanpassung bei Mengenänderungen   55
Beschädigung, Diebstahl, Schmiererei, Vandalismus etc.   188
Beweissicherung
    durch gemeinsame Zustandsfeststellung   198
Bodengutachten
    als Bauentwurf – Änderung   73
Buchungsfehler
    Doppelbuchung/Fehlbuchung/Rechenfehler in der Abrechnung und deren Berichtigung   412
Bürgschaft
    auf erstes Anfordern   435
    Einwendungen gegen Inanspruchnahme   437
    Inhalt   437
    Schriftform   435
    Sicherungsfall   437
    Verwertung   437

Bürgschaft gemäß § 648 a Abs. 1 BGB
   vor und nach Abnahme   360

C

culpa in contrahendo = c.i.c.
   vorvertragliche Pflichtverletzung   57

D

Darlegungs- und Beweislast
   bei der Preisanpassung wegen Mengenänderung   59
Denkmalschutz   196
Detailpauschalpreisvertrag   50
Differenzmethode
   bzw. -theorie zur Schadensberechnung   225
DIN-Normen   329
DIN-Regelungen der VOB/C als vertragliche Abrechnungsvorschriften   48
Direktgeschäft zwischen Auftraggeber und Nachunternehmer   420
Dokumentationen
   fehlende oder fehlerhafte ... kein Baumangel   333
Druckzuschlag
   Vergütungsverweigerung wegen Mängel   358
Duldungs- und Anscheinsvollmacht   177
Durchgriffsfälligkeit des § 641 Abs. 2 BGB   320
DVA
   Deutscher Vergabe- und Vertragsausschuss   2

E

Eigenmacht des Auftragnehmers   70
Eigenmächtige Abweichung vom Auftrag   102
Einbehalt von Vergütung als Druckmittel zur Mängelbeseitigung   358
Einbeziehung
   der VOB/B als Allgemeine Geschäftsbedingung   3
Einstandspreis   33
Einzelkosten der Teilleistung
   bei der Kalkulation   76, 86
Entschädigung nach § 642 BGB
   statt Schadensersatz   144, 209, 267
Erfüllungsgehilfe, vertraglicher   278
Erfüllungsgehilfe kontra Vorunternehmer   223
Ersatzvornahme
   fehlgeleitete Ersatzvornahme als Selbstvornahme   65
Erschwernisse   100
   erschwerte Bodenverhältnisse bzw. Grundwasserverhältnisse   45

Erschwerung der Leistungsdurchführung 81
Eventualleistungen 43

F

Fahrlässigkeit 276
Fälligkeitszinsen
   nur zwischen Kaufleuten 417
Fax 83, 180
   OK-Vermerk auf Sendebericht, Zugangsnachweis 83
Fehlkalkulationen 56
Fertigstellung 377
   Abrechnung 377
Fertigstellungsanzeige und fiktive Abnahme 317
Festpreis
   Unterschied zum Pauschalpreis 92
Festpreise 33
FIDIC-Bauvertragsbedingungen
   Überblick, Unterschiede zur VOB/B 137
formfrei
   Anordnung des Auftraggebers 72
Fristsetzung
   Angemessenheit 378
frivoler Ausschreibender 57
frivoler Bieter 57
Füllaufträge
   nach freier Kündigung 248
Funktionalpauschalpreisvertrag 50

G

Gebot beschleunigter Zahlung 415
Gefahrenversicherung
   Bauleistungsversicherung 238
Gefahrtragung
   Beschränkung bei Beschädigung, Diebstahl, Vandalismus, Graffiti etc. 188
   nach VOB/B 236
Gefahrverteilung
   Ausnahme 233
   Grundsatz 233
Gemeinsame Feststellung des Zustandes von Teilleistungen 197
Genehmigungen und Erlaubnisse
   Herbeiführung 162
Gesamtschuldnerausgleich zwischen Architekt und
   Bauunternehmer 279

Geschäftsführung ohne Auftrag (GoA) nach BGB   106
Gewährleistung
   bei Kündigung durch Auftragnehmer   271
Gewährleistungsbürgschaft
   Abgrenzung zur Vertragserfüllungssicherheit   425
Gewinn   130

H

Haftungsausgleich   278, 283
   Abwicklung   287
   unwirksame Parteivereinbarung   288
Haftungsausschluss für Beschädigungen von Fremdleitungen
   Erstreckung auf Bauleiter   286
Haftungsbeschränkung   222
Hinweis-, Prüf- und Bedenkenanzeigepflicht   182

I

Insolvenzverfahren
   als Kündigungsgrund   248

K

Kalkulationsirrtümer   56
Kalkulationsrisiko   45
   Beschränkung auf Nachtrag in Abgrenzung zur Neuvergabe   28
Kausalität
   bei der Vergütungsanpassung   77, 98
Kerneingriff
   in die VOB   6
Komplettheitsklauseln   99
Kooperationspflichtverletzung
   Kündigung durch Auftragnehmer   262
   Rechtsfolge Arbeitseinstellung   24, 262, 458
Koordinationspflicht des Auftraggebers   161
Kopplungsverbot
   in öffentlich-rechtlichen Verträgen   196
Kosten
   Abgrenzung von konkreten und kalkulierten   76, 86
Kündigung
   Form   243, 252
      Schriftform   266
   wegen sonstiger Pflichtverletzungen des Auftragnehmers   251
   Wirksamkeitszeitpunkt   245
Kündigung durch Auftraggeber
   aus wichtigem Grund   248

bei Pflichtverletzung des Auftraggebers   245
  Form   243, 252
  freie Kündigung   243
  ohne wichtigen Grund   245
  Vergütungsanspruch des Auftragnehmers   256
  Wirksamkeitszeitpunkt   245
  Kündigung durch Auftraggeber wegen Auftragnehmerinsolvenz   248
  Kündigung durch Auftraggeber wegen Mängel, Verzug   249
  Kündigung durch Auftraggeber wegen Wettbewerbsverstoß   252
  Kündigung durch Auftragnehmer   261
    Abrechnung   266
    Kündigungsgrund   261
    Schadensersatzansprüche   268
    Schriftform   266
    sonstige Rechte   268
    sonstiger wichtiger Grund   265
    vergütungsähnlicher Anspruch   267
    Vergütungsanspruch   267
    wegen Unterbrechung   265
    wegen unterlassener Mitwirkung   262
    wegen Zahlungsverzugs des Auftraggebers   263
  Kündigung infolge längerer Unterbrechung   229

L
Leistungen ohne Auftrag   101
Leistungsbeschreibung als „sinnvolles Ganzes"   42
Leistungsbeschreibung mit erkennbaren Risiken einer Fehleinschätzung   81
Leistungsbeschreibungsrisiko   45

M
Mängelansprüche
  bei Kündigung durch Auftragnehmer   271
Mängelbeseitigungs- bzw. Mängelprüfungskosten
  Kosten der Mängelfeststellung   456
Mangelfolgeschäden   366
Mängelfreimeldung/Mängelbeseitigungsanzeige   362
Marktpreis
  Definition   35
Marktpreise   98
Materialbeistellung
  als Selbstvornahme   66
Mehrvergütungsanspruch   23, 37

Mehrvergütungsanzeige 60
   unangemessene Verpflichtung 83
Mehrwertsteuer 46
Mengenunterschreitung
   Preisanpassung wegen ... 61
Minderung
   Voraussetzung und Berechnung 363
Mischkalkulation 63
Mitverantwortlichkeit des Auftraggebers
   für Mängel bei Prüf- und Hinweispflicht 184
Mitverschulden 278, 287
Mitwirkung des Auftraggebers
   Kündigung durch Auftragnehmer bei unterlassener Mitwirkung 262
mutmaßlicher Wille des Auftraggebers
   Vergütung oder Aufwendungserstattung 104

N

Nachfrist nur 1 Tag
   kann angemessen sein 218
Nachlass 63
Nachtrag
   Abrechnung bei vorzeitig beendetem Bauvertrag 257
   Sprachgebrauch und Definition 24
Nachtrag, potentieller 96
Nachtrag als unwesentliche Änderung des bestehenden Vertrages
   Abgrenzung von Neuvergabe 25
Nachträge
   potentielle, Berücksichtigung nach Kündigung 247
Nachtragsberechnung
   auf der Grundlage der Preisermittlung der vertraglichen Leistung 77
Nachtragsforderungen 41
Nachtragsmanagement
   als Vertragsanpassung 32, 33, 36
Nachunternehmereinsatz 191
   Kündigungsrecht 194
   Zustimmung Auftraggeber 191
Neuvergabe statt Nachtrag
   Vorgaben des EuGH 26

O

Ohnehin-Kosten 354
Ordnung
   auf der Baustelle 161
Ordnung auf der Baustelle
   und auf der Arbeitsstelle 160
Ordnung auf der Baustelle, fehlende
   Kündigung durch Auftragnehmer 262
Ordnungszahlen
   Ausgleich in anderen ... 62
Organisationsverschulden
   10–30-jährige Verjährung 344

P

Pauschale
   im Einheitspreisvertrag 88
Pauschalsummen-Position
   im Einheitspreisvertrag 63
Pflichtverletzung
   und Schadensersatz 222
Plankoordinierung 162
   z. B. Abstimmung der Bauzeitenpläne der beteiligten Unternehmen 162
plausibel
   Pauschalpreis zur Anpassung 98
Preisanpassung bei Mengenänderung
   Einheitspreis/Pauschalpreis 53
Preisanpassung bei Mengenüberschreitung im
   Einheitspreisvertrag 54
Preisanpassungsberechnung
   bei Mengenänderung 55
Preisgleitklausel 93
Preisgleitung/Gleitklauseln 33
Preisnachlass 24
Preisniveau 27, 62
   als Maßstab für die Nachtragsvergütung 25, 123
Preisschutz dienende Maßnahmen
   Wirtschaftsstrafgesetz 54
Privilegierung
   der VOB/B und deren Wegfall 5
Privilegierung der VOB/B 4
Prozesszinsen
   statt Verzugszinsen 417

Prüf-, Hinweis- und Bedenkenanzeigepflicht 182
Prüf- und Hinweispflicht des Auftragnehmers kontra Mitverantwortlichkeit des Auftraggebers 184
Prüfbarkeit der Schlussrechnung
   fehlende, fehlende Prüfbarkeit muss binnen 2 Monaten eingewendet werden 407

R

Ratenzahlung
   Abgrenzung zur Abschlagszahlung 399
Rechnungsposten 67
Rechtsberatungskosten
   als erstattungsfähiger Schaden 228
Risiko der Leistungsbeschreibung 43
Risiko einer Fehleinschätzung 43
Risikoverteilung
   durch Leistungsbeschreibung 80
   zwischen Auftraggeber und Auftragnehmer bezüglich der Leistung 45

S

Sachverständigengutachten
   zur Klärung der anerkannten Regeln der Technik 330
Schaden
   Berechnung 224
   Rechtsverfolgungskosten, Rechtsanwalt und Schadensgutachten 228
Schadensausgleich 274
   außervertragliche Haftung 276
   Erfüllungsgehilfe 278
   gesetzliche Vertreter 277
   Haftungsausgleich zwischen Vertragspartnern 278, 280
   Verschulden 276
   vertragliche Haftung 274
Schadensersatz
   nach Kündigung durch Auftragnehmer 268
Schadensgutachter
   erstattungsfähig 228
Schadenshöhe
   Schadensberechnung 224
   Schadenspositionen 225
Schieds- oder Schiedsgerichtsklausel 451
Schiedsgerichtsordnung 451

schlüsselfertig Bauen
   als Funktionalpauschalierung   99
Schlussrechnung
   Ausschluss von Einwendungen   407
   Einheitspreisvertrag, vorzeitig beendeter   255
   Erklärung des Vorbehalts   410
   Pauschalpreisvertrag, vorzeitig beendeter   256
   vorzeitig beendeter Bauvertrag   255, 266
   Zugang   406
Schlussrechnungsreife und Abnahmereife
   siehe auch „Fertigstellungsanzeige" und
     „Abnahmezeitpunkt"   404
Schlusszahlung   405
   auf prüfbare Abrechnung   405
   Ausschluss von Nachforderungen   408
   Fälligkeit   405
   frühere Fälligkeit   407
   spätere Fälligkeit   406
   vorbehaltlose Annahme   408
Schriftform
   durch Fax   180
Selbstkoordinierung des Auftragnehmers   169
Selbstkostenerstattungsvertrag   52
Selbstübernahme   64
Selbstvornahme durch den Auftraggeber
   Abgrenzung zur Selbstvornahme/Ersatzvornahme   64
Selbstvornahmen, Auswirkung auf die Gewährleistung   67
Sendebericht als Zugangsnachweis für Fax   180
Sicherheit nach § 648 a BGB für Nachtrag
   gesondertes Verlangen   360
Sicherheitsabrede
   AGB-Inhaltskontrolle   427
   Sicherungsfall   427
Sicherheitsleistung
   Arten   428
   Austauschrecht   431
   Beschränkung des Austauschrechts   431
   Beschränkung des Wahlrechts   429
   durch Bürgschaft   434
   Einbehalt von Zahlungen   439
   Frist   441
   Hinterlegung von Geld   438
   Höhe   425
   Rückgabe der Mängelsicherheit   442

Rückgabe der Sicherheit in der Insolvenz   443
Rückgabe der Vertragserfüllungssicherheit   442
Sicherungsfall   427
Vereinbarung   424
Verjährung des Rückgabeanspruchs   444
Vollzug des Austauschs   432
Wahl- und Austauschrecht   428
Wahlrecht   429
Wesen   424
Zweckbestimmung   424
Sicherungsverlangen
   nach § 648 und § 648 a BGB vor und nach der Abnahme
      bei Mängeln   360
Skontoabzüge   415
Sowieso-Kosten   354
Sperrkonto
   „Und-Konto"   438
Steuersätze
   Änderung   99
Stoffpreisgleitklauseln
   insbesondere Stahl   34
Streitbeilegung
   außergerichtliches Verfahren   450
Streitigkeiten
   Anwendbarkeit des § 18 Nr. 1 VOB/B   447
   außergerichtliche Streitbeilegung   448, 452
   Gerichtsstandsvereinbarung   446
   Kostentragung   456
   Prorogationsbefugnis   446
   Verbot zur Arbeitseinstellung   456
   Verjährungshemmung   450
Stundenlohnarbeiten   245, 381, 382, 383, 386, 387, 388, 389, 390, 391, 393, 394, 395, 396
   Anerkenntnis   391
   Aufsichtsvergütung   386
   Auslagen des Auftragnehmers   385
   Beginnanzeige   388
   Bescheinigung durch Auftraggeber   390
   Fälligkeit der Vergütung   393, 394
   Frist für Abrechnung   393
   Kontrolle durch Auftraggeber   387
   Lohnlisten   389
   ortsübliche Vergütung   383
   Rückgabe von Stundenlohnzetteln   390

vereinbarte Vergütung   383
Vereinbarung   382
Vergütung gemäß § 15 Nr. 1 Abs. 2 S. 2 VOB/B   384
Vollmacht des Bauleiters   390
Vorlage von Stundenlohnzetteln   388
Zweifel über Stundenlohnleistung   394
Stundenlohnvertrag   52
Stundenzettel
    Einwendungen   391

T

TA, z. B. TA-Luft oder TA-Lärm
    als anerkannte Regeln der Technik   329
Teilabnahme   314
Teilkündigung
    unzulässige   249
Teilschlusszahlung   413
    in sich abgeschlossene Leistungsteile   414
    prüfbare Teilschlussrechnung   414
    Teilabnahme   414
    Wesen   413
Termine
    Vertragsfristen und hypothetischer Bauablauf   124

U

Über- oder Unterdeckung von AGK und BGK   77
Überwachungsrecht des Auftraggebers   163
Umlage
    von Versicherungskosten   241
Umlagen
    über Wasser, Energie (Strom) etc.   187
Umsatzsteuer
    bei Bauablaufstörungen   133
Und-Konto
    Sperrkonto   438
Unterbrechung
    Abrechnung nach längerer ...   219
    Kündigung durch Auftragnehmer   265
    vgl. auch zur Behinderung   208
unvorhersehbaren Erschwernisse   45
Urkalkulation   63
    Bedeutung für die Preisanpassung   51
    Grund für die Übergabe bzw. Offenlegung   60
    Offenlegung   51
Urkalkulation, Grundlage der Preisermittlung   37

V

VDI-Richtlinien 329
Verbraucher
    für diese ist die VOB/B nicht bestimmt 1
Vergabeverzögerung
    Anspruchsvoraussetzungen 114
    Berechnung der Mehrvergütung 116
Vergütung
    Anpassung 37, 202
    Einheitspreisvertrag 36
    Festpreise 38
    Grundlagen der Preisermittlung 37
    Nachforderungsausschluss 38, 39
    Pauschalpreisvertrag 37
    Selbstkosten 39
Vergütungsanpassung
    Grundsatz 32
Vergütungsanpassungsanspruch
    infolge Änderungsanordnung 69
Vergütungshöhe
    Preisniveau: Urkalkulation oder Ortsüblichkeit 28
Vergütungsklauseln
    wirksame und unwirksame 38
Verjährung
    Hemmung – Stillstand der Frist 348
    nach Fälligkeit der Schlusszahlung 408
    Unterbrechung, Hemmung, Verzicht 40
Verjährung der Mängelansprüche
    4 Jahre/2 Jahre nach § 13 Nr. 4 VOB/B 340
Verjährung der Vergütungsansprüche 40
Verjährungseinrede 351
Verjährungsfrist
    Beginn und Ende – Berechnung 347
Verjährung von Mängelbeseitigungsleistungen 361
Verkehrssicherungspflicht bei Straßenbaustelle 282
Verpflichtungsgeschäfte
    Wirksamkeit nach Kommunalordnung 16, 21
Verschulden 222, 276
Versicherung
    Baugeräte- und Maschinenversicherung 240
    Bauleistungsversicherung 238
    Feuerversicherung 239
    Haftpflichtversicherung 239
    Kaskoversicherung 240

Mitversicherung 239
Montageversicherung 240
Pfuscharbeit 239
   wegen Unterbrechung der Bautätigkeit 240
Vertrag mit Schutzwirkung zugunsten Dritter 161
Vertragsänderungen
   vergaberechtlich erheblich oder unerhebliche (Nachtrag) 27
Vertragserweiterung
   Neuvergabe/Anschlussauftrag in Abgrenzung Nachtrag 28
Vertragsfortschreibung
   einvernehmlich 32
Vertragsfristen 201
Vertragsgestaltung
     Vorschlag für die ... 7
Vertragspflichtverletzung 274
Vertragsstrafe
   Anrechnung auf Schadensersatz 303
   bei Verzug 300
   Durchstellung an Nachunternehmer 305
   Höhe 295
   Vorbehalt zur Geltendmachung, Zeitpunkt 306
Vertragsstrafengestaltung 292
Vertragsstrafenklausel
   Inhaltskontrolle 294
Vertragstypen
   Unterschiede und Gemeinsamkeiten von Einheitspreis- und Pauschalpreisvertrag 88
Vertrag zulasten Dritter
   z. B. bei Schatzfund 197
Vertreter, gesetzlicher 277
Verweigerung der Vergütung
   wegen Mängel 358
Verzichtsvereinbarung
    Verjährung 41
verzögerter Vergabe
   Mehrvergütung 114
Verzug des AG mit der Zahlung
   Arbeitseinstellung 418
Verzug mit der Bauleistung 112, 220
Verzug mit der Mängelbeseitigung 352
Verzugszinsen 416
VOB/B
   als Allgemeine Geschäftsbedingung 2
   Privilegierung kontra Inhaltskontrolle 4

Vollmacht
    zur Nachtragsanordnung oder -beauftragung   71
Vollmacht des Bauleiters   173
Vollmacht zum Abschluss einer Stundenlohnvereinbarung   382
Vollmacht zur Anordnung   15, 21
Vollständigkeitsklauseln in Bauverträgen   45
Vorauszahlung   402
    Fälligkeit nach Sicherheitsleistung   404
    Sicherheitsleistung   403
    Vereinbarung   403
    Wesen   402
Vorbehalt gegen Schlusszahlung   410
    Begründung   411
    eingehende Begründung   411
    Erklärung gegenüber Auftraggeber   411
    Form, Inhalt   410
    Prüfbare Rechnung   411
Vorbehalt wegen Mängel und Restleistungen bei der Abnahme   319
Vorbemerkungen
    zur Leistungsbeschreibung   42
Vorsatz   277
Vorteilsausgleich
    bei der Schadensberechnung   228
Vorteilsausgleich „neu für alt" bei Mängelbeseitigungskosten   356
Vorteilsausgleichung   355
vorvertragliche Pflichtverletzung
    culpa in contrahendo   57
Vorzeitig beendeter Bauvertrag
    Abrechnung   372
    Abrechnung von Nachträgen   257
    Einheitspreisvertrag   255
    Pauschalpreisvertrag   256

W

Wagnis   130
    ungewöhnliches   34
Wagnis und Gewinn, Abrechnung bei freier Kündigung   247
Wahlfreiheit der Art und Weise der Mängelbeseitigung   354
Wahlschuld   44
Wegfall der Geschäftsgrundlage
    Vertragsanpassung   58
Wettbewerbsverstoß   252
Willenserklärung
    widersprechende   32
Wirtschaftsstrafgesetz   54

Z

Zahlungsverzug
   Arbeitseinstellung und Kündigung durch Auftragnehmer   78, 86
   Kündigung durch Auftragnehmer   263
Zahlungsziele
   Zahlungsplan, Abschlagszahlung   399
Zinsen
   bei Verzug, bei Fälligkeit, im Prozess   416
Zug-um-Zug-Verurteilung
   doppelte: Mängelbeseitigung gegen Sicherheit   361
Zugang der Willenserklärung
   durch Fax   83
Zumutbarkeitsgrenze für Mengenänderung beim Pauschalpreis   93
Zumutbarkeitsgrenze für Mengenänderungen beim Einheitspreisvertrag   37
Zuschlagskalkulation   87

VOB/B 2009 – Kommentar für die Baupraxis
– auch als E-Book erhältlich –

Sehr geehrte Kundin, sehr geehrter Kunde,

wir möchten Sie an dieser Stelle noch auf unser besonderes Kombi-Angebot hinweisen: Sie haben die Möglichkeit, diesen Titel zusätzlich als E-Book (PDF-Download) zum Preis von 20 % der gedruckten Ausgabe zu beziehen.

Ein Vorteil dieser Variante: Die integrierte Volltextsuche. Damit finden Sie in Sekundenschnelle die für Sie wichtigen Textpassagen.

Um Ihr persönliches E-Book zu erhalten, folgen Sie einfach den Hinweisen auf dieser Internet-Seite:

www.beuth.de/e-book

Ihr persönlicher, nur einmal verwendbarer E-Book-Code lautet:

20131892A08CD30

Vielen Dank für Ihr Interesse!

Ihr Beuth Verlag

Hinweis: Der E-Book-Code wurde individuell für Sie als Erwerber des Buches erzeugt und darf nicht an Dritte weitergegeben werden. Mit Zurückziehung dieses Buches wird auch der damit verbundene E-Book-Code für den Download ungültig.